실용투자론

현장과 이론

조인갑 저

publishing and culture
피앤씨 미디어

머리말

지금은 전통적인 투자론에 대한 혁신적인 수정과 재편이 필요한 시점이다. 기존의 투자론을 대학교에서 강의할 때는 투자의 대상이 주식, 채권, 파생상품 외에 특별하게 다른 내용을 가르칠 필요성을 크게 느끼지 못했다. 그러나 투자론을 7년 넘게 가르치면서 투자론의 범주가 이전과는 매우 크게 변화하고 있음을 느낀다. 특히 4차 산업혁명으로 인한 인공지능(AI), 빅데이타, 사물인터넷(IoT), 클라우드, 모바일 등의 기술이 급격히 발전하면서 투자론의 범주에 큰 변화가 발생하고 있기 때문이다. 뿐만 아니라 전세계적으로 부동산의 붐으로 이제는 부동산을 이야기하지 않고는 투자에 대한 영역을 다 다루었다고 누구도 감히 선언할 수 없게 되었다. 어떻게든지 부동산에 대한 기초적인 내용이라도 서로 학습하면서 부동산이 투자부분에서 차지하는 중요도를 인정하지 않을 수 밖에 없다. 저자는 1990년대 말에 금융사에 입사를 하면서 주식, 채권, 파생상품 관련 부서에서 일하는 것이 최고의 보직이라고 생각했다. 그러나 막상 20년의 넘는 시간이 지나고 보니 금융시장에서 가장 큰 기여를 한 투자상품 중에 하나는 부동산이라는 낯설은 결과에 직면한다. 좀 더 현실적으로 말해서 금융사에 같이 입사한 많은 동료 중에서 그 당시 중요한 부서로 간주되었던 주식, 채권, 파생상품 분야에 근무한 동료들은 상당부분 금융사를 떠나 자신들의 개인적 삶을 사는 동료가 많은 데, 본인이 입사할 당시에는 낯설었던 부동산 분야에 전념한 동료들은 금융시장에서 주요한 보직에 아직도 현직을 유지하는 아이러니칼한 현실을 경험한다.

또한 대학원 박사과정을 이수할 때 "OO곰탕"을 프랜차이즈사업으로 전개하기 때문에 수업 참석에 늦었다고 말하는 학우를 보면서 당황했던 경험이 있었는데, 이제는 자발적이거나 비자발적 은퇴나 창업 속에서 프랜차이즈산업에 투자를 감행하고 있다. 4차 산업혁명으로 인해 급변하는 사회는 기술의 변화와 더불어서 사회구조의 큰 흐름에도 변화와 변혁을 가져올 것이고, 이런 흐름의 영향은 경제에서 가장 중요시 여기는 한 축인 고용구조에서도 발생할 것이다. 과거에는 대기업이나 공기업에 입사하면 평생직장이라는 개념을 가지고 살아왔지만, 4차 산업혁명시대에는 어떤 경제적이고 사회적 변화가 발생할지 아무도 예측하지 못함에 따라 과거처럼 정해지거나 보장된 고용을 어떤 조직에서든 기대하기 힘들다. 그런 측면에서 프랜차이즈산업이나 벤처창업을 통한 투자가 크게 증가할 전망이다. 4차 산업혁명은 핀테크에도 혁신적이고 급진적인 변화를 가져왔다. 주식, 채권, 파생상품 그리고 보이는 부동산이나 프랜차이즈산업에 대한 투자를 넘어서 이제는 보이지 않는 가상자산까지 투자를 하는 시대를 맞이하고 있다. 과거에 '투자'는 여유로운 삶이나 보다 풍요로운 삶을 위한 선택이었다면 지금 시대의 투자는 인간다운 삶을 살기 위한 필수적인 '투자'로 변화되고 있다. 어떤 분야이건 '투자'에 성공하면 본인이 원하는 이상적인 삶을 구현할 수 있지만, '투자'에 실패할 경우 어려운 삶을 이겨내야 하는 격량의 시대에 우리는 살고 있다. 4차 산업혁명을 살아가는 우리가 직면한 피할 수 없는 현실은 과거에는 어느 분야에 투자하는 것은 '선택사항'이었는데, 작금의 투자는 우리가 원하건 원하지 않건 간에 언젠가는 한번 이상 경험해야 할 '필수사항"이 되어 버린 것이다.

그러나 중요한 것은 청년부터 장년과 노년에 이르기까지 어떤 목적이든지 '투자'의 영역은 필수사항이 되었지만, 우리는 그에 대한 준비나 지식이 아직 잘 정비되지 않는 상태이다. 가상자산에 투자하는 투자자가 가상자산에 대한 정확한 경제적 의미를 알고 있는 것이지? 주식과 채권에 투자하는 투자자가 투자를 위한 기본적인 수익과 위험의 관계가 정립되어 있는지? 부동산과 프랜차이즈산업, 그리고 벤처에 투자하는 투자자가 그 분야의 기본적인 흐름이나 동향은 파악하고 있는지?

그런 측면에서 이 책은 '투자'에 대한 논의 범위를 넓혀 놓았다. 기존에 주식, 채권, 파생상품 위주의 투자론 범위에서 확대하여, 주식, 채권, 파생상품을 다루면서 파생상품에 대한 범주를 확대하였고, 부동산투자와 벤처(창업)투자 그리고 프랜차이즈투자까지 다루어 보았다. 저자는 실무와 현장에 참여한 세월이 25년이 넘음에도 불구하고 이런 분야를 다 다루면서 설명하는데 사실 지적 한계를 느낀 면도 있다. 그러나 기본적인 개념을 주로 다루면서 개인마다 다른 성향을 고려했다. 또한 대학(원)교 교재이기에 각기 다른 투자분야의 기본적인 내용을 다루는 것에 집중하여 기본적이지만 현장과 실무에서 꼭 필요한 실용적 지식을 전달하는데 중점을 두었다.

이런 의지를 반영하여 본서의 내용은 철저히 현장과 실무 중심의 실용적 내용을 담으려고 노력하였다. 투자론 관련 수험서적이 아니기 때문에 가능한 수식은 최대한 필요한 것 외에는 사용하지 않으려고 노력하였다. 대신 현장과 실무의 중요성을 강조하기 위해 현장과 실무에서 사용되는 도표와 그림을 많이 인용하였다. 어느덧 대학교에서 투자론을 강의한지 7년이 지나고 있다. 진작부터 투자론에 대한 저술을 목표로 하고 있었지만, 현장에서 투자업무를 우선시 하다 보니 본 저서가 늦어졌다.

끝으로 저자를 위해 매일 기도하는 저자 인생의 동반자인 아내에게 이 책을 바치며, 이 책이 나올 수 있도록 도와준 UCLA의 조재영, 중앙대 경영경제대학 지식경영학부의 문하늘, 변지수, 이지은, 이혜림, 장영엽, 장한희 그리고 피앤씨 미디어의 최준규 전무님께 감사의 마음을 전한다.

2024년 8월 20일

서래마을 서재에서 저자

차 례

01 투자의 역사와 경제 - 산업분석

제 1 장 투자의 역사

제 2 장 CEO개론_CEO의 투자와 투자철학, 성공스토리를 시대에 맞추어서 확대 재생산하라

제 5 장 기본적 분석

제 6 장 기술적 분석과 계량적(퀀트) 분석

02 금융투자

제 7 장 주식투자

제 8 장 채권투자

제 9 장 파생상품투자

03 벤처투자와 프랜차이즈투자

제 11 장 벤처투자

제 12 장 기술창업투자와 엔젤투자

제 1 편

투자의 역사와 경제 - 산업분석

제 1 장 투자의 역사

1.1 투자란?

투자란 경제주체들이 미래에 발생할 수 있는 수익을 기대하면서 현금이나 현물 등을 통해 유무형의 자산을 취득하는 것이다. 경제주체들은 현재의 확실한 소비를 희생시키면서 불확실한 미래의 소비를 감행하는 이유는 투자를 통해서 불확실하지만 수익을 기대하기 때문이다. 그런 측면에서 투자는 '현재'보다는 '미래' 중심적으로 행위 되어지며, 미래의 불확실성(리스크)과 미래의 기대수익이라는 속성을 통해 이루어진다.

투자의 대상이 되는 자산에는 실물자산과 금융자산이 있다. 여기서 실물자산이라고 함은 재화의 생산에 활용되는 모든 유형과 무형의 자산을 의미한다. 현대에 대표적으로 실물자산에 투자되는 대표적인 대상은 부동산과 장비 등을 들 수 있다. 부동산의 경우는 상가, 아파트, 빌딩 등을 예로 들 수 있고, 장비는 의료장비, 모바일 등을 포함한 IT기계나 자동차 등을 들 수 있다. 과거에는 실물자산에 대한 정의를 단순하게 건물, 토지, 공장, 기계장치 및 설비, 재고자산이나 비품 등으로 설명했지만, 현대 사회에 들어오면서 실물자산에 대한 투자 범위가 크게 확대되고 있다. 특히, 무형자산에 대한 투자가 확대되고 있는 상황이다. 경제주체들의 영업권이나 지식재산권(Intellectual Property Right: IP)[1] 등을 들 수 있다. 금융자산은 주식, 채권, 외화, 그리고 선물과 옵션을 포함한 파생상품

1 각종 지식재산권에는 특허권, 실용신안권, 디자인권, 상표권, 저작권, 기타 지식재산권 등이 있다.

등을 들 수 있다. 이런 금융자산은 재화와 용역을 생산하는데 사용되기 보다는 실물자산을 활용해서 얻게 되는 수익에 대한 청구권적 성격을 가지고 있다. 2016년을 시작으로 세계경제포럼(WEF, World Economic Forum)은 향후 세계가 직면할 화두로 '4차 산업혁명'을 지적하였다. 4차 산업혁명에서 가장 이슈로 제시되고 있는 금융자산은 가상화폐(암호화폐)이다. 가상화폐란 사이버 세계에서 정보 형태로 남아 실물 형태가 없고 사이버 상으로만 거래되는 전자화폐의 일종이다. 이 가상화폐는 각국 정부나 중앙은행이 발행하는 일반 화폐와는 달리 그것을 창시한 사람이 정한 규칙이나 내용에 따라 가치가 산정되는 특징을 가지고 있다. 아직 각국의 정책이나 법률 제정이 완벽하게 제정되어 있기 않기 때문에 논란이 여지가 세계적으로 일고 있으나, 현실적으로는 다양한 논의가 활발하게 이루어지고 있다. 가상화폐의 대표적인 예로는 비트코인과 이더리움 등이 있다.

1.2 투자와 투기의 역사

"물리학자나 수학자 혹은 교사가 부족하다고 알려지면 많은 젊은이들이 이런 직업을 얻기 위해 대학원에 진학하지만, 그들이 학위를 마칠 때쯤이면 이 분야에 취업하기 위해 훈련 받은 개인들의 '과잉 공급'이 발생 할 수 있다. 공급이 뒤늦게 급증함에 따라 취업 기회가 갑자기 귀해진다. 그러나 과잉 공급은 학교에서의 훈련 기간이 끝난 후에야 알려진다."[2]

투자와 투기는 자주 혼용되어서 사용되는 경영학에서 투자란 실물자산이나 금융자산에 대한 지출을 통해 생산 활동과 관련된 자본재의 총량을 유지하거나 증가시키기 위한 활동인 반면, 투기는 생산 활동에는 관심이 없고 오직 이익만을 추구할 목적으로 실물자산이나 금융자산을 매입하는 행위를 의미한다. 즉, 투자와 투기는 미래의 소득을 늘리기 위해서 현재의 소비를 희생하면서 미

2 찰스 P. 킨들버거, 광기, 패닉, 붕괴. 금융위기의 역사, 굿모닝북스, 2006. p93.

래의 이익을 추구하는 행동은 같지만, 투자와 투기는 생산 활동의 유무에 따라 차이를 구분할 수 있다. 그러나 세계 경제 역사 속에서 나타나는 투자와 투기는 실제로 구별하기가 쉽지는 않다. 투자와 투기를 엄밀하게 구분하기 위해서는 생산 활동의 기여도, 불확실성의 정도, 투자기간의 정도, 그리고 도덕적이고 윤리적인 기준의 명확도가 선행되어야 하는데, 이 부분에서 시대적·사회적·국가적 주관성이 너무 깊이 개입되기 때문이다.

1.2.1 금융버블의 기원

인류 역사상 최초의 투기는 기원전 2세기 로마시대까지 거슬러 올라간다. 로마법은 자유로운 자산이전을 보장하였고, 시장은 번창하였기 때문에 사람들은 자유롭게 돈을 빌리거나 빌려주면서 이자를 내거나 또는 수령한다. 또한 로마시대에는 외환거래가 있었고 은행들이 발행한 환어음을 통해 로마를 넘어서 자금결제가 이루어지고 있었다. 라틴어로 투기꾼(speculator)의 어원은 '스페큘라(speculare)'는 사고로 이어질 수 있는 요인을 찾아내는 초병을 의미한다. 로마시대 사람들은 '그라시(Graeci)' 또는 '그리크(Greek)'라는 말로 투기꾼을 표현하기도 한다. 이것은 당시의 투기꾼들이 상당수 그리스 출신이었기 때문에 붙은 단어로 판단된다. 당시 로마에서 어떤 사람에게 그리크라고 말하면 상당히 무례한 표현으로 상대방을 모욕하는 단어였다. 또한 '작은 그리스인'이라는 의미를 가지고 있는 그라큘러스(Graeculus) 역시 모욕적인 어감을 담고 있다. 어쨌든 로마인들은 이윤추구를 즐겼으며, 페트로니우스 아르비터의 로마 공화정 최후를 설명한 기록물에는 투기의 부작용이 잘 설명되어 있다. 그는 "강력한 고리대금업과 돈놀이는 일반대중들을 두 가지 소용돌이에 휘말리게 해 그들의 영혼을 파괴했다. 광기는 그들의 가랑이 사이를 통해 전국으로 퍼져나갔고, 빈털터리가 되었을 때 느끼는 고통은 몸뚱이를 갉아먹는 전염병처럼 그들을 비참하게 만들었다."[3]고 기록하고 있다. 이것이 아마도 투기에 대해 묘사된 역사 최초의 기록일 것이다.

토마스 아퀴나스는 이윤을 향한 끝없는 탐욕을 권력과 섹스에 대한 탐욕과 함께 '3대 중죄'로 선언한다. 그의 저서 '신국(City of God)'에서 하나님의 나라는 투기가 존재할 수 없는 곳이다. 중세시대에서는 가난과 기근이 사회공동체를

---

3 에드워드 챈슬러, 금융투기의 역사, 국일증권경제연구소, 2000. p29.

위협하면 국가는 음식을 직접 공급하고, 화폐에 대한 투기화를 불법화한다. 이윤추구와 투기에 대한 엄격한 규제는 중세시대 내내 지속한다. 그러나 이탈리아 베니스에서 13세기 중반부터 도시국가의 채권이 매매되면서 투기가 다시 부활했고, 지극히 정상적인 것으로 인식되기 시작한다. 도시국가 채권의 매매는 14세기 이후에는 이탈리아의 베니스뿐만 아니라 플로렌스와 피사, 베로나, 제노바까지 확산된다. 심지어 북부 유럽의 시장에서는 중세 봉건왕조가 금지하였던 상거래와 금융이 거의 제한없이 이루어지기 시작한다. 그리고 이 때 이루어진 상거래와 금융은 이후 주식회사의 자본조달 모델이 된다. 루비스는 "리옹의 역사(Historie de Lyons)"에서 앙리 2세가 1555년 리옹의 이스터 정기시장에서 매각한 프랑스 채권에 대한 일반인들의 매수열풍에 대해 다음과 같이 설명한다. "모든 사람들이 프랑스 채권에 투기하기 위해 달려들었다. 하인들은 저축해놓은 돈을 모두 찾아 쏟아부었고 여인들은 갖은 장식품을 팔아치웠다. 간단히 말해서 모든 프랑스인들이 마치 불을 향해 뛰어드는 불나방처럼 프랑스 채권에 달려들었다."[4] 프랑스 채권은 연16%의 이자를 지급했고, 채권값의 하락을 보전하기 위해 분기별 1%의 이자를 추가로 지급한다. 스위스와 독일 투자자뿐만 아니라 터키에서도 프랑스 채권을 통해 큰 돈을 벌 목적으로 투기대열에 합류한다. 그러나 시간이 지나서 프랑스 채권은 액면가의 85%가 할인되어 거래될 정도로 폭락하여 정크본드 수준까지 떨어진다. 이 투기열풍은 프랑스 왕 앙리 2세가 1557년 채무지급을 거부하면서 큰 문제를 야기시킨다.

서유럽의 증권시장에 대한 최초의 기록은 요셉 펜소 드 라 베가(Joseph Penso De La Vega, 마라노 유대인)의 "혼돈(Confusion de Confusiones)"이다. 이 책은 1688년 네덜란드 암스테르담에서 처음 출판된 것으로 상인과 주주가 주고 받는 말을 대화록 형태로 기록한다. 베가는 증권시장에서 나타나는 호황과 불황을 대비시켜 당시 상황을 묘사한다. "호황의 순간에는 흥청망청하고, 불황의 순간에는 두려움과 전율·신경질이 뒤범벅된 모습을 보여준다. 돈을 잃으면 주가를 떨어트리기 위해 작전단을 결성하기도 한다."[5] 베가가 살었던 시대에도 주가를 떨어트리기 위한 작전은 아주 흔한 일이었다. 또한 증권시장에서의 가격은 합리적으로

4 Ibid, p32.
5 Ibid, p38.

형성된 가격이 아니라 인위적으로 형성되는 경우도 흔하였다. 또한 1674년 런던에서 출판된 시인 찰스 커튼(Charles Cotton)의 저서로 추정되는 "용감한 도박꾼"에는 다음과 같은 기록이 있다. "주식거래는 게으름과 부도덕성 사이에서 이루어지는 신들린 마술과 같다. 한 사람이 낄낄대며 즐거워하는 동안 다른 한 사람은 마치 독거미에 물린 것처럼 머리를 마구 쥐어뜯고 있다. 주식거래를 하는 사람은 술주정뱅이처럼 제정신을 차리지 못한다. 기를 쓰고 자신의 팔꿈치를 부여잡으려 하지만 너무 흔들리는 바람에 잡지 못한다. 산만해져 신중한 결정을 내릴 수가 없고, 이미 내린 결정에 대해서도 확신을 갖지 못한다. 돈을 벌었을 때 미친 듯이 좋아하고, 돈을 잃었을 때에는 낙담한다. 항상 극단적인 심리 증세를 보이고 심리적 광풍에 휘말린다. 이런 조울증은 감각과 이성이 완전히 마비되는 단계까지 진정된다."[6] 하지만 증권시장이 금융시장의 건전한 자금공급 및 거래 기관으로 자리잡기 전까지는 시장의 변동성은 투기를 통해 상당부분이 이루어진다. 19세기 유명한 영국의 경제학자 데이비드 리카도(David Ricardo)는 "사람들이 눈앞에 벌어지는 사건들에 휘둘리고 있을 때 이를 역이용해 돈을 벌었듯이, 한발 앞서 주식을 사면 엄청난 돈을 벌 수 있다. 또 참여자들이 경악하고 패닉에 빠져들 것이라고 예상하면, 이보다 앞서 주식을 팔아 돈을 벌 수 있다."[7]고 말한다.

1636년에서 1637년 사이에 네덜란드에 발생한 튤립 투자는 대스페인전쟁의 전시 호황을 통해서 이루어진다. 스페인으로부터의 전쟁의 위협이 사라지고 30년 전쟁으로 경쟁자였던 동유럽의 직물산업이 붕괴되자 네덜란드 직물산업은 호황을 맞이하게 된다. 호황으로 주머니가 두둑해진 네덜란드인들은 교외에 대저택을 짓기 시작했고, 그로 인해 부동산 가격은 급등세를 보인다. 풍요로워진 네덜란드는 국토가 상대적으로 좁은 탓에 대형 공원을 가꾸기가 어려웠고, 대신 작은 공원을 만들어 아름다운 꽃을 심는 것이 유행이었다. 이 꽃으로 선택되기 가장 좋은 것이 당시 귀족과 부유층의 전유물이었던 튤립이었다. 당시 네덜란드인들은 꽃의 색깔에 따라 튤립을 다양하게 분류된다. 또한 위계질서에 따

6 Cited in The Psychology of Gambling (eds. Jon Halliday and Peter Fuller, London, 1974), p126. 금융투기의 역사 p37를 재인용함.

7 *Autobiographical Recollections of Sir John Bowring*(London, 1877). pp110~113. 금융투기의 역사 p40, 41를 재인용함.

라 군계급과 같은 명칭을 튤립에 붙이기도 하는데, 최상급 꽃은 황실을 상징하는 붉은 줄무늬가 있어 '황제'라고 불렀다. 이어서 '총독', '제독' 그리고 '장군' 순으로 이름을 붙였다. 1624년 황제튤립은 당시 암스테르담 시내의 집 값 한 채와 비슷한 1,200플로린[8]에 거래된다. 당시 네덜란드의 노동자들의 1년 연봉은 200에서 400길더[9] 수준이었고, 한 가정의 1년 생활비가 300 길더 정도이었다. 최고 수준의 꽃그림 한 폭이 1,000길더쯤에 거래된다. 이렇게 네덜란드에서 튤립값이 급등하자 프랑스인들 역시 1634년 파리 근교와 프랑스 북부 등에서 튤립시장을 열어, 튤립투기의 국제화가 시작된다. 그러나 실질적인 거대 투자자였던 사람들은 막상 튤립값이 급등하자 튤립 거래시장에서 빠져나오기 시작한다. 이런 모습을 보인 것은 먼저는 부유한 꽃 수집가들이었다. 그들은 희귀한 변종튤립을 사기 위해 튤립가격을 높게 지불할 의향이 있었던 사람들이었지만, 튤립 가격이 급등하자 시장을 빠져나간다. 다음으로 암스테르담 거상들이었다. 그들은 증권거래소에서 동인도회사의 주식이나 환어음 등에만 주로 투자하고 있었고, 이들에게 튤립은 자신의 부를 과시하기 위한 수단이지 투기의 수단은 아니었기 때문에 튤립 투자를 철회한다. 1637년 2월경 튤립거래의 중심지였던 하를렘에는 더 이상 살 사람이 없다는 소문이 돌면서, 내놓은 튤립조차 거래되지 않자 튤립 가격은 폭락하고 튤립 투기는 일단락된다. 튤립시장의 불안이 지속되자 1638년 5월에는 네덜란드 정부가 나서서 매매가격의 3.5%만을 지급하는 것으로 모든 채권과 채무를 정리하는 극단적인 조치를 취한다. 1,000길더를 받기로 하고 튤립을 팔았던 사람은 35길더만을 받을 수가 있었고, 흥미롭게도 튤립수집가들은 다시 시장으로 모여들기 시작한다.[10]

---

8 플로린(Florin)은 1252년 이탈리아 피렌체(Fienze) 지방의 금화에서 시작된다. 중세유럽에서 피렌체는 상당한 부국이었기 때문에 그 지방의 통화인 플로린은 서유럽 최초의 금화로서 유럽 전체로 퍼진다. 이후 플로린은 화폐를 뜻하는 말이 되고, 근대시대에는 네덜란드, 혹은 플랑드르 지방에서 찍어낸 금화인 플랑드르 플로린(Flanders florin)이 유럽 전체의 기축 통화로 자리 잡는다.

9 길더는 근세 이래 네덜란드와 네덜란드 식민지 지역에서 쓰였던 화폐 단위이다. 네덜란드어로는 '휠던(Gulden)'으로 발음하고 한국에서는 영어식 표현인 '길더(Guilder)', 독일에서는 '굴덴(Gulden)'으로 쓰인다. 전통적으로 신성 로마 제국이 발행하던 금화의 단위 이름오 쓰인 것이 시초이고, 근대적 화폐로는 1602년 네덜란드에서 네덜란드 동인도 회사의 화폐로 네덜란드령 인도 휠던(Nederlands–indische gulden)을 발행한 것이 시초이다. 신성 로마 제국이 발행한 길더는 피렌체 공화국에서 발행된 화폐인 플로린(Florin)과도 동의어로 통용된다.

10 Ibid, pp. 41~61.

1.2.2 금융투기의 주요 사례들[11]

- **초기 주식시장의 투기** : 1690년대 영국의 주식시장은 건전한 이기주의와 투기적 심리가 혼재되어 운영되고 있었다. 기업들은 자신의 주머리를 불리기 위해서 급조된 주식회사를 상장시켰고, 주가는 조작되었으며 허위 정보들은 도처에 널려 있었다. 이런 초창기의 영국 주식시장의 혼란에 대해서 토머스 셰드웰(Thomas Shadwell)은 희곡 "주식거래꾼"에서 주식시장을 사기꾼과 협잡꾼으로 가득 차 있는 곳으로 묘사한다. 그가 볼 때 주식시장은 자신들의 이익을 위해 서로 속고 속이고 있는 곳이다. 이런 속에서 1694년 6월에 영란은행이 의회인가를 받고 정식 출범한다. 또한 영란은행은 기업공개를 통해 자금을 조달하는데, 청약자의 명단에는 정치인과 고위공무원에서부터 농사꾼, 성원, 부두노동자 등 다양한 계층이 참여한다. 배정 받은 영란은행 주식은 20%의 프리미엄을 받고 팔려 나간다. 그러나 주식시장의 버블은 마지막 단계에 접어들고 있었다. '우량주'로 평가받던 동인도회사의 주가는 1962년 200파운드에서 1697년 37파운드로 폭락한다. 주식회사 설립과 기업공개의 붐으로 생겨난 신생 주식회사들의 주식이 휴지가 된 것이다. 1963년 영국과 스코틀랜드에 있던 140여 개의 주식회사 가운데 1697년까지 살아남은 것은 단지 40개에 불과했다. 이 공황은 투기와 연결되어 발생한 최초의 경제공황이다.

1697년 영국의 의회는 브로커와 주식거래업자들을 제한하는 법을 통과시킨다. 이 법은 브로커와 주식거래업자들의 수를 런던 주장관의 면허를 받은 100명으로 제한한다. 1708년에 이 법은 한 차례 수정되어 증권 브로커로 하여금 매년 보고서를 내게 하고, 유대계 브로커들의 수는 최대 12명으로 제한한다. 또한 주식거래업자들은 자신들의 명의로 주식을 금지시키고 중개수수료는 거래대금의 1%를 넘지 못하게 한다. 하지만 튤립투기 때와 같이 투기를 제한하려고 했던 네덜란드 정부의 시도가 별다른 효력을 거두지 못한 것처럼 이 역시 큰 의미없이 종결된다.

---

11 Ibid, pp. 63~498를 참고하여 정리한 내용임.

- **1820년대 이머징마케 투기** : 1824년 발생한 남미 금광개발 사업은 영국 경제의 번영과 성장곡선을 같이하고 있었다. 영국 경제는 나폴레옹 전쟁 직후 발생한 1817년 이후의 극심한 불황으로 인해 기업의 재고량이 줄어들고 상거래가 침체되는 상황이었고, 경기불황을 극복하기 위해 새로운 투자가 필요한 시점이었다. 이런 상황에서 남미지역에 대한 기대감이 한창 부풀어 오른다. 이런 기대감으로 인해 이머징마켓에 대한 투기가 발생하는데 대규모의 자본이 고수익을 추구하면서 남미로 이동하면서 발생한 것이다. 이것은 영국 벤처기업인에게도 동일하게 나타났는데, 벤처기업인들은 자신의 회사의 인지도를 높이기 위해 의회 의원이나 귀족들을 적극적으로 영입한다. 사우스아메리칸의 이사회 명단에 들어 있는 의원수가 급격히 늘어난다. 또한 2명의 백작과 한 명의 의원이 태평양에서 굴을 채취하기 위해 설립된 콜롬비아 진주채취업협회의 이사로 선임되고, 웰링턴 공작은 요크 공작과 함께 아메리칸 콜로니얼 스팀 내비게이션(American Colonial Steam Navigation)사의 임원으로 활동한다. 당시 수상이었던 리버풀 경은 각료 3명과 함께, 영국과 아일랜드에서 잠사업을 운영하는데 명목으로 주식을 팔아 100만 파운드를 조달했으나 결국은 실패로 끝난다. 이로써 벤처기업과 유착된 의원들과 귀족들은 비판의 화살을 피하기 어렵게 된다.

1825년 1월에는 5개의 철도회사 등 약 70개의 회사가 설립된다. 이 회사들은 주식을 기업공개하며 호황경기에서 투자대열에 합류한다. 그러나 이런 분위기는 얼마가지 않아서 꺽이게 된다. 같은 해 8월 말에 중미국가들이 소규모 통합채권을 발행하려고 했지만 투자자의 관심을 모으는데 실패한다. 또한 경기불황의 여파로 인해 주식시장이 급락하는 현상이 발생하고 당시 남미 금광개발사업의 대표적인 종목인 레알델몽트의 주가 역시 1,550파운드에서 200파운드 이하로 하락한다. 같은 해 12월에는 더 큰 공포가 몰려온다. 폴앤코 런던은행이 도산하고, 요크셔 지역의 주요 은행인 웬트워스가 문을 닫게 된다. 특히, 폴앤코가 예금지급 불능사태가 되자 이 은행과 거래했던 50개의 군소 은행 역시 파산한다. 주식시장에서는 모든 종목들이 평균 80% 이상 폭락했고 영란은행 앞에서는 은행권을 금으로 바꾸려는 군중들이 폭도로 변화하면서 군대가 출동한다. 정부의 긴급조치로 파산위기를 넘긴 영란은행은 그나마 신용이 남아 있는 은행과 상인들의 어음할인을 재개한다. 이로 인해 주식시장의 공황도 막을 내리지만, 금융위기를 넘어서는 경기위기를 경험하게 된다. 멕시코 채권을 인수해서 50만 파운드의 이익을 냈던 B. A. 골드스미스은행은 1826년 2월에 파산하면서 영국은 상반기 부도율이 전년대비 3배나 증가하고, 제조업 생산성이 떨어졌을 뿐만 아니라 해고로 인해 노동자들이 영국 전역을 방황하는 일들이 발생한다. 결국 1822년부터 1925년까지 주식과 채권, 그리고 일반상품에 대한 투기는 남미지역에 대한 잘못된 수출전망과 은행들의 무분별한 자금공급을 수행함으로써 발행했고 그 영향은 국내경기불황과 경기침체로 연결된다.

- **1845년 철도버블** : 1844년 후반기에 영국의 경제상황은 나쁜 편은 아니었다. 이자율은 지난 100년 동안 가장 낮은 수준에 머물러 있었고, 연이은 풍년으로 곡물값 역시 낮게 형성되어 있었다. 이로 인해 철도건설 비용이 하락하면서 철도회사의 당기순이익은 꾸준하게 증가했다. 당시 3대 철도회사는 10%의 배당을 실시했고, 이런 분위기로 인해 철도에 대한 투자열기는 점점 더 달아오른다. 1945년 1월에 16개의 노선의 철도건설이 계획되면서 자금조달에 들어갔고, 추가로 50개의 새로운 철도회사가 등록되면서 기업의 사업설명서와 기업공개가 신문을 도배한다. 당시 이 광고에는 발기인명단과 건설할 철도의 수익성, 그리고 10% 이상의 배당수익을 약속하는 문구들이 꼭 들어가 있었다.

철도투자에 대한 열기는 지방에서 더욱 강한 모습을 보인다. 영국의 북부지역 투자는 철도회사 주식담보 대출을 전문으로 하는 은행이 설립되면서 본격화된다. 글래스고와 에든버러, 브리스틀, 버밍엄 등 수많은 북부 소도시에 철도회사의 주식매매를 위한 거래소가 설립된다. 1845년 상반기에는 대부분의 투자자들이 신설되는 철도회사 주식을 공모 받아서 높은 시세차익을 실현한다. 그러나 여름이 지나면서 철도투자에 대한 버블이 발생한다. 한 철도회사의 주가수익배율이 5배까지 치솟았고, 철도회사 주식의 담보대출 이자율은 연 80%까지 상승한다. 철도회사 주식에 대한 투자열풍은 소도시와 해외철도 건설 계획까지 확장된다. 남미 가이아나에서 인도 벵골까지 수만 킬로미터의 철도건설이 계획되고 이를 근거로 주식이 매각된다. 철도투자에는 수많은 공무원들을 비롯해서 철도회사 임직원들까지 같이 이루어진다. 이런 분위기 속에서 철도건설이 본격화되고 철도회사들은 납입되지 않은 주식대금을 청구하기 시작한다. 1945년 10월 초 투자자들은 주식대금 납입을 위해 보유한 주식을 주시시장에 내다 팔면서 주가는 급락하기 시작한다. 그럼에도 불구하고 1846년에도 철도회사에 대한 주식투자열풍은 식지 않는다. 동기간에 철도회사 주식을 청약하기 위해 청약자들이 납부해야 할 주식대금은 4,000만 파운드에 이른다. 결국 철도건설을 위해 지급되어야 할 임금 및 관련된 모든 비용이 투자자에게 전가된 것이다. 투자자들은 이런 비용을 감내하기 위해서 자신들이 운영하는 기업에서 고용을 줄이거나 개인적 소비지출을 삭감해야 했다. 이로 인해 영국은 철도를 뺀 나머지 부분의 산업활동이 극심하게 위축되는 상황이 발생한다. 1847년 상반기에 들어서도 여전히 철도회사 주식을 청약하기 위한 자금이 한 달 평균 500만 파운드 주식대금으로 납입된다. 전례 없는 상거래가 위축되고 개인들의 신용거래도 중단되면서 영국에서는 1847년 10월에 극심한 금유출이 발생하고 영란은행은 개인들을 상대로 한 지급보증을 중단한다. 동시에 3개의 주식회사 형태인 은행들이 파산하고 이어 메이저 은행인 리버풀 은행마저 망하면서 금융공황이 발생한다. 영국 정부는 기존의 은행법을 무시하고 무조건 재할인을 해 줄 수 있는 권한을 영란은행에게 부여함으로써 영국의 경제붕괴를 피한다. 영국에서 발생한 금융공황에 대한 원인은 철도회사 주식에 투자가 아닌 투기적 행위로 인해 자본이 과도하게 집중되었기 때문이다.

1850년 1월 철도회사 주가는 1845년 최고가를 기준으로 85% 이상 하락한다. 이 당시 철도회사 시가총액은 납입자본금의 50% 아래로 떨어진다. 철도에 대한 과도한 투자와 지나친 경쟁으로 인해 킬로미터당 매출액도 철도투자 전보다 3분의 1 이하로 감소하였고, 평균배당률도 2%까지 하락한다. 1855년에 가서는 25% 이상의 철도회사가 배당금을 지급할 수 없었고, 배당금을 지급한 회사들의 평균배당률도 5%에 미치지 못했다.

■ **1929년 대공황** : 1929년 10월 24일 미국주식시장의 폭락으로 시작된 대

공황은 현대 주식시장의 역사에서 가장 큰 금융위기이다. 미국의 다우지수는 1932년 7월 9일 41.88포인트까지 하락하는데, 이것은 1929년 고점을 기준으로 하여 90% 이상 폭락한 수준이다. 1920년대 미국 경제는 끝없는 번영의 새시대에 들어섰다는 신념을 가지고 있었다. 그리고 그런 신념은 1920년대 후반 초호황을 보였던 증시를 파국으로 몰아넣은 요인이 된다. 투기가 발생할 때 다 기업인들과 은행가들은 현재의 번영이 더 큰 번영의 시작이기 때문에 영원할 것이라 보는 경향이 있다. 주변 여건들도 투기가 조장되는 분위기를 도왔다. 먼저, 1928에서 1929년의 2년 동안 증권사의 지점망이 급속하게 증가하며 약 600개의 지점이 개설된다. 거기에 당시 개발된 무선기술을 활용해서 무선 주식거래가 가능해진다. 더하여 미국 금융회사들은 보통주 투자를 부추기는 이데올로기와 투자자금의 무제한 대출을 무기로 주식 세일즈에 획기적인 방법을 사용한다.

미국의 대공황으로 미국은 디레버리징(deleveraging)[12]을 10년 이상 지속하게 되는 원인이 된다. 미국인들을 패닉으로 몰아갔던 대공황의 초기단계는 1929년부터 1933년까지 부채의 절대금액이 1,450억 달러로 200억 달러가 감소한다. 그러나 소비와 투자가 악화되고 미연주의 긴축통화정책으로 GDP성장률이 급락하면서 GDP대비 부채비율은 대공황 초기160%에서 258%로 오히려 크게 증가한다. 1933년부터 1937년까지 미국은 긴축을 통해 투기로 발생한 거품을 제거를 지속한다. 덕분에 1937년에 가서는 GDP대비 국가부채비율이 180%까지 하락한다. 재정긴축 동안의 비금융산업의 디레버리징이 주를 이루었지만, 1938년부터 1943년 사이에는 전쟁을 통한 부흥을 통해 대공황의 위기를 극복한다. 2차 세계대전에서 더욱 영향력이 커진 미국은 경제모멘텀을 전쟁을 통해서 얻게 되고, 미국의 실질경제성장률은 1941년부터 1943년까지 연간 16% 이상 성장한다.

- **거품의 전염** : 미국의 주가 변동이 다양한 여러 나라의 주가에 영향력을 미치는 반면에 다른 나라들의 주가 변동은 반드시 미국에 영향을 미치

---

12 디레버리징(deleveraging)은 보유한 자산을 상회하는 부채를 차입하여 이를 지렛대로 활용하여 투자수익률을 높이는 것을 레버리지(leverage)의 반대말이다. 다시 말해서 개인, 정부, 기업 등이 보유한 부채를 자산매각이나 상환을 통해 줄이는 과정을 말한다.

는 것은 아니다. 그런 측면에서 주가 변동의 상관관계는 어느 정도 비대칭성이 존재한다. 미국의 주가는 1990년대 초 일본의 주가하락에도 불구하고 계속 상승하지만, 2001년 미국이 닷컴버블의 종말로 인해 주가가 하락할 때는 일본, 유럽, 그리고 다른 아시아 국가들도 같이 하락하는 모습을 보인다. '데킬라 위기(Tequila Crises)'를 야기한 1994년부터 1995년까지의 멕시코 금융위기는 브라질과 아르헨티나 등으로 이전됐고, 미국 등을 근거지로 하는 투자자들은 라틴아메리카의 채권과 주식 투자에 좀 더 신중해져야 한다는 인식을 가지게 된다. 1997년 7월 초 태국 바트화의 평가절하로 시작된 위기는 그 후 6개월이 지나지도 않아서 태국의 주변국인 아시아 국가들의 금융위기 확대되고, 더 나아가서는 러시아와 브라질까지 영향을 미친다.

20세기 마지막 15년 동안에 발생한 거품의 전염 현상을 세 가지로 정리하면 다음과 같다. 먼저, 1980년대 후반 일본의 부동산과 주식 거품이다. 일본의 금융자산총액은 1980년 말 급속히 상승한다. 일본의 국내총생산(GDP)이 미국보다 절반도 당시에 미치지 못했지만, 일본 주식시장의 시가총액은 미국 주식시장의 시가총액의 두 배를 넘는다. 또한 부동산에서도 이런 현상이 발생했는데, 일본의 영토 면적이 미국의 5%에 불과하고 일본의 영토는 80%가 산악 지대임에도 불구하고 일본 부동산의 시장가치는 미국 시장가치의 두 배에 이른다. 일본의 1인당 국민소득(GNI)가 미국에 비해 60~70%에 불과함에도 불구하고 인구 1인당 토지의 시장가치는 일본이 미국의 4배를 초과하는 수준인 것이다. 일본 부동산의 거품 요인은 세 가지 정도로 정리해 볼 수 있다. 첫째, 대부분의 유가증권들은 30년이 넘도록 실질수익률이 마이너스였으나, 부동산의 실질수익률은 플러스를 기록한다. 둘째, 부동산을 매수하는 부동산구매자에게 일본 은행들의 대출을 제한하던 이전의 금융규제가 완화된다. 이로써 일본 은행들은 부동산이 차지하는 대출 총액의 비중을 자연스럽게 높이는 결과를 가져온다. 셋째, 1980년대 후반에 엔화 가치의 상승을 제한하기 위해 일본은행의 시장개입이 이루어지고 이로 인해 엔화의 공급량이 급격히 증가한다. 일본의 거품은 1989년 말 거의 정점에 이르게 되고, 부동산가격이 너무 높아서 사람들이 거주할 수 없는 차

원까지 이른다. 결국 일본은 1990년 초부터 주가와 부동산 가격이 하락하기 시작한다. 주가는 1990년대 30% 이상 하락하였고, 다음에도 추가적으로 30% 하락세를 이어간다. 실물경제는 과거 20년 전과 비교할 수 없을 만큼 확장됐지만, 일본의 주가는 2003년 초에 20년 전의 수준으로 회귀한다.

다음으로, 1990년대 중반에 발생한 방콕, 쿠알라룸푸르, 자카르타, 홍콩 등과 같은 아시아 국가에서 발생한 거품이다. 1992년 세계은행은 태국에서 한국으로 이어지는 아시아에 위치한 국가들의 경제적 성과를 평가하면서 "동아시아의 기적"이라는 서적을 출간한다. 이들 국가들의 성장을 1950년대와 1960년대 일본이 이룩한 성과와 비교하면서 놀라움을 표현한다. 태국, 말레이시아, 인도네시아의 주가는 1990년대 전반에 300~500% 상승했고, 제조업 생산도 급증한다. 경기는 호황 국면을 이어가고, 부동산 가격은 급등세를 보인다. 이런 가운데 1996년 태국의 소비자금융회사들에서 대형 대출손실이 발생한다. 이에 태국 금융회사의 운영에 대한 문제가 제기되었고, 외국 투자자나 대여자들은 태국에 대한 투자 및 대여를 줄인다. 태국의 중앙은행이 환율을 지킬 수 있는 능력이 부족해지면서 1997년 7월 초에 바트화의 외환가치는 급락한다. 태국 바트화의 외환가치 하락은 아시아로 전염되면서 중국과 홍콩을 제외한 아시아 각국의 통화는 30%에서 그 이상 가치 하락이 발생한다. 그로 인해 외국투자자들의 자금회수가 동시에 진행되면서 주가와 부동산이 동시에 급락한다. 싱가포르와 홍콩 소재 은행들을 제외한 상당수의 은행들이 파산했고, 인도네시아에서는 다수 은행의 폐업으로 대대적인 예금 인출사태가 발생한다.

끝으로, 1990년대 후반에 발생한 미국 나스닥 시장의 거품이다. 미국의 주식시장은 1982년에서 1999년 사이에 13배 상승을 보인다. 이런 상승세에 힘입어서 미국 주식의 시가총액은 1982년 미국의 국내총생산(GDP)의 60% 수준에서 1999년 국내총생산(GDP)의 300%까지 증가한다.[13] 미국 경제는 1990년 내내 호

---

13 Edward C. Prescott & Ellen R. McGrattan, Is the Stock Market Overvalued?, NBER Working Paper No. 8077, January 2001. 프레스코(Prescott)는 이 논문을 통해서 미국의 적정기업가치가 얼마인가?를 경제적 모델을 통해서 추정하고자 한다. 결론적으로는 그는 미국 주식시장의 미국 전체 기업의 가치를 반영하는 시장가치(시가총액)는 국민총생산(GNP)의 1.8배 정도가 적정하다고 주장한다. 미국의 전체 기업가치에 포함된 것으로는 미국 내에 있는 유동자산과 비유동자산 뿐만 아니라 해외에 있는 유동자산과 비유동자산까지 포함하고 있다.

황기를 경험한다. 물가상승률은 1990년대 초 6%를 상회하는 수준에서 1990년대 말에는 2% 아래로 안정화되고, 실업률은 8%에서 4% 이하로 떨어진다. 경제성장률은 2.5%에서 3.5%까지 상승한다. 단지, 미국 경제지표 중에서 부정적인 요소가 있다면, 무역수지 적자가 지속되고 있다는 점과 가계의 저축률이 개선되고 있지 않다는 것이다. 어쨌든 이런 신경제에서 가장 중요한 특징은 닷컴경제로 인해 정보통신기술(ICT), 컴퓨터, 그리고 그와 관련된 하드웨어와 소프트웨어를 공급하는 기업 등이 동시에 성장하면서 급격한 기술 발전이 이루어진다. 이런 IT 기술의 발전으로 정보의 전달과 보관 비용이 대폭적으로 감소한다. 흥미로운 것은 1996년 12월에 당시 연준의장이었던 그린스펀은 처음으로 '비이성적 과열(irrational exuberance)'이라는 용어를 사용한다. 이 당시 다우지수는 6,300포인트였고, 나스닥지수는 1,300포인트이었다. 그가 생각할 때는 최소한 미국의 주식시장이 15~20% 정도의 과대평가가 되었기 때문에 이런 언급을 했을 가능성이 크다. 그렇지만 그의 경고에도 불구하고, 2000년 초 다우지수는 11,700포인트, 나스닥지수는 5,400포인트까지 급등한다. '합리적 투자'가 언제 '비이성적 투기'로 변화하는가에 대한 질문에 대한 쉬운 대답은 없다. 새로운 천년의 도래와 함께 연준은 미국의 유동성을 거두어 들이기 시작한다. 미국의 주식시장은 닷컴 버블이 붕괴되는 것을 보았고, 다우지수와 나스닥 지수는 큰 폭의 하락을 경험한다.[14]

1.2.3 금융투기의 역사적 교훈

대다수 국가에서 발생한 외환위기는 국가간 자금흐름의 역전으로 인해 발생한다. 금융위기나 외환위기의 초래한 다수의 사례에서 보듯이 특정 국가에 자금이 유입이 증가하는 속도를 계속 유지하는 것은 불가능하다. 자금의 유입 속도가 느려지거나 둔화되면 그 나라의 통화 가치는 하락하고 잘못하면 큰 폭의 통화가치 폭락으로 이어진다. 1960년대 중반 이후에 발생한 금융대란의 경우 역시 국가간 자금흐름의 변동성이 크게 확대된 결과이다. 특정 국가에 유입되는 자금흐름의 증가는 해당국가의 통화가치를 상승시키고, 더 나가서 그 나

14 찰스 P. 킨들버거, 로버트 Z. 알리버, 광기, 패닉, 붕괴, 금융위기의 역사, 굿모닝북스, 2006. pp. 237~269.

라의 주식과 부동산의 가치를 상승시킨다. 1980년대 후반 핀란드, 노르웨이, 스웨덴에서 자산가격에 거품이 발생한 것은 국가 간의 자금 특히, 일본의 자금이 대거 유입되었기 때문이다. 1990년대 초 태국, 말레이시아, 그리고 동아시아 국가들에게 발생한 자산거품 역시 일본 및 다른 국가로부터 유입되는 해외 저축의 증가로 인한 것이다. 그러나 유럽이건 아시아이건 상관없이 특정국가에서 위탁된 자금에 손실이나 손실 가능성이 제기되면 해외 자금은 썰물과 같이 특정국가에서 빠지면서 금융위기나 외환위기를 발생시킨다.

일국 차원의 궁극적 투자자나 대여자는 자금을 외국으로 이전시킬 때 국제적인 차원의 역할이 존재함에도 불구하고 초기에는 이런 것에 대한 역할이나 규제가 없었다. 그로 인해 일국 차원의 궁극적 투자자나 대여자는 특정 지역의 금융위기나 외환위기를 불러 일으키는 데 있어서 주요한 역할을 수행한다. 따라서 일국 차원의 궁극적 투자자나 대여자보다는 국제적 차원의 투자자나 대여자가 필요하다. 특히, 금융위기나 외환위기의 경우는 일시적인 자금이탈로 인해 발생하기 때문에 궁극적 대여자를 필요로 한다. 왜냐하면 수출업자들은 통화가치의 하락에 따른 상대가격의 변화와 국제경쟁 조건의 변화에 즉각적으로 대응하기 어렵고, 특정국가에 발생하는 외환위기에 대여자로 활동할 수 없기 때문이다.

미국은 멕시코가 1994년 말 금융위기를 경험하게 되자, 궁극적 대여자로 행동하는데 주도적인 역할을 수행한다. 물론 당시 멕시코에 제공된 신용에는 미국의 자금 뿐만 아니라 IMF의 자금이 함께 대여된다. 이렇게 자금 조달 계획이 발표되자 멕시코 페소화의 추가적인 평가절하는 둔화된다. 결국 국제적 차원의 궁극적 대여자가 수행해야 할 역할은 특정국가로 유입되는 국제적 자금흐름의 지속성이 유지될 수 없다는 인식과 특정국가에 해외 자금의 흐름이 줄어들 경우 필요적으로 발생하는 통화가치의 하락에 대한 경고를 수행하는 것이다. 또한 특정국가의 외환가치 하락이 너무 급하게 발생할 경우 대여자로서 역할을 수행하면서 신용을 제공하는 것이다. 국제적 대여자의 신용 지원이 빨라지면 빨라질수록 금융위기나 외환위기의 전염 효과는 제한되기 때문이다.

1.3 투자의 제약조건과 목표

투자자는 투자라는 행동을 통해서 더 큰 수익을 얻기 위해서 실물자산과 금융자산을 매입하고 매도하는 일년의 활동을 이어 나간다. 큰 수익을 얻기 위해 집행되는 투자라는 활동은 불확실성 하에서 이루어짐에 따라 투자자는 불확실성 하에 경제적 합리성을 선택하게 된다. 어쨌든 투자자들은 투자라는 행동에서 투자목표를 설정하게 되고, 투자목표는 투자환경에 따라 주어지는 제약조건 하에서 그 목표를 가장 효과적으로 달성하고자 투자전략을 수립하게 된다. 이러한 제약조건, 투자목표, 투자전략 등의 투자자의 특성들은 투자자의 유형, 운용규모, 연령, 목표수익률, 위험에 대한 인내도, 투자기간 등에 따라 달라진다.

1.3.1 효율적 시장가설(EMH)

효율적 시장가설(EMH: efficient market hypothesis)은 주식가격에 영향을 줄 수 있는 모든 이용가능한 정보가 신속하고도 충분하게 주식가격에 반영되고 있는가를 확인하는 것으로, 주식가격은 가용한 모든 정보를 반영한다는 가설이다. 효율적 시장 가설에 의하면 주식가격은 새로운 정보에 의해서만 영향을 받고, 이미 모든 정보는 주가에 반영되어 있기 때문에 시장수익률 이상의 수익을 내는 것은 불가능하다고 본다.

파마(Fama)는 1970년 연구에서 이전 연구들의 가설 검정을 통해 약형(weak form EMH), 준강형(semi-strong form EMH), 강형(strong form EMH)의 세 가지 수준의 시장 효율을 제시한다.

먼저, 약형 효율적 시장가설(weak form EMH)은 현재의 주가는 과거의 주가 움직임이나 거래량과 같은 역사적 정보를 모두 반영하고 있다는 가설이다. 따라서 약형 효율적 시장 가설이 성립하는 시장에서는 어떤 투자자도 과거의 주가움직임이나 거래량 등의 정보를 가지고 비정상적인 초과수익을 얻을 수 없다. 기술적 분석은 주식가격이나 거래량이 일정기간 동안 지속되는 추세를 지니고 있으며, 반복되어 나타나는 일정한 패턴이 존재한다는 가정하에서 이루어지는 차트분석이나 그래프분석이다. 기술적 분석은 과거의 주식가격이나 거래량의 추세와 패턴을 분석함으로써 미래의 주식가격을 예측하려고 한다. 그러나 약형 효율적 시장가설에서는 과거의 주가변동과 미래의 주가변동은 상호 관련없이 독립적으로 이루어짐에 따라 과거의 주가정보를 활용하여 분석하는 기술적 분석은 의미가 없다고 본다.

다음으로, 준강형 효율적 시장 가설(semi–strong form EMH)은 현재의 주가는 과거의 역사적 정보뿐만 아니라 공개적으로 활용가능한 모든 정보를 모두 반영하고 있다는 가설이다. 준강형 효율적 시장가설이 성립하는 시장에서는 어떤 투자자도 과거의 역사적 정보 또는 공재적으로 이용가능한 정보를 가지고는 비정상적인 초과수익을 얻을 수 없다. 여기서 공개적으로 활용가능한 정보는 주식배당, 자사주매입 등을 비롯해서 기업의 보고된 회계정보, 증권관계기관의 투자자료, 정부의 경제정책 등과 같이 누구나 활용가능한 공개된 정보를 의미한다. 기업의 기본적 분석은 주식은 본질적 가치를 가지고 있으며 일정시간이 흐르면 주식은 본질적 가치에 수렴한다는 가정을 한다. 이를 통해 기업의 성장, 수익, 배당, 경기전망, 산업전망 등의 요인들을 분석하여 그 기업이 과대평가되어 있는지 혹은 과소평가되어 있는지를 분석하여 비정상적인 초과수익을 얻고자 한다. 그러나 준강형 효율적 시장 가설이 성립하는 시장에서는 공개적으로 활용가능한 모든 정보가 현재의 주가에 반영되어 있기 때문에 공개적으로 이용가능한 정보에 기초해서 작성한 기본적 분석은 의미가 없다.

끝으로, 강형 효율적 시장 가설(strong form EMH)은 현재주가는 과거의 역사적 정보, 공개적으로 활용가능한 정보 뿐만 아니라 미공개된 내부정보까지 모두 반영하고 있다는 가설이다. 강형 효율적 시장 가설이 성립하는 시장에서는 어떠한 정보를 활용하더라도 비정상적인 초과수익을 얻을 수 없다.

효율적 시장 가설은 위험 조정 면에서 공식화되므로, 특정 위험 모형이 상정되어야 검정할 수 있다. 그래서 1990년 이후에는 특정 위험 모델로부터의 편차인 시장 이례적 현상(market anomaly)에 주목한다. 주식시장에서 나타나는 이례적 현상이란 위험자산의 수익률이 베타 이외에 다른 여러 가지 요인에 의해 영향을 받는 현상을 말한다. 이례적 현상의 예로는 기업규모효과[15], 저PER효

15 기업규모효과는 소규모 기업의 수익률이 대규모 기업의 수익률보다 평균적으로 높게 나타나고 있는 현상을 말한다.

과[16], 시가가치대비 장부가치비율 효과[17], 주식수익률의 계절성[18], 소외기업효과[19], 거품이론[20] 등이 있다.

1.3.2 효율적 분산투자와 자산배분 투자

단순한 의미의 분산투자는 '모든 계란을 한 바구니에 담지 말라'는 것을 의미한다. 모든 계란을 한 바구니에 담지 않음으로써 각 바구니의 수익률과 위험(변동성)의 특성을 이해하는 것이 중요하다. 분산효과를 통해 포트폴리오의 위험(변동성)을 감소시키고 다양한 바구니들이 어떻게 상호작용하는지를 살펴보는 것이 분산투자에 있어서 중요하다. 높은 변동성을 싫어하는 투자자들은 투자 자금의 일부를 채권이나 MMF와 같은 상품에 투자하는 것이 바람직하고, 보다 높은 위험(변동성)을 용인할 수 있는 투자자라면 최적의 포트폴리오를 구성하기 위해서 채권이나 MMF와 같은 상품을 선택하기 보다는 우량주에 대한 투자를 늘릴 것이다.

어쨌든, 분산투자를 논의할 때는 포트폴리오의 기대수익률을 언급하게 됨으로써 자연스럽게 자산배분과 연결된다. 특정 포트폴리오의 기대수익률의 위한 최적의 자산배분은 포트폴리오의 위험(변동성)은 최소화하는 반면 기대수익률은 높여 나간다. 포트폴리오에는 적절한 자산배분과 적절하지 못한 자산배분이 있는데, 투자자들의 높은 기대수익률을 얻기 위해 효율적 투자선장에 위치한 포트폴리오를 보유하도록 자산을 배분해야 한다. 이러한 포트폴리오는 기대

16 저PER효과는 저PER기업의 수익률이 고PER기업의 수익률보다 높게 나타나는 현상을 말한다.

17 시장가치대비 장부가치비율 효과는 저PBR(PBR: 주가/BPS<bookvalue per share>)기업의 수익률이 고PBR기업의 수익률보다 높게 나타나는 현상을 말한다.

18 주식수익률의 계절성에는 세 가지가 있다. 첫째, 1월효과(January effect)로 1월의 수익률이 다른 달에 비해서 더 높은 수익률을 보이는 현상이다. 둘째, 월중효과(monthly effect)로 각 월의 초반보다는 각 월의 후반부의 수익률이 높게 나타나는 현상을 말한다. 셋째, 주말효과(weekend effect)로 주말(특히 금요일)의 수익률이 주초(특히 월요일)의 수익률보다 높게 나타나는 현상을 말한다.

19 소외기업효과(neglected firm effect)는 증권사에 근무하는 애널리스트나 펀드매니저와 같은 기관투자자의 관심도가 낮은 기업의 수익률이 관심이 높은 기업의 수익률보다 높게 나타나는 현상을 말한다.

20 거품이론(bubble theory)은 주식가격은 기업의 본질적 가치(내재가치)를 넘어 관성적으로 상승하는 경향이 있으며, 어느 시점에 이르러서는 주가가 너무 높게 형성되었다고 판단됨에 따라 급격하게 본질가치로 환원하게 된다는 이론이다.

수익률은 동일하면서 다른 포트폴리오보다 낮은 위험(변동성)을 보이거나, 동일한 위험(변동성)이 예상되지만 더 높은 기대수익률을 얻는 것을 목표로 한다. 심지어 최근에는 투자자의 성향에 따라 자산배분에 따른 기대감이 더욱 더 커지고 있다. 특히, 기존의 자산배분이 국내에 한정된 경우에는 투자할 수 있는 상품이 제한됨에 따라 전통적으로 수익률과 위험(변동성)을 중심으로 최적의 투자안을 도출하려고 했지만, 투자상품이 글로벌로 확대되면서 다양한 자산배분형 투자가 이루어지고 있다. 특히, 투자자들은 글로벌 투자를 통해 고수익/저위험의 상품이나 중수익/중위험에 대한 상품 등에 관심이 많아지면서 이전과는 다른 형태의 자산배분의 효과를 기대하고 있다. 1952년 마코위츠가 소개한 '현대 포트폴리오의 이론(MPT: Modern Portfolio Theory)'을 활용해서 투자자가 최적의 포트폴리오를 구축할 수 있었지만[21], 지금은 세계의 금융시스템이 서로 연결되고 상당부분이 통합된 시장자본주의의 확대로 전통적 포트폴리오 이론을 적용하기 어렵게 된다. 다시 말해서 전통적 포트폴리오 이론이 현재에는 잘 적용되지 않는 이유는 하나는 투자상품이 글로벌로 확대된 측면이 있고, 다른 하나는 파생상품(ETF, ELS, ELW 등) 등이 다양한 수익구조를 만들어내는 금융상품이 소개되면서 과거의 전통적 이론과는 완전히 다른 기대수익률과 위험(변동성)을 통한 최적 포트폴리오의 형태가 변화하고 있기 때문이다.

더 하여서 개별 자산의 수익과 위험만을 고려해서 그 자산이 포트폴리오에 미치는 영향을 평가하기 어려울 때가 있다. 이런 단점을 보완해주는 지표가 샤프 비율(The Sharpe Ratio)인데, 이것을 '변동성에 대한 보상비율(reward-to-variability ratio)'이라고 부른다. 샤프 비율은 자산 포트폴리오에서 투자성과를 평가함에 있어서 해당 투자의 위험을 조정해 반영하는 방식이며, 1966년에 노벨상을 받은 윌리엄 샤프(William F. Sharpe)가 뮤추얼펀드의 실적을 측정하기 위해 개발한다. 이 공식은 비교적 간단한데 샤프비율을 통해 위험 한 단위당 추가되는 이익을 측정할 수 있다. 다시 말해서 두 자산을 공동의 기준지표와 비교할 경우에는 더 높은 샤프 비율을 나타내는 자산이 동일한 위험에 대해 더 높은 수익률을 제공한다. 그러나 다른 수학적 모형과 동일하게 샤프 비율은 자료의 정확성에 의존한다. 샤프 비율은 트레이너 비율[22], 젠센의 알파[23]와 함께 포트폴리오와 뮤추얼 펀드

21 Markowitz, Harry M., Portfolio Selection, Journal of Finance, vol.7, no.1 1952, pp. 77~91.

의 운영역의 성과를 평가할 때 자주 사용된다.

1.3.3 투자의 제약조건

투자자들은 사회적·행정적·법률적·국가적 규정이나 준칙에 의해 제한된 상황 하에서 투자와 관련된 행동을 하여야 하므로 시장에서 거래되는 모든 자산을 거래할 때는 특정 국가에서 규정하는 내용을 준수해야 한다. 이렇듯 투자자가 거래하는 데 있어서 염두 해 두어야 할 제약조건으로는 다음과 같은 것을 들 수 있다.

- **운용규모(Size)** : 투자자는 운용하는 규모에 따라 투자에 대한 대상이 정해지게 된다. 일반적으로 투자하는 운용자금이 크면 클수록 다양한 실물 및 금융자산을 거래할 수 있다.
- **유동성(Liquidity)** : 투자한 자산에 대해서 필요한 시기에 처분할 수 있는가를 의미한다. 자산의 유동성은 화폐의 유동성과 비화폐의 유동성(예를 들면, 물물교환)으로 구분 할 수 있지만, 현대에 들어서는 모든 자산의 유동성은 화폐의 유동성을 기초로 하여 이해 되는 경우가 일반적이다.
- **인플레이션과 실질수익률** : 재화와 서비스의 가격이 변화할 때에는 명목(nominal)과 실질(real)수익률을 구분해야 한다. 만약, 은행에 돈을 예치하는 경우 예금자는 명목이자율(nominal interest rate)를 제시 받는다. 이에 비해 실질이자율(real interest rate)는 예금한 돈으로 살 수 있는 재화가 증가하는 율을 의미한다. 인플레이션을 통해서 물가가 상승하는 경우, 실질수익율은 명목수익율에서 인플레이션을 뺀 값과 같다. 투자자들은 구매력의 증가분인 실질수익률에 관심을 가지기 때문에 인플레이션이 높아지면 투자자들은 자신의 투자로부터 더 높은 명목수익률을 요구하게 된다.

---

22 트레이너 비율은 위험보상비율(reward－to－volatility ratio)로, 위험 한 단위를 받고 얻은 초과성과가 얼마인지를 측정하는 성과지표이다. 초과성과란 '무위험수익률'을 뛰어넘는 수익률을 말한다.

23 젠센의 알파는 위험수준에 대해 요구되는 수익률보다 펀드가 얼마나 더 높은 수익률을 달성하였는가를 나타내는 값이다. 펀드성과분석에서 상대적인 성과보다는 절대적인 성과분석을 중요시하고, 펀드매니저의 성과를 측정하는데 사용된다.

- **투자기간(Investment Horizon)** : 투자한 시점부터 시작해서 일부 또는 전부를 회수할 수 기간을 의미한다. 초단타투자자(Scalper)는 투자기간이 매우 짧아서 주식이나 파생상품 등의 증권에 몇 분 이내의 초단타 매매하는 것을 말한다. 모멘텀(Momentum) 투자자는 3개월에서 6개월 정도 상장된 주식에 이슈가 발생할 때 투자하는 경우이다. 통상적으로 단기투자는 1년 미만을, 중기투자는 1년 이상에서 10년 미만을, 그리고 10년 이상을 장기투자로 분류한다.
- **분석 및 예측능력(Analysis and Valuation)** : 투자자산에 대한 분석능력과 예측능력을 확보하는 것도 투자자의 투자 행동을 제약하는 조건 중에 하나이다. 특히, 이 분야는 전문성과 다양한 융합적 사고능력을 필요로 함에 따라 투자자들의 투자 행동에 큰 영향을 미치는 요인 중에 하나이다. 예를 들어, 특정 상장된 기업의 주식에 중장기 투자할 경우, 그 기업의 재무제표에 나타난 정량적 데이터를 이해할 뿐만 아니라 미래 산업사이클의 변화와 CEO(Chief Executive Officer)의 역량 등을 파악할 수 있어야 한다. 부동산과 같은 실물에 투자할 경우, 부동산의 투자를 통한 수익과 비용을 산출할 수 있어야 하며 상권과 지역의 변화를 예측할 수 있어야 상대적으로 높은 투자 수익을 구현할 수 있다.
- **관련 법규와 증권거래법(Commercial & Securities and Exchange Laws)** : 투자자들은 국내외 투자 지역에 따라서 그 국가가 정하는 법규에 따라서 투자 업무를 수행해야 한다. 국내에서 투자 할 경우, 투자자는 관련 법규와 증권거래법을 감안해야 한다. 특히 기관투자자의 경우, 법률에 따라 고객의 자산을 최대한 보호하고 선량한 관리자로서의 의무를 수행해야 한다.
- **세금(Tax)** : 투자자들이 투자를 통해서 실질적으로 얻게 되는 이익은 세전이익이 아닌 세후이익이다. 따라서 투자 자산에 대한 세율은 투자에 있어서 매우 중요한 요인이다. 투자에 따른 세금은 자본이득세(capital gains tax)와 배당소득세(income gains tax)로 구분 할 수 있다. 자본이득세는 자산이나 자본의 매각을 통해서 발생하는 이익과 손실에 대한 세금이다. 우리나라는 토지, 건물의 양도로 인한 소득과 부동산에 대한 권리나 기타 자산의 양도에 의해 발생한 소득에 대해 과세하는 양도소득세가 있다. 배당

소득세는 기업의 이익이나 배당 또는 자본전입을 통한 무상주식 등 배당소득이 발생한 경우에 부과되는 세금을 말한다. 투자하는 자산이 과거 국내에서 현재 글로벌 자산으로 확대가 빠르게 이루어짐에 따라 각 국가마다 적용되는 세금과 세율(tax rate)을 파악하고 투자하는 것이 중요하다.

1.3.4 투자목표

투자자의 유형에는 개인투자자와 기관투자자가 있다. 개인투자자는 일반투자자와 전문투자자로 구분할 수 있고, 기관투자자는 외국인기관투자자와 국내기관투자자로 구분된다. 기관투자자는 금융투자를 업무로 하는 은행, 증권사(금융투자사 포함), 자산운용사(과거의 투신사 포함), 기타금융사, 보험회사, 연기금 등이 이에 해당된다.

투자목표는 불확실성 하에서 기대하는 수익률과 위험 사이의 선택에서 투자를 결정하게 되는데, 투자자의 성향에 따라 투자 목표는 달라질 수가 있다. 금융투자자의 성향에 따른 유형을 분류하면, 안정형, 안정추구형, 위험중립형, 적극투자형, 공격투자형 등으로 분류할 수 있다. 안정형은 예금 또는 적금 수준의 수익률을 기대하며, 투자한 원금에 대한 손실을 원하지 않는다. 기대수익률이 낮더라도 원금손실이 거의 없는 안전한 금융상품에 투자하기를 원한다. 미래의 확실한 원금보전과 환금성을 고려한 투자 포트폴리오에만 투자한다. 안정추구형은 투자원금의 손실위험을 최소화하고자 하지만 예금이나 적금보다 높은 수익을 위해 단기적인 손실을 수용하고 자산 중 일부는 위험상품에 투자할 의향이 있다. 다시 말해서 안정추구형은 안정성 위주의 투자를 선호하기 때문에 일정부분까지는 위험을 허용하지만 대부분 투자원금을 보호하는 자산에 투자를 희망한다. 위험중립형은 일부 투자자산에 대해서도 추가 수익을 기대하며 일정 수준의 원금 손실을 인정한다. 투자자 상당수가 여기에 포함되는데, 주식형 상품에도 투자하지만 시장 상황이 변화하면 민감하게 대응한다. 성장추구형은 유동성 확보를 위한 일부 자산을 제외하고는 위험(변동성)이 높은 상품에 투자한다. 고수익을 추구하는 투자자로서 고수익을 내는 데에는 위험도 함께 증가하는 것을 인정한다. 성장형은 시장평균수익률을 크게 상회하는 높은 수준의 투자 수익을 추구하며, 이를 위해 자산가치의 변동에 따른 손실 위험을 적극 수용하는 성향을 말한다. 위험을 기꺼이 감수하고서라도 고수익을 추구하기 때문에 주식이나 파생상품과 같은 고위험 상품에도 기꺼이 투자한다. 원금손실이 있더라도 높은 수익을 내기 위해서는 고위험을 감수해야 한다고 생각한다.

기본적으로 금융투자자의 경우 위험회피적이거나 위험중립적인 것을 전제로 하기 때문에 투자목표에서는 항상 기대수익률과 함께 위험(변동성)도 핵심적 고려 대상으로 최적의 균형을 설정하도록 해야 한다.

표 1-1 투자자 유형별 투자목적

<table>
<tr><th colspan="4">투자자유형</th><th>기대수익</th><th>위험</th></tr>
<tr><td rowspan="2">개인투자자</td><td colspan="3">일반투자자</td><td colspan="2">라이프사이클에 의존
(교육, 주택, 자녀, 은퇴 등)</td></tr>
<tr><td colspan="3">전문투자자</td><td colspan="2">상대적으로 높음</td></tr>
<tr><td rowspan="8">기관투자자</td><td rowspan="7">기관투자자</td><td colspan="2">금융투자(or 증권사)</td><td colspan="2">고객의 요구 반영</td></tr>
<tr><td colspan="2">자산운용/자문사</td><td colspan="2">고객의 요구 반영</td></tr>
<tr><td colspan="2">은행</td><td>안정적</td><td>상대적 낮음</td></tr>
<tr><td rowspan="2">보험</td><td>생명보험</td><td>안정적</td><td>상대적 낮음</td></tr>
<tr><td>손해보험</td><td>안정적</td><td>상대적 낮음</td></tr>
<tr><td colspan="2">연기금</td><td colspan="2">연금지급 스케줄과 포트폴리오 구성</td></tr>
<tr><td colspan="3">외국인투자자</td><td colspan="2">상대적 높음</td></tr>
</table>

잠시 쉬어가는 코너

1조 원 투자받는 미국 스타트업, 그들은 누구인가?

> 1조 원 이상 투자를 받은 미국 스타트업은 대부분 인공지능과 관련
> 다양한 배경의 사람들이 대규모 펀딩을 받은 미국 스타트업을 창업
> 2024년 5월, 10억 달러 이상 투자받은 미국 스타트업

2024년 5월, 모든 한국 스타트업들이 도합 약 7000억 원(5억1000만 달러)을 투자받는 동안 미국에서는 4개의 스타트업이 각각 약 1조4000억 원(10억 달러) 이상 투자를 받았다. 기업가치가 10억 달러여도 희귀하다 해 유니콘이라 불리는데 펀딩 한번에 10억 달러를 투자받는 그들, 한국 스타트업 전체 투자금액의 2배를 혼자서 투자받은 그들은 누구이며 무엇을 하고 있는지 살펴보고 한국에 전하는 시사점을 알아보고자 한다.

10억 달러 펀딩 미국 스타트업 (단위:억 달러)

회사명	투자금액	기업가치	발표일	펀딩단계	사업분야	본사 소재지
xAI	60	240	2024-05-26	시리즈B	인공지능	실리콘밸리
CoreWeave	11	190	2024-05-01	시리즈C	인공지능 데이터센터	뉴저지
Scale AI	10	138	2024-05-21	시리즈F	인공지능	실리콘밸리
Wiz	10	120	2024-05-07	시리즈E	사이버보안	뉴욕

자료) 실리콘밸리 무역관

◇ xAI: 일론 머스크의 생성형 인공지능 스타트업

2024년 5월 26일 xAI는 오랫동안 기다려온 60억 달러 자금조달 시리즈B 라운드를 공식 발표했다. 원래는 30억 달러를 모집하려고 했으나 참여를 원하는

투자가들이 많아서 60억 달러를 모집하게 됐다고 전해진다. 금번 펀딩을 통해 xAI의 기업가치는 240억 달러로 평가받았는데, 이는 오픈AI의 860억 달러에는 미치지 못하지만 앤트로픽(Anthropic)의 180억 달러보다 높은 금액으로 이로써 xAI는 세계에서 두 번째로 가치 있는 생성형 인공지능 스타트업이 됐다.

xAI는 2023년 11월에 챗GPT에 대응해 그록(Grok)을 출시했으며 2024년 3월 업데이트된 그록－1과 그록－1.5 버전을 연달아 선보였다. 그록은 대규모 언어 모델과 일론 머스크가 소유한 또 다른 회사인 X의 실시간 데이터를 활용해 재치 있으면서도 통찰력 있는 응답을 제공하도록 설계됐다. 즉 xAI는 유머러스하고 유능한 AI 챗봇이자 오픈AI의 챗GPT에 대응하는 그록을 개발하는 스타트업이라고 할 수 있다.

오픈AI의 챗GPT에 대응하는 xAI의 그록

자료) Unsplash

◇ CoreWeave: GPU 클라우드 인프라 제공 스타트업

2024년 5월 1일 코어위브(CoreWeave)는 시리즈C를 통해 11억 달러의 신규 자금을 확보했다고 발표했다. 금번 펀딩으로 인정받은 기업가치는 190억 달러(여기서 펀딩금액을 뺀 펀딩 전 기업가치는 179억 달러)로 2023년 4월 20일 시리즈B 때의 펀딩 전 기업가치 20억 달러에 비교하면 1년 만에 8배나 성장한 것이다. 더욱이 11억 달러 투자 발표 직후인 2024년 5월 17일 다시 75억 달러를 융자로 조달했는데 이로써 2023년 4월 20일부터 2024년 5월 17일까지 13개월 만에 120억 달러(약 16조5000억 원)를 조달했다.

코어위브는 GPU 가속 컴퓨팅 리소스를 대규모로 제공하는 데 중점을 둔 GPU 전문 클라우드 제공업체로서, 쉽게 말하면, 아마존, 마이크로소프트, 구글은 범용 데이터센터 운영업체이고 코어위브는 GPU 전문 데이터센터 운영업체라고 할 수 있다. 코어위브는 인공지능, 머신러닝 기타 GPU를 대규모로 필요로 하는 분야에 대해 수요에 맞춰 엔비디아 GPU를 광범위하고 전문적으로 제공한다. 오히려 아마존, 마이크로소프트, 구글이 GPU에 관해서는 코어위브보다 제한적인 선택만 제공한다고 하며, 코어위브에 따르면 코어위브가 기존 클라우드 제공업체보다 35배 빠르고 80% 저렴하다고 한다.

인공지능 전문 클라우드 컴퓨팅 제공업체 코어위브

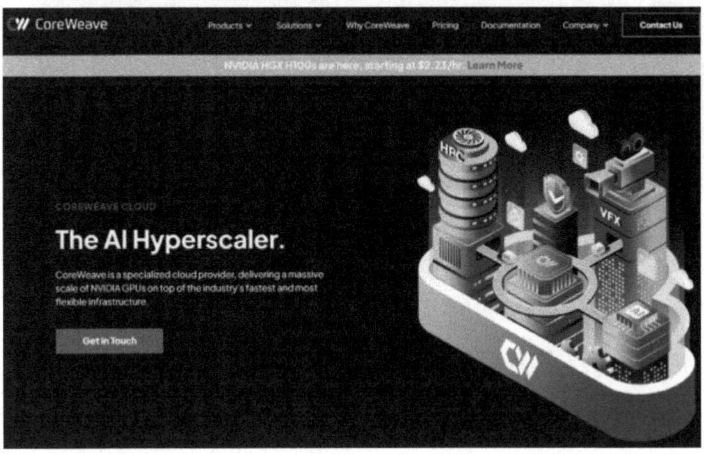

자료) 코어위브 홈페이지

◇ ScaleAI: 인공지능 트레이닝 데이터 제공 스타트업

2021년 4월 기업가치 70억 달러에 3억3000만 달러를 투자받았던 스케일AI(Scal e AI)는 3년 만에 2배 상승된 기업가치에 3배 많은 자금을 모집했다. 금번 펀딩에 참가한 투자가들에는 유명 벤처캐피털 외에도 엔비디아, 아마존, 메타, AMD, 시스코, 서비스나우, 인텔 등 유명 기업들이 포함돼 있다.

스케일AI는 인공지능 모델을 위한 고품질 트레이닝 데이터를 제공하는 회사라고 할 수 있다. 텍스트, 이미지, 비디오 및 음성 데이터에 정확하게 레이블을 지정하며 또한 데이터 세트를 생성하고 미세 조정한다. 인공지능을 효과적으로 트레이닝시키기 위해서는 정확하고 신뢰할 수 있는 레이블이 지정된 데이터 세트가 필요하다는 근본적인 과제를 해결함으로써 인공지능 산업에서 중요한 역할을 한다고 평가받고 있다.

유명 생성형 인공지능 관련 회사와 협업하고 있는 스케일AI

자료) 스케일AI 홈페이지

◇ Wiz: 클라우드 보안에 중점을 둔 사이버보안 스타트업

2024년 5월 7일 캘리포니아주 샌프란시스코에서 유명 사이버보안 전시회 RSA가 열리는 동안 클라우드 보안 스타트업 위즈(Wiz)는 120억 달러 기업가치, 10억 달러 모금 시리즈E 투자를 발표했다.

위즈는 클라우드 보안에 중점을 두고 각기 다른 클라우드 제공업체의 클라우드 서비스 환경 전반에 걸쳐 클라우드 인프라를 분석하고 보호할 수 있는 플랫폼을 제공한다. 기존 사이버 보안업체와는 달리 클라우드 시대에 맞게 특별히 설계돼 코드에서 데이터에 이르는 전체 클라우드 공급망에 대한 보안을 제공한다고 한다.

포춘 100대 기업 중 40개 이상이 사용하는 클라우드 전문 보안업체 Wiz

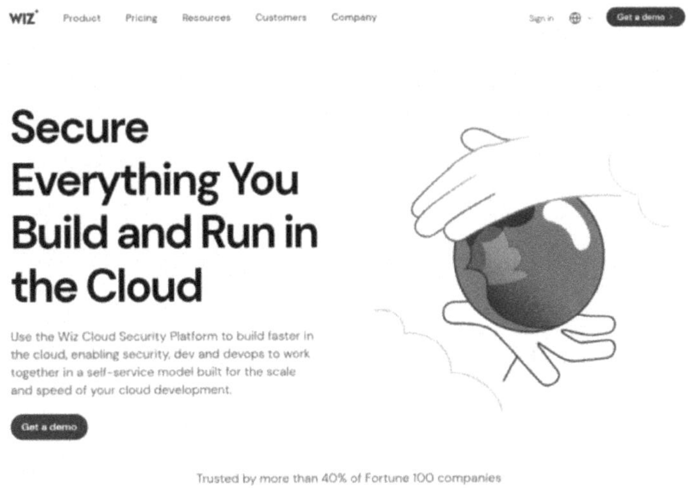

자료) Wiz 홈페이지

◇ 10억 달러 펀딩 스타트업을 창업한 사람들

그렇다면 한 번에 10억 달러 이상 투자를 받은 위 스타트업의 창업자들은 어떤 사람일까?

xAI의 창업자 일론 머스크는 2024년 6월 1일 현재 전 세계에서 가장 부유한 사람으로 테슬라의 CEO이자 스페이스X, 뉴럴링크, 보링 컴퍼니 등 유명 스타트업을 창업했고 심지어 xAI의 경쟁사인 오픈AI도 공동창업했다. 1971년 남아프리카공화국에서 태어났으며 2023년 51세에 xAI를 창업했다. 코어위브의 공동창업자이자 CEO인 마이클 인트레이터(Michael Intrator)는 1987년 대학에 입학한 50대 중반으로 40대 후반이던 2017년 코어위브를 창업했고 그전 20년간 자산관리 업무를 해왔다. 스케일AI의 창업자이자 CEO인 알렉산드르 왕(Alexandr Wang)은 1997년생 27세로 수학, 물리 올림피아드에서 입상했으며 MIT를 중퇴하고 19세인 2016년 스케일 AI를 창업했다. 위즈의 공동창립자이자 CEO인 아사프 라파포트(Assaf Rappaport)는 1983년생 40세로 이스라엘에서 컴퓨터과학 학사와 석사학위를 받았고 2012년에 사이버보안 스타트업 아달롬(Adallom)을 창업해 2015년에 마이크로소프트에 매각한 바 있으며, 2020년 36세에 다른 이스라엘인 공동창업자 3명과 함께 위즈를 창업했다.

이렇듯 10억 달러 펀딩 미국 스타트업을 창업한 사람들은 10대부터 50대까지, 대학 중퇴자부터 고등학위 소지자까지, 아무 재산없이 시작한 사람부터 전 세계에서 가장 부유한 사람까지, 엔지니어부터 자산관리가까지, 연령, 학력, 재산, 경력 모두 다양했으며 심지어 국적도 미국인, 외국인, 다중국적자로 다양했다.

한편, 스케일AI의 또 다른 공동창업자인 루시 구오(Lucy Guo)는 1994년생 29세로 카네기멜론대학교를 중퇴했고 2016년 스케일AI 공동창업 후 2018년 제품에 대한 비전과 로드맵에 대한 의견 차이로 회사를 떠났다. 하지만 지분을 매각하지 않았고 이로 인해 스케일 AI 지분 5.56% 정도를 보유한 약 7억7000만 달러(1조1000억 원) 재산가가 됐다.

◇ 인공지능으로 다시 살아나는 실리콘밸리

위 10억 달러 펀딩 스타트업을 살펴보면 네 곳 중 세 곳이 인공지능 모델 및 이를 위한 데이터와 인프라 제공업체로 인공지능과 관련돼 있다. 그리고 이 세 인공지능 관련 스타트업 중 두 곳이 실리콘밸리에 소재하고 있다.

한동안 실리콘밸리의 높은 생활비와 재택근무 활성화로 인해 실리콘밸리 외부에서 창업하는 스타트업의 수가 증가했다. 또한 실리콘밸리 대형 기술 회사들의 독점적 관행, 개인정보 문제, 그리고 새로운 혁신 기술의 부재로 인해 실리콘밸리에 대한 부정적인 시각과 전망이 있었다. 그러나 생성형 인공지능 기술의 성공적인 등장으로 인해 실리콘밸리에는 다시 투자, 인재 유입, 혁신, 협력이 활발히 이루어지고 있으며, 실리콘밸리 기업들의 영향력도 커지고 있다.

예를 들어, 스케일 AI는 10억 달러 투자유치 직후 18만 평방피트(약 1만 7000㎡, 5000평) 규모의 사무실 임차계약을 체결했는데 이는 2024년 샌프란시스코 지역 임차계약 중 최대 규모이며 현재 사무실 공간 5만 평방피트의 3배가 넘는 규모이다. 이렇듯, 인공지능 기술이 투자로, 투자가 고용과 부동산으로 이어지며 실리콘밸리에 다시 활력이 늘어나고 있다.

◇ 한국 스타트업에 대한 시사점

위에서 살펴본 바와 같이 미국에서 크게 펀딩을 받은 스타트업의 창업자들은 창업 당시 다양한 연령, 학력, 경력, 사회적 지위를 가지고 있었다. 한국에서도 명문 공과대학을 막 졸업한 20대뿐만 아니라 누구나 스타트업을 창업할 수 있는 환경이 조성된다면 성공하는 스타트업을 더 많이 볼 수 있을 것 같다.

또한, 대규모 펀딩을 받은 스타트업은 대부분 인공지능과 관련돼 있는데 인공지능 기술의 중요성을 감안할 때 이렇게 막강한 자금을 바탕으로 사업을 하는 외국기업들과 경쟁하려면 국가 차원에서 인공지능에 대한 전략과 지원이 있어야 할 것 같다.

한편, 실리콘밸리 소재 투자회사에 근무하는 Y는 국가와 기업의 운명이 인공지능 기술에 달려있다고 해도 과언이 아닌 상황이기 때문에 인공지능에 대한 투자는 앞으로도 계속될 것으로 전망하고 있다. 또 다른 실리콘밸리 소재 투자회사에 근무하는 L은 초기 단계 인공지능 스타트업들이 이렇게 대규모 펀딩을 받는 유명 인공지능 스타트업들과 경쟁하기는 사실상 어려울 것 같다며, 오히려 그들의 기술을 이용해 빨리 좋은 애플리케이션을 선보이는 것이 초기 단계 인공지능 스타트업의 성공 확률을 높이는 방법일 수 있다고 조언한다.

자료출처 = CoreWeave 홈페이지, Crunchbase, Crunchbase News, Fortune, PR Newswire, San Francisco Business Times, Scale AI 홈페이지, Tech Crunch, Unsplash, Wall Street Journal, Wiz 홈페이지, 더브이씨, KOTRA 실리콘밸리 무역관

제 2 장

CEO개론_CEO의 투자와 투자철학, 성공스토리를 시대에 맞추어서 확대 재생산하라

2.1 혁신시대의 CEO개론

4차 산업혁명시대에서 기술과 기업환경, 그리고 대내외적 경영환경이 빠르게 변화하기 때문에 CEO(Chief Executive Office: 최고 의사결정권자)들의 역량이 더욱 더 중요시되고 있다. 대내외 환경의 급변에 신속하고 정확한 대처와 그에 대한 투자를 선행한 기업은 흥하게 되고 그렇지 못한 기업은 망하게 되는 일들이 다반사로 발생하고 있다. 또한 너무 빠르게 변화하는 대내외환경 속에서 기존의 사업을 집중할 지 또는 구조조정할 지, 아니면 기존의 사업모델에 투자를 더 집행할 지 또는 새로운 사업모델에 투자를 이전할지 등을 선택해야 하는데, 이런 일련의 일들을 선택하는 데 있어서 CEO의 역할을 매우 중요하다. 물론 우리나라의 경우에는 미국이나 서구와는 다르게 전문경영인체제보다는 오너형 체제를 지니고 있어 대기업의 경우 의사결정권자와 CEO가 일치하지 않는 경우가 많다. 또한 우리나라를 비롯한 아시아의 경우, 대기업은 기존의 기득권을 향유하고 있는 측면에서 오너형 CEO가 아닌 전문경영인형 CEO의 중요성이 상대적으로 덜 중요하다. 그러나 벤처기업이나 중견기업의 경우는 대부분 CEO에 의해서 미래 기업의 진로와 생사가 결정된다는 측면에서 주로 혁신과 변혁을 창조하는 벤처기업과 중견기업에 있어서 CEO의 역할을 더욱 더 중요하다.

여기서 CEO란 사업을 실질적으로 주도하는 경영자를 의미한다. 벤처캐피탈리스트(venture capitalist) 사이에서 오랜 격언 중에 하나는 “첫째도 사람, 둘째도 사람, 셋째도 사람”이라는 평가가 있을 정도로 기업운영에 있어서는 사람에 대한 평가가 중요한다. 좀 더 실질적으로 표현한다면 벤처캐피탈리스트 사이에서 통용되는 격언은 다음과 같이 바꿀 수 있다. "첫째도 CEO, 둘째도 CEO, 셋째도 CEO". 여기서 CEO에 대한 평가는 그의 인성이나 지식에 대한 평가는 아니라, CEO로서의 역량에 대한 평가이다. 뛰어난 CEO는 학력, 경력, 지식, 성품, 체력, 아이큐, 인맥, 언변, 친화력, 추진력 중 어떤 요인이 중요한 것인가? 수많은 학자들이 리더십과 경영 역량을 형성하는 요인에 어떤 법칙이 있을 것으로 해답을 찾아왔지만 아직까지 만족할 만한 해답은 얻지 못한 상태이다. 그럼에도 불구하고 오랜 경험을 통해 형성된 몇 가지 규칙들을 통해 CEO에 필요한 내용을 정리해 보고자 한다.

먼저, CEO는 해당 사업을 영위하는 데 있어서 필요한 지식과 경험을 습득하고 있는지가 파악해야 한다. CEO에게 업무상 요구되어지는 지식과 경험은 기술적이나 실무적 지식이나 경험이 아닌 상이한 부분의 지식과 경험을 통합하여 성과를 낼 수 있도록 하는 융합적 지식이나 경험이다. 따라서 CEO는 현재의 사업을 수행하는 데 있어서 기본적인 소양이나 융합적 지식과 경험이 있는지 파악해야 하며, CEO로서 유사 사업을 경영해 본 성공이나 실패의 지식이나 경험이 있는지가 중요하다. 또한 해당 사업의 특징을 고려할 때, CEO가 출신배경(전문기술자, 재무전문가, 영업전문가 등)이 CEO로서 요구되는 자질에 긍정적인 역할을 하는지 파악할 필요가 있다. 다음으로, CEO가 비전을 제시하는 능력과 그것을 구성원들과 같이 실행할 수 있는 능력이 있는지 파악해야 한다. CEO는 기업의 향후 비전에 대해서 명확히 제시할 수 있어야 한다. CEO가 제시한 비전을 평가할 때 중요한 것은 그 비전이 얼마나 달성가능한 것인지 체크할 필요가 있고, 그 비전이 실현될 때 기업가치의 변화를 예상 필요가 있다. 또한 CEO가 수년 내의 비전조차 제시하지 못하거나 임직원들이 그 비전에 대해서 공감하지 못한다면 아무리 우수한 기술과 양호한 시장 환경이 조정된다 하더라도 CEO의 비전을 통한 기업가치 증가는 쉽지 않을 것이다. 셋째, CEO가 지니고 있어야 하는 사고의 유연성을 점검해야 한다. CEO의 역할이 중요해진 만큼 그의 결정이나 판단은 회사의 존립에 직접적인 영향을 미친다. CEO는 최종 투자나 경영에 관련 중요사항에 대해 의사를 결정할 때는 열린 시각을 가지고 다양한 의견을 청취한 후에 충분한 검토를 통해서 이루어져야 한다. CEO가 아무리 유능하더라도 혼자서 독단적으로 결정하는 것은 매우 위험한 경영운영 방식이다. CEO가 자기중심적인지 아니면 타인의 이야기를 되도록 들으려고 하는 사람인지를 파악해야 한다. 과거처럼 강력한 추진력이라는 것은 CEO의 독단적인 결정을 의미하는 것이 아니라, 구성원들에 대한 의견을 충분히 수렴한 후 그 결정된 바를 체계적으로 실천하여 성과로 연결시키는 능력을 의미한다. 고객이나 투자자와 소통을 필요로 하며 그들의 의견을 청취하여 필요할 경우에는 언제든지 경영에 반영하는 자세가 4차 산업혁명의 시대에서 절대적으로 필요한 CEO의 덕목인 것이다. 또한 창업가에서 CEO를 지속하는 사람들은 회사를 개인 소유물로 생각하는 경향이 있다. 이런 경우에는 사업을 통해 고객을 창출하고 주주를 포함한 이해관계자들에게 수익을 공정하게 나누겠다는 생각보다는 자신의 이익과 복지만을 위해 사업을 진행해 나간다. 이런 CEO는 외부 투자금이 유입되면 사업의 성장을 위해 사용하기 보다는 개인의 이익으로 전용되기 때문에 주의 깊은 관찰이 필요하다. 이외에도 CEO는 좋은 인적네트워크와 임직원의 관리 능력 등을 보유하고 있어야 하며, 주주와 임직원 및 이해당사자들 위한 쉬임 없는 노력을 즐기는 자세를 가지고 있는지 점검해야 한다.

2.2 글로벌 Startup과 외국 창업가의 투자와 투자철학

2.1.1 일론 머스크와 테슬라(Tesla)

일론 리브 머스크(Elon Reeve Musk)는 사업가이자 투자가로 잘 알려져 세계적인 거부이다. 그는 남아프리카공화국의 프리토리아(Pretoria)에서 태어났으며, 캐나다 출신인 그의 어머니를 통해서 18세에 캐나다로 이민 오기 전에 잠시 남아프리카공화국의 프리토리아 대학(University of Pretoria)에 다녔다. 그 후 그는 미국의 펜실베니아 대학교로 전학하여 경제학과 물리학으로 학사 학위를 취득한다.

머스크는 킴벌(Kimbal)과 Zip2라는 온라인 도시 가이드 소프웨어 회사를 공동 창업한다. Zip2는 컴팩(Compaq)에 의해서 1999년에 3억 7천만 달러에 인수되면서 머스크는 천 2백만불의 사업의 종자돈을 마련하게 되었다. 이 자금을 바탕으로 머스크는 X.com 이라는 온라인 다이렉트 은행을 공동 창업하게 되고, 컨피니티(Confinity)와 합병한 X.com은 페이팔(Paypal)로 2000년로 회사명을 변경한다. 2002년에 이베이(eBay)에게 머스크는 페이팔을 15억 달러에 매각하는 동시에, 같은 해에 1억 달러를 투자하여 스페이스엑스(SpaceX)라는 우주 비행 서비스 회사를 창업한다. 또한 2004년에는 전기 자동차인 테슬라 모터스에 초기 투자자로 참여한다. 2004년에는 투자자를 넘어서 테슬라의 회장 및 제품 설계자로 임명되었으며 2008년에는 대표이사(CEO)로 부임하게 된다. 2006년에는 솔라시티(SolarCity)를 설립하여 태양에너지 회사를 만들고, 이 회사는 2016년에 테스라에 인수되어서 테슬라 에너지(Tesla Energy)로 사명을 변경한다. 이것 외에도 2013년에는 초고속 백트레인(Vactrain) 교통시스템인 하이퍼루프(Hyperloop)를 제안하였고, 2015에는 비영리 인공지능 연구기관인 오픈에이아이(OpenAI)를 공동을 창업한다. 2022년 들어서는 440억 달러를 투자하여 트위터를 인수하고, 이 회사를 새롭게 창업한 X Corp.로 통합하여 이를 다시 X로 브랜화하는 작업을 수행한다. 머스크는 다양한 분야에 많은 투자를 감행한다. 그 중에서도 핵심적인 그의 투자 내용에 대해서 다음과 같이 간략하게 정리해 볼 수 있다.

1) 테슬라 : 테슬라는 테슬라 모터스(Tesla Motors)에서 시작되었으며, 마틴 에버하드(Martin Eberhard)와 마크 타펜닝(Marc Tarpenning)에 의해서 2003년 7월에 창업된다. 2004년 2월에 머스크는 제1차 투자 시리즈를 주도하여 650만 달러를 투자해서 대주주가 되고, 테슬라의 이사회 의장으로 참여하지만 경영에는 깊은 관여를 하지 않는다. 2007년에 경영진과의 갈등 및 2008년 미국의 금융위기로 인해서 창업자인 에버하드가 퇴사하게 되고, 머스크는 2008년에 대표이사(CEO)이자 제품 설계자의 역할을 수행한 후, 2009년에 타펜닝과 함께 공동 창업자로 지정된다. 테슬라는 2008년에 전기 스포츠 카인 로드스터를 출시한다. 이 차는 약 2,500대를

판매하여 리튬이온배터리 셀을 사용한 최초의 전기 자동차로 알려져 있다. 테슬라는 2012년에 4도어 S세단을 출시한다. 2015년에는 크로스오버 모델 X가 출시되고, 일반 대중 모델인 모델3는 2017년에 출시된다. 모델3는 전세계에서 가장 많이 판매된 플러그인 전기 자동차로 불리며, 2021년 6월에는 전 세계에서 첫 번째로 100만대가 판매된다. 2010년에 처음으로 상장된 테슬라는 2021년 10월에는 1조 달러에 도달한 미국의 역사상 여섯 번째 상장기업이 된다.

2) 스타링크 : 스페이스엑스(SpaceX)는 저궤도 위성인 스타링크 코스터렐레이션(Staklink constellation)을 개발하여 위성 인터넷을 접속 할 수 있도록 한다. 첫 번째 두개의 프로토 타입 위성은 2018년 2월에 발사되었고, 두 번째 시험 위성 세트 및 코스터렐레이션의 대규모 배치는 2019년 5월에 이루어지면서 60개의 운영 위성이 발사된다. 코스터렐레이션을 디자인, 설계 및 구축하는 이 프로젝트의 총 비용은 스페이스엑스에 따르면 대략 100억 달러로 추정된다.

3) 오픈에이아이(OpenAI)와 엑스에이아이(xAI) : 오프에이아이는 머스크가 2015년 12월에 공동 창업한다. 오픈에이아이는 인공지능을 개발하고 이를 안전하고 인류에게 이익이 되도록 활용하기 위해 만들어진 비영리적인 인공지능 연구기업이다. 이 회사의 특징적인 내용은 정부와 기업에 대항하여 인공 초지능 시스템을 민주화하는데 있다. 오픈에이아이는 기계 학습에서 중요한 발전이 이루어졌으며, 인간과 유사한 텍스트 생성을 하는 GPT-3와 자연어 설명에서 디지털 이미지 생성을 하는 DALL-E와 같은 신경망을 생산한다. 2023년 7월에 머스크는 엑스에이아이라는 인공 지능 회사를 창업하고, 엑스에이아이는 기존의 ChatGPT와 같은 제품과 경쟁하는 생산적인 인공지능 프로그램을 개발하는 것을 목표로 하고 있다.

2.1.2 스티브 잡스와 애플(Apple)

스티븐 폴 잡스(Steven Paul Jobs)는 미국의 사업가이자 발명가이자 투자가로 Apple의 공동창업자로 잘 알려져 있다. 잡스는 1970년대와 1980년대의 개인

용 컴퓨터 혁명의 선구자로 그의 사업파트너인 스티브 위즈니악(Stevn Wozniak)과 세계적인 사업가로 성장한다. 그의 출생과 성장은 시리아 출신의 아버지와 스위스-독일 혼혈의 어머니에게서 태어난 후 입양되어서 자란 것으로 알려져 있다. 1972년 미국의 리드 대학에 입학했지만 중퇴하고, 1974년에는 인도를 여행하며 깨달음을 찾기 위해서 나중에 선불교를 공부하기도 한다. 잡스는 1976년 위즈니악의 애플(Apple) I 개인용 컴퓨터를 판매하기 위해서 그와 함께 애플를 공동 창업한다. 이 두 사람은 1977년에 애플(Apple) Ⅱ의 생산과 판매로 부와 명성을 얻는다. 1979년에는 잡스가 마우스를 사용하기 시작하고, 그래픽 사용자 인터페이스(GUI)를 갖춘 제록스 알토의 상업적 가능성을 인식한 후에, 1983년에 실패한 애플 리자(Apple Lisa)의 개발에 이어서 1984년에 그래픽 사용자 인터페이스(GUI)를 갖춘 최초의 대량 생산 컴퓨터인 매킨토시(Macintosh)의 개발을 이루어 낸다.

그러나 잡스는 1985년 이사회와 당시 대표이사(CEO)인 존 스컬리(John Scullery)와의 경영 다툼 끝에 애플(Apple)에서 퇴사한다. 잡스는 애플을 퇴사한 후, 몇몇 애플의 직원들과 함께 넥스트(NeXT)를 창업하고 고등 교육 및 비즈니스 시장을 위한 컴퓨터 플랫폼 개발 분야를 개척한다. 또한 조지 루카스(George Lucas)의 조지 루카스 필름의 컴퓨터 그래픽 부문을 후원하여 시각 효과 산업의 개발에 기여한다. 그래픽 그룹(The Graphics Group)은 나중에 피자르(Pixar)로부터 분사하여 1995년 최초로 3D 컴퓨터 애니메이션 영화 '토이 스토리'(Toy Story)를 제작하며 선도적인 애니메이션 스튜디오로 성장한다.

1997년에 애플이 넥스트를 인수한 후에 잡스는 다시 애플로 돌아와서 대표이사(CEO)로 임명된다. 이때 애플의 경영상태는 매우 좋지 못해서 파산상태 직전이었는데, 잡스가 돌아와서 파산에 직면한 애플을 구원투수로서의 역할을 성공적으로 수행한다. 잡스는 영국 디자이너 조니 아이브(John Ive)와 협력해서 "다르게 생각하기"(Think different) 광고 캠페인을 통해서 문화적 영향을 준 아이맥스(iMac), 아이튠(iTunes), Mac OSX, 애플 스토어(Apple Store), 아이패드(iPad), 아이튠 스토어(iTunes Store), 아이폰(iPhone), 애플스토어(Apple Store)와 아이패드(iPad)를 포함한 제품 및 서비스 라인을 개발한다. 2003년 잡스는 췌장 신경내분비종양 진단을 받게 되고 2011년 56세의 나이로 사망하고, 그 뒤를 이어서 애플 사장으로 팀 쿡(Tim Cook)이 임명된다.

표 2-1 **애플의 매출액과 순이익** (단위:10억$, 천명)

	2011	2012	2013	2014	2015	2016	2017	2018	2019	2020	2021	2022
매출액	108	156	170	182	233	215	229	265	260	274	365	394
아이폰(iPhone)	45.9	78.6	91.2	101	155	136	139	164	142	137	191	205
맥(Mac)	21.7	23.2	21.4	24.0	25.4	22.8	25.5	25.1	25.7	28.6	35.1	40.1
아이패드(iPad)	19.1	30.9	31.9	30.2	23.2	20.6	18.8	18.3	21.2	23.7	31.8	29.2
기타	11.9	10.7	10.1	8.3	10.0	11.1	12.8	17.3	24.4	30.6	38.3	41.2
서비스 매출	9.3	12.8	16.0	18.0	19.9	24.3	32.7	39.7	46.2	53.7	68.4	78.1
순이익	26	42	37	40	53	46	48	59	55	57	95	100
고용(천명)	60.4	72.8	80.3	92.6	110	116	123	132	137	147	154	164

자료) 애플

2.1.3 빌게이츠와 마이크로소프트(Microsoft: MS)

Microsoft

윌리엄 헨리 게이츠 Ⅲ(William Henry Gates Ⅲ)가 본명인 빌 게이츠는 미국의 사업가이자 투자가이자 저술가로 어린 시절 친구인 폴 앨런(Paul Allen)과 함께 소프트웨어 거장 마이크로소프트를 공동 창업한다. 그는 1970년대와 1980년대의 마이크로컴퓨터 혁명에서 당시의 핵심적인 역할을 수행한 기업가이다.

게이츠는 워싱턴 주 시애틀에서 태어나서 자랐고, 1975년 공동창업자인 앨런과 같이 뉴멕시코 앨버커키(Albuquerque)에서 마이크로소프트를 창업한다. 게이츠는 2000년 1월에 대표이사(CEO)를 사임하기 전까지 회사를 이끌었으며, 사임 후에 스티브 볼머(Steve Ballmer)에게 자리를 물려준다. 2014년에는 새롭게 대표이사로 임명된 사티아 나델라(Satya Nadella)를 지원하기 위해 기술 고문 역할을 수행하기도 한다. 그러나 2020년 3월 이후에는 기후 변화, 세계 보건 및 개발 그리고 교육에 중점을 둔 자신의 자선 활동에 집중하기 위해서 마이크로소프트와 버크셔 해서웨이(Berkshire Hathaway) 이사회에서 물러난다.

1) 베이직(Basic) : 빌 게이츠와 폴 앨런의 소프트웨어 사업의 진출은 Popular Electronic의 1975년 1월호에 소개된 알테어(Altair) 8800을 위한 베이직(BASIC) 해석기 개발로 시작된다. 이 두 사람은 엠아이티에스(MITS: Micro Instrumentation and Telemetry Systems)에게 자신들의 제품을 시연하기 위해 연락한다. 초기에는 알테어(Altair)가 없었지만, 두 사람이 시연에서 성공함에 따라 엠아이티에스(MITS)와 알테어 베이직(Altair BASIC)의 유통에 관한 계약이 성사된다. 이를 바탕으로 이 두 사람은 MITS에서 같이 일하게 되고, 그들의 파트너십을 "마이크로소프트(Micro－Soft)"로 명명한다. 마이크로소프는 1976년 말에 엠아이티에스(MITS)에서 독립하여 다양한 시스템을 위한 프로그래밍 언어 소프트웨어를 개발한다.

2) 윈도우(Windows) : 마이크로소프트는 1985년에 마이크로소프트 윈도우즈(Microsoft Windows)의 버전을 출시하여 애플(Apple)의 매킨토시 지유아이(Macintosh GUI)와의 경쟁을 시도한다. 윈도우즈(Windows)는 도스(DOS)에서 진화하여 10년 동안 윈도우95(Windows95)까지 발전하였고, 이 버전에서는 기본적으로 도스(DOS) 프롬프트가 숨겨진다. 윈도우엑스피(Windows XP)는 게이츠가 마이크로소프트의 대표이사에서 사임한 후 1년 후에 출시되었고, 게이츠가 회사의 의장직에서 물러난 마지막 버전은 2014년에 존 W. 톰슨(John W. Thompson)에게 이관되기 전의 윈도우8.1(Windows 8.1)버전이다.

3) 빌게이츠의 투자 및 투자포트폴리오 : 뉴욕 증권거래소에 상장된 자동차 소매업체인 오토네이션(AutoNation)에 16%의 자본을 보유하였고, 캐나다의 Class Ⅰ 화물 철도인 캐나다국립철도(Canadian National Railway: CN)에서 2019년 기준으로 최대주주가 된다. 게이츠가 설립하고 경영하는 투자회사인 카스케이드인베스먼트(Cascade Investment LLC)를 보유하고 있다. 글로벌한 음식, 에너지, 헬스케어 및 호스피탈리티 시장을 위한 물, 위생 및 에너지 기술과 서비스 제공업체인 이코랩(Ecolab)에 11.6%의 지분을 보유한다.

인공 지능 가속을 위한 "빛을 활용하는 광차 기술인 포토닉스를 이용해 많은 양의 자료를 신속하게 전송하고 거대한 숫자 배열을 단숨에 처리하는 방식을 추구하는" 회사인 루미노스 컴퓨팅(Luminous Computing)에 투자를 수행한다. 게이츠와 소로스 경제개발펀드(Soros Economic Development Fund)가 매입한 영국 코로나진단 기술 회사인 모노직(Mologic) 등에 다양한 투자를 집행하면서 투자포트폴리오를 보유하고 있다.

표 2-2 마이크로소프트의 매출액과 순이익 (단위:10억$, 천명)

	2011	2012	2013	2014	2015	2016	2017	2018	2019	2020	2021	2022
매출액	70	74	78	87	94	91	97	110	126	143	168	198
순이익	23	17	22	22	12	21	26	17	39	44	61	73
총자산	109	121	142	172	175	193	250	259	287	301	334	365
고용(천명)	90	94	99	128	118	114	124	131	144	163	181	221

자료) 마이크로소프트

2.1.4 제프 베조스와 아마존(Amazon)

제프리 프레스턴 베조스(Jeffrey Preston Bezos)는 미국의 기업인이자 미디어 소유주이자 투자가이다. 그는 아마존(Amazon)이라는 세계 최대의 전자 상거래 및 클라우드 컴퓨터 시스템의 창업가이다. 알버커키(Albuquerque)에서 태어나서 휴스턴(Houston)과 마이애미(Miami)에서 성장한 베조스는 1986년에 전기공학과 컴퓨터과학을 복수전공으로 프린스턴 대학교를 졸업한다. 베조스는 1994년에 뉴욕에서 시애틀로 이전해서 아마존을 창업한다. 아마존은 온라인 서점으로 출발해서 나중에는 동영상 및 오디오 스트리밍, 클라우드 컴퓨팅, 인공지능을 포함한 다양한 전자상거래 제품 및 서비스로 사업을 확대한다. 아마존은 세계 최대의 온라인 판매 기업이자 수익을 기준으로 할 때는 최대의 인터넷 기업이다.

베조스는 2000년에는 항공우주 제조업체이자 저궤도 우주비행 서비스를 제공하는 기업인 블루오리진(Blue Origin)을 창업한다. 블루오리진의 뉴세퍼트(NSS) 우주선은 2015년에 우주로 발사되고 성공적으로 지구로 복귀했고, 베조는

2021년에 블루오리진 엔에스−16(NS−16)에서 우주로 비행을 경험한다. 또한 2013년에는 2억 5천만 달러에 워싱턴 포스트(The Washington Post)를 인수하면서 미디어 소유주가 된다. 그는 베조스 익스페디션(Bezos Expeditions) 벤처캐피털(Venture Capital: VC)를 설립하여 여러 투자를 감행한다.

베조스를 거부의 한사람으로 만들게 해준, 아마존은 1994년 그가 웹사용이 연간 2,300%의 속도로 성장하고 있다는 기사를 읽고 온라인 서점을 창업함으로써 시작된다. 그는 당시 아내 맥켄지 스콧(MacKenzie Scott)과 함께 D. E. Shaw에서 퇴사한 후, 워싱턴주 벨뷰(Bellevue)에 렌트한 차고에서 아마존을 시작한다. 베조스는 처음에 회사 이름을 "카다브라"(Cadabra)로 시작했는데, 나중에 알파벳 'A'로 시작하는 아마존으로 변경한다. 이유는 당시 웹사이트 목록이 알파벳 순서로 정렬되기 때문에 'A'로 시작하는 이름이 소비자들이 온라인에서 검색을 할 때 더 빨리 나타날 것으로 예상했기 때문이다. 그는 아마존 창업을 위해서 그의 부모로부터 약 30만 달러를 투자를 받았으나, 초기 투자자들에게 아마존이 실패하거나 파산할 가능성이 70%라는 경고도 아끼지 않았다. 베조스는 아마존을 창업한 지 3년 후에 기업공개(IPO)를 통해서 회사를 성장시킨다. 1998년에는 아마존은 음악 및 비디오 온라인 판매로 사업을 다각화시켰고, 그 해 말에는 다른 소비재까지 확대한다. 1997년에 기업공개(IPO)를 통해 확보된 5400만 달러의 자금을 활용하여 작은 경쟁사를 공격적으로 인수하기도 한다. 2018년에 베조스는 아마존의 글로벌 수석부사장 애미트 아가르왈(Amit Agarwal)을 인도로 파견하여 회사의 공급망 경로 전반에 걸쳐 55억 달러를 투자를 계획한다. 이것은 중국의 알리바바의 성장으로 인해 베조스는 인도를 글로벌 확장 비즈니스 지역으로 선택한 것이다. 이외에도 2021년에 베조스는 Mail.ru 창업자 유리 밀너(Yuri Milner)와 함께 알토스 랩스(Altos labs)를 공동 창업한다. 알토스랩스는 세포 프로그래밍을 활용하여 장수 치료제를 개발하기 생명공학기업이다.

표 2-3 아마존의 매출액과 순이익 (단위:10억$, 천명)

	2011	2012	2013	2014	2015	2016	2017	2018	2019	2020	2021	2022
매출액	48	61	74	89	107	135	178	233	280	386	469	513
순이익	0.6	-	0.3	-0.2	0.6	2	3	10	11	21	33	-2.7

총자산	25	32	40	55	65	83	131	162	225	321	421	463
고용(천명)	56	88	117	154	230	341	566	647	798	1,298	1,608	1,541

자료) 아마존

2.1.5 세르게이 브린과 구글(Google)

세르게이 미하일로비치 브린(Sergey Mikhailovich Brin)은 소련 출생의 미국사업가로 구글(Google)을 래리 페이지(Larry Page)와 공동 창업한다. 브린은 6세 때 소련에서 미국으로 이민한 후, 미국의 메릴랜드 대학교(the University of Maryland)와 파크 대학교(College Park)에서 수학과 컴퓨터 과학을 전공한다. 졸업 후 미국의 스탠포드대학교(Stanford University)에서 컴퓨터과학 박사 학위를 취득하기 위해 입학하게 되고, 거기서 공동 창업자인 래리 페이지를 만나게 된다. 그는 스탠포드대학교에서 래리 페이지와 같이 웹 검색 엔진을 개발하게 되고, 이 프로그램이 인기를 얻자 박사 과정을 중단하고 브린의 여자 친구인 수잔 우지키(Susan Wojcicki)가 살고 있는 멘로 파크(Menlo Park)에 위치한 그녀의 차고에서 창업한다.

구글은 마이크로소프트를 제치고 미국 대학생들이 가장 취업하고 싶은 회사이자 미국 제조와 금융회사 중 최단기간에 급성장한 기업이다. 구글은 더 나가서 인공 지능, 온라인 광고, 유통, 부동산, 미디어, 전자도서관, 동영상, 사진, 지도 등 다양하고 광범위한 분야에서 사업을 확대해 나간다. 특히, 데이터 수집 및 인공 지능 분야에서는 높은 기술력을 바탕으로 세계에서 가장 가치 있는 브랜드로 언급된다. 구글은 2004년 처음으로 상장(IPO)되었으며, 2015년에 알파벳(Alphabet Inc.)의 자회사로 재조직된다. 순다르 피차이(Sundar Pichai)는 2015년 래리 페이지의 후임으로 구글의 대표이사(CEO)로 임명되고, 2019년에는 알파벳의 대표이사로도 활동하게 된다.

구글은 다양한 제품과 서비를 빠르게 선보이며 시장지배력을 확대해 나간다. 이러한 제품으로는 지메일(Gmail: 이메일), 웨이즈 & 맵스(Waze & Maps: 네비게이션), 클라우드(Cloud: 클라우드 컴퓨팅), 크롬(Chrome: 웹브라우징), 유튜브(YouTube: 비디오

공유), 워크스페이스(Workspace: 생산성), 안드로이드(Android: 컴퓨터 운영체계), 드라이브(Drive: 클라우드 저장), 트렌슬레이트(Translate: 언어 번역), 사진(Photos: 사진 저장), 미트(Meet: 비디오 통화), 네스트(Nest: 스마트 홈), 피셀(Pixel: 스마트폰), 피셀 와치 & 피트비트(Pixel Watch & Fitbit: 웨어러블 기술), 유튜브 음원(YouTude Music: 음원 스트리밍), 유튜브 티브(YouTube TV: 인터넷 텔레비전 서비스), 구글 어시스턴트 & 바드(Google Assistant & Bard: 인공 지능), 텐서플로(TensorFlow: 오픈소스 소프트웨어 라이브러리, 머신 러닝 시스템), 티피유(TPU: 인공 지능 칩) 등 다양한 제품을 통해서 지속적으로 업무 및 사업 영역을 확장시키고 있다. 구글은 인터넷 서비스 이외에도 시카모(Sycamore: 양자 컴퓨팅), 웨이모(Waymo: 자율 주행 자동차), 사이드워크랩스(Sidewalk Labs: 스마트 시티) 등 최첨단 기술혁신 사업을 세계적으로 주도하고 있다.

2.1.6 저커버그와 페이스북(Facebook, 메타〈META〉)

마크 엘리엇 저커버그(Mark Elliot Zuckerberg)는 미국의 컴퓨터 프로그래머이자 인터넷 사업가로 소셜 미디어 사업인 페이스북(Facebook)의 창업자이다. 그는 2004년에 동료인 에드르도 세버린(Eduardo Saverin), 앤드류 맥컬럼(Andrew McCollum), 더스틴 모스코비츠(Dustin Moskovitz), 그리고 크리스 휴스(Chris Hughes)와 함께 더페이스북(Thefacebook)을 시작한다. 저커버그에 의해서 시작된 페이스북은 처음에는 "하버드 대학교"로 출발하지만, 나중에는 다른 학교로 확장하는데 룸메이트이자 공동 창업자인 모스코비치가 기여를 한다. 그의 기여 덕분에 하버드 대학교로 시작된 페이스북은 콜럼비아, 뉴욕, 스탠포드, 다트머트, 펜실베니아, 브라운 및 예일대학교 등으로 급속하게 확장되고 2010년에는 대학교를 넘어서 사용자가 5억 명을 넘어서게 되고, 2012년에는 전세계적으로 사용자가 10억 명에 이르게 된다.

2012년 저커버그는 당시 러시아 총리인 드미트리 메드베데프(Dmitry Medvedev)를 만나서 러시아의 소셜 미디어 혁신을 촉진하고 페이스북의 러시아 시장에서의 위상을 강화를 도모한다. 이 당시 러시아는 페이스북에 약 900만 사용자를 보유하고 있었다. 저커버그는 2013년 테크크런치(TechCrunch) 컨퍼런스에서 그의 목표는 개발도상국에서 인터넷확대에 기여하는 것이라고 밝힌다.

2014년에는 미국의 페이스북 본사에서 중국의 정치인 루 웨이(Lu Wei)를 만나는데, 그는 중국의 온라인에서 큰 영향력을 행사해서 인터넷 황제로 알려진 인물이다. 이 미팅은 저커버그가 이 만남이 이루어지기 몇 달 전에 중국 베이징에 위치한 칭화대학교(Tsinghua University)에 문답(Q&A)세션에 참여한 후 이루어지는데, 당시 중국에는 페이스북이 이용 금지되었음에도 불구하고 저커버그의 강연은 중국인들의 큰 관심을 받는다.

어쨌든, 저커버그는 2012년에 페이스북을 상장하면서 20대에 큰 부를 이루게 된다. 그러나 저커버그는 페이스북의 대표이사(CEO)로서 급여는 1달러를 받고 있다. 2016년에는 페이스북의 상장으로 얻은 저커버그와 그의 아내의 부의 99%(당시 대략 550억 달러)를 기부할 것을 선언한다.

2.1.7 워런 버핏과 버크셔 해서웨이(Berkshire Hathaway)

BERKSHIRE HATHAWAY INC.

워렌 에드워드 버핏(Warren Edward Buffett)은 미국의 투자가이자 자선가로 잘 알려져 있으며, 버크셔 해서웨이(Berkshire Hathaway)의 대표이사(CEO)이다. 버핏은 네브래스카주 오마하(Howard Buffett)에서 태어났으며, 국회의원이자 사업가인 하워드 버핏의 아들로서 어린 시절부터 사업과 투자에 흥미를 갖고 있었다. 그는 19세에 네브래스카 대학교를 졸업한 후 1947년에 펜실베니아 와튼스쿨(the Wharton School of the University of Pennsylvania)에 입학한다. 또한 그는 콜롬비아 비즈니스 스쿨에서 벤자민 그레이엄(Benjamin Graham)이 개척한 가치 투자의 개념을 바탕으로 하여서 투자 철학을 형성한다. 1956년에 버핏 파트너십 주식회사(Buffett Partnership Ltd)를 창업하고, 버크셔 해서웨이라는 직물 제조회사를 인수하면서 다각화된 지주 회사를 형성한다. 1978년에 투자자이자 장기적인 사업파트너인 찰리 멍거(Charlie Munger)가 부회장으로 합류한다.

버핏은 1954년부터 1956년까지 그라함－뉴맨(Graham－Newman) 회사에서 증권분석가로 활동한다. 1956년부터 1969년까지는 버핏 파트너십 주식회사에서 일반 파트너로 활동하고, 1970년부터는 버크셔 해서웨이 주식회사를 대표하면서 활동한다. 1962년 버핏은 그의 파트너십으로 인해 백만장자가 된다. 이런 자금을 바탕으로 다양한 투자를 실행한다. 호크스차이드 쿤앤코(Hochschild, Kokn and Co)라는 볼티모어의 사립 백화점에 투자하고, 1973년에는 워싱턴 포스트 컴퍼니의 주식을 매입한다. 1979년에는 에이비씨(ABC)주식을 매입하고, 1988년에는 코카콜라 컴퍼니 주식을 7%까지 매입하는데 그의 투자 중에서 가장 수익성 있는 투자로 알려진다. 2002년에는 버핏은 미국 달러를 다른 통화와 교환하기 위해서 110억 달러 가치의 선물계약을 체결하고, 이 계약으로 버핏은 20억 달러에 달하는 수익을 얻기도 한다.

이 시대의 현자(賢者)라고 불리우는 버핏이 투자에 관해서 모두 성공한 것은 아니다. 버핏은 투자로서의 금에 대해서 비판적인 시각을 가지고 있었다. 그가 금에 대해서 비판적인 이유는 금이 가지고 있는 비생산적인 성격에 이유가 있다. 그러나 알다시피 금은 그의 비판에도 불구하고 안전자산으로써 오랜 역할을 지속하고 있다. 반면, 시기적인 투자로 인해서 위험을 모면하고 큰 수익을 본 경우도 있다. 그것은 중국 관련 투자이다. 버핏은 중국의 페트로차이나 주식에 투자했고, 2008년 석유 가격이 급락하기 시작하기 전에 매각해서 수십억 달러의 손실을 피한다. 또한 2008년 버핏은 배터리 중국 제조업체 비와이디(BYD)의 10%에 해당하는 2억 3천만 달러를 투자해서 1년도 되지 않은 단기간에 500% 이상의 수익을 거두기도 한다. 반면에 그는 본인이 이해하기 어려운 사업에는 투자하지 않는 것으로 유명하다. 2012년 버핏은 페이스북과 구글에 대해서 높은 기술의 기업이지만 그들의 미래가치를 확실하기 어렵다는 측면에서 투자를 거부한다. 그러면서도 역설적으로 투자자에게 10년 후에 가치 있는 기업을 찾을 것을 추천한다. 이런 측면에서 2018년에 비트코인과 기타 암호화폐에 대해서 좋은 평가를 주지 않는다.

표 2-4 버크셔 해서웨이의 매출액과 순이익 (단위:10억$, 천명)

	2011	2012	2013	2014	2015	2016	2017	2018	2019	2020	2021	2022
매출액	143	162	182	195	211	224	242	248	255	246	276	302
순이익	10	14	20	20	24	24	45	4	82	43	90	-23
총자산	393	428	485	526	552	621	702	708	818	874	959	949
고용(천명)	271	289	302	316	361	368	377	389	392	360	372	383

자료) 버크셔 해서웨이

2.1.8 조지 소로스와 퀀텀펀드(Quantum Fund)

조지 소로스(Geoge Soros)는 헝가리계 미국인으로 투자가이자 자선가이다. 소로스는 부다페스트에서 유대 가족에서 태어났고, 독일 나치의 위협에 의해 1947년 영국으로 이민을 간다. 그는 영국의 런던 경제대학에서 철학 학사와 석사 학위를 받는다.

소로스는 영국과 미국 상업은행에서 일한 후 1969년 그의 첫 번째 헤지펀드인 더블이글펀드(Double Eagle Fund)를 창업한다. 이 펀드가 성공하면서 1970년에 두 번째 헤지펀드인 소로스펀드(Soros Fund Management)를 설립하고 이전의 펀드이름인 더블이글펀드에서 퀀텀펀드(Quantum Fund)로 변경한다. 퀀텀펀드는 설립 당시 1,200만 달러의 자산을 보유하고 있었는데, 2011년에는 250억 달러의 자산으로 급성장한다. 소로스는 1992년 블랙 웬즈데이(Black Wednesday) 영국 통화 위기에서 100억 달러 상당의 파운드(pound)에 대한 공매로 “잉글랜드 은행을 무너뜨린 인물”로 알려져 있다. 당시 영국은 유럽 환율 체계에 참여하는 비율이 너무 높은 반면에 유럽의 인플레이션에 비해 상대적으로 높은 인플레이션을 보유하고 있었다. 특히, 당시 독일의 인플레이션보다는 세 배 정도 높은 인플레이션을 영국에서 볼 수 있었다. 본질적인 경제적 체력보다 과대평가된 영국의 경제 및 화폐인 파운드에 대해서 소로스는 공매도 포지션을 취한다. 결국 영국은 유럽 환율 체계에서 철수함으로써 파운드의 가치가 급락하였고 그로 인해 소로스는 10억 달러 이상의 수익을 얻은 것으로 추정된다. 그의 철학적 기본 지식에 기반한 소로스는 자본 시장을 위한 반사성 일반 이론(The General Theory of Reflexivity)을 형성하였고, 그런 이론에 근거하여 공매와 주식교환을 활용한 가치 차이 뿐만 아니라 자산거품과 증권의 본질적 가치와 시장가치 차이에 대한 통찰력을 지니게 된다. 그는 영국의 파운드이외에도 1996년에는 핀란드의 마르카를 공매도하고, 1997년에는 태국의 바트와 말레이시아 링깃을 공매도하기도 한다.

그는 1979년부터 2011년까지 다양한 자선 사업에 110억 달러 이상을 기부하고, 2017년까지는 빈곤 감소 및 세계의 대학에 장학금으로 120억 달러를 지원한다.

2.1.9 손정의와 소프트뱅크(SoftBank)

손정의는 마사요시 손(Masayoshi Son, Son Jeong-Ui)로 불리며 일본의 창업가이자 투자가이자 자선가이다. 손정의는 재일교포 3세로 1990년에 일본 시민권을 취득한다. 그는 일본에서 소프트뱅크(SoftBank Group Corp.)를 창업해서 대표이사(CEO)로 활동하고 있으며, 영국 소재의 암 지주회사(Arm Holding)의 회장이다.

1981년에 손정의는 소프트뱅크를 창업한다. 소프트뱅크는 처음에는 소프트웨어 공급업체로 사업을 시작하게 되고 다음으로 통신 사업자로 발전한 후 최종 투자 지주회사로 변모한다. 지주회사로 변모한 후에 통신 사업은 소프트뱅크그룹에서 분사해서 소프트뱅크로 남게 되고, 투자회사인 지주회사는 소프트뱅크 그룹으로 명명하게 된다. 소프트뱅크 그룹이 설립되기 전까지 통신 사업 중심의 소프트뱅크 역시 손정의에 의해서 투자 기관으로써의 역할을 수행한다. 이 때 성공한 투자는 1995년 야후(Yahoo)와 1999년 알리바바(Alibaba)에 대한 투자로, 특히 손정의는 알리바바의 2,000만 달러의 지분 투자로 인해서 세계 부자 순위에서 잠시 동안 최상위에 오르는 영광을 경험하기도 한다. 반면, 실패한 투자는 1996년 킹스턴 테크놀러지(Kingston Technology)에 대한 투자로 손정의는 이 회사의 80% 지분을 인수한 뒤 3년 후에 매입한 가격의 약 3분의 1의 가격으로 원래 소유자에게 회사를 되파는 실패를 경험한다. 또한 손정의의 대표적인 투자 내용 중 하나는 암 홀딩스(Arm Holdings)에 대한 투자이다. 그는 2016년 유럽 기술 기업인 암 홀딩스를 대략 340억 달러에 인수한다.

손정의의 성공과 실패의 내용은 그의 비전펀드에 대부분이 담겨져 있다. 2017년 설립된 소프트뱅크 그룹의 투자 기구인 1,000억 달러 비전펀드는 주로 인공지능(AI), 로봇(robotics), 사물인터넷(the internet of things)과 같은 혁신 기술에 투자하기 위해 설정된다. 손정의는 비전펀드의 투자를 통해 투자 받은 모든 기업의 대표들과 개인적으로 네트워크를 만들어서 그 기업들 간의 상호 작용을 강화할 계획안을 가지고 있었다. 2019년에 두 번째 비전펀드가 1080억 달러의 목표로 만들어졌고, 그 중 380억 달러는 소프트뱅크가 엘피(LP: Limited Partner)로 참여하지만 엘피(LP)의 부족으로 펀드 금액은 축소된다. 첫번째 비전펀드가 투자한 기업은 쿠팡(Coupang)[1], 디디(Didi)[2], 도어대시(Doordash)[3], 파나틱스(Fanatics)[4], 그랩(Grab)[5], 오요(Oyo)[6], 페이티엠(Paytm)[7], 우버(Uber)[8], 그리고 위워크(WeWork)[9] 등을 포함하여 88개 기업에 투자한다. 비전펀드는 위워크(WeWork), 원웹(OneWeb)[10], 와이어카드(Wirecard)[11], 카테라(Katerra)[12] 등과 같은 투자실패를 경험하면서 어려움을 경험하기도 한다.

---

1 쿠팡(Coupang)은 한국과 미국 워싱턴주 시애틀에 기반을 둔 전자상거래 기업이다. 2010년 김범석에 의해 창업된 이후, 한국에서 가장 큰 온라인업체로 성장한다.

2 디디(Didi)는 디디 다쳐(Didi Dache) 또는 디디 콰이디(Didi Kuaidi)로 불렸던 디디(Didi)는 중국에서 차량 대여 사업을 하는 기업이다. 베이징에 본사를 두고 5억 5천만 명 이상의 사용자 및 수백만 명의 운전자가 있는 기업이다. 이 기업은 앱 기반의 운송 서비스를 제공하는데, 택시 호출, 개인용 차량 호출, 친교적 차량공유(social ride-sharing)와 자전거(bike)공유 등의 사업을 영위한다.

3 도어대시(Doordash)는 한국의 배민과 유사한 샌프란시스코를 기반으로 하는 온라인 음식 주문 및 배달 플랫폼을 운영하는 회사이다. 2020년 말 기준으로 플랫폼에는 45만개의 상점이 입주해 있고, 2천만 명의 소비자와 100만 명의 배송자에 의해 활용되고 있다.

4 판나틱스(Fanatics)는 미국에 기반을 둔 스포츠웨어 제조 및 온라인 소매업체이다. 보유하고 있는 브렌드로는 엠엘비(MLB), 엠엘에스(MLS), 엔비에이(NBA), 엔에프엘(NFL), 엔에이치엘(NHL), 엔에이에스씨에이알(NASCAR), 포뮬러원(Formula1), 엔피비(NPB)로 주로 스포츠 의류를 생산 및 판매한다. 판나틱스는 스포츠 기념품, 엔에프티(NFT), 트레이딩 카드 및 스포츠 상품 뿐만 아니라 스포츠 베팅 및 인터넷 게임 사업도 영위하고 있다.

5 그랩(Grab)은 싱가폴에 본사를 둔 다국적 기업으로 모바일 기기에서 운영되는 탑승 공유, 음식 배송과 디지털 결제 서비스를 위한 슈퍼 앱을 개발한 기업이다.

6 오요(Oyo)는 오요 호텔과 숙박(OYO Hotels & Homes)로 알려져 있고, 임대 또는 프랜차이즈 호텔과 숙박시설과 거주 공간을 제공하는 인도의 다국적 기업이다.

7 페이티엠(Paytm)은 "모바일로 결제하기"를 의미하는 약어로 인도의 다국적 금융 기술 기업이다. 페이티엠은 모바일 결제 서비스를 제공하며, 상인이 큐알(QR)코드로 결제를 받을 수 있는 시스템을 구축한다.

8 우버(Uber)는 미국 샌프란시스코에 본사를 둔 탑승 공유 서비스업체로 전 세계 약 70개 국가와 1만개의 이상의 도시에서 운영된다.

9 위워크(WeWork)는 미국 뉴욕에 본사를 둔 공동 업무공간을 제공하는 업무가 주를 이루었으나, 2023년에 파산한다.

10 원웹(OneWeb)은 런던에 본사를 두고, 미국 플로리다에 위성 제조 시설을 두고 있는 저궤도(Low Earth Orbit, LEO) 위성 인터넷 서비스를 제공하는 기업이다. 2019년 6개의 위성을 발사한 후, 추가적인 네트워크 자금 모집에 실패함으로써 2020년 파산을 신청한다. 그러나 같은 해에 파산 절차와 재조직을 통해 회생을 도모 중이다.

11 와이어카드(Wirecard)는 독일의 전자 결제 거래 서비스와 리스크 관리를 제공하며 실물카드와 가상카드를 제공하는 사업을 영위하였으나, 2020년에 회계 부정행위로 파산된다.

12 카테라(Katerra)는 미국에 기반을 둔 기술 중심의 건설회사이다. 2015년 플렉토닉스(Flextronics)의 전 대표이사(CEO)이자 이전 테슬라 대행 대표이사였던 미가엘 마크스(Michael Marks)과 더울프(The Wolff Co.)의 회장인 프리츠 울프(Fritz Wolff)가 공동 창업한다. 2017년 Linkedln에서 최고의 창업기업으로 선정되었으나, 2021년 회사는 정리된다.

2.1.10 마윈과 알리바바(Alibaba)

마윈(Jack Ma Yun)은 중국의 사업가이자 투자가로 다국적 기업인 알리바바 그룹의 공동 창업자이다. 또한 마윈은 중국의 사모 투자 기업인 원펑 캐피탈(Yunfeng Capital: YF Capital)을 설립하여 글로벌 투자를 진두지휘하고 있다. 그는 1988년 항조우 노멀 대학(Hangzhou Normal University)에서 영어를 전공 한 후, 항조우 댄지 대학교(Hangzhou Dianzi University ; 중국식 표현은 항주전자과기대학)에서 영어와 국제 무역을 강의한다. 그는 인터넷 사업의 등장에 관심을 갖게 되면서 1994년 사업을 시작하고, 1999년에 알리바바를 창업한다. 알리바바는 처음에는 기업대 기업(B2B) 전자 상거래와 온라인 결제 시스템을 사업의 주된 목적으로 한다. 1999년 알라바바는 스웨덴 발렌베리 가문의 인베스터 에이비(Investor AB)[13], 골드만삭스 및 소프트뱅크로부터 2,500만 달러를 투자받는데, 인베스터 에이비가 알리바바 지분의 6%를 보유했던 것으로 알려진다. 2005년에 야후(Yahoo)는 알리바바에 대한 변동지분실체(a variable interest entity: VIE[14])구조를 통해 40% 지분을 10억 달러에 매입하는 방식으로 투자를 단행한다. 이 투자로 인해 야후는 알리바바가 상장될 때, 100억 달러의 수익을 얻게 된다. 2012년에 중국 투자 기관이 중국 투자자들과 함께 야후의 40% 지분을 매입함과 동시에 홍콩증권거래소에 거래되고 있는 알리바바의 주식도 매입한다.

2014년에 알리바바는 홍콩 상장 중인 중국 백화점 체인 인타임 리테일(Intime retail)의 25% 지분을 인수하고, 코아듀 매니지먼트(Coatue management)[15]

13 인베스터 에이비(Investor AB)는 스웨덴의 투자 및 지주 회사로 대기업군에 속한다. 스웨덴에서 가장 큰 기업 중에 하나로 인베스터 에이비는 유명한 스웨덴의 발렌베리 가문(Swedish Wallenberg family)의 투자 부문으로 활동한다.

14 VIE(Variable Interest Entity)는 '브이아이이(VIE)구조' 또는 '프로토콜 컨트롤'이라고 부르는데, 회사의 본질은 중국 안에 있지만, 주체는 중국 밖으로 역외상장을 하는 위해서 사용하는 방식이다. 다시 말해서 주식시장에 회사의 실체인 지주회사를 상장시키고 역외상장기업인 지주회사는 다시 외자법인을 중국에 설립하는 구조이다. 이렇게 중국에 설립된 자회사는 지주회사와 계약을 통해서 한정된 부분만을 담당하게 된다. 또한 이렇게 자회사에서 얻어진 이익은 해외에 상장된 지주회사로 들어가며 이러한 시스템을 브아아이이(VIE), 즉 변동지분실체라고 부른다. 중국기업은 중국 상법상 외국증시에 상장할 수 없게 되어 있다. 이런 일종의 제약을 피해서 알리바바는 케이만 군도에 페이퍼컴퍼니를 세우고 그 주식은 알리바바 브아아이이(VIE)구조를 가지게 된다. 참고로 미국증시에 상장된 250개 중국기업 모두 이 브아아이이(VIE) 구조로 상장되어 있다.

와 앤드리슨 호로위츠(Andreessen Horowitz)[16]와 함께 리프트(Lyft)에 투자하기도 한다. 또한 같은 해에 알리바바는 주당 68달러로 공모가 가격이 책정되어 218억 달러를 조달하게 된다. 알리바바의 주식(BABA)은 뉴욕 증권거래소에서 개장 가격이 주당 92.7달러로 거래된다. 알리바바는 2019년 홍콩에서 2차 상장(IPO)를 통해 129억 달러를 조달한다. 이 후 마윈은 2019년 회장직에서 물러나고 자신의 주력사업으로 자선사업에 집중하고 그의 후임으로는 다니엘 장(Daniel Zhang)이 임명된다.

창업 후 마윈은 알리바바 그룹의 대표이사로 재임하면서 알리바바닷컴(Alibaba.com), 타오바오 마켓플레이스(Taobao marketplace), 티몰(Tmall), 이타오(e Tao), 알리바바 클라우드 컴퓨팅(Alibaba Cloud Computing), 주화슨(Juhuasuan), 일육팔팔닷컴(1688.com), 알리익스프레스(AliExpress.com), 알리페이(Alipay) 등 9개의 주요 회사를 자회사로 관리한다. 그러나 2021년부터 중국정부의 대형 테크기업에 대한 관리 감독 및 규제가 강화되자 2023년에는 사업영역을 여섯 개로 정리해서 자체적으로 자금을 조달하고 상장할 수 있도록 체제를 정비한다.

2.3 한국 Startup과 창업가의 투자와 투자철학

2.3.1 정주영과 현대(HYUNDAI)

現代

현대의 창업자 정주영(Jung Joo-young)은 가난한 농부의 아들도 태어나서 한국의 대표적인 기업을 일구어 낸 창업가이다. 그는 현대그룹을 설립하여 그 중에서 현대자동차를 한국의 최대 자동차 제조업체로 성장시켰고,

15 코아듀(Coatue)는 설립자이며 포트폴리오 매니저인 필립 라퐁(Philippe Laffont)이 대표펀드매니저로 있는 미국의 기술 중심 투자 관리회사이다.

16 앤드리슨 호로위츠(Andreessen Horowitz)는 미국의 사모벤처캐피탈(Venture Capital: VC)로 주로 소프트웨어나 인터넷, 바이오의 기술 분야에서 성장 가능성이 높은 기업들을 중점적으로 투자하는 회사이다. 이 회사는 마크 앤드리슨(Marc Andreessen)과 벤 호로위츠(Ben Horowitz)에 의해 설립된다.

현대중공업을 세계 최대의 조선소로 육성한다. 그가 남긴 어록 중에서 "해봤어"는 한국 기업사와 창업사에서 자주 회자되는 주요한 단어 중에 하나이다.

HYUNDAI

현대의 대표적인 기업은 현대자동차와 현대중공업이 있다. 현대차(HMC: Hyundai Motor Company)는 1967년에 설립되고 서울에 본사를 두고 있다. 1998년 한국 자동차 시장의 과도한 확장과 아시아 금융위기로 인해서 현대차는 기아차를 인수하게 되고 기아차를 2022년 말 기준으로 34%를 보유하고 있는 다국적 자동차 제조 기업이다. 현대차는 북미, 인도, 체코(기아차), 러시아와 중국 그리고 터키 등에 자동차 제조 공장을 보유하고 있으며, 2022년 말 기준으로 394만대의 자동차 판매를 기록한다. 기아차가 같은 해 273만대의 생산실적을 감안하면 현대차그룹은 700만대의 규모를 보유하는 세계적인 자동차 제조업체이다. 현대차그룹은 코로나-19로 인해 전세계의 사업구조가 디지털 전환 및 전기에너지로의 에너지 전환이 가속화됨에 따라 자동차산업의 트렌드도 급변하는 경영환경을 맞이하고 있다. 이런 대외적인 위협 환경을 극복하고 더 높은 성장과 발전을 위해서 '스마트 모빌리티 솔루션 프로바이더'(Smart Mobility Solution Provider)로의 전환을 목표로 3대 사업구조 및 전략방향을 설정해서 진행해 나가고 있다.

1) '스마트 모빌리티 디바이스'(Smart Mobility Device)를 통해 완성차 사업 경쟁력 제고 및 전동화 선도를 통해 수익성과 판매 간의 균형 있는 성장을 추진한다. 수익성 전략으로는 제품 및 브랜드 가치 상향(Value-up)과 원가구조혁신을 추구하고, 판매 간의 균형 있는 성장을 위해서는 제품 포트폴리오 강화하고 HIT 차종 육성 및 SUV와 상위차급 중심 라인업을 재구성하여 판매를 도모한다

2) '스마트 모빌리티 서비스'(Smart Mobility Service)로 차량 판매를 지원하고 사업 역량을 확보한다. 모빌리티 디바이스와 차량 관리, 정비, 금융 서비스 등 주요 서비스를 패키지화하고, 소비자에 따라 최적의 솔루션을 제공하는 사업모델이다.

3) 'H2 솔루션'(H2 Solution)으로 수소 생태계 및 이니셔티브 확보를 통해 연료전지 기반 수소 시장을 선점한다.

그림 2-1 **현대자동차 글로벌 판매 상위차종** (단위: 대)

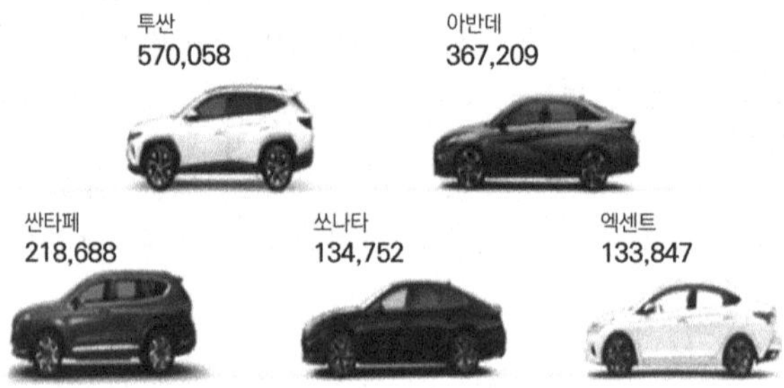

자료) 현대자동차 지속가능보고서 2023

표 2-5 **현대자동차의 매출액과 순이익** (단위: 조 원, %, 원)

	2013	2014	2015	2016	2017	2018	2019	2020	2021	2022
매출액	87	89	92	94	96	97	106	104	118	143
순이익	9	8	7	6	5	2	3	2	6	8
ROE(%)	18	13	11	8	6	2	4	2	7	9
EPS(원)	29,921	25,735	22,479	18,938	14,127	5,352	10,761	5,144	17,846	26,592

자료) 신한투자증권

표 2-6 **기아자동차의 매출액과 순이익** (단위: 조 원, %, 원)

	2013	2014	2015	2016	2017	2018	2019	2020	2021	2022
매출액	48	47	50	53	54	54	58	59	70	87
순이익	4	3	3	3	1	1	2	2	5	5
ROE(%)	21	14	11	11	4	4	7	5	15	15
EPS(원)	9,416	7,385	6,489	6,795	2,388	2,852	4,506	3,670	11,744	13,345

자료) 신한투자증권

HD HYUNDAI HEAVY INDUSTRIES

현대중공업(Hyundai Heavy Industries: HHI)은 1972년 설립된 후, 1974년에 첫 선박을 건조한다. 현대중공업은 선박, 해양 및 플랜트, 엔진 등을 핵심 사업부문으로 운영하고 있다. 현대중공업은 본사가 울산에 위치한 세계 최대의 조선업체이다.

그림 2-2 현대중공업 건조 선박

유조선 (DWT)	컨테이니선 (TEU)	LNG운반선 (CBM)	심해 시추선(FEET)	이순신급 구축함

자료) 현대중공업

2.3.2 이건희와 삼성(SAMSUNG)

SAMSUNG

삼성의 창업자는 이병철(Lee Byung-chul)이나, 그가 장남이 아닌 셋째 이건희에게 삼성을 승계한다. 이건희는 삼성그룹의 실질적인 대표이사(CEO)로써 삼성을 반도체, 스마트폰, 전제제품, 조선, 건설 사업을 영위하면서 세계 최대 기업 중 하나로 변모하는데 큰 역할을 수행한다. 그 중에서도 삼성전자의 성장 및 혁신은 세계적으로 주목할 만한 내용이다.

삼성전자(SAMSUNG; 三星電子)는 경기도 수원에 본사를 둔 다국적 전자 제품 기업이다. 삼성전자는 2022년 말 기준으로 한국과 디엑스(DX)부문 산하에 해외 9개 지역총괄 및 디에스(DS)부문 산하 해외 5개 지역총괄의 생산과 판매법인을 보유하고 있고, 에스디씨(SDC)와 하만(Harman) 산하 종속기업 등을 포함하여 232개의 기업으로 구성된 글로벌 스마트폰과 반도체 등을 생산·판매하는 세계 최대 제조업체이다. 지역별로 보면, 국내는 33개의 종속기업으로 운영하고 있고 해외에서는 미국, 유럽 및 CIS(Commonwealth of Independent States: 독립국가연합), 중동과 아프리카, 아시아 등에서는 생산, 판매, 연구활동 등을 담당하는 199개의 비상장 종속기업이 운영되고 있다. 스마트폰은 갤럭시 브랜드로 잘 알려져 있으며 안드로이드(Android) 기반으로 소비자들에게 공급하고 있다. 삼성전자의 사업부문은 4가지로 구분된다.

1) 디엑스(DX: Device eXperience)부문 : TV, 모니터, 냉장고, 세탁기, 에어컨, HHP, 네트워크시스템, 컴퓨터 등.

2) 디에스(DS: Device Solution)부문 : 디램(DRAM), 낸드플레시(NAND Flash), 모바일 에이피(AP) 등.
3) 에스디씨(SDC: 삼성디스플레이(주) 및 그 종속기업)부문(스마트폰용 OELD 패널 등).
4) 하만(Harman: 디지털 콕핏(Digital Cockpit), 텔레매틱스(Telematics), 스피커 등).
5) 기타 부분.

표 2-7 **삼성전자의 매출액과 순이익** (단위: 조 원, %, 원)

	2013	2014	2015	2016	2017	2018	2019	2020	2021	2022
매출액	229	206	201	202	240	244	230	237	280	302
순이익	30	23	19	23	42	44	22	26	40	56
ROE(%)	23	15	11	13	21	20	9	10	14	17
EPS(원)	3,506	2,713	2,198	2,735	5,421	6,024	3,166	3,841	5,777	8,057

자료) 신한투자증권

2.3.3 김우중와 대우(DAEWOO)

대우의 창업자는 김우중(Kim Woo-choong)으로 그는 대학 졸업 후에 섬유 및 의류에 특화된 무역 회사에 입사했으나, 나중에 다섯 명의 동료와 함께 대우실업을 창업한다. 그는 자본금 500만 원으로 시작한 기업의 규모를 20조 원까지 확장시키며 1998년에는 한국에서 재계 2위까지 올랐으나 외환위기 이후, 구조조정의 실패와 경영악화로 인해 1999년 워크아웃에 들어갔고 대우그룹은 해체된다.

비록 대우그룹은 역사적으로 사라졌지만, 한국 경제사에 있어서 창업가와 기업가 정신을 가진 초기적 모델로 분류할 수 있다. 대우그룹은 1967년에 시작되었으며, 대도섬유의 대(大)와 김우중의 우(宇)를 결합하여 큰 우주의 뜻을 지닌 대우(大宇)로 명명한다. 1960년대 대우그룹은 상대적으로 저렴한 노동력에 기반으로 높은 이윤을 제공하는 노동 집약적인 의류와 섬유 산업에 집중한다.

1973년부터 1981년에는 다른 국가들의 경쟁이 한국의 노동 경쟁력을 추격함에 따라 조선 및 중공업 방향으로 사업을 전개해 나간다. 대우그룹은 1980년대와 1990년대에 들어서는 소비자 전자제품, 컴퓨터, 건설 장비 사업까지 확대하게 된다. 특히, 1990년대는 대우그룹의 확장기라고 할 수 있는데, 대우그룹은 "세계경영 우리기술"이라는 슬로건 선포를 통해서 세계경영을 통한 글로벌 진출의 모델의 한 영역을 한국기업들에게 제공한다. 대우그룹은 세계경영을 추진하는데 철저하게 현지화를 추구함으로써 1993년 150여 개였던 현지법인을 1998년 396개까지 확장시킨다. 그러나 아시아 금융위기와 세계 시장의 경기 위축으로 인해 확장 경영에만 초점을 맞추면서 진행된 대우의 세계경영은 막을 내리게 된다. 누구보다도 먼저 징기스칸처럼 세계 확장 및 진출을 주도한 대우그룹의 확장 내용의 일부는 다음과 같다.

1) 1986년 대우증권 런던사무소 개설
2) 1987년 미얀마 현지 철도차량공장 준공
3) 1988년 프랑스 롱위 전자레인지 공장 설립, 대우증권 홍콩사무소 개설
4) 1990년 대우 모스크바지사 설치, 대우중공업 유럽현지법인 설립, 멕시코 컬러TV 공장 설립
5) 1991년 대우 북경지사 설립
6) 1992년 프랑스 컬러TV 공장 건립
7) 1993년 베트남 합작은행 출자, 대우중공업 미국현지법인 설립
8) 1993년 우지벡 가전 공장, 폴란드TV 공장 설립
9) 1994년 인도 합작증권사 출자, 대우중공업 영국현지법인 설립, 루마니아 자동차합작 공장 설립
10) 1995년 대우중공업 독일법인 설립, 대우전자 말레이시아 세탁기 공장 설립, 베트남 하노이 컬러브라운관 준공
11) 1996년 인도네시아 자카르타 컬러브라운관 공장 준공, 중국 광케이블 합작회사 설립, 루마니라 합작은행 설립
12) 1997년 우주베키스탄 대우은행 설립, 인도 종합 가전공장 설립

2.3.4 김홍국와 하림(Harim)

하림의 창업자는 김홍국(Kim Hong-gook)으로 11살 때 외할머니로부터 10마리의 병아리를 받은 것을 사업의 종자돈으로 활용한다. 그는 18살 때 농장을 세워서 닭 5,000마리, 돼지 700마리를 가지고 고등학교 재학 중 창업을 하여 양계사업을 비롯한 축산사업에 진출한다. 1982년 전염병으로 닭과 돼지 가격이 폭락함에도 불구 소세지 가격은 변함없는 것을 보고, 그는 1차 산업을 넘어서 사육과 가공 그리고 유통에 이르는 수직계열화 경영을 정립한다.

1986년 하림식품을 창업하고 이후 1990년에 하림이 설립된다. 하림은 1997년 축구장 8개 크기의 현대식 육가공 공장을 지었으나 IMF 외환위기가 발생함에 따라 부도위험을 경험하고, 2003년에는 공장 화재 및 조류독감으로 기업 운영에 큰 역경을 맞았으나 위기 극복을 통해서 경영을 정상화시킨다.

병아리 10마리로 창업한 하림은 2017년 기준으로 자산 10조원 이상으로 일구어 한국의 대기업으로 지정된다.

표 2-8 하림의 매출액과 순이익 (단위: 조 원, 천억 원, %, 원)

	2013	2014	2015	2016	2017	2018	2019	2020	2021	2022
매출액(조원)	0.79	0.75	0.80	0.83	0.87	0.83	0.81	0.90	1.1	1.3
순이익(천억원)	0.1	-	-	0.2	0.2	-0.1	-0.4	0.1	0.1	-
ROE(%)	5	-	-2	10	9	-4	-15	3	5	2
EPS(원)	165	-81	-53	315	356	-141	-459	79	126	47

자료) 신한투자증권

2.3.5 김범수와 카카오(kakao)

카카오의 창업자는 김범수(Brian Kim)로 1990년대 말에 PC방과 온라인 게임이 유행하자, 삼성SDS에 재직하다가 카카오 대표를 역임한 남궁훈과 PC방을 창업한다. PC방 운영에서 큰 수익을 경험한 김범수는 1998년 삼성SDS를 퇴사하고 본격적으로 사업을 하기 위해서 같은 해에 한게임(Hangame)을 창업한다. 2000년에 한게임을 삼성SDS 동기인 이해진 사장의 네이버와 합병하고 공동대표를 역임한다. 2007년에 김범수는 네이버의 대표를 그만두고 미국에서 시간을 보내는 중 애플의 아이폰이 출시되는 것을 보면서 그는 앞으로의 흐름이 'PC시대'에서 '모바일 시대'로 패러다임의 변화할 것을 예감한다. 그리고 2010년 카카오톡 사업을 시작한다.

카카오는 카카오톡 서비스를 제공하면서 성장하게 되는데, 카카오톡과 유사한 서비스는 당시 이미 존재하고 있었다. 카카오는 시장에서 차별성을 부각하기 위해서 단체 채팅을 지원하면서 후발주자임에도 불구하고 국민 메신저로 자리매김을 한다. 2014년에 다음커뮤니케이션과 합병을 하면서 새로운 투자의 발판을 마련하게 된다. 다음커뮤니케이션과 카카오가 합병함으로써 시가총액으로 조단위 기업이 탄생하게 되고, 새롭게 가치를 평가받은 카카오는 적극적인 투자를 통해서 사업 영역을 확대해 나간다. 2017년에는 온라인 전문은행인 카카오뱅크를 설립하고 설립 후 얼마되지 않아서 은행 고객 82만 명을 유치한다.

이외에도 간편 결제 사업을 수행하는 카카오페이가 있고 게임전문 자회사인 카카오게임즈를 영위하고 있다. 다른 분야에서는 카카오엔터테인먼트는 카카오페이지가 카카오M을 흡수합병해서 만들어낸 종합콘텐츠 기업이 있고, 교통 관련 분야 사업을 하는 카카오모빌리티 등이 있다.

표 2-9 카카오의 매출액과 순이익 (단위: 조 원, 천억 원, %, 원)

	2013	2014	2015	2016	2017	2018	2019	2020	2021	2022
매출액(조원)	0.2	0.5	0.9	1.5	2.0	2.4	3.0	4.2	6.1	7.1
순이익(천억원)	0.6	1.5	0.8	0.6	1.3	0.2	-3.4	1.7	16.5	10.6
ROE(%)	18	11	3	2	3	1	-6	3	17	14
EPS(원)	906	1,223	254	175	320	123	-717	355	3,132	3,037

자료) 신한투자증권

2.3.6 김범석와 쿠팡(coupang)

쿠팡의 창업자 김범석(Bom Kim)은 재미교포 기업가로 전자상거래업을 주목적하는 온라인 사업인 쿠팡(coupang)을 창업한다. 김범석은 하버드 재학 시절인 1998년 잡지 커런트(Current)를 창립하여 2001년 뉴스위크지에 매각한고, 2004년에는 월간지 빈티지미디어컴퍼니를 설립한 후 2009년에 매각하면서 창업자에서 기업가로 훈련을 다져 나간다. 2010년에는 30억 원을 투자 받아 쿠팡을 창업한다. 이런 투자를 기반으로 해서 소셜커머스기업으로 시작된 쿠팡은 이커머스기업으로 전환하게 되고, 로켓배송(Rocket Delivery)라는 독특한 자신만의 브랜드를 통해서 온라인과 오프라인에서 가장 경쟁력이 강한 유통업체로 급부상한다.

쿠팡은 창업 후 벤처캐피탈(Venture Capital: VC)을 포함한 글로벌 금융사로부터 시리즈별 투자를 모두 받는 구조로 성장하게 된다. 2014년에는 세콰이어캐피탈(Sequoia Capital)로부터 1억 달러, 운용 자산 기준으로 세계 최대 규모인 블랙록(BlackRock, Inc)으로부터 3억 달러를 투자 받는다. 그리고 손정의의 비전펀드로 2015년에 10억 달러와 2018년 20억 달러를 투자 받는다. 이런 투자유치로 인해 쿠팡은 한국의 최대 규모의 온라인 유통업체로 성장하게 되는데, 쿠팡은 로켓배송을 통해서 쿠팡 주문의 99.6%가 24시간 이내에 배송되는 시스템을 갖추었다고 홍보한다. 쿠팡은 2022년에 본사를 서울에서 미국 시애틀로 이전하였고, 베이징, 상하이, 엘에이(LA)와 마운틴뷰(Mountain View)에 사무실을 두고 있으며 델라웨어(Delaware) 주에 법인을 등록하고 있다.

쿠팡은 2020년에 연간 매출이 전년대비 64.2%나 증가하면서 7조원을 넘어서고, 2020년 코로나19 팬데믹으로 인해 매출 성장은 더욱 가속화된다. 이런 성장에 힘입어 쿠팡은 2021년 뉴욕증권거래소(New York Stock Exchange: NYSE)에서 공모자금으로 34억 달러를 조달하면서 상장 첫날 종가기준으로 시차총액이 한국 원화로 95조원에 육박하는 기염을 토하기도 한다. 그러나 쿠팡의 상장 초기의 시가총액은 상장 초기시의 특수성이 과하게 반영되고, 다른 대형유통업체 대비 높은 배수로 인해 조정 또는 하락을 경험한다.

쿠팡은 로켓배송(Rocket Delivery), 로켓와우(Rocket Wow), 로켓프레쉬(Rocket Fresh) 등을 통해 온라인 전자상거래의 새로운 혁신을 구현시키고 있다. 이외에도 음식배달 서비스사업인 쿠팡이츠(Coupang Eats), 한국의 구독 기반 비디오 스트리밍 서비스인 쿠팡플레이(Coupang Play), 간편하게 결제할 수 있는 디지털 결제서비스인 쿠팡페이(Coupang Pay)로 온라인 유통시장의 점령을 확대하고 있다.

2.3.7 김봉진과 배달의민족(Baedal Minjok)

배달의민족 창업자는 김봉진(Kim Bong-jin)으로 2010년 출시된 배달앱인 배달의민족을 개발한 우아한형제들의 창업자이다. 그는 가난한 청소년기를 보낸 후, 대학 졸업 후 디자이너로 활동하다가 2008년 수제 가구 사업에 도전했다 실패하고 2010년 배달의민족을 통해 창업에 재도전해서 성공한 인물이다. 그는 2021년 더기빙프레지(The Giving Pledge)[17]에 가입한 최초의 한국인이기도 한다.

배달의민족은 스타트업인 우아한형제들에 의해 개발한 애플리케이션으로 "배민다움"(홍성태 지음, 북스톤 출판)에 따르면 "젊은 친구들이 이것저것 많이 배달 음식을 시켜먹는다는 의미에서 배달의 민족이라고도 하고 밝은 땅에 사는 민족이라는 중의적 의미가 있다"고 한다. 사업 초기에 창업자인 김봉진에 의해서 스마트폰 애플리케이션 시장이 급성장하는 것을 파악한 후, 전화번호부를 앱으로 개발하면서 시작된다. 그러나 전화번호부 애플리케이션에서 발생하는 수익 모델이 분명하지 않음에 따라 배달 사업으로 초점을 맞추게 된다.

배달의민족은 2014년에 골드만삭스(Goldman Sachs)로부터 3,560만 달러의 1차 투자와 2018년 3억 2천만 달러의 2차 투자를 받으면서 기업의 가치가 2015년 1조원에서 2018년 5조 원까지 확장된다. 2019년 독일 배달 회사 딜리버리 히어로(Delivery Hero: DH)가 배달의민족의 지분 87%를 인수하는 M&A 협약을 맺는다.

---

17 더기빙프레지(The Giving Pledge)는 2010년 빌게이츠와 웨렌버핏이 설립한 자산단체이며 회원은 대략 200명 정도이다. 가입 조건으로는 가입자의 재산이 최소 10억 달러 이상이어야 하며, 그 재산의 절반 이상을 기부해야 한다.

2.3.8 서정진과 셀트리온(Celltrion)

셀트리온(Celltrion)의 창업자는 서정진(Seo Jung-jin)은 대우자동차에 근무하다가 대우그룹의 해체로 실직하게 되면서 창업을 구상하게 된다. 창업을 구상 중에 당시에는 일반인들에게 잘 알려지지 않은 바이오산업이 향후 유망하다는 판단으로 셀트리온의 전신이 넥솔을 창업한다. 2002년에 미국 벡스젠사와 제휴를 맺어서 셀트리온을 설립하고 2004년에 인천 송도 국제도시에 셀트리온 첫 번째 공장을 설립한다.

셀트리온은 2012년에 자사가 개발한 바이오시밀러(biosimilar)[18] 제품이 동등성이 인정받으면서 본격적인 성장궤도로 진입한다. 2013년에는 셀트리온의 자가면역 질환치료제인 램시마(Remsima)가 유럽의약품청(EMA: European Medicines Agency)으로부터 허가를 받고 2016년에는 미국 FDA에서 램시아가 사실상의 시판허가를 얻게 된다. 2017년에는 유럽의약품청(EMA)으로부터 혈액암과 자가 면역질환 치료용 항체 바이오시밀러인 트룩시마(Truxima)를 판매허가를 받게 되는데, 이것은 세계 최초로 항암제 바이오시밀러 출시라는 의미를 지닌다. 트룩시마의 오리지널인 리툭산은 2015년 기준 전 세계 시장 규모가 약 9조 원 정도로 추정됨에 따라 셀트리온의 성장에 큰 기여를 한다. 2018년에는 항암 항체 바이오시밀러인 허쥬마(Herzuma)가 일본 후생노동서에 시판 승인을 받는 동시에 같은 해에 유럽의약품청(EMA)과 미국 FDA로부터 최종 판매를 허가 받는다. 바이오시밀러 판매를 통해서 바이오산업의 역사를 새롭게 쓴 셀트리온은 미래에는 다양한 코로나19 변이에 대응한다는 방침 아래에서 칵테일 항체 치료제, 진단키트, 차세대 mRNA 백신 플랫폼 개발에 주력하고 있다.

---

18 바이오시밀러(biosilimar)는 특허가 만료된 바이오 의약품에 대한 복제약을 의미한다. 일반적으로 소분자형 일반 의약품과는 달리 생물학적 바이오로직은 높은 분자 복잡성을 나타내며 생산 공전의 변화에 민감할 수 있다. 유럽의약품청(EMA), 미국 식품의약국(FDA: Food and Drug Administration), 캐나다 보건부(Health Canada) 등은 각각 자체적인 지침을 가지고 있어서 안정성과 효능 측면에서 두 생물학적 제품의 유사성을 증명하는 데 필요한 요구 사항을 정의하고 있다. 세계보건기구(WHO)는 2009년에 "유사한 생물학적 치료제 제품(SBPs)의 평가를 위한 지침"을 발표한다. 이 지침의 목적은 바이오시밀러를 평가하기 위한 국제적인 기준을 제공하기 위함이다.

셀트리온은 2017년까지 코스닥(KOSDAQ)의 시차총액 1위를 고수해 오다, 이후 거래소(코스피: KOSPI)로 이전함에 따라 거래소에서 거래되는 한국 바이오 대표기업이다.

표 2-10 셀트리온의 매출액과 순이익 (단위: 조 원, 천억 원, %, 원)

	2013	2014	2015	2016	2017	2018	2019	2020	2021	2022
매출액(조원)	0.2	0.5	0.6	0.7	1.0	1.0	1.1	1.9	1.9	2.3
순이익(천억원)	1.0	2.0	2.4	2.2	5.0	3.2	3.8	7.2	7.4	6.5
ROE(%)	10	10	10	9	17	10	12	17	16	13
EPS(원)	741	813	1,036	1,102	2,546	1,695	2,070	3,552	3,966	3,677

자료) 신한투자증권

2.3.9 방시혁과 하이브(HYBE)

하이브(HYBE)의 창업자인 방시혁은 작사/작곡가 겸 프로듀서이사 사업가로 1994년 유재하 음악 대회에서 우승하여 프로듀싱을 하게 되고, 1997년 제이와이피(JYP)의 박진영을 만나서 작곡가로서 협업을 하게 된다. 2005년 방시혁은 제이와피(JYP)를 떠나 빅히트 엔터테인먼트를 창업하고 여전히 작곡가로서 활동한다. 2016년에는 BTS의 앨범인 '윙스'(Wings)에서 6곡을 공동 작곡하고, 같은 해에 엠넷 아시안 뮤직 어워즈(the Mnet Asian music Awards)에서 최우수 프로듀서 상과 멜론 뮤직 어워즈(Melon Music Awards)에서 작곡상을 수상한다. 2020년 하이브의 상장(IPO)으로 방시혁은 연예 사업에서 유일한 억만장자가 되는 기록을 세운다.

하이브는 방시혁에 의해 2005년 창업된 다국적 엔터테인먼트 회사로, 앨범 등을 통한 음반과 음원 제작 및 판매, 이벤트 및 콘서트 기획, 영상콘텐츠 및 출판물 판매 등의 사업 모델을 지니고 있다.

하이브에 있어서 비티에스(BTS: Bangtan Sonyeondan: 방탄소년단)는 성공의 동선을 같이 한다. BTS는 2010년에 결성된 남성 그룹으로, RM, 진, 슈가, 제이홉, 지민, 뷔, 정국으로 구성된다. 처음에는 힙합 그룹으로 시작했지만 나중에는 다양한 장르로 확장하면서 청(소)년들의 생각과 고민, 삶과 사랑, 꿈과 역경 등의 주제로 하는 노래를 주로 다루게 된다. BTS는 2013년 '2 Cool 4 Skool'로 데뷔하는데, 2016년에 발표한 '윙스'(Wings)는 한국에서 백만 장 이상 팔린다. 2018년에 발매된 정규 음반인 '러브 유어셀프'(Love Yourself: Tear)은 빌보드 200에서 1위를 차지한다. 2020년에는 유튜브 최다 조회수 1위(49억 6,500만뷰)를 기록하면서 기네스 세계기록에 등재되는 K－POP의 엔터테인먼트 사업의 글로벌 새역사를 기록해 나가고 있다.

표 2-11 하이브의 매출액과 순이익 (단위: 조 원, 천억 원, %, 원)

	2016	2017	2018	2019	2020	2021	2022
매출액(조원)	0.04	0.09	0.3	0.6	0.8	1.3	1.8
순이익(천억원)	0.01	0.02	-0.07	0.7	0.9	1.4	0.5
ROE(%)	-	88	-	57	13	7	2
EPS(원)	364	918	-2,536	2,574	2,811	3,606	1,265

자료) 신한투자증권

2.3.10 이수만과 에스엠(SM)

SM ENTERTAINMENT

에스엠(SM)엔터테인먼트의 창업자 이수만(Lee Soo－man)은 음반 프로듀서이자 사업가로 서울에 본사를 위치한 다국적 엔터테인먼트인 에스엠(SM)을 통해 한류의 선구자적인 역할을 수행한다. 그는 케이팝(K－POP) 장르를 개척한 인물로 에스엠(SM) 소속으로 활동했던 1세대 인기 아이돌들을 키워내면서 케이팝(K－POP)의 트렌드를 주도하였고 그 이후 많은 아이돌의 출현에 디딤돌 역할을 수행한다. 또한 그는 케이팝(K－POP)의 해외시장 개척에서도 선구자적인 역할을 한다. 1998년 에이치오티(H.O.T)[19]의 베스트 앨럼을 중국에서 발매했고, 에스이에스(S.E.S)[20]는 에이치오티(H.O.T)보다 먼저 해

19 에이치오티(H.O.T)는 High－Five of Teenagers의 약어로 "10대들의 승리를 의미한다. 한국 아이돌 문화의 전성기를 일으킨 최초의 그룹으로 인정받고 있으며, 메인 보컬(강타), 리드보컬(문희준, 토니 안), 래퍼(장우혁, 이재원) 등의 구성된 남성 그룹이다.

20 에스이에스(S.E.S)는 케이팝(K－POP)의 시초가 되는 걸그룹이다. 1977년 SBS 음악 프로그램으로 데뷔하였고, 이론에서는 한국 걸그룹 최초로 일본 오리콘 차트에 진입하는 기록을 남겨 걸그룹 최초로 일본 공식 팬클럽이 결성되기도 한다. 에스이에스(S.E.S)는 해외에서 최초의 성과를

외활동을 시작한다. 일본 진출을 위해 보아[21]를 발굴하고, 중국 진출을 위해 중국인 멤버까지 슈퍼주니어(SUPER JUNIOR)[22]에 도입한다. 2023년 이수만은 하이브(HYBE)에 본인의 주식을 매각함으로써 최대주주로서의 경영의사결정에서 물러났으나, 에스엠(SM)은 하이브(HYBE) 대신 에스엠(SM) 경영진과 계약을 이룬 카카오그룹으로 인수된다.

에스엠(SM)은 한국 및 일본, 중국, 태국, 미국 등 전 세계에서 음반을 기획과 제작하고 유통하는 음악 콘텐츠 사업과 매니지먼트 사업을 수행하면서 케이팝(K-POP)을 선도적으로 주도하는 한국의 엔터테인먼트 기업이다. 에스엠(SM)의 종속회사들은 광고, 아티스트 매니지먼트(Artist Management), 영상 콘텐츠, 여행사업 등을 사업모델로 하고 있으며, 종속회사와 더불어서 종합 엔터테인먼트 그룹의 위상을 통해 컬처테크놀로지(Culture Technology: CT)를 창안하고 실현하고 있다. 에스엠은 컬처테크놀러지를 더욱 더 발전시키고자 인공지능(AI), 바이오, 나노테크 등 첨단기술과의 융합을 미래 엔터테인먼트 세상인 에스엠 문화 세계(SM Culture Universe: SMCU)를 꿈꾸고 있다. 소속 아티스트로는 1989년부터 2000년까지 1세대로 분류할 수 있는 데, 1996년 남자 아이돌 그룹인 에이치오티(H.O.T), 1997년 걸 그룹인 에이이에스(S.E.S), 1998년 남자 아이돌 그룹인 신화, 그리고 2000년 솔로 가수인 보아(BoA)가 있다. 2000년부터 2012년까지는 2세대로 분류할 수 있는데, 다섯 명의 남자 그룹인 동방신기(TVXQ: Tong Vfang Xien Qi)[23]와 슈퍼주니어(SUPER JUNIOR)와 소녀시대(GIRL'S GENERATION) 그리고 샤이니와 엑소(EXO) 등이 활동한다. 2008년에는 에스엠이 보아(BoA)의 미국 시장 진출 계획을 발표하면서 에스엠 엔터테인먼트 유에스에이(SM Entertainment USA)라는 자회사를

많이 내는데, 한국 걸그룹으로 최초로 해외 음악 차트 1위와 한국어 곡으로 해외 음악 차트 1위, 해외 연간 음악 차트 1위 등의 기록을 보유하고 있다.

21 보아(BoA)는 만 13세의 나이에 1집 ID: Peace B"로 데뷔한 후, 2001년에는 일본에 진출하고, 2008년에는 미국에 데뷔한다. 특히, 일본에서 높은 인기를 얻었으며, 중국과 대만 등 아시아에서도 많은 활약을 선보인다.

22 슈퍼주니어(SUPER JUNIOR)는 2005년 12명(이특, 희철, 예성, 신동, 은혁, 동해, 시원, 려욱, 한경, 강인, 기범, 성민)으로 데뷔하고 2006년에 규현이 합류해서 13명으로 활동한다. 2009년에 베스트셀러 싱글인 "Sorry, Sorry"를 발매하면서 글로벌 명성을 얻는다.

23 동방신기(TVXQ: Tong Vfang Xien Qi)는 '동방(東方)의 신(神) 이 일어나다(起)'는 의미를 지닌 남성 듀오 그룹이다. 서태지와 아이들 이후 최초로 제15회 서울가요대상에서 신인상과 본상을 동시에 수상한다. 2013년에는 아이돌 그룹으로는 처음으로 1,000만 장의 앨범 판매량을 달성한다.

설립한다. 2012년에는 보이 그룹인 엑소(EXO)를 데뷔시키고, 한국과 중국에서 동시에 활동을 전개해 나간다. 2013년부터 2022년까지는 3세대로 분류되고, 2014년과 2020년에는 각각 첫 여성 그룹인 레드벨벳과 에스파(aespa)를 데뷔시킨다.

2023년에 에스엠(SM)은 에스엠(SM) 3.0을 선언하고 "2.0"시대에서 "3.0" 시대로의 전환을 발표한다. 이런 가운데 에스엠(SM)은 창업자 이수만과 하이브(HYBE) 그리고 카카오(kakao) 간에 경영분쟁이 발생하나, 카카오가 에스엠(SM) 지분 35%를 인수함으로써 카카오의 계열사로 인수된다 하이브(HYBE) 역시 경영분쟁 중 이수만으로부터 매입한 지분 중 절반을 매각하고 8.8%의 주주로써 남게 된다.

표 2-12 에스엠의 매출액과 순이익 (단위: 천억 원, %, 원)

	2013	2014	2015	2016	2017	2018	2019	2020	2021	2022
매출액	2.7	2.9	3.2	3.5	3.7	6.1	6.6	5.8	7.0	8.5
순이익	0.2	0.02	0.2	0.04	-0.05	0.2	-0.2	-0.8	1.3	0.8
ROE(%)	9	3	8	1	1	8	-2	-16	26	12
EPS(원)	913	290	1,048	169	199	1,361	-390	-2,992	5,667	3,363

자료) 신한투자증권

잠시 쉬어가는 코너

[글로벌 리더] 시총 3조달러 기업 일군 젠슨 황 엔비디아 CEO

GPU로 'AI 잭팟' 젠슨 황…TSMC 창업자에게 대시해 인연

6월 4일 대만의 '컴퓨텍스 2024' 행사에서 참석자들과 셀카를 찍는 젠슨 황 엔비디아 CEO

자료) 로이터연합

6월 4일 대만 타이베이에서 열린 정보기술(IT) 박람회인 '컴퓨텍스 2024' 행사에서 한 여성 팬이 세계 최대 인공지능(AI) 반도체 업체 엔비디아 최고경영자(CEO)인 젠슨 황에게 자신의 탱크톱 가슴 부분에 사인을 요청하는 영상이 소셜미디어(SNS)에 올라와 화제가 됐다. 이 여성은 이후 인스타그램에 'AI 대부와 악수를 했고, 오늘 내 소원을 이뤘다'는 글을 올렸다. 6월 7일 홍콩의 사우스차이나모닝포스트(SCMP)는 젠슨 황이 컴퓨텍스 2024 참석차 대만을 방문해 미국의 팝스타 테일러 스위프트 같은 인기를 끌었다고 보도했다.

엔비디아 시가총액(시총)이 6월 5일(이하 현지시각) 처음으로 3조달러를 돌파했다. 엔비디아는 2023년 6월 시총 1조달러(약 1379조원)를 넘어선 이후 1년

만에 시총이 세 배가 됐다. 국내 최대 반도체 기업이자 시총 1위인 삼성전자(약 456조원)와 비교하면 아홉 배 이상 크다. 미국 나스닥에서 시총 3조달러(약 4139조원)를 넘긴 회사(6월 12일 기준)는 마이크로소프트(MS), 애플, 엔비디아뿐이다.

AI 열풍을 이끄는 미국 반도체 기업 엔비디아의 젠슨 황 CEO의 인기와 그가 이룬 성과를 보여주는 사례들이다. 엔비디아는 AI 가속기(고대역폭 메모리(HBM)와 그래픽 처리 장치(GPU)를 결합한 반도체 세트) 시장의 97% 점유율을 가진 업체다. AI 가속기 핵심 부품인 GPU 시장에서도 80%가 넘는 점유율을 가지고 있다. AI 반도체 시장에서 엔비디아의 경쟁력은 높은 GPU 성능에서 나온다. 컴퓨텍스 2024 기조연설자로 나선 젠슨 황은 "1000달러(약 137만원)짜리 PC에 500달러(약 68만원)짜리 지포스(GeForce) GPU를 탑재하면 성능이 비약적으로 향상된다. 데이터센터도 마찬가지"라면서 "10억달러(약 1조3798억원) 규모의 데이터센터에 5억달러(약 6899억원) 상당의 GPU를 추가하면 순식간에 AI 공장으로 바뀐다"고 설명했다. 그러면서 "(엔비디아 GPU를 추가하면 컴퓨팅) 속도는 100배 빨라지지만, 비용은 1.5배 증가한다"며 "(GPU를) 더 많이 구매할수록 더 많은 돈을 아낄 것"이라고 강조했다. 블룸버그 보고서에 따르면 2026년 엔비디아의

5년 만에 30배 오른 엔비디아 주가

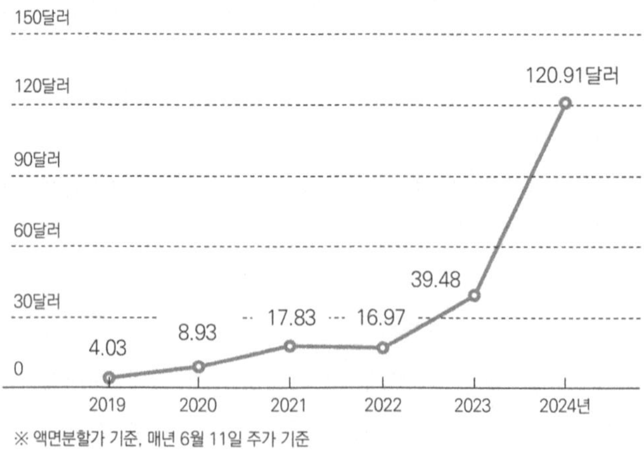

자료) 인베스팅닷컴

예상 매출은 1300억달러(약 179조3740억원)로, 2023년(246억달러 · 약 33조9430억원) 대비 다섯 배 이상 증가할 전망이다. 월스트리트저널(WSJ)은 6월 9일 "세계 각국 정부가 데이터 · 기술 주권을 지키기 위해 AI 경쟁에 뛰어들면서, 국내 컴퓨팅 시설에 수십억달러를 쏟아붓고 있다"며 "엔비디아의 매출원을 열어줘 엔비디아의 주가(시총)는 더 오를 것" 이라고 보도했다. 최근 엔비디아 시총이 급증한 만큼 회사 공동 창업자인 젠슨 황의 자산도 많이 증가했다. 블룸버그 억만장자 지수에 따르면 젠슨 황의 순자산은 6월 12일 기준 1060억달러(약 146조2588억원)로 세계 부호 순위 14위에 올랐다.

AI 가속기 출시 주기 1년 단축

젠슨 황은 이번 컴퓨텍스 행사에서 6세대 HBM(HBM4)을 처음으로 탑재할 차세대 AI 가속기 '루빈'의 로드맵을 공개하면서, 기존 2년이었던 GPU 신제품 출시 주기를 1년으로 줄이겠다고 밝혔다. AI 가속기는 HBM을 탑재한 GPU다. D램을 수직으로 쌓아 올린 HBM은 엔비디아의 GPU 성능을 극대화하는 데 필수적인 역할을 한다. 엔비디아는 2026년 출시 예정인 루빈에 8개의 HBM4를, 2027년 출시하는 루빈 울트라에 12개의 HBM4를 각각 탑재할 계획이다.

지금은 SK하이닉스가 엔비디아에 HBM 납품을 독점하고 있지만, 젠슨 황은 "삼성전자와 마이크론 모두 우리에게 HBM을 공급할 것"이라고 밝혔다. 최근 삼성전자가 엔비디아에 HBM을 납품하기 위한 테스트를 발열과 소비 전력 등의 문제로 아직 통과하지 못했다는 로이터통신 보도에 대해선 젠슨 황이 직접 사실과 다르다고 해명했다.

연봉 1달러로 버티며 일군 'AI 반도체 제국'

"나는 항상 30일 뒤 망한다고 생각하며 일한다"는 젠슨 황의 유명한 경영어록 이면에는 위기의 순간들이 있었다. 1993년 작은 아파트에서 엔비디아를 공동 창업한 젠슨 황은 창업 이후 6년간 누적된 적자로 폐업 위기에 처하기도 했다. 그러나 당시 대세였던 중앙처리장치(CPU) 개발을 포기하고 GPU 개발에 집중하기로 한 젠슨 황의 결단이 회사를 살렸다. 1999년 출시한 신제품(지포스 256 NV10)이 인기를 끌며 회사 성장 발판이 됐기 때문이다. 당시 신제품은 CPU

도움 없이 GPU만으로도 3D 명령어 처리가 가능한 최초의 제품이었다.

젠슨 황은 2008년 금융 위기로 회사가 어려워졌지만, 자신의 연봉을 1달러(약 1379원)로 줄이는 대신, 아낀 돈으로 연구 인력을 영입해 딥러닝용 GPU 개발에 몰두했다. AI가 수많은 단순 연산을 처리하려면 병렬처리가 가능한 GPU가 CPU보다 유리하다는 확신 때문이었다.

여기에 힘을 더한 것이 엔비디아가 2007년 무료로 공개한 개발자용 소프트웨어 '쿠다(CUDA)'다. 쿠다는 개발자들이 GPU를 활용해 소프트웨어를 개발하도록 지원한다. 쿠다로 만든 프로그램은 엔비디아가 만든 GPU에서만 작동한다. 개발자들이 기존에 개발된 프로그램을 활용하려면 엔비디아 GPU와 쿠다를 사용할 수밖에 없어, 엔비디아 중심의 GPU 생태계가 공고해졌다.

한눈에 보는 엔비디아 주요사

- 1993년 — 젠슨 황, 커티스 프리엠, 크리스 말라코스키 공동 창업
- 1999 — 첫 GPU(지포스 256) 출시, 나스닥 상장
- 2007 — 개발자용 소프트웨어 '쿠다' 출시
- 2020 — AI 가속기 'A100' 출시
- 2023 — 시총 1조달러 돌파
- 2024 — 시총 3조달러 돌파, AI 가속기 신제품 '블랙웰' 출시 예정

자료) '이코노미조선' 정리

적극적이고 수평적인 리더

대만 태생의 젠슨 황은 적극적인 리더로 평가받는다. 엔비디아 창업 초기였던 1995년 젠슨 황은 TSMC 창업자인 모리스 창 회장에게 엔비디아의 첫 칩을 만들어달라는 내용의 편지를 직접 써서 보냈다. 게임 그래픽 카드나 만들던 이름 모를 32세의 청년이 굴지의 글로벌 파운드리(반도체 위탁 생산) 업체를 이끄는 60대 회장에게 직접 주문한 것이다. 젠슨 황의 적극적인 모습에 마음이 움직인 모리스 창 회장은 젠슨 황에게 직접 전화를 걸어 "우리도 장기적인 파트너를 찾고 있었다"면서 신생 스타트업 CEO의 요청을 수락했다. 젠슨 황은 "TSMC가 없었다면 오늘의 엔비디아도 없었을 것"이라고 밝힌 적이 있다.

젠슨 황은 수평적 리더로도 평가받는다. "그 누구도 보스가 아니다. 프로젝트가 보스"라는 프로젝트 중심의 수평적 원칙을 창업 초기부터 현재까지 한결같이 지켜가고 있어서다. 그의 노력 덕에 엔비디아의 2023년 평균 이직률은 5.3%로 선방했다는 평이 적지 않다. 반도체 업계 평균 19.2%와 비교하면 매우 양호한 수치다. 검정 터틀넥에 청바지 차림의 한 가지 패션을 고집했던 모바일 혁신의 상징 스티븐 잡스 애플 창업자처럼 한 가지 옷(가죽 재킷)만 고집하는 젠슨 황이 AI 혁신의 아이콘으로 떠오르고 있다.

이코노미조선 2024. 6. 17일자 기사

제 3 장
거시경제분석

3.1 글로벌 경제

글로벌 경제는 기업의 수출전망이나 경쟁기업과의 가격 또는 제품경쟁력, 해외투자로부터의 이익 등에 영향을 미치는 것이 일반적이다. 지역 거시경제 상태가 중요하기도 하지만 각국의 경제적 지표는 같은 지역 안에서도 상당한 차이가 보여준다. 예를 들어, 2018년 유럽에서 스페인 경제는 2.5%의 경제성장을 보여 이탈리아나 독일보다 두 배 이상 높게 성장하는 모습을 기록한다. 이에 더하여 정치적 불확실성도 경제적 환경에 상당한 영향력을 행사할 수 있다. 지난 10년간의 국가 부채 위기는 정치와 경제 간의 상호작용에 관한 의미있는 사례를 보여준다. 그리스의 구제금융의 전망은 정치적인 내용이었지만 이런 결정은 또한 세계경제에 막대한 영향을 미친다. 또한 영국의 유럽연합(EU) 탈퇴는 커다란 경제적 시사점을 가지고 있지만 실제로는 정치적 싸움이다.

이러한 일련의 글로벌 경제적·정치적 갈등과 역경 속에서도 글로벌 경제는 지속적인 성장을 이루어 낸다. 물론, 그런 성장의 뒷면에는 글로벌 경제의 거품이 형성되기도 하고, 그런 거품경제는 글로벌 경제적 위기나 금융위기로 확장되기도 한다. 그러나 위기로만 끝나는 것이 아니라 구조조정과 변화, 그리고 혁신을 통해 글로벌 경제는 다시 성장을 국면으로 전환되는 모습을 현재까지 반복하고 있다. 1929년 미국에서 시작된 대공황 이후에 금융자유화, 금융규제완화, 투자자들의 투기심에 의한 글로벌 거품경제의 형성되기 시작하였고, 정부 및 금융당국의 감독과 규제의 부족으로 인해서 글로벌 유동성 팽창에 따른 글로벌 거품경제를 더욱 촉진시키는 결과를 초래한다. 이런 거품경제는 붕괴하게 되는데 이로 인해 은행의 파산이나 금융시스템의 위기로 확대·전이된다. 글로벌 금융위기는 단순하게 글로벌 금융위기로 끝나는 것이 아니라 국가가 발행한 국채의 부도로 이어진다. 실제적으로 국채의 부도는 2차세계대전 이전에는 평균 6년이 소요되었으나, 그 이후에는 3년으로 축소된다. 부도 존속기간의 축소는 2차대전 직후 IMF와 같은 국제기구의 탄생과 연관이 있다. 다시 말해서 IMF와 같은 국제기구가 구제금융 자금을 다른 채권자들에 비해 빨리 회수하기 위해 채무국에 압력을 가했기 때문에 가능한 것이다. 채무국의 입장에서는 과거 개별 채권국과의 관계와 비교할 때 국제기구의 마음을 사기 위해서는 채무를 빠르게 상환하는 것이 유리하다고 판단했기 때문이다. 어쨌든 개별국가의 금융위기 및 국채부도와 같은 일련의 사건들은 글로벌 실물경제에 영향을 미치면서 전세계에 영향을 주는 형국이 과거부터 지금까지 반복되고 있고 앞으로도 그런 현상들은 더욱 더 깊은 연관을 가지면서 확대될 것이다.

미국은 호경기의 지속과 과잉유동성이 축적되고, 금융감독이 부족한 가운데 부적절한 긴축정책을 시행함으로 인해 1929년부터 1933년까지 대공황(The Great Crash)을 경험하게 된다. 대공항으로 인해 미국은 실질GNP가 26.5% 감소하게 되고 실업률은 급등하게 된다. 소비와 투자가 약화되고 미연준의 긴축 통화정책의 영향으로 미국의 GDP성장률은 급격하게 하락한다. 그러나 미국은 4년 간 지속된 대공항에도 불구하고 미국정부의 적극적인 관리가 이루어지면서 고용과 생산은 12년이 지난 1941년에 종전의 수준으로 회복된다. 미국은 정부가 개혁의 중심에서 1930년대 긴급은행법을 발표하여 모든 은행을 폐쇄한 후 재건금융공사(RFC)를 통해 공적자금 투입과 청산 또는 합병 등을 통해 경제 체질 개선을 도모하고, 1935년에는 제 2차 뉴딜정책의 집행 등으로 수요 창출 중심의 정책을 실시한다. 1938년부터 1943년에 미국은 전쟁을 통한 경제 부흥이 발생한다. 2차 세계대전에서 미국은 이전보다 더욱 큰 영향력을 발휘하면서 경제 모멘텀을 얻게 되는데, 이로 인해 1941년부터 1943년까지 미국의 실질경제 성장률은 연간 16% 이상 증가한다. 1980년대 초반 미국은 금융자유화를 통해서 금융 규제를 완화시키고 이런 영향으로 미국의 저축대부조합들은 보다 큰 위험을 감수하면서 적극적으로 부동산 투자에 뛰어든다. 그러나 높은 인플레이션이 발생하자 미국정부는 금리를 인상하게 되는데, 금리인상으로 인해 부동산 상승기간 동안 미국의 저축대부조합들이 투자한 대출은 이자를 상환하기 어렵게 된다. 미국 저축대부조합은 전체조합 중에서 약 1/3 정도가 1986년부터 1995년까지 파산하거나 도산함으로써 1991년 미국의 GDP성장률이 마이너스를 기록하도록 영향을 준다.

유럽은 18세기 말에 금융의 혁신이 일어나면서 다양한 형태의 은행이 우후죽순처럼 생긴다. 이 당시 대서양을 넘나들면서 상업은행의 역할을 수행한 대표적인 은행은 영국의 베어링(Bearings)사이다. 19세기부터는 은행권 발행과 준비금 제도를 바탕으로 은행의 신용팽창이 시작된다. 영국은 해상무역을 장악하면서 은행업이 발전했는데, 1809년에는 지방은행이 755개로 급증했고, 로이즈(Lloyds, 1884), 바클레이즈(Barclays, 1896)와 같은 거대 은행들도 19세기에 설립된다. 런던이 유럽 금융시장의 핵심 요지로 선점됨에 따라 나폴레온 전쟁 후 일부 유럽국가들과 식민지에서 벗어나 남미국가들이 런던 금융시장에 몰려들기 시작한다. 이들은 자신들에게 자금을 공급해 줄 자본가를 찾았고, 로스차일드와 같은 금융자본들이 런던시장에서 충분했기 때문에 국가간 자본이동이 시작된다. 자본의 국가간 이동이 활발해지면서 19세기부터 자본의 이동과 은행의 위기는 매우 높은 상관관계를 보인다. 이후 미국의 대공황으로 인해 국가들 간의 자동이동에 대한 규제가 시작되어 1960년대까지는 국가간의 자동이동이 매우 미미한 수준으로 전락한다. 그러나 다시 글로벌 자금이동에 대한 규제가 완화되기 시작하였고, 2008년 글로벌 금융위기가 발생하기 전까지 활발한 교류가 이어진다. 이것은 유럽연합(EU)의 형성과 1999년 유로 통화의 도입으로 세계에서 가장 큰 경제 중에 하나를 구성한 것이 주요한 원인이다. 이런 활발한 국제적 자금이동은 미국의 리만브라더스의 사태로 2008년 글로벌 금융위기가 발생하면서 유럽 역시 글로벌 자금이동에 부정적인 영향을 받는다. 더하여서 2010년 그리스 정부는 유럽연합(EU)과 IMF에 구제금융을 요청한다. 그리스에서 촉발된 유럽의 재정위기는 전에 볼 수 없었던 새로운 형태의 위기였다. 가입국들간의 화폐가 동일하기 때문에 유럽연합에 속한 국가들은 자금조달이 매우 편리하고 원활했다. 유로존에 편입된 국가들을 대상으로 역외투자가 매우 용이했으며 과다한 레버리지가 발생한다. 그러나 그리스의 사태에서 보듯이 과다한 레버리지는 결국 상환 불가능한 수준의 채무로 유럽연합에 전체에게 부도의 위기를 경험하게 한 것이다. 그리스의 경제 위기의 원인은 뿌리 깊은 부정부패와 과다한 사회보장비 지출과 제조업의 낮은 경쟁력, 그리고 공공부문의 비효율성 등에 기인한다. 그러나 재미있는 사실은 유럽의 재정위기은 그리스만의 책임은 아니다. 독일은 유럽연합의 효과를 크게 향유하고 있었는데, 유럽연합의 탄생으로 인해 독일은 화폐가치의 변화에 따른 가격 경쟁력을 보유하게 될 뿐만 아니라 남유럽 국가들의 노동비용 증가로 독일 산업의 상대적 우위가 더욱 공고하게 된다. 독일은 유럽연합의 탄생으로 인한 수혜를 거의 독식하고 있었으며 제조업에서도 가장 큰 규모로 성장을 보인다. 유럽의 재정위기를 경험할 때에 일부 유럽연합에 소속된 국가들은 대부분의 국가들은 제조업 기반이 무너지는 것을 경험한다. 제조업이 전체 경제에 차지하는 비중은 유럽연합 국가들 대부분이 30%를 넘지 않지만, 경제의 근간을 이루는 2차 산업의 핵심인 제조업의 붕괴는 유럽연합에 속한 각 국가들의 경제력을 저하시키고 외부충격에 쉽게 경제적 침체를 경험하는 요인이 된 것이다. 어쨌든 그리스의 위기는 이탈리아와 스페인 그리고 포르투갈 등으로 전이되는 양상을 보였지만, 유럽중앙은행(ECB)이 회원국 국채 매입과 구제금융에 나서면서 유럽의 재정위기는 일단락된다.

그림 3-1 **고부가가치 산업구조 변화율**

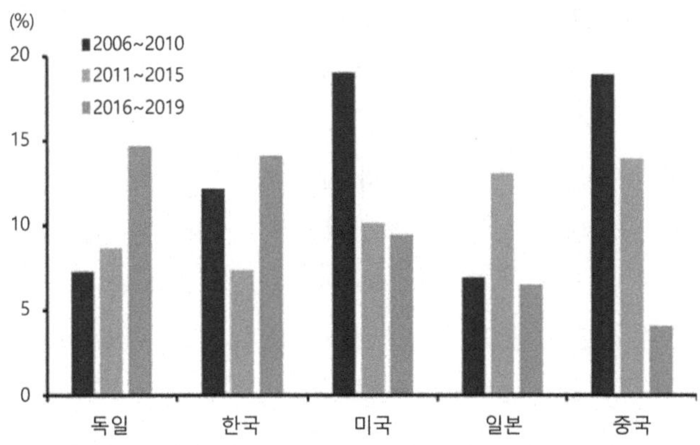

자료) UN National Accounts, US NSF, 신한투자증권 자료 재인용

아시아는 세계에서 명목GDP가 가장 큰 대륙으로 가장 빠르게 고성장을 이룩하고 있는 경제 지역 중에 하나이다. 아시아에서는 대만과 일본이 1950년대부터 경제 기적을 이룩하기 시작하여, 1974년부터는 한국의 한강기적으로, 1982년 이후에는 중국의 경기 호황, 그리고 1991년부터는 인도의 고성장으로 이어지고 있다. 특히, 중국 경제는 1970년대 후반에 등장한 덩샤오핑(Deng Xiaoping)의 실용주의 노선을 추진하면서 발전하기 시작한다. 덩샤오핑은 먼저 인민공사를 해체하고, 농민에게 토지를 불하하는 개혁을 실행한다. 덕분에 1949년 건국 이후 30여 년간 중국인을 힘들게 했던 식량부족 사태가 종결된다. 식량부족 사태는 청나라 말기 이후 중국의 고질적인 만성문제였고, 장제스 치하에서도 여전히 지속되던 문제였다. 그런데 덩샤오핑은 이런 백여년간 내려오던 문제를 단숨에 해결한 것이다. 또한 덩샤오핑은 개혁개방을 선언하며 여러가지 정책을 실시한다. 먼저, 홍콩 옆의 어촌마을이었던 선전을 개혁특구로 선정하여 서구의 자본과 기술을 유인한다. 나중에는 선전의 성공을 바탕으로 특구를 4개로 확대하고 지속적으로 넓혀 나간다. 1980년대 중국 산업은 이렇게 개방된 해안지방의 특구에서 경공업 중심으로 발전하다가, 점차 중공업과 하이테크 산업으로 확장된다. 하이테크 산업을 육성할 때, 중국은 거대한 시장을 활용하여 외국기업과의 기술 및 자본을 유치한다. 특히 이런 정책은 자동차에서 두드러졌는데, 처음에 만들어진 중국 자동차회사는 대부분 합작사였으나, 오랜 제휴가 이어지면서 기술의 낙수효과가 발생하면서 2000년대 들어서는 중국 고유의 모델이 나오기 시작한다. 이런 추세는 전자제품과 같은 기술집약적 제품에까지 이어져서 초기에는 미흡한 전자제품들이 상당히 많이 출현된다. 그러나 자동차처럼 전자제품에도 일정시간이 지나면서 중국의 세계시장지배력이 크게 강화되고 있는 상황이다. 이런 일련의 과정은 덩샤오핑의 정치·경제철학을 이어받은 장쩌민과 후진타오를 통해 이루어진 것으로, 덕분에 중국은 2000년대 중반 이후까지도 경제적 고성장을 구한다. 2000년대 초반까지만 해도 중국의 1당 GDP가 1,000달러 미만으로 북한보다는 낮은 수준이었는데, 2000년대 후반까지 중국은 경제성장률이 11%를 넘어서면서 아시아를 넘어서 세계 최대 경제국가로 급부상하는 경제역사의 대반전이 탄생된다. 기존의 중국경제는 값싼 노동력 중심으로 유지되었지만, 꾸준하게 발전시켜온 기술을 바탕으로 경쟁력을 키우면서 2010년 중국의 명목 GDP는 일본을 넘어선다. 더 나가서 2024년 4월을 기준으로 독일(세계 3위), 일본(세계 4위), 인도(세계 5위), 영국(세계 6위)의 GDP를 합친 것보다 더 큰 규모이자, 유럽연합 전체의 GDP와 유사한 규모로 성장한다. 일본은 1960년 이후 30년 동안 급속한 경제 성장을 이룬다. 1960년대에는 평균성장률이 10%에 이르고, 1970년대와 1980년대에는 각각 5%와 4%의 경제성장률을 기록한다. 이런 성장을 기반으로 1980년대 후반에는 일본 경제에서 주식과 부동산 가격에 거품이 형성되고, 1990년부터 2002년까지는 거품이 붕괴되면서 1.4%의 낮은 GDP성장률과 5%대의 높은 실업률을 기록한다. 이 기간은 일본의 잃어버린 10년으로 불려 지고 있다. 그럼에도 불구하고 2001년부터 2010년까지 일인당GDP 성장률은 유럽과 미국을 상회함에 따라, 일본은 1978년부터 2010년까지는 세계 2위 경제 대국의 위치를 점한다.

2018년부터 시작된 미·중(G2)간 무역분쟁과 코로나19 사태 이후 중국의 중심의 공급망 구조가 전세계에 충격을 주면서 미국 중심으로 중국 의존도를 축소하려는 신공급망 질서가 구축되고 있다. 이로 인해 2010년대와 2020년대 이후에는 글로벌 경제의 프레임이 변화를 보일 것으로 보인다. 먼저는 미국 중심으로 신공급망 질서로 교역환경이 변화가 발생할 것이며, 다음으로 고부가가치 중심으로 산업구조의 재편이 구조적이고 지역적으로 발생할 것이며, 끝으로 디레버리징 등을 통해 효율성을 강화하는 추세가 강화될 것이다.

그림 3-2 10여 년 주기로 변화하는 세계 경제성장 흐름도

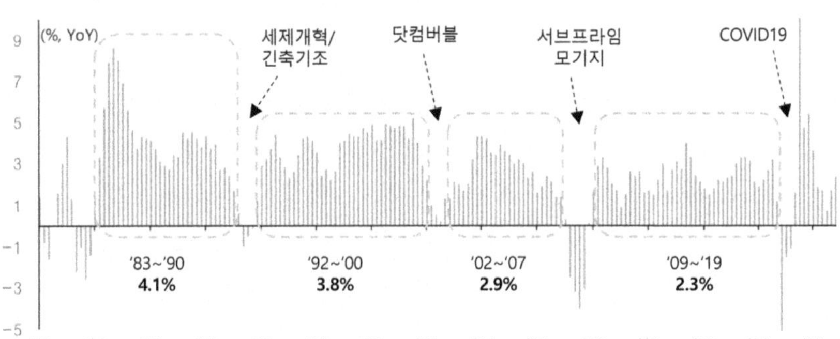

자료) 유안타증권

3.2 한국 경제

한국전쟁 이후 한국은 약 10년 동안 개발되지 못한 국가로 남아 있다가, 1960년대부터 정부의 주도 아래 강력한 성장 정책을 구사해 나간다. 정부는 노동 집약적인 제조업 수출 장려를 통해서 경제 성장을 촉진시켰고, 기업들에게 새로운 기술을 개발하게 하여 세계 시장과 경쟁을 통해서 생산성을 증대시키도록 장려한다. 정부의 주도와 한국기업의 노력을 통해서 한국경제는 아시아에서 대표적인 국가이자, 세계에서는 대략 10위 전후의 경제적 위상을 가지고 있는 국가로 성장하게 된다. 한국경제는 과거 정부 주도로 수출 중심의 경제 전략을 통해서 성장하였고, 현재에는 민간기업 중심으로 여전히 지속적인 수출 경제 중심으로 구현되고 있다.

2018년 미·중간 무역분쟁과 2020년 코로나19 이후 미국 중심으로 재편되고 있는 신공급망 질서로의 편입과 고부가가치 중심으로 산업구조를 재편하려는 세계 경제적 프레임의 변화 속에서 새로운 기회를 확보한 반면, 금리인상, 높은 가계부채, 그리고 지속되는 지정학적 위험 등의 풀어야 할 위기 역시 존재하고 상황이다. 먼저, 미·중간 무역분쟁으로 관세의 상승 및 비관세장벽의 확대가 이루어졌고, 미국과 중국의 생산과 제조와 소비의 벨류체인이 붕괴의 조짐을 보이고 있다. 이런 프레임 변화는 코로나19 이후 더욱 가속화되어 미국 중심으로 중국에 대한 의존도 축소(China De-Risking) 흐름이 강화되어 의류와 신발, 그리고 저부가가치 IT 제품들은 아세안과 인도 등으로 복수 공급망을 구축하는 한편, 반도체와 이차전지 그리고 자동차와 같은 고부가가치산업은 미국이나 미국의 동맹국가로 공장을 이전하거나 확장하는 리쇼어링(reshoring)[1]과 니어쇼어링(nearshoring)[2]에 의해 한국경제는 직·간접적인 수혜를 받고 있다. 반면, 코로나19로 인해 글로벌 거시경제의 왜곡과 금융시장의 과잉유동성, 그로 인해

1 리쇼어링(reshoring)은 비용 절감을 목적으로 생산비와 인건비 등의 이유로 해외로 진출한 기업들이 다시 본국으로 돌아오는 현상을 의미한다.

2 니어쇼어링(nearshoring)은 본국이나 원거리 국가에서 수행하던 기업의 생산 또는 서비스 업무 본국과 지리적으로 가까운 국가로 이전하는 것을 의미한다.

40년 만에 가장 높은 인플레이션의 출현으로 금리가 인상된다. 한국경제는 코로나19 이후 가처분소득 대비 가계부채 비율은 170%대까지 증가한다. 분류상으로 기업부채에 분류되나 사실상 가계부채 성격을 띄고 있는 1,000조원을 상회하는 자영업자 대출을 감안하면 가계부채의 위험성이 한국경제에 상존해 있는 것이다. 거기에 지속되는 남북한의 갈등 문제는 장기간의 정치적 경제적 위험 요인으로 한국경제를 위협하고 있다.

3.2.1 국내총생산(GDP)

국내총생산(GDP: gross domestic products)는 한 나라 영역 내에서 경제주체인 가계, 기업, 정부 등이 생산한 재화와 서비스의 총생산 규모를 의미한다. 국내총생산(GDP)은 시장가격을 기준으로 산정하게 되는데, 당해연도 시장가격을 통해 산정하면 명목국내총생산(GDP)이라 부르고, 기준년도 시장가격으로 산정하면 실질국내총생산(GDP)이라 한다. 명목국내총생산(명목GDP)는 국민경제의 전체적인 규모나 구조변동 등을 분석할 때 사용하고, 실질국내총생산(실질GDP)는 경제성장이나 경기변동 등과 같은 국민경제의 실질적인 생활활동 등을 파악할 때 활용된다. 경제성장률(EGR: economic growth rate)은 일정기간 동안

그림 3-3 한국 국내총생산(GDP)

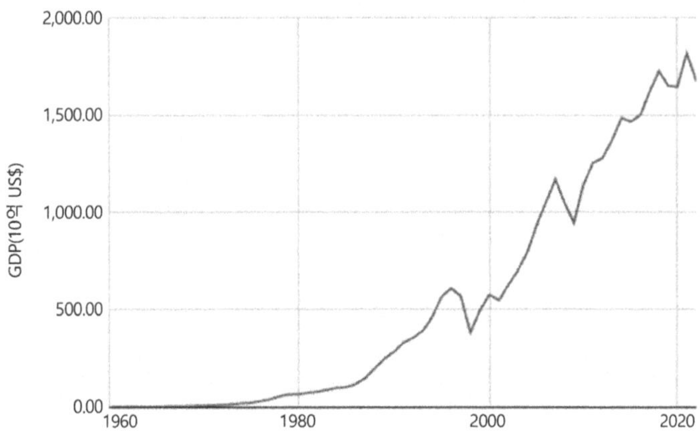

자료) 통계청

경제주체들이 창출한 부가가치가 전년대비 얼마나 증가했는지를 파악하기 위한 지표로서 한 나라의 경제 성과를 알고자 할 때 사용되며 실질국내총생산(실질 GDP)의 성장률로 표현한다.

3.2.2 물가와 인플레이션

물가(prices)는 화폐가치를 나타내는 척도로서 생산재나 소비재와 같은 특정 범위에 속하는 전체의 상품가격을 평균한 것으로 생산자물가 또는 소비자물가라고 명칭하고 이를 지수한 것이 생산자물가지수와 소비자물가지수이다. 지수화하는 방식은 일정 시점의 연평균 물가를 100으로 설정하고 가격변화의 추이를 수치로 나타내는 것이다. 먼저, 생산자물가지수(PPI: producer Price index)는 국내생산자가 국내시장에서 공급하는 상품과 서비스의 가격의 변동을 종합한 것이고, 소비자물가지수(CPI: consumer price index)는 국내소비자가 국내시장에서 소비하는 각종 식품과 의류 등의 상품이나 교통비와 의료비 등의 서비스 가격변화를 종합한 것이다.

인플레이션(inflation)은 물가가 상승하면서 화폐의 가치가 감소하고 이로 인해 실질적 소득이 감소하는 현상을 말한다. 경제가 지속적으로 성장하면서

그림 3-4 한국의 물가상승률

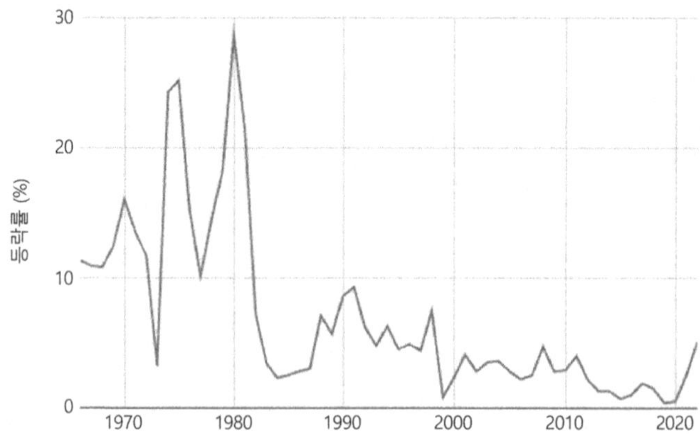

자료) 통계청

사람들의 구매력이 확대되고 확대된 구매력은 총수요가 총공급을 상회하면서 인플레이션을 유발하게 되거나, 전쟁이나 전염병 등으로 인해 총수요와 총공급의 균형이 변화되는 경우에도 발생하기도 한다. 특히, 화폐의 총발행량(M3)이 경제위기나 금융위기로 인해 남발하게 될 때 통화량이 지나치게 증가하면서 인플레이션의 원인을 제공하기도 한다.

3.2.3 국제수지와 환율

국제수지(balance of payments)는 일정한 기간 동안에 한 나라와 다른 나라 사이에서 발생하는 경제적 거래를 정리해 놓은 것으로 외국으로부터 벌어들이는 외환이 외국에 지급하는 외환보다 많은 경우에는 국제수지가 흑자(surplus)가 났다고 하고, 반대로 외국으로부터 벌어들인 외환보다는 외국에 지급한 외환이 더 많을 경우에는 국제수지가 적자(deficit)가 났다고 한다. 국제수지는 경상수지와 자본·금융 계정으로 구분할 수 있는데, 경상수지는 다시 상품수지, 서비스수지, 본원 소득수지, 이전 소득수지 등으로 구분된다. 상품수지는 외국과 상품을 거래하면서 발생한 외환의 수취와 지급의 차이이고, 서비스수지는 여행, 통신, 교육, 보험 등 외국과의 서비스 거래로 발생하며, 본원 소득 수지는 임금, 이자와 배당 소득 등 다른 나라와 노동이나 자본을 거래하면서 발생한 수취와 지급의 차이이며, 이전 소득 수지는 송금, 기부금, 정부 간 무상원조 등으로 주고받은 거래의 차이를 의미한다.

환율(exchange rate)은 두 나라 간에 돈의 교환비율을 의미한다. 환율 결정에 가장 기초적 접근 방법의 하나가 환율결정에 대한 국제수지접근을 들 수 있다. 즉, 국제수지 상태에 따라 외환의 공급과 수요가 결정되고, 외환의 공급과 수요로 환율이 결정된다고 보는 것이다. 환율결정에 대한 국제수지접근의 대표적인 모형으로는 구매력평가모형과 케인지언 일반균형모형이 있다. 구매력평가모형은 국제간에 자유무역이 완전하게 이루어진다면, 환율은 외환시장의 균형을 이루게 되고 무역수지를 균형화시켜 환율 역시 균형을 이룬다는 것이다. 다시 말해서 외환시장에서 국제무역을 통해 외환의 공급과 수요에 의해 결정되는 환율은 국제간의 자유무역을 통해 결국은 구매력평가 환율에 일치되는 것으로서 소위 일물일가 이론인 것이다. 예를 들면, 외국산 상품 가격을 현재의 환율로서 국내통화표시 가격으로 환산했을 때에 국내 재화의 가격보다 낮을 경우, 자국은 무역수지 적자에 직면할 것이고 외환시장에서는 외국통화에 대한 초과 수요로 환율이 상승하는 효과가 나타날 것이다. 이러한 현상은 거래 당사국의 동질적 상품들의 가격들이 동일한 통화로 표시될 때까지 계속된다고 보는 것이 구매력평가 이론이다. 케인지언 일반균형모형은 환율결정이 고정환율제도인지 아니면 변동환율제도인지에 따라, 또는 글로벌 간의 자본이동이 이루어지고 있는가의 여부에 따라 외생적 충격의 파급효과가 다르다고 보는 주장이다. 케인지언 모델은 국내 실물과 화폐, 그리고 국제수지 부문의 균형을 위한 조건들을 동시에 충족시키는 소득, 이자율, 그리고 환율 등의 결정과정을 설명하는데 주요 목적을 두고 있다.

3.2.4 센티멘탈(Sentimental)과 펀더멘탈(Fundamental)

센티멘탈(Sentimental)은 "심리적인" 또는 "정서적인" 뜻을 가진 심리학적 용어지만, 경제나 금융에서는 펀더멘탈(Fundamental)이라는 용어와 대비되는 용어로 자주 사용된다. 애널리스트가 경제나 산업, 또는 기업을 분석할 때 펀더멘탈로 접근하는 것은 자료(data)나 실적 등에 근거해서 분석하는 방법을 말하는 반면, 센티멘탈 접근은 경제 또는 경기나 산업과 기업에 대한 기대심리나 기대감으로 파악하는 기법이다. 소비자들이나 투자자들이 미래의 경제에 낙관적인 센티멘탈을 가지면 소비자들은 소비를 늘려서 효용을 추구할 것이며 투자자들은 금융시장에 대한 투자를 늘려서 수익을 추구할 것이고, 그런 센티멘탈은 경제나 금융의 펀더멘탈을 개선시키는 역할을 할 것이다. 그에 반해 소비자나 투자자들이 미래의 경제나 금융시장에 대해서 부정적인 센티멘탈을 보유한 경우 소비자들은 현재의 소비를 줄여서 미래의 효용을 준비할 것이며 투자자는 주식시장에서 투자를 줄여서 손실을 피하려 할 것이다.

이렇듯 소비자나 생산자의 향후 경제에 대한 낙관적이거나 비관적인 시각은 경제성과를 만들어내는 데 있어서 중요한 결정변수로 작용한다. 소비자가 미래 소득에 대해 확신을 가지면 고가의 내구소비재 수요가 활발해지고, 기업의 향후 제품수요에 대한 기대감이 커지면서 투자와 생산, 그리고 재고규모를 확대할 것이다. 반대로 부정적인 센티멘탈은 소비자와 기업의 활동을 위축시키기 때문에 펀더멘탈의 개선이나 회복을 지연시키는 역할을 한다. 최근 들어서 미래에 대한 기대감에 따른 소비자와 투자자들의 심리적 요인이 본질적 가치의 변화에 영향을 주는 경향이 점점 더 강하게 나타남에 따라, 경제나 금융에서는 펀더멘탈(본질 가치)의 개선하거나 회복시키기 위해서는 센티멘탈(심리)를 잘 활용하거나 관리해야 한다. 이를 위해 경제 주체들의 미래 경제에 대한 보다 긍정적인 자세를 통한 신뢰 형성은 소비와 투자 규모에 영향을 미쳐 재화와 서비스에 대한 총수요에 영향을 준다는 점을 인식해야 한다. 주식투자에 있어서도 이런 흐름은 그래도 반영된다. 특정 산업이나 기업에 대한 센티멘탈이 개선되어 특정 산업이나 기업에 자금조달이 원활하게 이어질 경우, 펀드멘탈도 동일하게 개선되는 효과가 나타난다. 그러나 센티멘탈이 부정적으로 지속되어, 특정 산업이나 기업에 자금의 조달이 원활하게 진행되지 않을 경우 펀더멘탈의 회복까지는 오랜 시간이 걸릴 수 있다. 이로 인해 주가가 상승하거나 기존의 하락에서 회복되기까지도 예상보다 장기간의 시간이 발생할 수 있다.

3.3 이자와 이자율

이자 및 이자율에 대한 사전적 분석은 투자를 하는데 있어서 가장 중요하게 고려해야 할 거시경제적인 요인이다. 이자율의 높고 낮음에 따라 투자환경이 급변하게 되고, 세계 각국의 이자율의 변동에 세계 금융시장도 빠르게 대응하는 모습을 우리는 쉽게 글로벌 주식시장에서 목격할 수 있다. 과거에도 이자와 이자율은 금융시장뿐만 아니라 실물시장에서 많은 영향을 주었다. “18세기 중반에 경제 발전이 가속화된 단 한 가지의 이유를 찾는다면, 우리는 낮은 이자율에 주목해야 한다. 산업혁명기에 깊게 파고들어간 광산들, 견고하게 지어진 공장들, 잘 건설된 운하와 회사들은 모두 비교적 저렴한 자본의 산물들이었다.”[3] 이렇듯 실물경제와 금융경제에 막대한 영향을 미치는 이자와 이자율에 대해서 역사적

3 T. S. Ashton, “The industrial Revolution, 1970~1980” ‘금리의 역사’(시드니 호머·리처드 실라 저)에서 재인용.

으로 다루어 보는 것은 2020년 코로나19 이후 미국의 이자율 변화에 민감하게 대응하는 한국을 비롯한 글로벌 금융시장을 감안할 때 의미 있는 일이다.

3.3.1 고대시대의 이자와 이자율

고대 자료 가운데는 현대의 이자율의 개념을 정확하게 대응할 만한 자료는 거의 없다. 신용에 대한 개념에서도 고대시대와 현대의 현격한 차이가 존재한다. 뿐만 아니라 고대시대에는 구체적인 이자율에 대한 문서나 자료도 거의 남아 있지 않다. 단지, 추정하는 것은 특정한 대출 거래에 대한 현물이자율(spot interest rate), 역사가들이 추정하는 특정 시점과 장소에서 특정 대출 유형에 대한 이자율 추정치, 그리고 법정이자율 혹은 통용이자율 등이다.

고대 그리스, 로마, 그리고 메소포타미아 등에서 언급되는 이자는 일반적으로 개인에게 대출하면서 받는 이자를 의미한다. 이 경우 담보가 제공되는 경우도 있고, 무담보로 계약이 이루어지는 경우도 존재한다. 고대 도시 국가들은 신용 상태를 파악하기 쉽지 않고, 개인들의 신용 상태가 매우 열악했음을 추정해 볼 수 있다. 개인들에게 사유 재산을 담보로 돈을 빌려주고 그에 따른 이자(율)를 부과하는 개념을 체계화되어 있지 않을 뿐 아니라, 국가도 역시 재정이나 이자율 관리 개념도 정립되지 않았을 것으로 판단된다. 이런 금융시스템이 확보되지 않음에 따라 고대에는 높은 이자율이 존재하였고, 그 만큼 사적 대출이건 공공대출이건 상관없이 매우 높은 연체 위험을 지니고 있었다. 이로 인해 고대 그리스의 대출의 최저 이자율은 기원전 6세기 때 16%를 기록하다가 헬레니즘시대인 기원전 4세기부터 기원전 2세기까지는 6%로 인하되기도 한다. 그리스에서 이자율이 이렇게 낮아진 이유에 대해 일부 경제학자들은 알렉산드로스(Alexandros the Great, B.C.356~B.C.323)의 정복 활동 이후 지중해 지역으로 유입된 주조 화폐로 말미암아 화폐량이 많이 증가한 데 그 원인이 있다고 주장하기도 한다. 같은 기간에 로마는 사장 최저 이자율을 기록한다. 로마의 대출이자율은 로마 공화정 초기에 8%대에서 1세기 로마 제국 시절에는 4%까지 인하된다. 로마의 이자율은 서기 2세기 동안 상승했으나 고대의 이자율과 비교할 때 여전히 낮은 수준이다. 당시 로마인들은 아시아와 아프리카에 투자할 때 기대수익률을 높게 가지고 있지 않았다. 서기 2세기의 로마와 그 식민지의 이자율은 기원전 3세기 그리스의 이자율과 큰 차이가 없었다. 그럼에도 불구하고 금융 체계와 신용 체계가 확립되지 않은 고대 로마와 바빌로니아에서는 채무를 이행하지 못한 채무자가 돈을 빌려준 채권자에게 노예가 되기도 한다.[4]

3.3.2 중세 유럽의 이자와 이자율

약 9세기 동안 지속된 중세 암흑기를 지나서 12세기부터 서유럽 이자율의 역사가 다시 시작된다. 중세 역시 고대처럼 신용 형태에 대한 자료가 많지 않고, 이자율 부분에 대한 것은 더욱 더 찾기 쉽지 않다. 단지, 고대의 대다수 신용 형태에 비해서는 중세시대의 신용 형태가 상대적으로 알아보기가 쉽다. 중세시대에는 고대시대보다 공공(국가)대출, 도시대출, 군주대출 등에 관한 증거자료를 찾아볼 수 있다. 이 당시 신용은 정치적인 장치로 진화하면서 중요한 정치적 무기이자 국가 방위 혹은 공격의 필수적 무기 역할을 수행한다. 그러나 군주들에 의해서 효율적인 국가 신용 기법이 개발된 것이 아니라, 현대와 유사한 국가 금융 방식은 북유럽의 자유 도시들과 이탈리아의 각 공화국에서 만들어진 것이다. 이들이 만들어 낸 금융방식은 추후에 네덜란드와 영국에 의해서 사용된다.

중세시대에 재미있는 것은 '전당포'가 존재하면서 '명백한 고리대금업자'로서 영업활동을 수행한 기록이 있다. 소비자담보 대출을 수행하는 전당포업자는 이자율로 32.5%에서 300% 정도를 받은 것으로 알려진다. 고리대금 금지 교리에도 불구하고 중세 유럽 역시 전문 전당포 업자가 항상 존재했던 것으로 보인다. 심지어 이들의 존재를 묵인되기도 하고 더 나아가서 이들에게 공식 면허를 내주는 일도 발생한다. 12세기에 북해 연안 저지대(베네룩스 3국)를 비롯한 거의 모든 국가에서 공인 고리대금업자들이 군주의 특별한 보호를 받고 있었으며, 군주는 그들로 하여금 막대한 면허비를 받을 수 있었다.

중세 후기인 12세기부터 유럽의 이자와 이자율에 관한 사례들이 나타나기 시작하고 13세기와 14세기에는 경제적 성장과 상업적 팽창이 발생한다. 13세기의 유럽은 자유노동자가 급속하게 증가하고 동시에 도시화가 진행된다. 이런 흐름은 14세기에도 이어지는데, 후반기로 가면 흑사병으로 인해 유럽 인구의 3

4 시드니 호머·리처드 실라, 금리의 역사, 리딩리더(4판), 2005. pp. 51~120.

분의 1에서 3분의 2가량이 목숨을 잃어버리는 사태가 발생하면서 유럽 경제의 성장이 크게 둔화된다. 이런 위기에 대해 유럽의 각 국가들은 서로 다른 이자율을 적용하면서 개인대출, 상업대출, 공공대출, 그리고 전당포 형태를 유지한다.

15세기는 유럽 경제의 전화기이고 르네상스 시대의 한 중심에 서 있는 시기이다. 이 당시 유럽의 금융시장의 중심은 이탈리아였고, 이탈리아인은 네덜란드 증권시장을 주도하고 있었다. 17세기 들어서 다시 유럽의 금융시장은 각 국가별로 이자율의 차이가 발생했고, 영국과 네덜란드의 이자율은 크게 하락한다. 반면 이탈리아의 주요 채무국이었던 스페인의 파산으로 기존에 이탈리아가 주도하고 있던 금융시장은 와해된다. 이런 현상은 과거 16세기에도 나타났었는데, 15세기까지 최저이자율 추세가 유지되다가 16세기 후반에 스페인과 프랑스 왕실의 채무불이행이 발행하면서 일시적으로 이자율이 급상승하는 모습을 보인다.

표 3-1 중세시대의 은행

연도	은행명	업무
1157	베네치아 은행	예금 및 이체
1401	바르셀로나 은행	이체
1407	성조지 은행(제노바)	이체
1587	리알토 은행(베네치아)	예금 및 이체
1609	암스테르담(암스테르담 비셀 방크)	예금 및 이체
1656	스웨덴 은행	예금 및 발행(처음)
1694	영란은행	예금, 이체, 대출, 발행

자료) 시드니 호머·리처드 실라, 금리의 역사, 리딩리더(4판), 2005. p219 인용.

3.3.3 20세기 전후 유럽과 미국의 이자와 이자율

1700년 이후의 유럽의 이자와 이자율에 대한 자료는 17세기 네덜란드 자료보다는 영국의 자료에서부터 보다 정확한 내용을 얻을 수 있다. 이유는 18세기에도 네덜란드에서 유가증권이 거래되는 금융시장이 존재했으나 여기서 제공되는 증권의 가격과 수익률의 자료가 연속적이지 않은 반면, 영국은 18세기 이후부터 지속적으로 장기 국채시장에서의 이자 시계열 값을 얻을 수 있기 때문이다. 19세기에는 단기이자율이 장기이자율과 유사한 수준을 보였다. 이 기간 동안에는 단기와 장기의 이자율이 모두 하락추세를 보였으며 하락폭에는 큰 차이를 보이지 않았으나, 20세기 들어서는 단기와 장기의 변동폭에서 차이가 발생하기 시작한다.

표 3-2 1700년대 이후의 영국과 미국, 스위스 이자율

연도	국가: 이자율	연평균(%)	월평균(%)
1737	영국: 낮은 이자율	2.83	2.80
1798	영국: 높은 이자율	5.94	6.35
1897	영국: 낮은 이자율	2.25	2.21
1920	미국: 높은 이자율	5.32	5.67
1946	미국: 낮은 이자율	2.19	2.08
1974	스위스: 높은 이자율	7.15	7.40

자료) 시드니 호머·리처드 실라, 금리의 역사, 리딩리더(4판), 2005. p755 수정해서 인용

미국의 19세기 이자율 수준은 당시 최초 이자율을 기록한 영국의 이자율보다는 높은 수준을 기록하고 있다. 19세기 말에는 미국이 세계 금융시장을 주도해 나가면서 미국의 이자율은 낮은 수준을 유지하게 된다. 20세기 들어서 미국의 역사와 이자율에 큰 영향을 미치는 네 가지 사건이 있다. ① 제1차 세계대전(1914~1918년), ② 뉴딜정책(1933~1938년), ③ 제2차 세계대전(1933~1938년), ④ 냉전(1947~1989년)이다. 이외에도 특히 이자율과 관련된 사건은 세 가지가 있다. ① 연방준비제도의 설립(1914~1917년), ② 대공황(1920~1939년), ③ 1965년에 시작된 극심한 인플레이션이다. 먼저, 연방준비제도가 설립되면서 미국은 오래전부터 유럽에서 사용되었던 것과 같은 방법으로 정부가 금리에 영향을 미칠 수 있게 된다. 연방준비제도가 설립 당시의 목적은 상업어음을 취급함으로써 통화의 유동성을 확보하는 것이었으나, 설립 이후 제1차 세계대전이 발발함에 따라 상업어음 관리보다는 국채 관리에 집중하게 된다. 또한 이러한 추세는 뉴딜정책과 제2차 세계대전으로 인해 더욱 더 강화된다. 미국의 이자율 역사를 살펴보면, 1920년 이전에는 평균적으로 단기 금리가 장기 채권수익률을 상회했지만, 1921년 이후에는 일반적으로 단기 금리가 장기 채권수익률을 하회한다. 제2차 세계대전 이후부터 1960년대까지는 미국은 세계를 주도해 나간다. 미국 경제는 인플레이션의 위험성도 최소한 채로 안정적인 성장을 구현했고, 전쟁으로 인해

황폐해진 유럽의 재건을 도움으로써 세계 최강의 경제력을 보유하게 된다. 그러나 1960년대 후반기에 접어 들면서 미국의 위상이 흔들리기 시작한다. 아시아지역에 발생한 전쟁에 참여하면서 국내 정치 불안이 가중되고, 전쟁에 과도한 예산 집행으로 인한 무역 적자로 경제적 어려움까지 가중된다.

표 3-3 1700년대 이후의 영국과 미국, 스위스 이자율

연도	명목금리, 연평균(%)*	기대 인플레이션(%)**	실질금리, 연평균(%)
1857~1859	9.84	0.64	9.19
1860~1869	8.00	5.80	2.20
1870~1879	7.41	(3.22)	10.64
1880~1889	5.14	(0.97)	6.12
1890~1899	4.51	(1.23)	5.75
1900~1909	4.16	0.82	3.34
1910~1919	4.77	3.73	1.04
1920~1929	5.08	3.00	2.08
1930~1939	3.89	(2.12)	6.01
1940~1949	2.71	4.49	(1.78)
1950~1959	3.31	2.65	0.66
1960~1969	5.02	1.81	3.20
1970~1979	8.24	5.97	2.27
1980~1989	11.32	6.63	4.69

자료) 시드니 호머 · 리처드 실라, 금리의 역사, 리딩리더(4판), 2005. p590 인용.

주) * 명목금리: 1857~1918년까지는 채권수익률이고, 1919~1989년까지는 무디스 Aaa 등급 회사채 수익률임.

** 기대 인플레이션율은 이전 7년 동안의 소비자물가지수를 가중 평균하여 산출함. 전년도 인플레이션율에는 0.33의 가중치를 부여하고 과거 7년 전까지 1년씩 거슬러 올라가면서 가중치가 30% 삭감되어 부여됨.

3.3.4 21세기 전후 이자와 이자율

세계 1,2차 전쟁과 대공황 등을 잘 처리함으로써 미국은 세계 최대 강국으로 부상하게 된다. 이후 미국의 안정적인 성장의 큰 흐름과 세계에 대한 헤게모니의 지속에도 불구하고 시기적으로 미국은 끊임없는 난제를 경험한다. 1960년대 후반부터 1990년대 초반까지는 재정 적자, 부채 증가, 채무불이행 등이 발생하면서 심각한 경기침체 국면을 경험한다. 반면에 이 시기에 일본은 비약적인 성장세를 보인다. 그러나 1990년대로 진입하면서 상황은 반전드라마가 나타난다. 일본과 유럽이 경제적인 어려움을 경험하게 되는 반면, 미국은 여러가지 악재에 대한 내성과 그로 인한 혁신적인 기술사회를 구축한다. 1989년 당시만 해도 향후 15년 동안 미국의 실질 경제성장률이 일본과 유럽을 앞설 것이라고 아무도 상상할 수 없었다. 실제로 1980년대 중반부터 1994년까지 미국, 일본, 유럽은 비슷한 경제성장률을 보인다. 그러다가 1995년에 들어서면서부터 상황이 달라진다. 미국은 2004년에 1995년대비 45% 성장하는데 비해, 유럽은 19%, 일본은 15% 성장에 그친다. 미국이 안보를 넘어서는 경제대국으로써 자리 역시 다시금 정렬되는 시대였다. 물론, 미시적 차원이나 내부적으로 볼 때 미국에는 여전히 많은 경제적 어려움과 문제들이 여전히 산재되어 있었다.

미국이 일본이나 유럽에 비해 어려움을 겪었던 시기인 1990년 이전의 문제는 1989년 미국의 대형은행들이 저개발도상국가에 이전에 투자해 놓은 것이 1980년대 계속적으로 채무불이행이 발생하면서 재정적 곤경이 발생한 것이다. 이 당시 미국은 저축대부조합의 파산 등으로 인해 금융시장의 경색되는 일을 경험하고 있었다. 그러나 미국 연준(Fed)[5]의 지속적인 금융 완화정책에 힘입어 1991년 잠시 마이너스 경제성장을 제외하고는 1992년부터는 다시금 플러스 경제성장률을 기록한다. 연준은 1989년 초 10%에 근접한 이자율을 1992년 3%까지 하향 조정한다. 1990년부터 2005년까지 미국의 콜금리는 1950년대와 1960년대 초의 이자율 수준으로 낮아지는데, 이런 저금리효과에 힘입어 미국은 골디락스(goldilocks)[6] 경제를 경험한다. '뜨겁지도 차갑지도 않아 먹기에 딱 적당한 음식'처럼 이상적인 상태를 의미하는 골디락스 경제시대에서 가장 유심히 지켜

5 미국의 연방준비제도(Federal Reserve System ; 일명 '연준': Fed)는 미국의 통화금융정책을 수행하는 미국의 중앙은행제도이다. 연준(Fed)은 7명으로 구성된 연방준비제도이사회(Federal Reserve Board), 12명으로 구성되어 화폐공급의 한도를 결정하는 연방공개시장위원회(Federal Open Market Committee), 12개 지역의 연방준비은행(Federal Reserve Banks), 9명의 이사로 구성된 연방준비은행이사회(Board of Directors) 등을 주요 기관으로 한다.

6 골디락스(goldilocks)는 골드(gold, 금)과 락(lock, 머리카락)의 합성어로 뜨겁지도 차갑지도 않아서 먹기에 딱 적당한 음식처럼 낮은 인플레이션 속에서 높은 성장을 이루어 가는 경제 상태를 의미한다.

보는 위험요인 중에 하나는 인플레이션율이다. 연준은 금리를 인상하는 방법으로 인플레이션을 억제하려고 했다. 이런 상황에서도 미국의 주가 급등 현상은 지속되었고, 채권수익률 역시 동반 상승하는 모습을 보였다. 연준은 2000년 미국에서 주식시장의 거품이 꺼지기 시작했을 때도 인플레이션 억제 정책을 지속적으로 유지했다. 그러나 경제 성장 속도가 둔화되고 채권수익률도 하락세로 전환하자 연준은 2001년에 가서 장기적인 금융 완화 정책을 실시해서 2004년까지 유지한다. 이런 금융 완화 정책은 1990년 말부터 1993년까지 시행된 정책과 유사하다. 단지 차이점이 있다면 1993년 시행할 때 보다 단기 금리 수준이 매우 낮아졌다는 것이다. 2000년 말 6.5%였던 기준금리는 2003년 중반에는 1% 수준까지 떨어졌고 이 금리는 1년간 동안이나 유지된다.

그림 3-5 미국의 역대 기준금리 추이

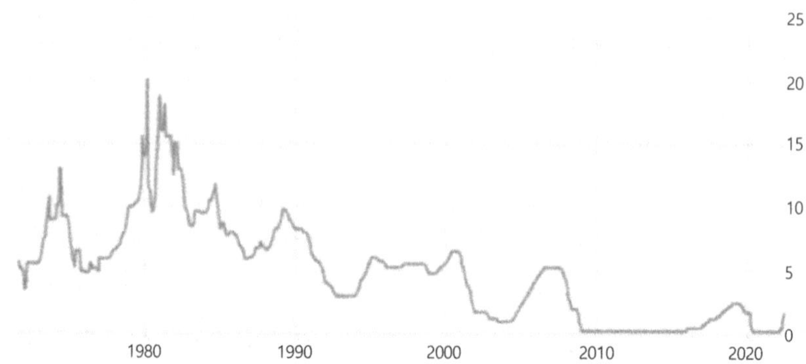

자료) 미 연방 준비제도

참고로 1990년부터 2005년까지의 미국의 단기 금리 수준은 1950년대와 1960년대 초의 금리 수준으로 되돌아 간다. 동기간 동안에 보여준 금리의 역사에서 확실한 것은 미국의 연준이 확실하게 시장 통제 능력을 보유하고 있음을 보여준다.

그림 3-6 **한미 기준금리(1999~2022년)**

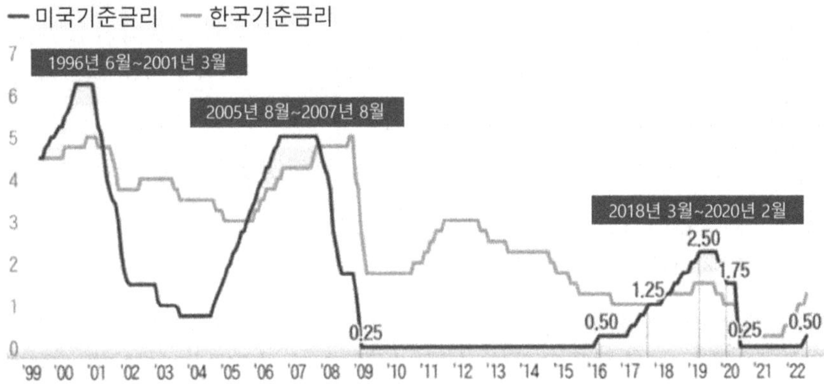

자료) 한국은행, FRED

3.4 총수요와 총공급

거시경제이론은 국민경제 전체 속에서 이루어지는 사항에 관심을 가지는 반면, 미시경제이론은 개별 시장에 대한 내용을 주로 다루는 것이다. 물론 수요와 공급의 상호작용에 의해 상품의 가격과 거래량이 결정되는 기본적인 프레임은 거시경제이론이건 미시경제이론이건 동일하다. 거시경제이론을 다룰 때, 수많은 상품을 함께 모아 일반적인 생산수준을 정의하는 것은 쉽지 않은 일이다. 그런 측면에서 수많은 상품 중에서 대표성이 있는 상품을 선정하여 그 상품이 전체 상품에 대한 대표성이 있다고 가정하는 것이 일반적인 논리 구성이다. 이런 상품을 현실에서 보기는 쉽지 않으나, 거시경제이론을 분석하는 데에는 유용한 방법으로 사용된다.

앞서 언급했듯이 거시경제이론에서 다루어지는 수요곡선은 개별 상품에 대한 수요를 다루는 것이 아니라, 국민경제 전체에서 생산되는 상품들에 대한 수요를 다루는 것이고 이것을 총수요곡선(aggregate demand curve: AD)이라 한다.

동일한 측면에서 공급을 다루는 것을 총공급곡선(aggregate supply curve: AS)이라고 부른다. 미시경제이론을 다룰 때 수요곡선과 공급곡선이 매우 유용한 분석이론으로 사용되듯이, 거시경제이론에서는 총수요곡선과 총공급곡선 역시 동일한 효과를 얻을 수 있다. 총수요곡선과 총공급곡선을 결정하고 이동하게 되는 요인을 파악하게 되면, 경기변동, 인플레이션, 스태그플레이션, 노동, 자본, 자원, 기술지식의 변동 등에 대한 현상에 대해서 이해할 수 있을 뿐 아니라 설명할 수 있는 논리적 근거가 나오게 된다.

이러한 거시경제이론을 어떻게 투자에 연관해서 해석하고 성공적인 투자를 얻는데 활용할 수 있을까? 투자가는 거시경제이론에 대한 활용이나 거시경제분석을 통해 향후 거시경제 환경의 변화 시나리오를 작성해서 그에 따른 수혜가 발생하는 산업과 피해가 입는 산업에 대한 완벽한 이해나 완벽에 가까운 이해를 가지고 있어야 할 것이다. 예를 들어, 이자율이 지속적인 상승세를 보일 경우 주식시장에서 유동성이 축소될 수 있고 유동성 축소는 투자가가 주식에서 채권으로 포트폴리오를 변경시킬 수 있기 때문에 주식투자에 주의를 필요로 한다. 반면에 경기둔화로 이자율이 추세적으로 인하 가능성이 예상된다면, 향후 주식시장에 풍부한 유동성이 공급될 가능성이 높기 때문에 주식시장에 대한 투자를 적극적으로 검토해야 하는 것이다. 거시경제에 대한 정확한 예측을 시도하는 많은 경제분석가들이 금융시장에 존재하나, 그것을 맹목적으로 따라가는 것은 위험한 투자가 될 수 있다. 왜냐하면 유명한 전문경제분석가라도 언제든지 거시경제에 대한 판단에서 오류가 발생할 수 있고, 그럴 경우 투자가는 큰 투자 손실로 이어질 수 있기 때문이다. 그런 측면에서 투자가 스스로가 거시경제에 대한 기본적인 학습을 충분히 습득한 후, 향후 거시경제에 대한 시나리오별 상황 속에서 현장에서의 투자 경험의 축적을 통해 투자의 수익률을 높여 가는 것을 연습하는 것이 거시경제를 투자에 활용할 수 있는 좋은 방법이라고 할 수 있다.

한국의 투자를 넘어서 미국에 투자하는 투자자라면 지난 25년 동안 미국경제의 체질이 많이 바뀐 것을 참고해야 한다. 미국의 거시경제 변동성은 과거에 비해 감소했는데, 주로 경제성장률과 인플레이션 변동률을 통해 볼 수 있다. 블랜차드(Blanchard)와 사이먼(Simon)의 분석에 따르면[7], 미국의 분기 생산량 변동

7 Blanchard, Olivier, and John Simon, The Long and Large Decline in U.S. Output Volatility,

률은 1980년대 중반 이후 절반으로 감소하였고, 분기 인플레이션 변동률은 3분의 2나 감소한다. 경제의 온건화가 시작된 1984년 이전에는 분기 실질GDP성장률의 표준편차가 4.7%였으나, 이후에는 2.1%로 축소된다. 연준 의장이었던 벤 버냉키는 "경제변동성이 낮아지면 고용이 더 안정되고, 가정과 기업이 직면하는 경제 불활실성이 감소한다."고 말한다. 또한 "인플레이션 변동성이 낮아지면 시장기능이 개선되고, 경제계획을 수립하기가 쉬워지며, 인플레이션 위험 헤징에 들어가는 자원도 감소한다."고 설명한다.[8] 과거 몇 년 동안 미국의 거시경제 환경이 바뀐 사실은 경기순환과 경제정책에 관한 새 이론으로 2004년 노벨 경제학상을 받은 학자의 주장에서도 나타난다. 에드워드 프레스콧(Edward C. Prescott)는 노벨상 기념강연 제목인 "거시경제정책의 변화(The Transformation of Macroeconomic Policy)"[9]에서 개별적인 정책조치보다는 정책기관의 중요성을 강조하면서 경기순환 모델에 가계와 기업이 미치는 의사결정을 포함함으로써 기존의 평가 모델을 재정립한다. 또한 비록 기업의 재무제표는 나타나지 않지만 거시경제를 기반으로 해서 투자에 접근하는 방법이 점차 중요한 투자 방법이 될 수 있다.

3.5 정부정책

투자가들은 정부정책에 관심을 가지지 않을 수 없다. 그것은 정부정책이 투자에 있어서 매우 중요한 영향을 미치기 때문이다. 먼저, 정부정책은 투자에 있어서 직접적인 영향을 미치기도 한다. 정부는 정부와 공공기관 또는 공기업을 통해서 특정한 재화나 서비스를 생산해서 국민에게 제공하는 업무를 수행하다. 전력, 국방, 의료, 도로, 철도 등과 같은 공공재 성격을 갖는 시장을 직접적

Brookings Papers in Economic Activity, 1, 2001, pp. 135~164.

8 Bernanke, Ben, The Great Moderation, 2004년 2월 20일 워싱턴DC 미국동부경제학회 Eastern Economic Association에서 행한 연설.

9 Prescott, Edward C., The Transformation of Macroeconomic Policy and Research, Nobel Prize Lecture, Arizona State University, Tempe, and Federal Reserve Bank of Minneapolis, December 8, 2004. 앤서니 크레센치, TOP-DOWN 투자전략, 리딩리더, 2011. p40,41.

으로 생산 및 공급을 주도한다. 다음으로 정부정책을 통해서 금융시장에 영향력을 제공한다. 경제와 투자를 촉진하기 위해 조세와 금융 등의 혜택을 제공하기도 하고, 세금을 상황에 따라 줄이거나 높이기도 한다. 또한 금융기관을 통해서 민간기업들에게 상대적으로 낮은 이자율을 제공함으로써 정부가 주력하는 산업을 육성시키는 역할도 수행한다. 끝으로 정부는 개인이나 민간기업의 활동에 제재나 규제를 부여하기도 한다. 제제나 규제를 정부가 실시하는 이유는 소득재분배, 공공성 확보, 소비자나 환경 보호 등 다양하고 선거를 통해 출범한 새로운 정권이 작은 정부가 아닌 큰 정부를 주장하면서 국민의 안전과 복지를 위해 적극적으로 개입하는 경우 정부의 규제와 제약 내용은 더욱 더 증가한다. 작은 정부이건 큰 정부이건 정부정책으로 인한 긍정과 부정 요인이 모두 존재하여 금융시장과 투자에 큰 영향을 미치기 때문에 세심한 관찰을 통해 투자에 참고하여야 한다.

3.5.1 재정정책

재정정책(fiscal policy)은 정부지출과 조세에 관련된 정책을 말하며, 정부가 특정한 목표를 달성하기 위해서 금융정책과 함께 사용되는 수요측면에서의 정책관리이다. 재정정책의 기능은 경제 안정화, 경제 발전, 소득 재분배, 자원 배분 등을 수행하게 된다. 먼저, 정부는 민간 부문의 투자와 소비가 감소해서 실업률이 높아지고 불경기의 흐름이 나타나면 정부가 공공 공사를 발주하여 지출을 확대하고, 더 나아가서는 세율을 낮추어 경기 회복을 도모한다. 정부는 불경기에는 실업률을 낮추고 고용을 증대시키기 위해서 적자 예산을 편성하게 되고, 호경기에는 인플레이션을 억제하기 위해서 흑자 예산을 집행한다. 둘째, 정부는 사회간접자본에 대한 직접 투자를 하거나 민간으로 하여금 이런 사업을 진행하게 하여 투자를 촉진시킨다. 뿐만 아니라 국민의 저축 증대를 위해서 각종 세제혜택을 부여하면서 경제 발전 기능을 수행한다. 사회간접자본에 대한 투자가 적극적인 의의를 가지기 위해서는 먼저 그것이 선행투자로서의 기능을 발휘하고 다음으로 사회적 균형을 확보해야 한다. 더 하여서 정부투자가 민간투자에 발생할 수 있는 효율성과 효과성을 구현시켜야 한다. 셋째, 정부는 재정정책을 통해서 소득의 분배가 균형을 잡을 수 있도록 한다. 세입면에서는 개인소득에 대해서 누진적으로 적용된 소득세를 부과함으로써 계층 간 소득 격차를 줄이려고 할 뿐만 아니라 값비싼 고급 명품이나 귀금속 등 사치품으로 분류되는 품목에 대해서는 고세율의 특별소비세를 부과하여 계층 간의 소득 격차를 줄이려고 노력한다. 이를 통한 소득재분배로 사회의 안정을 기할 수 있고, 고소득층으로부터 거두어 들인 조세를 저소득층에게 분배하면 분배의 공평이 실현될 뿐만 아니라 국가 전체적으로 소비성향이 증가하여 유효수요가 늘어난다. 이와 같이 소득재분배는 사회 전체의 소비수준을 향상시킴과 동시에 생활수준의 평등화를 가져올 수 있는 기능도 가지고 있다. 끝으로 세입과 세출을 통해서 자원 배분 기능을 수행한다. 세입면에서는 사치품에 높은 세율을 부과하고, 생활필수품에는 낮은 세율을 적용하여 소비와 생산을 촉진시킨다. 세출면에서는 특정 부분에의 세출을 증대시켜서 자원이 전용될 수 있도록 유도하는 것이다.

국채 발행 등을 통해 정부지출을 증가시키거나 화폐의 공급량을 확대하는 경우 단기적으로는 국민소득을 증대시키고 물가를 상승시키는 경기팽창 효과가 있다. 화폐 공급량이 증가되면 이자율이 하락해 투자지출이 증가하는 반면, 정부지출이 증가하면 이자율이 상승해 투자지출이 감소하는 현상을 보인다. 이런 현상은 장기적으로도 나타나는데, 국채 발행을 통해 정부지출을 증가시키면 지속적을 이자율을 높게 유지하는 효과를 만들어 내고 투자지출이 여전히 줄어드는 효과로 실물경제에 영향을 주게 된다.

이렇듯 재정정책이 경제에 신속한 영향을 미칠 것으로 여겨 짐에 불구하고, 실질적으로는 그 효과가 빠르지 않게 나타나는 것은 정부의 재정정책이 집행되기까지 입법부인 국회와의 합의가 이루어지어야 하고 그것이 실제적으로 집행되는 데까지의 차이가 발생하기 때문이다. 다시 말해서 재정정책은 대부분 행정부에 의해 입안되지만 국회에서 정치적인 고려를 포함한 타협과정을 거쳐야 함에 따라 더 많은 시간이 소요된다. 이런 측면에서 재정정책의 효과는 비교적 즉각적임에도 불구하고 정책수립의 과정과 집행이 지연되기 때문에 국가의 경제운용에 있어서 미세조정 수단으로 활용하기 어려운 측면이 상존한다. 또한 의료보험이나 사회보장에 대한 지출의 경우 정부지출의 많은 부분이 임의조정이 불가능한 경직성 지출로써 경제상황에 따라 지출규모를 조절하기 어렵다. 이 역시 재정정책이 경기조절 수단으로 활용되는 데 한계를 가지고 있는 측면이다.

3.5.2 통화정책

통화정책(monetary policy)은 통화량이나 이자율을 조절해서 거시경제에 영향을 주는 또 하나의 수요측면의 정책수단이다. 한국은행은 통화량과 이자율의 조절을 통해 총수요를 조정하게 되고 이것은 은행 예금이나 대출 금리, 채권 금리와 콜 금리에 영향을 주게 된다. 우리나라에서는 한국은행이 경기상황에 따라 적정 수준의 통화량을 공급함으로써 거시경제의 안정을 도모하고자 하는 것이 통화정책의 가장 핵심이다. 경기가 침체국면에 있을 경우 한국은행은 통화량을 증가시켜 소비와 투자의 증대를 유도하여 경기 회복을 도모하고, 경기가 과열국면에 있을 경우 통화량을 감소시켜 소비와 투자를 줄임으로써 물가의 안정을 유도한다. 그러나 현실적으로 많은 경제학자들을 통화량의 증가가 물가수준만 높일 뿐이지 실질경제에는 큰 영향을 주지 못한다고 주장한다. 팽창적 통화정책은 단기적으로는 금리안정과 투자촉진, 소비수요 진작 등의 효과를 가져오지만, 이것은 결국 인플레이션을 유발할 수 있다. 경기진작과 인플레이션 간의 교환관계는 적정 통화관리에 있어서 가장 중요한 이슈 중에 하나이다. 보완해서 설명하면, 통화정책은 일반적으로 팽창적 통화정책과 긴축적 통화정책으로 규정된다. 팽창적 통화정책은 통화의 공급을 늘리는 것이고, 긴축적 통화정책은 통화의 공급을 줄이는 것이다. 통화의 공급을 늘릴 경우에는 금리가 하락하고 실업률이 줄어드는 효과가 있지만 인플레이션에 대한 우려가 상존한다. 반면, 통화의 공급을 줄일 경우 금리와 이자율을 올려 인플레이션을 억제하는 효과가 있지만 경기를 둔화시켜 경제성장률을 낮출 수 있다. 한국은행은 균형 잡힌 통화정책을 통해 성장과 고용은 증대시켜 나가면서 인플레이션을 잡아야 하는 과제를 안고 있다.

통화정책은 재정정책과는 다른 게 수립하고 집행하기는 쉽지만 그 효과가 즉각적으로 나타나지 않는다. 통화정책의 수단으로는 공개시장조작(open market operation)과 재할인율 정책(rediscount rate policy), 그리고 지급준비율 정책(reserve requirement policy)이 있다. 공개시작조작은 한국은행이 보유하고 있는 국공채를 매매하여 시장의 자금을 증가하거나 감소시킴으로써 통화량과 이자율을 조정하는 정책이다. 미국의 경우에는 연준(Fed)에 의해 재무성 채권을 매각 또는 매입하는 방식으로 이루어지고, 한국의 경우는 한국은행이 공개시장조작의 수단 중에 하나인 통화안정증권을 순발행이나 순상환하여 유동성을 흡수하거나 공급한다. 재할인율정책은 일반 시중은행이 자금을 대출하면서 고객으로부터 받은 어음을 한국은행에 제시하고 자금을 차입하는 제도이다. 한국은행은 물가상승이 우려되는 경우에는 재할인율을 높여서 시중 일반은행들의 금리가 상승하게 하여 민간 저축을 유도하고, 반면 경기침체가 우려되는 경우에는 재할인율을 낮추어서 통화량 확대를 통해 경제를 활성화시키는 역할을 수행한다. 지급준비율정책은 한국은행이 일반은행으로 하여금 예금액의 일정비율 이상을 대출할 수 없도록 규정함으로써 통화량을 조절하는 정책이다. 한국은행은 시중의 통화량이 너무 많다고 판단하면 지급준비율을 높여서 통화량을 줄이고, 그 반대의 경우에는 지급준비율을 낮추어서 통화량을 높인다.

통화정책은 이자율의 변화를 통해 좀 더 간접적으로 거시경제에 영향을 미치는 반면, 재정정책은 거시경제에 직접적인 영향을 주는 것이 통화정책과 재정정책의 차이점이다. 통화공급의 확대는 금리를 하락시켜 투자를 촉진시킨다. 투자자는 자신이 보유한 포트폴리오에 현금의 비중이 너무 높다고 생각하는 경우에 포트폴리오의 조정을 통해서 채권 등의 유가증권의 편입을 증가하고 현금의 비중을 줄이는 전략을 선택한다. 이 경우 채권가격의 상승과 더불어 이자율의 하락이 발생한다. 이자율의 하락은 투자자로 하여금 채권이나 주식과 같은 유가증권뿐만 아니라 부동산 등을 적극적으로 매입함으로써 장기적으로 포트폴리오의 변화의 시도를 지속할 수 있다. 단, 통화정책으로 발생하는 투자와 소비수요는 재정정책과 같이 즉각적으로 나타나지 않는 특성을 지닌다.

통화정책이나 재정정책은 재화나 서비스에 대한 수요를 자극하는 것으로 경제에 영향을 미치는 수요 지향적인 정책수단에 모두 해당된다. 기본적인 전제는 거시경제가 완전고용 상태의 균형을 달성하지 못하며, 거시경제를 통해 경제가 이런 목표에 도달할 수 있도록 하는 것이다. 반면에 공급측면의 시각에서는 경제를 생산능력이라는 관점에서 다룬다. 근로자나 경영자가 생산활동에 적극적으로 참여할 수 있는 동기를 부여하는 환경을 조정하는 것이 공급측면에서는 경제학의 목표이다. 이런 면에서 공급과 관련된 경제정책은 조세제도에 더 많은 관심을 가진다. 수요측면을 중시하는 학자들은 세계의 소비 수요 효과를 중하게 여기지만, 공급측면을 중시하는 학자들은 세제의 인센티브와 세율을 중시한다. 결국 후자는 기업에 대한 세율을 인하함을 통해 투자를 촉진시키고,

인센티브를 통해 근로자의 의욕을 향상시킴으로써 경제성장률을 향상시킬 수 있다고 본다. 또한 이들은 낮은 세율로 인해 더 높은 경제성장률이 이루어지고, 그런 성장에 힘입어 세율 인하 이상의 세금증대효과가 발생한다고 주장한다.

3.6 경기순환

펀드매니저가 종합적인 자산배분을 결정하는 데 있어서 가장 중요한 것은 이코노미스트의 향후 경제에 대한 호황과 불황에 대한 예측에 근거를 두고 있다. 펀드매니저는 펀드를 운용하는데 있어서 이코노미스트에 의해서 예측된 향후 경기에 대한 컨센서스가 전반적으로 호황이 예상되는 경우에는 적극적으로 반도체와 같은 경기순환재나 경기민감재에 대한 투자 비중을 확대하는 포트폴리오를 구성해 가는 반면에, 불황이 예상되는 경우는 경기민감재보다는 경기방어적 성격이 강한 배당주나 필수소비재, 그리고 유틸리티(전기, 수도, 천연가스) 산업에 투자함으로써 펀드수익률을 지키려고 노력할 것이다.

그림 3-7 실질국내총생산과 경기순환주기

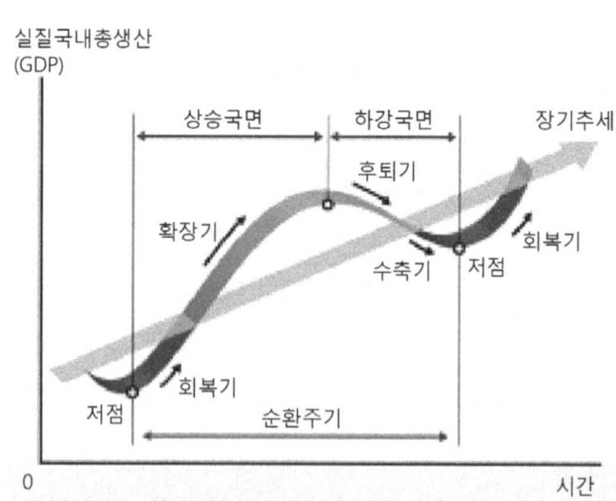

자료) 인터넷

3.6.1 경기순환

경기순환(business cycle)은 경기변동(business fluctuations)으로 불리며 경기가 호황과 불황을 주기적으로 반복하면서 상승과 하락을 반복하는 현상이다. 경기순환이 일정한 주기를 두고 발생하는데, 경기가 가장 낮은 저점(trough)에서 가장 높은 상태인 정점(peak)까지 올라가는 것을 확장국면(회복기에서 확장기)이나 상승국면이라고 하고, 정점에서 저점까지 내려가는 것을 수축국면이나 하강국면이라고 부른다. 경기순환곡선은 회복기, 호황기(확장기), 후퇴기, 불황기라고 불리면 일반적으로 V자형, U자형, W자형, L자형의 네 가지로 분류된다. V자형은 경기가 침체되었다가 급속하게 회복되는 경우이고, U자형은 경기가 저점에 있음에도 불구하고 곧바로 회복되지 않고 장기간 침체가 이어지다가 서서히 상승세를 보이는 경우이다. W자형은 침체되었던 경기가 다시 회복되는 듯 하더니 다시 침체국면으로 빠지는 현상으로 더블딥(double dip)이라고 부른다. 끝으로 L자형은 경기가 저점에 머무르는 면서 좀처럼 회복을 보이지 못하는 경제상황을 의미한다.

펀드매니저는 향후 경기순환에 대비한 포트폴리오를 구성해야 한다. 다양한 형태의 경기순환곡선이 존재하나, 결국 향후 경기가 침체기에서 회복기로 진입할 것인지 아니면 회복기에서 후퇴기로 진입할 것인지에 대한 예측을 통해서 경기민감주에 대한 편입을 확대할 것인지 경기방어주에 편입을 확대할 것인지 선택해야 한다. 경기민감주는 경기수혜주 또는 경기주도주 등 다양한 용어로 불리는데, 산업 구조상 경기와 밀접한 관련이 있는 섹터이다. 이런 섹터에는 자동차, 반도체, 정보기술(IT), 철강, 항공, 운수, 건설 등이 있다. 경기방어주는 전력, 가스, 제약, 식품 등과 경기에 상대적으로 영향을 덜 받는 섹터이다. 아무리 경기가 좋지 못하더라도 전력이나 가스, 그리고 식품을 사용하지 않을 수 없으며, 아플 때는 의약품을 사용할 수 밖에 없기 때문에 상대적으로 경기와 상관없이 지속적으로 매출이 발생하는 산업군들이다.

경기순환에 따라 투자가나 펀드매니저들이 포트폴리오를 조절해 나가는데 있어서 어려운 점이 있다. 향후 경기가 호황에서 불황으로 진입하거나 불황에서 호황으로 진입하는 것을 분명하게 구분하기가 쉽지 않기 때문이다. 향후 경기에 대한 전망이 칼로 무를 자르듯이 쉽게 구분할 수 있는 것이 아니라, 경기가 V, U, W, L자형으로 나타나기 때문에 향후 호황을 대비해서 경기민감주에 대한 편입을 증대시켰지만 실제로 다양한 경기순환의 내용으로 인해 수익률이 높지 못한 경우가 많고, 불황을 대비해서 경기방어주에 대한 편입을 확대시켰지만 생각보다 경기가 빠르게 반등함으로써 수익률이 시장수익률을 하회하는 경우를 우리는 흔히 목격할 수 있기 때문이다. 이것은 개인 투자가나 대규모의 자금을 움직이는 펀드매니저 역시 모두 예외 없이 경험한다. 그런 측면에서 경기순환에 대한 예측은 투자시 참고할 할 중요한 사항이지만 절대적 맹신의 지표는 아니며, 경기 상황의 변화에 긴밀하게 펀드의 포트폴리오를 조정해 투자수익률을 지켜 나가는 것이 중요하다.

그림 3-8 **경제주기**

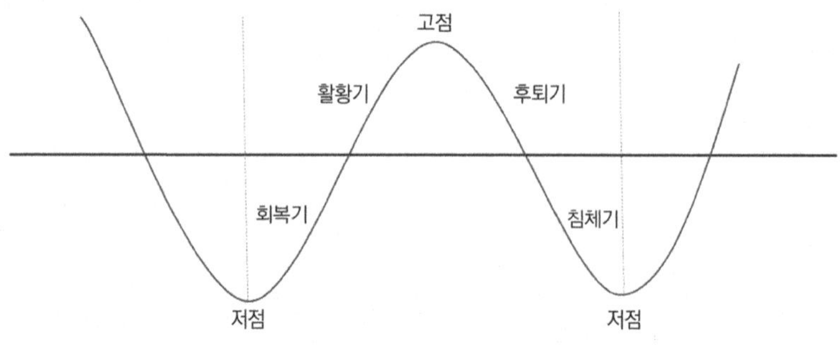

자료) 인터넷

3.6.2 경제지표

경제지표(economic indicator)는 경제의 모든 현상이나 변화, 그리고 예측 등을 설명할 때 사용되는 지표를 의미한다. 경제지표의 활용을 통해서 경기순환의 파악하게 되는데, 경기순환에 관한 시간의 분류에 따라 경기선행지수(leading indicator index), 경기동행지수(coincident indicator index), 경기후행지수(lagging indicator index)로 구분된다.

경기선행지수는 향후 3개월에서 6개월의 경기흐름을 파악하는 지표로 지수가 전월보다 상승하게 되면 경기상승을 의미하는 반면, 하락하면 경기하강으로 파악한다. 경기선행지수는 생산, 소비, 고용, 투자 부문 등의 여러 지표를 종합적으로 판단하여 산출하며 경제환경의 변화를 적용하기 위해 지수개편을 실행하기도 한다. 경기선행지수의 7개 구성지표는 다음과 같다.

1) 재고순환지표
2) 경제심리지수
3) 기계류 내수 출하지수(선박제외)
4) 건설수주액
5) 수출입물가비율
6) 코스피(KOSPI)지수
7) 장·단기이자율 차이

경기동행지수는 현재의 경기동행을 파악하는 지표로 경기상승시에 100을 상회하면 활황기에 진입한 것으로 분류하고, 경제주기에서 가장 낮은 시점을 저점(trough)으로 표시하고 가장 높게 보이는 시점을 정점(peak)으로 부른다. 경기동행지수를 구성하는 지표는 다음과 같다.

1) 노동투입량
2) 총산업생산지수
3) 제조업가동률지수
4) 생산자출하지수
5) 전력사용량
6) 도소매판매지수
7) 비내구소비재 출하지수
8) 시멘트 소비량
9) 실질수출액과 실질수입액

경기후행지수는 경기가 전체적으로 변화 후에 나타나는 지표로 경기후행지수는 다음과 같다.

1) 도시가계소비지출

2) 소비재수입액
3) 생산자제품재고지수
4) 회사채유통수익률
5) 이직자수
6) 상용근로자수

경제순환에 대한 경제지표 발표는 한국의 경우 통계청에서 발표하는 내용을 기준으로 해서 사용하고 있고, 미국의 경우는 미국 컨퍼런스 보드(The Conference Board)[10]가 향후 6개월에서 9개월 미국 경제 활동을 예측하도록 설계된 지표로 구성된 자료를 종합하여 사용한다. 투자를 하는데 있어서 경제지표를 정기적으로 파악해서 포트폴리오를 재조정하는 것은 투자수익률을 안정적으로 유지하거나 높이는데 필요한 작업이다. 경기순환에서 나타나는 경제지표는 향후 투자전략을 올바르게 수립할 수 있도록 해주는 핵심적 요인 중에 하나이다.

3.6.3 산업이란?

산업(industry)은 사람들이 인간적 삶을 영위하기 위해 필요한 재화나 서비스를 만들어 내는 모든 활동을 지칭한다. 농사를 하거나, 가게에서 물건을 팔거나, 가전이나 컴퓨터를 파는 등 생활에서 필요로 하는 모든 물건이나 서비스를 제공하는 모든 활동이 산업에 속한다. 산업은 생산하는 재화의 종류에 따라 산업의 종류를 분류할 수 있다. 산업에 대한 다른 분류는 경제가 발전함에 따라 구분하는 방법으로 농업, 목축, 임업 등이 해당하는 제1차 산업과 공업과 광업이 주가 되는 제2차 산업, 그리고 서비스업으로 분류되는 제3차 산업으로 정의하는 영국의 경제학자 콜린 클라크(Colin Grant Clark)의 분류법도 있다. 이외에

---

10 미국 컨퍼런스 보드는 경기선행지수의 구성요소(1. 평균 주당 노동 시간, 2. 평균 주간신규실업수당신청건수, 3. 제조업계의 소비자 상품/자재 신규주문, 4. 매각 실적, 5. 제조업자의 비국방자본재 신규주문. 6. 건설 허가, 7. 500개 기업의 주가. 8 통화량 공급. 9. 금리 스프레드, 10. 소비자 기대 지수)와 경기동행지수의 구성요소(1. 비농업 분야 급여 근로자 수, 2. 이전지출을 제외한 개인소득, 3. 산업 생산률, 4. 제조업과 무역업 매출)와 경기후행지수의 구성요소(1. 실업률 평균기간, 2. 상업 및 제조업 대출 잔액, 3. 서비스업에 대한 소비자 가격지수의 변화, 4. 생산단위당 노동비용지수의 변화, 5. 은행의 평균 우대금리, 6 도소매 재고 대 매출액 비율, 7. 개인소득 대비 소비자 할부금융 비율)를 발표한다.

도 경영관리상의 특성에 따른 분류 방식에 의해 자본집약적 산업(capital intensive industry)과 노동집약적 산업(labor intensive industry)으로 분류할 수 있다. 자본집약적 산업은 특정 산업을 창설하고 운영하는 데 있어 다른 산업에 비해 많은 자본을 필요로 하는 산업을 의미한다. 자본집약적 산업의 특성은 투하자본의 회수가 장기간에 이루어지며, 고정비의 비중이 높기 때문에 경기변동에 대한 탄력성이 낮고, 설비나 시설에 대한 정기적인 투자가 필요하다. 노동집약적 산업은 생산요소에서 자본이 차지하는 비중이 낮고 주로 인간의 노동력에 의존해서 상품을 생산하는 산업이다. 노동집약적 산업의 특성은 노동력만 있으면 쉽게 사업을 시작할 수 있으나, 많은 노동량이 투여됨에도 불구하고 판매 가격이 낮은 저부가가치상품 위주로 사업으로 진행된다.

산업을 분류할 때 한국은 한국표준산업분류(KSIC: Korea Standard of Industry Classification)를 사용하다. KSIC는 산업관련 통계자료에 대한 정확성과 비교성을 확보하기 위해 작정된 것으로 통계작성기관은 이것을 의무적으로 사용하게 되어 있다. 미국은 표준산업분류(SIC: Standard Industry Classification) 코드를 사용하다가 북미산업분류체계(NAICS: North American Industry Classification System) 코드로 대체해서 사용하고 있다.

3.6.4 산업수명주기

산업수명주기(industry life cycle)는 산업이 특정시점에 머물러 있는 것이 아니라 시간이 지남에 따라 창업기, 성장기, 성숙기, 그리고 쇠퇴기로 발전하는 전개 과정을 일컫는 말이다. 현재 기술을 기반으로 창업하여 유니콘으로 성장한 스타트업이나 과거 경제성장을 기반으로 빠르게 성장하는 기업들의 산업의 수명주기를 관찰해 보면, 일반적으로 창업기에는 초고속 성장세를 보이며, 성장기에는 안정된 성장으로 진입한 후, 성숙기에는 상대적으로 낮은 성장국면에 진입한다. 그리고 쇠퇴기에는 성장이 정체되거나 감소세를 보이게 된다. 산업의 수명주기에서 보이는 단계별 내용에 대해서 좀 더 자세하게 알아보자.

그림 3-9 산업수명주기

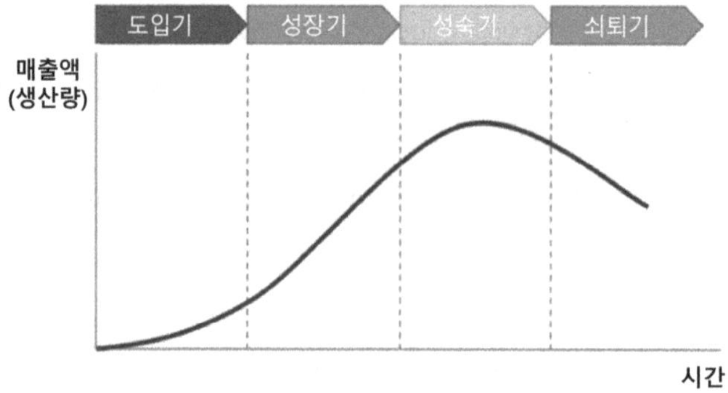

자료) 인터넷

도입기(start－up stage 또는 창업기)는 신기술과 신제품이 등장하면서 새롭게 사업을 전개하면서 시작된다. 전체적인 시장의 규모에 따라 다소 차이는 있지만, 빠른 매출성장을 보여지는 기간으로 스타트업은 연구, 개발, 마케팅 등에 많은 자금을 투자함으로 인해 대부분 적자가 발생하는 시기이기도 하다. 과거에는 이 시기에 창업자가 본인의 자체 자금이나 지인 또는 은행으로부터의 단순대출을 통해 사업을 시작했으나, 오늘날에는 벤처캐피털(VC)과 같은 사업이 발전하면서 창업자들은 기술력과 제품력에 따라서 시리즈별 투자[11]를 받을 수 있는 투자생태계가 글로벌적으로 조성되어 있는 상황이고 창업기에는 시리즈 A 혹은 B 정도의 투자금을 받아 사업영역을 확대시켜 나갈 수 있다.

성장기(growth or consolidation stage 또는 강화기)은 신기술을 바탕으로 신제품이 나오게 되면 업계를 선도하는 기업이 들어 나게 된다. 선도기업은 제품의 표준화를 시도하게 되고 이 표준화를 통해서 대량생산체제를 구축해 나간다. 이 과정 중에서 많은 경쟁자들이 퇴출되게 되고 경쟁이 감소하면서 경쟁에서

11 시리즈별 투자의 주요 특징은 다음과 같다. 시리즈 A는 일반적으로 제품 개발 및 초기 마케팅, 그리고 직원 고용 및 초기 운전자본을 위해서 6개월에서 2년 동안 회사에서 사용될 수 있는 금액을 투자한다. 시리즈 B는 스타트업이 제공하는 제품이나 서비스가 시장에서 어느 정도 가능성이 증명되면 제품이나 서비스의 최종 버전을 완성하는 단계에서 추가적으로 집행되는 투자액이다. 끝으로 시리즈 C 이하는 스타트업이 높은 매출이나 수익이 발생함으로 기업공개(IPO)나 인수합병(M&A) 등을 현실화하기 위해 필요한 추가적인 자금을 조달하는 단계이다.

승리한 스타트업은 적자가 줄고 빠르게 이익을 증대 시켜 나간다.

성숙기(maturity stage)는 출시한 제품의 품질과 성능의 지속적인 개선을 바탕으로 시장점유율이 높아진 상태이다. 추가적으로 더 확대할 수 있는 시장이 제한되면서 매출성장률이 다소 둔화되기 시작하고 품질도 더 이상의 개선을 기대하기 어렵게 된다. 이로 인해 투자에 대한 위험은 감소하지만 매출성장률이 낮아져서 이익률의 개선도 둔화되거나 정체되는 시기이다.

쇠퇴기(decline stage)는 경제 전반보다 성장속도가 낮아지는 단계이다. 시장이 이미 포화되었거나, 새롭게 대체되는 산업이 등장하면서 기존 영위해 가던 산업이 구시대의 산업으로 전락하게 되는 경우이다. 핸드폰에서 일반폰을 대신해서 스마트폰이 빠르게 성장하는 것과 자동차가 화석연료 기반에서 전기기반으로 바뀌는 등, 산업수명주기 내용은 우리 주변에서 흔하게 목격할 수 있다. 제4차혁명으로 인해 기술력을 기반으로 하는 창업이 더욱 더 확대됨에 따라 산업수명주기는 다양한 산업분야에서 목격할 수 있을 것이다.

그림 3-10 투자 유치 단계

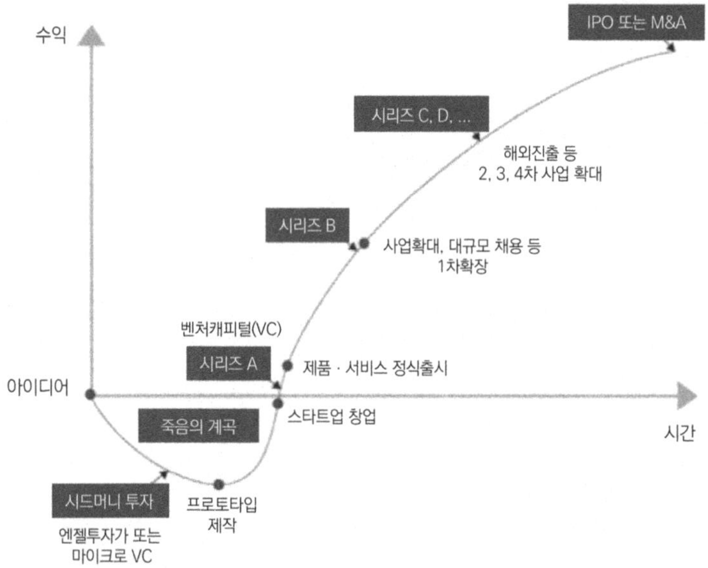

자료) 위키피디아(Startup financing stages)

잠시 쉬어가는 코너

진정한 거시경제 리스크를 평가하는 법

최근 5년간 기업의 리더와 투자자들은 숱한 거시경제 충격과 위기에 대한 거짓 경보에 시달렸다. 신종 코로나바이러스 감염증(코로나19)발 팬데믹이 극심한 경기 침체를 가져온 2020년, 리더들은 당시 위기가 2008년보다 심각하고 잠재적으로 대공황만큼이나 나쁠 수 있다는 경고를 들었다. 하지만 빠르고 강력한 회복세가 펼쳐졌다. 2021년에는 걷잡을 수 없는 인플레이션 탓에 암울했던 1970년대로 돌아갈 것이라는 전망이 주를 이뤘지만, 인플레이션은 1년 만에 9.1%에서 3%를 조금 넘는 수준으로 떨어졌다. 2022년에는 미국 금리가 상승하면서 신흥국 디폴트가 연쇄적으로 발생할 것이란 예측이 나왔는데 이 역시 현실화되지 않았다. 2022년과 2023년에도 다가오는 경기 침체를 피할 수 없다는 여론이 지배적이었으나 미국 경제는 비관론자들의 예상을 뒤엎고 강력한 성장세를 보였다.

이런 경고들은 경영진과 투자자에게 재정적 비용과 조직적 비용을 초래한다. 코로나19 경기 침체를 장기적인 것으로 잘못 판단해 2020년 반도체 주문을 줄인 자동차 제조업체는 경기 회복기에 판매 기회를 놓칠 것이다. 그리고 리더가 잘못된 경보에 과잉 대응해 전략, 운영, 커뮤니케이션을 갑작스럽게 뒤집는다면 조직의 신뢰를 잃을 것이다. 이런 비용을 막으려면 거시적인 경제 리스크 판단을 올바르게 내려야 한다.

리더들이 거시경제적 판단력을 되찾아 거짓 경보를 피하기 위해서는 세 가지 분석 습관을 들여야 한다.

첫째, 완전모델 사고방식을 버리고 상황에 따른 유연함을 발휘해야 한다. 사람들은 정교한 모델이 정확한 답을 내놓을 것이라 믿지만, 그 어떤 단일이론이나 접근방식도 일관되게 정확한 경제 예측을 제공할 수는 없다. 모델은 예측이 가장 필요한 순간인 위기 상황에서 가장 신뢰도가 떨어진다. 위기 시에는 극단적인 데이터 값이 발생해 모델의 기반이 된 데이터를 넘어서는 추정이 요구되기 때문이다.

둘째, 파멸론을 경계해야 한다. 리더는 재앙을 예고하는 끊임없는 경고와 싸워야 한다. 경제 및 금융 저널리스트는 시선을 끌고 클릭을 유도하기 위한 소재로 경제위기와 붕괴를 활용한다. 그리고 가장 시끄러운 비관론자의 확성기를 타고 거짓 경보가 더욱 증폭된다. 파멸론자들이 위기를 예측할 때도 있지만 이들이 다른 수십 개의 실현되지 않은 위기를 주장했다는 점을 고려하면 인상적이지 않다. 고장 난 시계도 하루에 두 번은 맞는 법이다.

셋째, 경제적 절충을 통해 판단력을 연습해야 한다. 거시경제를 올바르게 판단할 가능성을 높이려면 상황에 따라 유연하게 사고해야 한다. 인과적 설득력과 내러티브의 일관성에 초점을 맞추며 거시경제 리스크 판단에 필요한 정보는 경제학뿐만 아니라 인접하거나 멀리 떨어진 학문과 방법론에서도 끌어올 수 있어야 한다. 거시경제학은 물리학처럼 분석적인 정교함이 부족하다는 것을 인정하면 더 넓은 관점과 도구를 활용할 수 있다. 모델이 만들어낸 진리를 추종하면서 논쟁을 차단해서는 안 된다. 오히려 올바른 판단의 초석이 될 수 있는 엄밀한 논쟁을 장려해야 한다.

필립 칼슨슬레작 BCG 글로벌 수석 이코노미스트
폴 스워츠 BCG 수석 이코노미스트
정리: 김윤진 기자(truth311@donga.com)
동아일보 2024.7.8일자 기사

제 4 장
산업분석

4.1 자동차 / 조선 / 철강

자동차 : 자국에서 생산한 자동차를 구매할 수 있는 나라는 세계적으로 볼 때 10개국 정도이다. 주요 자동차를 생산하는 국가를 보면, 미국, 일본, 독일, 프랑스, 이탈리아, 한국 정도였고, 이 중 1,2차 세계대전에 참전하지 않고 자동차를 대량으로 생산하고 있는 국가는 한국이 유일하다. 2000년대 들어서는 아시아의 급성장을 바탕으로 자동차 주요 생산 국가에 중국과 인도가 빠르게 성장하고 있다. 심지어 단순 주요 생산 국가를 넘어서 세계 자동차시장의 핵심 시장이자 생산 국가로 부각되고 있는 상황이다. 특히, 중국 자동차 시장은 2008년 세계 자동차 시장의 9%대에 점유율 수준이었는데, 10년도 지나지 않은 2016년에는 30%에 육박하는 높은 확장성을 기록한다.

초기의 자동차 산업은 전쟁에서 이동을 위한 수단으로 급성장하게 되지만, 규모의 경제가 되지 못한 경우 쇠망하면서 현대사회에서는 글로벌 M&A를 통해서 대형 메이저 업체만 생존한다. 그러나 세계 자동차 산업의 변화는 또다른 변화를 경험하고 있다. 전통적 자동차 산업의 개념이 붕괴되기 시작하였고, 4차혁명을 맞이하여서 새로운 개념이 주도하는 신개념의 자동차 산업 시대를 맞이하고 있는 것이다.

표 4-1 전통적 자동차산업체계와 미래 적용될 자동차산업체계 New Mobility

핵심요소	전통적 자동차와 자율주행	New Mobility
기능적 정의 (Functionality)	드라이빙 모드 자율주행	별도 드라이빙 컨트롤 없는 단일모드
제안, 지지업계 (Proponents)	전통 자동차 산업계	구글(Google), 우버(Ubers) 등
수익모델	-Car-as-a-Product(CaaP) -소유 중심	-Mobility-as-a-Service(MaaS)
주요 시장	-운전면허소지자 -제한적 신차수요 성장 환경	대체제 통한 고성장, 총 운전차량 기반 대규모 시장
Implicantions	-기존 산업의 안정성 지속 -소비자의 점진적 수용	신산업 생태계에서의 Mobility 개념

자료) HIS Automotive, 각종 자료 종합, 미래에셋대우 리서치센터 자료 수정 사용

조선(선박) : 1976년에 한국 조선산업의 매출액과 부가가치는 국내 산업에 차지하는 비중이 2%에 불과하였으나, 1980년대 들어오면서 대형조선업체 중심으로 높은 성장을 하게 되었다. 이 당시 조선업체의 성장률은 연평균 30%의 고성장을 기록한다. 한국조선산업은 이런 고성장을 바탕으로 1985년에는 한국 제조업에서 차지하는 비중이 4% 이상 증가하였고, 이 성장을 바탕으로 시설 투자에 적극적으로 나섬으로써 일본조선산업을 본격적으로 추격하기 시작한다.

1990년대 들어서는 한국 제조업에서 차지하는 비중뿐만 아니라 세계 속에서 위상도 크게 높아지게 된다. 1990년 10월 OECD WP6 회원국에 한국 조선업체들이 정식으로 가입하게 되었고, 이 시기에 일본의 엔화강세로 인해 한국조선업체는 사상 최대 실적을 기록한다. 수주 측면에서는 1993년 세계시장점유율이 37.8%에 이르면서 일본의 세계시장점유율이 32.3%을 앞서면서 세계 1위 산업으로서 발돋움을 시작한다. 1997년 한국의 외환위기에도 불구하고, 한국 조선산업은 1,373만GT[1]를 수주함으로써 한국조선산업 역사상 처음으로 1,000만GT를 넘어선다.

1 GT(Gross Tonnage: 총톤수)는 Capacity Tonnage(용적톤)로서 상판부 하부 및 상부의 모든 폐위장소(Enclosed Space)의 합계 용적에 일정한 계수를 곱한 것으로 결정됨. 다시 말해서 선박의 간판 아래의 적재량과 갑판 위의 객실, 선원용 시설 등을 추가한 용적을 100입방피트를 1톤으로 해서 계산함. 근래에는 GT대신 CGT를 더 많이 사용함. CGT(Compensated Gross Tonnage: 표준화물선 환산톤수)로 표준화물선으로 환산한 수정총톤으로 기준선인 1.5만DWT(1만GT) 일반화물선의 1GT당 건조에 소요되는 가공공수를 1.0으로 한 각선종, 선형과의 상대적 지수임.

이런 호황을 통해 한국 조선산업은 한국 사회에 불어 닥친 경제적 위기를 기술적으로 향상시키는 시기로 활용하였고, 1990년대 말에는 기술력으로 한·일간의 차이가 줄어들게 되었고 가격경쟁력은 더욱 강화된다.

2000년대에는 초기와 중후반기로 나누어서 세계 및 한국 조선산업을 이해해 볼 수 있다. 2000년대 초기에는 세계경기하락의 영향으로 세계 조선경기도 급속히 위축되는 모습을 보임에 따라, 한국 조선업체 역시 2002년까지는 불황국면으로 큰 고전을 경험하게 된다. 이 어두운 불황의 터널이 지나고 우리나라 조선산업은 슈퍼호황에 초입에 진입하게 된다. 2008년 무역통계에 따르면 조선(선박) 수출은 344억 달러를 넘어 전체 수출 품목 중에서 반도차와 자동차를 제치고 2위를 차지한다. 특히 반잠수식 시추선 등과 같은 특수선박 수출이 64억 달러를 넘기 때문에 이 부분을 조선(선박)에 포함시킬 경우 400억 달러를 넘어 수출 1위 품목이 된다. 이후에도 굴곡과 부침은 있었지만, 조선(선박)은 반도체와 자동차와 더불어 3대 핵심 주력 수출품목으로 우리나라 핵심 산업으로 자리잡고 있다.

철강 : 인류에서 가장 사용되는 금속 중에 하나는 철(iron)로 산업에서 절대 빠질 수 없는 필수재이다. 대량으로 생산되는 특성상 전기전도율이 높고 가공하기 쉬운 특징을 가지고 있으며 자력에 예민하게 반응하는 금속이다. 철은 탄소 함량에 따라 순철(armco), 연철(wrought iron), 강철(steel), 선철(pig iron) 등으로 구분된다. 순철은 탄소 함유량이 0.02% 이하의 철로 불순물(규소, 망간, 인, 유황)이 거의 없는 특징을 가지고 있다. 연철은 탄소 함유량이 0.05~0.25% 범위이며 강철에 비해 강도는 약하지만 연성이 있고 용접이 편리한 장점을 가지고 있다. 강철은 탄소 함유량이 0.035~1.7% 범위이며 성분에 따라 탄소강, 합금강으로 구분되는 공업현장에서 가장 많이 쓰이는 소재이다. 선철은 탄소 함유량이 2.06%를 넘는 철로 주로 주조에 사용되며 강철보다는 강도와 경도면에서 더욱 단단하지만 인성이 없기 때문에 충격을 받으면 깨지는 특징을 지니고 있고 주철이라고 불린다.

철은 전세계의 금속 생산량 중에서 90% 이상을 점유하는 주요한 금속으로 산업분류상 철과 비철로 나눈다. 한국은 2021년 기준으로 세계 6위의 철강생산국이고, 2020년 기준으로 1인당 철강 소비량이 전세계 1위 국가이다. 철강 생산 방식으로는 용광로(blast furnace)의 전로(converter)와 전기로(electric furnace)가 있다.

그림 4-1 **고로 구조 / 전기로 구조**

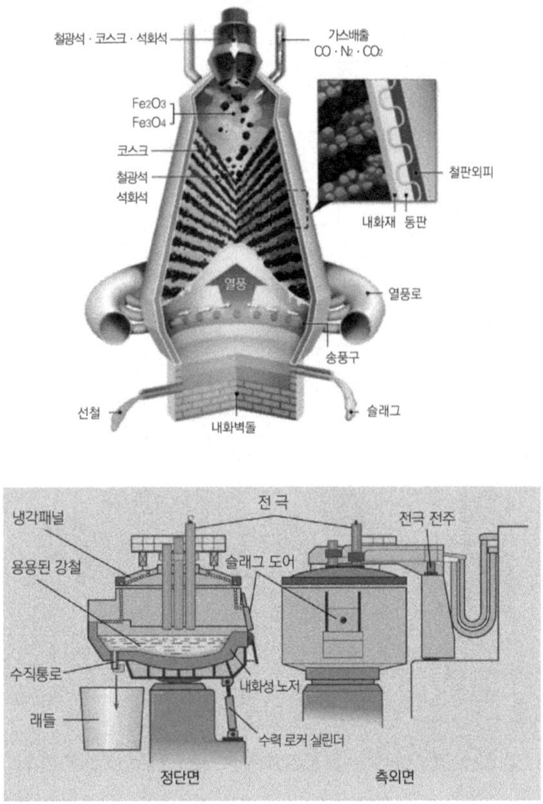

자료) 대신증권 리서치 자료 수정 사용

전로는 선철을 포함하는 불순물(규소, 망간, 인)과 탄소를 고압의 산소 주입을 통해 산화시킴으로써 불순물을 제거한 용강을 생산하고, 전기로는 전기를 통해 아크방전, 전기저항 그리고 유도가열 등의 방식을 통해 철스크랩을 녹여서 불순물을 제거한 후에 정련된 철을 생산한다. 일반적으로 고로 설비를 보유한 업체를 제출소라고 부르며, 전기로 설비만 보유한 업체는 제강소라고 명명한다.

일괄제철공정은 4단계로 진행된다. 먼저, 소결된 철광석과 코크스로 가공된 원료탄을 주입하여 철광성을 녹여 쇳물을 생산하는 제선단계가 있고, 쇳물에서 불순물을 제거하고 강철로 만드는 제강단계, 액체상태의 철이 고체가 되는 공정인 연주단계가 있고, 끝으로 반제품(슬래브, 블룸, 빌릿)을 주조, 단조, 압연 등의 방식으로 가공해서 최종적으로 제품을 생산하는 압연단계가 있다.

그림 4-2 **일관제철공정 흐름도**

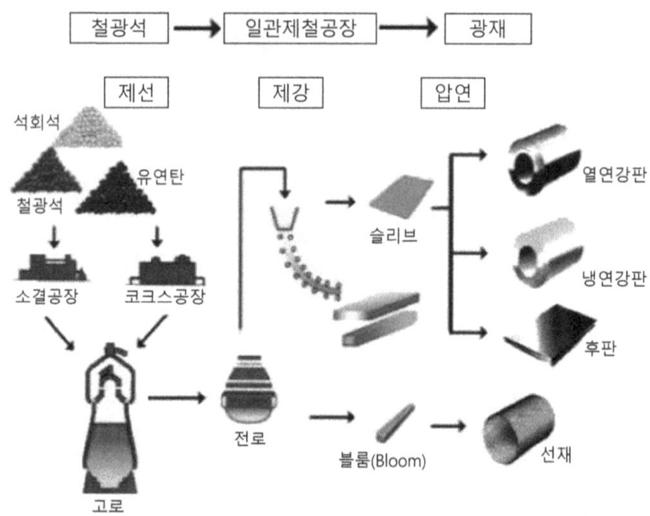

자료) 대신증권 리서치 자료 수정 사용

철강산업은 특징은 다음과 같다. 첫째, 자본집약적 장치산업이자 기초소재를 공급하는 기간산업이다. 둘째, 기초소재로서 낮은 가격과 풍부한 매장량이라는 조건을 구비한다. 셋째, 전후방의 산업연관효과가 매우 높은 산업이다. 넷째, 석탄 및 광산품, 전력, 비철 및 비금속 등의 투입 비중이 높아서 주요 후방산업을 구성한다. 다섯째, 원가경쟁력의 중요성이 지속적으로 부각되고 있으며 후방산업인 광물생산업과 비금속소재 생산분야에서의 원활한 공급이 기업과 산업경쟁력의 결정요인으로 작용한다.

철강산업에서 중국은 2000년 이후 높은 성장을 바탕으로 철강산업에서 영향력은 확대한다. 2005년을 기점으로 중국의 철강수급이 공급부족에서 공급과잉으로 전환되면서 글로벌 철강가격은 하락세를 보인다. 2020년대 이후에는 철강산업은 탈중국화와 탄소중립이라는 두 가지 아젠다로 새롭게 발전하고 있다.

표 4-2 철강 밸류체인

<table>
<tr><th>원재료</th><th>반제품</th><th>1차가공</th><th>2차가공</th><th>3차가공</th><th>생산업체</th></tr>
<tr><td rowspan="10">철광석+
유연탄</td><td rowspan="6">슬래브</td><td rowspan="5">열연코일</td><td rowspan="4">냉연강판</td><td></td><td>포스코, 현대제철, 동국제강, KG동부제철</td></tr>
<tr><td>아연도금강판</td><td>포스코, 현대제철, 동구제강, KG동부제철</td></tr>
<tr><td>컬러강판</td><td>동국제강, KG동부제철, 포스코강판,
세아씨엠</td></tr>
<tr><td>석도강판</td><td>TCC스틸, 동부제철</td></tr>
<tr><td colspan="2">강관</td><td>현대제철, 세아제강, 금강공업, 한국주철관,
동양철관, 휴스틸, 하이스틸, 유에스티,
SK오션플랜트</td></tr>
<tr><td colspan="3">후판</td><td>포스코, 현대제철, 동국제강</td></tr>
<tr><td rowspan="5">빌렛</td><td rowspan="4">선재
(와이어
로드)</td><td colspan="2">경강선재</td><td>포스코, 고려제강, 만호제강,
DSR제강, 동일제강</td></tr>
<tr><td colspan="2">연강선재</td><td>포스코, 코스틸, 제일제강</td></tr>
<tr><td colspan="2">특수강선재</td><td>포스코, 현대제철, 세아베스틸</td></tr>
<tr><td colspan="2">강선류</td><td>고려제강, 동일제강, 만호제강,
DSR 제강, 영흥철강</td></tr>
<tr><td rowspan="3">고철</td><td colspan="3">철근</td><td>현대제철, 동국제강, 대한제강, 한국철강</td></tr>
<tr><td>빌렛+
블룸</td><td colspan="3">형강</td><td>현대제철, 동국제강, 한국특강</td></tr>
<tr><td>빌렛+
블룸</td><td colspan="3">봉강</td><td>현대제철, 세아베스틸, 동일산업, 한국특
강</td></tr>
<tr><td rowspan="4">첨가
(크롬,
니켈 등)</td><td rowspan="4">스테레
스강</td><td colspan="3">판재(열연, 냉연, 후판)</td><td>포스코, 현대제철, 현대비앤지스틸</td></tr>
<tr><td colspan="3">봉강/선재</td><td>세아베스틸</td></tr>
<tr><td colspan="3">강관</td><td>세아제강, 휴스틸</td></tr>
<tr><td colspan="3">강선류</td><td>만호제강, DSR제강</td></tr>
<tr><td>첨가</td><td colspan="4">공구강</td><td>세아베스틸</td></tr>
</table>

자료) 대신증권 리서치 자료 수정 사용, 상장사로만 재구성함

4.2 IT (반도체 / 휴대폰 / 디스플레이)

반도체 : 반도체(semiconductor)는 상온에서 전도 전도율이 구리와 같은 전도체하고 애자, 유리 같은 부도체(절연체)의 중가 정도의 물질이다. 전도도는 가해진 전압이나 열 또는 빛의 파장 등에 의해 변화하는데, 일반적으로 규소 결정에 불순물을 넣어서 만들고, 증폭 장치, 계산 장치 등을 구성하는 집적회로(IC: integrated circuit)를 만드는데 사용된다. 집적회로(IC)란 하나의 반도체 기판에 다수의 능동소자(트랜지스터)와 수동소자(다이오드, 콘덴서, 저항기 등)를 초소형으로 집적이고 서로 분리될 수 없는 구조로 만드는 완전한 회로 기능을 갖춘 기능소자를 의미한다. 개별 기능소자들은 하나의 칩(chip)에서 서로 연결되어 있거나 위아래로 집적시켜 연결하기 때문에 칩(chip)은 수리가 불가하다. 개개의 칩(chip)으로 완성된 집적회로(IC)는 플라스틱 또는 금속으로 포장하여 DIL(dual-in-line)형 또는 실린더형(정관형: TO ; transistor outline)으로 만든다. 디램(DRAM), 낸드(NAND), 비메모리 반도체 모두 트랜지스터를 기반으로 구성되어 반도체 소자의 성능은 트래지스터와 밀접한 관련이 있다. 트랜지스터는 입력과 출력 사이에 시간차가 발생하는데 이런 게이트 딜레이(gate delay)는 회로의 속도가 낮아지는 주요 요인이고 전류의 양과 반비례한다. 트랜지스터의 발전은 전류의 양을 증가시키는 방법으로 발전하게 된다.

그림 4-3 집적회로(IC)의 외형

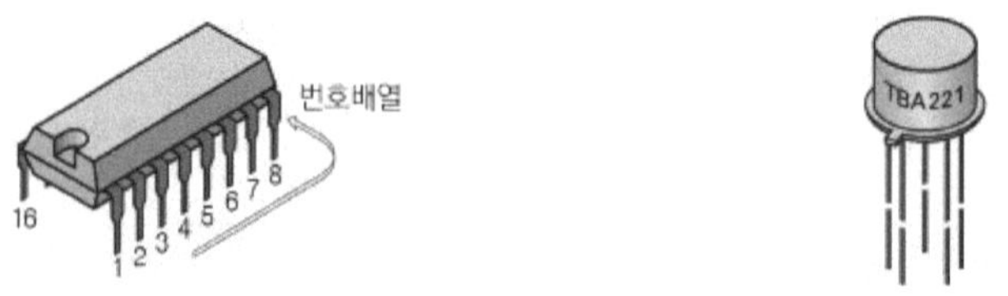

DIL형 정관형

한국 반도체산업은 독과점 형태의 산업구조로 가격경쟁력을 지니고 있으며 신규 진입자가 진입하기에는 매우 높은 기술적 장벽을 보유하고 있다. 반도체는 높은 수율로 생산하는 공정기술과 생산능력을 보유하고 있고 글로벌의 이해관계가 첨예하게 역겨 있어서 한국의 반도체산업의 중요성은 4차혁명시대에 더욱 더 강화되고 있다. 한국의 독과점 구조 속에 세계의 주요 국가들은 반도체 산업의 발전에 적극적으로 나서고 있으며, 미국과 중국 뿐만 아니라 일본과 베트남 등이 반도체산업을 육성하기 위해서 국력을 집중하고 있다.

중국은 1990년대 개혁개방 정책을 시작하였고 2001년 WTO에 가입을 통해 세계의 공장으로 성장하게 된다. 그러나 중국의 높은 경제성장을 넘어 세계에 대한 패권주의 모습이 나타남으로 인해 2018년 미·중 무역갈등이 시작되고, 2020년 코로나19로 인해 미·중간의 갈등이 본격화되면서 반도체의 밸류체인에 큰 영향을 미치고 있다. 미국은 '디리스킹(de–risking)' 기조 하에 'IRA법안'과 '반도체 및 과학법'(CHIPS and Science Act)을 통해 새로운 공급망 구축을 선언했으며, 중국은 인공지능(AI) 반도체용 HBM 및 5G칩의 자급화 달성을 위해 노력하고 있다. 한국은 미국의 밸류체인과 동맹하면서 반도체 산업의 대표기업인 삼성전자가 250조원 이상을 미국에 투자할 계획이며, SK하이닉스 역시 미국 현지에 15조원 이상의 투자를 계획하고 있다.

그림 4-4 **한국 반도체 출하(yoy)**

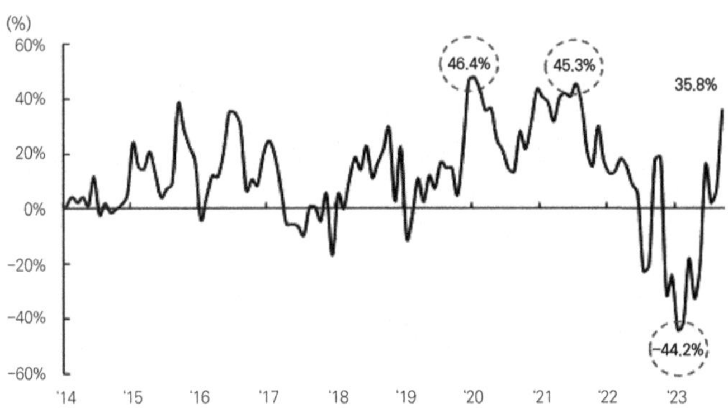

자료) 교보증권 리서치 자료 재인용

그림 4-5 한국 반도체 재고(yoy)

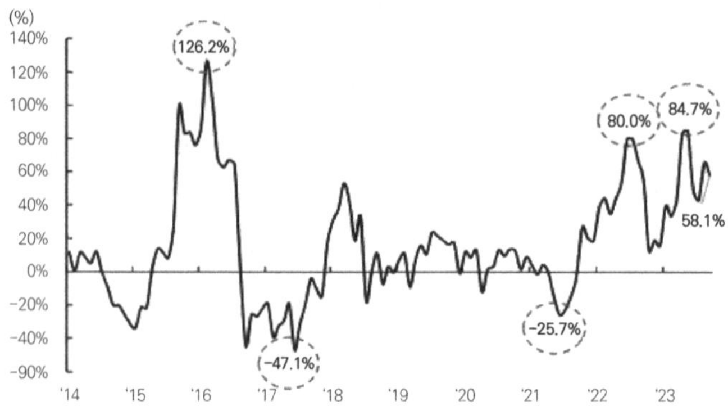

자료) 교보증권 리서치 자료 재인용

반도체산업과 글로벌 경기와 맥을 같이 하면서 자연스럽게 경기순환에 따라서 상승국면과 하락국면을 경험하고 있고, 1970년대부터 반도체산업의 경기순환주기는 상승국면은 약 3년, 하락국면은 약 1년 동안이 지속되는 양상을 보이고 있다. 반도체산업은 전후방산업과도 밀접하게 연결되어 있어 한 국가의 경제뿐만 아니라, 세계 질서 및 안전에도 영향을 주는 산업이다.

표 4-3 경기순환과 반도체산업 주기

순환주기	연도	기간 (개월)	수요	공급
상승	'12.12~'15.07	32	IT세트 수요확대	엘피다 파산
하락	'15.08~'16.08	13	스마트폰 침체	
상승	'16.09~'19.01	29	스마트폰, 서버수요 폭증	투자감소, 일본 지진
하락	'19.02~'19.12	7	서버수요 급감	과잉증설 후유증
상승	'20.01~'22.03	26	코로나19 이후 수요증가	
하락	'22.03~'23.11	14	인플레이션발 경기침체	투자감소, 감산발표

자료) 교보증권 리서치 자료 재인용

그림 4-6 반도체산업 생태계

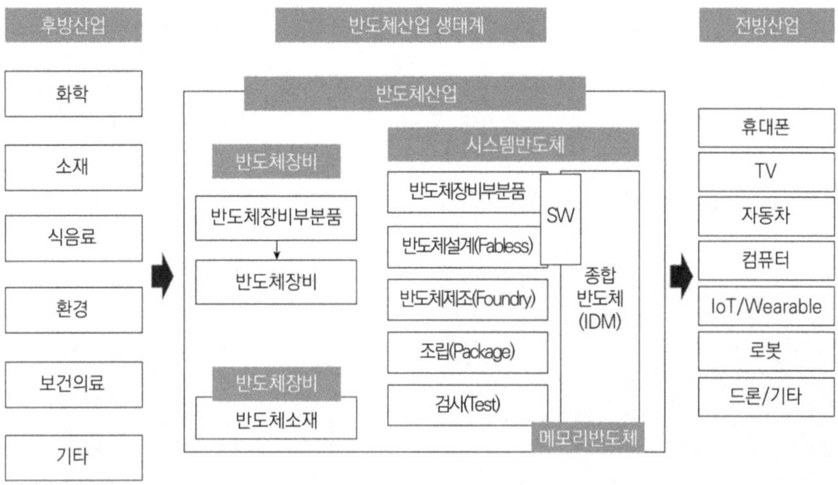

자료) 교보증권 리서치 자료 재인용

휴대폰 : 휴대폰시장은 과거 일반휴패폰에서 빠르게 스마트폰으로 바뀌었고, 스마트폰은 더욱 진화하여 폴더블폰 등으로 변화하고 있다. 휴대폰 시장에서 중추적인 역할을 하는 스마트폰은 휴대폰에 컴퓨터 지원 기능을 추가한 지능형 휴대폰이다. 스마트폰은 그런 측면에서 휴대폰 본래의 기능도 충실하면서 PDA 기능, 인터넷 기능, 리모콘 기능 등이 지속적으로 추가되면서 수기방식의 입력장치와 터치스크린 등 보다 편리한 장치로 변화 중이다. 특히, 스마트폰에는 무선인터넷의 기능이 지원되면서 인터넷 서핑, 이메일, 팩스, 은행 업무, 게임 등 단말기로써의 기능을 완벽하게 구사한다. 스마트폰은 일반적인 휴대폰의 기능과 피시(PC)의 운영시스템인 운영체제(OS: operating system)를 동시에 활용할 수 있다. 일반휴대폰과 스마트폰의 특성에도 차이가 있다. 일반휴대폰은 통화 중심이고, 인터넷 사용에는 제한을 가진다. 또한 하드웨어를 기반으로 애플리케이션 설치는 불가했다. 반면, 스마트폰은 데이터 중심이고, 인터넷 서비스를 통해 다양한 활동이 가능하다. 또한 소프트웨어를 기반으로, 언제든지 애플리케이션의 설치가 가능하고 이런 것을 편리하게 구현하기 위해서 상대적으로 넓은 화면을 가지는 특징을 지닌다.

스마트폰이 중심이 된 휴대폰산업은 2016년 이후 지속적인 수요둔화세를 보이고 있다. 순수 스마트폰의 시장이 성숙사이클에 진입함에 따라 휴대폰산업은 기술혁신과 신제품을 통해서 새로운 돌파구를 모색하고 있다. 휴대폰 제조사들은 다중 렌즈 시스템, AI기술을 활용한 사진 촬영과 같은 기술혁신을 추구하면서 폴더블폰과 같은 신제품을 통해 스마트폰의 제 2 전성시대를 도모하고 있다.

그림 4-7 아웃폴딩 방식 디자인 컨셉 / 두 번 접히는 3단 폴더블폰

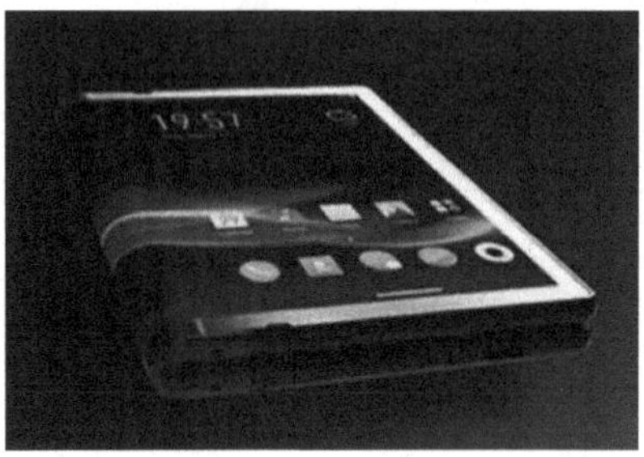

자료) 인터넷

디스플레이 : 디스플레이 산업은 소재, 패널, 부품, 설비와 같은 대규모 투자가 요구되어지는 자본집약적 산업으로 티브(TV), 스마트폰, 태블릿, 노트북 등과 같은 응용 산업의 성장이나 이들의 기술적 발전과 맥을 같이 한다. 디스플레이 산업은 2000년대 중반부터 엘시디(LCD: liquid crystal display)가 시장을 선도해 나가면서 발전해 왔고, 그 이후에는 오엘이디(OLED: organic light-emitting diode)로 전환되는 추세이다. 오엘이디(OLED)는 유기물질을 통해 자체적으로 빛을 내는 디스플레이를 말한 것으로 엘시디(LCD)에 비해 제조과정이 복잡하고 가격도 높다. 가격은 높지만 색상이나 명암, 응답속도, 광시야각, 낮은 전력소모 그리고 상대적으로 얇은 두께 등 많은 장점을 가지고 있다. 디스플레이 산업은 전방산업의 흐름이 개인화, 모바일화, 멀티미디어 융합화 등에 따른 소비자의 감성이 중요하게 됨에 따라 과거에는 공급자 중심에서 점차 수요자 중심으로 트렌드가 변화되고 있다.

엘시디(LCD)는 1999년부터 2010년에 동안 6번의 호황과 5번의 불황을 경험한다. 이런 현상이 자주 발생하는 이유는 다음과 같다. 먼저, 엘시디(LCD) 업체들의

그림 4-8 AMOLED 수요

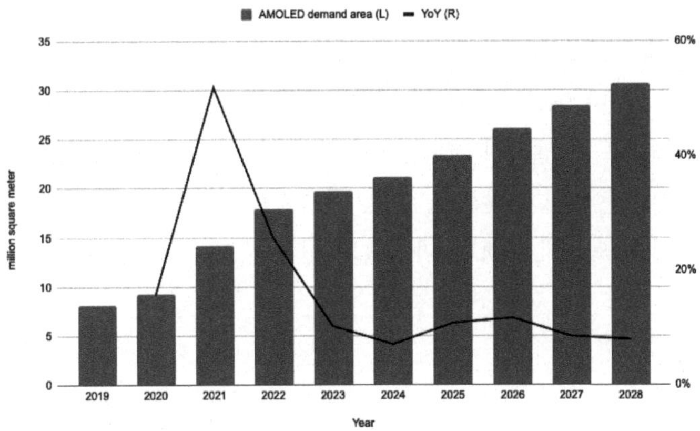

자료) 옴디아 자료 재인용

대규모 투자로 인해 공급능력이 확대되었으나 가격상승에 따른 수요정체로 엘시디(LCD)의 재고가 증가한다. 둘째, 재고증가는 엘시디(LCD)의 가격하락으로 이어져서 일정기간 유지되는 현상을 보인다. 셋째, 엘시디(LCD)의 패널가격 급락에 따른 가격메리트의 부각으로 신규 수요가 급증한다. 특히, 2000년대 후반기에는 중국정부의 가전가격인하정책으로 중국 엘시디 티브(LCD TV)에 대한 수요가

그림 4-9 LCD 시장 규모

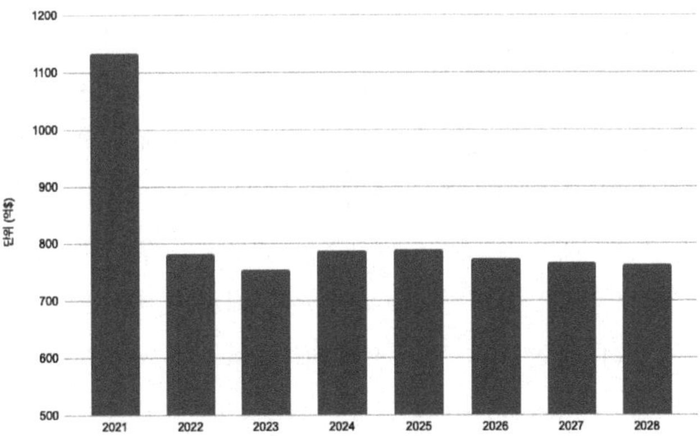

자료) 한국디스플레이산업협회 자료 재인용

폭발하면서 글로벌 엘시디(LCD)의 업황을 개선하는 중요한 분기점이 형성되기도 한다.

한국의 대형 및 중소형 디스플레이산업은 2010년대 후반에는 모두 엘시디(LCD)에서 오엘이디(OLED)로 제품 전환의 방향을 설정한다. 더 나아가서 2020년대 이후에는 포스트 오엘이디(OLED)가 준비 중이다. 마이크로 엘이디(LED)를 개발 중에 있으며, 오엘이디(OLED)보다 수명, 전력효율, 대형화, 응용성 등에서 성능이 향상된 플렉시블 오엘이디(OLED)가 개발되면서 새로운 신규 투자와 대체 시장이 열려지고 있다.

4.3 인터넷 / 게임

인터넷 : 인터넷 산업은 인터넷을 기반으로 다양한 사업을 전개해 나가는 분야로 인터넷의 발전과 기술의 발전에 힘입어 사업의 영역이 확대되고 있다. 인터넷 산업은 전자상거래(e-commerce), 온라인 광고(online advertising), 소셜 미디어(social media), 클라우드 컴퓨팅(cloud computing), 인터넷 보안(cybersecurity), 인공지능과 빅데이터(AI and big data) 등으로 우리에게 잘 알려진 분야도 있지만 끊임없는 진화를 거듭하면서 인터넷 산업의 영역이 다른 산업의 혁신과 변화를 유발시키고 있다. 전자상거래는 컴퓨터 통신이나 인터넷을 활용해서 온라인으로 이루어지는 상거래를 말한다. 초기에는 전화, 팩스, 컴퓨터 등 전자매체를 통신망과 연결해서 제품이나 서비스에 대한 거래가 이루어졌지만, 스마트폰 시장이 확산되면서 모바일 쇼핑이 크게 증가하는 추세이다. 온라인 광고는 기업이 제품, 브랜드, 서비스를 홍보하기 위해 인터넷을 이용하는 사업이다. 세계에서는 구글과 페이스북이, 한국에서는 네이버와 카카오가 플랫폼을 제공하고 있다. 소셜 미디어는 트위터(Twitter)나 페이스북(Facebook)처럼 네트워킹 서비스(SNS: social networking service)에 가입한 이용자들이 서로 간에 정보를 공유하면서 교류를 나누는 플랫폼 분야이다. 클라우드 컴퓨팅은 정보처리를 본인 자신의 컴퓨터를 사용하는 것이 아니라 인터넷으로 연결된 다른

컴퓨터로 처리하는 기술을 말한다. 이 기술을 활용하면 개인이 소장한 컴퓨터가 고장이 발생해도 데이터나 자료가 없어지지 않고, 필요한 만큼만 사용해서 최소의 비용을 지불하고, 불필요한 소프트웨어는 설치하지 않으면서도 대형 저장장치를 이용할 수 있는 장점이 있다. 인터넷 보안은 악성 소프트웨어, 해킹, 데이터 침해 등으로부터 컴퓨터 시스템을 보호하고 안정성을 유지해 주는 역할을 하는 사업으로 정보 보호와 사이버 보안이 강조되면서 인터넷 사업 영역으로 중요한 자리를 점하고 있다. 끝으로 인공지능과 빅데이터는 가장 많은 분야에서 사용되고 있는 기술로, 인간의 학습 능력과 추론 능력, 지각 능력, 자연언어의 이해 능력 등 인간의 지적 능력을 컴퓨터의 프로그램으로 발현시키는 최첨단의 기술이다. 이 기술을 기반으로 자동차 분야에서는 자율주행차, 산업분야에서는 지능형 로봇과 스마트 공장, 그리고 금융에서는 핀테크 분야 등으로 빠르게 파급력을 확산시키며 전세계의 산업 패러다임을 변혁시키고 있다.

게임 : 게임 산업은 경제적 환경과 더불어 문화적 변화 그리고 다양한 기술이 어루러져서 생성되는 산업이다. 초창기의 게임산업은 1950년대로 거슬러 올라가지만 일반인들이 알 수 있는 게임은 1980년대 닌텐도 엔터테인먼트에서 출시한 '슈퍼 마리오 브라더스'라는 가정용 콘솔이다. 1990년대 개인용 컴퓨터의 보급이

그림 4-10 거래형 플랫폼과 혁신형 플랫폼

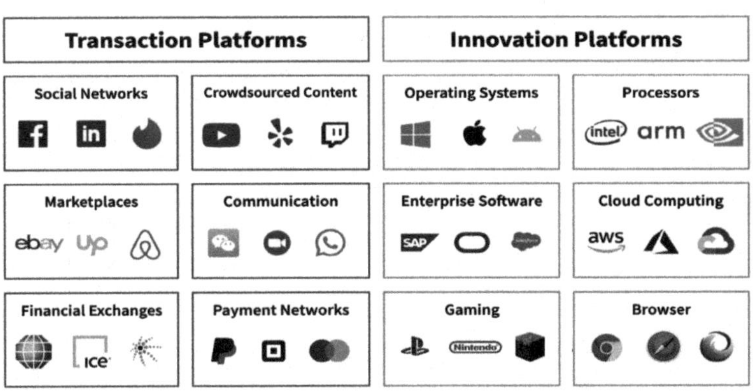

자료) 교보증권 리서치 자료 재인용

이루어지면서 초보적인 피씨(PC) 중심의 게임이 인기를 얻다가 실시간 전략 게임 및 멀티플레이어 온라인 롤 플레잉 게임(MMORPG)와 같은 새로운 장르의 개발로 이어진다. 2000년 초반부터 시작된 퍼즐 게임과 캐주얼 타이로 중심으로 즐겼던 초기 형태의 모바일 게임은 게임 산업의 주요 세력으로 부각되기 시작하여, 2000년대 후반에는 스마트폰과 애플스토어의 도입으로 게임산업의 핵심으로 부각된다. 미래의 글로벌 게임산업은 가상현실(VR: virtual reality)과 증강현실(AR: augmented reality)과 같은 신기술을 접목한 몰입형 게임으로 발전할 전망으로 미래에 만들어질 신기술과 신문화와 같이 새로운 장르가 지속적으로 발전할 예정이다.

한국의 게임산업은 글로벌에서 가장 성공적이고 영향력있는 산업으로 자리 잡아가고 있다. 한국 게임산업은 넥슨의 '메이플스토리'와 '마비노기'와 같은 초기 온라인 게임과 온라인 티플레이어 게임(MMO)의 역사를 가지고 있다. 특히, '리니지M'이나 '검은사막 모바일' 등과 같은 모바일 게임시장은 급성장하여 2020년 업체 매출의 66%를 차지하고 있다고 한국콘텐츠진흥원(KOCCA)는 보고한다. 한국 게임산업은 클라우드 게임과 가상현실과 같은 새로운 기술과 e스포츠 등과 같은 게임산업에 대한 지속적인 투자를 통해 성장을 거듭할 전망이다. 단지, 중국 등과 같은 국가 간의 경쟁 심화 및 국내의 법적 규제 등으로 인해 풀어야 할 과제를 안고 있다.

표 4-4 2023년 글로벌 주요 신작과 그 성과

게임명	개발사	출시	초기 판매량 (만장)	메타크리틱 스코어
호그와트 레거시	아발란체 소프트웨어	'23.02	1,500	85
바이오하자드 Re4	CAPCOM	'23.03	500	93
젤다의 전설: 왕국의 눈물	닌텐도	'23.05	1,850	96
디아블로4	블라자드	'23.06	1,000	88
파이널 판타지16	스퀘어 에닉스	'23.06	300	87
아머드코어6: 루비코의 화염	프롬소프트웨어	'23.08	280	86
마블 스파이더맨2	인섬니악 게임즈	'23.10	하루 250	91

자료) 회사 자료, 언론 자료를 취합한 신한투자증권 리서치센터 자료를 재인용.

표 4-5 상장된 한국 게임 기업들의 신작 출시 내용

회사명	게임	개발사	장르	플랫폼	출시
크래프톤	Project Black Budget	PUBG Studios	PvPvE 루터슈터	PC/콘솔/모바일	2024
	Project AB	블루홀 스튜디오	생존 어드벤처	모바일	2024
	Project InZOY	블루홀 스튜디오	인생 시뮬레이션	PC/콘솔	2024
	오버데어(OVERDARE)	Krafton HQ, NAVER Z	메타버스 UGC 플랫폼	모바일	2024
엔씨소프트	TL	엔씨소프트	MMORPG	PC/콘솔	2023.12月
	배틀 크러쉬	엔씨소프트	액션배틀로얄	모바일/스위치/스팀	1H24
	블레이드&소울 S	엔씨소프트	수집형 RPG	모바일	1H24
	프로젝트G	엔씨소프트	실시간 전략	모바일/PC	2H24
넷마블	아스달연대기	넷마블에프앤씨	MMORPG	PC/모바일	4Q23
	나혼자만레벨업	넷마블네오	액션 RPG	PC/모바일	4Q23
	킹 아서	구로발게임즈	전략 MMORPG	모바일	4Q23
	파라곤: 디오버프라임	넷마블에프앤씨	TPS MOBA	스팀/콘솔	4Q23
	일곱 개의 대죄: Origin	넷마블에프앤씨	오픈월드 수집형 RPG	모바일	2024
펄어비스	붉은사막	펄어비스	오픈월드 액션 어드벤처	PC/콘솔	2024
카카오게임즈	가디스오더	로드컴플릿	액션 RPG	모바일	4Q23
	에버소울	나인아크	수집형 RPG	모바일	4Q23
	오딘: 발할라라이징	자체개발(라이언하트)	MMORPG	모바일/PC	4Q23
	롬 (ROM)	자체개발(엑스엘게임즈)	MMORPG	모바일/PC	1H24
	아키에이지워	자체개발(엑스엘게임즈)	MMORPG	모바일/PC	1H24
위메이드	나이트크로우(글로벌)	매드엔진	MMORPG	모바일/PC	2H23
	판타스틱4 베이스볼	라운드원스튜디오	스포츠/P2E	모바일	2024
데브시스터즈	쿠키런: 킹덤 (중국)	스튜디오킹덤	수집형 RPG	모바일	4Q23
	쿠키런: 더 다키스트 나이트	프레시도우	VR게임	VR	4Q23
	쿠키런: 오븐스매쉬	프레스에이	3D 캐주얼 액션	PC/콘솔/모바일	2024
	쿠키런: 마녀의 성	스튜디오킹덤	퍼즐 어드벤처	미정	2024
	쿠키런: 모험의 탑	오븐게임즈	3D 캐주얼 액션 RPG	모바일	미정
컴투스	워킹데드: 매치3	노바코어	퍼즐	모바일	4Q23
	거상M 징비록	알피지리퍼블릭	P2E / MMORPG	모바일	2024
더블유게임즈	더블유카지노2.0	더블유게임즈	소셜카지노	모바일	4Q23
	스킬 게임 3종	더블유게임즈	슬롯 기반 대전 RPG	모바일	4Q23
	판타스틱 슬롯	더블유게임즈	소셜 카지노 장르		4Q23
네오위즈	고양이와 스프 IP 신작 3	네오팝	퍼즐	모바일	4Q23
	금색의 갓슈벨	네오위즈	RPG	모바일	4Q23
	던전에서 만남을 추구하면 안되는걸까	네오위즈	수집형 RPG	모바일/PC	2024
	킹덤 2	파우게임즈	MMORPG	모바일	2024
	영웅전설 IP 기반 게임	파우게임즈	수집형 RPG	모바일	2024

조이시티	스타시드	모히또게임즈	수집형 RPG	모바일	2024
	프리스타일 풋볼2	우레(자회사)	스포츠 캐주얼	PC	2024
	디즈니 나이츠 사가	테이크파이브스튜디오	전략 대전	모바일/PC/콘솔	2024

자료) 각 사 자료 등을 활용한 신한투자증권 리서치센터 자료를 재인용.

4.4 금융(은행 / 증권 / 보험 / 창투사(VC))

은행 : 은행산업은 수신업무, 자금의 중개, 신용창조, 그리고 자금결제 등을 통해 운영되는 대표적인 금융기관이다. 은행은 중앙은행과 상업은행으로 구성되면, 일반적으로 시중은행은 상업은행을 의미한다. 은행의 대표적 기능은 수신과 여신과 결제 업무이다. 수신업무는 예금(deposits)업무를 의미하는 것으로 예금은 금융기관이 고객으로부터 자금을 예탁 받은 후에 보관하고 관리해 주는 업무이다. 예금에는 요구불예금(개인수표나 기업수표와 같은 당좌예금과 보통예금과 별단예금 같은 기타 요구불예금으로 구성)과 저축성예금(정기예금, 정기저금, 상호부금) 그리고 신종예금상품 등으로 구성된다. 여신업무는 고객으로부터 받은 자금을 재원을 바탕으로 자금의 공급하는 일이다. 일반적으로 대출(loan)이라고 불리는데, 대출은 원리금 상환을 전제로 자금을 빌려주는 것을 말한다. 이외에도 은행은 환업무를 통해 자금결제의 원활화를 수행하며 본원적 예금을 기초로 파생적 예금 등을 창출하는 업무를 수행한다.

우리나라에 근대적 은행제도가 도입된 것은 1897년 한성은행(구 조흥은행, 현재 신한은행)과 1899년의 대한천일은행(구 상업은행, 현재 우리은행)이었고, 1909년 우리나라 최초의 중앙은행인 한국은행이 설립된다. 그 후 다양한 변천사를 통해서 변화되었고, 지금의 일반 은행에는 시중은행, 지방은행, 외국은행 등이 포함된다.

제4차산업혁명으로 은행산업에도 변화와 혁신이 크게 요구되어지고 있다. 이렇듯 일반은행은 과거와 다른 대내외적 환경의 급변으로 기술 급변에 따른 혁신적 핀테크의 확대, 오프라인 중심의 영업에서 온라인 사업의 강화, 국내 뿐만 아니라 글로벌에서의 영업수익 확대 등 다양한 혁신과 과제를 한국의 은행산업은 짊어지고 있다.

증권 : 증권산업은 주식이나 채권 등 각종 유가증권이 거래되는 증권시장에서 이루어지는 산업이다. 증권산업에서 대표적인 업무는 발행업무와 유통업무 그리고 인수주선업무 등이 있다. 발행업무는 새로 발행되는 주식이나 채권의 거래가 이루어지는 발행시장에서 이루어지는 일들이고, 유통업무는 이미 발행된 주식이나 채권이 거래되는 유통시장에서 행해지는 작업이다. 인수주선업무(underwriting)는 유가증권을 인수 또는 매출하거나 유가증권의 모집 또는 매출을 주선해 주는 일이다. 여기서 '매출'은 불특정 다수에게 균일한 조건으로 이미 발행된 유가증권을 매도하거나 매수하도록 청약을 권유하는 것을 의미한다.

증권시장과 증권산업은 자본주의 경제 발전과정에서 필연적으로 생겨나는 것으로 미국이나 유럽에 비해 짧은 역사임에도 불구하고 경제 발전과 맞물려 빠르게 성장한다. 먼저 증권거래제도가 확립된 것은 1931년 '조선취인소령'에 의해 조선취인소가 발족되면서부터이다. '조선취인소령'에는 유가증권의 거래방법이나 시장시세 결정방법 그리고 공중 보호를 위한 허위매매 금하는 사항 등이 규정되어 있다. 이후 1969년에 증권거래제도의 개선과 증권투자신탁업법 등이 제정되면서 자본시장의 기틀을 정비된다.

증권산업 역시 은행산업과 같이 제4차산업혁명으로 인해 많은 혁신과 변화를 요구받고 있다. 오프라인으로 진행되어온 사업은 빠르게 온라인사업으로 전환되고 있으며, 과거 주수입원인 주식거래수수료에서 벗어나 새로운 수익원을 발굴하는 것이 주요한 과제 중에 하나이다. 더 나아가서 국내에만 증권산업을 머무는 것이 아니라 해외증권사와 협력하거나 해외증권사를 인수하거나 더 나가서 해외사업을 더욱 확장시켜 나가서 글로벌 투자기관들과 경쟁해야 하는 중대한 시점에 놓여있다.

보험 : 보험산업은 우리가 예상하지 못한 사고로 인한 손실에 대비하거나 경제적 필요를 충족시키기 위해 다수의 경제주체들이 미리 기금을 만들어서 재난을 당했을 때 마련된 기금을 지급함으로써 피해자의 부담을 덜어주는 기능을 통해 영위하는 사업이다. 보험의 종류는 내용별로 생명보험(생명보험, 연금보험, 기타), 손해보험(화재보험, 해상보험, 자동차보험, 보증보험, 재보험), 제3보험(상해보험, 질병보험, 간병보험, 기타)으로 구분할 수 있고, 운영주체에 따라 사보험과 공보험으로 나눌 수 있다.

우리나라 보험산업이 정착되고 발전한 시기는 1962년년 보험업법이 제정되면서 보험산업의 근대화가 시작된다. 2000년대 들어서는 인터넷을 통한 온라인 보험 판매가 확대되었고, 다양한 보험금융상품과의 통합 등이 이루어진다. 2010년 이후에는 인공지능, 빅데이터, 사물인터넷 등의 기술이 보험산업에 도입되면서 고객 서비스 개선과 상품 개발에 효율성이 이루어지고 있다.

보험산업도 다른 금융산업처럼 제4차산업혁명으로 인한 변화에 동일한 혁신과 변혁을 요구받고 있다. 보험산업은 소비자보호 문제가 더욱 중요한 의제로 부각되면서 보험소비자 보호는 보험상품의 질과 내용, 보험약관, 보험료율, 그리고 서비스 등 전반적인 모든 분야에서 소비자중심의 체질개선을 더욱 더 요구되어지고 있다. 또한 보험기술의 첨단화에 대한 요구도 더욱 증대되고 있는 상황이다. 보험산업은 첨단기술과의 접목이 금융산업 중에서 상대적으로 늦은 편이다. 그런 측면에서 상품개발과 합리적인 보험료율의 산출, 더 나아가서 위험관리 및 투자에 있어서 보다 높은 기술과의 융합적 발전을 필요로 하고 있다.

창투사(VC : Venture Capital) : 창투사 또는 벤처캐피탈이란 유망한 기술이나 좋은 아이디어가 있는 모험기업(venture business)이나 창업기업(startup)의 사업화나 기업화를 돕기 위해 자금을 투자해 주고 투자한 기업이 성공할 경우 높은 수익을 기대하는 투자회사이다. 1986년에 제정된 '중소기업창업지원법'에 의해 창업을 활성화하고 벤처와 중소기업을 육성하고자 하는 목적으로 창투사가 운영되고 있고 '여신전문금융업법'에 의해서는 신기술금융회사(신기사)가 관리되고 있다. 과거 창투사는 주식과 채권과 같은 유가증권에 직접적인 투자보다는 융자와 자금대여를 하는 업체가 많았으나, 법률 개정으로 융자와 자금대여를 불허하고 직접적인 투자를 적극적으로 유도하고 있다.

우리나라는 1998년부터 코스닥시장에 벤처기업 전용시장을 개설하고 벤처기업에 대해서는 의결권 없는 주식을 발행주식 총수의 1/2까지 발행할 수 있게 하는 등 제원제도를 도입하고 있다. 더 나아가서 2009년에는 '벤처기업육성에 관한 특별조치법'을 일부 개정하여 대학이나 연구기관이 신기술창업전문회사(startup incubating)의 설립이나 양도를 보다 용이하고 이들이 가지고 있는 우수한 기술을 사업화 할 수 있도록 장려한다.

미국과 이스라엘은 창투사를 통해 혁신기업과 유니콘 기업이 발굴되면서 사회의 혁신에 주도적인 역할 기구로 자리잡아가고 있다. 우리나라는 펀드의 에이유엠(AUM: asset under management; 총관리자산 또는 총운용자산)이나 투자규모 면에서는 아직 상대적으로 미국과 일본대비 작으나 향후 사회 혁신과 변화의 마중물을 제공한다는 기능으로 인해 역할 증대가 기대된다.

4.5 건설

건설 : 건설(construction)은 건축(architecture)과 토목(civil engineering)과 관련된 업무를 수행하는 것으로 건물을 짓거나 만드는 일을 말한다. 건설산업은 다른 산업분야와는 다른 특징을 가지고 있다. 첫째, 수주산업이다. 건설업자는 발주자나 건설주로부터 먼저 주문을 받은 후에 건축활동에 착수하고 건축물이나 구축물 등을 마무리하여 인도한다. 둘째, 원가표준을 규정하기가 어려운 업종이다. 건설업은 생산대상이 되는 공사의 종류, 내용, 규모, 지역, 기간 등에 따라 각기 서로 다른 개별주문과 그에 따른 생산에 의존하기 때문에 제조업과 같이 일정한 표준원가 설정이 어려운 특징이 있다. 건설업은 건조진행률에 따라 원가를 측정하는 기성방식을 사용하고 있다. 셋째, 하도급을 통한 생산방식을 많이 의존하고 있다. 건설사업자는 자체적으로 모든 생산수단과 노동력을 구비하기 어렵기 때문에 전문기술이나 기능, 장비, 또는 노동력에 대해 외부의 협력업체나 하도급업체에 의존한다. 끝으로 산업재해와 같은 안전사고의 높은 위험성을 지니고 있다. 건축물의 고층화, 중량물의 운반설치와 중장비의 사용 등으로 인해 재해발생의 높은 요인을 가지고 있으며, 천재지변에 기인하는 위험사고 역시 다른 산업분야에 비해 높은 편이다.

한국 건설산업은 한국의 경제성장과 더불어 밀접하게 동반 성장한다. 그러나 2020년대 초반부터 2020년대 중반까지는 국내건설사업은 높은 공사원가와 고분양가로 인해 신규 분양산업이 쉽지 않고, 정부의 가계대출 규제 역시 강화되고 있는 상황이다. 더 나아가 금리인상 기조 속에서 부동산 프로젝트 파이낸싱(PF) 축소 및 과거에 책정된 부동산 프로젝트 파이낸싱(PF) 롤오버(만기연장) 리스크가 지속됨에 따라 국내 건설산업의 춘궁기((春窮期)를 경험하고 있다. 반면, 해외 건설에 국내 건설사들이 적극적으로 활로를 개척함에 따라 해외 산업 중심의 성장이 이어질 질 전망이다. 해외 건설업은 단순히 국내 주택사업의 특징을 넘어 플랜트, 오일 및 가스(Oil & Gas) 설비, 대규모 단지개발 등으로 이루어질 전망이다.

표 4-6 **2022년 국내 건설 수주액**

구분		2022		
		상반기	하반기	연간
건설수주액(조원)				
공공		27.3	29.6	56.9
민간		89.5	83.4	172.9
토목		30.3	30.7	61.0
건축		86.4	82.4	168.8
	주거	42.3	43.7	86.0
	비주거	44.1	38.7	82.8
합계		116.7	113.0	229.7
증감률(%, yoy)				
공공		1.9	1.1	1.5
민간		17.4	4.6	10.8
토목		17.8	10.0	13.7
건축		11.9	1.5	6.6
	주거	8.8	-1.4	3.3
	비주거	15.1	5.0	10.1
합계		13.4	3.6	8.4

자료) 대한건설협회, 한국건설산업연구원

그림 4-11 전국 아파트 미분양세대수 추이

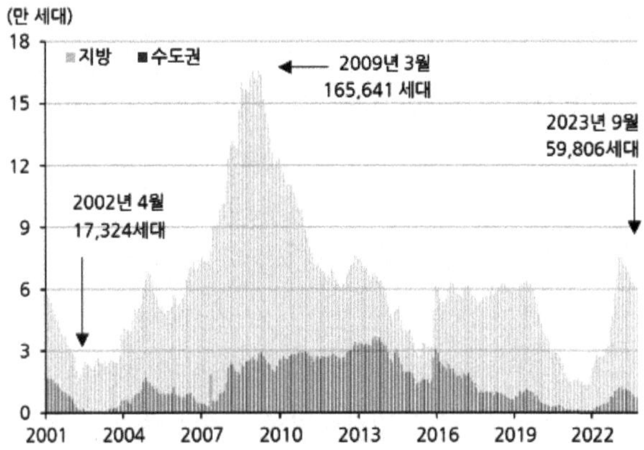

자료) 부동산 114, 한화투자증권 자료 재인용.

그림 4-12 국내 건설사 해외수주 추이

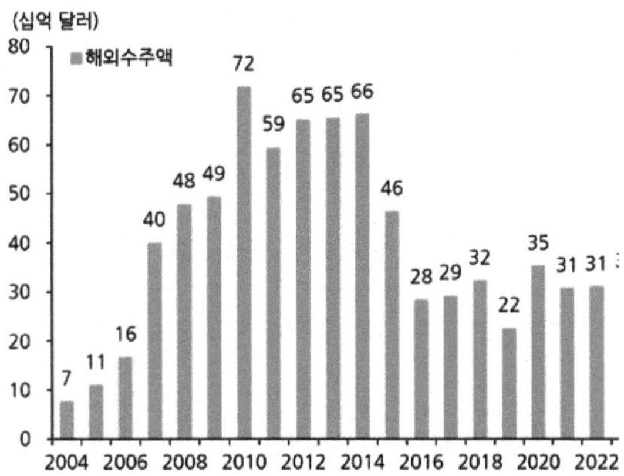

자료) 해외건설협회

4.6 바이오 / 제약

바이오 : 바이오산업은 생명공학으로 유전자재조합, 세포융합기술, 대량배양기술, 바이오리액터(bioreactor)기술 등을 통해 새로운 신물질을 만들고 대량 배양을 통해 의약품이나 건강기능식품 등을 통해 유용하게 활용하는 기술산업이다. 유전자가위 등으로 잘 알려진 유전자 재조합 기술은 생물체에서 특정한 유전자만을 잘라내서 생육이 빠른 미생물의 유전자에 재조합하는 기술이다. 세포융합기술은 서로 다른 두 개 이상의 세포를 결합하여 하나의 새로운 잡종 세포를 만드는 기술로써 토감(토마토와 감자), 가자(가지와 감자), 무추(무와 배추) 등 암 치료를 비롯한 임상 진단과 식물의 품종 개량 등 다양한 분야에서 활용된다. 대량배양기술은 대량의 미생물이나 세포를 배양하는 기술로 대형의 배양용기를 활용하여 대량의 양을 배양해 내는 기술이다. 끝으로 바이오리액터는 생물의 체내에서 일어나는 화학반응을 체외에서 이용하는 것으로 자원과 에너지절약 등을 이룰 수 있는 기술이다. 이해를 쉽게 하기 위한 예로써 세균이나 효모 같은 미생물을 사용해서 된장, 간장, 술, 식초 등으로 만들 때의 발효조(fermenter)도 일종의 바이오리액터라고 할 수 있다.

그림 4-13 바이오의약품 성장에 따른 국내 제약/바이오 지수 추세

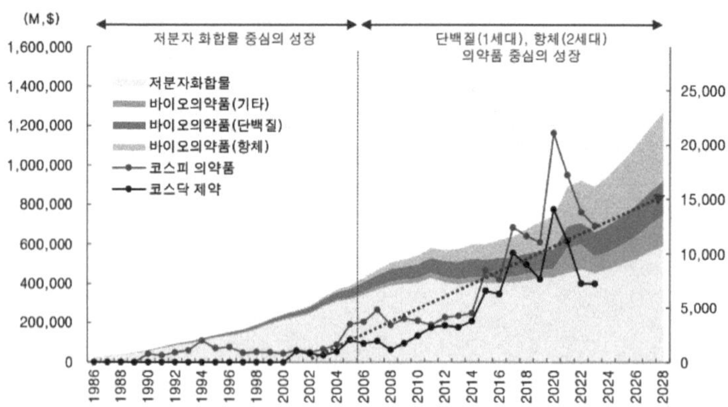

자료) 대신증권 리서치 자료 재인용, 2023년 이후는 대신증권 추정자료

한국의 바이오산업은 코로나 팬데믹으로 코로나 백신과 치료제 개발로 폭발적인 성장을 기록한다. 그러나 2022년 엔데믹 시대가 도래함에 따라 코로나 백신과 치료제가 주도했던 바이오시장은 일종의 성장 공백기가 형성된 상태이다. 향후 바이오산업은 좀 더 다양한 분야의 항암치료제, 비만과 당뇨 치료제, 그리고 알츠하이머 치료제 등을 통해 시대의 필요에 따라 지속적인 성장을 보일 것이다.

제약 : 제약산업은 의약품을 개발, 생산, 판매하는 산업으로써 인간의 질병을 예방하거나 치료하기 다양한 의약품을 생산하는 산업이다. 제약산업은 새로운 의약품을 개발하기 위해 끊임없이 연구개발을 수행하고 있으며, 신약과 치료법이 인간에게 안전하고 효과가 있는 지 검증하기 위해 임상시험을 수행하는 업무도 이루어진다. 의약품이 정부나 혹은 정부가 승인을 위임한 관련 기관으로부터 승인되면 대규모로 생산 및 제조를 통해 시장에 공급한다. 제약산업은 높은 기술과 엄격한 규제를 통해서 진행되는 산업으로 전 세계적으로 의료 혁신을 주도해 나가고 있다.

한국의 제약산업 역시 한국의 바이오산업과 맥을 같이 하고 있으며, 코로나 팬데믹 시기에는 코로나 관련 의약품 개발에 주력했다면 엔데믹 시기에는 에이디시(ADC: antibody drug conjugate : 항체약물복합체<접합체>), 시지티(CGT: cell and gene

그림 4-14 국내 제약 CEO들이 선정한 유망기술

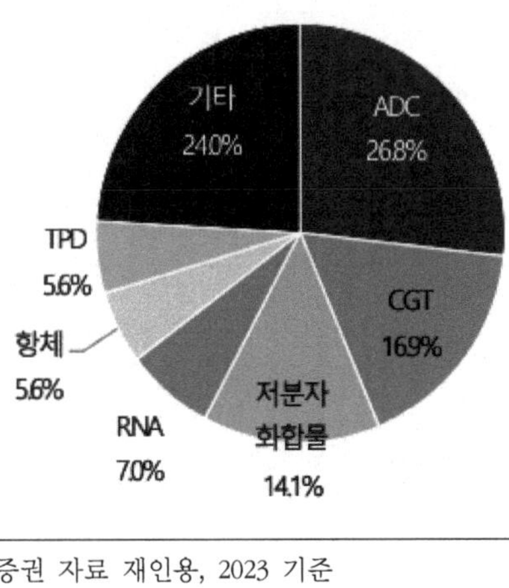

자료) 언론 보도, SK증권 자료 재인용, 2023 기준

그림 4-15 국내 기업들의 주요 기술이전 추이

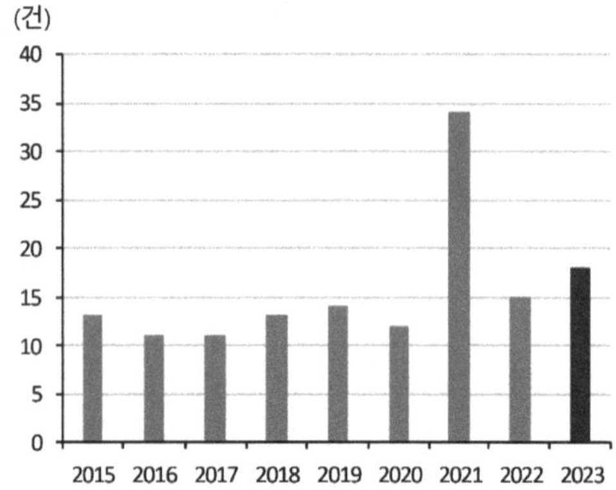

자료) 한국제약바이오협회, SK증권 자료 재인용

therapy : 세포유전자치료제), 대사질환(비만과 당뇨 등) 치료제 등의 분야로 더욱 발전해 나갈 전망이다. 에이디시(ADC)는 암세포 등의 특정 세포의 특정 단백질이나 수용체에 결합하여 미리 부착된 약물을 투입하여 다른 세포에는 피해를 주지 않고 특정 세포만을 죽이는 것을 말한다. 시지티(CGT)는 유전자 치료의 한 분야로 개별 환자의 세포를 수정하여 질병을 치료하거나 예방하는 치료법이다.

표 4-7 2023년 국내 제약/바이오 기업 기술이전 현황

	기업명일자	계약 상대방	품목	적응증	계약규모 (백만달러)	비고
1월	이수앱지스	R-Pharm	ISU106(옵디보BS)	면역항암제	비공개	
	진코어	비공개	TaRGET(유전자가위기술)	유전자치료제	350	
	HK이노엔	Eurofarma	테고프라잔(케이캡)	위식도역류질환	비공개	브라질판권
	대웅제약	CSPharma	베르시포로신	섬유증질환	336	
2월	큐리언트	TBAlliance	텔라세벡	다제내성결핵치료제	비공개	PRV 권리별도
3월	바이오오케스트라	비공개	BDDS(뇌표적고분자기반 약물전달체기술)	퇴행성뇌질환	861	
	온코닉테라퓨틱스	Livzon	자스타프라잔	위식도역류질환	127.5	
	차바이오텍	Astellas	망막색소상피세포및할구기술	황반변성등	32	

4월	대웅제약	VitalliBio	BWP213388	자가면역질환치료제	477	
	카이노스메드	JiangsuAidea	KM-023	에이즈치료제	로열티수령	
5월	이뮤노포지	비공개	비공개	비공개	비공개	
7월	셀로람	Genfit	CLM-022	염증복합체억제제	160	백만유로
8월	SK바이오팜	Hikma	세노바메이트	뇌전증치료제	23	MENA 판권
	삼천당제약	Apotex	SCD411(아일리아BS)	황반변성치료제	15	캐나다판권
	유바이오로직스	LLCNanolek	EuMCV4주	수막수균단백접합백신	10	러시아,CIS 판권
10월	지아이이노베이션	Maruho	GI-301	알레르기치료제	221	일본판권
	종근당	Novartis	CKD-510	HDAC6 저해제	1,305	
	오름테라퓨틱스	BMS	ORM-6151(ADC)	골수이형성증후군치료제	180	

자료) 언론 보도, SK증권 정리한 자료를 재인용.

4.7 운송(항공 / 해운)

항공 : 한국에서 운송산업으로 대표적인 산업은 항공산업과 해운산업이 있다. 항공산업은 항공기를 이용하여 여객 및 화물 등을 운송하는 수송 관련된 일이다. 우리나라의 항공수송은 1929년 일본의 수도 동경에서 서울, 대구, 평양, 신의주에 정기 우편물을 포함하여 일반 화물을 수송한 것이 시초이고, 1936년 조선항공회사가 설립되어 서울과 이리 그리고 광주 간 국내 정기 운항이 개시된다. 1962년에 대한국민항공을 대한항공(KAL)으로 명칭을 변경하여 운영하다가 1969년에 민영화되어 국내 및 국제 노선을 운항한다. 1990년대부터 국가경제가 본격적으로 성장하게 되고, 해외여행의 자유화 정책이 실시되면서 국제 여객이 급속히 증가한다. 1990년대 후반에 가서는 국제화가 본격적으로 이루어지면서 우리나라의 국제선 이용자만 연간 1,500만여 명에 이른다.

항공산업과 항공업계는 코로나 팬데믹으로 산업의 큰 전환점을 맞이한다. 국제화로 인한 성장에서 벗어나, 코로나 팬데믹으로 인한 최대의 항공에서의 화두가 '성장'이 아닌 '생존'으로 전환되었기 때문이다. 코로나 엔데믹으로 항공산업은 다시금 항공산업의 재편 속에서 성장을 도모하고 있고, 한국의 항공산업은 북미와 일본 노선부터 회복세를 보이고 있다. 향후 각국의 입국규제 조기 완화와 국제 소비심리의 회복에 힘입어 국제선의 이전과 같은 회복세로 전환될 것이다. 또한 세계화 추세가 이어지면서 항공을 통한 화물 수송도 지속적으로 성장세를 보일 것이다.

그림 4-16 인천공항 여객수송실적 추이

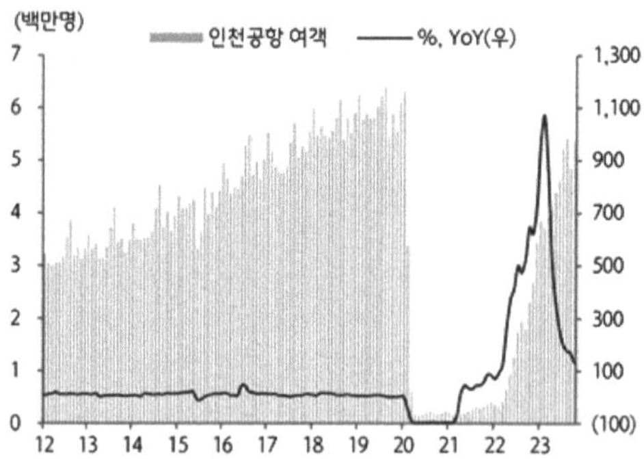

자료) 인천국제공항, 하나증권 자료 재인용

그림 4-17 인천공항 환승객 추이

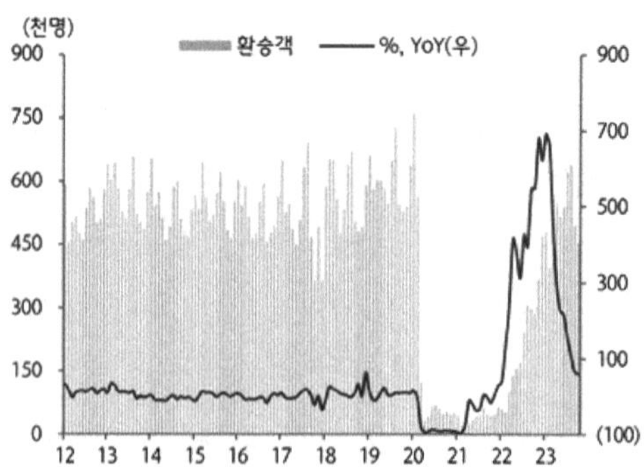

자료) 인천국제공항, 하나증권 자료 재인용

표 4-8 국적사 보유 기재 현황

(단위: 대)	2019년	2020년	2021년	2022년	2023년
대한항공	169	159	154	155	156
아시아나항공	85	82	81	77	79
제주항공	45	44	39	37	39
진에어	26	28	24	26	27
티웨이항공	28	27	27	30	30
에어부산	26	24	25	22	21
이스타항공	23	10	2	3	10
에어서울	7	6	5	6	6
플라이강원	2	3	2	3	1
에어로케이		1	1	1	4
에어프레미아			1	3	5
합계	411	384	361	363	378

자료) 각 사, 하나증권 자료 수정 사용. 2023년은 3/4분기 말 기준

해운 : 해운산업은 해상운송과 관련되는 항만시설, 선박 및 해운의 운송 및 운임과 관련된 총괄적인 업무를 포함한다. 그런 측면에서 해운산업은 단순히 운송에만 국한되는 산업이 아니라, 항만시절과 선박과 관련된 선복량, 그리고 운송조직 등과 연관되어 있다.

우리나라의 해운산업은 1967년에 '해운진흥법'을 제정 공포함으로써 해상법의 기틀을 마련하게 되는 계기가 된다. 항만 관련법으로는 1963년에 검수, 감정, 검량 등 항만 내에서 선박의 물품 또는 역무에 대한 감독과 보호를 목적으로 '항만운송사업법'을 제정하였고, 1967년에는 '항만법'을 제정하여 항만개발을 촉진한다. 1996년 해양수산부가 출범한 이후 해운산업은 육성하겠다는 정부의 의지가 반영되면서 해운산업의 외형이 확장되기 시작한다. 특히, 2004년 이후에는 선박투자회사제도, 톤세제 도입 등으로 금융과 세제 측면에서 해운업체에 유리한 투자환경이 형성되면서 국적선박이 크게 확대된다. 우리나라의 세계 상선 보유 순위는 2009년 말에는 세계 5위에 오른다. 그러나 2016년 최대 국적선사인 한진해운이 좌초되면서 2017년에는 세계 7위로 하락한다. 정부는 2018년 '해운재건 5개년 계획'을 발표를 통해 해운업과 조선업의 재건을 위해 국적 선

사와 화주 간의 연계하고 신조발주에 투자하며, 경영안정 지원을 하겠다는 3대 전략적 과제를 제시한다.

오늘날의 해운산업은 수상운송설비를 활용하여 여객 및 화물을 운송하는 해상여객운송 사업과 해운중개업, 해운대리점업, 선박대여업 등을 수행한다. 특히, 해운산업의 절대적 비중을 차지하는 사업은 해상화물운송사업으로 선종을 구분하면 4종류로 구분된다. 먼저, 벌크선으로 원목, 시멘트, 철광석, 곡류 등을 수송하는 선박사업이고, 다음으로 탱커선으로 석유류, 화공약품 등의 액체화물을 선적하여 대량 수송하는 선박사업이다. 컨테이너선은 갑판에 다량의 컨테이너를 통해 가전, 섬유, 타이어 등을 선적하여 운송하도록 설계되어 있고, 끝으로 가스선은 LPG, LNG 등의 액체물을 선적하여 대량 수송하는 선박으로 구분된다.

향후 해운산업의 글로벌 이슈는 국제해사기구(IMO: International Maritime Organization)의 탄소 배출 규제에 관한 이슈이다. 탄소 배출 규제는 크게 세 가지이다. 에너지효율설계지수(EEDI: Energy Efficiency Design Index), 현존선에너지효율지수(EEXI: Energy Efficiency Existing Ship Index), 선박탄소집약도지수(CII: Carbon Intensity Indicator)이다. 에너지효율설계지수(EEDI)는 국제해사기구에서 도입한 선박의 에너지 효율성을 측정하는 지표 중 하나로 선박의 크기, 성능, 엔진 효율, 발전기 효율, 선체 성능 등 포함한 선박 설계를 규정한다. 2023년에 도입한 현존선에너지효율지수(EEXI)에 따르면 선사들은 선박이 배출하는 탄소량을 2013년 건조된 선박 대비 20% 이상 감축해야 한다. 선박탄소집약도지수(CII)는 선박의 운송작업 단위당 탄소 배출량을 나타내며, 선박이 운송한 화물 또는 운영한 여행에 따른 탄소 배출을 의미한다. 이 기준에 의하면 2023년 이후 매년 2%씩 강화되어 선박에서 발생하는 탄소를 2030년가지 2008년 대비 40%, 2050년까지 70%를 줄인다는 계획이다. 이런 시대적인 변화에 적응해 나가면서 지속성장을 이루어야 할 과제를 해운산업은 안고 있다.

표 4-9 벌크선 수급, 운임 추이

	2014	2015	2016	2017	2018	2019	2020	2021	2022
글로벌 경제성장률 (%)	3.6	3.5	3.3	3.8	3.6	2.8	(3.1)	6.1	3.2
물동량 (백만톤)	4,843	4,860	4,938	5,175	5,314	5,335	5,276	5,453	5,297
YoY (%)	5.8	0.4	1.6	4.8	2.7	0.4	(1.1)	3.4	(2.9)
물동량 YoY /경제성장률	1.6	0.1	0.5	1.3	0.8	0.1	0.4	0.5	(0.9)
BDI	1,107	671	717	1,246	1,322	1,373	1,100	3,017	1,949
YoY (%)	(22.0)	(39.4)	6.9	73.7	6.1	3.8	(19.8)	174.2	(35.4)
물동량 YoY - 선복량 YoY	0.7	(2.3)	(0.5)	1.6	0.1	(3.0)	(5.5)	(0.1)	(5.8)
선복량 (백만DWT)	759	779	795	821	842	870	908	939	967
YoY (%)	5.0	2.7	2.1	3.2	2.6	3.4	4.4	3.4	3.0
발주량 (백만DWT)	63.4	29.6	10.6	43.2	43.6	32.6	24.6	52.2	34.2
YoY (%)	(39.1)	(53.2)	(64.1)	306.3	0.8	(25.1)	(24.5)	111.8	(34.5)
인도량 (백만DWT)	48.2	49.3	47.3	38.5	28.6	41.7	49.1	38.2	31.5
YoY (%)	(23.6)	2.2	(4.0)	(18.6)	(25.8)	46.1	17.7	(22.1)	(17.7)
폐선 (백만DWT)	16.4	30.7	29.5	14.8	4.4	7.9	15.2	5.2	4.3
폐선율 (%)	2.2	3.9	3.7	1.8	0.5	0.9	1.7	0.6	0.4
선복량 (척)	10,778	10,991	11,145	11,392	11,608	11,934	12,318	12,683	13,054
천DWT/척	70	71	71	72	73	73	74	74	74
인도량 (척)	615	661	570	464	305	448	498	447	449
천DWT/척	78	75	83	83	94	93	99	86	70
폐선 (척)	317	431	414	223	56	84	141	58	48
천DWT/척	52	71	71	66	79	94	108	90	90

자료) IMF, Clarksons, 인터넷

4.8 유통 / 여행 / 교육 / 음식료

유통 : 유통산업은 생산된 재료나 제품 혹은 상품 등을 소비자에게 최종 전달될 때까지의 모든 일을 담당하는 일이다. 유통산업은 상거래와 관련된 유통과 물류와 관련된 유통으로 구분할 수 있는데, 상거래와 관련된 유통은 대규모점포, 준대규모점포, 임시점포, 체인스토어, 무점포 판매 등이 있다. 물류유통은 수송을 비롯해서 포장, 하역, 보관, 유통 등의 업무와 관련된 일이다.

우리나라는 1960년대 전후에는 전통적인 시장과 소매점 중심의 유통산업이 전개되다가, 1970년 이후부터 대규모의 유통시설이 등장한다. 1990년대 들어서는 프랜차이즈 확산 및 외식업이 성장하게 되고 2000년대 이후는 온라인 쇼핑과 디지털 플랫폼이 급부상한다. 2020년대 이후에는 모바일 결제가 보편화되면서 디지털 혁신기술의 접목과 소비자의 편의성을 중점을 두는 유통산업모델로 변화해 가고 있다.

모바일 기술의 혁신적 발달과 SNS 등의 활용이 커지면서 유통산업도 큰 변화를 맞이하고 있다. 소비자들의 취향이 다양해지면서 소비자들이 원하는 재미있고, 핫한 트렌드를 제공하는 유통업체 중심으로만 성장세를 보인다. 이런 현상은 면세점사업에서도 나타나고 있는데, 국내 및 해외 소비자는 SNS과 같은 활발한 온라인 활동을 통해 유명 맛집이나 관광지 위주로 방문하면서 면세점사업의 트렌드가 변화되고 있다. 온라인 전자상거래 시장에서는 이미 네이버와 쿠팡으로 시장이 양분되어 있고, 이들의 영향력은 더욱 증가하는 추세가 이어질 것이다.

여행 : 여행은 일상 생활에서 벗어나 여가를 즐기기 위해서 다른 지역으로 이동하려는 것이고, 여행산업은 이런 것을 산업으로 흡수한 것이다. 여행산업은 과거 관광산업이라고 불렸고, 관광 산업은 굴뚝 없는 공장으로 불릴 만큼 외화 획득의 주요한 전략 산업으로 인정되고 있다. 뿐만 아니라 고용 증대와 국제 친선 및 문화 교류 등의 긍정적 효과가 많아서 각국 마다 여행산업에 많은 투자가 이루어지고 있다.

우리나라의 여행산업은 1960년대에는 경제적으로 성장하고 있는 시기라서 해외여행보다는 국내여행 중심이었다. 1990년대 들어서 해외여행이 증가하였고, 2010년대 이후로 한류열풍이 불면서 급속한 성장세를 보인다. 코로나 팬데믹으로 인해 여행산업이 전반적으로 큰 위기를 경험하지만, 엔데믹 시대가 도래함에 따라 여행산업도 빠르게 회복되고 있다.

교육 : 교육산업은 가정, 학교, 직장 등에서의 교육을 교육장비나 교육 프로그램을 통해 개발하거나 제조하여 공급하는 모든 산업을 말한다. 교육산업은 주로 하드웨어를 바탕으로 소프트웨어를 결부시켜는 양상으로 발전해 왔다. 과거의 교육기기는 슬라이드 영사기, 오버헤드 프로젝트(OHP), 광학기기, 교육용 텔레

비전이나 VTR 등의 음향 전자기기 중심으로 이루어졌다. 그러나 기술의 발전에 힘입어 교육은 프로그램화된 교재 등을 통해서 빠르게 온라인과의 결합을 시도한다. 시기적으로는 1950년대부터 1990년대는 전통적 교육의 시대로 성적과 시험이 매우 중요시 여겨지던 시기이다. 2000년대부터 교육계에는 정보기술의 도입이 가속화되면서 교육시스템의 디지털화와 온라인 교육 플랫폼의 도입이 확대된다. 2010년대 이후에는 우리나라의 교육은 글로벌 경쟁의 중요성이 부각되기 시작했고, 2020년 이후에는 스마트교육과 인공지능 등을 활용한 맞춤형 학습 플랫폼과 인공지능(AI)을 활용한 개별 학습 지원시스템으로 변모해 나가고 있다.

우리나라의 교육산업은 지속적인 변화와 발전을 이루어 나가고 있지만, 학령인구는 1980년 1,440만 명으로 최고점을 찍은 후 2020년에는 789만 명으로 감소한다. 문제는 2030년에 가서는 학령인구가 594만 명까지 줄어든다고 교보증권 교육담당 애널리스트는 전망하고 있다. 급감하는 학령인구의 수는 차이가 있을 수 있으나, 우리나라 교육산업은 근본적인 생태계의 지속 존재 가능성의 위험이 부각되고 있다. 향후 교육시장은 온라인 교육의 확대, 개인 맞춤형 교육의 증가, 글로벌 교육시장으로 진출 등으로 변화될 예정이다.

그림 4-18 연도별 학력인구 추이

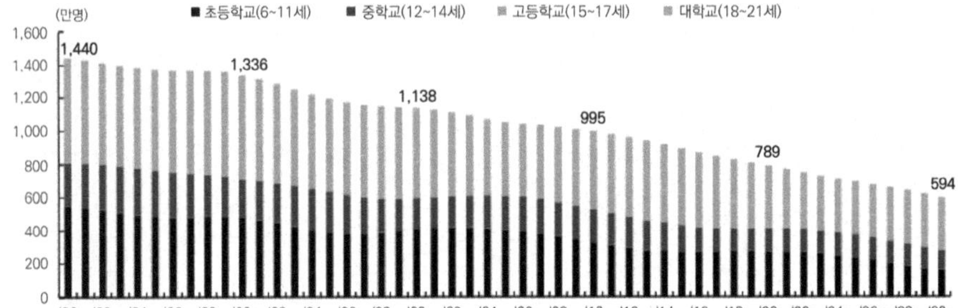

자료) 통계청, 교보증권 리서치 자료 재인용

음식료 : 음식료산업은 1차 가공과 2차 가공 산업으로 구분되며 음식의 재료로 제공되는 분야에 따라 농업, 축산, 수산 관련 음식료 산업으로 구분해 볼 수 있다. 음식료산업에 주로 공급되는 원재료는 콩, 밀, 옥수수, 사탕수수, 우유,

물고기 등이 있고, 이런 제품은 1차 가공을 통해 식용류, 밀가루, 전분, 설탕, 원유나 탈지분유, 1차 가공물 등이 된다. 1차 가공된 제품들은 2차 가공을 통해 제빵이나 제과, 라면, 가공편의식품, 음료, 유제품, 빙과 수산가공물 등으로 만들어져서 소비자에게 판매된다

우리나라의 음식료산업은 2000년대 한식 열풍이 형성되면서 글로벌 시장으로 본격적으로 확장해 나갔고, 2020년 이후에는 음식료에 혁신기술이 접목되면서 식품의 안정성은 높아지고, 다양성은 확대되고 있다.

2020년 이후 음식료산업은 원가 부담 상승에 대한 위기를 경험하고 있다. 2022년 시작된 러시아와 우크라이나 전쟁으로 인해 곡물가격의 급등으로 원가상승 부담이 증가하였고, 전세계적인 기후 변화로 인해 원재료의 공급망의 변화로 원가 상승의 부담이 지속적으로 가중되기 때문이다. 음식료산업은 이렇듯 원가상승의 요인이 존재하지만, 원가상승에 대한 판매가로의 부분 전가 및 새로운 제품이나 상품 개발을 통해 지속가능성장을 도모해 나갈 것이다.

그림 4-19 음식료산업의 밸류체인

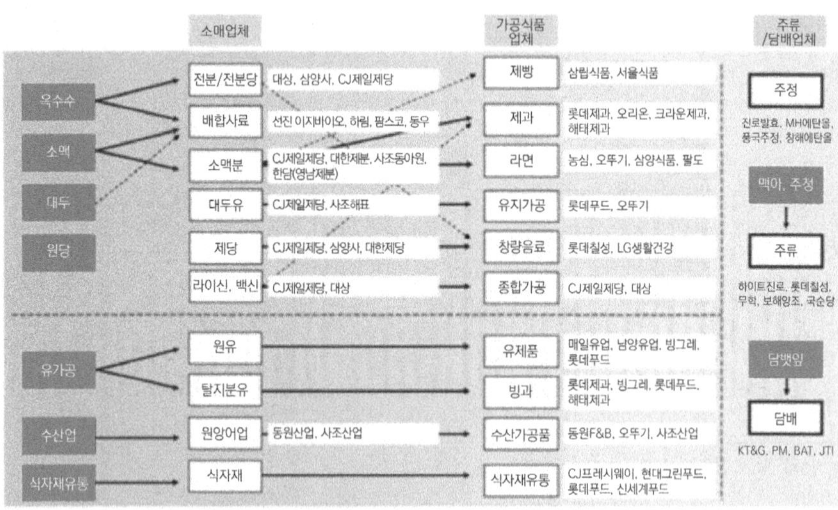

자료) 이베스트투자증권 리서치 자료 재인용

부 록

산업분석 리포트 : 풍력산업

저자 : 조인갑, 발표일자 : 2010년 11월 30일

새끼 호랑이 눈으로 어미 고양이 쳐다보기

풍력산업, 단기 테마가 아닌 패러다임 변화의 중심 '지구 환경 오염'과 '실물 경기 악화'라는 세계적 우려감이 확대되고 있다. 선진국 중심으로 이 두 가지 핵심 문제를 풀기 위해 풍력을 비록한 신재생에너지 개발에 천문학적 자금이 투입될 예정이다. WWEA(World Wind Energy Association)에 따르면 풍력은 과거 7년 간('01~'07) 동안 연평균 26.6%의 성장성을 보였고, 향후 5년 간('08~'12)은 21.9%의 높은 성장률이 유지될 것으로 전망하고 있다. 풍력 산업이 현재 세계가 직면한 두 가지 과제를 풀기 위한 핵심 산업 중 하나로 부각됨에 따라 풍력 산업 성장률은 WWEA 전망치보다 높아질 전망이다.

푸른 바다에서 녹색 바람까지－조선 및 중공업의 변신은 무죄 미국 오바마 정부는 풍력 등의 신재생에너지 개발에 1,500억불이라는 천문학적 투자를 계획하고 있다. GEWC(Global Wind Energy Council)에 따르면 풍력 발전에서 가장 앞서 있는 국가는 과거 독일에서 향후 미국으로 변화 될 것으로 보고 있다. 선진국 중심으로 풍력에 대한 활발한 투자가 진행 중이며, 풍력 발전의 장기 고성장이 예상되면서 글로벌 풍력 발전기 제조업체 간의 경쟁이 치열해 지고 있다. 글로벌 TOP 5의 시장점유율 합계도 70.2%(2007년 기준)로 과점이 점차 약화되고 있다. 한국은 조선(현대중, 삼성중, STX엔진) 이나 중공업(효성, 두산중)이 풍력 시장에 진출했거나 진출을 준비하고 있다. 아직 국내 중공업체들의 세계 시장 점유율은 미미하나 ▲ 조선과 풍력 제품의 기초 연관성 ▲ 해양에서의 구조물 설치 경험 ▲ 준비된 단조업체 보유 등으로 빠르게 성장할 것으로 예상된다.

글로벌 바람이 기자재의 녹색 성장의 근원 조선 및 중공업체가 풍력 발전기 제조분야에서 걸음마 단계인 반면, 풍력 기자재업체는 글로벌 TOP 10 업체에 풍력 부품을 납품하면서 풍력 산업 성장에 따른 직접적인 수혜가 예상된다.

풍력 부품주(조선기자재)에 대한 투자의견은 '비중확대(OVERWEIGHT)' 2010년까지 풍력 관련 부품주(조선기자재)에 주목하고, 2011년 전후에는 국내에서 글로벌 풍력 발전기 제조업체로 재탄생된 조선 혹은 중공업체에 관심을 가질 것으로 권고한다. 풍력기자재에 대한 투자의견은 비중확대(OVERWEIGHT)를 제시한다. 이유는 ▲ 풍력 기자재의 선제적 투자로 생산능력 증가 ▲ 풍력 산업의 호황에 따른 실적 호조세 지속 ▲ 가격메리트 보유 등이다.

풍력 수혜업체 투자전략 - 올해는 단조4인방에 주목

▷ 선진국 중심으로 경기 부양을 위해 풍력 등의 신재생에너지에 적극 투자 표명
▷ 2011년 전후로 한국 조선 및 중공업체가 글로벌 풍력 업체로 성장하기 전까지는 풍력기자재에 투자

세계 환경 오염 및 실물 경기 악화에 대한 우려감이 세계적으로 부각되면서 신 뉴딜 정책으로 신재생에너지분야에 대한 투자가 선진국을 중심으로 크게 늘어날 전망이다. 재원마련에 대한 의문으로 예정 자금이 모두 집행될 것인가에 대해서는 다소 불확실하나, 자금 규모나 시기 면에서는 이전과는 다른 거대 투자 금액이 집행될 것은 분명하다고 판단된다.

각국의 계획안을 보면 먼저, 미국은 풍력 및 태양광 등의 신재생에너지에 향후 10년간 1,500억 달러를 투입하려고 계획하고 있다. 유럽에서는 영국이 대체에너지에 100억 파운드를, 프랑스도 친환경 에너지 산업에 대규모 투자를 한다고 발표하였다. 아시아에서는 중국이 4조 위안 중 일부를 에너지에 투자하고, 일본은 환경시장에 거대 금액을 투자할 계획이다. 한국 경기부양책 역시 풍력 등의 신재생에너지에 R&D 투자만 3~4조원의 조기 투자를 계획하고 있다.

주요국가 녹색 뉴딜 정책

국가	주요내용	고용창출
미국	- 기술변화 기술 프로그램(CCTP, '06) 및 18개 전략기술, 세금 인센티브 - 태양광 및 풍력 등 재생 가능 에너지 향후 10년간 1,500억달러 투입	500만명
EU	- 전략적 에너지 기술계획(SET Plan, '07), 14개 전략기술, 재정지원	
독일	- 현재 25만명을 고용 중인 재생에너지 관련 산업을 2020년 자동차 산업 규모로 확대	-
영국	- 대체에너지 10대 프로젝트에 100억 파운드 투자. - 풍력발전 7,000기 건설(풍력 최고 기술국 추구), - 2020년 25GW 전력 목표, 2020년 화석에너지 15% 신재생에너지로 전환	16만명
프랑스	- 환경분야 고용 창출 계획을 반영한 법률 제정	50만명
중국	- 2010년까지 경기부양 자금 4조 위안 중 일부를 환경,에너지에 투자	-
일본	- 혁신적 에너지 기술 프로그램(Cool Earth, '08), 21개 혁신기술, 보조금 병행	220만명
한국	- 환경차보급, 태양광-풍력 등 재생가능 에너지 개발 등에 신재생에너지에 R&D 투자만 3~4조원의 조기 투자	96만명

자료) 최근 기사내용 정리

이러한 각국의 녹색뉴딜 정책 추진으로 주식시장에서 풍력발전이 테마로 부각되고 있다. 풍력 발전기 사업에 진출했거나 신규참여를 계획하고 있는 중공업 및 조선업체의 경우 기대감은 존재하나, 2011년 전까지는 가시적인 풍력발전기 매출이나 영업성과를 칭출하기는 어려울 전망이다. 그런 측면에서 글로벌 TOP 10의 풍력업체에 단조 제품을 납품하는 단조 4인방을 '풍력 관련주'로 투자대상을 압출할 필요가 있다.

풍력 진출(예정) 업체 및 기자재 업체 투자의견과 목표주가

	투자의견		목표주가		비 고
풍력발전기	수정전	수정후	수정전	수정후	
두산중공업	N.A	N.A	N.A	N.A	제주도에 해상풍력발전단지 건설 추진 중
효성	N.A	N.A	N.A	N.A	750kW 풍력 발전기 개발, 제주 행원에 풍력발전기 설치 운전 중
현대중공업	매수	매수	300,000	300,000	에너지관리공단으로부터 신재생에너지 우수업체로 선정, 비조선인 태양광 및 풍력 매출 기대

삼성중공업	매수	매수	32,800	32,800	해양 부분의 강점을 활용해서 해상 풍력 발전 제조사로 변화를 시도

주) 이외에도 유니슨, STX엔진, SK그룹(SK케미칼이 풍력발전기 날개, SK네트위크가 철탑 제조, 실제 사업은 SK E&C) 등이 풍력사업에 진출한 상태. LS전선은 풍력발전용 전선 진출

풍력기자재	투자의견		목표주가		비 고
태웅	N.A	매수	N.A	120,000	풍력 등에 안정적인 매출 포트폴리오 형성, 성장성 및 수익성 그리고 재무구조 탁월
평산	N.A	매수	N.A	42,000	풍력 매출 비중 단조 4사 중에서 가장 높음. 2008년 KIKO 손실로 적자 기록 예정
현진소재	매수	매수	39,000	40,500	풍력 매출이 단조 4사 중 가장 낮지만, 비중이 꾸준히 증가 중. 2008년 KIKO 손실 기록 예정
용현BM	매수	매수	36,000	41,500	늦은 설비투자로 2008년 하반기부터 실적 Turn-around, 풍력 매출 비중은 60%를 넘어설 전망

자료) 신한금융투자

풍력(Onshore) - 단기 Theme가 아닌 장기 Paradigm

▷ 시대적 대의명분(환경)과 글로벌 금융위기(경기부양)가 풍력 성장의 양날개

▷ 2015 년 세계 풍력시장 규모는 209 조원으로 현재 조선 시장의 2 배로 급성장

라젠드라 파차우리 유엔 기후변화위원회(IPCC) 의장은 지난 2007년 5월 방콕 총회에서 지구를 구할 시간이 8년 밖에 남지 않았다고 경고하였다.[2] 전세계적인 온실가스 배출량은 2015년에 최고점에 이를 전망이며 이로 인해 지구상의 평균 온도가 2.0~2.4도 상승할 전망이며, 100년 내에 6.4도까지 상승하여 재앙이 올 것으로 보고 있다.

세계 지도자들의 기후 변화에 대한 위험 인지도가 높아지면서 주요 국가 중심으로 신재생에너지 개발 관련 경쟁이 활발해지고 있다. 신재생에너지에 대한 세계 시장 선점은 선진국 중심으로 형성되고 있다. 태양광과 LED는 일본이, 풍력은 유럽이, 수소연료전지와 에너지저장은 미국이 세계 시장을 선점하고 있다.

2 라젠드라 파차우리 IPCC 의장은 2008년 11월 20일 한국과학기술한림원 주최 '기후 변화, 과학적 진실과 기술적 대응 방안' 심포지엄에 참석해서 2007년 5월에 경고한 내용을 다시금 반복하여 사안의 시급성을 국내에도 전달하였다.

신재생에너지 세계 시장 선점 동향

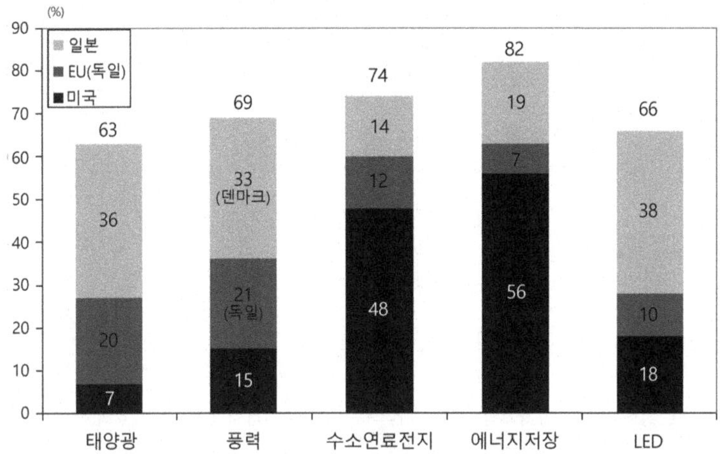

자료) 지식경제부. 2008년 12월 자료

선진국들이 신재생에너지의 세계 시장을 선점하려는 이유는 분명 세계 환경 기후로 야기되는 문제가 탁상공론만으로 그치지 않기 때문이다. 그런 절대적 명분으로 인해 촉발되고 있는 세계 신재생 에너지 시장의 규모가 큰 돈이 된다는 것을 누구보다도 선진국이 잘 알고 있다. 지식경제부(또는 지경부)에서 미래 유망하다고 선정한 신재생에너지 9대 분야의 세계 시장 규모는 2007년 말 기준으로 1,253억불이다. 지경부는 9개 분야에서 세계시장 급성장으로 조기 성장동력화가 국내에서도 필요한 분야를 4개 분야로 보고 있다. ▲ 태양광 ▲ 풍력 ▲ LED ▲ 전력IT 이다. 또 세계시장의 잠재력이 커서 기술적 우위 확보가 시급한 차세대 성장동력화 분야를 5개로 보고 있다. ▲ 수소연료전지 ▲ IGCC(Integrated Gasification Combined Cycle) ▲ CTL(Coal to ligquid)/GTL (Gas to liquid) ▲ 에너지 저장 ▲ CCS 이다.

2007년 현재 각 분야의 세계 시장규모는 태양광과 풍력이 각각 200억불과 375억불이고, LED와 전력 IT가 각각 140억불과 130억불이다. 풍력은 신재생에너지 중에서 가장 시장 규모가 크고, 조선업체와 선행 작업의 유사성이 있고, 향후 해양 분야에서 활용도가 높아지는 조선업체와의 연관성 등을 감안하여 이 글의 주요 관심 대상으로 논의하려고 한다. 특히 한국 조선업체들이 선박 이후의 먹거리를 찾고 있다는 점에서 주목해야 할 가장 조선 친화적인 사업으로 판단된다.

세계 신재생에너지 시장규모 및 한국 지식경제부의 유망분야 선정 9분야

분야	세계시장규모 (억불)	국내생산규모 (억불)	기술수준 (선진국=100)
태양광	200	1.4	83
풍력	375	4.0	79
LED	140	11.6	65
전력IT	130	0.7	85
수소연료전지	32		66
IGCC(석탄가스화 복합발전)	86		56
CTL/GTL(석탄액화/가스액화)	285		50
에너지저장	5		60
CCS(CO2 포집, 저장)			65

자료) 지식경제부. 2008년 12월 자료
주) 1) LED, 전력IT는 주변기기를 포함, 에너지 저장은 에너지효율 향상 효과가 낮은 소형은 제외
2) 선진국 동향, 업체 수요조사 및 전문가 평가 등을 실시('07~'08.7)
3) 2007년 말 기준

풍력 발전량의 주요 예측 기관인 WWEA(World Wind Energy Association)나 GWEC(Global Wind Energy Council)에 의하면, 과거 7년 동안('01~'07) 풍력발전은 연평균 26.6% CAGR을 보였다. 미래 예측치에 대해서는 소폭 차이가 있으나 향후 5년 간('08~'12)연평균 21.9%의 고성장을 이어 갈 것으로 예상하고 있다.

WWEA에 의한 세계 풍력 발전량 현황 및 예측

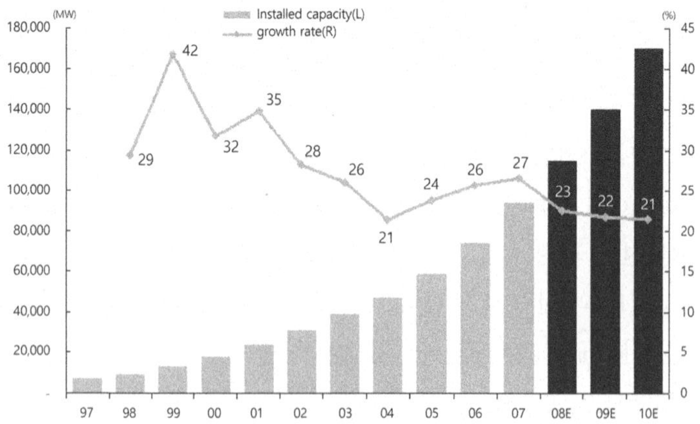

자료) WWEA, GWEC, 신한금융투자

세계 풍력발전의 매년 순증가분도 2004년까지는 만 MW 이하 였으나 2005년부터는 1만 MW를 넘어설 전망이다. 2008년 잠정치는 2만 MW를 넘어선 것으로 예상된다. 이런 순증가분의 증가 추세는 2010년부터 더욱 빨라져서 2010년 3만 MW를 넘어설 것으로 예상된다. 세계 환경 문제가 불거지면서 빨라지고 있는 신재생에너지, 특히 풍력 관련 설비투자에 도화선을 촉발한 사건이 발생하였다. 그것은 글로벌 금융위기이다. 글로벌 금융위기로 세계 각 국의 정부들은 경기 부양을 위해 SOC 및 미래 에너지원에 대한 투자를 크게 늘리고 있다. 풍력을 비롯한 신재생에너지들은 세계 환경 수호라는 절대적 명분과 더불어 선진국들의 경기 부양을 위한 주요 핵심 과제로 부각되면서 시장의 예상치보다 빠르게 성장해 나갈 것으로 예상된다.

연도별 풍력발전 순증량

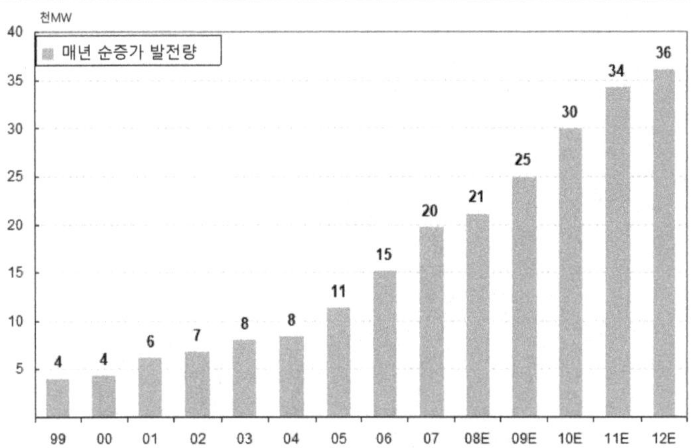

자료) WWEA, GWEC, 신한금융투자

풍력발전에 대한 국내 연구는 한국전력공사의 전력연구원(KEPRI)를 참조할 필요가 있다. KEPRI의 풍력 발전에 대한 2009년과 2010년에 대한 전망치는 각각 15만MW와 16만MW이고, 2007년 풍력시장의 규모는 30조원이고 2009년에는 48조원까지 세계 시장이 성장할 것으로 추정하고 있다. 환율요인을 감안해야 하겠지만 지경부보다는 다소 보수적인 추정이다.

어쨌든 세계시장이 2010년에 16만MW로 성장하고 시장규모가 62조원까지 형성된다면 풍력시장은 신성장동력이라 할 수 있다. 이런 고성장이 2010년에 국한되지 않고 2012년을 넘어 2015년까지 연평균 20%씩 성장하게 되면 2015년에는 40만MW까지 풍력 발전 시장은 확대될 전망이다. 누적용량/시장규모로 나누어 계산하면 MW당 가격은 2006년 3억 3천만원에서 2008년 3억 천만원까지 하락하고, 2010년에는 2억 6천만원까지 떨어질 전망이다. 2015년까지 매년 가격 하락폭이 6%씩 발생할 경우 MW당 단가는 1억 9천만원까지 하락한다. 풍력시장이 40만MW까지 성장함에 따라 MW당 단가가 1억 9천만원까지 하락하더라도 연간 시장규모는 209조라는 엄청난 규모로 성장할 것으로 예상된다.

세계 조선 시장 규모가 100조원임을 감안하고 향후 조선 시장의 성장을 제로라는 극한 가정을 하면, 2015년에 풍력시장은 세계 조선 시장의 2배로 급성장할 전망이다.

세계 풍력 발전량의 시장 규모

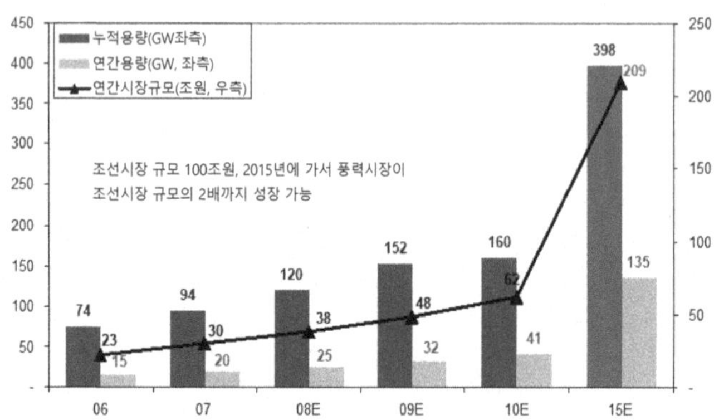

자료) KEPRI, 신한금융투자

한국 풍력시장 - 푸른 바다에서 녹색 바람까지

▷ 한국은 신재생에너지 분야에 2030 년까지 111 조원 투자, 2012 년까지 정부 R&D 투자만 3~4 조원 조기 투자 계획개
▷ 풍력 부문의 정부투자 계획은 2013 년까지 1 조 6,200 억원
▷ 풍력은 199MW 에서 7.3GW 로 37 배 확대가 정부 목표

정부의 제 1차 국가에너지 기본계획에 따르면 2006년 신재생에너지 및 기타의 비중은 2.5%에 불과하지만, 2030년에 가서는 11.5%까지 증가시킬 계획을 가지고 있다. 독일 정부가 2000년에 신재생에너지 비율이 6%였으나, 2006년 12%까지 성장한 것을 감안할 때 한국의 신재생에너지 계획안은 실현 가능성이 있는 것으로 판단된다. 글로벌 금융위기에 따른 역성장의 극복을 신재생에너지 투자를 통해 밝힘에 따라 풍력을 비롯한 신재생에너지에 활용도는 높아질 것으로 예상된다.

2030년 에너지 수요전망(목표안) 및 에너지믹스(안)

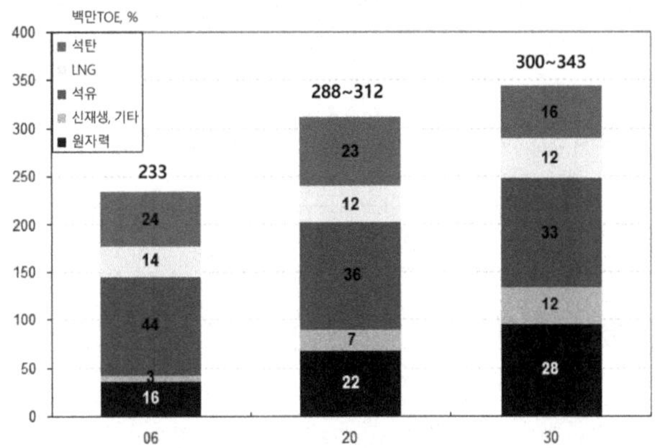

자료) 제1차 국가에너지 기본계획, KEPRI 자료 재인용(2008.12.5일 발표 내용)

한국의 신재생에너지 관련해서 세계 속의 위치는 너무나 취약한 상태이다. 신재생에너지 관련해서 세계시장은 성장단계에 진입했으나, 한국은 도입 국면이다. 규모도 생산이 18억불, 수출은 11억불 수준에 머물러 있다. 무엇보다 세계 시장점유율이 1.4%로 매우 낮은 수준이고 기술수준도 선진국의 절반 정도에 머물고 있다.

그러나 정부가 신재생에너지 육성에 팔을 걷어붙침에 따라 변화는 시작될 수 있는 환경이 조성되고 있다. 정부는 2030년까지 111.5조원(정부 39.2조원, 민간 72.3조원)을 신재생에너지 육성에 투입할 전망이며, 2012년까지 신재생에너지 R&D 예산만 3~4조원을 조기 집행하려고 계획하고 있다. 이럴 경우 정부는 국내에서 풍력이 37배 확대될 것으로 보고 있다.

한국의 현주소와 성장 잠재력

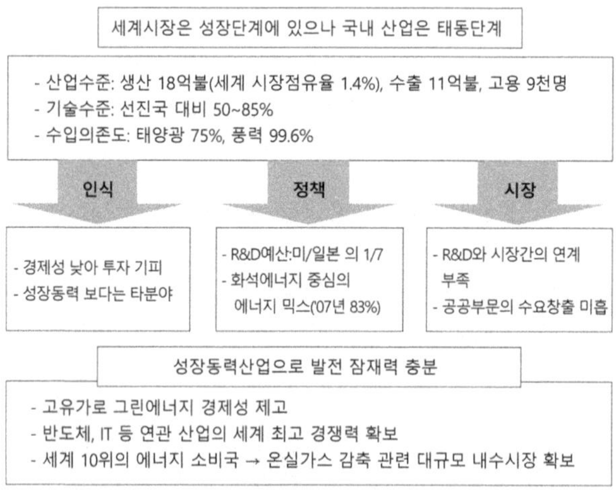

자료) 지식경제부 발표자료 재인용(08년 12월 4,5일)

국내 신재생 에너지 정책

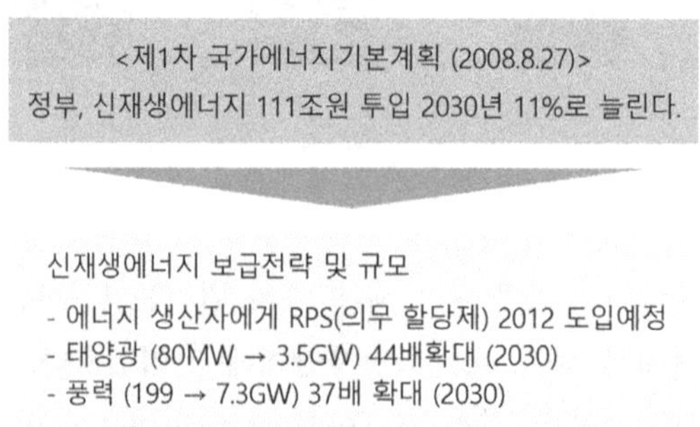

자료) KEPRI 자료 인용, 신한금융투자 정리

신재생에너지 중에서 풍력 부분만 보면 정부는 향후 5년 동안 1조 6,208억원의 투자를 계획하고 있다. 기술개발에 2,172억원, 생산설비에 7,135억원, 단지개발에 6,901억원이다. 기술개발이나 생산설비는 효성과 두산중공업 등 국내 중공업체 중심으로 진행되고 있다.

풍력 부문에 향후 투자 계획(한국)

(단위:십억원)	'09	'10	'11	'12	'13	계
기술개발	37.2	41.8	43.3	44.4	50.5	217.2
생산설비	13.5	79.5	157.9	205.4	257.2	713.5
단지개발	20.6	182.0	170.0	170.0	147.5	690.1
계	71.3	303.3	371.2	419.8	455.2	1,620.8

자료) 지식경제부

한국의 풍력 단지 위치는 양양, 대관령, 영덕, 새만금 그리고 제주 등에 놓여 있다. 2008년 3MW급 해상풍력 발전기 시스템을 개발하고 있고, 해상풍력 실증연구단지를 조성 중이다. 따라서 향후 5년 후에는 해상 풍력발전단지가 개발될 것으로 예상되며 발전시스템은 대형화 추세를 보일 것으로 전망된다.

국내 풍력발전 현황(199MW)

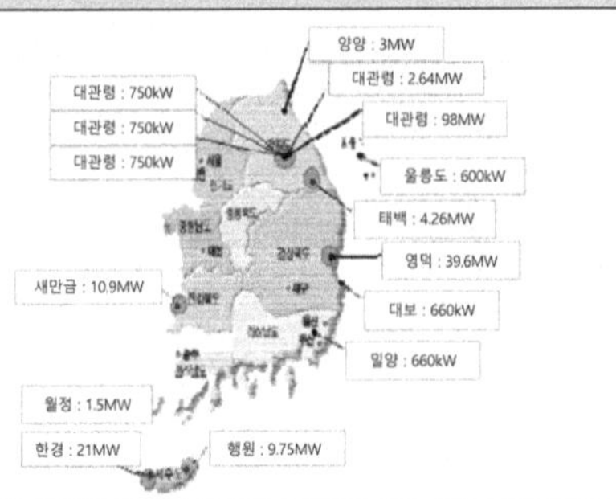

자료) KEPRI 자료 인용

대기리 효성 실증단지 전경

자료) KEPRI 자료 인용

태백 매봉산 풍력단지

자료) 인터넷자료

제주 행원 풍력단지

자료) 연합뉴스 자료 재인용

한국에서 풍력에 진출했거나 하려고 하는 업체는 효성, 두산중공업, 유니슨, 현대중공업, 삼성중공업, STX엔진 등이 있다. 국내에서 풍력 산업을 육성한다고 하지만 국토의 면적이나 인구수를 감안할 때 결국 국내 풍력업체들의 먹거리는 수출에서 나올 것으로 판단된다. <u>따라서 연구개발을 통해 풍력 진출업체들의 세계적 시장점유율이 나타날 것으로 예상되는 2011년 이후에나 진정한 풍력 발전 제조업체를 한국에서 찾을 수 있을 것으로 판단된다. 그 이후 세계 풍력시장에서 이루어지는 진검승부에 한국 풍력업체도 주식시장에서 주목 받을 것으로 예상된다</u>.

국내 풍력 진출(또는 예정) 업체 현황

	효성	두산중공업	유니슨	현대중공업	한진	삼성중공업
개발 완료	750Kw - Gear - 개발완료		750kW - Gearless - 상업화 준비중	컨버터(440kW)	1.5MW - Gear	진입준비
개발 중	2 MW - Gear - DFIG - 실증단계	3MW - Gear - PMG - 제작단계	2MW - Gear - PMG - 조립단(일정지연)	2.5MW 준비		3MW 준비
기술 협력사	G/H (영)	Windtec(오)	Aerodyn(독)		Idaswind(독)	Windtec(오)

자료) KEPRI

글로벌 풍력업체들의 투자지표

▷ 기존의 거대 글로벌 기업들 풍력 사업에 적극 진출
▷ 풍력 전문기업에 더 높은 투자지표 부여
▷ 한국 조선 및 중공업체 중에서는 신재생에너지 사업에 적극적인 두산중공업이 투자지표에서 프리미엄을 형성하고 있는 중

글로벌 풍력업체들은 두 가지로 분류할 수 있다. 하나는 풍력 주력 기업이 있고, 다른 하나는 풍력을 하나의 사업군으로 가지고 있는 업체이다. Vestas나 Gamesa는 전자 속에 속하고 GE나 SIEMENS는 후자에 속한다. 풍력 주력 기업인 경우는 풍력 산업의 성장에 힘입어 매출 성장률이 높고, 수익성도 개선되는 것으로 시장 컨센서스는 나타내고 있다. 반면, 풍력을 하나의 사업으로 보유한 글로벌 기업은 기존의 사업 규모가 커서 풍력 사업의 영향력이 크지 않은 상황이다. 그런 측면에서 투자지표도 풍력 전문 기업에 더 높은 값을 부여하고 있다.

풍력업체 Peer Group 수익 및 투자 지표 비교 요약

주요 지표	회계 연도	Domestic competitors					표본	표준
		VESTAS	GE	GAMESA	SUZLON	SIEMENS	평균	편차
Stock Price(자국 화폐)		309.0	13.8	13.3	50.5	44.4		
Market. Cap. (US$ mn)		10,123	144,528	4,253	1,546	53,553		
SALES (US$ mn)	2007	860	169,719	4,298	2,794	101,929	44,418	83,546
	2008E	1,025	186,924	4,829	3,947	103,210	49,181	91,843
	2009E	1,209	180,511	4,878	4,665	102,553	47,816	88,480
OPM(%)	2007	9.1	15.1	7.7	12.2	2.5	9.3	4.8
	2008E	10.8	15.0	8.6	11.1	8.2	10.8	2.7
	2009E	11.2	13.1	8.2	10.4	8.3	10.2	2.1
EPS Growth(%)	2007	179.4	9.5	-9.4	9.0	29.4	43.6	77.2
	2008E	54.0	-15.4	18.7	24.8	-18.1	12.8	30.1
	2009E	22.6	-25.5	-1.7	14.0	5.7	3.0	18.3
ROE(%)	2007	21.0	19.6	18.8	17.8	20.5	19.5	1.3
	2008E	25.3	15.6	20.5	14.8	15.3	18.3	4.5
	2009E	23.9	11.3	15.4	15.7	14.6	16.2	4.6
PER(X)	2007	21.8	6.5	13.6	7.1	7.1	11.2	6.6
	2008E	17.1	7.5	12.4	5.7	8.5	10.2	4.5
	2009E	13.9	10.0	12.6	5.0	8.0	9.9	3.6

PBR(X)	2007	34.3	1.2	2.3	0.9	1.5	8.1	14.7
	2008E	29.1	1.1	2.1	1.3	1.3	7.0	12.4
	2009E	23.1	1.1	1.8	1.2	1.2	5.7	9.7
EV/EBITDA(X)	2007	20.5	21.0	16.2	23.7	13.7	19.0	4.0
	2008E	9.3	17.0	6.4	5.7	5.4	8.8	4.8
	2009E	7.4	17.8	6.4	4.7	5.3	8.3	5.4

자료) Bloomberg, 신한금융투자 / 주) 기준일 종가는 1월 15일

풍력 사업에 진출했거나 진출하려고 하는 주요 한국 업체는 조선 및 중공업체 등이다. 두산중공업과 효성은 이미 정부와 연계된 풍력 발전기 제조 사업에 이미 참여하였다. STX엔진은 제주도 등 국내 발전 단지에 VESTAS 제품을 설치해 주는 업무를 수행하고 있다. 현대중공업과 삼성중공업은 조선이나 해양과의 연관성을 바탕으로 향후 풍력 사업에 적극적인 진출을 모색하고 있다.

투자지표에는 아직 조선이나 중공업체에서 신재생에너지 참여나 참여 의지에 따른 프리미엄은 발견하기 어렵다. 단지, 두산중공업이 신재생에너지 관련 비중이 높음에 따라 상대적으로 투자 프림미엄이 형성되고 있는 것으로 판단되다. 풍력 등 신재생에너지에 대한 적극적인 투자가 실적으로 이어질 때 투자 프리미엄이 국내 신재생에너지 업체에도 부여될 것으로 판단된다.

풍력업체 Peer Group 수익 및 투자 지표 비교 요약

주요 지표	회계 연도	Domestic competitors					표본	표준
		두산중공업	현대중공업	삼성중공업	효성	STX엔진	평균	편차
Stock Price(원)		63,300	194,000	25,700	46,000	19,500		
Market. Cap(십억원)		6,644	14,744	5,933	1,615	559,2		
SALES (십억원)	2007	4,090	15,533	8,519	5,425	1,275	8,392	5,110
	2008E	5,651	18,712	10,292	6,781	1,541	10,359	5,909
	2009E	6,765	21,665	11,047	7,328	1,772	11,701	6,909
OPM(%)	2007	6.9	9.6	6.6	4.4	8.1	7.1	1.9
	2008E	7.9	9.6	4.6	5.5	13.0	8.1	3.4
	2009E	8.0	11.2	8.4	5.5	12.5	9.1	2.8
EPS Growth(%)	2007	302.3	-0.4	18.3	97.7	91.2	101.8	120.1
	2008E	-40.2	20.9	8.1	-74.4	71.8	-2.7	56.5
	2009E	91.7	30.6	82.2	395.3	26.8	125.3	153.8

ROE(%)	2007	13.9	29.8	28.1	11.5	32.0	23.1	9.6
	2008E	14.4	30.2	24.6	2.7	33.9	21.2	12.7
	2009E	15.8	30.8	34.4	10.6	36.0	25.5	11.6
PER(X)	2007	18.2	13.7	18.1	9.2	6.9	9.9	4.7
	2008E	30.4	8.5	10.3	35.8	4.0	16.7	15.1
	2009E	15.9	7.0	9.1	7.2	3.2	7.0	5.2
PBR(X)	2007	4.1	4.3	4.8	1.0	1.9	2.2	1.1
	2008E	2.9	2.4	2.6	1.0	1.4	1.7	0.7
	2009E	2.3	1.9	2.1	0.9	1.0	1.3	0.5
EV/EBITDA(X)	2008E	32.4	9.5	9.3	7.8	15.1	12.1	12.5
	2009F	5.5	4.4	3.3	5.5	1.3	3.2	2.1
	2010F	5.3	3.2	3.1	5.3	1.0	2.7	2.5

자료) 현대중공업 및 삼성중공업은 신한금융투자 추정치, 나머지 업체는 FnGuide 추정치
주) 기준일 종가는 09년 1월 16일

PBR & ROE

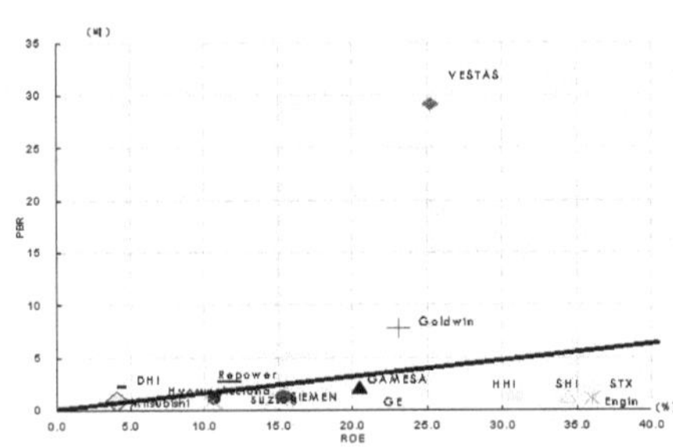

PER & ROE

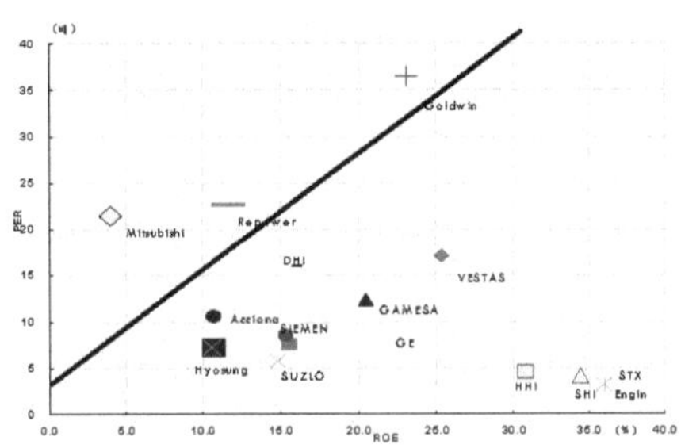

자료) Bloomberg, 신한금융투자

풍력기자재 - 녹색 성장의 원동력

▷ 전방 산업의 호황을 누리고 있는 국내 단조 4 인방

풍력 산업이 세계 경제를 이끌고 있는 선진국 중심으로 크게 성장하고 있다. 이런 성장을 바탕으로 풍력 발전기에 들어가는 단조품 역시 성장에 성장을 거듭하고 있다. 국내 단조업체들이 글로벌 메이저 풍력업체에 납품하는 주요 품목은 크게 ▲ 메인샤프트, ▲ 타워플랜지, ▲ 베어링 세트 등 세 가지이다. 기타 부분에서 중요한 베어링 셋트를 시장 규모로 환산할 때, 2005년 메인샤프트, 타워플랜지, 베어링 세트 세가지 품목의 시장 규모는 1조 4천억원이고, 2007년에는 2조 1,479억원까지 확대된 것으로 예상된다. 풍력발전기의 높은 성장과 대형화가 지속됨에 따라 2010년에는 세가지 품목의 시장규모는 3조 4천억원을 넘어설 것으로 예상된다.

단조품 주요 제품 시장 규모

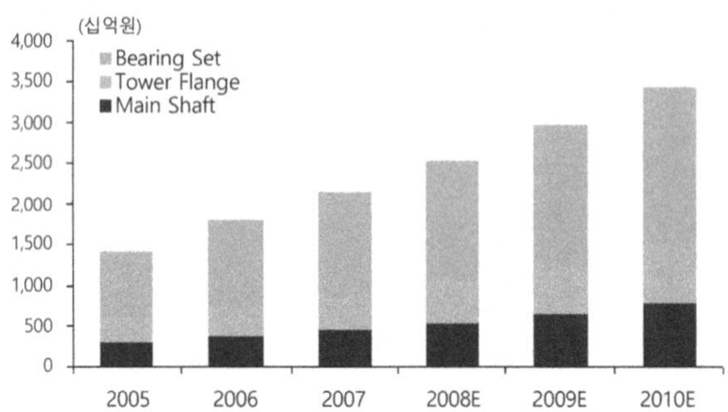

자료) 업계 자료, 신한금융투자

국내 단조 4인방인 태웅, 평산, 현진소재, 용현BM이 생산하는 제품은 주로 메인샤프트와 타워플랜지이다. 주요 거래처는 글로벌 TOP 10 안에 포함되어 있는 Vestas, GE Wind, Gamesa, Enercon, Suzlon 등이다.

2008년 3분기 기준으로 단조사 중에서는 풍력 부문의 매출 비중은 평산이 74%로 가장 높다. 다음으로 태웅(48%), 용현BM(44%), 현진소재(9.5%) 순으로 풍력제품을 공급하고 있다. 단조사들에게서 풍력이 차지하는 매출 비중은 향후 더욱 높아질 것으로 예상된다.

타이틀 없음

	태웅 (044490)	평산 (089480)	현진소재 (053660)	용현BM (089230)	동국S&C (비상장)
생산제품	메인샤프트, 타워플랜지	타워플랜지, 기어림, 슬로잉링, 록플레이트, 디스턴스플래이트	메인샤프트	메인샤프트, 요베어링, 타워플랜지	윈드타워
주요 거래처	VESTAS, ENERCON,GE Energy,SIEMENS	VESTAS, ENERCON, Gamesa, GE Energy, Clipper, SUZLON	VESTAS, SIEMENS,GE Energuy Clipper	GE Energy, Gamesa, Clipper	Vestas, GE, Wind, Enercon, Gamesa
풍력부문 매출액(매출비중)	2,852억원 (48%)	2,799억원 (74%)	363억원 (9.5%)	697억원 (44%)	900억원 이상 (90% 이상)
수주잔고 ('08.12월 말 기준)	1조5,000억원 (풍력 7,800억원)	1조1,500억원 (풍력 1조원)	1조3,000억원 (풍력 2,000억원)	2,000억원 (풍력 1,000억원)	

자료) 각 사, 신한금융투자 정리

2008년 12월 말 기준으로 단조 4인방의 수주잔고는 태웅과 현진소재가 각각 1조 5천억원과 1조 3,000억원이다. 평산과 용현은 각각 1조 1,500억원과 2,000억원의 수주잔고를 보유하고 있다. 풍력 수주 잔고는 평산이 1조원으로 가장 많고, 다음으로 태웅이 7,800억원을 보이고 있다. 현진과 용현BM은 각각 2,000억원과 1,000억원으로 용현BM은 공장설비가 완공된 이후 2008년 4분기부터 풍력 수주가 빠르게 증가하고 있다.

풍력 수주가 다른 산업에 비해서 호황을 보임에 따라 단조사들의 풍력 매출 비중은 지속적으로 증가할 전망이다. 풍력 매출 비중은 태웅이 올해 55.0%까지 증가할 것으로 전망되고, 평산은 단조사 중에서 가장 높은 77.0%를 보일 것으로 예상된다. 현진소재는 아직은 선박엔진과 선미재 등 조선업 중심으로 구성되어 있다. 그러나 풍력 매출도 꾸준히 증가하면서 올해에는 30%에 육발 할 전망이다. 용현BM은 풍력 수주 증가를 바탕으로 60.0% 정도를 풍력 매출이 발생할 전망이다. 풍력 전문업체로 육성을 목표로 함에 따라 풍력 비중의 증가는 이어질 것으로 예상된다.

풍력 단조업체별 제품 비중 및 거래처 요약

	태웅			현진소재			평산			용현BM		
제품 비중(%)	'08	'09E	'10E	'08	'09E	'10E	'08	'09E	'10E	'08	'09E	'10E
풍력	48.0	55.0	55.0	25.0	29.0	30.0	74.0	77.0	80.0	44.0	60.0	65.0
조선	14.0	10.0	10.0	70.0	68.0	68.0	5.0	4.0	4.0	41.0	30.0	25.0
플랜트	22.0	25.0	25.0	0.0	0.0	0.0	10.0	11.0	11.0	0.0	0.0	0.0
기타	16.0	10.0	10.0	5.0	3.0	2.0	11.0	8.0	5.0	15.0	10.0	10.0
제품별 거래처												
풍력	VESTAS, ENERCON,GE Energy,SIEMENS			VESTAS, SIEMENS,GE Energuy Clipper			VESTAS, ENERCON, Gamesa, GE Energy, Clipper, SUZLON, HYOSUNG			GE Energy, Gamesa, Clipper		
조선	HHI, DSME,SHI, Doosan Engine			HHI,SHI, Doosan Engine, STX S STX Enpaco, WARTSILA, MES			HHI, SHI, DSME			HHI, STX S, Doosan Engine, Hitachi zosen		
플랜트	DKME, GE Energy, Sungjin, Doosan Mecatec						DHI, PetroChina			MHI, Kawasaki, MES, HZ		
기타	HSHI, Samsung Techwin			HITACHI, HYUNDAI STEEL, DongFang Steem			Doosan Mecatec, KORINDO					

자료) 각 사, 신한금융투자 정리

단조 4사들이 2000년대 중후반으로 대규모 설비 투자를 감행함에 따라 생산 능력이 크게 증가하였다. 설비 확장에 대한 실적 열매는 태웅이 가장 먼저 만끽하였으며, 후발주자인 용현BM은 올해부터 본격적으로 경험할 것으로 예상된다.

풍력 단조업체별 생산 능력 및 예상 생산량

	태웅			현진소재			평산			용현BM		
	'08	'09E	'10E	'08	'09E	'10E	'08	'09E	'10E	'08	'09E	'10E
생산 능력(만톤)	22.6	27.0	29.3	13.7	17.9	22.3	20.0	24.6	27.0	5.5	9.0	11.1
생산 실적(만톤)	18.7	24.1	25.6	15.0	19.2	23.0	16.7	20.5	25.1	5.5	9.0	11.1

	녹산공장			녹산공장(Ⅰ, Ⅱ)			녹산공장			양산공장		
시간당 생산량(A)	45	55	63	30	49	54	25	25	25	24	24	30
1일평균 작업시간(B)	16	16	16	14	15	17	20	20	20	10	14	14
월평균 작업시간(C)	23	23	23	20	20	20	25	25	25	25	25	25
연간생산능력 (A)x(B)x(C)x개월수	198,720	242,880	278,208	136,584	178,605	223,074	150,000	150,000	150,000	54,750	90,300	111,300
	다대공장						지사공장			신평공장 (양산 합쳐서 계산)		
시간당 생산량(A)	10	10	10				15	25	25			
1일평균 작업시간(B)	10	10	10				20	20	20			
월평균 작업시간(C)	23	23	23				25	25	25			
연간생산능력 (A)x(B)x(C)x개월수	27,600	27,600	27,600				50,000	96,000	120,000			

자료) 각 사, 신한금융투자 정리

생산 능력으로 보면 태웅이 27만톤으로 가장 큰 규모를 보유하고 있다. 평산은 25만톤, 현진소재는 18만톤, 그리고 용현은 9만톤으로 단조 4사의 생산능력은 79만톤까지 증대되었다. 단조사들의 생산능력이 크게 증가함에 따라 Seller's Market의 완화에 대한 우려의 목소리가 있을 수 있다. 그러나 글로벌 금융위기로 인해 뒤늦게 설비투자를 시행한 후발 단조사들의 경영 위험에 직면함에 따라 단조 4인방 중심의 국내 Seller's Market은 올해도 지속될 전망이다.

2008년 단조 4사의 평균 매출 증가율은 94.4%로 가히 폭발적인 성장을 보일 것으로 추정된다. 영업이익률도 15.2%로 매우 높은 수익성을 기록할 것으로 예상된다. 이렇게 단조사가 매출액 성장률과 고수익성을 확보 할 수 있었던 이유는 ▲ Seller's Market ▲ 증설 효과 ▲ 환율 효과 등이 복합적으로 작용했기 때문이다. 그러나 세전이익에서는 KIKO에 가입된 현진소재와 평산이 영업이익을 통해 번 것을 파생상품손실로 거의 잃게되는 불행한 경험을 할 것으로 예상된다.

2009년에도 단조 4사의 평균 매출 증가율은 33.4%로 고성장을 이어나갈 것으로 추정된다. 영업마진은 추가적인 이익도 큰 폭의 개선은 어렵겠지만 고수익성 추세가 유지되는 16.4%를 보일 것으로 예상된다. 2008년 부진을 보였던 세전이익은 환율만 안정된다면 크게 늘어날 전망이다.

결론적으로 풍력기자재인 단조 4인방의 투자 매력은 2009년에도 지속될 것으로 판단된다. 그 이유는 다음과 같다. ▲ 세계 경기 부양을 위해 선진국의 녹색 성장에 대한 투자, 특히 풍력 관련 투자가 크게 할 전망이다. ▲ 풍력 발전기의 향후 20%대의 성장 유지 속에 글로벌 풍력발전기 제조사들에 직접 납품하는 국내 단조 4인방의 수주 증가가 예상된다. ▲ 글로벌 금융위기로 후발 단조사들이 생존에서 실패하거나 생산 능력 증가가 지연됨에 따라 기존 단조 4인방의 수혜가 예상된다. ▲ 실적 모멘텀이 유지될 전망이다.

중공업 및 조선업체들의 풍력 시장에 적극적인 참여를 선언하고 있으나, 아직 기술개발 수준에 머물고 있다. 따라서 2011년 이후 글로벌 시장에서 한국의 중공업과 조선업체들이 풍력에서 가시적인 매출 성과를 발생하기 전까지는 단조업체들 중심으로 투자하는 것이 바람직하다고 판단된다. TOP－PICK으로는 태웅, 평산, 용현BM을 추천한다.

타이틀 없음

(십억원)	태웅 (시가총액:1,475.0)				현진소재 (시가총액:449.6)				평산 (시가총액:564.8)				용현BM (시가총액:188.2)			
	07	08E	09E	10E	07	08E	09E	10E	07	08E	09E	10E	07	08E	09E	10E
생산CAPA(만톤)	17.0	22.6	27.1	29.3	11.0	13.7	17.9	22.3	16.0	20.0	24.6	27.0	2.1	5.5	9.0	11.1
자산총액	264.5	637.6	777.9	926.7	260.8	296.6	373.1	476.5	402.7	626.0	660.5	675.4	95.0	144.4	203.7	246.4
자본총액	143.8	290.9	394.9	518.6	154.0	158.7	210.5	288.2	218.1	206.1	248.1	308.6	57.5	68.4	94.0	129.7
자본금	7.9	8.3	8.3	8.3	7.1	7.1	7.1	7.1	8.6	8.6	8.6	8.6	3.4	3.4	3.4	3.4
매출액	357.9	594.2	763.7	862.8	221.9	381.9	493.0	608.0	254.7	378.3	429.2	568.6	54.4	158.4	257.4	317.2
영업이익	62.3	107.0	144.7	167.6	29.1	71.3	92.6	114.3	46.7	64.7	72.2	94.4	3.4	11.2	28.1	38.0
세전이익	63.7	106.2	137.3	163.1	30.6	9.6	69.9	103.0	34.4	-14.2	55.8	79.8	3.6	12.7	29.4	40.7
순이익	49.0	81.7	105.5	125.3	23.9	7.5	54.7	80.5	26.5	-10.9	43.0	61.5	3.2	11.2	26.0	36.0
매출액증가률(%)	29.7	66.0	28.5	13.0	56.6	72.1	29.1	23.3	52.2	48.5	13.5	32.5	61.4	191.0	62.4	23.3
영업이익률(%)	17.4	18.0	19.0	19.4	13.1	18.7	18.8	18.8	18.3	17.1	16.8	16.6	6.2	7.1	10.9	12.0
EPS(원)	3,109	5,172	6,685	7,939	1,676	528	3,835	5,651	1,600	-635	2,496	3,573	556	1,664	3,848	5,332
BPS(원)	9,111	18,424	25,009	32,848	10,809	11,137	14,772	20,223	12,665	11,970	14,406	17,919	8,523	10,137	13,935	19,218

ROE	41.1	37.6	30.8	27.4	17.0	4.8	29.6	32.3	15.3	(5.2)	18.9	22.1	7.9	17.8	32.0	32.2
PER(배)	20.8	17.2	13.3	11.2	21.1	59.7	8.2	5.6	24.9	na	13.1	9.2	42.6	16.8	7.3	5.2
PBR(배)	7.1	4.8	3.6	2.7	3.3	2.8	2.1	1.6	3.1	2.7	2.3	1.8	2.8	2.8	2.0	1.5
EV/EBITDA(배)	14.1	11.8	8.9	7.4	13.8	5.8	4.4	3.4	14.1	10.6	9.2	7.0	29.6	15.1	6.8	4.8
시가총액/매출액	4.1	2.5	1.9	1.7	2.0	1.2	0.9	0.7	2.2	1.5	1.3	1.0	3.5	1.2	0.7	0.6
시가총액/자산총액	5.6	2.3	1.9	1.6	1.7	1.5	1.2	0.9	1.4	0.9	0.9	0.8	2.0	1.3	0.9	0.8

자료) 각 사, 신한금융투자 정리

제 5 장
기본적 분석

5.1 기본적 분석

기본적 분석(fundamental analysis)은 경제 상황이나 증권의 자산가치나 수익가치 등을 분석하여 이론적이고 계량적인 가치를 산출하고 이렇게 산출된 기업가치(또는 내재가치)를 시장가치와 비교하여 투자분석을 수행하는 것이다. 기업가치는 외부적인 거시경제와 내부적인 재무요인에 의해 결정되기 때문에 적정한 기업가치를 산출하기 위해서는 외부요인과 내부요인을 모두 잘 파악하며, 이렇게 산출된 기업가치가 현재 금융시장에서 거래되는 시장가치보다 높게 산출된 경우에는 그 기업의 주식을 매수(buy)로 대응해야 하고, 반대로 시장가치보다 낮게 산출된 경우에는 매도(sell)해야 한다.

단지, 기본적 분석은 기업가치를 산출할 때 미래의 외부적인 요인과 내부적인 요인을 가정하기 때문에 기본적 분석을 통한 기업가치가 반드시 시장가치에 수렴하지 않을 수 있다. 이런 경우는 기본적 분석을 수행하는데 있어서 발생한 오차값을 수정이나 정정해 나가면서 기업가치를 신뢰 있게 설정해 나가는 것이 중요하다.

5.1.1 재무제표분석

재무제표분석이란 재무제표와 기타 관련된 자료를 활용하여 기업의 재무상태와 경영성과를 검토하여 금융기관을 비롯한 이해관계자와 경영의 당사자의 의사결정에 유용한 자료를 제공하기 위한 기본수단이다. 재무제표는 일정기간 동안의 기업 자금의 조달과 운용, 재무상태와 경영성과 그리고 수익과 비용 및 잉여금 처분 등을 숫자로 표시한다. 재무제표를 분석하면 기업의 성장성, 수익성, 안정성, 생산성, 활동성을 척도화 할 수 있고, 더 나아가서 척도화한 내용을 통해 원인과 대책을 파악할 수 있어서 경영의 의사결정에 중요한 기본적인 수단과 방법을 제공해 준다.

재무제표는 기업의 재무상태와 경영성과에 대한 정보를 기업의 이해관계자에게 보고하기 위해 일정한 형식에 근거하여 작성하는 자료이다. 이렇듯 재무제표가 기업의 이해관계자에게 전달함을 목적으로 하고 있기 때문에 기업 경영의 내부에 관한 재무내용을 설명하는 자료이더라도 외부 보고를 목적으로 하지 않는 서류는 재무제표라고 하지 않는다. 주요 재무제표에는 재무상태표, 손익계산서, 자본변동표, 현금흐름표 등이 있다.

재무상태표 : 재무상태표(statement of financial position)는 일정시점에서 기업의 자산, 부채, 자본에 관한 정보를 담고 있는 재무보고서로 대차대조표(B/S: balance sheet)라고도 부른다. 재무상태표에서 나타나는 자산은 기업이 이전에 수행했던 투자의사결정의 결과를 보여주고, 부채와 자본은 자금조달의사결정의 결과를 파악할 수 있다. 그런 측면에서 재무상태표는 일정 시점에서 기업의 투자활동과 자금조달활동의 결과를 정리해서 보여주는 자료이기도 한다.

재무상태표에서 볼 수 있는 자산의 항목들은 일반적으로 유동성이 높은 순서에 따라 배열한다. 유동성(liquidity)은 자산을 현금으로 전환할 수 있는 정도를 의미하는데, 현금화가 용이한 자산을 유동성이 높은 자산이라고 부른다. 자산항목은 유동자산과 비유동자산으로 구분된다. 유동자산은 현금 및 현금성자산, 단기금융상품 및 금융자산, 매출채권, 재고자산 순으로 배열되며, 비유동자산은 장기금융상품과 금융자산, 장기성매출채권, 유형자산, 투자부동산, 무형자산, 기타자산 순으로 배열된다. 유동자산(current assets)은 현금화의 용이성에 따라 당좌자산(quick assets)과 재고자산(inventories) 등으로 구분된다. 비유동자산(non-current assets)는 기업의 활동으로 투자되어 1년 이내 현금화하기 어려운 자산을 지칭하는 용어로 비유동자산에는 유형자산, 무형자산, 장기의 성격을 갖는 금융자산 등으로 분류된다. 비유동자산 중에서는 토지를 제외하고는 대부분

유무형자산으로 구분되어 감가상각(depreciation)이나 감모상각(amortization)을 통해 일정기간을 통해 비용으로 회계처리 된다. 유형자산은 건물, 구조물, 기계장치, 토지, 건설중인 자산 등에 속하고, 무형자산은 물리적인 형태는 없지만 비화폐성자산으로서 특허권이나 실용신안권 등을 포함한 산업재산권, 영업권, 개발권, 저작권 등이 있다. 장기의 성격을 갖는 금융자산에는 지분의 20% 미만의 지분투자증권이나 채권인 매도가능금융자산과 영업활동을 통해 인식한 매출채권 중 정상영업주기를 초과하여 회수될 수 있는 것으로 기대되는 매출채권인 장기매출채권 등이 있다.

부채(liabilities)는 상환만기가 빠른 순으로 기록하게 되는데, 상환기간이 1년 이내와 이상인 것에 따라 유동부채와 비유동부채로 구분된다. 유동부채(current liabilities)는 일상적인 상거래에서 발생하는 영업상의 채무와 만기가 1년 이내인 부채를 의미한다. 유동부채는 매입채무, 미지급금, 단기차입금, 유동성장기부채 등의 순서로 기입한다. 비유동부채는 만기가 1년 이상인 장기성부채로 장기성미지급금, 사채, 장기차입금 등이 해당된다.

자본(stockholder's equity)은 소유주 지분 또는 주주지분을 의미하며 자산에서 부채를 차감한 잔여지분이다. 자본에는 자본금, 자본잉여금, 기타자본항목, 기타포괄손익누계액과 이익잉여금으로 분류된다. 자본금(capital stock)은 액면주식이 발행된 경우에는 주식수에 1주당 액면금액을 곱한 주금총액이고, 보통주(common stock)와 우선주(preferred stock) 자본금이 있다. 자본잉여금은 회사의 영업이익 이외의 원천에서 발생하는 잉여금으로 자본거래(증자, 감자, 합병 등)에서 발생된 잉여금을 가리킨다. 기타자본항목은 주식발행보상금, 재평가적립금, 해외사업환산차이, 주식잉여금 등을 포함한다. 기타포괄손익누계액은 당기순손익을 제외한 기타포괄손익의 누계잔액을 의미하며 매도가능증권평가손익, 해외사업환산손익, 현금흐름위험회피 파생상품 평가손익 등이 해당된다. 끝으로 이익잉여금은 유보이익(retained earnings)으로 기업의 이익 중 사외에 유출되거나 자본금계정에 대체되지 않고 사내유보된 잉여금을 말한다.

표 5-1 현대자동차 재무상태표 (단위: 십억원)

	2020년	2021년	2022년
유동자산	24,612	23,330	23,819
현금및현금성자산	470	653	4,898
단기금융상품	5,294	4,268	2,735
기타금융자산	9,513	9,034	3,949
매출채권	4,670	5,155	6,968
재고자산	3,044	2,680	3,539
비유동자산	53,640	56,428	59,593
장기금융상품	1	151	-
기타금융자산	2,195	2,422	2,480
장기성매출채권	28	58	108
유형자산	24,826	25,264	25,644
투자부동산	138	134	129
무형자산	4,514	4,410	4,214
자산총계	78,252	79,758	83,412
부채			
유동부채	17,709	20,044	21,444
매입채무	4,625	5,293	6,153
미지급금	3,386	3,630	4,221
단기차입금	3,165	3,308	2,637
유동성장기부채	527	1,228	1,044
비유동부채	7,354	7,040	6,213
장기성미지급금	798	765	710
사채	598	998	609
장기차입금	2,349	1,554	852
부채총계	25,064	27,083	27,657
자본			
자본금	1,489	1,489	1,489
자본잉여금	4,010	4,035	4,209
기타자본항목	(1,701)	(1,968)	(1,714)
기타포괄손익누계액	158	25	(257)
이익잉여금	49,233	49,094	52,029
자본총계	53,189	52,675	55,756
부채와자본총계	78,252	79,758	83,412

자료) 전자공시시스템(dart.fss.or.kr)

손익계산서 : 손익계산서(I/S: income statement)는 일정 기간 동안 경영자의 영업의사결정의 결과와 그에 따른 주주에게 귀속되는 이익이나 손실을 나타내는 재무제표이다. 경영분석의 기초적인 자료로서 당기의 경영성과와 성장성, 그리고 수익성을 판단할 수 있는 정보를 제공해 준다. 손익계산서는 수익과 비용대응의 원칙에 따라 표시되는데, 순손익은 수익에서 비용을 차감함으로써 발생한다. 기업의 운영을 통해 발생하는 수익과 비용항목들은 기업의 다양한 활동에서 발생하고 또한 그 성격도 다양하다. 기업의 내부자가 아닌 외부자가 손익계산서를 통해 당기순이익의 발생원천을 손쉽게 파악할 수 있도록 하기 위해서는 수익과 비용항목들은 그 기능 또는 성격에 따라 적절하게 표시하여야 한다. 또한 회계기준에 따라 당기순이익의 계산에 포함되지 않는 '기타포괄손익'은 포괄손익계산서에서 구분하여 표시할 필요가 있다.

재무제표를 작성하는 목적 중의 하나는 기업이 일정기간 사업을 통해 얼마나 이익을 남겼는지 또는 얼마나 손해를 보았는지를 정확하게 산출하려는 데 있고, 손익계산서의 작성을 통해 일정기간 동안 발생한 손익금액의 정산과 함께 그 손익이 경영의 어떤 활동에서 발생하였는지를 파악하려고 하는데 있다.

손익계산서의 주요항목의 성격을 알아보자. 먼저, 매출액(sales)은 영업활동을 통해 재화 또는 용역을 제조하거나 판매한 대가로 발생하는 수익을 의미한다. 매출원가(cost of sales)는 재화나 용역을 생산하는 과정에서 발생하는 비용으로 재화나 용역의 취득원가를 말한다. 판매업에 있어서 매출원가는 기초상품재고액과 당기상품매입액의 합계액에서 기말상품재고액을 차감하여 산정하고, 제조업에서는 기초제품재고액과 당기제품재고원가의 합계액에서 기말제품재고액을 차감하는 방식을 쓴다. 매출총이익(gross profit)은 매출액에서 매출원가를 차감한 것이며 생산효율성을 산출하는 근거가 된다. 영업이익(operating income)은 영업활동을 통해 발생한 이익으로 매출총이익에서 판매비와 관리비 등을 차감하여 산출한다. 금융수익은 기업의 재무활동 관련 금융자산 등에서 발생하는 수익을 의미하며, 그 항목으로는 이자수익, 환율변동수익 등이 있다. 금융비용은 기업의 재무활동 관련 금융부채에서 발생하는 비용을 말하며, 그 항목으로는 이자비용, 환율변동손익 등이 있다. 법인세비용차감전순이익(earnings before taxes)은 영업이익에 금융수익 및 기타수익을 가산하고 금융비용과 기타비용을 가감해서 산출한다. 당기순이익(net income)은 주주에게 귀속되는 이익으로 법인세비용차감전순이익에서 법인세비용(수익)을 차감하여 계산한다.

표 5-2 현대자동차 손익계산서 (단위: 십억원)

	2020년	2021년	2022년
매출액	50,661	55,605	65,308
매출원가	41,007	46,539	53,138
매출총이익	9,654	9,066	12,171
판매비와관리비	8,885	8,405	9,342
영업이익	769	662	2,829
금융수익	540	1,330	1,940
금융비용	252	116	244
기타수익	530	876	853
기타비용	832	599	989
법인세비용차감전순이익	527	990	4,176
법인세비용(수익)	–	344	474
당기순이익	527	646	3,702
주당이익			
기본주당이익 (단위: 원)			
보통주 기본주당이익(단위: 원)	2,006	2,463	14,328
1우선주 기본주당이익(단위: 원)	2,055	2,509	14,195
희석주당이익(단위: 원)			
보통주 희석주당이익(단위: 원)	2,006	2,463	14,328
1우선주 희석주당이익(단위: 원)	2,055	2,509	14,195

자료) 전자공시시스템(dart.fss.or.kr)

표 5-3 현대자동차 포괄손익계산서 (단위: 십억원)

	2020년	2021년	2022년
당기순이익	526	646	3,702
기타포괄손익	117	130	248
공정가치측정금융자산관련손익	9	89	(242)
확정급여제도의 재측정요소	30	148	356
현금흐름위험회피파생상품평가손익	78	(108)	134
총포괄이익	644	775	3,950

자료) 전자공시시스템(dart.fss.or.kr)

현금흐름표 : 현금흐름표(statement of cash flows)는 기업의 현금흐름을 나타낸 표로서 일정한 기간 동안에 발생하는 현금의 유입과 유출에 관한 내용을 정리한 보고서이다. 현금흐름표에서는 현금의 변동사항에 대해서 정확하게 보고하기 위해 당해 회계기간에 속하는 현금유입과 현금유출에 대한 운용내용을 영업활동, 투자활동, 재무활동으로 구분하여 표시한다. 현금흐름표는 일정한 기간 동안에 발생한 현금흐름의 변동원인과 미래의 현금흐름창출능력, 그리고 현금 결제능력 등에 관한 유용한 정보를 얻을 수 있다.

먼저, 영업활동으로 인한 현금흐름에서 영업활동이란 일반적으로 제품의 생산, 제품 및 용역의 구매와 판매활동 등을 의미하며 영업활동으로 인한 현금흐름은 손익계산서와 관련된 것이다. 영업활동으로 인한 현금흐름은 당기순이익에 조정항목과 영업활동으로 인한 자산·부채의 변동을 가감하여 영업활동에서 창출된 현금을 계산한 후, 이자의 수취, 이자의 지급, 배당금의 수취, 법인세의 지급 등을 반영하여 산출한다. 투자활동으로 인한 현금흐름은 기업의 수익창출을 위해 장기간 동안에 그 효과가 나타날 것으로 예상되는 재무상태표의 투자자산, 유형자산, 무형자산 등과 관련해서 발생하는 현금흐름으로서 현금유입에서 현금유출을 차감하여 산출한다. 재무활동으로 인한 현금흐름은 기업의 자금을 조달한 방법, 자금상환 내역, 재무자산의 취득과 처분 등에 대한 현금흐름으로 재무상태표의 단기차입금과 장기차입금의 변동, 자기주식의 취득, 배당금의 지급 등과 관련하여 발생하며 마찬가지로 현금유입에서 현금유출을 차감하여 산출한다.

표 5-4 현대자동차 현금흐름표 (단위: 십억원)

	2020년	2021년	2022년
영업활동으로 인한 현금흐름	6,093	5,664	6,276
영업으로부터 창출된 현금흐름	5,966	5,206	5,613
당기순이익	527	646	3,702
조정	6,165	5,974	5,777
영업활동으로 인한 자산·부채의 변동	(727)	(1,414)	(3,866)
이자의 수취	205	174	254
이자의 지급	(94)	(84)	(153)
배당금의 수취	342	856	1,544

법인세의 지급	(326)	(488)	(982)
투자활동으로 인한 현금흐름	(6,613)	(4,492)	1,176
단기금융상품의 순증감	1,179	1,026	1,674
장기금융상품의 증가	(5)	(151)	(1)
장기금융상품의 감소	6	2	1
재무활동으로 인한 현금흐름	610	(989)	(3,207)
단기차입금의 상환	(108)		(900)
단기차입금의 차입		146	300
장기차입금 및 사채의 차입	2,307	1,023	
장기차입금 및 사채의 상환	(200)	(200)	
자기주식의 취득	(303)	(305)	(194)
배당금의 지급	(791)	(1,046)	(1,298)
현금및현금성자가산의 증	88	184	4,244
기초의 현금및현금성자산	382	470	654
기말의 현금및현금성자산	470	654	4,898

자료) 전자공시시스템(dart.fss.or.kr)

5.1.2 재무비율분석

재무비율은 경제적 의미에 따라 성장성비율, 수익성비율, 유동성비율, 시장가치비율, 자본구조비율, 효율성비율 등으로 분류할 수 있다. 이런 비율들은 투자의사결정에 중요한 지표로써 활용된다.

성장성비율 : 성장성비율(growth ratios)은 기업의 매출과 경영성과인 이익 등이 얼마나 증가하는가를 나타내는 비율이다. 대표적인 항목으로는 매출액증가율, 영업이익증가율, EBITDA증가율, 순이익증가율, 총자산증가율 그리고 순자산증가율 등이 있다.

4차산업혁명시대에서 투자를 하는데 있어서 가장 중요한 지표 중에 하나가 바로 성장성지표이다. 그것은 산업의 트렌드를 넘어서는 메가트렌드(megatredns) 혹은 패러다임(paradime)이 변화됨에 따라 과거의 성장성 뿐만 아니라 미래의 성장성을 파악하는 것이 투자에 있어서 가장 중요한 핵심 요인이기 때문이다. 향후 높은 성장성을 바탕으로 진입장벽을 높이고 새로운 시장을 선점할 수 있다면 수익성에 대한 고민을 일정기간 무시할 수 있기 때문이다. 물론 투자에 있어서 성장성과 수익성은 쌍두마차와 같은 기능을 하기 때문에 절대적으로 중요시해야 할 핵심 투자지표이지만, 4차산업혁명시대처럼 시대가 급변할 때는 성장성에 대한 가능성을 먼저 파악하고 투자하는 것이 투자의 수익률을 높일 확률이 커진다.

수익성비율 : 수익성비율(profitability ratios)는 기업의 재무성과를 나타내는 자본이익률(총자산이익률(ROA), 자기자본이익률(ROE))과 매출활동의 이익률(매출액이익률, 영업이익률, 당기순이익률)로서 기업의 결과를 집약한 경영성과를 측정하는 재무비율이다. 기업은 주주와 채권자로부터 조달된 자본을 영업활동, 투자활동, 재무활동 등을 통해 얼마나 효율적으로 활용하였는가를 나타내므로 이해관계자들의 의사결정에 중요한 영향을 미친다. 단, 발행시장과 유통시장을 통해 진입한 투자자는 주요주주나 채권자들과는 다르게 수익성에 대한 해석을 한다. 최대주주가 아닌 주주로서의 투자자는 투자한 기업이 성장성이 낮아지고 수익성이 높아지는 경우는 본격적으로 투자금의 회수를 고려하게 된다. 특히, 발행시장을 통해서 기업공개(IPO)가 이루어진 경우는 최대주주를 제외한 주주이자 투자자들은 회수에 관심을 가지게 되는데 그 시점을 수익성비율이 가장 좋은 시점으로 선택할 수 있다. 반면, 유통시장을 통해 진입한 투자자의 경우는 수익성의 비율이 높은 시점에 투자하는 것이 일반적이다. 이렇듯 수익성비율은 기업공개(IPO) 전과 그 이후 투자자에게 있어서 회수 또는 신규투자에 있어서 중요한 지표 역할을 수행한다.

유동성비율 : 유동성비율(liquidity ratios)은 기업의 단기적 상환능력을 평가하는데 사용되는 지표이다. 유동성비율은 기업의 이해관계자 중에서 투자자보다는 금융기관이나 원재료 등을 공급하는 공급업체가 주로 관심을 가진다. 기업이 단기부채를 지급하려면 현금을 충분히 보유하고 있거나 단기간 내에 현금화할 수 있는 자산을 보유하고 있어야 한다. 이런 측면에서 유동성비율은 주로 단기간 내에 현금화되는 자산과 단기부채를 비교하여서 산출한다. 현금 및 현금성자산, 단기금융자산, 매출채권, 재고자산 등과 같은 유동자산은 판매활동을 지원하기 위해 보유하는 자산으로 수익성은 낮은 반면 유동성은 높다. 기업들은 유동성을 높이기 위해 유동자산을 과다 보유하게 되면 수익성이 낮아지는 특성을 지닌다. 따라서 기업은 높은 유동성으로 인한 수익성 감소와 낮은 유동성으로 인한 경영위험 간에 균형을 잘 유지해야 한다. 유동성비율을 나타내는 항목으로는 유동비율

(current ratio; 유동자산/유동부채), 당좌비율(quick ratio; 당좌자산/유동부채), 순운전자본비율(net working capital; 순운전자본/총자산) 등이 있다.

시장가치비율 : 시장가치비율(market value ratios)은 기업의 경영결과인 재무상태와 경영성과를 금융시장이 어떻게 평가하고 있는가를 나타내는 비율이다. 효율적 시장가설에 따르면 자본시장의 가격이 이용가능한 정보를 충분히 그리고 즉각적으로 반영하고 있기 때문에 시장가치비율은 기업의 수익성과 위험을 모두 반영한 종합적인 비율이라고 할 수 있다. 이런 측면에서 주식의 시장가치비율은 여러가지 재무비율의 종합적인 성과를 반영한 지표이다. 투자자는 투자를 실행할 경우 과거의 시장가치비율을 참고할 뿐만 아니라 미래의 시장가치비율을 매우 중요시하게 된다. 금융시장의 현장이나 실무에서 빈번하게 사용되는 시장가치비율에는 주가수익비율(PER: price−earnings ratio), 주가장부가치비율(PBR: price−book value ratio), 주가매출액비율(PSR: price−sales ratio), 주가현금흐름비율(PCR or PCFR: price−to−cash flow value ratio), EV/EBITDA(EV: enterprise value: 기업가치; EBITDA : earnings before interest, taxes, depreciation and amortization: 이자, 세금, 그리고 감가(모)상각을 하지 않은 상태에서의 이익) 등이 있다.

자본구조비율(또는 레버리지비율) : 자본구조비율(capital structure ratios)은 기업의 장기채무지급능력을 나타내는 비율로 부채를 통해 원리금을 지급할 수 있는 능력을 파악하는데 사용되기 때문에 레버리지비율(leverage ratios)이라고도 불린다. 부채의 비중이 높아질수록 채무에 대한 원리금상환능력이 떨어진다. 따라서 투자자의 입장에서는 경영위험이나 재무위험에 빠질 수 있는 레버리지비율에 대해서 경계하게 되고, 채권자의 입장에서는 채권회수에 대한 위험여부를 판단할 때 이 지표를 활용하게 된다. 그렇다고 특정기업에 정해진 자본구조비율을 가지고 있는 것은 아니다. 산업이나 개별기업이 가지고 있는 입장에 따라 최적자본구조비율은 다를 수 있다. 단지, 동일산업으로 분류되는 기업 중에서 특정기업만 레버리지비율이 지나치게 차이가 날 때는 투자시 주요한 검토대상이 된다. 자본구조비율의 대표적인 항목에는 부채비율(debt ratio or debt to equity ratio; 부채/자기자본), 자기자본비율(stockholder's equity to total assets; 자기자본/총자본), 이자보상비율(times interest or interest coverage ratio; 영업이익/이자비용) 등이 있다.

효율성비율 : 효율성비율(efficiency ratios)은 기업의 영업활동에 투입된 자산이 얼마나 효율적으로 활용되고 있는가를 측정하는 비율로 활동성비율(activity ratios) 또는 자산관리비율(asset management ratios)로 불린다. 효율성비율은 자산을 몇 번이나 회전시켜 매출액을 달성했느냐를 보여주는 것으로 매출액을 자산항목으로 나누어서 산출한다. 또한 효율성비율을 통한 자산의 효율적 활용은 기업의 수익성을 결정하는 중요 요인 중에 하나이다. 기업은 회전율이 높을수록 투자자산 대비 매출액이 상대적으로 높다는 것을 말한다. 이것은 적은 자산을 통해 많은 매출을 실현하고 있는 것으로 판매활동이 적극적으로 이루어지고 있거나 자산을 효율적으로 활용하고 있다는 의미로 해석할 수 있다. 효율성비율의 대표적인 항목에는 매출채권회전율(receivables turnover: 매출액/매출채권), 재고자산회전율(inventories turnover: 매출액/재고자산), 유형자산회전율(property, plant and equipment turnover: 매출액/유형자산), 총자산회전율(total assets turnover: 매출액/총자산) 등이 있다.

표 5-5 재무비율의 분류와 투자의 활용도

비율의 분류		투자의 활용도	비율의 종류
시장가치비율		국내 및 글로벌 금융시장의 현장이나 실무에서 빈번하게 상용되는 중요한 투자지표	주당수익가치비율(PER), 주당순자산가치비율(PBR), 주당매출액가치비율(PSR), 주당현금흐름가치비율 (PCR 또는 PCFR), EV/EBITDA
성장성비율		창업(startup)기업에 초기 투자시 가장 중점적으로 고려하는 것은 성장성지표나 비율. 투자시 수익성비율과 더불어 쌍두마차처럼 중시되는 비율	매출액증가율, 영업이익증가율, EBITDA증가율, 순이익증가율, 총자산증가율
수익성 분석 비율	수익성비율	기업공개(IPO)가 이루어진 후 투자시 더욱 중요시 여겨지는 투자지표. 단, 창업 초기에 투자한 투자자는 수익성비율이 점정에 이르면 회수를 검토할 수 있음	총자산이익률(ROA), 자기지본이익률(ROE) 매출액이익률, 영업이익률, 당기순이익률
	효율성비율	영업활동에 투입된 자산의 활용 정도을 측정하는 비율로 수익성지표를 통해 투자에 활용됨	

재무관련 분석비율	유동성비율	기업의 단기적인 지급능력을 평가하는 비율로 주식투자자는 최적의 유동성비율을 추구하는 반면, 채권투자자는 안정적인 유동성비율을 선호함	유동비율, 당좌비율, 순운전자본비율
	레버리지 비율	부채에 대한 장기적 지급능력을 평가하는 비율로 주식투자자는 미래성장성이 있는 경우 상대적으로 높은 레버리지비율을 허용하는 반면, 채권투자자는 동종업계 평균 이하를 선호함	부채비율, 자기자본비율, 이자보상비율

5.1.3 성과분석(ROE & ROA)

자기자본이익률(ROE: return on equity)은 기업의 주주의 관점에서 측정하는 투자수익률이다. 자기자본이익률의 분자값은 당기순이익이나 포괄이익을 사용하고 분모값으로는 자기자본을 쓴다. 분자에 사용되는 당기순이익이나 포괄이익은 기업의 영업활동을 통한 수익성뿐만 아니라 재무활동을 통한 이자비용 역시 당기순이익 또는 포괄이익에 영향을 미친다. 분모에 사용되는 자기자본은 재무활동에 영향을 받는다. 타인자본인 부채를 많이 사용해서 기업을 운영하게 되면 자기자본의 크기는 작아지게 되면서 자기자본이익률에 영향을 주게 된다.

자기자본이익률은 주주의 입장에서 자기자본의 투자효율성을 나타내는 것으로 주주들은 특정 기업을 투자할 때 최소한의 투자수익률을 요구하게 되는데 이를 요구수익률(RRR: required rate of return) 또는 자기자본비용(cost of equity capital)이라고 한다. 주주들은 수익성을 평가할 때, 부채의 적절한 사용을 통해 자기자본이익률을 높이고 있는지에 따라 판단하게 된다. 일반적인 영업활동을 통해 벌어들이는 총자산이익률이 부채비용보다 높은 경우 주주의 부는 상승하게 되는 반면, 총자산이익률이 부채비용을 넘어서지 못하면 주주의 몫인 자기자본이익률은 감소하게 된다.

자기자본이익률에 대해 듀퐁시스템이 체계적인 분석을 이루어 놓았다. 자기자본이익률을 구성 요소별로 구분하여 분석하는 재무분석기법을 개발했는데, 개발한 인물이 재직 중인 회사이름을 따서 듀퐁시스템 또는 듀퐁모델이라고 한다. 듀퐁모델은 자기자본이익률을 순이익률과 자산회전율, 그리고 재무레버리지로 구분한다. 매출액으로 당기순이익을 나눈 당기순이익률은 수익성을 분석하는 지표이고, 총자산으로 매출액을 나눈 총자산회전율은 자산 활용의 효율성을 분석하는 지표이다. 그리고 자기자본으로 총자산을 나눈 재무레버리지는 자본조달의 안정성을 측정하는 지표이다. 이 세가지 요인을 통해 자기자본이익률이 동종업체 대비 높거나 낮을 때 그 원인을 파악해서 주주는 현재의 경영 상태의 장점이나 문제점을 파악할 수 있다.

$$\text{자기자본이익률}(ROE) = \frac{\text{순이익}}{\text{매출액}} + \frac{\text{매출액}}{\text{총자산}} + \frac{\text{총자산}}{\text{자기자본}} \qquad (\text{식}5-1)$$
$$= (\text{수익성비율})X(\text{효율성비율})X(\text{레버리지비율})$$

총자산이익률(ROA: return in assets)은 자기자본이익률(ROE)와 더불어 기업의 수익성을 검토해 볼 수 있는 대표적인 지표로 총자산에서 당기순이익이 차지하는 비율로 산출한다. 총자산이익률은 매출액순이익률(순이익/매출액)과 총자산회전율(매출액/총자산)으로 전환시킬 수 있는데, 총자산이익률이 동종업체 대비 높다는 것은 동종업체 대비 높은 수익성이 내거나 자산의 관리가 우수한 것을 의미한다. 반면, 동종업체대비 총자산이익률이 낮다는 것은 수익성이 좋지 못한 제품이나 용역을 제공하거나 보유하고 있는 자산을 효율적으로 활용하지 못한다는 것을 말한다. 이런 분석에 기초해서 기업의 경영자들은 주주들의 투자수익률을 높이기 위해 경영계획을 수립한다.

$$\text{총자산이익률}(ROA) = \frac{\text{순이익}}{\text{매출액}} + \frac{\text{매출액}}{\text{총자산}} \qquad (\text{식}5-2)$$
$$= (\text{수익성비율})X(\text{효율성비율})$$

그림 5-1 주가(Price)의 결정요인들

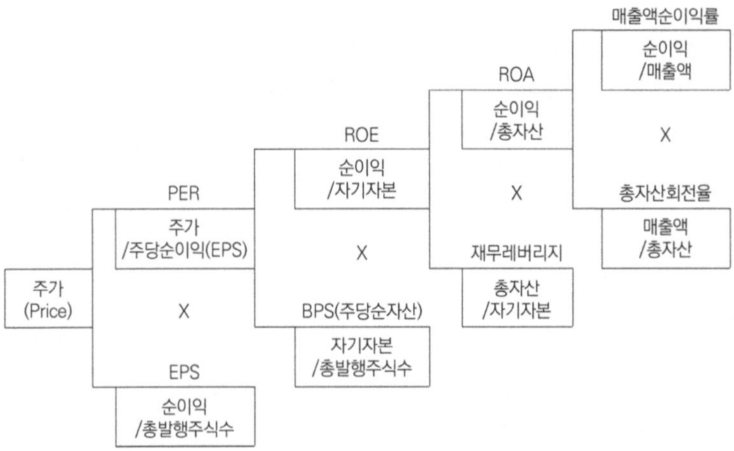

자료) 이베스트투자증권 리서치 자료 재인용

투하자본이익률(ROIC: return on invested capital)는 기업이 실제 영업활동에 투입한 자산을 통해 어느 정도의 영업이익을 달성했는지를 나타내는 지표이다. 투하자본이익률은 영업활동을 통해 얻게 되는 세후 이익인 세후순영업이익(NOPAT: net operating profit after tax)를 분자로 하고, 영업활동을 통해 투입된 자본규모를 나타내는 영업투하자본(IC: operating invested capital)을 분모로 해서 산출한다.

$$\text{투하자본이익률}(ROIC) = \frac{\text{세후순영업이익}(NOPAT)}{\text{영업투하자본}(IC)} \qquad (\text{식}5-3)$$

세후순영업이익(NOPAT)은 회계기간 동안 영업활동을 통해 얻게 되는 모든 순손익으로 기업이 얼마나 효율적으로 운영되고 있는지를 판단하는 지표이다. 세후순영업이익은 영업이익을 통해 얻은 이익에서 영업비용을 차감한 순영업이익에 법인세를 차감한 후 산출한다.

$$\text{세후순영업이익}(NOPAT) = \text{순영업이익} \times (1 - \text{법인세율}) \qquad (\text{식}5-4)$$

자산 중에서 영업활동에 사용되는 자산을 영업자산이라고 부르고, 재무활동과 관련된 자산은 재무자산이라고 명칭한다. 부채 역시 영업활동에서 발생하는 영업부채와 재무활동에서 발생하는 재무부채가 있다. 영업투하자본(IC)는 영업자산 총액에서 영업부채 총액을 차감하여 산출하며, 이런 측면에서 순영업자산(net operating assets)이라고 부른다. 영업자산에는 현금, 타회사의 지분증권, 미래에 현금을 수취할 수 있는 권리 등을 금융자산이라 부르는데, 금융자산 중에 금융기관예치금과 투자채무증권과 같이 당해 기업이 영업활동에 필요하지 않는 잉여현금 이외의 금융자산을 모두 영업활동에 관련된 영업자산으로 분류한다. 영업부채는 매입채무, 미지급비용, 선수금, 퇴직급여부채, 제품보증충당부채 등이 있는데, 이런 부채들은 기업이 재화와 서비스를 생산하고 판매하는 영업활동을 통해 발생하게 된다.

$$\text{영업투하자본}(IC) = \text{영업자산} - \text{영업부채} \qquad (\text{식}5-5)$$

투하자본이익률(ROIC)은 총자산이익률처럼 분해해서 비율분석을 시도해 볼 수 있다. 투하자본이익률(ROIC)은 세후순영업이익/매출액(매출액순영업이익률)과 매출액/영업투하자본(영업투하자본회전율)로 분해할 수 있다. 매출액순영업이익률은 매출액으로부터 어느 정도의 세후순영업이익을 달성할 수 있는가를 나타내고, 영업투자하본회전율은 매출액을 달성하는데 있어서 영업투하자본이 얼마나 효율적으로 활용되고 있는가를 나타난다. 즉, 전자를 통해 수익성비율을 측정하고, 후자를 통해 효율성비율을 판단할 수 있다. 수익성이 높거나 영업투하자본회전율이 높을수록 투하자본이익률(ROIC)는 높게 나타난다.

$$\text{투하자본이익률}(ROIC) = \frac{\text{세후순영업이익}(NOPAT)}{\text{매출액}} X \frac{\text{매출액}}{\text{영업투하자본}(IC)} \qquad (\text{식}5-6)$$

$$= (\text{수익성비율}) X (\text{효율성비율})$$

경제적부가가치(EVA: economic value added)의 개념은 경제학자인 마샬(Alfred Marshall)에 의해 처음으로 사용된 경제적 이익(EP: economic profit)과 유사한 개념이다. 마샬은 그의 저서 경제학의 원리(Principles of Economics)에서 경제적 이익은 미래에 발생할 수 있는 이익을 감안하는 것으로, 특히 기업의 투자와 생산에 의해 결정되는 것으로 본다. 기업은 기술혁신을 통한 생산성 향상과 브랜드의 강화 등을 위해 투자를 하게 되고 이를 통해 기업은 장기적인 경제적 이익을 얻게 된다는 것이다.[1]

경제적부가가치(EVA)는 영업활동을 통해 얻은 이익에서 영업활동에서 투자된 자본비용을 차감함으로 산출된다.

경제적부가가치(EVA)

= 세후영업이익(세후 이자비용+ 자기자본비용) (식5-7)

= 투하자본(IC) X (투하자본이익률($ROIC$)－가중평균자본비용($WACC$))

경제적부가가치(EVA)는 영업활동의 수익성과 기업의 가치 창출을 파악할 수 있게 하므로 기업이나 경영자에게 경영전략 수립이나 효과적인 경영관리를 가능하게 한다. 이런 측면에서 경제적부가가치(EVA)는 가치창조경영(VBM: value based management)의 판단도구로 사용되고 경영자와 사업부문의 성과평가로 활용되고 있다. 경제적부가가치(EVA)를 통해 가치창조경영(VBM)에서 중요한 것은 기업가치를 창조하는 요인을 파악함으로써 경영자는 전략을 수립할 수 있고, 주주는 전략수립에 대한 조언을 제공할 수 있다. 예를 들면, 특정 기업의 영업이익률은 동종업체와 유사하나 투하자본회전율이 상대적으로 낮다면, 동종업체보다 운전자본이 과다하거나 비싼 기계나 장비를 쓰고 있는 것으로 원인을 파악해 볼 수 있다. 또한 운전자본에 문제가 있다면 이것은 매출채권이나 매입채무 또는 재고자산에 대한 재점검을 의미한다. 기업가치를 극대화하기 위해서는 경제적부가가치(EVA)를 통해 체계적이고 철저한 분석을 통해 각 사업부의 경영상황에 대한 진단이 이루어져야 한다. 이런 과정을 통해 파악된 가치창출요인들에 대해 담당부서나 담당자들이 개선업무를 수행함으로써 기업가치의 극대화에 한걸음 더 다가갈 수 있는 것이다.

---

1 Afred Marshall, Principles of Economics, Vol.1(New York: Macmillan & Co., 1890).

그림 5-2 경제적부가가치(EVA)와 가치창조경영(VBM)

자료) ROIC(투하자본이익률 또는 투하자본수익률)

5.1.4 현금흐름분석

기업이 제공하는 현금흐름표의 자료를 분석하여 기업의 현금흐름 창출실적을 알아봄으로써 경영자와 채권자와 투자자는 기업의 경영관리 또는 수익률관리에 있어서 유용한 정보를 얻게 된다. 먼저, 현금흐름에 대한 분석은 경영자에게 있어서 현금이 어떻게 조달했으며 조달된 현금이 어떻게 사용되는지를 평가함으로써 적절한 현금관리를 통해 성장전략을 수립하는 중요한 정보가 된다. 기업이 목표로 하는 사업을 성공적으로 구현하기 위해서 필요한 현금소요액을 미리 파악함을 통해 현금에 대한 구체적인 계획을 준비할 수 있고, 기업의 재무건전성을 유지할 수 있는 근거를 마련할 수 있다. 채권자의 입장에서는 대출기업의 채무불이행의 가능성이 어느 정도인지 평가하기 위해서 현금흐름의 변동이나 현금창출능력을 분석한다. 대출기업에 대한 현금흐름의 상황을 분석할 수 있으면 좀 더 효과적인 대출업무 수행을 통해 채권자는 원금을 안정적으로 지키면서 수익률을 관리할 수 있게 된다. 특히, 기업의 부실을 예측하는 데에는 현금흐름의 분석이 효과가 있다. 끝으로 주주들은 기업의 현금흐름을 분석함을 통해 지속가능경영에 대한 능력을 확인할 수 있고, 배당 가능여부를 사전에 검토해 볼 수 있다.

그런 측면에서 현금흐름표를 분석하고 제대로 해석하는 것은 투자자에게 있어서 반드시 수행해야 하는 업무이다. 경영자는 언제든지 기업의 현금흐름에 대한 확인이 가능하지만, 투자자의 경우 기업의 현금흐름을 원하는 때에 확인하는 것에 많은 제한을 가지고 있기 때문이다. 투자자는 현금흐름표의 다음과 같은 내용을 확인해 보아야 한다. 먼저, 현금의 조달과 사용 항목에 있어서 큰 금액 중심으로 주로 어떻게 현금이 조달되고 어느 곳에 사용되었는지 파악해야 한다. 둘째, 현금의 단기와 장기 조달과 사용에 있어서 불균형이 있는지를 파악한다. 단기차입금을 운전자본으로 활용하는지 아니면 시설투자를 쓰는지 확인해야 하고, 장기부채를 상환하면서 단기차입금이 증가했는지 평가해야 한다. 셋째, 매출이나 자산의 성장성을 고려하여 현금능력이 그것을 감내할 수 있는지 평가해야 한다. 성장속도가 높다면 현금흐름이 안정적으로 보완이 이루어지는지 확인하고, 성장속도가 낮거나 마이너스로 전환하면 현금흐름이 충분한지 파악해야 한다. 넷째, 현금흐름을 기업의 산업사이클과 연계해서 분석하고 미래예측을 위한 보조적 지표로써 활용한다. 일반적으로 영업활동 순현금흐름은 성장시기와 성숙시기에 절정을 이루고 투자활동 현금흐름은 성숙기 이후에 플러스 순현금흐름을 보인다. 반면, 재무활동 현금흐름은 성숙기 이후에는 마이너스 순현금을 보이듯이 산업사이클에 대한 연계 분석을 통해 현금흐름의 관리능력을 파악해 볼 필요가 있다.

5.2 기업분석

5.2.1 경영전략

기업의 경영성과와 미래가치는 경영환경의 내외부의 변화에 대응하여 기업이 보유한 모든 자원을 효과적으로 분배하는 경영전략에 의해 큰 영향을 받는다. 기업이 특정산업에서 경쟁우위를 점유하고 장기적으로 성장성과 수익성을 지속할 수 있는 원천은 경영전략으로부터 발생하기 때문이다. 따라서 특정 기업을 분석할 때는 그 기업의 경영전략을 잘 분석해야 그 기업의 향후 미래가치에 대한 좀 더 정확한 평가를 수행할 수 있다. 기업의 어떤 경영전략을 집중적으로 파악해야 하는지 살펴보자.

먼저, 기업이 성장성과 수익성이 지속될 수 있는 경영전략이 무엇인지 분석해야 한다. 일단 분석기업에서 3가지의 차별화 전략을 가지고 있는지 분석한다. 하나는 생산, 유통 등에서 규모의 경제를 추구하거나 철저한 원가통제를 통해서 비용면에서 경쟁우위를 확보하는 원가우위전략이 있는지 살펴본다. 다음으로 제품 또는 서비스면에서 경쟁업체와 차별화되어서 가격이나 품질, 또는 서비스 면에서 경쟁우위를 가지고 있는지 평가해야 한다. 마지막으로 기업이 전개하는 사업부문 중에서 원가우위나 차별화전략으로 경쟁우위를 확보하고 있는지 검토해야 한다. 이 중에서 하나라도 기업이 경쟁우위를 가지고 있다면 그 기업은 미래가치를 지속적으로 유지할 수 있는 기본적인 토대를 마련한 것으로 본다.

다음으로, 기업이 미래가치를 지속적으로 창출하고 수익성 있는 성장을 보일 수 있는지 파악할 수 있는 방법 중에 하나로 포토(M. Porter)교수가 제시하는 가치사슬모형(Value chain model)을 활용해 볼 수 있다.[2] 그에 따르면 기업경영은 가치창출을 위해 사람과 기계의 결합으로 이루어지며 기업활동은 본원적 활동과 지원업무활동으로 구분할 수 있다. 포토교수의 가치사슬모형을 기업분석에 사용할 때에는 원자재구매와 조달, 제조, 물류, 마케팅, 그리고 사후 서비스 등과 같은 본원적 업무 활동이 얼마나 유기적으로 연계되어 있고, 1, 2차 벤더업체 등 외부협력자나 관계자와 어느 정도 협조와 협력이 잘 이루어지고 있는지 파악하는 것이 중요하다. 또한 지원업무활동은 전략기획, 재무, 회계, 인적자원 관리, 기술개발, 물자조달 등으로 구성되는데, 각 분야들이 기업가치창출에 어느 정도 기여하고 있는지 평가하는 것이 필요하다.

셋째, 기업의 판매하는 제품이나 사업부문의 포트폴리오에 대한 분석이 필요하다. 다수의 제품이나 사업부문을 통해 경영활동을 영위하는 기업을 평가할 때는 두 가치 측면에서 분석하는 것이 중요하다. 하나는 판매하는 제품이나 사

---

2 Michael Porter, Competitive Advantage, The Free Press, 1985.

업부문들이 얼마나 미래성장성을 보유하고 있는지 평가해야 한다. 제품별로 보면 매출액 구성비율, 시장점유율, 각 부문별 성장률과 수익률 등의 요인들을 분석함으로써 기업의 미래가치에 대한 평가를 수행할 수 있다. 다른 하나는 판매하는 제품이나 사업부문들의 현금흐름의 효율적 배분이 잘 이루어지고 있는지 확인이 필요하다. 이를 통해 경쟁력 있는 사업부문에 집중함으로써 자원이 낭비되지 않고 효율적이고 효과적으로 활용되고 있는지 분석해야 한다. 보스톤컨설팅그룹에서 1970년대 초반에 개발한 사업포트폴리오 분석 기법도 활용해 볼 수 있다. 보스톤컨설팅그룹은 BCG(Boston Consulting Group) 매트릭스의 제시를 통해 사업 부문을 시장 성장률과 상대적 시장점유율이라는 두 가지 축으로 나누어서 분석한다. 시장성장률은 사업이 속한 시장의 성장률의 높고 낮음을 의미하고, 성장률이 높을수록 시장이 빠르게 발전하고 있다는 의미이다. 상대적 시장점유율은 경쟁사 대비 점유율이 높은지를 나타낸다. 시장점유율이 높다면 시장에서 높은 경쟁력을 보유하고 있는 것을 의미한다. BCG 매트릭스 구분은 두 가치 축을 바탕으로 스타, 캐시카우, 물음표, 도그(Dog)로 구분한다. 스타(Star)는 시장점유율과 시장성장률이 모두 높은 사업이기 때문에 기업은 이런 사업에 대해서는 자금과 자원을 집중해서 성장과 시장지배력을 강화해야 한다. 이후 시장성장률이 없어지면 캐시카우로 변한다. 물음표(Question Mark)는 시장성

그림 5-3 BCG매트릭스

장률은 높으나 시장점유율이 낮은 사업이다. 다시 말해서 시장의 성장가능성은 높지만 많은 투자가 필요하기 때문에 신중한 의사결정이 필요하다. 기업은 이런 분야에서 성공하면 스타(Star)가 되지만, 실패하면 자금과 자원을 낭비하게 된다. 캐시카우(Cash Cow)는 시장성장률은 낮으나 시장점유율이 높은 사업으로 기업에 안정적인 현금 흐름을 가져올 수 있는 사업이다. 기업은 기존의 사업에 유지 보수 수준의 투자를 통해서도 안정적인 수익을 얻을 수 있다. 도그(Dog)는 시장성장률도 낮고 시장점유율도 낮은 사업이다. 수익성이 낮으면 투자금을 낭비할 가능성이 높기 때문에 사업을 철수하거나 최소한의 자원만을 투자해야 한다. 어느 시기 든지 가장 바람직한 사업포트폴리오는 도그(Dog)와 같이 불필요한 투자와 현금이 흘러가는 사업을 지양하고 물음표와 같은 사업으로 투자와 현금이 흘러가는 것을 분석하는 것이다. 경기가 좋을 때에는 기업의 전략에 따라 도그(Dog)와 같은 사업에도 투자할 수도 있지만, 불황으로 진입을 예상된다면 캐시카우(Cash Cow) 사업의 역할을 강화하고 도그(Dog) 사업을 과감하게 정리하는지 살펴볼 필요가 있다.

끝으로, 기업의 미래사업을 위해 준비하는 특정사업부문이 있는 경우, 이 사업부문이 외부환경 측면에서 얼마나 유망하고 경쟁력이 있는지 파악하는 것이 중요하다. 기업은 지속가능한 성장을 위해 기존의 제품이나 사업부문을 통해 현금창출 능력을 높여 나가야 하고, 이를 바탕으로 미래의 먹거리를 만들기 위한 특정사업부문을 준비해야 한다. 그 특정사업부문은 신규기술개발이나 성장사업에 대한 인수합병(M&A) 등을 통해 이루어진다. 이런 혁신과 변화 속에서 기업의 가치는 연동되기 때문에 기업분석에 있어서 특정기업이 추구하는 새로운 사업이나 제품에 대한 개발에 대해서는 관심을 가지고 분석해야 한다.

5.2.2 경영조직

경영전략을 잘 세우더라도 경영조직을 통한 실행가능성이 높아야 기업의 가치 상승을 도모할 수 있다. 경영전략을 통한 추진사업은 기업이 적합한 조직구조를 가지고 있느냐와 경영진이 전략수행이 필요한 인재와 능력을 가지고 있느냐에 따라 결정되기 때문이다. 좋은 경영성과를 창출하는 경영조직은 권한과 책임에 대한 분권화, 효과적인 의사소통과 통제, 변화에 대처하는 능력, 사업부문 간의 시너지 창출, 그리고 비용의 적절한 통제 등을 잘 구사해야 한다. 또한 기업적 환경이 지속적으로 변화함에 따라 조직의 유연성을 통해 효율적인 경영조직이 되어야 한다.

먼저, 경영조직은 권한과 책임에 대한 분권화가 잘 이루어졌는지 분석해야 한다. 분권화된 조직은 각 부서를 제품라인별 또는 지역별로 서로 다는 책임자를 선택해서 독립된 사업체처럼 경영하는 특징을 가지고 있다. 부서의 책임자는 독립적으로 생산, 판매, 마케팅 등을 수행하게 되고 그에 따른 책임도 지면서 성과에 대해서는 보상도 받는 구조이다. 기업규모가 클수록 분권화가 잘 되어야 시대적이고 환경적인 변화에도 대처할 수 있는 기업의 역량이 커진다. 단지, 기업분석을 실행할 때 이런 부분까지는 정성적으로 분석하기가 어려우나, 사업부별 매출이나 매출이익에 대한 수익성 분석을 통해서 정량적 방법을 통해 각 사업부의 분권화에 따른 효율성을 예측해 볼 수 있다.

다음으로, 효과적인 의사소통과 통제, 그리고 변화에 대처하는 능력을 평가해야 한다. 기업은 경영활동을 원활하게 수행하기 위해 경영진 개발을 충실히 해야 하고, 이렇게 선발된 경영진들은 직원들과 효과적인 의사소통과 통제를 잘 수행해야 한다. 특히, 오늘날에는 노사문제로 인해 기업의 실적이 크게 변동하는 사례가 빈번해지고 있다. 따라서 노사문제를 효율적이고 효과적으로 다루기 위해서는 평소 임원과 직원 사이에 효과적인 의사소통이 진행되고 있는지 파악해야 한다. 또한 시대적인 변화에 의해 회사의 구조를 변화시킬 수 밖에 없는 환경에서 노조나 직원들의 잘 설득해서 분쟁 없이 회사가 원하는 방향으로 대처해 나가는 능력 역시 경영진에게 절대적으로 필요한 능력과 자질로 부각되고 있다.

끝으로, 분석하는 회사가 효율적인 경영정보시스템과 임직원에 대한 보상시스템을 보유하고 있는지 평가해야 한다. 기업이 효율적인 경영정보시스템을 보유하게 되면 각 부서별 발생하는 생산과 판매 현황을 비롯해서 수익과 비용을 파악할 수 있다. 이를 통해 특정 사업부문에서 발생할 수 있는 문제점을 사전에 파악함으로써 사전에 관리감독이 가능한 경영조직을 구성하게 된다. 또한 각 부서에서 경영실적이 기존에 제시된 목표치를 초과달성 하였을 때 그에 따른 기여도를 파악하고 성과보상을 통해 회사에 대한 충성도를 높여 나갈 수 있다. 특히, 기술력을 필요로 하는 회사들은 특화되고 준비된 인재공급이 쉽지 않음에 따라 인재의 이동은 기업가치와 밀접한 영향을 주게 된다. 적절한 보상시스템을 통해 인재가 잘 관리되고 있는지에 대한 분석 역시 향후 기술 중심의 기업가치를 분석하는데 있어서 중요한 요소이다.

5.3 기업부실예측

기업이 제공하는 재무제표의 정보는 기업의 성과 여부를 판단하는 데 있어서 유용한 자료이다. 재무제표에서 나타나는 성과를 통해서 기업의 성장성과 수익성, 그리고 활동성 등을 파악할 수 있을 뿐만 아니라 기업의 도산 가능성도 파악할 수 있다. 기업분석을 할 때는 기업이 향후 좋은 성과를 얼마나 낼 것인가를 분석하는 것도 중요하지만, 도산할 가능성이 있는 기업에 대해서 적절하게 경고를 하는 것 역시 중요하다. 여기서는 기업부실에 대한 내용과 부실예측의 중요성에 대해서 알아보고자 한다.

5.3.1 기업부실

기업분석을 통해 향후 미래가치가 높아지는 기업을 발굴하는 것도 중요하지만, 기업이 부실해질 가능성이 있는 업체를 파악해서 투자를 회수하거나 투자하지 않는 것도 기업분석을 수행하는 목적 중에 하나이다. 우리나라는 기업분석이 주로 마케팅으로 활용되는 측면이 많아서 매수(Buy) 위주의 리포트가 주로 생산되는데, 이런 투자리포트를 생산하는 풍토에서는 건전한 투자환경이 조성되지 않아 투자자에게 신뢰를 높여 가기가 어렵다. 우리나라 금융시장이 진정한 의미에서 신뢰를 주는 기업분석 자료를 양산하기 위해서는 투자자의 신뢰가 공고해질 수 있도록 매수(Buy)리포트와 매도(Sell)리포트가 자유롭게 발표되어야 한다. 일부 기업들이 자신들에게 특정증권사가 매도(Sell)리포트를 발행할 경우, 거래관계를 끊거나 지나친 항의를 함으로써 현실적으로 국내 애널리스트이 매도(Sell)리포트를 작성하는 것이 매우 어려운 것이 현실이다. 그런 측면을 감안하면,

증권사의 리서치센타에 근무하는 애널리스트들이 중립(Neutral) 의견을 내는 기업분석 리포트는 우리나라 금융시장에서는 매도(Sell)리포트로 인식해야 한다.

어쨌든 기업분석을 통해 우량한 기업을 발굴 및 분석하는 업무도 중요하지만, 부실기업에 대한 예측과 분석도 투자자보호 차원에서 매우 중요하다. 기업부실의 현상으로는 경영·경제적 실패, 지급불능 및 도산 가능성 부각 등으로 있으며, 경영·경제적 실패로 인해 지급불능 및 도산으로 이어지는 경우가 일반적이다.

먼저, 경영·경제적 실패는 기업의 성장성이 저하되고 수익성이 감소하면서 나타나는 기업부실을 의미한다. 기업의 영업이익이 자본비용에 미치지 못하거나 심지어는 금융비용보다 낮아서 영업을 통해서 이자도 못 내는 경우에는 경영·경제적 실패에 1차적으로 직면한 것으로 볼 수 있다. 그러나 경영·경제적 실패가 바로 기업의 지급불능이나 도산으로 이어지는 것은 아니다. 기업이 성장성과 수익성이 저하되더라도 기존에 벌어 두었던 잉여현금이 있고, 채무 지급에 필요한 유동자산을 보유하고 있으면 지급불능사태까지는 이어지지 않기 때문이다.

표 5-6 도산원인 모형

	제1차 원인	
	경영자의 오류 및 결함과 외부의 장애요인	
제1차 충격	↓	경영자 및 외부요인
	제2차 원인	
	여러 경영 영역의 오류	
제2차 충격	↓	경영상의 결함
	제3차 원인	
	회계기술상의 결함	
제3차 충격	↓	재무구조의 결함
	도산징후	
	지급불능, 도산	

자료) 김건우, 한국기업의 도산원인, 경영학연구(제3호), 1999. p773 자료 인용

다음으로, 지급불능에는 기술적 지급불능과 도산적 지급불능이 있다. 기술적 지급불능은 일시적인 유동성이 부족하여 채무를 지급하지 못하는 것을 의미한다. 기업이 수익성이 유지되고 있더라도 유동성이나 현금 관리를 잘못한 경우에는 기술적 지급불능이 발생할 수 있다. 기술적 지급불능이 발생한 경우에는 일시적으로 발생한 유동성 문제를 해결함으로써 다시 정상적인 기업상태로 회복될 수 있다. 반면, 도산적 지급불능은 일시적인 자금의 부족으로 발생한 것이 아니라 수익성 악화의 지속으로 인해 반성적인 누적적자가 쌓인 경우이다. 도산적 지급불능의 상태가 되면 채권자들이 법원에 파산신청을 하게 되고 법원에서는 공식적으로 파산선고를 선언함으로써 기업은 법률적으로 도산 또는 파산이 된다.

1990년대 발생한 우리나라 104개 기업의 도산사례를 조사한 연구에 의하면 기업의 도산원인은 기업구조 및 투자요인(19.6%), 재무요인(12.0%), 판매요인(11.1%), 최고경영자요인(10.5%), 노사요인(5.3%), 기술생산운영요인(0.5%)(여기까지 내부요인), 경기자금요인(20.5%), 시장요인(11.4%), 대외경제요인(8.2%), 기타(0.9%)(여기까지 외부요인) 등이 있다. 기업의 도산원인에 내부요인은 59.0%이고, 외부요인은 41.0%로 우리나라는 내부요인에 더 큰 영향을 받는 것으로 나타난다.

표 5-7 1990년대 기업의 도산원인 및 비중

구분	영역별 원인	세부 원인	비중(%)
내부 원인	기업구조 및 투자요인	원재료의 가격상승, 사업전환 실패, 문어발식 확장 및 과대투자, 타기업과의 협업화 실패	19.6
	재무요인	과도한 부채부담, 매출채권누적, 운전자본조달 실패, 유사시 차입실패, 과다한 고정자산투자, 과다한 사금융 이용	12.0
	판매요인	판매부진, 마케팅전략의 오류, 출혈판매로 인한 부실화, 유통구조취약, 일부고객에 과도한 의존	11.1
	최고경영자 요인	최고경영자의 능력부족, 경영진의 무능, 최고경영자의 태만, 친족경영, 잘못된 후계자선정, 최고경영자의 경영방임	10.5
	노사요인	고급기술인력 부족, 경직된 인사관리, 높은 임금수준, 높은 이자율, 불안정한 노사관계	5.3
	기술생산 운영요인	자동화투자 실패, 신기술, 신상품개발실패, 기술개발의 타당성조사 미흡, 시설의 노후	0.5

외부 원인	경기자금요인	경제성장의 둔화, 일시적인 금융권의 긴축, 업계자체의 부진	20.5
	시장요인	과당경쟁, 수요자체의 정체, 악성루머, 대체품 및 대기업진출	11.4
	대외경제요인	환율인상에 따른 환차손발생, 해외원재료가격의 상승, 국내 시장 개방, 보호막 폐지	8.2
	기타	연쇄도산, 환경정책강화, 화재 등 예측불허의 사건, 자연재해	0.9

자료) 김건우, 한국기업의 도산원인, 경영학연구(제3호), 1999. p781 자료 인용.

특히, 1998년 IMF외환위기 전후 기업의 도산원인을 보면, IMF외환위기 전에는 '기업구조 및 투자요인'과 '경기 · 자금요인'이 주요 요인으로 나타난 반면에, 후에는 '경기 · 자금요인'이 가장 큰 도산원인으로 부각됨에 따라 IMF외환위기라는 외적환경변화가 기업도산에 큰 영향을 미쳤음을 알 수 있다. 따라서 기업분석 업무를 수행할 때는 기업의 내적인 요인 뿐만 아니라 외적인 요인도 고려해서 투자지표를 유연성 있게 적용하는 것이 필요하다. 투자는 일종에 '물 들어올 때 노를 저어라'는 속담처럼 국내외 경기, 특히 우리나라는 외부의 영향을 많이 그리고 크게 받기 때문에 이런 요인들을 기업분석에 반영할 필요가 있다.

표 5-8 IMF 전후별 기업도산 원인

도산원인	IMF전(85)	IMF후(19)
경기 · 자금요인	19.1	26.7
기업구조 및 투자요인	20.9	13.3
재무요인	12.1	11.7
시장요인	10.3	16.7
판매요인	10.6	13.3
최고경영자요인	11.3	6.7
대외경제요인	8.9	5.0
기타	6.7	6.7
합계	100.0	100.0

자료) 김건우, 한국기업의 도산원인, 경영학연구(제3호), 1999. p782 자료 인용.

5.3.2 기업부실예측의 중요성

상장된 기업이 부실해질 경우 많은 투자자에게 큰 손실을 끼치게 된다. 부실기업의 주가는 큰 폭으로 하락할 수 있는데, 이로 인해 투자자는 경제적·금전적 손실을 입게 된다. 또한 기업의 채권자는 자신의 채권을 회수하는데 어려움을 직면하게 되고, 금융기관 역시 기업이 부실해 질 경우 손실을 볼 수 있다. 뿐만 아니라 부실기업에서 제품을 구매한 고객들은 앞으로 서비스를 제공받지 못함에 따라 큰 불편을 경험하게 된다. 직원의 경우에는 급여를 제대로 받지 못할 뿐만 아니라 실업의 위기에 내몰리게 된다. 정부의 입장에서는 세금수입의 감소, 실업의 증가, 금융기관의 부실화, 관련 기업의 연쇄적인 부도, 경제성장의 둔화, 그리고 국가신인도의 하락 등으로 문제가 발전할 수 있다.

이렇듯 기업의 부실은 많은 이해관계자들에게 큰 피해와 손실을 초래할 수 있기 때문에 그러한 피해와 손실을 줄이기 위해서는 기업의 부실 여부를 사전에 잘 예측하는 것이 매우 중요하다. 과거의 그 어느 때보다도 4차산업혁명시대에는 대외적 환경과 기술이 빠르게 변화하고 있다. 경영자는 대외적 환경의 빠른 변화에 대해서 신속히 감지하고 대응해야 기업의 지속성을 유지할 수 있다. 이를 위해서는 재무제표와 미래 기술 등의 자료를 체계적으로 분석해서 자신의 회사에 적용시킬 필요가 있고, 대내외적 환경의 이상 징후가 발생할 시에는 조기경보시스템을 구축하여 적극적으로 대응할 필요가 있다. 조기경보시스템을 활용할 경우에 경영자는 기업이 지니게 되는 잠재적 위험을 인식할 뿐만 아니라 잠재적 위험을 최소화하기 위한 준비 작업을 할 수 있기 때문이다.

기업부실 예측에 대한 다양한 방법이 존재하기 때문에 기업이나 애널리스트는 기업부실예측 방법에 따라 기업을 분석한다. 기업 당사자는 조기경보시스템을 통해 기업부실에 적절하게 대응해 나가야 하며 애널리스트는 금융시장에 부실기업에 대한 정보를 적정하게 제공해야 한다. 부실예측에 관한 연구는 1960년대 중반부터 시작되었는데, 초기에는 단일변량 분석기업이 개발되었고 그 후에는 다변량 분석기법인 판별분석(discriminant analysis)과 로짓분석(logit analysis)이 개발된다. 최근에는 인공지능(AI)을 활용한 통계분석이 이전보다 더욱 고급화와 정교화가 이루어짐에 따라 이를 담당하는 애널리스트나 전문가의 도움을 받아서 기업부실 예측에 기업이 공동 대응할 때 효과성을 높일 수 있다.

표 5-9 상장기업의 도산원인

	내부요인	외부요인
직접원인	• 자금운용미숙(재무구조악화, 일시적 자금난, 현금유동성 부족) • 계열사의 부실 · 부도(연쇄부도) • 과도한 단기차입금 의존(제2금융권) • 차입금에 대한 이자부담 가중	• 금융권, 제2금융권의 일시적인 자금회수 • 금융기관의 신규자금지원 중단
간접원인	• 무리한 본업확장 • 무리한 비관련 사업다각화 • 경영진의 안이한 대응(사업구조조정 실기, 정부지원 계산착오, 시장진입지연) • 부동산, 유가증권 등 실물자산 과대보유 • 사업경험이 일천한 2세 경영 • 막대한 환차손 • 매출/수익급감 • 신제품 출시 지연 • 매출채권 회수 지연 • 정치비자금, 부도설, 자금난 등 악성루머	• 기업부도로 인한 금융시장 경색 • 주력시장의 성장정체 · 쇠퇴(경기침체) • 당해 시장의 공급과잉 · 과당경쟁 • 외환시장 불안

자료) 이범일, 장영, 경영위기 조기경보시스템. 1998.
김건우, 한국기업의 도산원인, 경영학연구(제3호), 1999. p776 자료 재인용.

금융 현장에서 발표되는 현장 기업분석 리포트 : 삼성중공업

삼성중공업 (009540)

매수
주가 (1월 16일) 25,700원
적정주가 32,800원

조인갑 02) 3772-1562 ikcho@goodi.com
이xx 02) 3772-xxxx xxx.lee@goodi.com

KOSPI :	1,135.20p
KOSDAQ :	354.60p
시가총액 :	5,933.5십억원
액면가 :	5,000원
발행주식수 :	230.9백만주
유동주식수 :	160.8백만주 (69.6%)
52주 최고가/최저가	44,300원/11,850원
일평균 거래량 (60일)	8,694,226주
일평균 거래액 (60일)	185,486백만원
외국인 지분율	18.55%
주요주주 :	삼성전자 24.49%
	Templeton 자산운용 4.25%
절대수익률	3개월 22.4%
	6개월 -36.5%
	12개월 -22.8%
KOSPI 대비 상대수익률	3개월 30.9%
	6개월 -15.7%
	12개월 15.9%

주가차트

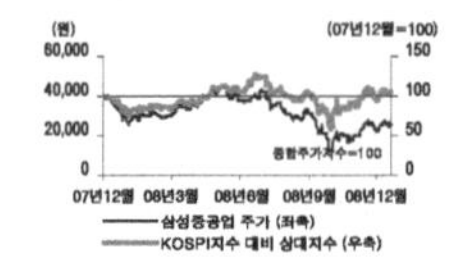

투자의견 및 적정주가 추이

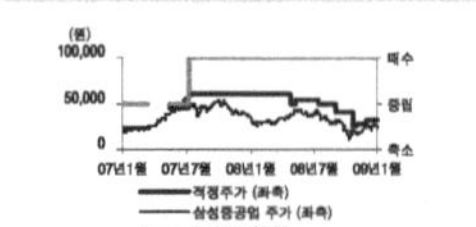

조선 · 해양의 강자, 이젠 풍력에 노크하다

장고했던 신성장전략, 풍력의 문을 두드리다. 매출액 구성 비중은 2007년부터 조선이 90%를 넘어섰고, 점점 그 비중이 확대되는 추세이다. 2009년의 총 예상 매출액인 11조 468억원 중에서 조선 매출 비중은 93.3%가 예상된다. 이렇게 조선 비중이 높은 이유는 선박 건조 증가도 있지만, 2008년부터는 조선과 통합 보고되는 해양 매출의 비중이 크게 증가하였기 때문이다. 올해 93.3%의 매출 비중 중 15%는 해양 사업 부문에서 발생할 것으로 예상된다. 특히 동사는 Drillship과 LNG-FPSO와 같은 특화된 해양 부문에서 세계 1위 건조업체로 부각되면서 동종업체인 big3 중에서 해양을 선점하고 있다. 그러나 여기에 머무르지 않고 올해부터는 해상 풍력 발전기 제조를 위한 투자를 개시할 할 예정이다. 단조품의 특성을 알고, 해양의 특성을 안다는 측면에서 해상 풍력 부문에서도 2011년 정도에는 풍력 발전기 사업에 대한 초안을 시장에 제시해 줄 것으로 판단된다.

주가에 반영되기에는 이르지만, 꿈꾸는 자의 미래에 대한 기대감 유효 매출액 및 수주잔량이 대부분 선박 및 해양으로 구성되어 있기 때문에 단순히 진출을 선언한다고 풍력업체로 인정받지는 못할 전망이다. 그러나 주식시장에서 동사에 대한 기대감은 유효할 것으로 판단된다. 그 이유는 동사가 ▲ 조선 기자재와 풍력 기자재의 제품 연관성을 활용 할 수 있고 ▲ 해상에서 구조물 설치 경험을 보유하고 있으며 ▲ 풍부한 현금을 바탕으로 기술 개발력 등을 높일 수 있기 때문이다.

투자의견 : 매수, 목표주가 32,800원 투자의견은 매수로, 목표주가는 32,800원으로 유지한다. 투자의견을 매수로 유지하는 이유는 다음과 같다. ▲ 조선 시황의 불황에도 특화된 해양 시장에서 추가 수주로 현재의 위기를 극복할 것으로 전망된다. ▲ 풍력 등 미래의 먹거리를 찾아감에 따라 사이클 산업에 대한 우려감을 줄여줄 전망이다. ▲ 선별적인 우량한 해운사 고객으로 인해 기존 선박 계약 유지에서 가장 안정적인 모습을 보일 전망이다. 단, 목표주가를 유지하는 이유는 아직 풍력 산업에 대한 진출 의지만를 동사의 가치에 반영하기에는 이르기 때문이다.

12월결산	매출액 (십억원)	영업이익 (십억원)	세전이익 (십억원)	순이익 (십억원)	EPS (원)	증가율 (%)	PER (배)	EV/EBITDA (배)	PBR (배)	ROE (%)	순부채비율 (%)	배당수익률 (%)
2006	6,351.7	99.0	212.5	154.1	667	107.5	31.3	8.4	2.2	7.4	(104.4)	0.7
2007	8,519.1	457.2	658.5	485.4	2,101	215.0	18.1	9.3	4.8	24.1	(138.1)	1.6
2008E	10,291.9	683.3	779.0	574.2	2,486	18.3	10.3	3.3	2.6	28.1	(130.6)	1.9
2009E	11,046.8	544.4	884.9	652.2	2,824	13.6	9.1	3.1	2.1	25.6	(122.9)	1.9
2010E	13,617.3	1,192.3	1,591.9	1,173.3	5,080	79.9	5.1	1.1	1.5	35.1	(112.4)	1.9

자료) 신한투자증권(구 신한금융투자). 자료작성일 2009. 1. 19일자 발표리포트

부록 : 요약 재무제표

대차대조표

12월결산 (십억원)	2006	2007	2008	2009E	2010E
자산총계	8,989.2	10,560.6	11,970.5	13,510.0	15,761.4
유동자산	5,408.1	6,689.6	7,537.0	8,405.1	10,115.9
현금및현금성자산	552.9	220.8	455.2	677.6	1,281.6
단기투자자산	1,896.6	2,409.9	2,650.9	2,916.0	3,207.6
매출채권	792.9	1,113.3	1,151.5	1,235.9	1,523.5
재고자산	189.6	312.3	303.2	325.5	401.2
기타	1,976.1	2,633.2	2,976.3	3,250.2	3,702.0
비유동자산	3,581.0	3,871.0	4,433.4	5,104.9	5,645.5
투자자산	689.7	402.5	441.6	515.7	606.3
유형자산	2,719.3	3,121.2	3,609.7	4,168.9	4,576.9
무형자산	0.0	0.0	0.0	0.0	0.0
부채총계	6,767.0	8,750.7	9,695.1	10,697.9	11,891.4
유동부채	6,257.4	8,150.7	9,045.8	9,994.4	11,128.3
매입채무	659.6	789.6	953.9	1,097.0	1,352.3
단기차입금	23.9	23.9	26.3	29.0	31.9
유동성장기부채	0.6	0.9	0.0	0.0	0.0
기타	5,573.2	7,336.3	8,065.5	8,868.4	9,744.2
비유동부채	509.7	600.0	649.3	703.5	763.1
사채	94.6	98.6	98.6	98.6	98.6
장기차입금	9.5	8.7	8.7	8.7	8.7
기타	405.6	492.8	542.0	596.2	655.9
자본총계	2,222.1	1,809.9	2,275.4	2,812.1	3,870.0
자본금	1,154.9	1,155.0	1,155.0	1,155.0	1,155.0
자본잉여금	499.7	496.1	496.1	496.1	496.1
자본조정	(30.3)	(592.5)	(592.5)	(592.5)	(592.5)
기타포괄손익누계액	329.7	55.1	55.1	55.1	55.1
이익잉여금	268.1	696.3	1,161.8	1,698.5	2,756.3
총 차입금	128.6	132.1	133.6	136.2	139.1
순차입금(순현금)	(2,320.8)	(2,498.7)	(2,972.5)	(3,457.4)	(4,350.0)

손익계산서

12월결산 (십억원)	2006	2007	2008	2009E	2010E
매출액	6,351.7	8,519.1	10,291.9	11,046.8	13,617.3
증가율 (%)	14.5	34.1	20.8	7.3	23.3
수출비중 (%)	87.5	91.3	91.3	91.3	91.3
매출원가	6,023.0	7,774.4	9,289.4	10,159.4	12,040.2
증가율 (%)	12.6	29.1	19.5	9.4	18.5
매출총이익	328.7	744.7	1,002.5	887.5	1,577.2
매출총이익률(%)	5.2	8.7	9.7	8.0	11.6
판매비와관리비	229.7	287.5	319.2	343.0	384.9
증가율 (%)	12.4	25.2	11.0	7.5	12.2
영업이익	99.0	457.2	683.3	544.4	1,192.3
증가율 (%)	흑전	361.8	49.4	(20.3)	119.0
영업이익률(%)	1.6	5.4	6.6	4.9	8.8
영업외수익(비용)	113.5	201.3	95.7	340.5	399.6
이자수익	83.0	144.3	164.1	191.5	230.9
이자비용	1.6	6.6	6.8	6.9	7.0
외화관련이익(손실)	(8.1)	12.0	17.9	17.9	17.9
자산처분이익(손실)	19.5	(3.9)	(4.3)	(4.7)	(5.2)
지분법이익(손실)	36.3	45.1	19.1	53.9	66.4
기타영업외수익(비용)	(15.6)	10.5	(94.3)	88.8	96.6
법인세차감전계속사업이익	212.5	658.5	779.0	884.9	1,591.9
법인세비용	58.4	173.2	204.8	232.7	418.6
계속사업이익	154.1	485.4	574.2	652.2	1,173.3
중단사업이익	0.0	0.0	0.0	0.0	0.0
당기순이익	154.1	485.4	574.2	652.2	1,173.3
증가율 (%)	107.5	215.0	18.3	13.6	79.9
당기순이익률(%)	2.4	5.7	5.6	5.9	8.6
EBITDA	297.5	673.2	905.6	802.9	1,478.0
증가율 (%)	76.3	126.3	34.5	(11.3)	84.1
배당성향(%)	37.1	22.4	20.1	17.7	9.8

현금흐름표

12월결산 (십억원)	2006	2007	2008	2009E	2010E
영업활동으로인한현금흐름	1,380.8	1,385.9	1,297.6	1,422.8	1,707.2
당기순이익	154.1	485.4	574.2	652.2	1,173.3
유형자산감가상각비	198.5	216.0	222.2	258.4	285.8
무형자산상각비	0.0	0.0	0.0	0.0	0.0
지분법손실(이익)	(36.3)	(45.1)	(19.1)	(53.9)	(66.4)
투자자산처분손실(이익)	(39.7)	(0.0)	(0.0)	(0.0)	(0.0)
유형자산처분손실(이익)	20.2	3.9	4.3	4.8	5.3
영업활동 자산,부채의 변동	1,066.9	660.5	537.2	583.5	330.7
기타	17.2	65.1	(21.1)	(22.3)	(21.4)
투자활동으로인한현금흐름	(991.8)	(1,210.2)	(956.1)	(1,087.5)	(990.6)
단기투자자산의 감소(-증가)	(370.6)	(395.4)	(241.0)	(265.1)	(291.6)
장기투자자산의 감소(-증가)	(200.9)	(139.0)	0.0	0.0	0.0
유형자산의 감소(-증가)	(412.3)	(621.8)	(715.1)	(822.4)	(699.0)
기타	(8.0)	(54.0)	0.0	0.0	(0.0)
Free Cash Flow	389.1	175.6	341.5	335.3	716.6
재무활동으로인한현금흐름	60.2	(508.6)	(107.2)	(112.9)	(112.6)
단기차입금 증가(감소)	(49.3)	0.0	2.4	2.6	2.9
유동성장기부채의 증가(감소)	(1.4)	(0.6)	(0.9)	0.0	0.0
사채의 증가(감소)	93.3	0.0	0.0	0.0	0.0
장기차입금의 증가(감소)	0.0	0.0	0.0	0.0	0.0
자본증가(감소)	0.0	0.0	0.0	0.0	0.0
배당금 지급	(57.0)	(57.2)	(108.7)	(115.5)	(115.5)
기타	74.7	(450.8)	0.0	0.0	0.0
현금의 증가(감소)	449.3	(333.0)	234.3	222.4	604.0
기초의 현금	103.6	553.8	220.8	455.2	677.6
기말의 현금	552.9	220.8	455.2	677.6	1,281.6
설비투자/매출액 (%)	6.5	7.3	6.9	7.4	5.1
감가상각비/매출액 (%)	3.1	2.5	2.2	2.3	2.1
감가상각비/설비투자 (%)	48.1	34.7	31.1	31.4	40.9

주요 투자지표

12월결산	2006	2007	2008E	2009E	2010E
EPS (원)	667	2,101	2,486	2,824	5,080
Adj. EPS (원)	583	2,118	2,504	2,844	5,102
BPS (원)	9,620	7,836	9,851	12,174	16,754
DPS (원)	250	500	500	500	500
PER (배)	31.3	18.1	10.3	9.1	5.1
Adj. PER (배)	35.9	17.9	10.3	9.0	5.0
PBR (배)	2.2	4.8	2.6	2.1	1.5
PCR (배)	15.4	12.1	7.8	7.1	4.3
EV/ EBITDA (배)	8.4	9.3	3.3	3.1	1.1
PEG (배)	0.5	0.5	0.2	0.2	0.3
배당수익률 (%)	1.2	1.3	1.9	1.9	1.9
수익성					
영업이익률 (%)	1.6	5.4	6.6	4.9	8.8
EBITDA이익률 (%)	4.7	7.9	8.8	7.3	10.9
세전이익률(%)	3.3	7.7	7.6	8.0	11.7
순이익률 (%)	2.4	5.7	5.6	5.9	8.6
ROA (%)	1.9	5.0	5.1	5.1	8.0
ROE (%)	7.4	24.1	28.1	25.6	35.1
ROIC (%)	6.1	20.5	31.7	21.5	39.3
안정성					
부채비율 (%)	304.5	483.5	426.1	380.4	307.3
순부채비율 (%)	(104.4)	(138.1)	(130.6)	(122.9)	(112.4)
이자보상배율 (배)	60.4	69.0	101.1	79.3	170.3
활동성					
총자산회전률 (회)	0.8	0.9	0.9	0.9	0.9
매출채권회전률 (회)	6.7	8.2	8.2	8.3	8.9
재고자산회전률 (회)	29.7	33.9	33.4	35.1	37.5
매입채무회전률 (회)	10.8	11.8	11.8	10.8	11.1
운전자본회전률 (회)	(3.7)	(5.6)	(5.7)	(5.3)	(6.1)

자료) 회사자료, 신한투자증권(구 신한금융투자)

제 6 장

기술적 분석과 계량적(퀀트) 분석

6.1 기술적 분석

기술적분석(technical analysis)는 금융시장의 움직임을 분석하여 개별 종목(stock)이나 지수(Index) 또는 거시경제지표를 예측하는 방법을 의미한다. 기술적 분석은 과거에는 주로 미래의 주가의 움직임이 과거의 데이타나 추세에 의존해서 반복적인 패턴이 나타난다는 가정 하에서 접근한다. 오늘날에는 주가뿐만 아니라 거시경제 및 지수(index) 예측에도 활용되고 있다. 기술적 분석은 분석 대상이 되는 항목의 가격이나 거래량 등이 주요 분석대상이 되며 분석방법은 지속적으로 발전되고 있다. 미국의 19세기말에 개발된 모형으로는 다우이론, 패턴분석, 추세분석, 엘리어트파동이론, 투자심리분석, 카오스이론 등이 있고, 최근에는 인공지능(AI)의 발달로 더욱 더 정교하고 다양하게 분석모형이 만들어지고 있다.

6.1.1 추세와 저항

추세 : 금융시장에서 주가나 지수나 거시경제지표는 정해진 방향으로 움직이는 것이 아니라 상승과 반복을 반목하면서 고점과 저점을 만들어 간다. 금융시장에서 추세(trend)란 이렇게 고점과 저점을 만드는 방향을 의미한다. 기술적 분석에서 추세는 가장 기초적인 개념 중에 하나로 과거에 나타난 지지, 저항, 패턴, 이동평균선 등을 통해 금융시장의 추세를 파악하게 된다. 추세의 방향은 대상 지표의 흐름에 따라 상승추세, 하락추세, 횡보추세로 구분할 수 있다. 상승

추세는 저점과 고점이 점점 높아지는 것을 의미하고, 하락추세는 저점과 고점이 점차 낮아지는 경우를 말한다. 횡보추세는 저점과 고점이 옆으로 움직이는 경우로써 금융시장에서는 박스권 장세라고 불리운다.

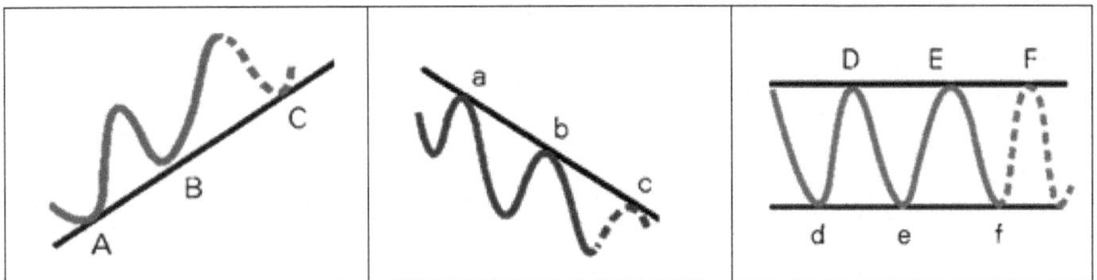

〈상승 추세〉 〈하락 추세〉 〈보합 추세〉

지지와 저항 : 지지란 반등이 이루어지는 저점을 의미하며 하락요인보다 상승요인이 강하게 작용하여 하락을 멈추고 상승을 이루는 것을 말한다. 저항은 하락이 이루어지는 분기점으로 상승요인보다 하락요인이 강하게 작용하여 올라가지 못하는 것을 의미한다.

6.1.2 패턴분석

패턴분석 : 패턴분석(pattern analysis)은 과거에 나타난 패턴이 이후에도 계속 나타날 것인지 아닌지를 분석하는 것이다. 패턴의 유형에는 반전형(reversal pattern)과 계속형이 있다. 반전형은 현재 진행되고 있는 추세 움직임에 향후 변화가 나타날 것으로 예상되는 패턴이고, 계속형은 추세의 진행이 일시적인 요인으로 인해 변화되더라도 변화요인이 해소되면 다시 원래의 추세가 나타날 것으로 예상되는 패턴이다.

반전형 : 반전형은 과거에 진행되어 왔던 추세에서 전환이 발생하는 패턴을 말한다. 반전형으로 분류할 수 있는 모형으로는 머리어깨형, 삼중천정형과 삼중바닥형, 이중천정형과 이중바닥형, 둥근천정형과 둥근바닥형, V자형, 반전일 등이 있다.

1) 머리어깨형 : 상승과 하락이 세 번 발생하면서 봉우리를 세 개를 만드는데 두 번째 봉우리가 가장 높은 모양을 띠는 형태이다. 반전형 중에서

가장 많이 볼 수 있는 패턴으로 고점과 저점들이 점점 높아지던 상승추세에서 상승세의 힘을 잃게 되면 상승추세는 횡보추세로 전환된다. 이후 상승세력이 하락세력을 이기지 못하면 균형이 깨지면서 패턴이 하락추세로 전환된다. 하락추세는 고점과 저점이 낮아지는 모양을 보이게 되는데 이렇게 만들어지는 패턴이 머리어깨형이다.

2) 삼중천장형과 삼중바닥형 : 삼중천정형과 삼중바닥형은 높이가 같은 봉우리가 세 개 만들어지는 패턴으로 흔히 볼 수 있는 것은 아니다. 삼중바닥(천장)형은 주가가 세 번의 저점(고점)을 형성한 후 반등하는 패턴으로, 강력한 상승(하락)신호로 간주된다. 이 패턴은 주가가 하락(상승)하다가 일정한 저점에서 세 번 하락(상승)하고 반등할 때 나타난다. 삼중바닥형이 완성되면, 주가는 저항선을 돌파하며 강한 상승 추세로 전환될 가능성이 크다. 저항선을 돌파하면서 완성되기 때문에 거래량이 증가하면서 나타나는 것이 삼중천정형과 다르다.

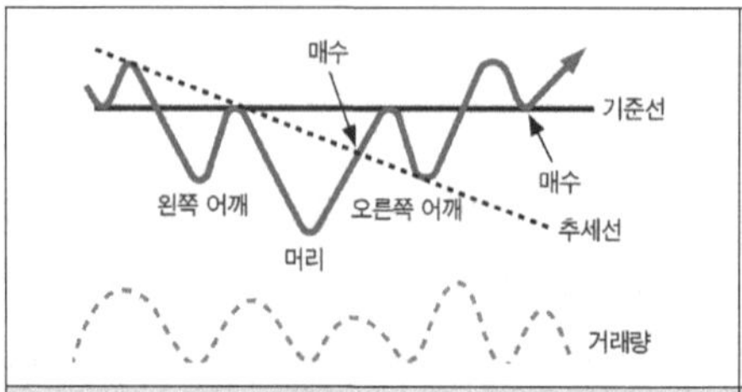

〈삼중바닥형(상승)〉

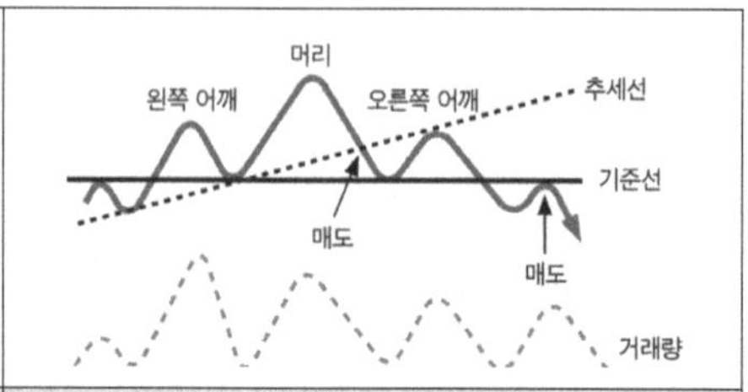

〈삼중바닥형(하락)〉

3) 이중천장형과 이중바닥형 : 이중천장형과 이중바닥형은 봉우리가 세 개 대신 두 개가 만들어지는 패턴으로 반전형 중에서는 머리어깨형 다음으로 많이 만들어지는 패턴이다. 이중천정형은 M자형, 이중바닥형은 W자형으로 표현하기도 하는데, 이 두 패턴은 패턴의 크기가 중요한 역할을 한다. 다시 말해서 봉우리가 만들어지는 기간이 길거나 봉우리가 높을수록 반전된 후의 하락추세 역시 기간이나 폭이 크다고 할 수 있다. 이중바닥형은 주가가 두 번의 저점을 형성한 후 반등하는 패턴으로 상승신호로 간주된다.

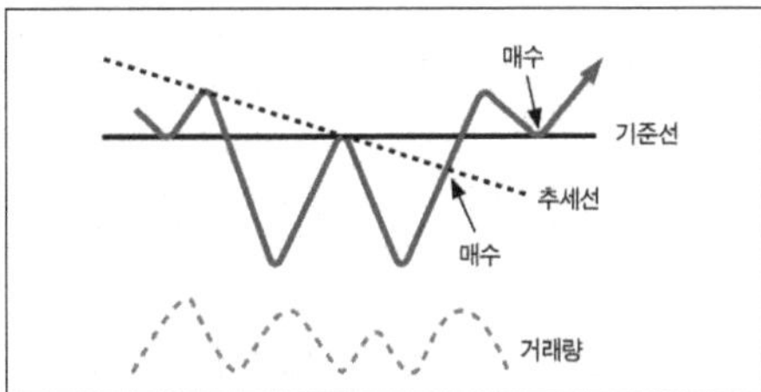

〈이중바닥형(상승)〉

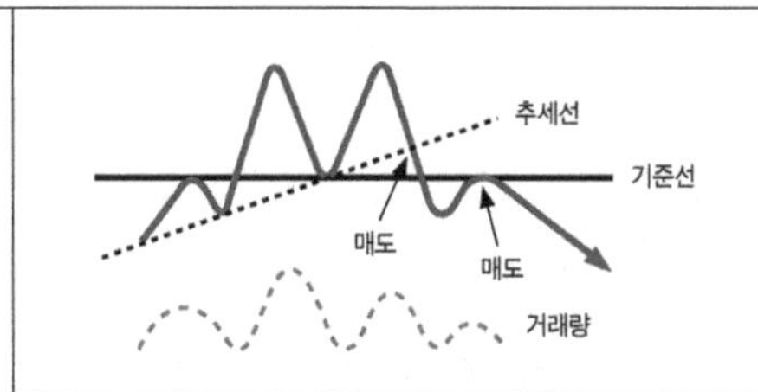

〈이중천장형(하락)〉

4) 둥근(원형)천정형과 둥근(원형)바닥형 : 둥근천정형은 상승추세가 점차 약해진 후 횡보하다가 점차 하락추세로 진입하는 패턴이고, 둥근바닥형은 반대로 하락추세가 점차 약해진 후 횡보하다가 점차 상승추세로 진입하는 패턴이다. 둥근바닥(천장)형은 주가가 완만한 곡선을 그리며 하락(상승)한 후 다시 상승(하락)하는 패턴으로, 장기적인 상승(하락) 반전을 예고한다. 일반적으로 둥근 원형이 정상으로 향할수록 거래량이 줄다가, 정상에서 내려오면서 거래량이 상승한다고 알려져 있다.

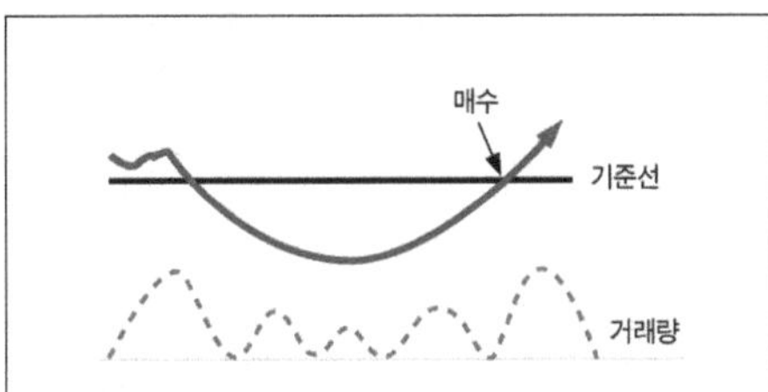

〈둥근바닥형(상승)〉

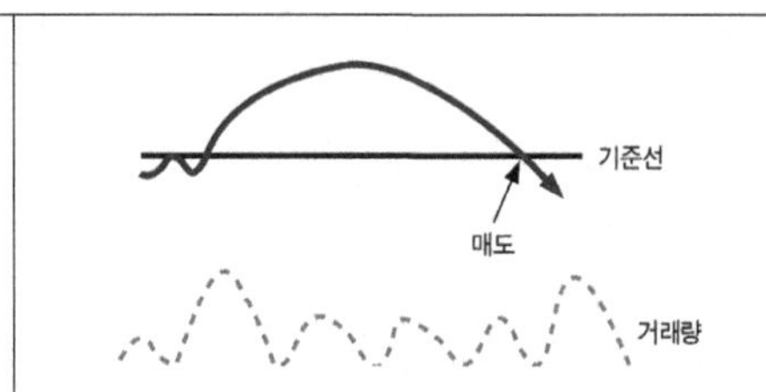

〈둥근천장형(하락)〉

5) V자형 : V자형 바닥(상승)형은 주가가 급격히 하락(상승)한 후 반전하는 패턴으로, 강력한 상승(하락) 반전을 나타낸다. 이 패턴은 주가가 단기간에 급격히 하락(상승)하여 저점(고점)을 형성한 후, 다시 급격히 상승(하락)하여 이전 수준으로 회복하는 형태를 보인다. V자형 반전은 주로 극심함 매도세와 매수세의 교차로 인해 발생하며, 이는 시장의 투자심리 변화가 급격하게 일어났음을 알 수 있다. 거래량은 주가가 하락(상승)할 때 크게 증가하며, 반전 시에도 급격히 증가한다. V자형 반전은 예측이 어렵고, 매우 빠른 시간 내에 발생하는 특징이 있으므로 이에 대응하는

투자전략을 세울 때는 특별한 주의를 필요로 한다.

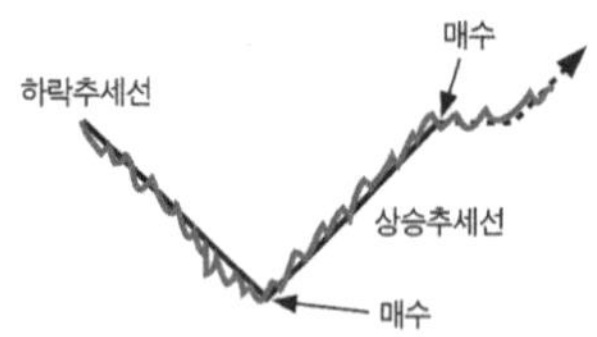

〈V자 바닥형(상승)〉

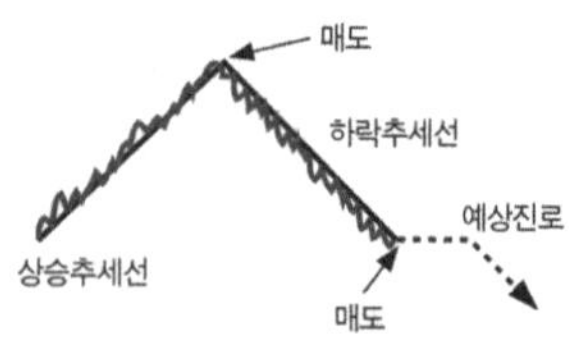

〈V자 상승형 (하락)〉

6) 반전일 : 반전일(reversal day)는 그 자체로써는 큰 의미를 지니고 있지 않고, 주로 다른 기술적 지표나 패턴과 함께 활용된다. 상투 반전일은 상승추세에서 하루만에 반전이 일어나 하락해서 전일보다 낮은 수준의 위치해 있는 패턴이다. 반면에 바닥 반전일은 하락추세에서 하루만에 가장 높은 수준을 형성한 후 이전 상승수준보다 높은 상승수준에 머무는 패턴을 말한다.

계속형 : 계속형은 추세진행이 일시 정지됐다가 다시 원래의 추세대로 계속되는 과정에서 나타나는 패턴이다. 계속형은 단기간에 형성되는 특징을 가지고 있으나 때로는 반전형이 계속형이 되는 경우도 있고, 또한 계속형이 반전형으로 변형되기 때문에 패턴분류가 다소 명확하지 않을 수도 있다. 단지, 투자의 편의와 이해를 위해서 인위적으로 구분해서 패턴을 계속형과 반전형으로 구분할 수 있으며 투자에 참고하는 보조지표로써의 활용이 가능하다. 계속형으로 분류할 수 있는 모형으로는 삼각수렴형, 깃발형과 페넌트형, 쐐기형, 직사각형, 대칭형, 갭형 등이 있다.

1) 삼각수렴형 : 삼각수렴형은 한쪽으로 수렴되는 두 개의 추세선인 위쪽 추세선과 아래쪽 추세선 사이로 주가나 지표가 등락하면서 만들어지는 패턴이다.

2) 깃발형과 페넌트형 : 깃발형(flags)은 상승추세에서 나타나는 경우에는 우하향의 패턴을 보이는 반면, 하락추세에서 나타나는 경우에는 우상향의 패턴으로 평행사변형의 모양을 띠고 있다. 페넌트형(pennants)은 우

측으로 수렴하는 두 개의 추세선으로 만들어지는데 평행사변형이 아닌 삼각형형태를 보이는 패턴이다.

3) 쐐기형 : 쐐기형(wedge formation)은 모양과 형성기간에 있어서 대칭 삼각수렴형과 유사하다. 하나의 꼭지점으로 수렴하는 두 개의 추세선의 의해 만들어진다.

4) 직사각형 : 직사각형(rectangle formation) 또는 상자형은 평행한 두 직선 사이에서 주가가 상승과 하락을 반복하면서 만들어지는 패턴이다. 일반적으로 직사격형(박스권)을 상향 돌파하면 위쪽 추세선은 강한 지지선이 되고, 박스권을 하향 돌파하면 추세선은 강한 저항선이 되는 특징이 있다.

5) 대칭형 : 대칭형(measured movement 또는 swing measurement)은 길이가 길고 평행한 두 개의 추세선으로 구성되며 중간에 조정과정이 보이는 패턴을 의미한다.

6) 갭형 : 갭(gap)은 상승추세에서 이전의 봉우리보다 높은 수준에서 거래가 시작되거나 하락추세에서 이전의 봉우리보다 낮은 수준에서 시작되어 중간에 공간이 생기는 것을 말한다. 이런 측면에서 이전과는 다른 움직임으로 나타나는 주가나 지표를 의미한다.

6.1.3 거래량

금융시장에서 거래량(volume)은 일정기간 동안 사고 파는 거래가 이루어진 총량을 말한다. 주식과 채권과 지수 등에서 사고 파는 거래가 이루어지는데, 과거에는 주로 증권시장에서 주식의 가격의 움직임을 확인하는 보조지표로써 활용되었다. 일반적으로 거래량은 증권시장에서는 추세와 같은 방향으로 움직이는 경향이 있고, 주가의 움직임을 확인하는 좋은 지표로 활용된다. 거래량의 분석지표를 활용하는 대표적인 방법으로는 OBV와 VA가 있다.

OBV(on balance volume) : 1960년대부터 1980년대 초반까지 활발하게 활동한 전통적인 기술적 분석가인 그랜빌(Joseph E. Granville)이 개발한 지표로써 거래량은 시세의 원동력이며 주가는 그것을 반영하는 그림자 역할을 하는 것으로 거래량은 주가에 선행한다는 논리이다. OBV는 어느 특정한 기준일에서부터 주가가 상승한 날의 거래량은 플러스하고 하락한 날의 거래량은 차감해서 누적적으로 집계한다. 보통 주가가 하락함에도 불구하고 OBV가 전 저점 수준 밑으로 하락하지 않으면 주가가 상승 전환할 것으로 예측가능하다. 또한 주가가 상승추세라면 OBV도 상승추세에 있어야 하고 주가가 하락추세라면 OBV 역시 하락추세에 있어야 현재 진행되고 있는 주가의 움직임에 거래량이 뒷받침되고 있는 것으로 본다.

VA(volume accumulation) : 래리 윌리엄스(Larry Williams)가 OBV를 변형시켜 만든 것으로 VA는 주가의 상승세가 강력한 경우에 가중치를 더 주고 그렇지 못한 경우에는 가중치를 낮추어서 거래량을 계산하는 기법이다. 즉, 주가의 종가가 거래된 중간가격보다 많이 높을수록 가중치 값은 커지고 중간가격보다 낮을수록 가중치 값은 작게 부여하는 방식이다. OBV는 거래 당일의 전부를 계산하는 반면, VA는 거래 당일의 중간주가 또는 평균주가와 종가를 감안한 후 거래량의 일정비율을 누적해서 산출하는 방식에 차이가 있다.

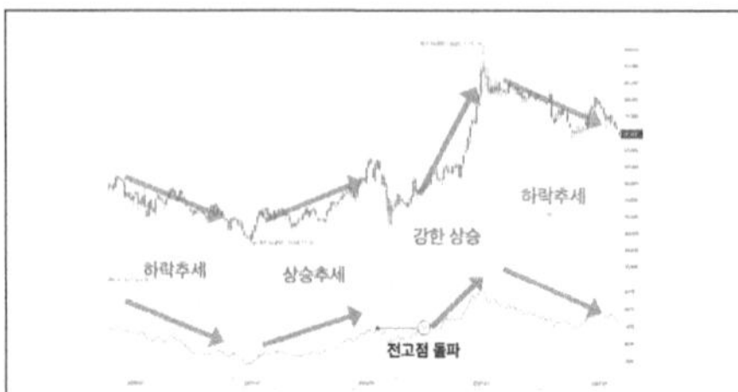

〈주가 - OBV 차트〉

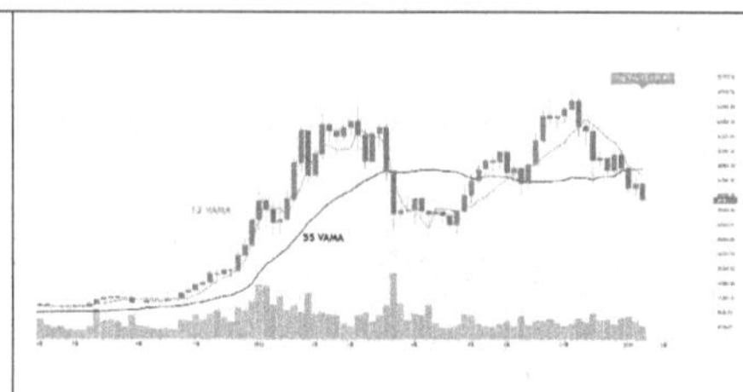
〈주가 - 거래량 이동평균 차트〉

6.1.4 이동평균선

이동평균선(moving average) : 이동평균선은 금융시장에서 일정기간 동안의 주가나 지수의 움직임에 대해 산술 평균한 값으로 산출된 이동평균선으로 단기(5, 20일), 중기(60일), 장기(120일) 이동평균선이 있다. 기술분석가인 그랜빌은 20일, 60일, 120일, 200일 이동평균선을 비교한 후, 완만한 움직임을 보이는 200일 이동평균선과 주가가 가장 수익성이 높은 정보를 제공한다고 보았으나, 우리나라의 경우는 20일과 60일 이동평균선이 상승추세와 하락추세의 전환점을 발견할 수 있는 가장 중요한 지표로 주로 활용된다.

이격도(disparity) : 이격도는 주가와 이동평균선 간의 떨어져 있는 정도를 보여주는 지표로써 주가가 파동운동을 하면서 움직인다는 것을 전제로 한다. 이러한 파동을 활용하여 매매시점을 발견하기 위해 만들어진 지표이다. 이격도는 당일의 주가를 이동평균으로 나눈 값을 퍼센트(%)로 전환시키는데 이격도가 100% 이상이면 당일의 지수가 이동평균선보다 위에 있는 상황이고, 100% 이하일 때에는 지수가 이동평균선 아래에 있는 것을 말한다. 이격도가 110% 이상이면 과열국면으로 보고, 90% 이하이면 침체국면으로 판단한다.

볼린저 밴드(Bollinger Band) : 1980년대 초반 전문투자가인가 존 볼린저(John Bollinger)가 고안해 낸 지표로 추세중심선인 이동평균선을 중심으로 이동평균선 위쪽에 상한선과 아래쪽에 하한선을 설정함으로써 형성되는 가격변동폭의 띠를 형성한 것이다. 볼린저 밴드는 이동평균을 이용하는 가격대 분석이란 측면에서 이동평균과 유사한 지표이지만 가격 변동성과 추세분석을 동시에 수행한다는 측면에서 이동평균보다 한층 더 발전된 개념이다.

〈주가 - MACD 차트〉

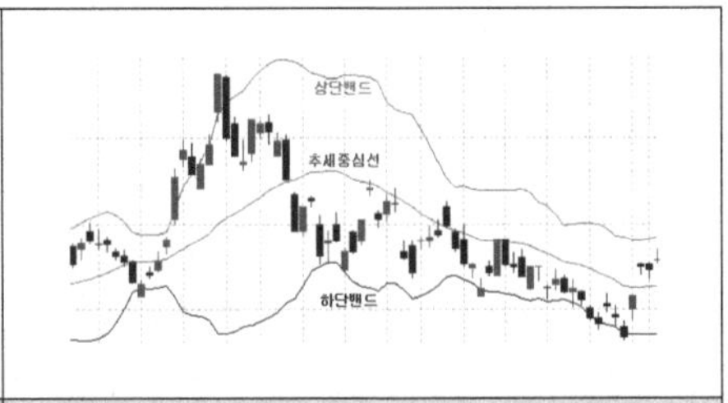

〈주가 - 볼린저 밴드 차트〉

MACD(Moving Average Convergence Divergence) : MACD는 이동평균선의 수렴과 확산 지주로써 두 이동평균선 간의 차이를 이용하여 주가의 변동 추세와 강도를 분석한다. 일반적으로 MACD는 단기(보통 12일)와 장기(보통 26일) 이동평균선의 차이인 MACD라인과 MACD 라인의 9일 이동평균인 시그널라인으로 구성된다. MACD라인이 시그널라인을 상향 돌파하면 주가가 상승추세로 바뀌었다는 신호로 해석할 수 있고, MACD라인이 시그널 라인을 하향 돌파하면 주가가 하락 추세로 바뀔 수 있다는 신호로 판단할 수 있다.

상대강도지수(RSI: Relative Strength Index) : 상대강도지수는 주가의 최근 변동 폭을 기준으로 일정 기간 동안의 상승과 하락 압력을 비교하여 시장의 과매수와 과매도 상태를 판단한다. J. Welles Wilder가 개발한 RSI는 0에서 100 사이의 값을 가지며, 일반적으로 14일 기간을 기준으로 계산한다. RSI 값이 70 이상이면 과매수 상태로 판단되며 주가가 조정될 가능성이 높다고 본다. 반면, RSI 값이 30 이하면 과매도 상태로 주가가 반등할 가능성이 높은 것으로 판단한다.

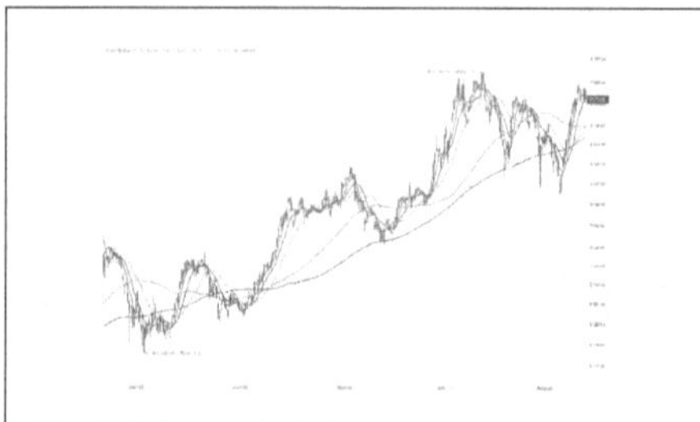

〈주가 - 이동평균선 차트〉

〈주가 - 상대강도지수 차트〉

6.1.5 사이클분석

사이클(cycle)의 의미 : 사이클은 경기순환이라고 불리며 거시경제 분야에서도 언급되었다. 여기서의 사이클은 주식시장에서 보이는 사이클로, 주식시장에서의 사이클은 어떤 일이나 이벤트가 발생하고 그 일이나 이벤트를 일정기간 관찰해 보면 그 일이나 이벤트가 규칙성과 반복성을 보이는 것을 말한다. 경제에서 호황과 불황이 반복되듯이 금융시장은 상승장과 하락장을 반복하면서 사이클을 만들어 간다. 주식시장에서 나타나는 사이클 현상을 통계데이터로 변환시켜 후 얻은 통계데이터를 바탕으로 사이클의 규칙성과 반복성을 통해 금융시장이나 주식시장을 예측하는데 활용할 수 있다. 물론, 통계데이터로 전환된 과거의 사이클이 반드시 미래에도 재현된다는 보장은 없지만, 통계데이터를 오차범위 내에서 활용한다면 미래에 추정하고자 하는 금융시장이나 주식시장에 대해 조금 더 합리적 근거와 이론을 바탕으로 금융시장과 주식시장의 미래에 대해서 예측할 수 있다. 금융시장에서는 이와 유사한 개념으로 트렌드와 메가트렌드(또는 패러다임)가 있는데, 트렌드는 장기적인 성향을 사이클은 단기적인 성향을 지니는 특징이 있다. 또한 트렌드는 주로 상승과 하락과 같은 방향성을 가지고 있는 반면, 사이클은 주기적인 상승과 하락의 반복성을 가지고 있는 차이점이 있다.

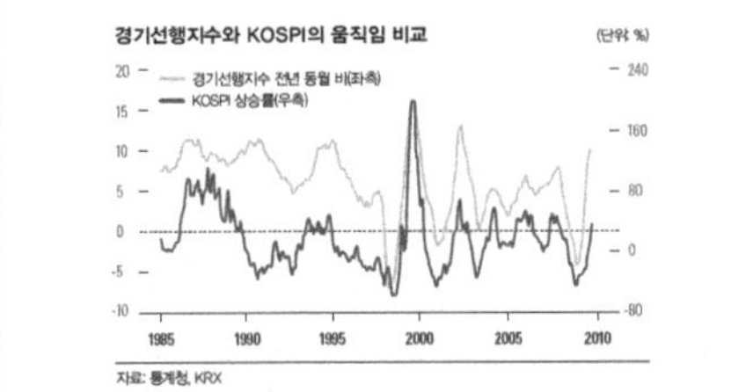

〈경기선행지수 - 코스피지수〉

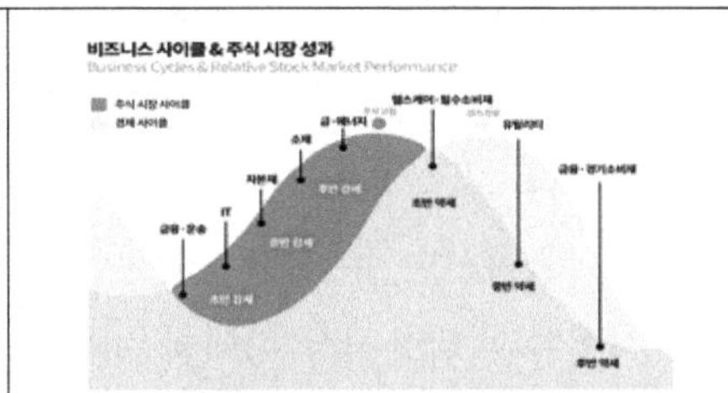

〈경제사이클-주식시장사이클〉

금융시장과 사이클 : 금융시장의 사이클은 경기 사이클(경기순환)과 유사한 움직임을 보이지만, 금융시장의 사이클이 경기 사이클보다 선행하는 경향이 있다. 일반적으로 금융시장 사이클은 경기 사이클에 비해 짧게 나타나는 특징이 있는데, 이것은 금융시장 사이클이 주변에서 발생하는 정치·경제·문화적 영향이나 이와 관련된 뉴스 등에 영향을 받기 때문이다. 또한 금융시장은 계절적인 변동이 존재한다. 금융시장에 나타나는 대표적인 예가 1월 효과로, 1월의 주가 상승률이 다른 달에 비해 상대적으로 높게 나타나는 현상이다. 1월 효과가 나타나는 이유에 대해서는 다양한 주장이 있다. 연초에 한 해를 전망하는 의견이 많이 나오면서 금융시장에 반영된다는 주장도 있고, 미국의 경우 세법상 단기자본 손실을 과세소득에서 공제해주기 때문에 투자자들은 자신들이 보유한 포트폴리오 내에서 가장 최근에 하락한 주식을 먼저 매도하려고 하기 때문에 발생한다고 보는 이들도 있다. 우리나라의 경우도 주식양도소득세를 부과함에 따라 연말에 양도소득세를 피하기 위해 주식의 비중을 줄였다가 1월 이후 다시 주식의 비중을 증대하면서 1월 효과가 발생한다는 주장도 눈 여겨 볼 필요가 있다.

금융시장을 경기변동과 관련해서 네 가지의 국면으로 나누어서 분석하는 방법이 있다. 금융시장은 금리와 기업의 실적 그리고 유동성 등과 밀접한 상호작용을 하면서 상승과 하락을 반복한다. 경기 사이클은 회복기에서 상승기로 전환한 후 정점에 도달하면 후퇴기를 거쳐 침체기로 진입하는 네 단계로 구분해 볼 수 있는데, 금융시장 사이클 역시 네 단계로 나누어서 접근해 볼 수 있다. 금융시장의 상승세는 금리인하 등을 배경으로 한 불경기에서의 주가상승인 금융장세로부터 시작된다. 금리인하로 경기가 회복세를 보이게 되면 다음 단계는 실적장세로 이어지게 된다. 그러나 지나친 경기 과열로 인해 인플레이션에 대한 우려가 생겨나면 주가도 정점에 이르게 되고, 정부나 금융감독기관은 긴축정책이나 금리인상 카드를 쓰게 되고 금융시장은 하락세로 전환된다. 이를 역금융장세라고 부른다. 긴축정책이나 금리인상으로 인해 경기가 후퇴하고 기업의 수익이 감소세로 돌아서면 주가가 바닥권인 역실적장세 국면에 직면하게 된다. 이렇듯 경기 사이클과 금융시장 사이클은 밀접한 관계를 형성하면서 움직인다.

6.1.6 투자심리분석

투자심리분석 : 투자심리는 투자자가 지니고 있는 심리적 상태를 의미하는데, 금융시장에서 관련된 상품을 사고 파는데 있어서 중요한 영향을 미치는 요인이다. 그런 측면에서 투자자의 심리를 파악하고 그것을 계량적 데이터로 변환시켜서 분석하는 것이 투자심리분석이다. 금융시장에서 이벤트 발생에 따른 오해나 잘못된 정보로 인해 투자자의 집단심리가 투자에 영향을 미치고 이런 비합리적 투자심리를 분석함으로써 투자수익률을 높일 수 있다. 오늘날 금융시장에서 투자에 있어서는 펀더멘탈(fundamental, 경제기초) 분석과 더불어 센티멘탈(sentimental, 투자심리) 분석의 중요성이 더욱 커지고 있다.

금융시장과 돈, 그리고 센티멘탈 : 금융시장에서 이루어지는 투자는 돈(money)이라는 화폐를 매개체로 이루어지게 된다. 돈은 자본주의 시장에서는 우리의 삶에 지대한 영향을 미치게 되고, 그로 인해 인간의 마음에도 깊은 영향을 주게 된다. 인간은 의식적이건 무의식적이건 상환 없이 돈에 대한 심리학을 통해 투자를 집행한다. 그러나 점점 더 복잡하고 다양한 정보가 존재하는 금융시장에서 인간은 투자정보에 대한 편견과 오해를 가지게 되고 이를 바탕으로 집행된 투자는 손실로 이어지는 경우가 빈번하다. 금융시장에서 투자에 성공한 투자자들은 센티멘탈을 잘 관리하는 반면에, 투자에 실패한 투자자들은 센티멘탈의 관리의 실패가 원인인 경우가 많다.

개인투자심리분석 : 투자와 투기가 공존하는 금융시장에서 개인들의 투자심리는 집단화되는 경향이 있다. 금융시장에 주어지는 복잡하고 다양한 상황에 대해 개인들은 독립적인 판단을 선호하기 보다는 의존적인 선택을 추구하기 때문이다. 또한 정보의 비대칭과 개인투자자들의 경험과 지식의 부족으로 인해 금융시장에 이벤트가 발생하면 개인투자자들은 합리적인 선택을 시도하려는 노력보다는 집단적인 감정판단을 우선하는 경향이 있다. 엡스타인과 가필드(Epstein & Garfield)[1]는 일반적인 투자자의 유형에 대해서 다음과 같이 설명한다. 먼저 갈등형(the conflicted investor)으로 자신의 매매에 대해 끊임없이 걱정하는 스타일이다. 일을 할 때는 물론이고 놀 때도 자신의 주식매매가 올바른지 걱정하는 스타일로 언제나 명확하게 결론을 내리지 못하는 스타일이다. 둘째, 복수형(the revenging investor)으로 자신이 투자로 인해 손실이 발생해도 언젠가는 회복할 것이라는 생각을 계속 가지고 주가가 하락하면 주가가 상승할 때까지 매도하지 않고 보유하는 스타일이다. 셋째, 가면형(the masked investor)으로 투자에 있어서 슈퍼스타가 되기를 원하고 자신은 다른 투자자와 다르게 항상 투자에 성공한다고 생각하는 스타일이다. 넷째, 까탈형(the fussy investor)으로 주문가격과 주문수량을 제대로 했는지 확인하고 또 확인하며, 책상이나 서류를 잘 정리할 뿐만 아니라 매매과정을 철저하게 기록하는 스타일이다. 다섯째, 우울형(the depressed investor)으로 투자를 해서 성공하건 실패하건 항상 불만족스러우며 불평한다. 또한 투자에 성공하면 좀 더 높은 수익을 얻지 못한 것에 대해서 아쉬워하고, 투자에 실패하면 투자가 자신의 적성에 맞지 않는다고 생각하는 스타일이다. 여섯째, 편집증형(the overly cautious or paranoid investor)으로 전문가의 조언이나 어떠한 정보도 신뢰하지 않으며 투자가 잘못되었을 때 타인을 탓하는 스타일이다. 끝으로 중독형(the addicted investor)으로 일반투자자들은 자기자신의 판단이나 전문가의 조언 또는 다양한 분석자료를 참고하는 반면, 중독형은 전적으로 행운만 의존하는 스타일이다. 개인투자자들이 가지고 있는 투자심리문제는 투자결정을 왜곡시키는 중요한 요인이다. 투자자는 자신의 투자성향을 분석한 후 잘못된 심리나 성향이 있는 경우 이것을 극복하기 위해 지속적인 노력을 수행해야 한다.

---

1 Ira Epstein & David A.S. Garfield., The Psychology of Smart Investing, John Wiley & Sons, 1992.

집단투자심리분석 : 금융시장이 더욱 더 고도화되고 복잡해지면서 정보의 홍수화가 이루어지고 있고, 그런 정보 중에서 개인에게 필요한 내용만을 선택해서 투자에 활용하는 것은 매우 어렵다. 이런 환경 하에서 개인투자심리는 독립적이기 보다는 의존적으로 변화하게 되고 이런 개인투자자들의 의존적 경향은 집단화되면서 집단 투자심리 또는 군중심리를 형성하게 된다. 집단투자심리는 처음에는 주변의 투자권유를 참고하거나 단기간에 큰 수익을 볼 수 있는 투자심리에서 시작된다. 그러나 시간이 흐른 후에는 투자위험을 인식하지 못할 뿐만 아니라 막연한 불안감이 확고한 믿음으로 변화되는 실수를 범하게 된다. 집단투자심리에서 투자자는 투자를 결정하기 어려우면 어려울수록, 위험이 높으면 높을수록, 합리적인 평가척도가 적으면 적을수록 투자자의 행동은 집단과 일치하는 경향이 강하다. 이런 특성이 집단투자심리를 만들게 되는 것이다. 집단심리가 한번 형성하게 되면 개인투자자들은 개별 상황에 대한 합리적인 판단이 어려워질 뿐만 아니라 남들이 하는 대로 따라 하면서 더 많은 만족을 얻게 되는 경향이 있다. 따라서 집단투자심리에 비합리성과 맹목성이 나타날 때는 투자에 주의를 필요로 하며 주어진 환경을 더욱 더 계량화시키거나 객관화시켜서 합리적인 투자를 실행하거나, 잘못된 집단투자심리에서 벗어날 때까지 관망하는 자세가 필요하다.

버블(bubble)과 폭락(crash) : 금융시장에서 집단투자심리가 만들어 내는 가장 전형적인 현상은 버블과 폭락이다. 1630년대 네덜란드에서 발생한 튤립투기, 1719년부터 1721년까지 영국과 프랑스에서 각각 나타난 사우스시 주식 투기와 미시시피 주식 투기[2], 1923년부터 1932년 사이에 발생한 미국의 대공황, 이외에

---

2 영국 사우스 시는 영국 정부 채권을 자기 회사의 주식으로 전환해 주는 것을 공식적으로 제안한다. 영국 사우스 시는 주가가 오를수록 더 적은 주식으로 정부의 채권을 인수할 수 있고, 여기서 발생한 이익으로 회사와 정부가 같이 이익을 보는 구조를 만들 수 있는 것이다. 뿐만 아니라 주가가 오를수록 채권보유자들이 주식전환에 참여해 받은 주식은 그 가치가 더 커진다. 이럴 경우 회사와 정부, 채권보유자들이 모두가 향후 주가 상승에 투자를 지속할 것이라고 보았다. 수 많은 주식회사들이 사우스 시와 같은 음모를 생각했고, 런던의 금융인과 네덜란드 출신의 자본가들은 4차 주식청약이 실시되자 기존 주식을 팔거나(주로 네덜란드 투자자) 추가적인 청약에 참여하지 않았다(주로 영국 투자자). 1720년 영구의 사우스 시는 버블기업들로 인해 사우스 시의 주가가 하락할 수 있다고 경고하면서 반버블법을 제정한다. 반버블법을 만들어서 버블기업들을 단속하자 영국주식시장은 사우스 시의 기대와는 달리 패닉현상이 발생함으로써 거품이 일단락된다. 프랑스의 미시시피 주식 투기 사건은 영국의 남해회사 사건과 거의 유사한 시기에 발생한다. 프랑스의 주식 투기 사건은 영국보다 근소한 차이로 먼저 발생했기 때문에 영국 남해회사 투기꾼들이 미시시피의 수법을 모방한

도 1980년대 일본증시의 버블과 폭락 그리고 1990년대 후반부터 2000년대 초반까지 발생한 나스닥 버블과 폭락을 발견할 수 있다.

우리나라 역시 1953년 증권시장이 개설된 이후 수많은 버블과 폭락을 경험하면서 금융시장이 성장해 왔다. 1970년대 말에 불었던 건설주 열풍과 그 후 폭락으로 인한 건설주 파동, 1980년대 말에는 주식투자 열풍과 폭락사태 경험, 2000년대 닷컴버블의 붕괴와 2008년 리만브라더스의 파산에 따른 국내 주식시장의 폭락 등을 경험한다. 버블과 폭락 사이에는 공통적인 현상이 목격되는데 그것은 금융시장이 상승장에 있는 경우 주식투자에 대한 신뢰도가 같이 상승한다는 것이다. 정부의 규제도 제대로 효과를 거두지 못하고 많은 투자자들이 이

측면이 있다. 전체적으로는 국가가 개입되는 사건이었고, 신대륙의 이권을 투기로 활용한 사건이었다. 둘 다 몰락 시기도 유사하다. 차이점이 있다면 프랑스의 미시시피 주식 투기 사건은 국가에 의한 통화 남발이 유발되어 그 피해가 전국민에게 전가되었다는 것이다. 좀 더 구체적 내용으로는 72년간 절대왕조로 군림한 루이 14세가 사망하고, 증손자 루이 15세가 즉위했으나, 당시 프랑스 국가채무는 30억 리브르 정도인데 연간 재정능력이 1억 4,500만 리브르로 밖에 안되어서 국가채무가 재정능력의 20배를 넘어서고 있는 상황이었다. 이 때 스코틀랜드 경제학자 존 로(John Law)가 출현한다. 존 로는 금과 은을 통화로 사용하지 않고, 지폐를 발행하면 국가부채 문제를 해결할 수 있다고 주장한다. 1716년 프랑스는 존 로의 제안을 승인하여 방크 제네랄 프리베(Banque Generale Privee)를 설립하고, 이 은행이 발행한 지폐로 세금을 납부하도록 한다. 처음에 지폐 방식은 좋은 성과를 거두면서 경제가 회복되는 듯 했다. 이런 성과를 바탕으로 존 로는 미국 중부의 루이지애나 식민지를 경영하는 법인을 차려서 주식공모자금으로 국채 문제를 해결하고 식민지를 개발해서 이익을 발생시킨다는 새로운 프로젝트를 제시한다. 이런 프로젝트에서 만들어진 회사가 미시시피 회사(Mississippi Company)였다. 미시시피 회사는 당시 루이지애나에 대한 독점 개발권과 교역권을 가지고 있었다. 존 로는 미시시피 회사의 경영권을 가지고, 중국 회사, 화폐 주조업, 조세징수대리업까지 설립하여 미시시피 회사가 소유하도록 한다. 더 나아가서 프랑스의 채무 전부를 미시시피 회사가 인수하도록 구조를 짜고, 미시시피 회사에 대한 대규모의 주식 공모를 실시한다. 존 로(John Law)는 지폐나 현금의 내재적 가치보다는 교환수단으로 활용하려고 한 것이다. 1719년 미시시피 회사는 주식을 공모하였고, 존 로는 은행을 통해 미시시피 회사의 주식을 사려는 투자자에게 대규모의 대출을 실행해 주었다. 투자자들은 미시시피 회사의 주식을 담보로 제공하고 현금으로 대출을 받아 또다른 주식 투자에 열광하게 된다. 주식시장은 급등하였고, 더 많은 지폐가 발행되면서 대호황의 금융장세가 연출된다. 이런 영향으로 500 리브로였던 미시시피 회사 주가는 1719년에 2만 리브로까지 폭등한다. 여기저기서 투자로 인해 거부가 되었다는 소문이 나기 시작했고, 청소부부터 식당종사자까지 큰 목돈을 벌었다. 그러면서 폭발적인 인플레이션이 발생한다. 빵과 우유 값이 6배, 의류는 3배씩 가격이 상승한다. 결국 버블의 파국은 정점 시기에 우연한 일로 발생한다. 1920년 1월 콩티 왕자(루이 15세의 친척으로 콩티 왕자로 불렸고, 실질 이름은 루이-프랑수아 드 부르봉)가 미시시피 주식을 팔고 금과 은으로 샀다는 소문이 돌면서 거품의 몰락은 시작된다. 주식을 금으로 바꾸려는 시도가 일시에 몰리면서 은행의 금고가 바닥이 나면서 존 로(John Law)는 같은 해 5월에 화폐의 가치를 50% 평가절하를 실시했고, 일주일 후에는 방크 제너랄의 예금지급도 거절했다. 이러면서 미시시피 회사의 주식 투자 거품은 대단원의 막을 내리게 된다.

성을 잃은 채 금융시장에 머물게 되고 버블이 붕괴될 때 투자자는 합리적 이성을 회복하게 된다.

표 6-1 **글로벌 버블 사례**

내용	상승률(%)	상승기간 (개월)	하락률(%)	하락기간 (개월)
튤립(네덜란드, 1634~1637)	5,900	36	93	10
미시시피 주식(프랑스, 1719~1721)	6,200	13	99	13
사우스시 주식(영국, 1719~1721)	1,000	18	84	6
대공황(미국, 1923~1932)	345	71	89	34
홍콩증시(1970~1974)	1,200	28	92	20
은(silver)(미국, 1979~1982)	710	12	88	24
멕시코증시(1978~1981)	785	30	73	18
걸프증시(쿠웨이트, 1978~1986)	7,000	36	98	30
대만증시(1986~1990)	1,168	40	80	12
일본증시(1983~1992)	385	84	63	31
나스닥(미국, 1996~2002)	384	44	78	31

자료) 시장의 유혹, 광기의 덫, 로버트 멘셜 2005, 신한투자증권 리서치 재료 재인용.
주) 하락률은 고점대비 하락률

그림 6-1 **하이먼 민스크의 버블 스토리 모형**

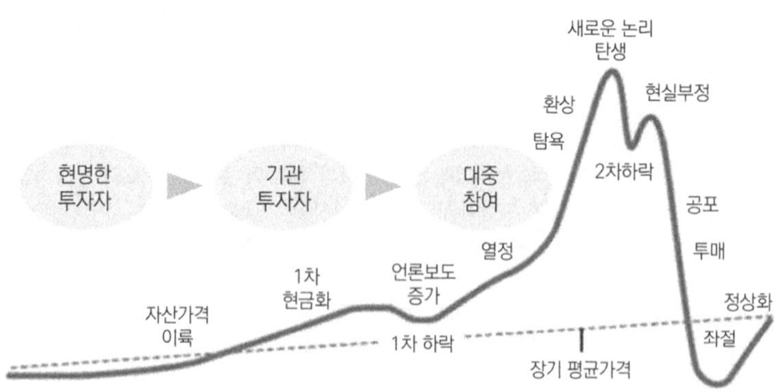

자료) 인터넷

투자심리선 : 투자심리선은 금융시장이 과열되어 있는지 아니면 침체되어 있는지를 계산해서 투자심리를 측정하는 방법이다. 측정하는 방법은 최근 12일 동안 주가가 전일과 비교해서 상승한 일수와 하락한 일수를 계산하여 12일 중 상승일수가 며칠인가에 대한 비율로 산정한다. 일반적으로 투자심리선이 75% 이상일 때는 과열상태로 판단하여 매도포지션을 취할 것을 권하고, 25% 이하일 경우에는 바닥권으로 판단하여 매수포지션을 취할 것을 추천한다.

$$\text{투자심리선} = \frac{\text{최근12일중주가상승일수}}{\text{12일}} \times 100 \qquad \text{(식 6-1)}$$

6.2 계량적(퀀트) 분석

계량적(퀀트) 증권분석은 금융시장에서 주식이나 채권 또는 파생상품을 투자할 때 계량적 데이터와 그 계량적 데이터를 모형(또는 모델이나 모델링)화해서 활용하는 기법이다. 계량적 분석을 통해 미래의 거시경제의 흐름은 물론이고, 주식이나 채권 등의 가격, 거래량, 수익률 등을 예측하려고 시도한다. 이런 분석을 통해 얻은 결과를 가지고 투자자에게 미래의 최적의 포트폴리오를 구성할 수 있도록 안내해 준다.

6.2.1 시계열분석과 통계적 모형

시계열분석모형은 국민총생산, 물가지수, 상품이나 제품의 판매량, 종합주가지수(KOSPI)나 코스닥(KOSDAQ) 등을 연도별, 계절별, 일별, 주별, 월별 등의 시간의 흐름에 따라 관측한 자료를 가지고 분석하는 것이다. 경제나 금융시장에서 시계열분석모형을 사용하는 이유는 크게 두 가지이다. 하나는 과거의 시계열자료의 통해 산출된 패턴이 미래에도 지속적으로 재현될 것이란 가정하에서 기존의 자료나 데이터를 가지고 미래를 예측하고자 하는 것이다. 다른 하나는 시계열자료로 통해 만들어지는 시스템이나 그를 통한 확률을 모형화해서 독자적인 분석모형을 만드는데 있다. 이런 예측모형을 만드는 목적으로 사용되는 방법에는 추세분석(trend analysis), 평활법(smoothing method), 자기회귀누적이동평균(ARIMA: autoregressive integrated moving average)모형이 있다.

추세분석 : 기술적 분석에서도 다루어지는 기법으로 시계열분석에서 추세분석은 회귀모형과 유사한 모형을 가정하고 모수의 추정을 통해 미래의 예측값을 구한다. 회귀모형과 차이점은 시계열분석에서 사용되는 추세분석은 시간의 함수를 사용한다는 것이다. 즉, 시계열분석에서 사용되는 추세분석은 시간의 선형함수가 사용되거나 경우에 따라 시간의 비선형함수가 사용되는 특징이 있다.

평활법 : 시계열분석에서 평활법은 과거의 자료들이 미래에 대한 정보를 가지고 있으나 현재로부터 과거로 갈수록 상관성의 정도가 점차 적어진다고 보아 가장 최근에 관측된 자료에는 높은 가중값을 부여하고, 과거로 갈수록 그 가중값의 크기를 줄여 나가는 일종의 가중평균을 이용한 예측방법이다. 기술적 분석에서 다루어졌던 이동평균법에 이 방식을 적용할 수 있고, 또는 지수평활법(exponential smoothing method)이 이 방법에 해당된다. 평활법은 가중치값 부여에 대한 크기와 시점 등의 문제로 주관성이 개입될 수 있다는 단점을 보유하고 있으나, 직관적으로 이해하기 쉽고 사용이 편리하다는 측면에서 많은 자료 예측에서 보조적으로 사용되고 있다.

자기회귀누적이동평균(ARIMA)모형 : 시계열 자료에서 나타나는 추세와 계절성 등의 패턴을 설명하고 예측하는 모형으로, 자기회귀누적이동평균(ARIMA)모형은 세 가지 요소로 구성된다. 먼저, 자기회귀(AR, autoregressive) 구성요소로 현재 시점의 자료가 이전 시점의 자료에 의존하는 관계를 의미한다. 다음은 누적이동평균(I, integrated) 구성요소로 시계열 자료에 대한 차분(differencing)을 나타내는 것으로, 차분은 현재 시점의 자료에서 이전 시점의 자료를 빼는 과정이다. 끝으로 이동평균(MA, moving average) 구성요소로 현재 시점의 자료와 이전 시점의 오차항 간의 관계를 말한다. 통계적 기법에서 자기회귀누적이동평균(ARIMA)모형은 자주 언급되고 있음에도 불구하고, 아직 실무에 대한 적용 사례가 많지 않고, 통계적 기법을 투자에 적용하는 것이 익숙지 않은 투자자들에게 다소 낯선 개념이다. 그러나 자기회귀누적이동평균(ARIMA)모형이 시계열 예측과 분석에 효과적임에 따라 기본적 내용을 파악할 필요가 있다.

6.2.2 자산가격모형

자산가격모형은 주가를 예측하는데 사용되는 다양한 이론적 모형을 포함하는 모형으로 대표적인 모형으로는 자본자산가격결정모형(CAPM: capital asset pricing model), 블랙-숄즈모형(Black-Scholes model), 옵션가격이론 등이 있다. 하지만 금융현장에서는 이런 내용을 단편적으로 적용해서 사용하는 경우는 매우 드문 편이다. 오히려 현장에 맞게 재구성해서 자신만의 퀀트투자모형을 만들어서 투자에 활용하고 있다.

여기서는 실무에서 어떤 자산가격모형을 가지고 자산배분에 적용하는지에 대한 세 가지 사례를 설명하고자 한다.

CAPM과 팩터모델, 무엇을 선택할까?(하나증권 대체투자/자산배분, 담당 퀀트애널리스트 김훈길/김중훈) : 자산가격의 결정요인을 탐구하는 과정에 있어 계량적 방법론은 1950년대 마코위츠의 평균-분산모형으로 시작된다. 이후 평균-분산모형은 토빈의 분리정리와 결합을 통해 1964년 샤프의 자본자산가격결정모형(CAPM)으로 발전한다. CAPM은 효율적 시장가설의 이론적 기반으로 하는 모델로, 어떤 투자전략도 장기적으로 시장대비 초과수익률을 얻는 것은 불가능하기 때문에 CAPM은 인덱스펀드의 이론적 토대로 본다. 효율적 시장가설의 유진 파머는 시장베타 이외에 또 다른 체계적 위험이 존재한다는 결과를 1990년대 들어서 발표하게 되는데 바로 3-팩터 모형이다. 3-팩터 모형은 기존 CAPM에서 오차항으로 분류했던 초과수익을 소형주와 가치주 팩터에 의한 체계적 위험으로 판단한 방법론이다. 이후 소형주, 가치주 이외에 성장주, 고배당, 저변동, 모멘텀 등의 팩터들이 추가로 개발된다. 팩터모형의 가치는 시장의 효율성 여부가 중요하다. 개별 종목의 수익률 는 시장수익률과 베타, 그리고 특정 팩터에 의해 결정되는 것으로 설명하는 방식이다. 이 방법론을 단일팩터모형(simple factor model)이라고 부르는데, 소형주로 분류된 종목이 시장대비 초과수익률을 얻으면 그 초과수익률은 소형주 팩터에 의한 결과를 의미한다.

$$\text{단일팩터모형}(R_i) = R_f + \beta_1(R_m + R_f) + \beta_2 F_i + u \qquad (\text{식 } 6-2)$$

$$\text{순수팩터모형}(R_i) = R_f + \beta_1(R_m + R_f) + \beta_2 SMB + \beta_3 HML + u \qquad (\text{식 } 6-3)$$

가치주, 성장주, 저변동, 고배당, 모멘텀으로 분류된 종목들이 있으며 이들 종목들로 구성된 개별 인덱스도 따로 존재한다. 단지, 가치주로 분류된 종목이라도 정도의 차이는 있지만 다른 팩터의 영향을 받을 수밖에 없음을 감안해야 한다. 그런 측면에서 퀀트 애널리스트 김훈길/김중훈은 현실적으로 단일팩터모형이 아닌 순수팩터모형(pure factor model)을 활용함으로써 더 합리적으로 팩터의 효과를 분석할 수 있다고 본다. 순수팩터모형을 사용하면 각 팩터의 수익성은 개별종목을 통해서가 아닌 모든 종목들에 적용된 개별 팩트의 수익성을 통해 산출한다. 즉, 가치주 팩터의 초과수익률은 단일팩터모형에서는 가치주로 분류된 종목들의 초과수익률의 가중평균으로 산출한지만 순수팩터모형은 개별 팩터들의 인덱스는 지수형태가 아닌 초과수익형으로 표시된다. 팩터전략은 스마트베타라는 이름으로 금융시장에 활용되고 있지만 이것은 알파라고 할 수 있다. 즉, 팩터전략의 가치는 시장의 효율성 여부에 의해 결정되는 것으로 만약, 시장이 CAPM의 가정대로 효율적 시장이라면 특정 팩터의 장기적 초과수익은 이론적 근거를 상실한다.

즉, 자산가격이 랜덤워크하는 효율적 시장이라면 팩터를 통해 초과수익을 획득할 수 있는 이론적 근거를 잃게 되는 것이다. 2000년대 이후 시장의 효율성이 확대된 원인을 확신할 수 없으나, IT기술의 발달과 시장의 통합을 통해 정보의 비대칭성이 크게 개선된 것이 큰 역할을 수행한 것을 추론해 볼 수 있다. 그런 측면에서 향후 시장의 효율성이 지속적으로 높은 수준을 유지한다면 환경적으로 팩터모형의 전략적 가치는 하락하고 대신 CAPM의 패시브전략이 장기적으로 더 좋은 수익성을 보일 가능성이 크다.[3]

3 김훈길/김준훈, CAPM과 팩터모델, 무엇을 선택할까?, 하나금융투자 리서치센터, 2019년 12월 4일 발간리포트 내용을 요약 정리함. 주) 용어상의 정리를 위해서 리포트 안에 사용된 "모델"의 용어는 "모형"으로 전부 수정해서 사용함.

그림 6-2 CAPM은 SML(증권시장선) 도입

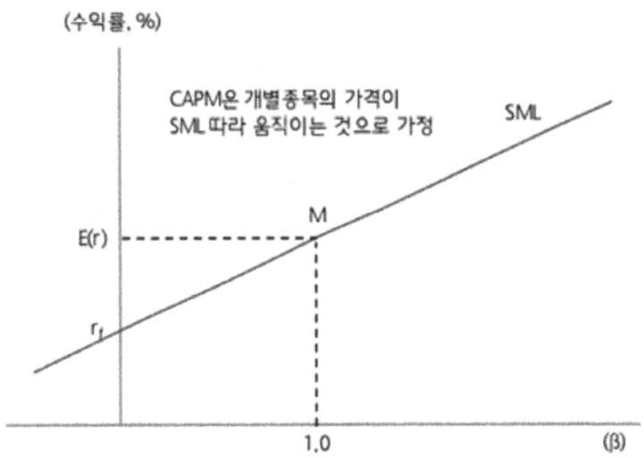

자료) 하나금융투자 자료 재인용
주) 종목의 가격은 베타로 결정

그림 6-3 실제 시장에서는 종종 알파 관찰

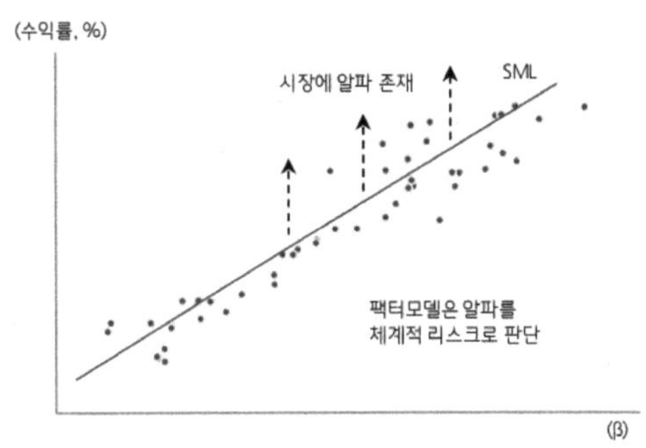

자료) 하나금융투자 자료 재인용
주) 알파를 체계적 리스크로 가정

그림 6-4 팩터인덱스 상승폭의 표준편차 하락 추세

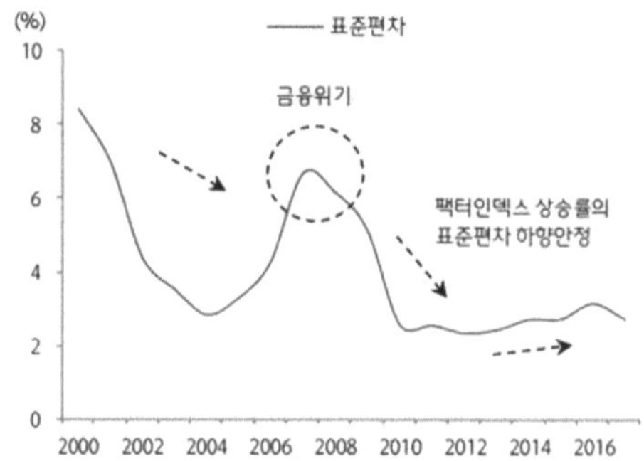

자료) Bloomberg. 하나금융투자 자료 재인용

그림 6-5 팩터인덱스 상승률의 평균값 마이너스 전환

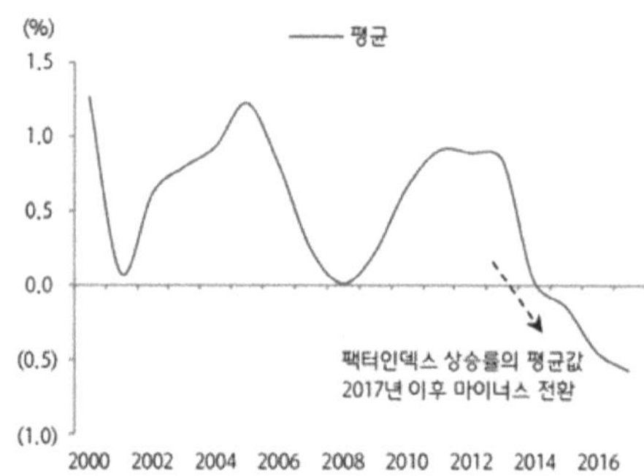

자료) Bloomberg. 하나금융투자 자료 재인용

리스크배분을 통한 Robust한 포트폴리오 구축(교보증권 자산배분, 담당 퀀트애널리스트 황지연) : 마코위츠(Markowiz)가 제안한 전통적인 자산배분 방법은 분산투자의 효과를 계량적으로 설명하는 반면, 수익률과 변동성에 이론을 기반으로 하기 있기 때문에 자산에 내재된 리스크 요인을 설명하지 못해 분산투자효과가 제한적이다. 팩터모형은 자산수익률의 원천을 분석하고 리스크 요인을 찾아내기 때문에 분산투자효과를 극대화할 수 있는 장점이 있다. 황지연 퀀트애널리스트는 분석자료를 쓰면서 그린버그(Greenberg)와 앤드류 앙(Andrew Ang) 등이 제안한 대

표적인 4개의 팩터(성장, 인플레이션, 실질금리, 신용)을 기반으로 환율요인을 추가하는 다섯 가지 거시경제 팩터를 제안한다.

표 6-2 거시경제 팩터의 정의와 측정변수

팩터	설명	설명
성장	성장위험	글로벌 주식시장 수익률
실질금리	이자율변동위험	국고채 수익률 - 물가연동채권 수익률
인플레이션	인플레이션위험	물가연동채권 수익률
신용	스프레드확대위험	회사채 수익률 - 국고채 수익률
환율	환율위험	달러지수

자료) 교보증권 리서치센터 자료 재인용

$$Greenberg(2016)\text{이 제안한 목적함수를 참고한 팩터모형}(R_i)$$
$$= Min(1-\lambda)(w'A-e'_b)+(w'A-e'_b)'+\lambda(w'A-e'_b)\Omega(w'A-e'_b)' \qquad \text{(식 6-4)}$$

단, w : 자산군의 비중, w : 자산군별 팩터 익스포져, Ω : 팩터공분산,
e'_b : 목표팩터 비중, λ : 액티브위험요인비중

또한 팩터의 매칭을 위한 자산배분의 프로세스를 설정한다. 1) 벤치마크와 투자 유니버스를 선정한다. 2) 매크로 팩터에 대한 자산들의 팩터 익스포저를 산출한다. 3) 벤치마크를 정하고 목표 팩터 익스포저를 기준으로 최적화를 실시한다. 4) 제약조건을 설정한다. 5) 제약조건을 포함한 최적화를 통해 최종 비중을 구한다. 기간은 2010년부터 2023년 3월 말까지 선정해서 매크로 팩터 매칭 포트폴리오의 성과를 백테스트해 본 결과, 특정 시점에서 일부 자산들이 급격하게 증가하는 현상이 나타난다. 이것은 부동산이 금리에 민감하게 반응하면서 약세를 보이고 상대적으로 매크로에 대해 민감도가 낮은 인프라가 강세를 보이는 부분이 반영된 것으로 담당 퀀트 애널리스트는 설명한다.[4]

4 황지연, 리스크배분을 통한 Robust한 포트폴리오 구축, 교보증권 리서치센터, 2023년 4월 5일 발간 리포트 내용을 요약 정리함.

그림 6-6 **벤치마크와의 팩터 익스포져 비교**

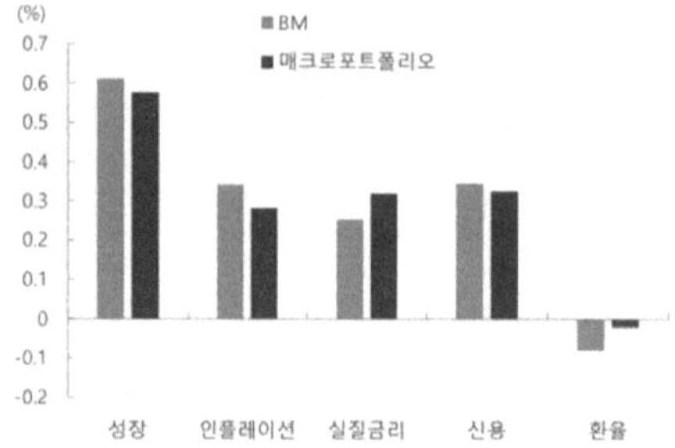

자료) 교보증권 리서치센터 자료 재인용

그림 6-7 **매크로 팩터 포트폴리오 누적수익률**

자료) 교보증권 리서치센터 자료 재인용

표 6-3 **거시경제 팩터의 포트폴리오 수익률과 성과지표**

	거시경제 포트폴리오	벤치마크
평균수익률(%)	6.9	5.5
변동성(%)	10.6	11.0
MDD%)	24.0	32.0
샤프비율	0.48	0.32

자료) 교보증권 리서치센터 자료를 수정해서 사용

업종 팩터 모델 분석 방법론, 알파(α)를 찾아서(IBK투자증권 퀀트 애널리스트 이창환) : 포트폴리오를 운용하는 펀드매니저 입장에서 보다 효과적인 포트폴리오를 구성하기 위해 어떤 업종은 비중을 높이고 어떤 업종은 줄여야 할 지 선택하는 것은 어려운 문제이다. 업종 비중을 배분함으로써 알파를 창출할 수 있기 때문이다. 이창환 퀀트 애널리스트는 기업분석관점에서 접근하는 산업이나 업종분석과는 달리 계량적인 방법을 통해 업종을 선택하는 것을 제안한다. 또한 한 업종 단위의 개별 팩터 분석을 통해 밝혀낸 알파(α)의 비밀을 논의하고자 한다.

먼저, 분석에 사용할 팩터를 선별하고, 선별된 각 팩터별로 업종 단위의 팩터 자료를 생성해 각 팩터의 성과를 측정하고 가충치를 도출한다. 단지, 종목 단위에서 유용한 지표와 업종 단위에서 유용한 지표가 서로 다를 수 있다는 것이다. 이런 점을 감안하여 개별 지표에 대한 분석을 먼저 시행한 후 이를 최종 모형에 반영하는 단계를 거친다. 이런 과정은 8단계를 통해 업종 단위 팩터 모델을 만드는 모형으로 정리해 볼 수 있다.

① 분석대상 업종 : 26개 업종분류가 사용된다.

② 원천자료 : 업종 분석에 사용하기 위한 자료는 크게 두 가지 종류가 있다. 하나는 자료 제공업체에서 계산한 업종별 총자료를 사용하는 것이고, 다른 하나는 자체적인 유니버스를 이용해 업종 자료를 직접 생성하는 것이다.

③ 분석 팩터 : 펀더멘탈 및 주가 관련 자료로 38개 팩터를 사용하고, 이익모멘텀(earnings momentum), 성장(growth), 기업가치(valuation), 수익성(quality), 유동성(liquidity), 주가모멘텀(price momentum)의 6개 유형으로 구분한다.

④ 팩터 분위별 포트폴리오 성과 분석 : 매월 말 각 팩터의 순위에 따라 5개 그룹으로 나누어서 분석한다.

⑤ 포트폴리오 수익률 계산 : 매월 말 구성된 개별 그룹과 롱숏 포트폴리오에 대해 동일비중으로 투자하는 것을 가정한다.

⑥ 벤치마크 : 26개 업종 전체를 동일비중으로 구성한 포트폴리오와 코스피(KOPSI) 지수를 사용한다.

⑦ 시뮬레이션 기간 : 2010년 1월부터 2017년 12월까지 총 96개월을 대상으로 했고, 월간 단위로 계산한다.

⑧ 시장 국면 구분 : 코스피(KOSPI)지수의 월간 수익률을 이용해 구분하고 2%를 기준으로 한다.

더하여서 이창환 퀀트 애널리스트는 개별 팩터 모델의 시뮬레이션을 통해 업종 단위에서 적용할 수 있는 알파(α)의 비밀을 찾고자 한다. 그 결과 다음과 같은 유의미한 결과를 얻었다고 기록하고 있다.

① 주식시장 국면에 관계없이 전기간에서 평균적인 성과가 좋은 팩터는 이익모멘텀(earnings momentum)지표다.

② 기업가치(valuation) 지표는 업종 단위에서의 성과가 제한적이다.

③ 주가 모멘텀(price momentum) 전략의 성과가 우수하다.

④ 하락장에서는 퀄리티 지표의 성과가 상당히 개선되는 모습을 보였다.

⑤ 성장(growth)과 관련된 지표는 대부분 성과가 부진하다.

⑥ 유동성(liquidity) 팩터는 외국인과 기관 수급을 합산해서 사용하는 것이 보다 적절하다고 판단한다.[5]

표 6-4 IBK 퀀트 섹터 모델 포트폴리오: 2월

최종 순위	업종(WI26)	Earnings Momentum			Growth		Valuation		Quality		Liquidity	Price Momentum
		ERR	12개월 선행 전망치 변화율_1개월		FY1 YoY 증가율		12개월 선행		영업이익률	순이익률	기관, 외국인 순매수/시총_5일	1개월 수익률
		2018년	영업이익	순이익	영업이익 2017년	순이익 2017년	PER	PBR	2017년	2017년		
		(%)	(%)	(%)	(%)	(%)	(배)	(배)	(%)	(%)	(%)	(%)
1	건강관리	-3.1	2.5	2.5	53.5	41.7	49.0	6.07	15.9	12.1	0.46	31.1
2	증권	11.5	1.9	1.4	109.5	103.3	11.6	0.91	n/a	n/a	0.15	14.8
3	IT가전	0.0	2.1	1.5	551.3	751.7	10.7	1.15	4.0	3.8	0.04	4.8
4	철강	-1.5	1.1	1.5	40.8	73.7	9.9	0.63	7.4	4.6	0.08	14.2
5	기계	6.4	0.5	1.0	29.2	133.4	10.7	0.93	6.9	2.1	0.00	10.1
6	비철,목재등	1.6	1.3	1.8	36.5	30.4	11.4	1.32	10.2	8.5	0.02	6.1
7	호텔,레저서비스	-10.3	-0.8	-1.6	-17.2	-14.0	21.2	2.55	10.2	7.5	0.23	0.6
8	소매(유통)	-4.0	-0.1	1.2	-8.3	-6.8	13.9	0.73	4.2	2.5	0.21	0.4

5 이창환, 업종 팩터 모델 분석 방법론: 알파(α)를 찾아서, IBK투자증권 리서치센터, 2018년 1월 22일 발간 리포트 내용을 요약 정리함.

9	미디어,교육	3.0	0.7	1.2	27.8	136.5	21.0	2.14	6.5	8.1	0.63	1.5
10	운송	-11.5	-0.6	-1.3	0.8	흑자전환	10.7	1.09	5.7	4.2	0.32	-0.1
11	화학	1.9	-0.5	-0.5	22.3	38.7	8.7	1.16	8.5	5.9	0.01	5.2
12	IT하드웨어	-4.7	2.3	2.2	913.6	흑자전환	12.5	1.66	5.4	3.5	-1.28	1.8
13	화장품,의류,완구	1.9	1.3	1.3	-5.8	-13.1	24.3	3.38	11.4	7.0	0.02	-1.2
14	은행	4.0	1.3	0.9	50.4	32.6	7.3	0.61	n/a	n/a	0.04	4.6
15	건설,건축관련	-2.4	-0.2	-0.1	60.5	170.5	8.7	0.82	5.9	3.5	-0.10	2.1
16	통신서비스	-12.0	-1.0	0.3	4.7	36.6	8.6	0.96	7.4	7.5	0.05	1.1
17	디스플레이	-6.7	-5.9	-5.5	89.0	97.1	12.9	0.88	10.0	7.3	0.79	3.1
18	에너지	-9.4	-2.0	-1.6	3.5	26.1	7.0	0.98	8.2	5.6	-0.21	-4.7
19	보험	1.8	1.6	0.9	-6.5	-1.2	11.1	0.82	n/a	n/a	0.15	3.6
20	반도체	1.9	-0.6	-0.7	108.4	103.3	6.1	1.24	25.1	19.2	-0.02	-2.3
21	상사,자본재	-5.2	0.4	0.7	21.4	78.2	13.5	1.15	5.2	2.4	0.03	4.6
22	소프트웨어	-7.4	-0.1	0.6	24.0	30.3	25.7	3.32	15.7	11.4	-0.39	4.6
23	조선	-18.6	-200.6	-373.3	적자전환	441.2	적자	0.62	적자	9.1	0.27	10.6
24	필수소비재	-11.7	0.1	0.0	0.2	-5.2	13.2	1.31	7.6	4.8	-0.31	-5.0
25	자동차	-25.9	-3.3	-2.9	-24.0	-29.1	7.6	0.60	4.6	4.2	0.00	-2.1
26	유틸리티	-10.4	-1.9	-2.8	-43.7	-58.9	6.5	0.35	8.8	3.2	-0.15	-5.5

자료) IBK증권 리서치센터 자료 재인용.

6.2.3 금융공학모형

금융공학모형은 주로 파생상품에 대한 가격이나 거래량 등의 과거 자료를 근거로 해서 미래의 움직임을 예측해 보려고 하는 모형이다. 금융공학모형으로는 다양한 모형이 존재하고 연구범위가 확대되면서 점차 증가하고 있는 추세이다. 여기서는 주로 주가시장과 자산배분, 파생상품시장 등의 모형에 대해서만 간략하게 다루려고 한다.

주식시장 - 다요인모형 : 요인모형은 자산의 수익률변동을 어떤 공통요인의 변동을 통해 설명하고자 하는 수익률 생성모형이다. 시장모형에서는 자산수익률이 시장포트폴리오 수익률이라는 한 가지 요인에 영향을 받아서 변동을 받는다고 보지만, 실제적으로는 여러 가지 요인들이 자산수익률에 영향을 준다고 가정하는 것이 더 타당할 것이다. 주식시장에서 펀드 투자를 통해 얻게 되는 자산수익률은 시장이자율의 변동, 국내총생산 성장률, 인플레이션, 석유가격의 변동, 통화량의 변동, 국제정치경제의 변화 등과 같은 거시경제적 요인들의 영향을 종합적으로 받으며 얻게 되는 것이다. 주식시장-다요인모형에 사용되는 대표적인 모형으로는 차익거래 가격결정모형(APT: arbitrage pricing theory)가 있다. 로스(Ross)는1976년에 자산수익률이 하나의 시장요인인 시장포트폴리오 수익률과 선형관계에 있다는 자본자산가격결정모형(CAPM)에 대한 대체적 가설로 차익거래가격결정모형(APT)를 제안한다. 차익거래가격결정모형(APT)은 개별수익률의 생성과정을 k-요인모형으로 가정하고, $ß_{i0}$는 i번째 자산의 기대수익률을 나타낸다. 시장은 완전경쟁적이며 완전하다고 가정하며, 비체계적 위험요소인 기업의 고유변동분 ϵ_t는 모든 요인들과 다른 자산들과는 독립성을 지닌다.

$$
\begin{aligned}
&\text{차익거래가격절정모형}(R_i) \\
&= ß_{i0} + ß_{i1}ßf_{1t} + ß_{i2}ßf_{2t} + \cdots + ß_{ik}ßf_{kt} + e_t \qquad \text{(식 6-5)} \\
&(i = 1,\ \cdots,\ n)
\end{aligned}
$$

자산배분과 평균-분신 기준 : 1960년대 초 까지만 해도 자산배분이라는 표현은 잘 사용되지 않는다. 분산투자에 대한 전통적인 이해는 "모든 계란을 한 바구니에 담지 말라"는 정도였다. 이 용어가 의미하는 것은 투자자가 모든 돈을 한 가지에만 투자한다면 얻을 수 있는 결과의 범위가 너무 달라서 아주 많이 수익을 얻을 수 있고 또는 아주 많은 손실을 볼 수 있다는 것이다. 반면에 투자자가 자신의 돈을 각기 다른 투자자산으로 분산 투자한다면, 한꺼번에 큰 이익이나 큰 손실을 보지 않는 가능성이 높다는 것을 말한다. 장기적 투자전략의 일환으로 하는 자산배분을 '전략적 자산배분'(SAA: strategic asset allocation)이라고 부르는데, 전략적 자산배분(SAA)에서는 개인투자자의 경우는 개인투자자의 장기 소비계획에 맞추어서 편성하고 기관투자자의 경우는 기관투자자의 부채 지출 수요에 맞추어서 자산을 배분하는 것이 일반적이다. 반면, 단기적 금융시장 상황에 따라 전략적 자산배분(SAA)의 자산배분 결과를 미세조정하는 것을 '전술적 자산배분'(TAA: tactical asset allocation)이라고 한다.

1952년 마코위츠는 "포트폴리오 선택"[6]이라는 논문을 발표하면서 다른 형태의 수익률을 보이는 투자 상품들을 결합한 결과 포트폴리오 내부의 변동성이

6 Henry M. Markowitz, Portfolio Selection, Journal of Finance, Vol.7, No.1(March 1952).

감소하는 것을 자세하게 보여주는 수학적 모델을 처음으로 발표한다. 마코위츠가 작성한 논문은 컴퓨터가 출현하기 이전이란 측면에서 매우 혁신적인 내용이었고, 그로 인해 그는 현대 포트폴리오 이론의 아버지로 불리며 1990년에는 노벨경제학상을 수상한다. 마코위츠는 자산배분방법론으로는 효율적 분산투자모형(efficient diversification model)을 사용한다. '평균-분산 효율적 포트폴리오 모형'(mean-variance efficient portfolio model)이라고 부르는 자산배분모형에서는 두 개의 요인이 중요한 역할을 수행한다. 하나는 포트폴리오의 기대수익률(평균)이고 다른 하는 위험(표준편차, 분산)이다. 기대수익률은 어떤 자산의 수익률이 가질 수 있는 여러 가지 가능한 값들의 평균값을 의미하고 수익률의 확률분포에 대한 대표치를 말한다. 위험은 미래에 발생할 수 있는 불확실한 상황이 전개됨에 따라 나타나는 자산수익률의 변동성(volatility)를 의미한다. 결국 위험은 표준편차나 분산을 사용해서 산출하게 되는데 일반적으로 어떤 자산에 대한 수익률의 표준편차나 분산이 값이 크면 클수록 그 자산이 가지고 있는 위험이 큰 것을 의미한다.

포트폴리오의 기대수익률 $E_{(rp)} = rp$는 포트폴리오를 구성하고 있는 n-개의 구성자산의 기대수익률을 투자비율로 가중평균한 것이다.

$$E(r_P) = \sum_{i=1}^{n} w_i E(r_i) \qquad \text{(식 6-6)}$$

단, $E(rp)$: 임의의 포트폴리오 p의 기대수익률,
w_i : 임의의 포트폴리오 p 중에서 주식 i가 차지하는 투자비율,
$E(ri)$: 특정 주식 i의 기대수익률,

원하는 수준의 기대수익률의 크기를 작은 것부터 큰 것까지 일정한 수준을 변화시키고 각각의 기대수익률에 대해 최소의 분산을 갖는 포트폴리오를 구한 것을 '효율적 투자기회선'(efficient frontier)이라고 한다. 평균-분산을 통해 포트폴리오를 선택하는 투자자는 효율적 프론티어상에 있는 어느 한 포트폴리오를 선택하게 되는 것이고, 이것을 과거와는 다르게 코딩을 통해 금융공학의 시스템으로 구현하는 것이 과거의 효율적 포트폴리오의 작성과 차이가 나는 부분이다.

파생상품시장 : 파생상품(derivatives)는 그 파생상품을 구성하는 기초자산의 가치에 의해 결정되는 상품으로 구성된 시장을 말한다. 파생상품은 크게 선형파생상품(linear derivatives)과 비선형파생상품(non-linear derivatives)으로 구분된다. 선행파생상품은 선물과 같은 거래소상품과 선도 또는 스왑과 같은 장외상품으로 구성되며, 비선형파생상품은 거래소옵션과 이색장외옵션(아시안옵션, 장애물옵션 등) 등이 있다. 선도, 선물, 스왑과 같은 파생상품 등은 거래의 두 당사자 모두 의무를 가지고 있기 때문에 이익이 선형의 패턴을 보이게 된다.

그림 6-8 선형이익 손익구조 / 비선형이익 손익구조

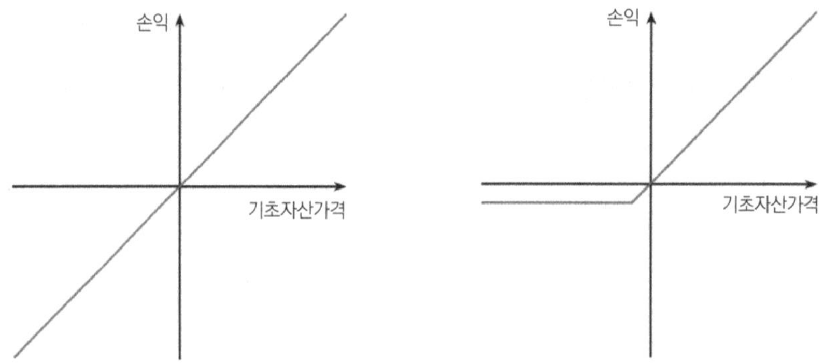

자료) 인터넷

파생상품의 위험관리, 투기, 차익거래, 거래비용 감소, 규제차익거래 등과 같은 여러 가지 용도로 활용된다. 먼저, 위험관리(risk management)는 파생상품을 활용하여 위험을 제거하거나 또는 위험을 일정수준으로 제한하는 행위(헤지)를 말한다. 투기(speculation)은 기초자산과 연관된 위험을 부담하지 않는 투자자가 순전한 이익의 극대화를 위해 파생상품을 투자하는 것을 말한다. 차익거래(arbitrage)는 투자자가 자기자본의 투자없이 위험을 전혀 부담하지 않고 이익을 얻게 되는 거래를 의미한다. 거래비용(transition costs) 감소는 파생상품을 활용하면 적은 거래비용을 통해 주식을 매도하고 채권을 매입하는 효과가 발생하여 실제로 주식이나 채권을 매매함으로써 발생하는 비용을 감소시킬 수 있다.

규제차익거래(regulatory arbitrage)는 감독당국의 규제, 세금, 회계규정 등을 피하기 위해 파생상품을 활용하는 거래를 말한다. 예를 들면, 투자자는 파상상품을 이용하여 주식 매도포지션을 합성함으로써 보통주 의결권을 그대로 보유하고 있으면서 주식보유에 따른 위험을 피함과 동시에 자본이익에 대한 세금을 연기시킬 수 있다. 파생상품을 이런 여러 가지 용도로 활용할 수 있는 근본적인 이유는 파생상품을 활용하여 다른 증권의 이득패턴(payoff pattern)을 복제하거나 또는 새로운 형태의 이득패턴을 만드는 것이 가능하기 때문이다. 이득패턴을 복제한다는 것은 미래에 동일한 현금흐름을 제공하는 포지션을 만드는 것이 가능하다는 것을 의미하고, 이로 인해 금융공학이 파생상품에서 매우 발달하게 되는 원인을 제공한다.

금융공학(financial engineering)은 파생상품을 사용하여 기존의 금융상품을 요소별로 구분한 다음에 구분된 각 요소들을 재합성하여 혁신적인 금융상품을 개발하거나 기존의 상품을 파생상품으로 복제하는 분야이다. 금융공학은 1980년대 초에 투자기관들이 고객들의 자금조달이나 위험관리와 같은 일들을 해결하기 위해 새로운 상품을 개발하면서 시작된다. 금융공학에서 주로 사용되는 모형에는 옵션을 미래의 특정한 시점에 미리 약정한 가격으로 사거나 팔 수 있는 권리의 가격을 이론적으로 산출한 옵션가격결정모형(OPM : option pricing model), 기초자산가격이 매순간마다 변동하는 경우를 감안하여 균형가격을 도출한 블랙－숄즈 모형(Black－Scholes Model), 미래의 주가변화에 단 두 가격만 허용하는 모형인 이항옵션가격결정모형(콕스－로스－루빈스타인 모형<Cox－Ross－Rubinstein model>이라고도 불림), 확률적인 현상을 모델링하거나 계산하기 위해 무작위 수를 사용하는 통계적 기법 중 하나인 몬테카를로시뮬레이션모형(Monte Carlo simulation model) 등이 있다.

6.2.4 머신러닝과 딥러닝

4차산업혁명으로 인공지능이 본격적으로 발전함에 따라 이런 인공지능(AI) 기술을 증권분석에 도입 및 적용 사례가 증가하고 있다. 머신러닝과 딥러닝은 인공지능의 기술을 통해 주식, 채권, 파생상품 등의 움직임의 패턴을 인식하고, 예측 모형을 만들며, 포트폴리오 최적화 등을 구성하기 위해서 활용되고 있다.

머신러닝(machine learning)은 기초적인 자료를 기반으로 학습하고 패턴을 발견한 후에 예측, 분류 작업 등을 통해 알고리즘을 개발하는 분야이다. 머신러닝은 기초적인 자료를 중심으로 입력 자료와 출력 자료 사이의 관계를 모델링을 통해서 구축하게 된다. 또한 모형에 적절한 특성을 선택하거나 변형시키는 과정이 중요시되며 선형회귀, 결정 트리, 서포트 벡터 머신 등과 같은 다양한 알고리즘을 활용하는 특성을 지니고 있다. 이런 방식을 통해 이미지 인식, 음성 인식, 자연어 처리 등을 통해 거시경제 및 주식시장에 대한 예측 분석, 추천종목 시스템 등으로 다양한 분야에서 금융시장과 연결되어 업무 영역을 넓혀 나가고 있다.

딥러닝(deep learning)은 인공 신경망(ANN: artificial neural network) 구조를 사용하는 머신러닝의 한 종류로써 다층 신경망을 통해 복잡한 특징을 학습하는 방법이다. 딥러닝을 통해 복잡한 특징과 패턴을 학습할 수 있을 뿐만 아니라, 이를 작업하기 위해 대용량 기초적인 자료를 필요로 한다. 딥러닝을 통해 금융시장은 주가 및 금융 시계열 자료에서 특징을 학습할 수 있으며 미래의 주가 예측에 활용되고 있다. 또한 대출 신청자의 신용위험을 평가하는데 사용되기도 하며, 다양한 자산에 내재한 수익률과 위험을 고려하여 효과적인 포트폴리오를 구성하는데 도움을 주기도 한다. 보험회사는 보험료를 적절하게 산정하고 손해를 예측하는 데에도 딥러닝을 사용하고 있다.

잠시 쉬어가는 코너

[인터뷰]
"퀀트에서 진화한 AI 투자...시간 절감 · 효율성 극대화"

크리슈나 쿠마르 구스할로캐피탈매니지먼트 대표(CEO)

씨티 · 바클레이즈 등 글로벌 IB 출신의 퀀트 투자 대가

"올해 고금리 국면을 맞아 투자환경이 어려운 가운데 생성형 AI 분야로 대부분 투자가 집중됐습니다."

미국 뉴욕에서 거시경제(매크로, Macro)에 기반해 주식과 채권, 외환, 원자재 등 다양한 상품군에 걸쳐 투자를 진행하고 있는 크리슈나 쿠마르(Krishna Kumar) 구스할로 캐피탈매니지먼트 대표(CEO 겸 CIO)는 IT조선과의 서면 인터뷰에서 AI와 관련한 투자 상황에 대해 묻자 이같이 설명했다.

파생상품 전문가이면서 퀀트(Quantitative, 계량화) 중심의 상장지수펀드(ETF) 상품을 출시, 운용하고 있는 포트폴리오 매니저이기도 한 쿠마르 대표는 "AI(인공지능)를 퀀트 투자 방식에 접목하면 구조화되지 않은 텍스트에서 유의미한 결과를 찾는 데 도움이 된다"며 AI를 활용한 투자가 이미 되돌릴 수 없는 대세임을 강조했다.

투자 분야에서 AI 접목이 가져올 가장 큰 장점으로는 속도와 효율성, 이에 따른 비용 절감을 꼽았다. 복잡한 데이터를 통합하고 지속적인 학습을 통해 데이터 처리의 정확성을 극대화할 거란 판단에서다. 무엇보다 결과 도출에 있어 인간의 주관성을 배제할 수 있는 이점이 있다.

쿠마르 대표는 20년 전 대학원생 때 머신 러닝을 접한 이후, 이를 투자에 활용해 보고자 마음 먹었다. 그의 대학원 스승인 존 무디(John Moody) 오레곤 대학원(Oregon Graduate Institute) 교수는 금융에 적용되는 '강화형 기계 학습'의

크리슈나 쿠마르(Krishna Kumar)
구스 할로 캐피탈 매니지먼트(Goose Hollow Capital Management) **대표**

선구자였다. 당시 데이터나 컴퓨터가 충분하지 않았지만 머신 러닝 모델을 배우고 금융에 적용하는 연구를 진행했던 경험이 지금의 그를 만들었다.

쿠마르 대표는 "시티은행의 파생상품 부서에서 일을 시작했을 때, 고객을 위한 흥미로운 헤지 및 투자 상품을 만드는 데 집중했고 다양한 파생상품 개발에 기여했다"면서 "그 후 시장에서 체계적인 거래 전략 개발에 주력했으며 이를 기반으로 바클레이즈 캐피탈에서도 상당한 자산 운용 규모(AUM)를 달성하기도 했다"고 설명했다.

이런 경험을 바탕으로 미국의 대형 헤지 펀드인 오메가 어드바이저스(Omega Advisors)와 MKP 캐피탈(Capital)에서 글로벌 매크로 포트폴리오를 운영했다.

그가 투자 시장에서 주목 받는 이유는 전통적인 투자 방식에 AI를 성공적으로 접목했기 때문이다. '계량적 투자 방식'인 퀀트 투자에 AI를 활용한 것인데, 미국뿐 아니라 한국에서도 생성형 AI를 활용해 '필승 투자법'을 찾을 수 있을지 관심이 높은 상황이다.

이제는 투자자들도 익숙한 용어인 주가수익비율(PER)과 주가순자산비율(PBR), 주가매출액비율(PSR), 주가현금흐름비율(PCR) 등 숫자로 된 지표를 포함한 모든 정형 및 비정형데이터가 퀀트의 분석 대상이다.

쿠마르 대표는 "지금의 AI 물결은 퀀트 투자 방식의 다음 진화 단계"라면서 "강화형 기계 학습은 챗GPT 유형 모델을 만드는데 유용했다"고 설명했다.

이어 "(최근에는) AI를 활용하는 투자를 결정 도구를 만드는데 많은 투자가 이뤄지고 있다"고 덧붙였다.

그러면서 "퀀트 투자에 AI를 접목했을 때 감성 분석을 포함한 텍스트 테이터 정보 요약과 검색, 수작업 과정의 자동화, 인간 오류 최소화, 연구를 자동화하고 투자 프로세스를 강화하는 에이전트 기반 도구로서 효과를 얻을 수 있다"고 강조했다.

그는 "이미 시장에서 계량화 할 수 있는 모든 데이터는 퀀트 방식으로 소비됐다"면서 "새로운 생성형 AI가 구조화 되지 않은 텍스트 데이터에서 새로운 의미를 찾아낼 것으로 기대한다"고 말했다.

연일 사상 최고치를 경신 중인 미국 주식 시장에 대해서도 입을 열었다. 일단 지금보다 눈높이를 낮춰야 할 것이라는 게 그의 판단이다. 대신 하반기는 미국보다는 아시아 증시가 조금 나을 거라 내다봤다.

그는 "미국 주식은 평가액과 잠재적인 수익 둔화 가능성 때문에 신중하게 보고 있다"면서 "한국과 중국, 홍콩 및 일본 주식 시장의 일부를 포함한 아시아 해외 주식을 선호한다"고 답했다.

앞으로 다가올 미래엔 에너지 문제에 맞닥뜨릴 것이라고 봤다. 생성형AI를 투자에 접목하면서 많은 데이터 센터가 필요해지고 이를 운영하기 위해서는 그만큼의 전력 에너지가 필요해서다.

그는 "(미국 시장에서)높은 금기가 유지되면서 투자 유치가 어려웠지만 올해 일어난 대부분 벤처 투자는 생성형 AI와 관련된 것으로 나타났다"며 "미국의 대형 기술 기업들은 데이터센터와 GPU 및 클라우드 컴퓨팅 등에 약 4000억 달러를 투자했다"고 했다.

그러면서 "이러한 투자가 앞으로 몇 년 동안 에너지에 대한 대규모 수요를 가져올 것"이라고 예상했다.

비트코인과 같은 가상 자산 투자와 관련해서는 가치 평가가 어렵다고 전했다. 쿠마르 대표는 "비트코인이나 다른 가상자산에 대해서는 별다른 이견이나 포지션을 가지고 있지 않다"며 "이들 거래는 유동성 거래라고 생각하며 대규모 경제 침체나 둔화가 발생하고 중앙은행이 시스템에 많은 유동성을 제공할 때 이러한 매수하는 것이 합리적일 것"이라고 부연했다.

지난 20년간 투자 업계에 몸담아 온 쿠마르는 미국 뉴욕의 구스 할로 캐피탈 매니지먼트(Goose Hollow Capital Management)의 창업자로 본인을 CEO보다 CIO로 소개하는 걸 즐긴다. 최근 미국에선 인도 출신의 AI 전문 CEO들이 대거 등장했다. 순다르 피차이 구글 최고경영자(CEO)와 아르빈드 크리슈나 IBM CEO, 사티아 나델라 마이크로소프트 CEO 등이 대표적이다. 쿠마르 대표 역시 인도계 CEO로 AI를 기반으로 한 투자 시장에서 굳건한 영역을 구축하고 있다.

크리슈나 쿠마르 대표는 내달 19일 IT조선이 주최하는 '2024디지털금융포럼'에서 'AI가 바꿀 투자의 미래'를 주제로 기조연설에 나선다. AI를 활용한 투자가 시장에 미치는 영향, 생성형 AI로 촉발되는 전력에너지 수요 증가와 해결책 등에 대해 이야기할 예정이다.

그는 "앞으로는 AI를 활용하는 인간은 AI를 활용하지 않은 인간을 능가하게 될 것"이라며 "로봇은 인간의 육체 노동을 대체하지만 AI는 잠재적으로 사무직을 대체할 것으로 본다"고 말했다.

☞ Krishna Kumar 대표는

2020년 구스 할로 캐피탈 매니지먼트를 설립하고 2021년부터 투자 자문 서비스를 제공하고 있다. 주식과 채권, 원자재, 통화 시장 등 다양한 부문을 통해 나타나는 거시경제 지표를 바탕으로 투자 전략을 제시한다. 이에 앞서 씨티(CItigrou)그룹 바이스 프레지턴드(Vice President), 바클레이 캐피탈(Barclay Capital) 디렉터, 오메가(Omega Advisors) 포트폴리오 매니저, MKP 캐피탈(MKP Capital) 포트폴리오 매니저로 일했다.

IT조선 한재희 기자
IT조선 2024.5.24일자 기사

제 2 편

금융투자

제 7 장

주식투자

7.1 주식투자의 역사

주식투자를 해 본 사람 투자자라면 주식투자를 할 때 반드시 학습해 두어야 할 내용이 있다. 그 중에서도 무엇보다도 중요한 것이 주식투자의 역사를 한 세대 이상 검토하는 과정이 꼭 필요하다. 여기서 한 세대라 함은 투자자 입장으로 볼 때, 두 가지로 해석해 볼 수 있다. 하나는 일반적인 '한 세대'는 30년 정도의 투자기간을 의미한다. 그러나 투자자들이 주식투자를 시작하는 경우가 빠르면 10대나 대학생 때이고, 늦으면 40대에서 50대 이후에 접하는 경우도 있다. 젊은 투자자이건 연배가 있는 투자자이건 주식투자자에게 30년 정도의 투자경험을 가지고 있는 것은 쉬운 일이 아니다. 대신 투자자는 주식투자 역사 관련 서적을 탐독함으로써 간접적으로 주식투자의 역사를 한 세대의 주식시장에 대해서 학습할 수 있다. 다른 하나는 경기순환곡선(회복, 호황기, 후퇴기, 불황기)과 같은 주식시장사이클을 '한 세대'로 주식시장에서는 의미한다. 금융장세가 시작되면서 주식시장에 유동성이 공급되고, 이런 유동성은 실물과 경기와 기업에 흘러 들어가면서 실적장세가 발현된다. 실적장세로 인해 관련 수혜 기업 중심으로 주가 상승이 급격하게 나타나고, 정부는 경기과열을 방지하기 위해 재정 및 금융에 긴축정책을 실행하게 된다. 정부의 긴축정책에 영향을 받아 기업의 생산활동은 위축되게 되고 경기는 이전보다 침체를 보인다. 경기침체로 인해 주식시장에서는 역금융장세로 전환되면서 주가가 급락세를 보인다. 그리고 이어서 주식시장은 역금융장세의 영향으로 유동성공급이 줄어들면서 역실적장세를 경험하게 되고 주가는 추가 하락하는 양상이 나타난다. 지나친 경기둔화를 우려한 정부는 재정 및 금융긴축을 완화함으로써 다시 주식시장에 금융장세가 발생할 수 있는 여지를 만들어 주면서 주식반등이 이루어진다. 주식시장에 투자자라면 이렇듯 금융장세에서 역실적장세까지 주식시장사이클을 직간접적으로 반드시 경험할 필요가 있다. 그런 측면에서 우리가 지금 주로 다루고 있는 한국주식시장의 투자 역사는 어떻게 진행되어 왔는지 살펴보고자 한다.

그림 7-1 경기순환과 주식시장(금융시장)사이클

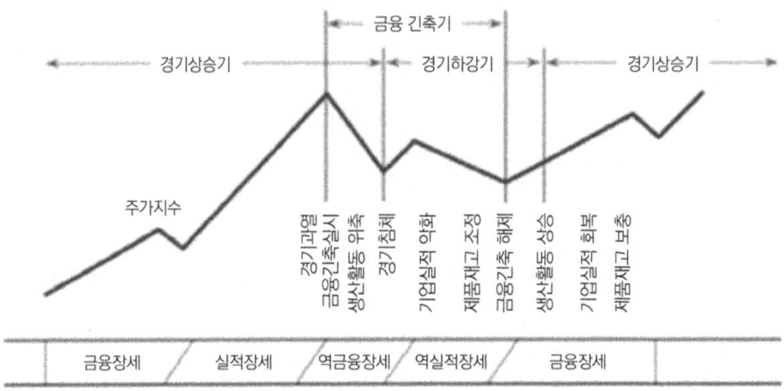

자료) 인터넷

7.1.1 한국주식시장의 역사

한국주식시장의 역사는 어떻게 전개되어 왔는가? 2000년 초 발생한 닷컴버블이 꺼지기 전에 큰 수익을 본 투자자는 닷컴버블이 꺼졌음에도 불구하고 그때 경험한 IT투자에서 수익률과 기업에 대한 학습으로 IT투자에 익숙하다. 2007년 조선과 중공업 관련주들이 급등장세를 보일 때, 이전에 IT투자에 익숙한 투자자들은 동참하지 못한 이유 중에 하나이다. 2010년에는 차화정(자동차, 화학, 정유)에 열풍이 불면서 특정 자산운용사와 펀드매니저가 한국주식시장에서 스타자산운용사와 스타펀드매니저가 되기도 한다. 2020년대에는 바이오, 배터리, 반도체, 인터넷, 게임주가 주도주가 되면서 이전에 전통주를 가지고 큰 수익을 얻은 투자자들이 소외되는 현상을 보였다. 이렇듯 투자자가 직간접적으로 이전 주식투자에 있어서 어떠한 역사적 투자 경험이나 지식을 가지고 있느냐에 따라 새롭게 주도주로 떠오른 산업에 코드를 잘 맞추어서 높은 수익을 거둘 수도 있는 반면, 그렇지 못할 경우도 우리는 주식시장에서 흔히 목격해 볼 수 있다.

7.1.2 1세대: 한국주식시장의 태동기(19세기 말~1970년대 말)

한국주식시장의 역사는 19세기 말부터 2020년대까지 5세대로 구분해서 해석해 볼 있다. 첫번째 시기는 한국증시의 태동기라고 할 수 있는 19세기 말부터 1970년대까지이다. 이런 시각으로 보는 이유는 우리나라 증권시장의 모태는 19세기 말 설립된 인천미두취인소(仁川米豆取引所)로 보기 때문이다. 1876년 강화도 조약에 의해 인천항이 개항되면서 일본은 쌀문제를 해결하고자 쌀 수출 전진기지로 1896년 미두장을 설립한다. 1917년부터 1928년까지 12년 동안 인천항을 통해 일본으로 반출된 쌀이 700여만 석이었는데, 당시 우리나라 연평균 생산량이 1,400만 석으로 거의 생산량의 절반이 반출된다.

우리나라 최초의 주식회사는 1897년 설립된 한성은행(조흥은행의 전신)과 1899년 천일은행(우리은행의 전신)이 있었고, 1905년에 가서야 우리 정부는 국고증권조례를 발표하고 200만 원의 국채를 발행한다. 이 당시에는 증권은 거래되지 않았고, 국채 역시 은행이 인수함으로써 투자자들은 유가증권을 거래할 기회는 없었다. 실질적인 증권거래가 이루어진 것은 1905년 을사보호조약 체결 이후이다. 일본인 중에 본인들이 가져온 유가증권의 유동화를 통해 자금을 활용하려고 하는 사람들이 증가하였고, 주식회사도 1911년 85개였던 것이 1919년 251개로 증가한다. 일본은 1920년 5월 '경성주식현물거래소시장'을 허가함으로써 중개인 27명에 의해 일본의 인기 주식과 국내주식 등 30여 개 종목이 거래된다. 물론 국내주식은 경성주식현물거래소 시장의 주식인 '경취주(경성주식현물취인 시장주)'를 제외하고는 거의 매매가 이루어지지 않는다. 일본은 1930년 들어서 만주까지 진출하면서 한국을 이용하기 위해 공업화를 적극 추진한다. 또한 일본은 거래소시장을 관리, 통제, 감독하고자 1931년 11월 '조선거래소령'을 만드는데, 이 법은 국내 최초로 만들어진 증권거래에 대한 실체법이다. 1962년 증권거래법인 제정될 때까지 증권거래 관련 중요한 기초 자료로 사용된다.

1950년대는 일반적으로 1960년대 이후의 고도성장 전에 경제적 준비기간으로 인식할 수 있다. 이 당시에는 제조업은 13%에 불과했고, 노동집약적인 경공업이 산업의 대부분을 차지하고 있었다. 또한 수출은 거의 없었고, 수입은 미국의 원조에 의존하던 시기였다. 이런 상황 가운데에서도 1953년 10월 휴접협정 이후 대한증권을 비롯한 5개 증권사가 증권업협회를 설립한다. 증권업협회는 1955년 1월 정부의 인가를 받아 '협회 증권매매 규약'을 제정하였고, 같은 해 9월에 증권금융의 전신인 '한국 연합증권금융 주식회사'를 설립한다. 증권업협회 설립 후 1956년 2월에 법령미비, 건물선정 등 여러 우여곡절 들이 있었지만, 정부는 영단제(營團制) 비영리 특수업인 형태로 대한증권거래소를 설립한다. 거래소 설립 이후부터 1961년까지 국채거래 대금이 전체 거래의 80%에 육박하였다. 주식 공급은 미흡한 반면, 국채발행이 지속적으로 증가하였고 이 당시 국채는 취득, 양도, 이자수익에 대한 세금이 면제되면서 국채매매의 활성화를 촉진시켰다. 이런 국채의 인기 속에 당시 정부와 국회는 신규 세수 마련을 위해 제11회 국채발행 계획을 놓고 우왕좌왕하는 가운데, 증권사의 투기가 가세하면서 국채파동이 발생하고 정부가 나서면서 '1·16 국채파동'은 마무리된다.

1961년 5월 16일로 새로운 정부가 설립되었고, 1960년대 중반 이후에는 미국의 원조가 줄어들기 시작한다. 새정부를 수립한 박정희대통령은 이런 위기를 '한일수교'와 '월남전쟁' 등을 통해 벗어나려고 한다. 특히, 1966년부터 1971년까지 한국 기업이 월남에서 벌어들인 외화는 총 6억 달러였고, 1968년에는 1억 6천 만 달러에 이르기도 한다. 이것은 당시 우리나라의 수출총액의 40%에 근접하는 비중이다. 월남특수는 한국 경기의 빠른 성장에 활력소를 제공하였고, 이로 인해 동시대의 주가지수는 300% 이상 상승한다.

그러나 1970년 초에 진입하면서 한국 경제는 고성장에 따른 인플레이션, 성장률 둔화, 국제수지 악화라는 3중고를 총체적 위험을 경험한다. 정부는 1972년 8월에 대통령긴급명령권을 발동하여 모든 기업의 사채를 동결하고 금리를 인하는 '8.3조치'를 단행한다. '8.3조치'는 당시 우리나라 증시에 좋은 호재로 작용하면서 증시 상승을 더욱 촉진시킨다. 그러나 1973년 1월 발생한 중동전쟁으로 '제1차 오일쇼크'가 발생하면서 국내 경기가 큰 어려움에 봉착한다. 배럴당 3달러대를 유지하던 유가는 1974년 1월에 11달러까지 급등한다. 오일쇼크는 우리나라 경제에도 큰 피해를 주는데, 1973년 3억 달러의 원유도입비용이 다음해에 11억 달러로 급증한다. 경제성장률은 1973년 12.3%에서 1974년 7.7%로 급속히 둔화되고, 수출증가율은 98.6%에서 38%로 감소하고 1975년에는 13.9%까지 떨어진다. 또한 1974년 도매물가 상승률은 44.6%, 소비자물가는 26.4%라는 심각한 인플레이션을 경험한다. 우리나라 주식시장은 이런 경제적 위기를 선반영하면서 1973년 11월경에는 180개 상장종목 중에서 90개 전후 종목들이 하한가를 종종 기록하는 현상들이 발생한다. 자본시장을 육성하려던 정부는 매매증거금률 45%에서 30%로 인하하고, 투신사 및 은행 등을 통해 주식투자 확대 및 주가부양책을 증시 역사상 처음으로 내놓는다. 그러나 정부의 이런 노력은 큰 효과를 보지 못하다가 1975년 하반기 이후 세계 경기가 회복되면서 전환점을 맞이한다.

한국주식시장이 1975년부터 불황을 벗어나 다시 호황을 맞이할 수 있게 한 것은 '중동특수'였다. 중동특수로 오일달러가 우리나라에 유입되면서 1977년부터 1980년까지 4년간 해외건설수주는 45%의 증가율을 보였고, 1979년에는 사상 처음으로 경상수지가 흑자를 기록한다. 해외건설의 국내총생산 기여도는 9%를 넘어섰고 해외건설 취업자는 20만 명을 육박하였다. 중동특수로 인해 주식시장에서는 건설주의 폭등이 초래되었고, 항상 버블 뒤에 거품이 있듯이 건설주 버블 현상도 1975년에서 1977년까지 3년 정도 유지되다가 과대한 기업공개 등에 따른 수급부담으로 주가가 폭락세로 전환되면서 건설주 파동은 마무리된다.

7.1.3 2세대: 개미군단의 등장과 코스피 1,000포인트 시대 (1980년~1990년대 초)

2020년 초에 한국주식시장에는 '동학개미'라는 용어가 등장하기 시작한다. '동학개미'는 코로나 19사태로 국내기관투자자와 외국인투자자가 삼성전자를 필두로 우리나라 주식을 팔면서 급락세가 연출되자, 개인투자자들이 우리나라 주식을 적극적으로 매입하면서 1894년 반외세 운동인 동학농민운동을 빗댄 표현이다. 이렇듯 항상 한국 증시에는 과거, 현재, 미래에 어느 때 어느 곳이나 개인투자자(개미)가 중요한 역할을 담당해 온다. 1970년대 하반기에 발생한 건설주 파동 이후 주식시장은 1981년 상반기의 일시 반등을 제외하고는 1985년 하반기까지 횡보 장세를 보였다. 1970년 하반기에는 상상기업의 자금조달 비중이 주식과 채권에서 5:5 였으나, 1985년에는 회사채 비중이 90%를 넘어선다. 채권거래도 매우 활발하게 이루어진다. 1977년 한해동안 채권 거래금액은 1,000억 원 정도에 머물렀는데, 1981년에는 1조 원, 1982년에는 6조 원까지 증가한다. 여기서 특징적인 것은 1970년대 초까지만 해도 국공채 중심의 채권시장이었으나, 증시침체로 기업의 자금조달이 어려워지고 이를 해결하기 위해 정부가 회사채 시장의 활성화정책을 내놓으면서 1979년부터는 회사채 거래대금이 국공채를 넘어서기 시작했고, 채권유통시장 역시 국공채 중심의 거래시장에서 회사채 위주의 거래시장으로 변화한다. 이런 흐름은 1986년부터 정부가 통화관리를 위한 통화안정채권(통안채)를 발행하기 전까지는 지속된다.

1984년부터 주식시작은 서서히 회복세를 보였고, 1986년에는 주식투자자가 사상 처음으로 100만 명을 돌파한다. 개인투자자들이 크게 늘어나고 이들의 증시 영향력이 급등하면서 소위 '개미군단'의 용어가 등장한다. 이들이 진정한 동학개미의 원조라고 할 수 있다. 주식시장이 1980년대 중반 이후부터 이전의 회복세를 넘어서 상승세를 전환되는데, 여기에는 충분한 거시경제적 환경과 주식투자에 풍부한 유동성을 기반으로 한다. 첫째는 '3저 호황'으로 투자의 거시 환경이 급속도록 개선된다. 우리나라가 만성 적자를 보이던 경상수지에서 흑자시대로 진입할 수 있던 것은 '3저효과'(저달러 · 저유가 · 저금리)로 1986년부터 1988년에 걸친 경기 대호황의 효과를 본다. 둘째는 개인투자자들의 잉여투자자금이 크게 증가한다. 1970년대 6조 원을 밑돌던 국내 금융자산은 1975년 22조원, 1980년 88조원, 1985년 300조원, 1988년 452조원까지 급증한다. 1980년대 전까지만 해도 국내 금융자산증가율은 실물경제 성장률보다 낮았으나, 1980년대 들어서 역전된다. 지속적인 경제성장, 부동산가격의 안정 등에 힘입어 개인저축이 지속적으로 증가하면서 개인의 잉여투자자금이 즉 금융자산이 증가하였고, 이는 한국 증시의 든든한 유동성 버팀목으로 자리를 잡았다. 셋째는 주식시장에서 수요와 공급의 불균형에 있다. 한국 주식시장에 참여하는 개인들의 잉여투자자금은 크게 증가한 반면, 기업상장을 통한 기업공개는 거의 전무하였다. 1977년과 1978년 각각 49개와 33개였던 기업공개(IPO)는 1979년 5개, 1980년 1개, 1981년 2개뿐이었다. 1982년에는 신규상장이 아예 없었으며, 1983년에도 3개 밖에 없었다. 이후에도 1984년 14개, 1985년 11년, 1986년 16개로 개인투자

잉여자금을 흡수하기에는 터무니없이 적은 기업공개(IPO)가 이루어진다. 또한 이 당시 별다른 유상증자도 주식시장에서 이루어지지 않으면서 주식시장에서 신규 공급이 부족한 상황에서 주식수요가 급증하면서 주식시장은 큰 상승세로 전환된 것이다.

3저 호황 때의 주도주는 금융·건설·무역으로 '트로이카'로 불리는 대중주(大衆株)가 우리나라 주식시장의 코스피 지수를 1,000 포인트 시대로 열어 놓은 주인공들이다. 주식투자인구도 급증하면서 1985년 77만 명 수준에서 1986년 141만 명, 1987년 310만 명, 1988년 854만 명으로 폭발적인 증가세를 보인다. 특히 포스코와 한국전력 등 국민주가 보급되면서 1989년에는 주식투자인구가 1,900만 명을 기록한다. 우리나라 인구 대비 총주주 수의 비율도 1985년 1.9%에서 1989년 약 45%까지 증가한 것이다.

3저 호황 덕분으로 주식시장의 급등세가 나타났으나 이런 현상이 3년가 지속되면서 단기적으로 주식시장에 버블이 형성된다. 1979년부터 1985년까지 연평균 10개도 안되던 신규 상장기업이 1987년 35개로 증가했고, 1988년에는 115개, 1989년에는 124개까지 급증한다. 그리고 그 동안 미루어왔던 유상증자 역시 트로이카에서 증권회사 중심으로 유상증자가 이루어진다. 이 당시 동서증권은 1986년부터 1989년까지 여섯 차례의 증자를 실시하여 자본금을 309억 원에서 1,341억원까지 증액하는데, 흥미로운 것은 이 3년 동서증권의 주식상승률은 3,000%를 넘어선다. 그 만큼 이 당시의 트로이카의 급등세가 어떠했는지 판단해 볼 수 있는지 좋은 사례이다. 어쨌든 신규상장사의 급증과 기업들의 유상증자가 기승을 부리는 한국의 경제 펀더멘털은 1989년부터 흔들리기 시작한다. 3저 호황(1986년~1988년)에 3년 동안 누린 두 자릿수의 GDP성장률은 1989년 6.1%로 하락한다. 설상가상으로 정부는 부동산경기를 안정화시키겠다며 통화긴축을 실시한다. 이로 인해 시중에 자금이 급격히 마르면서 3년 만기 회사채 유통수익률은 1990년 하반기에는 연 19%까지 상승한다. 이런 악재가 연일 터지면서 1989년 4월 1일 코스피지수는 1,007.77 포인트를 기록한 이후 지속적인 하락을 보인다. 특히, 1989년 하반기에는 코스피지수가 급락세를 기록함에 따라 정부는 '12.12조치'를 발동하는데, '12.12조치'는 특단의 증시부양책으로 투신사의 무제한 주식 매입, 위탁증거금의 대용증권 대납, 예탁금 이용 인상 등이 주요한 내용이다. 이 때 투신사인 한국투신·대한투신·국민투신 등 대형3대 투신사를 통해 사들인 주식의 규모는 모두 3조원에 육박한다. 이런 투신사들의 노력에도 불구하고 1990년 1월에는 코스피 지수가 900선이 무너졌고, 같은 해 4월에는 700선 아래도 떨어진다. 심지어 9월에 가서는 566선(1990년 9월 17일 566.27포인트)까지 빠지면서 고점(1,007.77)대비 44%가 폭락하는 현상이 나타난다.

7.1.4 3세대: 외국인과 기관투자자 주도 주식시장(1992년~1996년)

우리나라 증시는 1992년 외국인에게 증시가 개방되면서 일대 전환기를 경험한다. 외국인 투자의 전면 개방이 아닌 부분 개방임에도 불구하고 외국인들이 한국증시 상승에 높은 기여를 할 것이란 기대감이 형성된다. 1992년초 외국인들은 1,000억 원이 넘는 대량 주식 주문을 내면서 한국 증시에 입성한다. 같은 해인 10월과 11월에 공기업인 포스코와 한국전력이 외국인 투자자에게 개방(한도 8%)되면서 외국인 투자자의 규모는 지속적으로 확대된다. 외국인 투자자는 1992년 1조 5,000억 원, 1993년 4조 3,000억 원의 순매수 규모를 한국주식시장에서 보인다.

표 7-1 외국인 투자자 한도 확대 일정 (공공기업 제외한 일반법인, %)

	92.1.3	94.12.1	95.7.1	96.10.1	97.5.2	97.11.3	97.12.11	97.12.3	98.5.25
종목별 한도	10	12	15	20	23	26	50	55	100

자료) 한국증권 거래소

외국인 투자자들의 한국 주식시장에 접근방법은 기존의 개인투자자와는 다른 방식을 선택한다. 개인투자자들은 1970년대 후반기에 건설주, 1980년대 후반기에 '트로이카'(금융·건설·무역) 등 당시의 시대에서 모멘텀이 발생한 업종에 투자하는 방식을 선택한다. 외국인들은 이런 모멘텀 투자를 하는 대신에 기본적 투자지표(PER, PBR 등)를 통한 가치투자를 실행한다. 이런 외국인 투자자의 투자패턴으로 인해 1992년 우리나라 주식시장에는 '저PER 혁명'[1]이 발생한

1 외국인에게 증시가 개방되기 이전부터 PER 개념은 존재했지만, 개인투자자나 기관투자자는 투자지표로서 거의 활용하지 않았다. 외국인투자자에게 한국주식시장이 개방되면서 그들은 저

다. '저PER 혁명'으로 인해 우리나라 주식시장은 처음으로 '가치'(value)에 근거한 투자를 알게 되었고, 주가가 기업의 펀더멘털보다 고평가 혹은 저평가 되었는지에 대한 평가기준을 측정할 수 있게 된다. 이런 '저PER 혁명' 전에 개인투자자와 기관투자자들의 주요 투자 방식은 정보와 기술적 분석 등의 방식으로 투자자들의 "동물적 감각"을 주로 활용한다. 그런 측면에서 PER 등의 기본적 분석 등을 투자에 활용하기 시작했다는 것은 증시가 좀 더 펀더멘털을 통해 계량적이고 과학적으로 발전하고 있다는 것을 의미한다. 또한 기본적 분석 방식의 투자에서 PER 투자 함께 나타난 것이 1993년에 보인 PBR(자산주) 투자 열풍이다. '저PBR' 투자 역시 '저PER'와 유사하게 상장기업의 순자산은 많은 반면에 그에 비해 시가총액은 이 상대적으로 낮은 가격에서 거래되는 상장기업에 주로 투자하는 것을 의미한다. 그러나 PBR(자산주) 투자에 대한 열풍은 9월에서 11월에 일시적으로 이루어진다. 그것은 1993년 11월에 주식의 대량소유를 제한하는 증권거래법 200조가 폐지될 것이란 소문이 형성됐는데, 막상 뚜껑을 열어보니 국회는 증권거래법 200조는 폐지하되 그 시행시기는 1997년 4월 1일자로 유보하면서 자산주의 재료가 소멸하자 자산주들은 일제히 급락세를 보인다.

1990년대 중반까지 대외적 환경은 주식투자에 있어서 우호적인데, 특히 미국의 분위기가 매우 좋았다. 1992년 11월 3일 미국의 43대 대통령 선거에서 민주당의 빌 클린턴이 공화당의 조지 부시 대통령을 누르고 압승한다. 클린턴은 미국 경제 우선을 주장하며 '슈퍼 301조' 부활을 선언하고 정부지출 축소를 통한 균형재정, 자유무역 강화, 금융시장의 규제완화 등을 실행하면서 10년의 골디락스[2] 경제를 구축한다. 클린턴의 경제정책에 힘입어 미국의 다우지수는

PER주 중심으로 투자를 확대하였고, 이로 인해 개인투자자와 기관투자자들은 PER에 대해 관심을 가지게 된다. 당시 국내 상장기업에 대한 자세한 정보가 부족한 외국인투자자들은 펀더멘털이 좋은 상장기업을 찾게 되었고, 외국인투자자의 매수세로 저PER주들이 급등하자 일반투자자도 저PER주에 대한 투자에 합류하면서 저PER의 급등세가 나타난다. 이 당시 대표적인 저PER주로는 대한화섬, 삼아알미늄, 백양(현 BYC), 남영나이론, 태광산업, 신영(현 신영와코루), 제일물산, 삼나스포츠, 대한제당 등이 있다.

2 골디락스(goldilocks)는 골드(gold, 금)과 락스(locks, 묶은 머리카락)의 합성어로 영국의 전래동화인 "골디락스와 세 마리 곰"에서 나오는 주인공 금발 소녀의 이름이다. 주인공인 골디락스는 어느 날 숲 속에서 길을 잃고 헤매다가 오두막을 발견한다. 이 오두막에는 세 마리의 곰들(아빠 곰, 엄마 곰, 아기 곰)이 살고 있었는데, 마침 골디락스가 이 곰들의 집에 도착했을 때 세 그릇의 수프가 차려 있었다. 하나는 뜨거운 수프, 다른 하나는 차가운 수프, 그리고 마지막 것은 뜨

1995년 2월에 4,000포인트를 넘어섰고, 1995년 11월에는 5,000포인트를 단숨에 돌파한다. 그리고 9개월이 지난 1996년 10월에는 6.000포인트까지 상승하다가 1997년 2월에는 7.000포인트, 그리고 같은 해 7월에는 8,000 포인트를 넘어서는 기염을 토한다.

외국인들이 저PER과 저PBR주 투자를 통해 우리나라 주식시장에서 큰 수익을 경험할 때 기관투자자 역시 우리나라 투자의 주역으로 부상한다. 1980년대 우리나라 주식시장의 1,000포인트 시대를 개인투자자가 열었다면, 1994년에는 주가 1,000포인트 시대가 기관투자자에 의해 다시 구현된다. 1993년 말 8조 원에 불과하던 투신사의 주식형 펀드 설정잔고는 다음해인 1994년에는 14조 원까지 늘어난다. 또한 1994년 한 해 동안 은행권과 보험권은 2조 5,000억 원과 8,000억 원 정도 주식을 순매수한다. 당시 은행과 보험사들이 주식을 크게 매집한 이유는 금리 때문이다. 1992년 시중금리가 18%에서 20%였는데, 1993년 말에 연 12%까지 하락한다. 금리의 추락으로 은행 총수신의 절반이 넘는 신탁자금의 수익률 관리에 위험이 발생한 것이다. 금리하락으로 예대마진은 급격히 축소되었고 수익악화를 회복시키기 위해 시중은행들은 신탁계정에 유입된 대규모의 자금을 주식투자로 이전시킨 것이다. 단지, 기관투자자의 블루칩 중심의 투자로 인해 주가가 다시금 1,000포인트 시대를 열었지만, 개별 소형주 중심의 투자를 주로 하던 당시의 개인투자자에게는 수익을 가져다 주지 못한다.

1996년 들어서면서 우리나라는 반도체·철강·화학 등 수출 주력제품의 단가하락과 수출부진으로 실물경기가 급격히 위축되기 시작한다. 이 기간 주식시장 역시 큰 폭으로 하락하였으나, 위기는 여기서 끝나지 않는 모습이다. 바로 외환위기의 그림자를 주식시장은 선반영 하려고 준비하고 있었다.

겁지도 않고 차갑지도 않은 먹기에 좋은 수프였다. 또한 골디락스는 수프를 먹은 후 옆 침실에서 잠을 청하게 되는데, 침대 역시 세 개의 종류가 있었다. 하나는 아주 딱딱한 침대, 다른 하나는 물렁한 부드러운 침대, 그리고 마지막 것은 너무 딱딱하지도 않고 너무 부드럽지도 않은 적당한 침대였다. 골디락스는 너무 딱딱하지도 않고 너무 부드럽지도 않은 적당한 침대에서 숙면을 취하다가 나중에 곰들이 와서 소리칠 때 잠에서 깨어난다는 동화의 내용이다. 미국의 금융시장인 월가에서 골디락스가 경제용어로 사용된 것은 영국동화에서 '적당한 것'을 찾는 소녀의 행동에서 유래된 것이다. 뜨겁지도 않고 차갑지도 않은 경제 상황, 다시 말해서 경제성장은 고성장을 이루고 있음에도 불구하고 물가상승은 높지 않은 이상적인 경제 상황을 의미한다. 미국은 클린턴의 경제정책과 그로 인한 IT(정보기술) 산업의 육성 등으로 생산성이 크게 확대된 반면, 물가상승은 동반하지 않는 이상적인 경제발전을 구가하면서 미국 경제의 골디락스를 누린다.

1996년 하반기 들어서면서 곧 들어닥칠 외환위기 전으로 주식시장은 폭풍전야를 경험하고 있었지만, 같은 해 5월에 선물시장의 개설된다. 이 전까지만 해도 주가락에 따른 위험을 헤지(hedge)할 수단과 방법이 없었던 기관투자자들에 주가지수선물 시장의 개설은 좋은 소식이었고, 우리나라의 선물·옵션시장은 이후 투기적인 개인이 참여가 확대되면서 설립 후 수년 안에 세계 정상적 거래시장으로 자리잡게 된다. 선물시장이 개장한 지 두 달 지난 7월에는 장외시장 등록법인의 주식거래를 전문으로 하는 코스닥(KOSDAQ: Korea Dealer Automated Quotation)시장이 출범한다. 1997년 1월부터 '코스닥지수'를 산출하고, 기준시점은 경쟁매매가 도입된 1996년 7월 1일자로 기준지수는 100으로 책정한다.

7.1.5 4세대: 주식시장의 위기와 기회(1997년~2002년)

1997년 외환위기의 먹구름이 몰려오고 있었지만, 같은 해 3분기까지 성장, 물가, 국제수지 등과 같은 거시경제지표는 이전보다 회복세를 보인다. 3분기까지 경제성장률은 6%대를 기록하고 있었고, 물가상승률도 4%대로 안정적이었다. 이런 가운데 1997년 7월 기아차 부도 사태로 우리나라 기업과 금융회사의 차입금리가 상승한다. 1월에 한보그룹이 5조 원의 부채로 인해 도산한 것을 시작으로 기아사태는 외환위기의 절정으로 이른다. 우리나라가 재벌의 연쇄부도 등으로 총체적 위기를 경험하고 있는 상황에서 태국을 시작으로 필리핀, 말레이시아, 인도네시아 등 확산되는 '동남아 통화위기'가 발생한다. 당시 우리나라 종금사들은 1996년부터 외국은행으로부터 돈을 빌려 금리가 높았던 태국 바트화 표시 채권 등 동남아채권에 주로 투자를 했는데, 동남아 통화위기가 발생함으로써 종금사를 비롯한 관련 우리나라 금융회사는 직접적인 큰 피해를 본다.

동남아 통화위기가 아래에서 서서히 북상하고 있을 때 외국투자자는 이미 한국시장에서 자금을 회수하고 있었다. 1997년 하반기부터 외국인들의 '셀 코리아'(sell Korea)가 진행되었고, 10월에 홍콩증시가 하루 만에 10%대의 폭락을 보이면서 아시아 금융시장은 전체가 공항상태로 변화된다. 이런 상황에서 11월에는 홍콩에 위치한 페레그린증권 등이 "지금 즉시 한국을 탈출하라"(Get out of Korea, right now)라는 애널리스트 리포트를 발행하면서 불타고 있던 우리나라 주식시장에 위기의 부채질을 가속화시킨다. 우리나라 정부는 스스로 외환위기

극복이 불가능하다고 판단하고 11월 19일 'IMF구제금융'을 신청하게 된다.

1997년 경제성장률은 −6.7을 기록하면서 1980년 마이너스 성장 이후 18년 만에 우리나라 경제는 일시적인 큰 충격을 경험한다. 그럼에도 불구하고 외환위기를 통해 주식시장에서의 기회의 투자 기회가 형성된다. 그것은 기업들의 혹독한 구조조정을 통해 수익구조의 환골탈태가 이루어졌기 때문이다. 'IMF구제금융'을 신청하기 전에 우리나라 기업들은 400%가 넘는 부채비율을 가지고 있었는데, 이것이 200% 이하로 떨어진다. 또한 은행도 관치의 그늘에서 벗어나 나름 독자적인 의사결정을 통해 자금 집행을 하게 된다. 세계 경기도 1998년 말부터 회복세를 보였고, IT산업의 활황이 전개되면서 우리나라는 IMF구제금융을 2년 8개월만에 졸업한다. 우리나라 경제 및 주식시장은 위기시마다 항상 '천운'을 경험하는 독특한 특성을 가진다. 제1차 오일쇼크 때는 베트남 특수, 제2차 오일쇼크 때는 중동특수, 1990년 초 경기침체 때는 3저호황, IMF구체 금융 때는 세계 IT 호황이라는 외생변수로 위기 극복에 항상 천운도 따르는 특징이 있다.

1998년 우리나라 주식시장이 상승세로 반전할 수 있었던 이유는 기업들의 실적호전에 근거한다. 1998년 말에 상장법인 459개 기업의 당기순이익은 −12조 원으로 사상 최악의 실적을 기록한다. 그러나 이 적자 중 은행의 적자가 11조 8천 억원으로 전체 적자의 대부분을 차지하고 있다. 반면 대형 제조업체들의 실적은 오히려 호전되는 양상을 보인다. 상장사의 실적은 1999년 들어서 더욱 개선된다. 12월 결산 상장사 584개의 1999년 상반기 당기순이익은 6조원을 넘어섬으로써 사상 최대를 기록한다. 이렇듯 상장된 제조업체들의 실적이 크게 개선된 것은 세계경기 회복, 환율, 금리하락 등에 기인한다. 먼저, 미국 경제는 1990년대 말에 지속적인 금리인하를 통해 다시 활력을 얻게 되고 세계 경제의 회복을 주도한다. 다음으로 원화의 평가절하에 따른 수출채산성 개선이다. 외환위기 전 800원에서 900원대에 머물던 환율이 1,200원에서 1,300원대로 하락함으로써 수출기업의 채산성이 빠르게 개선된다. 끝으로 금리하락에 따른 수혜를 기업들이 본다. 외환위기 이후 15%에서 20%에 달했던 회사채수익률은 1999년 들어서면서 8.5%대로 떨어진다. 기업들은 이자부담도 줄어들면서 자금의 조달도 원활해지면서 실적호전세를 보인다.

외환위기를 극복하면서 주식시장은 쌍끌이 장세를 기록하면서 다시금 주가 1,000포인트 시대를 구가한다. 주식시장에 자금을 공급한 것은 크게 두 가지 형태이다. 하나는 개인투자자들이 주식을 사기 위해 증권사에 맡겨 둔 고객예탁금이다. 1998년 9월에 2조 원도 안되던 고객예탁금이 연말에는 5조 원을 넘어선다. 1999년 들어서 9조 원으로 늘어나고 코스피(KOSPI) 종합주가지수가 1,000포인트를 넘어서자 11조 원을 넘게 된다. 다른 하나는 투신사의 주식형 펀드에 유입된 자금이다. 1998년 주식형 펀드의 수탁고는 8조 원이었는데, 다음해에는 56조 원으로 급증한다. 당시 현대투신의 '바이코리아(BUY KOREA) 펀드'가 대히트를 친 영향을 받는다. 단, 1997년 7월에 대우그룹의 부도사태가 발생과 이에 따른 외국인들의 차익실현에 대한 욕구가 결합되면서 우리나라 주식시장은 일시적인 조정을 보인다.

대우그룹의 부도사태로 조정을 보인 주식시장은 1999년 말 들어서 IT호황을 준비하기 시작한다. IT주의 강세는 미국에서 시작된 '신경제(New Economy)'에 그 뿌리를 두고 있다. 미국 경제는 IT기술에서 혁신이 일어나면서 높은 성장세를 기록하였는데, 인플레이션 역시 안정적 수준을 유지함에 따라 새로운 경제 패러다임을 보인다. 미국 경제의 IT호황은 미국 주식시장의 대세상승으로 이어진다. 주가상승 속도가 워낙 빨라서 '버블 논쟁'이 제기됨에도 불구하고 미국 증시는 거침없는 상승세를 기록한다. 다우지수는 1999년 8월에 1만 1,000포인트를 넘어섰고, 2000년 1월에는 1만 1,908포인트까지 사상 최고치를 기록한다. IT가 몰려 있는 나스닥에서는 더 큰 상승을 보인다. 1999년 초 2,200포인트로 출발한 나스닥지수는 그 해 말 4,069포인트로 상승하며 기록적인 폭등세를 보였다. 2000년 3월에는 5,132포인트까지 급등세를 지속하며 향후 세계 주식시장은 인터넷, 컴퓨터, 의료(바이오), 새로운 통신 시대의 주도로 전개될 것이라는 통찰력을 세계 투자자들에게 처음으로 알려준다. 우리나라 주식시장도 대우그룹 사태로 조정을 보였으나, 나스닥의 IT열풍에 힘입어 IT(또는 테크: Tech), 미디어(Media), 통신(Telecom) 등 "TMT" 주식이 테마주로 부상하면서 높은 상승세를 기록한다. 당시 통신주의 대표주인 SK텔레콤의 주식은 1999년 11월 14만원에서 다음해 2월에 50만원까지 상승하면서 개인투자자들의 휴식시간에 SK텔레콤 주식의 보유여부는 결혼에 영향을 줄 뿐만 아니라 혼수에 주요한 수단으로 인정받을 수 있다는 이야기가 논의 될 정도였다.

7.1.6 5세대: 진행중인 주식시장의 리레이팅(re-rating)(2003년~현재)

주식시장의 위기와 기회가 반복되면서 모든 투자자들에게는 투자에 대한 지식과 경험이 쌓이게 된다. 이전에는 동물적 감각이나 단순 정보 또는 소문 등에 의해 투자를 감행하는 경우가 많았다면 주식시장의 수많은 우여곡절을 직간접적으로 경험하면서 비과학적이고 비계량적인 투자보다는 좀 더 체계적이고 계량적이며 공학적 투자로 투자자들은 변화된다. 그 중에서 대표적인 것이 ROE 혁명이다. ROE(자기자본수익률)은 당기순이익을 자기자본으로 나눈 값의 백분율이다. ROE가 높으면 높을수록 수익성 있게 기업을 경영한 것으로 향후 주주들의 이익이 증대될 가능성이 크다는 것을 의미한다. 1997년 상장된 제조업의 ROE는 평균 1.5%였다. 당시 시중금리가 두 자릿수였다는 측면에서 상장회사의 투자는 그리 합리적 투자는 아닌 것이다. 그러나 외환위기 이후 외국인 주주와 소액 주주 그리고 기관투자자들의 상장회사에 대한 관리·감독이 한층 강화되면서 2002년 상장기업의 ROE는 평균 11%를 기록했고, 이런 추세는 그 후에도 이어지고 있다. 삼성전자 역시 외환위기 전의 ROE는 3%에서 5%였으나, 외환위기 이후에는 16%에서 40%까지 상승하였고, 2014년부터 2023년까지 단순평균 ROE는 13.3%를 기록한다.

표 7-2 삼성전자 ROE 추세 (%, 배)

연도	2014	2015	2016	2017	2018	2019	2020	2021	2022	2023
ROE	15.1	11.2	12.5	21.0	19.6	8.7	10.0	13.9	17.1	4.2
PER	9.8	11.5	13.2	9.4	6.4	17.6	21.1	13.6	6.9	36.8

자료) dart.fss.or.kr

외환위기 전 우리나라 기업들은 만성적으로 자금부족 현상을 경험한다. 그러나 외환위기를 통해 과잉투자가 자제되면서 기업들의 잉여현금흐름이 1998년부터 양(+)의 값으로 돌아섰다. 기업들은 잉여현금흐름을 바탕으로 좀 더 계획적이고 체계적인 설비투자를 실시할 수 있고 경기가 하락할 경우 버틸 수 있는 위험관리 능력을 지니게 된다. 더 나아가서 2003년부터는 배당성향도 높아지면서 주주들을 위한 경영에 노력하고 있다. 2000년 이후에도 우리나라 증시에는 여러 가지 위험과 큰 폭의 증시 하락이 발생한다. 2008년 미국의 리만브라더스사태, 2013년에는 유럽의 재정위기, 2020년에는 코로나19사태 등이다. 이럴 때마다 우리나라 증시는 과거의 경험과 현재의 위기극복 능력, 그리고 미래에 대한 기대함이 복합적으로 작용하며 우리나라 주식시장은 빠른 회복세 및 성장세를 지속하고 있다. 내부나 외부의 위기 때마다 자생적인 경쟁력의 상승과 심지어 외생변수의 천운으로 인해 우리나라 증시는 지속적인 리레이팅(re-rating)은 과거에 진행했으며, 현재와 미래에도 진행될 것으로 예상된다. 특히, 미래에는 AI와 ChatGPT를 통한 반도체, 배터리 중심의 전기차, 첨단 바이오(의료), 신속한 이동문화 및 정보를 제공하는 우주항공, 사람들의 인식과 생각을 지배하는 문화의 엔터테인먼트 분야에서 우리나라의 상장사들의 활동이 더욱 크게 부각되고 있음에 따라 블랙스완 같은 경제이벤트로 인한 하락이나 폭락은 있어도 추세적인 하락이나 폭락세는 없을 것이다. 아니 장기적 측면에서 이미 2000년 이후에도 우리나라 주식시장은 진정한 리레이팅(re-rating)이 계속 진행 중이라고 진단할 수 있다.

7.1.7 실전주식투자

2000년대 초에 닷컴버블 등이 꺼지면서 투자의 전반적인 분위기에 변화가 발생한다. 전통적인 분산투자의 개념에 변화가 발생한 것이다. 투자자들은 투자위험과 변동성을 낮추고 기대수익률을 좀 더 안정적으로 유지하는 것에 대해서 고민하기 시작한다. 이를 위해서 금융전문투자자들은 거시변수에 투자비중을 더 연동시키면서 적극적인 포트폴리오 구축을 시도한다. 다시 말해서, 개별종목과 자산 유형 사이에 상관관계도 중요하지만, 그 보다 더 중요한 것은 투자 아이디어까지 반영한 상관계관계까지도 적용해야만 투자자의 포트폴리오의 위험을 더 분산할 수 있다는 것을 의미한다.

기존의 전통적인 분산투자는 투자위험과 기대수익률이 균형을 이루는 최적 포트폴리오를 구축하기 위해 오랜 시간 노력해 왔다. 그 동안 1952년 마코위츠가 소개한 '현대포트폴리오이론'(MPT: Modern Portfolio Theory)을 활용해서 수없이 많은 투자자들의 최적 포트폴리오를 구성해 왔지만, 이제는 세계 금융시스템이 큰 변화를 이루었고, 통합되면서 시장자본주의가 확립되어 전통적인 포트폴리오 이론의 신뢰가 크게 훼손된 상황이다.

이런 투자방식에서 벗어나서 다른 방법들을 보완하여 투자할 필요가 있다. 개발자산의 위험/수익만을 고려해서는 그 자산이 포트폴리오에 미치는 영향을 파악하기는 쉽지 않다. 이런 결점을 보완해주는 자료가 샤프비율인데, '변동성에 대한 보상비율(reward－to－variability ratio)이라고도 명명한다. 샤프 비율은 1966년 노벨상을 받은 윌리엄 샤프(William F. Sharpe)가 뮤추얼펀드의 실적을 측정하고자 개발한 비율이다. 비교적 간단하니 이 공식을 활용하면, 위험 단위당 추가되는 이익을 측정할 수 있다. 샤프비율이 높을수록 그 자산의 투자위험이 증가할 때 기대수익률이 더 많이 증가하는 것이다. 반대로 샤프 비율이 낮을수록, 투자위험이 증가할 때 기대수익은 크게 증가하지 않는다는 것을 의미한다.

또 다른 참고 내용으로, 미국보다 시장 규모가 작은 나라들은 미국금융시장의 움직임에 큰 영향을 받아왔다. 미·중 분쟁 이후 미국금융시장의 영향력에서 벗어나는 탈동조화의 주장도 여러 측면에서 설득력을 얻고 있다. 그 이유는 미국 경제가 세계 경제에 차지하는 비중이 축소되는 측면이 있고, 인도와 중국의 지위가 높아졌으며, 라틴아메리카의 재정과 경제가 과거보다 개선되었기 때문이다. 이뿐만 아니라 동유럽과 아프리카의 시장자본주의도 확산되고 있고, 유럽의 건재, 특히 중동을 비롯한 주요국가들의 국부펀드가 급성장하고 있기 때문이다. 그러나 탈동조화 이론이 일부에서 동의를 얻고 있지만, 세계 경제에 있어서 약 20%를 차지하는 미국으로부터 탈동조화를 수행하는 데에는 한계가 있다. 여전히 미국은 자국 중심으로 세계 경기 순환에 강력한 영향을 미치는 능력을 보유하고 있기 때문이다. 특히, 연준이 금리를 변화시키는 기간 동안은 미국과 국제시장의 상관관계가 매우 높이 상승하기 때문이다.

실증분석에 따르면, 세계 어느 나라나 특정 국가의 투자자들은 자기 나라에 투자하기를 좋아한다. 최근에는 세계화가 본격화되면서 이런 흐름이 다소 약화되고 있는 것이 현실이다. 예를 들면 미국인들이 보유한 외국 주식과 채권이 2005년 말에 2조 1,000억 달러였는데, 2006년 말에는 5조 6,000억 달러로 증가한다. 또한 외국인 투자자자들이 보유한 미국 장기 증권은 2001년보다 두 배로 늘어난 8조 달러가 된다. 역외예금 역시 이런 추세를 따르고 있다. 2007년 6월 말 현재 역외예금은 30조 달러로서 1년 전보다 22% 증가하였고, 5년 전보다 17조 5,000억 달러 증가하였다. 이런 데이터를 보면 세계가 과거 그 어느 때보다 더 통합되었음을 알 수 있다.

표 7-3 각국 시장지수의 달러 기준 수익률 사이의 상관계수

	호주	캐나다	독일	일본	뉴질랜드	스웨덴	영국
캐나다	0.602						
독일	0.622	0.722					
일본	0.375	0.418	0.398				
뉴질랜드	0.787	0.499	0.432	0.357			
스웨덴	0.625	0.644	0.769	0.401	0.425		
영국	0.695	0.679	0.742	0.384	0.527	0.792	
미국	0.677	0.780	0.734	0.471	0.518	0.727	0.794

주) 상관계수는 1991년 1/4분기~2004년 4/4분기 동안 분기별 주식시장 수익률을 달러 기준으로 환산하여 추정함. 상관계수의 유의 수준은 5%임.

자료) Pinfold, John, Mei, and Lawence Rose. "A Superior International Asset Allocation Strategy Condition on Currency Prices." Department of Commerce, Massey University Albany. Auckland, New Zealand, June 2005. 앤서니 크레센처. "TOP-DOWN 투자 전략." 리딩리더, 2011년 p171 자료 재인용.

이러한 추세는 향후에도 더 증가할 것으로 예상된다. 거대한 투자자금이 각 국가의 국경을 이전보다도 자유롭게 이동 가능하고, 국제금융관련 법률이 더욱 보완되고 있으며, 시장자유무역이 전세계적으로 확대되는 추세이고, 이로 인해 시장자본주의를 채택하는 국가들이 더 증가할 것으로 예상되기 때문이다. 또한 미국투자자들이 보유한 외국 주식의 비중도 더욱 증가할 여지를 가지고 있다. 2000년대 초창기만 해도 미국투자자들이 보유한 외국 주식의 비중은 13%에 불과하였고, 외국투자자들이 보유한 미국 주식의 비중 역시 비슷한 수준이었다. 이후 양쪽의 이 데이터는 일시적인 경제위기를 발생한 시기를 제외하고는 지속적으로 증가하는 추세를 보인다.

최근 주식투자에 있어서 하향식 투자 아이디어에 의한 분산투자를 주장하는 금융전문투자자도 있다. 2000년대 초에는 거시경제지표들이 세계금융시장을 크게 변화시켰다. 시장자본주의가 동유럽에 크게 확산되기 시작하였고, 라틴아메리카의 재정 적자와 국제 수주 적자 문제가 불거졌으며, 인도와 중국의 경제

가 빠르게 성장하였고, 더 나아가서 중국이 2002년 WTO에 가입한다. 이러한 일련의 중요한 이벤트들이 세계금융시장에 발생했고, 이러한 내용은 금융투자전문가에게 있어서는 의미있는 세계적 금융이벤트들이다. 특히, 자유무역은 1990년 이후 자유무역협정(FTA)이 연속적으로 체결되면서 세계 전역으로 급속히 확산되는 모습을 보인다. 자유무역협정(FTA)이 체결되면 국가 간에 무역 거래가 급속히 증가할 뿐만 아니라 자유무역협정(FTA)가 주는 혜택과 장점이 장기간에 걸쳐서 나타난다. 이것은 자유무역협정(FTA)를 체결한 두 나라가 상호간에 투자할 기회가 크게 증가한다는 것을 의미한다. 미국 대통령의 경제지(Economic Report of the President of the United States, 2008년)에 의하면, 자유무역협정(FTA) 체결 5년 후에는 두 나라의 교역량이 약 32% 증가하였고, 10년 후에는 73%나 증가하였으며, 15년 후에는 무려 114%나 증가하는 현상을 보인다. 이렇게 시간이 흐를수록 교역량이 크게 증가하는 이유는 5년 단위로 관세 및 기타 무역 장벽이 사라지며, 15년 정도면 그 동안의 장애나 걸림돌이 되었던 요인들이 거의 제거되기 때문인 것으로 보인다. 미국은 17개 국가와 자유무역협정(FTA)을 진행했으며, 그 중에서 14건이 조지 부시 미국대통령 재임기간 동안에 진행된다. 자유무역협정(FTA) 체결국에 대한 미국의 수출 규모는 큰 폭으로 증가하는 추세를 보였다. 따라서 주식투자시, 각 국가 간의 무역규모의 증대와 그 수혜국가에 연동시켜 투자하는 것도 국제투자에 있어서 매우 중요한 아이디어를 제공할 수 있다.

이외에도 하향식 투자 원칙을 이용하면 서로 상관관계가 낮은 자산을 선택하여 분산투자효과를 경험할 수 있다. 다시 말해서 하향식 투자 방식을 통해 주식과 채권 투자에 대한 비중을 조절하거나, 주식 비중에서 채권 비중으로 종목 배분을 수정해 나갈 수 있다. 이렇게 주식과 채권의 비중을 조절할 때는 거시적 경제환경을 잘 고려해야 한다. 다음과 같이 세계금융시장의 변화를 예측해 볼 수 있다. 첫째, 연방기금과 유로달러 선물 등을 활용해서 연준의 금리인하에 투자하는 방식이다. 둘째, 미국의 재정 적자가 다시금 증가하게 되면, 미국 재무부에서 재무부채권의 발행량을 증가시킬 것이다. 셋째, 정부기관이나 투자증권 채권 또는 정크본드(Junk Bond)의 실적도 재무부채권의 실적 이하로 떨어질 것이다. 넷째, 연준이 금리 인하를 시작하면 수익률 곡선이 가팔라지는 방향으로 자금이 몰릴 것이다. 다섯째, 기업부도율이 함께 늘어날 것이다. 자산유형을 선정할 때는 이렇게 열거된 거시적 변수를 활용해서 포트폴리오의 자사배분을 결정해야 할 것이다. 반대로 경제가 회복될 때에는 다음과 같이 경제적 요인들이 변화를 보일 것이다. 첫째, 주식의 수익률이 채권을 수익률을 능가할 것이다, 둘째, 원자재 가격이 상승세를 보이거나 일부 품목에서는 급등세가 나타난다. 셋째, 세계금융시장에서 신흥국가의 투자수익률이 선진국가의 투자수익률을 상회할 것이다. 넷째, 미국 달러화의 하락세가 안정화될 것이다. 다섯째, 육상, 항공과 해상 등의 국제 운임이 상승세로 변화될 것이다. 여섯째, 대출 기준 등이 완화될 것이며, 끝으로 신기술 개발과 혁신을 창출하려는 기업들이 다시 증가할 것이다. 이런 방식으로 다양하게 하향식 투자 방식을 고려해 볼 수 있다.

결론적으로 주식투자에 있어서 정답은 없다. 가치주 투자이건, 성장주 투자이건, 아니면 가치성장주 투자이건, 성장가치주 투자이건 그것은 금융투자전문가와 투자자의 협의에 의해서 진행되면 된다. 금융투자전문가와 투자자의 의견을 조율하면서 투자자의 투자성향에 맞고, 좋은 수익률을 안정적이고 지속적으로 구현해 낼 수 있다면 그것이 가장 좋은 주식투자가 될 것이다. 주식투자라고 해서 주식투자만을 고집하는 것이 아니라 거시경제의 변화에 따라 주식의 비중을 줄일 수도 있고, 상황에 맞추어서 주식투자를 늘려 나갈 수도 있다. 이것이 우리가 말하는 진행한 주식투자의 의미라고 할 수 있고, 우리가 이런 주식투자를 통해서 희망하는 것은 금융시장보다 높은 수익률을 안정적이고 지속적으로 달성하는 데 있는 것이다.

표 7-4 코스피(KOSPI)와 코스닥(KOSDAQ) (2023년 말 기준)

	코스피(KOSPI)	코스닥(KOSDAQ)
구분	중대형 우량 기업	기술기업, 성장기업
개설일	1956년 3월	1996년 7월
시가총액	2,126조 원	432조 원
상장종목수	953개	1,705개
일 평균 거래대금	9.6조 원	10조 원
일 평균 거래량	5.4억 주	11.2억 주
외국인 비중	32.9%	9.0%

자료) 한국거래소

7.2 시황정보와 투자전략

7.2.1 시황정보

한국에 경우에는 다양한 증권사(금융투자 포함)가 존재하고 이 증권사에 소속된 리서치센터의 시황정보팀이나 시황정보센터로부터 매일 다양한 정보가 흘러나온다. 시황정보에는 국내의 주요 정치, 경제, 사회, 문화 그리고 다양한 기업들의 활동들이 소개되고, 거시경제부터 미시경제까지 주식시장에 미칠 만한 요인들이 매일같이 소개되어 진다. 그리고 그러한 변수들이 어떻게 전일에 변화되었는지를 반영해서 다음 영업일 시황에 어떤 영향을 줄 것인지에 대해서 분석하거나 혹은 데이터로써 투자자에게 제공하여 준다. 투자자들은 주어진 정보를 바탕으로 영업일 당일 어떻게 대응해야 할 지 의사결정을 시도하고 좀 더 높은 수익률을 얻기 위해서 노력한다.

7.2.2 투자전략

금융전문자산관리자가 투자자들의 자금을 관리해 나갈 때는 투자자의 포트폴리오를 구성하기 위해서 투자자들의 총투자금을 파악으로써 시작된다. 투자자의 포트폴리오 균형에 대한 의사결정을 참고로 해서 금융전문자산관리사는 단기금융자산, 장기채권, 지분형 투자에 대한 투자비율과 투자금액을 배분해야 한다. 또한 금융전문자산관리자는 투자자의 위험(변동성)에 대한 허용수준, 투자기간, 기타 투자자가 관심을 가지는 요인들을 반영해서 포트폴리오를 구성해서 운용해야 한다. 그런 측면에서 금융전문자산관리자는 국내주식, 해외주식, 단기금융자산, 국내 채권, 해외 채권, 부동산 투자, 파생상품 등의 헤지성 투자와 배당 형 투자 등을 종합적으로 고려하여 후에 투자전략을 수립해야 한다.

투자의사결정과 포트폴리오 구성을 하는 데 있어서 가장 포괄적인 단계는 광범위한 포트폴리오의 균형과 관련이 있다. 투자자의 포트폴리오 내의 자산군을 선택하고, 자산군 사이에서 각 자산의 펀드를 최적의 수익률을 얻도록 구성해야 한다. 잘 분산되고 좋은 자산들이 선택된 경우에는 더 높은 기대수익률과 낮은 변동성을 보이지만, 그렇지 못한 경우는 반대의 경우도 나타날 수 있기 때문이다. 이 경우는 투자자의 자산의 빠른 재배분을 통해서 기대수익률을 시장수익률보다 높이고 변동성은 낮추어서 포트폴리오를 안정적으로 관리 운용해야 한다.

한동안 전세계적으로 가치투자가 유행한 적이 있다. 가치투자는 내재가치보다 낮은 가격에 거래되는 종목을 선정하여 미리 사둔 후 그 가치가 내재가치까지 상승하는 것을 기다리는 투자기법이다. 가치투자자들이 투자기준으로 삼는 주요한 투자지침이 있다. 1934년 벤저민 그레이엄(Benjamin Graham)이 데이비드 도드(David Dodd)와 함께 저술한 가치투자의 고전인 "증권분석"(Security Analysis)이다. 벤저민 그레이엄은 1949년에는 세계 투자자에게 잘 알려진 "현명한 투자자"(The Intelligent Investor)도 저술한다. 그의 제자로 불릴 수 있는 워런 버핏(Warren Buffett)은 이 책을 이 시대의 최고의 가치투자 저서라고 칭찬한다. 심지어 버핏은 본인의 인생에 그레이엄으로부터 큰 영향을 받은 것을 인정하면서 그의 두 아들 중 한 명의 이름을 하워드 그레이엄 버핏(Howard Graham Buffett)으로 작명한다. 가치투자를 지탱하는 또 다른 두 개의 중요한 핵심 내용은 다음과 같다. 하나는 내재가치(intrinsic value)로 손익계산서를 포함한 재무제표를 종합적으로 분석해서 회사의 내재가치를 평가하는 것이고, 다른 하나는 안전마진(margin of safety)을 확보하는 것이다. 즉, 적정 "안전마진"이 있는 주식만을 거래하는 것이다. 투자하는 주식은 거래되는 주식이 내재가치보다 낮게 거래될 때 안전마진을 확보할 수 있다.

이런 내재가치 투자 역시 투자 역사가 오래됨에 따라 다음과 같은 내용을 보완하는 경우, 현대의 좋은 투자안으로 유지될 수 있을 것이다. 그런 측면에서 내재가치에 보완되어야 투자 방법은 경제 환경이 크게 바뀌면 회사의 자산이 오히려 부채가 되는 경우가 있어 이런 기업의 자산평가를 지속적으로 수정 및 변경해야 한다. 그리고 시대가 변화되어 기업의 현금유동성이 중요해짐에 따라 현금유동성에 대한 점검이 항상 이루어져야 한다. 기업의 성장성과 수익성, 활동성 등이 긍정적 방향으로 변화 또는 상승하고 있는지 확인해야 한다. 끝으로 기업의 매출실적 추세만 미래의 실적으로 추정한다면 정확한 기업의 내재가치를 파악하기 어렵다. 기업이 향후 다가오는 경쟁에 대해서 어떻게 대응하고 있는지, 또한 매출성장과 수익증대를 위해서 기업이 얼마나 노력하는지 등을 점검해야 하고, 더 나아가서 신제품의 지속적인 개발, 생산의 해외로의 확대, 심지어 제품을 구매하는 인구통계의 변화 등도 지속적으로 확인해 나가야 한다.

애널리스트들이 기업가치를 평가할 때, 저마다 상황과 환경에 따라서 다른 모형들을 사용하고 있다. 이것은 투자자의 성향이나 투자목적에 따라 다른 지표를 사용할 수 있기 때문이고, 애널리스트 역시 기업의 어느 측면을 강조하느냐에 따라 모형을 선택할 수 있기 때문이다. 이렇듯 기업가치평가에 대한 애널리스트의 분석모델은 상황에 따라 다양할 수 있으나, 기업가치를 평가함에 있어서 바탕을 이루는 경제원리에는 대체원가(replacement cost)와 미래수익의 원리가 전제되어 있다. 대체원가란 대차대조표에 기초를 둔 주식가치 평가방법으로 주목되는 또 하나의 방법으로 부채를 차감한 자산가치이다. 한 기업의 시장가치는 그 기업의 대체비용보다 크게 높을 수 없다고 본다. 따라서 다른 동종업체의 경쟁압력으로 인해 모든 기업의 시장가치는 대체원가와 동일해질 때까지 내려가게 된다는 것이다. 미래수익의 원리는 자산을 취득할 때 위험을 반영한 할인율로 현재화한 가치보다 높은 가격을 지불하지 않는다는 것이다.

이러한 경제원리 하에서 기업가치평가방법은 크게 시장접근법(Market Approach), 자산기반접근법(Asset-based Approach), 그리고 이익접근법(Income Approach)과 같은 3가지로 정리해 볼 수 있다. 시장접근법과 자산기반접근법이 대체원가에 근거한 것이라면, 이익접근법은 미래수익의 원리에 근거한 것이라 볼 수 있다.

한편, 기업가치 평가에서 대상이 되는 회사는 상황과 평가 목적에 따라 기업가치에 대한 가정을 하게 된다. 기업가치는 가정에 따라 다음과 같은 네 가지로 분류할 수 있다.

첫째, 계속기업으로서의 가치(Value as a going concern) : 기업이 계속하여 영업을 운영한다는 가정하에 수익창출에 사용하는 전체집합자산의 가치를 의미한다.

둘째, 연결자산으로서의 가치(Value as an assemblage of assets) : 현재 수익창출에는 사용되지 않으며 계속기업이 아니라는 가정 하에 단순한 자산의 총합으로서 대체가치를 의미한다.

셋째, 처분에 의한 가치(Value as an orderly disposition) : 자발적인 의사에 따라 기업의 자산이 모두 순차적으로 처분될 것이라는 가정하에서의 교환가치를 의미한다.

넷째, 강제적 청산에 의한 가치(Value as a forced liquidation) : 타인에 의해서 임의적으로 기업이 청산될 것이라는 가정 하에서 교환가치를 의미한다.

이러한 기준에 의해서 상황과 목적에 맞게 기업가치 평가방법을 사용하게 된다.

여기서는 주로 기업가치를 평가함에 있어서 계속기업으로서의 가치를 전제하여 기업을 평가한다. 즉 주식시장에서 거래되는 업체의 경우 계속기업을 전제로 내재가치(intrinsic value)를 평가하여 이를 시장가치(market price)와 비교할 경우 특정기업의 주가가 과대평가 혹은 과소평가되어 있는지를 분별한다. 앞선 방식이 경제원리 하에서 기업가치평가를 시도하였다면, 이러한 평가모형이 금융시장에서는 실질적으로 다음과 같은 방식에 의해서 구현 적용되고 있다. 실무에서 적용되고 있는 기업가치평가의 기본방법에는 상대가치평가법(주가배수평가모형－PER, PBR, PSR, PCFR, EV/EBITDA), 절대가치평가법(DCF모형, DDM모형, EVA모형), 그리고 옵션가치주식평가법 등이 있다. 단지, 옵션가치주식평가법은 특수한 상황에서 사용됨 따라 여기서는 간략한 소개만하고 상대가치평가법과 절대가치평가법 중심으로 설명하고자 한다.

기업가치평가방법_절대가치평가모형과 상대가치평가모형

(1) 절대가치평가모형(DCF, DDF, FCF, EVA) 등

1) 현금흐름할인법(Discounted Cash Flow Model, DCF) : 미래에 발생할 현금흐름을 적정한 할인율로 할인한 현재가치를 투자가치로 평가하는 모델.
2) 배당할인모형(Dividend Discount Model, DDM) : 미래에 발생할 배당금을 적정한 할인율로 할인한 현재가치를 투자가치로 평가하는 모델.
3) 잉여현금흐름모형(Free Cash Flow Model, FCF) : 부가가치의 창출력을 잉여현금흐름액으로 측정하는 모델.
4) 경제적 부가가치(Economic Value Added, EVA) 평가모형 : 당기순이익에

서 자가자본에 대한 기회비용을 차감하여 얻어지는 초과이익을 투자가치로 평가하는 모델.

(2) 상대가치평가법(Multiples)

1) 기업의 예상주당순이익(EPS)과 주당수익비율 또는 주당수익가치비율(PER)
2) 주당순자산(BPS)과 주당순자산비율 또는 주당순자산가치배율(PBR)
3) 주당매출액(SPS)과 주당매출액비율 또는 주당매출액가치배율(PSR)
4) 주당현금현금(CFPS)과 주당현금흐름비율 또는 주가대비현금흐름가치배율(PCFR)
5) EV/EBITDA 등

(3) 옵션주식가치평가법

어려움이 있는 기업(troubled firm), 천연자연소유기업(natural resource firm), 첨단기술집약기업(high-technology firm) 등 특수한 기업가치평가에 활용.

7.3 상대가치평가모형

증권시장에서 근무하는 애널리스트(Analyst)는 특정기업의 적정주가를 산출할 때 주당이익(EPS), 주당순자산(BPS), 주당매출(SPS), 주당현금흐름(CFPS) 등을 사용한다. 이 값들은 주가배수(Price Multiple)를 통해 동종업체나 유사산업의 상대적인 적정 수준을 고려하여 적정주가로 산출된다. 이 방법들은 동일업종의 주가배수의 상대수준을 감안하여 산출됨에 따라 상대가치평가법이라고 부른다. 본 절에서는 국내증권회사의 리서치센터나 리서치팀(센터)들에서 주로 사용되는 PER, PBR, PSR, EV/EBITDA에 대해서 논하고자 한다.

7.3.1 PER 평가모형

주가수익배율(PER : price-earnings ratios)은 주가(price)를 주당순이익(EPS)으로 나눈 것이다. 이것은 기업이 얻은 한단위의 수익에 대해 주주나 투자자들이 얼마의 대가를 지불하고 있는가를 의미한다. 그런 측면에서 단위당 수익력에 대한 상대적 주가수준을 나타낸다. 증권시장의 실무에 있어서 주가수익배율은 널리 사용되는 데 그 이유에 대해서 애스워드 다모다란(Aswath Damodaran)은 다음과 같이 설명하고 있다. 첫째, 가격과 순이익을 연결시키는 매력적인 수치이다. 둘째, 대부분의 주식에 적용하여 계산하기가 간단하고 쉽게 자료를 구할 수 있기 때문에 주식 간의 비교를 용이하게 한다. 셋째, 위험과 성장률을 포함한 기업의 여러 특성들의 대용치(proxy)가 될 수 있다.

PER관련 산식은 크게 두 가지 정도로 나누어서 설명해 볼 수 있다. 첫째는 경제 전체의 명목성장률과 거의 같은 속도로 성장하는 안정기업의 주가수익률이고, 둘째는 고속성장을 하는 기업의 주가수익률이다.

(1) 안정기업의 주가수익률

$$P_0 = \frac{DPS_1}{r-g_n} = \frac{EPS_0(\text{배당성향})(1+g_n)}{r-g_n} \qquad (\text{식 } 7-1)$$

고든(Gordon)의 모형을 이용한 위의 산식을 EPS로 나누면 주가수익률은 다음과 같다.

$$\frac{P_0}{EPS_0} = PER = \frac{(\text{배당성향})(1+g_n)}{r-g_n} \qquad (\text{식 } 7-2)$$

PER은 다음연도의 기대순이익을 이용하여 표시함에 따라 위 식은 다음과 같이 바꿀 수 있다.

$$\frac{P_0}{EPS_0} = PER = \frac{(\text{배당성향})}{r-g_n} \qquad (\text{식 } 7-3)$$

P_0 : 주식가치
DPS_1 : 다음기(1년)의 기대배당금
r : 자기기본의 요구수익률(자기자본비용)
g_n : 배당금의 영구적인 기대성장률
단, $DPS_0 = EPS_0(\text{배당성향})(1+g_n)$

(2) 고속성장기업의 주가수익률

고속성장기업(high－growth firm)의 주가수익률도 기본변수와 관련이 있다. 2단계 배당할인모형에서 성장률과 배당성향이 예측되면 배당할인모형은 다음과 같이 표현할 수 있다.

$$P_0 = \frac{EPS_0(\text{배당성향})(1+g)\left(1-\frac{(1+g)^n}{(1+r)^n}\right)}{r-g} + \frac{EPS_0(\text{배당성향})(1+g)^n(1+g_n)}{(r_n-g_n)(1+r)^n} \qquad (\text{식 } 7-4)$$

양변을 EPS_0로 나누면 주가수익률은 다음과 같다.

$$\frac{P_0}{EPS_0} = PER = \frac{(\text{배당성향})(1+g)\left(1-\frac{(1+g)^n}{(1+r)^n}\right)}{r-g} + \frac{\text{배당성향}_n(1+g)^n(1+g_n)}{(r_n-g_n)(1+r)^n} \qquad (\text{식 } 7-5)$$

EPS_0 : 현회계연도의 주당순이익
r : 처음 n년 동안의 기대성장률
g : 처음 n년 동안의 자기자본비용
배당성향 : 처음 n년 동안의 배당성향
r_n : n년 후의 자기자본비용
g_n : n년 후의 영구적인 기대성장률(안정성장률)
배당성향$_n$: n년 후의 영구적인 배당성향(안정배당성향)

(3) PER접근법의 장점과 단점

PER 접근법의 장점은 간편하고 작성하기 쉬우며 동시에 주가를 순이익과 연결해서 생각해 볼 수 있다는 것이다. 반면 단점으로는 첫째, 당기순이익이 적자를 기록할 때는 주가수익률은 사용할 수가 없다. 둘째, 임의적인 회계규정에 영향을 받을 수 있다. EPS의 경우 회계적 이익으로 감가상각이나 재고평가에 있어 물가상승시에 경제적 가치가 저평가 받을 수 있다. 이외에도 순이익의 변동성으로 인해 주가수익률이 기간에 따라 변할 수 있다. 특히 경기순환기업의 경우 당기순이익이 경기사이클과 동조현상을 보이는 반면, 주가는 미래의 기대를 반영한다. 이로 인해서 경기순환기업의 주가수익률은 침체기에 높게 나타나고 호황기에 낮게 나타난다.

7.3.2 PBR 평가모형

PBR(주가순자산배율)은 주가를 주당순자산(BPS)로 나눈 비율이다. 적정주가를 산출함에 있어서 자기자본의 시장가격과 자기자본의 장부가격의 차이를 나타내는 지표 역할을 한다.

$$PER = \frac{\text{주가}(PRICE)}{\text{주당순자산}(BPS)} \quad (\text{식 } 7-6)$$

위의 식은 PBR과 PER과의 연관성을 통해서 다음과 같이 유추해 볼 수 있다.

$$PBR = ROE \times PER \quad (\text{식 } 7-7)$$[3]

$$= \frac{ROE(1-b)}{r-g_n} + \frac{ROE-bROE}{r-g} \quad (\text{식 } 7-8)$$

$$= \frac{ROE-g}{r-g} \quad (\text{식 } 7-9)$$

PBR과 PER의 차이점은 PBR이 자산가치와 대비한 상대적인 주가수준을 측정하는 지표인 반면, PER은 수익가치와 대비한 상대적 주가수준이다. PBR이 PER을 대신해서 사용되는 이유는 첫째, 특정 기업의 주가가 내외적 요인에 의해 상대적인 수익가치에 비해 높은 주가의 가격이 형성된 경우(분모인 주당순이익이 일시적으로 낮아져서 형성될 수도 있고, 아니면 대내외적인 호재 요인이 작용하면서 주가 급등으로 PER이 높게 상승 할 수도 있음) PER이 동종업체대비 지나치게 나 홀로 높아지고 그 변동성이 커지면서 그 기업의 PER은 투자지표로써 유용성이 떨어진다. 둘째, 인플레이션 경제하에서는 산업에 따라 자산가치가 높아지는

3 이 식은 아래의 방법을 통해서 추정한 산식임.

$$\frac{\text{자기자본시장가격}}{\text{자기자본장부가격}} = \frac{\text{순이익}}{\text{자기자본장부가격}} \times \frac{\text{자기자본시장가격} \div \text{발행주식수}}{\text{순이익} \div \text{발행주식수}}$$

$$= \frac{\text{순이익}}{\text{매출액}} \times \frac{\text{매출액}}{\text{총자본}} \times \frac{\text{총자본}}{\text{자기자본}} \times PER$$

경향이 있다. 그러나 이처럼 PBR은 PER의 보완적인 개념으로 사용되는 경우가 일반적이다.

7.3.3 PSR 평가모형

2000년에 벤처업체들의 열풍이 생기면서 PSR(주당매출액비율 : price sales ratio)에 대한 관심이 증가했다. 벤처열풍을 주도했던 닷컴(.com)기업들은 처음 수년간 이익을 내지 못하는 경우가 많음에 따라 PER과 PBR의 모형을 적용하기 어렵고, 이들 기업은 초기시장점유율확보를 통한 매출확대가 장기적 이익을 창출하는데 기여할 수 있다는 측면에서 주당매출액이 중시되었다.

$$PSR = \frac{\text{주가}(PRICE)}{\text{주당매출액}(SPS)} \qquad (\text{식 } 7-10)$$

PSR비율은 PBR에서 보였던 것처럼 PER의 모형에서 응용이 가능하다.

$$P_0 = \frac{E_0(1+g)(1-b)}{r-g} \qquad (\text{식 } 7-11)$$

$$= \frac{S \times R \times (1+g)(1-b)}{r-g} \qquad (\text{식 } 7-12)$$

$$PSR = \frac{R \times (1+g)(1-b)}{r-g} \qquad (\text{식 } 7-13)$$

단, S : 주당 매출액
R : 매출액순이익률

위의 식은 PSR이 매출순이익률에 의해서 영향을 받음을 알 수 있다.

7.3.4 EV/EBITDA 평가모형

기업가치를 평가하는데 있어서 현금흐름의 중요성이 높아지고 있다. EV/EBITDA는 기업전체가치(Enterprise Value, 이하 EV)를 EBITDA(earnings before interest, tax, depreciation & amortization)로 나눈 것이다. EV는 기업의 시가총액

(주가 x 발행주식수)에 순차입금(총차입금－현금 및 현금등가물, 시장성유가증권)을 합한 것이고, EBITDA는 세전영업이익(EBIT)에서 감가상각비를 합한 것으로 계산한다.

$$\frac{EV}{EBITDA} = \frac{\text{기업전체가치}}{\text{영업이익} + \text{감각상각비}} \qquad (\text{식 } 7-14)$$

EV/EBITDA는 현금흐름의 크기를 감안하여 기업가치가 상대적으로 얼마나 되는지를 측정하는 투자지표이다. PER는 회계처리방법과 경상적인 요인에 의해서 크게 영향을 받을 수 있으나, EV/EBITDA는 이런 요인에 대해서 비교적 자유롭다는 장점을 가지고 있다.

7.4 절대가치평가모형

기업가치평가의 방법에는 ASA의 기준으로 시장접근법, 자산기반접근법, 이익접근법 등이 있으나, 우리나라에서 소개되는 대부분의 기업분석관련 서적에는 현금흐름할인법, 상대가치평가법, 옵션가치평가법 등으로 구분된다. 방법론의 분류상에는 접근상에 비중을 어느 곳에 두느냐에 따라 차이가 있지만, 실질적인 내용에 있어서는 후자의 방법이 ASA방법을 기능상으로 모두 포괄하고 있다. 따라서 본 저서에서는 국내 증권시장과 증권회사의 실무에서 적용되는 일반 분류 방법을 통해서 이론적인 접근을 하였다.

7.4.1 현금흐름할인법(DCF: Discounted Cash Flow)

기업가치를 평가함에 있어서 계속기업의 전제를 바탕으로 한 경우 주식투자에 대한 수익률은 현금배당과 자본소득(손실)의 가감으로 산출된다. 다시 말해서 주식가치는 미래에 예상되는 배당금액과 미래 특정시점에 매도하는 매도가격을 주주들이 요구하는 요구수익률로 할인한 현재가치로 평가할 수 있다.

(1) 현금흐름할인법(DCF)의 장점

토마스 코플랜드(Thomas Copeland)는 DCF의 장점을 설명하기 위해서 회계적 접근법과 현금흐름할인법(DCF)접근법의 차이로부터 출발한다. 회계적 접근법은 단순히 주당순이익에 일정 배수(주가순이익비율 : price-earnings ratio, P/E ratio)를 곱해서 주식가치를 산출한다. 이러한 방식은 순이익을 얻기 위해서 이루어져야 할 투자액이나 또는 순이익이 발생하는 시점을 고려하지 못하게 된다. 반면에, 현금흐름할인법(DCF)은 해당 연도에 순이익을 창출하는데 있어서 설비투자나 다른 현금흐름을 고려해서 가치의 차이 변화를 읽어낼 수 있다. 즉 현금흐름할인법(DCF)접근법이란 개별 프로젝트에 대한 평가를 해당 기업 전체의 가치평가로 확대한 것으로 이해될 수 있다.

코린스(Collins,1994)는 회계이익과 주가수익 간의 동시적 시간관계에 있어서 설명력이 낮음을 연구했는데, 그 이유는 회계이익과 주가수익 간의 시간차가 존재하는 동시에 회계이익의 적시성 부족에 있다고 결론지었다.

코플랜드(Copeland)와 코린스(Collins)의 주장은 결국 발생주의에 의한 회계적 이익은 현금흐름을 유발하는 자본적 지출과 투자의 흐름을 읽어내지 못함에 따라 현금흐름할인법(DCF)에 의한 가치평가에서 다소 유용성이 떨어진다는 결론을 얻어낼 수 있다.

7.4.2 배당할인모형(DDM: Dividend Discount Model)

투자자들은 주식을 투자할 때, 주식으로부터 두 가지 형태의 현금흐름을 기대한다. 즉, 보유기간동안 받게 될 배당금과 보유기간이 종료될 경우 주식의 기대가격이다. 만약, 주식을 장기간 보유하게 된다고 가정하면 주식의 가치는 미래배당금의 현재가치로 표현할 수 있다. Aswath Damodaran(2001)는 배당할인모형에 의한 논리적 근거에는 현재가치의 원칙(present value rule)이 있다고 본다. 현재가치의 원칙이란 자산의 가치는 그 자산으로부터 기대되는 미래의 현금흐름을 적정한 할인율로 할인한 현재가치를 의미한다.

$$주식가치 = \frac{D_1}{(1+r)} + \frac{D_2}{(1+r)^2} + \frac{D_3}{(1+r)^3} + \cdots + \frac{D^{\infty}}{(1+r)^{\infty}} = \sum_{r=1}^{\infty} \frac{DPS}{(1+R)^r} \quad (식 7-15)$$

DPS_r : 미래에 기대되는 주당 현금배당액
r : 요구수익률(자기자본비용)

미래의 특정시점인 n기말에 주식을 처분한다고 가정한다면 주식가치는 다음과 같이 계산된다.

$$주식가치 = \frac{D_1}{(1+r)} + \frac{D_2}{(1+r)^2} + \frac{D_3}{(1+r)^3} + \cdots + \frac{D_n}{(1+r)^n} + \frac{P_n}{(!+r)^n} \quad (식 7-16)$$

P_n : n시점에서의 주식 처분가격

이런 배당평가모형은 지속성장모형과 다단계성장모형이 대표적인 예라고 할 수 있다.

(1) 지속성장모형

지속성장모형의 배당평가모형은 미래 배당의 증가 가능성을 반영한 방법이다. 이 모형은 미래의 주당배당이 매년 g의 비율만큼 성장한다는 가정을 전제로 하고 있다. 이러한 가정을 도입하여 주식가치를 표현하면 다음과 같다.

$$\frac{D_0(1+g)}{(1+r)} + \frac{D_1(1+g)^2}{(1+r)^2} + \frac{D_2(1+g)^3}{(1+r)^3} + \cdots \quad (식 7-17)$$

$$\frac{D_0(1+g)}{(r-g)} \ (r > g) \quad (식 7-18)$$

이러한 모형을 지속성장모형(constant-growth model) 또는 “Gordon 성장모형”이라고 한다. 이 모형은 사용하기 간편하다는 장점을 갖고 있다. 그러나 미래의 주당배당금이 일정한 비율로 “영구적” 또는 “지속적”으로 성장한다는 가정은 현실성이 결여된 측면이 있고, 배당성장률 자체를 추정함에 있어서도 추정오차 문제가 커질 여지가 존재한다.

(2) 다단계성장모형

Gordon의 성장모형의 가정이 매우 제약성을 지님에 따라 기간에 따라 배당성장률을 달리 적용하는 방법이 다단계성장모형이다. 다단계성장모형 중에서 예측기간 내의 배당성장률에 대한 가정을 두 단계로 나눠서 적용한 모형이 2단계성장모형(two-stage growth model)이다. 2단계성장모형은 미래의 t기간까지는 기업이 매년 g의 배당성장률을 보일 것으로 가정하고, 그 후에는 매년 h의 배당성장률을 보일 것으로 가정한다.

$$\text{주식가치} = \frac{D_0(1+g)}{(1+r)} + \frac{D_0(1+g)^2}{(1+r)^2} + \cdots + \frac{D_0(1+g)^t}{(1+r)^t} + \frac{D_t(1+h)}{(1+r)^t(r-h)} \quad (\text{식 } 7-19)$$

$$= \frac{D_0(1+g)}{(r-g)}[1 - \frac{(1+g)^t}{(1+r)^t}] + \frac{D_0(1+g)^t(1+h)}{(1+r)^t(r-h)} \quad (\text{식 } 7-20)$$

위와 같은 2단계성장모형은 Gordon모형의 단점을 어느 정도 개선한 것으로 볼 수 있다. 즉 기간의 성장률에 대한 분리가 가능해서 좀 더 현실적인 접근이 가능하게 된 것이다. 그러나 이러한 다단계모형 역시 다음과 같은 어려움을 지니고 있다. 첫째, 기간에 따라 다르게 설정되는 배당성장률의 가정을 어떻게 정할 것인가 하는 문제가 있다. 둘째, t기간 말의 잔여가치(terminal value; 혹은 계속가치)는 Gordon모형을 사용하게 됨으로 잔여가치 추정치는 적용된 배당성장률의 가정에 영향을 받게 된다. 이로 인해서 Gordon모형의 한계점에서 완전히 자유롭지 못한 특성을 지니고 있다.

7.4.3 잉여현금흐름할인(FCF: Free Cash Flow Discount)모형

어느 특정한 기간에 기업이 영업활동으로 창출한 순현금흐름은 영업활동현금흐름에서 영업활동 투자액을 차감한 것으로 잉여현금흐름(free cash flow)이다. 잉여현금흐름이 기업가치에서 중요한 이유는 기업의 전체 가치는 영업활동에 투입된 모든 자산에서 창출되는 미래 현금흐름의 현재가치를 할인한 것에 대한 합으로 구성되기 때문이다.

(1) 잉여현금흐름할인(FCF)을 통한 기업가치의 평가

배당할인모형이 자기자본가치를 평가하는데 반해, 잉여현금흐름할인(FCF)모형은 기업의 전체가치를 평가하는데 이용한다. 자기자본의 가치만을 고려할 때 기업가치는 부채의 시장가치를 차감하여 산출될 수 있으므로 잉여현금흐름할인(FCF)모형은 자기자본의 가치를 평가하는 데 대체모형으로 사용될 수 있다.

$$\text{기업가치} = \frac{C_1 - I_1}{(1+WACC)} + \frac{C_2 - I_2}{(1+WACC)^2} + \cdots + \sum_{t=1}^{\infty} \frac{C_t - I_t}{(1+WACC)^t} \qquad \text{(식 7-21)}$$

C : 영업활동의 현금흐름
I : 영업활동투자
$WACC$: 가중평균자본비용

$$\text{주주지분가치} = \sum_{t=1}^{\infty} \frac{C_t - I_t}{(1+WACC)^t} - \text{순부채의 시장가치} \qquad \text{(식 7-22)}$$

위 식을 통해서 잉여현금흐름할인(FCF)모형을 통해서 기업의 전체가치를 구할 수 있다. 기업의 전체가치를 구한 후에 주주지분가치를 구하기 위해서는 기업 전체의 가치에서 현재 부담하고 있는 순부채의 시장가치를 차감하면 된다. 그러나 여기서 배당할인모형(DDM)과 잉여현금흐름할인(FCF)모형의 차이점이 존재한다. 먼저, 배당할인모형(DDM)이 가치분배의 측면을 강조하고 있는 반면, 잉여현금흐름할인(FCF)을 통한 현금흐름할인(DCF)은 가치창출의 측면을 부각하고 있다. 둘째, 배당할인모형(DDM)의 경우는 배당을 지급하지 않는 기업에 대해서는 미래 배당률이나 성장률 자체를 측정하기 어려우나, 현금흐름할인(DCF)모형은 배당이 없어서 기업가치평가가 가능하다.

(2) 잉여현금흐름할인(FCF)를 활용한 현금흐름할인(DCF)모형의 실무적인 방법

실무적인 차원에서 기업가치를 평가하기 위해서는 미래잉여현금흐름할인(FCF)인 "C－I(영업활동 현금흐름－영업활동 투자)"가 예측되고 재무제표를 통해서 추정될 수 있어야 한다. 그러나 추정대차대조표와 추정손익계산서를 통해서 '영업활동 현금흐름(C)'과 '영업활동 투자(I)'를 예측하는 것은 어렵고 매우 번거로운 일이다. 그러나 현금흐름표는 대차대조표와 손익계산서와 연계되어 있기 때문에 C(영업활동 현금흐름)와 I(영업활동 투자)를 일일이 계산하지 않아도 잉여 현금흐름할인(FCF)를 추정할 수 있게 도와준다.

$$
\begin{aligned}
FCF &= \text{세후순영업이익} - \Delta\text{영업투하자본} \\
&= \text{영업활동 현금흐름} - \text{영업활동 투자} \qquad (\text{식 } 7-23) \\
&= \text{순이자지급(세후)} + \text{재무자산순취득} + \text{재무부채순지급} + \text{순배당}
\end{aligned}
$$

위의 관계식을 통해서 실무적인 차원에서 기업전체가치를 산출해 볼 수 있다.

$$\text{기업가치} = \sum_{t=1}^{\infty} \frac{NOPLAT_t - \triangle IC_t}{(1+WACC)^t} \qquad (\text{식 } 7-24)$$

$NOPLAT$: 미래 t기간의 세후순영업이익
$\triangle IC$: 미래 t기간의 세후투하자본변동액

위의 식을 실무에 적용시키기 위해서는 두 가지 일이 선행되어야 한다. 첫째, 미래의 NOPLAT과 ΔIC가 예측되어야 한다. 둘째, WACC에 대한 추정이 이루어져야 한다.

$NOPLAT$과 $\triangle IC$

세후영업이익(NOPLAT: net operating profit less adjusted tax)은 영업활동을 통해서 얻어 들인 수익으로 영업이익(EBIT)을 납세 후 기준으로 측정한 것이다. 그럼 EBIT와 NOPLAT의 차이점은 결국 법인세의 조정에 있다. 따라서 NOPLAT은 법인세가 조정된 EBIT 차원으로 볼 수 있다.

$$NOPLAT = EBIT - EBIT\text{대비 조정법인세} \pm \text{이연법인세대증가(감소)액} \qquad (\text{식 } 7-25)$$

투하자본(IC)은 기업이 영업이익을 벌어들이기 위해서 생산과 판매 등이 포함된 경영활동에 투하된 자금을 말한다.

$$투하자본 = 영업고정자산 + 영업순운전자산$$
$$= 영업고정자산 + (매출채권 + 재고자산 - 비이자발생유동부채) \quad (식\ 7-26)$$

표 7-5 영업자산과 영업외자산 구분

<table>
<tr><td rowspan="2">영업자산</td><td colspan="2"></td><td>비이자발생부채</td><td rowspan="2">부채</td></tr>
<tr><td>투하자산</td><td>영업유동자산
영업비유동자산
기타 영업관련자산</td><td>이자발생부채
유사자기자본</td></tr>
<tr><td colspan="2" rowspan="2">영업외자산</td><td>금융자산
(현금 및 현금등가물),
시장성유가증권</td><td rowspan="2"></td><td rowspan="2">자기자본</td></tr>
<tr><td>투자자산(투자부동산, 출자금,
관계회사주식 등)</td></tr>
</table>

(3) 가중평균자기자본비용(WACC)

가중평균자기자본비용(이하 WACC)는 향후 기대되는 미래 현금흐름을 모든 관련 투자자에게 귀속되는 현재가치로 환산하는 데 사용되는 할인율이다. WACC를 계산하는데 있어서 유의해야 할 점은 WACC가 전체적인 가치평가방법이나 할인되어야 할 현금흐름의 정의와 일관성이 유지되어야 한다는 것이다.

WACC를 추정하는 공식은 다음과 같다.

$$WACC = k_d(1-t)\left(\frac{B}{B+S}\right) + k_e\left(\frac{S}{B+S}\right) \quad (식\ 7-27)$$

k_d : 세전부채비용
k_e : 자기자본비용
t : 법인세율
B : 부채의 시장가치
S : 자기자본의 시장가치

FCF모형을 통해서 기업가치를 구할 때, WACC의 추정상 유의점을 정리하면 다음과 같다.

첫째, 추정되는 FCF의 현재가치를 구할 때 사용되는 할인율은 자기자본비용이나 부채비용 등의 개별적인 사항이 아닌 이들의 가중평균자기자본이다. 이것은 FCF가 모든 자본제공자에게 이용 가능한 현금흐름이기 때문에 일관성을 유지하기 위해서는 WACC로 나누어야만 하는 것이다. 둘째, 납세 후 기준으로 추정되어야 한다. 이것 역시 FCF가 납세 후 기준으로 추정되었기 때문에 일괄성을 맞추기 위한 작업이다. 셋째, 명목가치기준으로 측정한다는 점이다. 자본비용을 측정시에 실질이자율에 기대이자인플레이션이 합해진 명목자본비용으로 측정되어야 한다. 분자의 FCF 측정도 마찬가지다. 넷째, 자본비용을 가중평균으로 계산할 때, 시장가치에 따라 가중치를 적용해야 한다. 그것은 자본제공자들이 주장하는 금액이 시장가치이기 때문이다.

그럼 실질적으로 WACC를 추정하는 데 있어서 먼저 자기자본비용을 구해야 한다. 자기자본비용은 실무에서는 일반적으로 자본자산가격결정모형(CAPM)을 통해서 구한다. CAPM에 따르면 자기자본비용은 다음과 같이 계산된다.

$$k_e = R_f + [E(R_m) - R_f] \cdot \beta \qquad (식\ 7-28)$$

k_d : 자기자본비용
R_f : 무위험이자율
$E(R_m)$: 전체 시장포트폴리오에 대한 기대수익률
$[E(R_m - R_f]$: 시장프리미엄
β : 해당되는 특정 주식의 체계적 위험

위 모형을 활용하여 자기자본비용을 구하려면, 포트폴리오 이론에 대한 이해가 있어야 한다. 먼저, 무위험이자율은 실무에서는 주로 국고채3년물의 금리를 대용하여 사용한다. 시장위험보상률($E(R_m)$, 전체 시장포트폴리오에 대한 기대수익률)은 미국주식시장의 경우 역사적 시계열 자료를 통해서 산출한다. 여기서 주의해야 할 것은 시계열 자료에서 공황이나 경기의 폭발적인 팽창 등의 단기적이고 비정상적인 현상들의 영향을 배제하기 위해서는 단기보다는 중장기적인 기간을 측정대상으로 해야 오차를 줄일 수 있다. 베타(β, 해당되는 특정 주식의 체계적 위험)는 어떤 주식의 수익률이 시장수익률과 얼마나 상관성을 가지고 움직이는지를 측정한다.

7.4.4 EVA(Economic Value Added: 경제적 부가가치)모형

현금흐름할인(FCF)모형에 의해서 기업가치평가를 산출할 때 사용되는 주요 value driver가 세후영업이익(NOPLAT), 투하자본(IC), 가중평균자기자본비용(WACC), 투자수익률(ROIC) 등이다. EVA 모형에서도 이런 value driver들이 주로 쓰이는데, FCF와 차이점이 있다면 EVA의 경우 ROIC와 WACC의 스프레드를 이용하여 계산된다. EVA는 기업이 영업활동을 통해서 창출한 순가치 증가분을 의미하는데, EVA에 의한 기업가치평가는 EVA의 현재가치인 MVA(Market Valued Added: 경제적 부가가치)를 사용한다. 먼저, EVA는 세후순영업이익(NOPLAT: Net Operating Profit Less Adjusted Tax)에서 자본 투자자의 기대수익이라고 할 수 있는 자본비용을 차감한 금액으로 정의할 수 있고, MVA는 시장가치기준의 부채와 자기자본의 합계액에서 장부가치 기준의 부채와 자기자본의 합계액의 차이로 규정할 수 있다. EVA는 다음과 같은 수식으로 계산된다.

$$EVA = \text{세후영업이익} - \text{자본비용} \quad \text{(식 7-29)}$$

$$= NOPLAT - (WACC \times \text{투하자산} <\text{Invested Capital}>) \quad \text{(식 7-30)}$$

$$= (IC \times ROIC) - (WACC \times IC) \quad \text{(식 7-31)}$$

$$= IC \times (ROIC - WACC) \quad \text{(식 7-32)}$$

EVA(경제적 부가가치모형)는 회계적 이익정보와 자기자본비용을 동시에 고려함으로써 기업의 수익성을 주주입장에서 좀 더 분명하게 파악할 수 있다. 또한 기업의 영업활동에서 투자된 자산과 영업성과를 통해 창출된 이익으로 평가한다는 점과 주주의 기회비용인 자기자본비용을 고려한다는 점 등으로 인해 다른 경영성과에 비해서 높은 평가를 받고 있다.

잠시 쉬어가는 코너

[길게보고 크게놀기] 퀀부자 멍거의 투자철학

"해머를 가진 사람에게는 모든 것이 못처럼 보인다."

멍거가 격자식 사고모델의 중요성을 강조할 때 자주 인용하는 미국 소설가 마크 트웨인의 말이다. 모든 문제를 못으로 보지 않기 위해서는 해머 뿐 아니라 스패너, 렌치, 드라이버 등 다양한 공구를 가지고 있어야 한다.

바로 해머(경제학), 스패너(심리학), 렌치(화학), 드라이버(경영학) 등 다양한 공구들로 가득 찬 공구함이 바로 찰리 멍거가 겸비한 '격자식 사고모델'이다. 이는 우리 말로 딱 떨어지게 번역하기 어려운데, 멍거는 '가난한 찰리의 연감'에서 '다양한 사고모델'(Multiple Mental Model)이라는 표현을 자주 사용했다.

대부분의 사람들은 한 가지 모델(예컨대, 경제학)로만 훈련을 받았고 모든 문제를 한 가지 방법으로만 해결하려고 애쓴다. 그런데 멍거의 말에 따르자면, 이는 아주 멍청한 방법이다.

멍거는 기업의 재무정보로만 가치평가를 하는 대신, 투자 대상 기업의 내부 경영 뿐 아니라 그 기업이 운영되는 더 큰 생태계를 분석한다. 이때 멍거는 격자식 사고모델을 이용해 정보를 수집하고 분석한 후 그 결과에 따라 행동한다.

모든 시스템에 다수의 요인이 영향을 미치기 때문에 다양한 학문들로 구성된 멀티플 모델이 시스템을 이해하기 위해서는 필수적이라고 멍거는 주장한다.

결국 격자식 사고모델은 역사, 심리학, 수학, 공학, 생물학, 물리학, 화학, 통계학, 경제학 같은 전통적인 학문으로부터 분석 도구, 방법론, 공식을 빌려와서 바느질로 꼬맨 하나의 틀인 셈이다. 이는 복잡한 투자 문제에서 내재하는 혼

돈을 제거하고 명확하고 정형화된 펀더멘털을 도출할 수 있는 있는 분석 도구를 제공해준다.

멍거는 다양한 학문들로부터 유용한 개념을 빌려왔다. 바로 수학의 복리 개념, 물리학의 티핑 포인트(임계점), 화학의 자가촉매, 생물학의 현대 진화이론, 심리학의 인지적 오판 모형 등이다.

재밌는 사실은 멍거의 격자식 사고모델은 멍거가 독학을 통해서 만들어낸 모형이라는 점이다. 멍거는 대학에서 경제학, 경영학, 심리학, 화학을 배운 적이 없다. 그럼에도 멍거의 지적 능력, 기질, 그리고 몇 십 년 간 축적된 경험이 멍거를 버핏이 인정하는 비즈니스 분석의 일인자로 만들었다.

대학교육에 대한 멍거의 평가도 상당히 냉혹하다. 멍거는 버핏과 자신이 각자 대학원을 졸업하고 나서 비즈니스 분야에서 예측가능한 패턴의 명백한 불합리성이 있다는 사실을 발견했는데 이 불합리성을 파악하는 것은 사업에 아주 중요했지만, 교수들이 한번도 말한 적이 없는 문제들이었다고 털어 놓았다.

한 걸음 더 나아가 멍거는 교수들이 다학문적인 접근방식을 제시하지 못하고 있다며, 만약 자신의 모형만 과대 사용하고 타학문의 중요 모형은 제대로 이용하지 않는다면 우리 스스로가 그들의 잘못을 바로잡아야 한다고 강조한다.

결국 멍거가 격자식 사고모델을 만든 이유는 투자가 본질적으로 복잡할 수밖에 없다는 현실을 인정하고 이에 적응했기 때문이다.

멍거는 다음과 같은 말로 격자식 사고모델의 필요성을 강조했다.

"만약 20개의 요인들이 서로 상호작용을 한다면, 당신은 그 상황을 다루는 방법을 배워야만 할 것이다. 왜냐하면 세상이 원래 그렇기 때문이다. 당신은 다윈(진화이론 주창자)이 한 것처럼 지속적인 호기심을 가지고 한 걸음씩 나아간다면 생각만큼 어렵지 않다는 걸 알게 될 것이다. 그리고 당신이 얼마나 좋은 결과를 얻을 수 있는 지에 놀랄 것이다."

게다가 멍거는 격자식 사고모델 안에는 큰 돈이 들어있다며 자신의 개인적인 경험이 이를 증명할 수 있다고 덧붙였다. 솔깃하지 않은가.

머니투데이 2018.9.15일 기사

제 8 장

채권투자

8.1 채권이란?

채권은 만기와 미래현금흐름의 조건이 사전에 결정된 유가증권을 의미한다. 좀 더 쉽게 설명하면 누가 누구에게 돈을 빌릴지, 언제 갚는지, 이자율은 얼마인지, 이자는 언제 지급하는지 등의 내용들이 담겨져 있는 일종이 차용증인데, 채권은 차용증과 다르게 형식 요건을 갖춘 증권이다. 개인 간의 차용증은 자금을 빌려주는 사람을 선정되는 것이 먼저지만, 채권과 같은 증권이 된다면 돈을 상환할 사람만 정해지면 되고 돈을 받을 사람이 누구인지 확인할 필요가 없게 된다. 채권이라는 증권만 가지고 있으면 자유롭게 거래할 수 있기 때문이고, 돈을 갚을 사람은 결국 채권발행자로 정해져 있기 때문이다.

채권과 주식과의 차이점은 여러 가지가 있다. 주식은 주주에게 기업의 가치를 올려서 주가상승으로 보답하거나 배당이나 자사주 매입 등을 통해 이익을 주주에게 환원한다. 그러나 채권을 많이 발행하는 정부, 공공기관, 지방자치단체는 이익을 목표로 설립된 단체가 아니기 때문에 주식을 발행하는 대신에 채권을 발행한다. 채권은 원금과 이자를 갚겠다는 약속을 통해 발행되고 채권투자자들은 이들의 높은 공신력과 신뢰성을 바탕으로 채권을 매입한다. 물론 일반 기업과 금융기관도 채권을 발행할 수 있다. 채권의 경우 발행하는 주체가 다양하기 때문에 채권의 종목수가 상장된 주식수 2,658종목(코스피 953개와 코스닥 1,705개)보다 훨씬 많은 8만 개에 달한다.

8.1.1 채권투자에서 알아 두어야 할 기본용어

채권에 투자하기 위해서는 먼저 채권과 관련된 기본용어를 습득해야 한다. 처음 채권을 접하는 사람들은 용어의 낯설음을 느끼겠지만, 주식만큼 다양하고 광범하면서 지속적인 지식과 경험을 필요로 하지는 않아서 상대적으로 채권투자에 적응하는데 쉬울 것이다.

액면가(face value) : 채권의 만기에 상환해야 할 원금을 의미한다. 이 액면가는 채권의 앞면에 표시되어 있고, 우리나라는 1만 원, 미국은 100달러를 사용한다. 주식도 액면가의 개념을 있으나 채권보다 다양하다. 주식의 1주의 액면가는 100원, 200원, 500원, 1,000원, 2,500원, 5,000원 등이 있다.

만기(maturity) : 빌린 돈을 상환해야 하는 날짜이다. 주식은 만기가 없는데 반해, 채권은 만기가 지나면 채권의 수명은 종료된다. 최근에는 주식과 채권의 중간적 형태를 보유한 영구채가 발행되기도 한다. 이런 영구채의 초기 모델은 18세기 영국 정부가 영구적인 만기를 가진 채권인 콘솔(consol)이라는 채권이다. 오늘날 영구채는 대부분 중간에 콜 조항이 있어서 발행기업이 되사는 것이 일반적이다.

액면이자율 : 미리 정해진 날 지급해야 할 이자를 산정할 때 사용되는 금리이다. 표면이자는 수시로 변화는 시장금리와 다르게 만기 때까지 변화지 않고 고정된다. 이것도 주식과 크게 다른 점이다. 주식의 경우 기업들은 배당을 집행할 때 기업의 실적과 상황과 연동시켜서 배당성향을 조정한다. 채권에 투자하는 경우는 이미 투자자가 받을 금리가 확정된다. 예를 들어, '표면이자율 5%. 3년 만기, 6개월 단위'라고 표시된 채권이 있다면 이 채권은 6개월에 한 번씩 250원을 3년간 채권 보유자에게 지급해야 한다. 채권의 이자 지급 방식에는 이표채, 할인채, 복리채가 있다. 이표채는 정해진 이자 지급 주가에 따라 만기일에 정기적으로 이자를 지급하고, 할인채는 만기일까지 이자를 미리 단리로 할인하여 채권가격을 할인해주는 방식으로 별도 이자는 지급하지 않는다. 복리채는 이자를 정기적으로 지급하지 않는 대신이 이자를 재투자하는 방식이다. 재투자된 이자는 만기일에 원금과 함께 지급된다.

만기수익률(yield to maturity) : 채권 현금흐름의 현재가치를 채권가격과 동일하게 만드는 할인율로 정의한다. 이 할인율은 채권을 매입한 후 만기까지 보유하면서 채권으로부터 얻을 수 있는 평균수익률의 척도로 여겨진다. 채권의 만기수익률은 채권투자의 내부수익률(IRR: internal rate of return)로, 만기수익률은 채권의 표면이자가 모두 만기수익률과 같은 수익률로 재투자된다는 가정에서 채권 만기까지의 복리수익률이다.

8.1.2 채권의 분류

채권을 분류하는 가장 일반적인 방법은 발행자가 누구인지에 따르는 것이다. 이외에도 현금흐름, 보증유무, 상환 기간 등을 통해 채권을 다음과 같이 분류해 볼 수 있다.

표 8-1 채권의 분류

구분	종류
발행주체	국채, 지방채, 특수채, 금융채, 회사채
현금흐름	원리금 일시 상환 채권, 현금흐름 중도 발생 채권
보증유무	보증채, 무보증채, 담보부채권
상환기간	단기채, 중기채, 장기채

여기서는 발행주체의 채권 중에서 중요한 일부 채권에 대해서 알아보자.

국채 : 채권의 처음 발행된 유래는 전쟁 자금 마련을 위해 발행한 것이 시작점이 된다. 발행 목적은 이후 달라졌으나 특정 국가의 정부가 발행하기 때문에 특정 국가가 발행한 국채는 그 특정 국가에 있어서는 채권의 기준이 된다. 국가가 발행한 채권이기 때문에 부담의 위험이 없다고 가정한다. 단, 국채라도 가격은 떨어질 수 있다. 우리나라 국채는 다양한 만기를 가지고 발행된다. 주로 3년 만기 국채가 주로 발행되지만, 3년, 5년, 10년, 20년, 30년 만기채도 발행된다. 이렇게 국채의 만기가 다양한 이유는 국채 투자자들의 요구도 있지만, 정부가 채권발행을 통해 유입된 자금을 안정적으로 효과적으로 활용하기 위한 것이다. 즉, 일시에 국채에 대한 상환이 몰리지 않도록 만기별로 나누어 놓은 것이

다. 2023년 5월 말 기준으로 우리나라 국채의 종목 수는 164개이고, 잔액은 1,000조 원을 넘는다. 이런 국채는 위험이 낮으므로 표면이자율이 낮다. 그런 측면에서 기관투자자나 고액 자산가들의 안정적인 자산관리에서는 투자할 만하나, 소액의 개인투자자에게는 적합한 투자 종목은 아니다.

통안증권 : 한국은행이 발행하는 통안증권(통화안정증권, 통안채)은 국채와 성격이 비슷한 특징을 가지고 있다. 한국은행은 정부 기관은 아니지만, 정부로부터 독립된 기관으로 실질적으로는 국가기관으로 간주된다. 한국은행이 채권을 발행하는 이유는 통화량과 물가를 조절하기 위한 것으로 국내 경기가 호황 국면으로 자금이 너무 많이 풀렸다고 판단하면, 통안증권을 발행함으로써 경기 과열에 따른 높은 인플레이션을 방지할 수 있다. 반면에 국내 경기가 불황 국면으로 통화량이 부족하면 기존에 발행한 통안증권을 회수함으로써 국내에 유동성을 공급한다. 통안증권은 28일, 91일, 182일, 364일, 1년, 2년 만기 등이 있고, 2023년 5월 말 기준으로 종목 수는 35개이며 잔액은 대략 157조 원이다. 통안증권 역시 한국은행이라는 정부 소속은 아니지만, 국가의 핵심 기관이 발행함에 따라 원금보장과 이자지급에 대한 높은 신뢰성을 지닌다. 단, 원금보장과 이자지급에 대한 높은 신뢰성으로 인해 금리는 국채와 비슷하게 낮다. 그런 측면에서 개인투자자에게 매력적인 채권투자 수단은 아니다.

공사채 : '공사(公社)'는 일반적으로 공기업을 의미하는데, 정부가 운영하는 준공공기관으로 이해할 수 있다. 이에 해당하는 대표적인 업체로는 한국도로공사, 인천공항공사, 한국주택금융공사 등이 있다. 이들이 발행한 채권을 공사채라고 부르며 공사채는 국채보다 금리가 조금 높다. 공사채 역시 정부가 대주주로서의 역할을 수행하기 때문에 실질적으로 부도의 위험이 거의 없다고 볼 수 있다. 안정성을 중시하면서 국채보다 높은 투자수익률을 원하는 투자자라면 공사채 투자가 더 효과적이다.

금융채 : 금융기관에서 발행하는 채권을 금융채라고 한다. 여기서 금융기관이란 은행을 포함해서 카드사, 캐피털사 등이 있다. 은행 중에서는 공공기관적 성격을 가지고 있는 곳도 있는데, 대표적인 은행으로 산업은행, 중소기업은행,

수출입은행 등이 여기에 해당된다. 그리고 나머지 은행에는 일반 시중은행이 있다.

회사채 : 일반 기업이 발행하는 채권으로 기업들은 신규 투자나 안정적인 운영자금을 필요로 할 때 채권을 발행한다. 이런 회사채의 경우 규모가 크고 재무구조가 안정적인 회사가 발행한 채권일 경우는 투자자들이 상대적으로 투자하기를 선호하지만, 상대적으로 규모가 작고 재무구조를 비롯한 신용도가 낮은 기업이 발행한 회사채는 투자자들이 투자를 꺼려한다. 이로 인해 신용도가 높은 회사의 경우는 상대적으로 낮은 금리로 회사채를 조달하는 반면, 신용도가 낮은 회사의 경우 높은 금리를 통해 회사채를 발행한다. 신용도에 대한 평가는 주요 신용평가회사가 부여한 등급을 통해 확인할 수 있다.

8.1.3 채권투자 관련 금융상품

채권 중에는 개인투자자가 직접 매수와 매도를 할 수 있는 경우는 많지 않지만, 채권투자와 관련해서 알아 두어야 할 채권 금융상품이 있다. 이런 채권 관련 금융상품은 각자마다 독특한 특성을 지니고 있기 때문에 안정성과 수익성을 추구하는 데 있어서 단순 채권 투자를 하는 것보다 안정성을 유지하면서 상대적으로 높은 수익률을 실현할 수 있다. 그런 측면에서 채권에서 파생된 채권 금융상품에 대해서 관심을 가질 필요가 있다.

전환사채(CB: Convertible Bonds) : 채권 투자자에게 미리 정해진 수량의 보통주와 교활할 수 있는 선택권이 부여된 채권을 의미한다. 전환비율(Convertible ratio)은 하나의 채권을 몇 주의 주식과 교환할 수 있는가를 나타낸다. 전환사채 투자자는 채권을 투자한 회사의 주가가 상승할 경우 주가 상승에 따른 이익을 기대할 수 있다. 일반 채권보다 좋은 투자 조건을 가지고 있는 전환사채는 상대적으로 낮은 표면이율과 낮은 약정 만기수익률을 제시한다.

양도성정기예금증서(CD: certificate of Deposit) : 은행의 정기예금을 사고 팔 수 있도록 양도성을 부여한 증권으로 일반적으로 'CD'라고 부른다. 좀 더 쉽게 설명하면, 은행의 일반 정기예금과 비슷하지만 차이점은 'CD'는 매매가 가능하다는 것이다. 미국에서는 1961년 시티은행을 비롯한 대형은행에서 주로 증권시장으로 유입하는 기업들의 여유자금을 흡수할 목적으로 CD를 발행했고, 영국은 1968년 10월, 일본은 1979년 5월부터 그리고 한국은 1984년 6월부터 CD를 발행한다. 한국에서 양도성정기예금증서(CD)의 최저예금액에 대한 제한은 없었지만 500만 원이 일반적이고 1,000만 원으로 발행하는 은행도 있었다. 예치기간은 최저 30일이다.

기업어음(CP: Commercial Paper) : 기업이 상거래와 관계없이 단기자금을 조달하기 위해 자기신용을 바탕으로 발행하는 만기가 1년 이내의 융통어음이다. 상거래가 생겨나면서 발행되고 융통되는 진성어음과는 달리, 기업어음은 단기자금을 조달할 목적으로 신용상태가 양호한 기업이 발행하는 약속어음이다. 기업 입장에서는 기업이 갖고 있는 신용에만 의지해 자금을 조달하는 것이 특징으로 기업은 담보나 보증을 투자자에게 제공할 필요가 없다는 장점이 있다. 단, 담보나 보증이 필요 없기 때문에 신용상태가 양호한 기업들만 발행할 수 있다.

표지어음(Cover Bill) : 금융기관이 기업이 발행한 어음을 할인해서 매입한 후 이 어음을 근거로 해서 은행을 지급인으로 하는 자체 어음을 발행해 투자자에게 판매하는 것이다. 기업이 발행하는 상업어음과 무역어음은 매우 다양하여 재판매가 어려우나, 금융기관이 일본의 표준화된 어음을 다시 발행하여 판매하기 좋게 만든 경우이다. 표지어음의 뜻은 몇 가지 어음을 엮어서 대표적인 어음(표지)을 새로 만든다는 것이다. 표지어음은 금융기관으로 하여금 어음할인 자금을 신속하게 회수할 수 있게 하고 기업들에 대한 자금지원 기능을 활발하게 수행할 수 있도록 한다.

환매조건부채권(RP: Repurchase Agreement) : 금융기관이 일정 기간 후에 다시 사는 조건으로 채권을 팔고 경과 기간에 따라 소정의 이자를 붙여서 되사는 채권으로 'RP' 또는 '환매채'라고 부른다. 금융기관이 국공채나 특수채, 신용우량채권 등을 담보로 발행하므로 환금성이 보장되는 이점이 있고, 채권의 실물거래를 통해 하는 것이 아니라 중앙은행에 맡겨 둔 기준 예치금을 대차거래 방식으로 하는 것이기 때문에 질권 및 담보를 설정할 수 있다. 운용 기간은 1일부터 길게는 1년까지 만기를 지정할 수 있다. 금리는 자금 사정이나 금융기관에 따라 다르며 일반적으로 정기예금보다 약간 높은 수준이다.

회사채의 수의상환 조항(Call Provisions on Corporate Bonds) : 회사채 중에 일부는 수의상환 조항(call provisions)을 포함해서 발행한다. 이것을 발행자가 미리 정해진 수의상환가격으로 만기 이전에 채권을 다시 살 수 있는 조항이다. 수의상환채권(callable bond)은 수의상환 보호기간인 수의상환이 금지된 초기의 일정기간을 정해두고 발행된다. 수의상환 선택권은 발행자에게 가치가 있는 권리인데, 그 이유는 채권 발행 이후 시장이자율이 떨어질 경우 채권 발행 기업은 기존의 채권을 상환하고 더 낮은 이자율로 채권을 재발행할 수 있기 때문이다. 수의상환 조항은 발행자에게 유리한 반면, 투자자에게는 불리한 측면이 있다. 발행자는 이런 점을 고려하여 수의상환채권을 발행할 때 일반채권보다 액면이자와 만기수익률을 상대적으로 높게 발행한다.

8.1.4 국제채권

국제채권(international bonds)는 외국채권(foreign bond)와 유로채권(Eurobond)으로 나누어진다. 국제채권은 채권이 발행되는 국가 외의 국가, 다시 말해서 외국의 차입자가 발행하는 채권이다. 채권은 판매되는 국가의 통화로 발행되기 때문에 우리나라가 미국 자본시장에서 달러화 표시 채권을 발행하면 이는 국제채권이다. 이런 채권들은 발행되는 국가에 따라 다양한 이름이 붙여진다. 미국에서 발행되는 국제채권은 양키본드(Yankee bond)라고 하고, 비일본계 기업이 엔화 표시로 일본에서 발행하는 채권은 사무라이본드(Samurai bonds), 영국에서 발행되는 파운드화 표시 국제채권은 블독본드(bulldog bonds)라고 부른다. 김치본드(Kimchi bond)는 한국에서 발행하는 외화 표시 채권을 의미한다.

채권 발행자는 특이한 조건을 통해 혁신적인 채권들을 지속적으로 개발한다. 이런 측면에서 채권의 설계는 매우 유연성이 있다는 것을 나타낸다. 국제채권에서 이런 종류에 대해 몇 가지 설명하고자 한다.

변동금리채권(Floating-rate Bond) : 채권의 지급이자율이 시중 금리의 변화에 따라 달라지는 채권이다. 고정금리부 채권은 발행할 당시의 이자율이 만기 때까지 유지되는 채권인 반면, 변동금리부채권은 기준금리가 변동함에 따라 지급 이자율이 변동하는 것이다. 이를 통해 금리변동에 따른 위험을 채권보유자가 부담하는 것이 아니라 발행자가 부담하게 된다.

역변동금리채권(Inverse Floaters) : 일반 이자율 수준이 상승하면 채권의 액면이자율이 하락한다는 점을 제외하고는 변동금리채권과 유사하다. 단, 이 채권 투자자는 금리 상승기에 이중으로 손실이 커진다는 것이다. 할인율 상승에 따라 채권에서 나오는 현금흐름의 금액당 현재가치가 감소할 뿐만 아니라 지급받게 되는 현금흐름의 금액도 감소하기 때문이다. 물론 금리가 상승하는 경우 채권투자자는 이중으로 이익을 보게 된다.

자산유동화채권(Asset-Backed Bonds) : 미래의 현금흐름을 바탕으로 현재 시점에서 자금을 조달하는 채권으로 우리나라에서는 부실채권의 원활한 처리를 위해 1998년 자산유동화에 관한 법률을 제정하면서 도입된다. 채권 이외에도 미래 현금흐름이 발생하는 모든 자산을 유동화할 수 있는데, CBO(Collateralized Bond Obligation)는 채권을 자산으로 유동하는 것을, CLO(Collateralized Loan Obligation)는 금융기관의 대출채권(Loan)을 담보로 유동하는 것을, MBS(Mortgage Backed Securities)는 부동산을 자산으로 유동하는 것을 의미한다.

재해채권(Catastrophe Bonds) : 채권의 발행자가 "재해위험(catastrophe risk)을 자본시장으로 이전시키는 채권으로, 채권투자자는 위험을 감수하는 대신에 높은 표면이율을 보상받는 채권이다. 대신 재해가 발생한 경우 채권 보유자는 투자의 전부나 일부에서 손실이 발생한다.

지수연동채권(Indexed Bonds) : 일반적인 물가지수나 어떤 특정한 재화의 가격에 연동하여 이자를 지급하는 것이 지수연동채권이다. 미국은 1997년 1월부터 물가지수연동 채권을 발행한다. 이 채권은 TIPS(Treasury Inflation Protected Securities)라고 하는데, 채권의 액면가를 일반 물가수준에 연동시켜서 표면이자 뿐만 아니라 액면가의 최종 지급액까지도 소비자 물가지수에 비례하여 증가한다. 다시 말해서 채권투자에 따른 물가변동 위험을 제거하기 위해 채권의 원금과 이자지급액을 물가변동에 연동시켜 채권의 실질구매력을 보장하는 채권이다.

8.2 채권투자

8.2.1 채권가격의 특징

채권가격은 액면이자율, 만기, 액면가액, 시장이자율에 의해 결정된다. 채권의 액면이자 지급이나 원금상환은 모두 미래의 일정한 시점에서 집행되기 때문에 현금흐름에 대한 투자자가 지불하는 가격은 미래 현금흐름의 현재가치에 따라 결정된다. 채권의 현금흐름은 만기일까지의 액면이자와 최종 액면가 지급액으로 구성되기 때문에 다음과 같이 표현할 수 있다.

$$\text{채권의 가치} = \text{액면이자의 } PV + \text{원금의 현재가치 } P_B = \sum_{t=1}^{T} \frac{\text{액면이자}}{(1+r)^t} + \frac{\text{액면가}}{(1+r)^T} \qquad (\text{식 } 8-1)$$

T : 만기까지의 남은 기간
r : 이자율(만기수익률)

채권가격과 시장이자율: 액면가액 10,000원, 표면(액면)이자율 10%인 채권에 대해 시장이자율이 10인 상태에서 5%로 하락하는 경우와 15%로 상승할 경우에 만기에 따라서 채권가격의 어떻게 달라지는가를 아래의 표에서 볼 수 있다.

표 8-2 채권가격과 만기, 시장이자율의 관계

만기	이자율 = 5%		이자율 = 10%	이자율 = 15%	
	채권가격	변동가격율		체권가격	변동가격율
1년	10,476원	4.8%	10,000원	9,565원	-4.3%
3년	11,362원	13.6%	10,000원	8,858원	-11.4%
5년	12,165원	21.6%	10,000원	8,324원	-16.8%

채권가격과 만기 : 채권가격은 시장이자율 뿐만 아니라 만기에도 영향을 받는다. 채권가격과 만기 사이에는 다음과 같은 관계가 성립된다. 먼저, 일정한 이자율 변동에 대해 만기가 긴 채권일수록 채권가격의 변동이 크다. 둘째, 이자율 변동에 따른 채권가격의 변동은 만기가 길수록 증가한다.

채권가격과 액면이자율 : 액면이자율이 낮을수록 일정한 이자율 변동에 따른 채권가격의 변동률이 크다. 아래의 표에서 액면가액 10,000원, 만기 3년인 채권에 대해 시장이자율이 10%인 상황에서 5%로 하락할 경우와 15%로 상승할 경우에 액면이자율에 따라서 채권가격이 어떻게 달라지는지를 볼 수 있다.

표 8-3 채권가격과 만기, 시장이자율의 관계

만기	액면 이자율	이자율 = 5%		이자율 = 10%	이자율 = 15%	
		채권가격	변동가격율		체권가격	변동가격율
3년	0%	8,640원	15,0%	7,515%	6,577원	-12.5%
	5%	10,000원	14.2%	8,757%	7,717원	-11.9%
	10%	11,362원	13.6%	10,000%	8,858원	-11.4%
	15%	12,723원	13.2%	11,243%	10,000원	-11.1%

8.2.2 채권수익률

일반적으로 채권수익률인 시장이자율이 주어진 것을 전제로 하여 채권 가격을 구하지만, 많은 경우 시장에서 형성된 채권의 가격으로부터 채권수익률을 계산하여 채권투자에 활용한다. 채권수익률을 나타내고 있는 개념들로는 현물이자율, 선도이자율 그리고 만기수익률이 있는데 이들의 개념을 알아보자

현물이자율(spot interest rate) : 현재부터 만기까지 투자자에게 현금흐름이 한 번만 주어질 때에 투자자가 얻을 수 있는 연평균투자수익률을 의미한다. 다시 말해서, 투자자가 현재시점에서 순수할인채권을 구입하여 만기까지 보유할 경우에 얻게 되는 연평균투자수익률을 나타낸다. 현물이자율은 순수할인채권의 현금흐름의 현재가치와 시장가격(현금유출의 현재가치)을 일치시켜 주는 할인율이다.

$$PV(\text{순순할인채권}) = \frac{\text{액면가}}{(1+R_n)^n} \qquad \text{(식 8-2)}$$

단, : 만기가 n년인 순수할인채권의 연평균투자수익률

선도이자율(forward rate) : 현재시점에서 미래의 특정 기간 동안 지불해야 할 이자율을 사전에 정해 놓은 것을 의미한다. 순수할인채권의 경우 미래 기대

되는 특정시점부터 1기간 동안의 이자율을 나타내는 것이다.

만기수익률(YTM: yield to maturity) : 채권을 현재의 시장가격으로 매입하여 만기까지 보유할 경우 얻을 수 있는 연평균투자수익률로 채권 현금흐름의 현재가치를 채권가격과 일치시켜 주는 할인율이다. 채권의 만기수익률은 채권투자의 내부수익률(IRR: internal rate of return), 유통금리, 시장이자율이라고 부르기도 한다. 만기수익률은 채권의 액면이자가 모두 만기수익률과 같은 수익률로 재투자된다는 전제 하에서 채권 만기까지 복리 수익률로 해석될 수 있다.

8.2.3 채무불이행 위험과 채권 가격결정

채권은 일반적으로 정해진 원금과 이자를 통해 일정한 현금흐름을 약속하지만 발행자가 채무불이행(default)를 하지 않을 것이라 확신할 수 없다면 일정한 현금흐름은 확정된 것이 아닐 수 있다. 일반적으로 정부에서 발행한 채권의 경우 채무불이행의 가능성이 매우 낮은 반면, 일반 기업들이 발행하는 회사채의 경우는 채무불이행이 발생할 가능성이 언제든지 상존한다.

채권의 채무불이행 위험에 대해 평가하는 세계적인 신용평가기관으로는 무디스(Moody's Investor Services)와 스탠더드 앤 푸어스(S&P: Standard & Poor's Corporation) 그리고 피치(Fitch Investors Service) 등이 있다. 이 기관들은 개별기업에 대한 기업평가와 대기업의 회사채, 그리고 중앙정부와 지방정부채권의 신용등급도 제공한다. 이들 신용평가기관은 채권의 안전도 평가를 실시하면서 자신들만의 독자적인 기호화된 등급을 부여한다. 최고의 채권 등급에는 AAA 또는 Aaa를 표시함으로 원리금 상환 능력이 매우 높음을 나타내고, BBB이상(S&P, Fitch) 또는 Baa 이상(Moody's)의 등급을 받은 채권은 투자등급채권으로 간주된다. 물론 우리나라 금융시장에서 거래되는 대부분의 채권은 A 이상으로 BBB(또는 Baa)등급은 투자등급채권임에도 불구하고 잘 거래되지 않는다. 어쨌든 분류상으로 BBB 미만의 채권은 투기등급채권 또는 정크 본드(junk bond)라 부른다.

정크본드는 우리나라보다는 국제 무대에서 더 큰 역할을 수행해 왔다. 1980년대에 정크본드는 차입매수(LBO: leveraged buy-outs)와 적대적 M&A(인수합병)를 위한 자금조달 수단으로 활용되면서 악명이 높았다. 이렇듯 정크본드의 활용도를 높인 것은 드렉셀 번햄 램버트(Drexel Burnham Lambert)이다.[1] 드렉셀은 정크본드 거래를 통해 오랫동안 수익을 올려왔고, 이런 성과를 바탕으로 정크본드 투자에 대한 네트워크를 구축할 수 있었다. 투기등급인 정크본드의 기업신용평가로 채권을 통한 자금조달이 어려웠던 기업들은 드렉셀이 정크본드를 일반투자자에게 매각을 통해 새로운 자본조달의 원천을 제공했기 때문에 매우 환영한다. 이 당시 정크본드의 발행을 통해 기업들은 은행 대출보다 비용이 적게 드는 자금을 조달할 수 있었다. 비록 1980년대 후반 월스트리트의 내부자거래 스캔들과 관련된 드렉셀은 법적인 소송에 휘말리게 되고 정크본드는 중대한 문제를 남기게 된다. 하지만 현재까지 형태와 내용이 지속적으로 수정된 정크본드 또는 그 유사형태의 채권은 우리나라를 포함해서 세계에서 거래되고 있다.

표 8-4 채권등급

	채권등급			
	매우 높은 등급	높은 등급	투기적	매우 나쁨
Standard & Poor'	AAA AA	A BBB	BB B	CCC D
Moody'	Aaa Aa	A Baa	Ba B	Caa C

Moody's와 Standard & Poor's는 가끔 이들 등급을 조정함. S&P는 플러스(+)와 마이너스(-) 기호를 사용함: A+는 가장 강한 A등급, A-는 가장 약한 A등급. Moody's는 1,2,3으로 표기하는데 1이 가장 강함.

Moody's	S&P	
Aaa	AAA	Aaa와 AAA 등급 부채는 가장 높은 등급. 원리금 상환 능력이 매우 강함.
Aa	AA	Aa와 AA 등급 부채는 원리금 상환 능력이 강함. 이 동급은 최상위 등과 함께 고등급 채권 집단을 구성함.
A	A	A등급 채권은 원리금 상환 능력이 강하기는 하지만 여건이나 경제상황변화에 따른 악영향이 있을 가능성이 상위등급 채권보다 높음.
Baa	BBB	Baa와 BBB 등급 채권은 원리금 상환 능력이 있다고 간주됨. 정상적으로는 문제가 없으나 불리한 경제 상황이나 여건에서는 원리금 상환 능력이 약화될 가능성이 상위 등급 채권보다 높음.
Ba B Caa Ca	BB B CCC CC	이들 등급의 부채는 채무에 대한 원리금 상환능력이라는 관점에서 상당히 투기적임; BB와 Ba는 투기성이 가장 낮으며 CC와 Ca는 투기성이 가장 높음. 이들 부채는 약간의 양질과 보호 특성을 가지기는 하지만 불리한 상황에 대한 위험 노출 또는 불확실성이 매우 큼. 일부는 채무불이행 상태에 있을 수도 있음.

1 지비 보디 외 2인, 기본투자론(12판), McGrawHill, 2023, p373.

C	C	이 등급은 이자 지급이 없는 소득채권(income bond)에 적용함.
D	D	등급 D의 부채는 채무불이행 상태에 있으며 원리금 지급이 연체되고 있음.

자료) Stephen A. Ross, Randolph W. Westerfield, and Jeffrey F. Jaffe, Corporate Finance, 9th ed. 2010. McGraw－Hill Publishing. Data from various editions of Standard & Poor's Bond Guide and Moody's Bond Guide. 보디(Bodie)의 기본투자론(12판) p374 재인용.

채권평가기관들은 발행자들의 재무제표와 재무비율 그리고 그 추세를 분석해서 해당 기업의 채권등급을 평가한다. 그 중에서 채권의 안정성을 평가하는 데 사용되는 주요 비율은 다음과 같다.

표 8-5 채권의 안정성을 평가하는 주된 비율

보상비율 (coverage ratio)	고정비에 대한 기업이익의 비율을 의미하며, 기업이 영업이익을 통해 이자비용을 얼마나 감당할 수 있는지를 보여주는 이자보상비율 등이 있다. 보상비율이 낮거나 하락하는 추세라면 향후 현금흐름이 어려워질 수 있다는 것을 예상할 수 있다.
레버리지비율 (leverage ratio)	부채 대 자기자본 비율로 계산할 수 있으며, 지나치게 높은 레버리지비율은 과도한 부채부담을 나타낸다. 채권 발행을 수행한 해당 기업이 채권의 상황 의무를 충족시키지 못할 가능성이 커지고 있음을 의미한다.
유동성비율 (liquidity ratio)	기업의 단기 지급능력에 해당하는 현금흐름의 양호함을 측정하는 지표로써, 재무구조의 안정성을 측정하는 비율이다. 유동성 비율에는 단기채무 지급능력을 알 수 있는 유동비율(current ratio: 유동자산/유동부채)과 필요시 바로 현금화할 수 있는 능력을 평가할 수 있는 당좌비율(quick ratio: 당좌자산/유동부채)이 있다.
수익성비율 (profitability ratio)	기업의 수익창출 능력을 나타내는 비율로서 영업수익에 미치는 전반적인 성과를 측정한다. 수익성비율을 측정할 때는 총자산이익률(ROA: 순이익/총자산), 자기자본이익률(ROE : 순이익/자기자본), 영업이익률(영업이익/매출액), 순이익률(순이익/매출액) 등이 가장 많이 활용된다. 특히, 자기자본이익률(ROE)는 수익성과 활동성과 안정성을 동시에 파악할 수 있음에 따라 수익성 지표 중에서 가장 핵심적인 지표로 활용된다.
현금흐름 대 부채비율 (cash flow-to-debt ratio)	현금흐름의 총량을 부채총액으로 나눈 비율이다.

8.2.4 수익률곡선

시장금리를 예상할 때 중용하게 다루어지는 것이 수익률곡선으로 만기수익률과 만기까지의 기간 사이의 관계를 나타낸 것이 수익률곡선(yield curve)이다. 이런 관계는 만기수익률을 각 채권의 만기까지의 기간과 연결시키기 때문에 이자율의 기간구조(term structure of interest rates)라고 한다.

수익률곡선은 시장에서 단기금리와 장기금리가 항상 같은 방향으로 움직이지는 않을 수 있다는 사실을 확인할 수 있다. 주식시장과 비교하면 코스피 시장이 높은 상승세를 보일 때 반도체와 자동차 섹터 주식은 같이 크게 상승하는 반면 건설과 음식료 섹터는 하락할 수 있는 것과 비슷하다. 즉, 전반적으로 금리가 상승해도 단기보다 장기금리가 더 상승하거나 덜 상승할 수 있고, 단기금리는 상승하는데 장기금리는 하락할 수도 있다. 물론 반대로 단기금리는 하락하는데 장기금리는 상승할 수 있는 것이다. 이런 경우 만기별로 금리에 영향을 미치는 요소들을 분석해 보면 채권가격을 예측하는 데 효과적일 수 있다.

단기금리는 통화정책, 장기금리는 장기적인 경제 전망과 채권 수급에 영향을 받는 경향이 있다. 2년 만기 이하 채권금리는 정책금리 변화와 그 정도와 거의 같이 움직인다. 정책금리가 상승하거나 상승할 것 같으면 같이 상승하고 반대의 경우도 하락하면서 동조화현상을 보인다. 그러나 10년 만기 이상 채권금리는 정책금리 변화보다는 그것이 경제에 미칠 영향에 더 민감하게 변동한다. 금리를 인상하는 것이 향후 경제에 도움이 되지 않는다고 생각하면 채권금리가 하락하기도 한다. 이로 인해 금리를 인상할 때는 수익률곡선의 기울기가 완만해지는 경우가 있고, 정책금리를 인하할 때는 수익률곡선이 가팔라지는 모습을 보인다. 단, 이런 현상이 항상 통용되는 원칙은 아니고, 과거의 금리 인상과 금리 인하가 이루어진 시기에 보인 양상이기 때문에 채권투자시 참고할 필요가 있다.

다음으로 만기가 다른 채권의 수익률에서 차이가 발생하는 것을 설명하는 기대이론과 유동성 선호이론에 대해서 알아보자.

기대이론(expectation theory) : 선도도이자율이 미래의 이자율에 대한 투자자들의 예상만을 반영하기 때문에 선도이자율이 미래의 현물이자율과 일치하도록 현재시점에서 현물이자율이 결정된다는 이론이다. 이 이론은 채권수익률의 기간구조가 미래의 현물이자율에 대한 투자자들의 예상에 의해서 결정된다는 이론이다. 수익률곡선의 기울기는 단기 이자율 변화에 대한 기대에 의해서 결정되기 때문에 장기 채권의 상대적으로 낮은 수익률은 단기 이자율 하락에 대한 기대를 반영한다.

기대이론을 주장하는 사람은 미래 단기 이자율의 시대 기대치를 추정하기 위해 보통 이 분석을 반대로 한다. 이들은 다음 연도 이자율의 기대치는 관찰할 수 없지만 만기가 다른 채권의 수익률은 측정할 수 있다는 것에 주목한다. 종합해 볼 때, 기대이론은 수익률곡선에서 미래 시장이자율에 대한 기대를 추정하는 도구가 되지만, 기대를 만들어 내는 근거에 대해서는 정확하게 설명하지 못한다. 단지, 이자율이 거시경제의 상황에 대한 투자자의 기대를 반영하고 있고, 선도이자율과 수익률곡선이 향후 경제 예측에 유용한 수단으로 활용될 수 있는 것이다. 실제로 수익률곡선의 기울기가 가지고 있는 경제 예측능력으로 인해 경기선행지수를 구성하는 가장 중요한 요소 중 하나로 활용된다.

유동성 선호(프리미엄)이론(liquidity preference theory) : 만기가 긴 장기채권은 만기가 짧은 단기채권에 비하여 유동성이 부족하다는 위험을 보유하고 있다. 다시 말해서 만기가 길어질수록 미래의 불확실성이 확대됨으로 인해 원금과 이자율을 받지 못할 채무불이행 위험의 가능성이 커지며 또한 기대하지 않았던 이자율 변동으로 인해 채권가격의 변동가능성도 확대된다는 것이다. 유동성 선호이론에 의하면 투자자들은 만기가 긴 장기채권일수록 유동성 부족에 대한 프리미엄을 요구하게 되므로 선도이자율이 미래의 기간별 이자율인 기대현물이자율보다 높게 형성되도록 현재시점에서 현물이자율이 결정된다는 본다.

유동성 선호이론을 주장하는 사람은 차입자들은 장기 채권 발행을 선호한다고 본다. 발행자들은 더 긴 차입기간 동안 이자율을 묶어둘 수 있기 때문에 그들은 이런 채권에는 더 높은 수익률을 지급할 의지가 있는 것이다. 그 결과 수익률곡선은 일반적으로 기울기가 우상향한다.

시장분할이론(market segmentation theory) : 투자자마다 선호하는 채권의 만기가 다르기 때문에 채권시장은 투자자의 만기에 대한 선호에 의해서 몇 개의 하위시장으로 분할된다. 이 분할된 각 시장별로 자체 내의 수요와 공급을 통해 채권수익률이 결정되는 이론이다. 이 이론에 따르면 투자자는 이자율변동 위험을 회피하기 위해 가능한 부채와 자산의 만기를 일치시키려고 한다. 개별기업이나 은행은 단기채무가 많기 때문에 단기채권에 주로 투자를 집행하고, 보험회사는 업종 특성상 장기채무에 대비해서 장기채권에 투자하는 것을 선호한다. 결국 시장분할이론에 의하면 채권의 수요와 공급에 의해 채권수익률이 결정되므로 수익률곡선이 연속적인 형태를 보이는 것이 아니라 불연속적인 형태를 보인다. 시장분할이론은 시장의 효율성과 차익거래의 기회를 무시하고 있어서 현실적으로 거의 설득력이 적다.

8.2.5 채권의 듀레이션과 이자율탄력성

채권가격의 가치를 파악함에 있어 듀레이션(duration)은 중요한 역할을 한다. 듀레이션은 채권의 위험을 나타내는 지표이면서, 위험을 헤지(hedge)하기 위한 수단이기도 하다. 시장이자율이 변화되면 채권가격이 변화한다. 일정한 이자율변화에 대해 채권가격이 어느 정도 변화할 것인가는 채권가격의 이자율탄력성을 이용하여 측정할 수 있다.

듀레이션(duration) : 프레데릭 맥콜리(Frederick Macaulay, 1938)는 시장이자율의 변화에 대한 채권가격의 변화 정도인 민감도를 측정하기 위해 제시한 개념으로 채권현금흐름의 현재가치로부터 채권투자액을 회수하는데 소용되는 평균상환기간을 의미한다. 다시 말해서 채권의 만기까지의 각 기간을 채권투자자로부터 실현될 현금흐름의 총현재가치에서 각 기간에 유입되는 현금흐름의 현재가치가 차지하는 비율로 가중하여 더한 가중평균만기를 나타내는 것이다.

$$w_t = \frac{CF_t/(1+y)^t}{\text{채권가격}} \qquad \text{(식 8-3)}$$

단, w_t = 시점t에 지급되는 현금흐름(CF_t)과 관련된 가중치
CF_t = 시점t에 지급되는 현금흐름
y = 채권만기수익률

$$D(\text{듀레이션}) = \sum_{t}^{T} t \times w_t \qquad \text{(식 8-4)}$$

듀레이션은 현금흐름의 유형에 의해서 영향을 받게 되므로, 채권의 종류별 듀레이션은 차이가 있다. 먼저 확정이자부채권(이표채)는 전체 현금흐름 중의 일부가 이자를 통해 만기일 이전에 회수되기 때문에 이표채의 듀레이션은 만기(n) > 듀레이션이 된다. 다음으로 순수할인채권(무이표채: zero coupon bond)은 모든 현금흐름이 만기에만 발생하므로 만기일 이전의 기간에 대한 가중치는 o, 만기일의 가중치는 1이 되어 만기(n)과 듀레이션이 같게 된다. 끝으로 영구채(perpetual bond)는 만기가 무한하더라도 듀레이션은 시장이자율에 의해 한정된 기간으로 결정된다. 그런 면에서 영구채의 듀레이션은 시장이자율이 불변인 한 만기하고는 관계없이 항상 일정하다.

이자율탄력성 : 채권가격의 이자율탄력성은 이자율변화에 따른 채권가격변화의 민감도를 의미하는 것이다. 채권가격의 이자율탄력성은 시장이자율이 1% 변화할 때, 채권가격이 몇 %나 변화하는가를 나타내는 것이다. 채권가격과 시장이자율은 역의 관계를 가지기 때문에 이자율탄력성은 항상 음(−)의 값을 가진다. 채권의 듀레이션이 길어질수록 일정한 이자율변화에 대해 채권가격의 변화율이 더 커진다. 다른 조건이 일정하다면 만기가 길고, 액면이자율이 낮고, 시장이자율이 낮을수록 일정한 이자율변화에 대해 채권가격은 보다 민감하게 변화한다. 채권가격의 이자율탄력성은 이자율변화에 따른 채권가격변화의 민감도를 의미하는 것으로 다음과 같이 구할 수 있다.

$$\epsilon(\text{이자율탄력성}) = \frac{\text{채권가격의 변화율}}{\text{이자율의 변화율}} = \frac{dP/P}{dR/R}$$

$$= \frac{dP/P}{dR/R} = -\sum_{t=1}^{n} t \cdot \frac{C_t}{(1+R)^{t+1}} \cdot \frac{R}{P}$$

$$= -\sum_{t=1}^{n} t \cdot \frac{\frac{C_t}{(1+R)^t}}{P} \cdot \left(\frac{R}{1+R}\right) \qquad \text{(식 8−5)}$$

$$\therefore\ \epsilon = \frac{dP/P}{dR/R} = -D\left(\frac{R}{1+R}\right)$$

단, C_t = 액면이자와 원금

표 8-6 엑셀을 활용한 듀레이션 계산 (채권가격은 1,000원으로 가정)

	A	B	C	D	E	F
1	시장이자율:	10%				
2						
3						(B) 열
4						X
5		(연도)	현금흐름	(10%)	가중치	(E) 열
6	(1) 8% 이표채	1	80	72.727	0.0765	0.0765
7		2	80	66.116	0.0696	0.1392
8		3	1080	811.420	0.8539	2.5617
9	합:			950.263	1.0000	2.7774
10						
11	(2) 무이표채	1	0	0.000	0.0000	0.0000
12		2	0	0.000	0.0000	0.0000
13		3	1000	751.315	1.0000	3.0000
14	합:			751.315	1.0000	3.0000

자료) 지비 보디 외 2인, 기본투자론(12판), McGrawHill, 2022. p405 재인용.
주) 가중치(Weight) = 채권가격이 배분된 각 현금흐름의 현재가치.
D열은 10%의 할인율을 적용한 각 현금흐름의 현재가치.

위쪽 스프레드시트는 특정한 예제의 수치를 보여 주고 있고, 아래쪽 스프레드시트는 각각의 셀에 입력한 공식을 보여준다. B열에는 연도가, C열에는 채권의 현금흐름이 주어진다. D열은 10% 할인율을 적용한 각 현금흐름의 현재가치를 보여주고, E열은 가중치값을 보여준다. 끝으로 F열에는 지급까지의 시간과 가중치값를 곱한 값을 산출한다.

표 8-7 엑셀을 활용한 듀레이션 계산 수식

	A	B	C	D	E	F
1	시장이자율:	0.1				
2						
3						(B) 열
4						X
5		(연도)	현금흐름	10%	가중치	(E) 열

6	(1) 8% 이표채	1	80	=C6/(1+$B$1)^B6	=D6/D$9	=E6*B6
7		2	80	=C7/(1+$B$1)^B7	=D7/D$9	=E7*B7
8		3	1080	=C8/(1+$B$1)^B8	=D8/D$9	=E8*B8
9	합:			=SUM(D6:D8)	=D9/D$9	=SUM(F6:F8)
10						
11	(2) 무이표채	1	0	=C11/(1+$B$1)^B11	=D11/D$14	=E11*B11
12		2	0	=C12/(1+$B$1)^B12	=D12/D$14	=E12*B12
13		3	1000	=C13/(1+$B$1)^B13	=D13/D$14	=E13*B13
14	합:			=SUM(D11:D13)	=D14/D$14	=SUM(F11:F13)

자료) 지비 보디 외 2인, 기본투자론(12판), McGrawHill, 2022. p405 재인용.

표 8-8 엑셀을 활용한 듀레이션 계산

	A	B	C
1	입력내용(Inputs)		B열
2	시작일(Settlement date)	2020-01-01	=DATE(2000,1,1)
3	만기일(Maturity date)	2023-01-01	=DATE(2003,1,1)
4	액면이자율(Coupon rate)	0.08	0.08
5	만기이자율(Yield to maturity)	0.10	0.10
6	매년이자지급(Coupons per year)	1	1
7			
8	결과물(Outputs)		
9	듀레이션(Macaulay Duration)	2.7774	=DURATION(B2,B3,B4,B5,B6)
10	수정듀레이션(Modified Duration)	2.5249	=MDURATION(B2,B3,B4,B5,B6)

자료) 지비 보디 외 2인, 기본투자론(12판), McGrawHill, 2022. p407 재인용.
단, 투자기간은 저자가 수정 사용함.

[표 8-8] 스프레드시트는 엑셀로 듀레이션과 수정듀레이션을 계산하는 방법을 보여준다. 3년 만기 채권에 대해서 임의적으로 2020년 1월1일을 매입일로 하고 3년 후를 만기일로 설정하자. 액면이자율과 만기이자율은 엑셀 시트의 B4와 B5에 입력하고, 연간 채권이자지급횟수는 B6에 표시한다. 이럴 경우 듀레이션과 수정듀레이션은 각각 2.7774와 2.5249가 산출된다. [그림 8-1]은 액면이자율, 만기수익률, 만기까지의 기간이 달라질 경우 채권 듀레이션의 궤적을 나타낸다.

그림 8-1 **만기의 함수로서의 듀레이션**

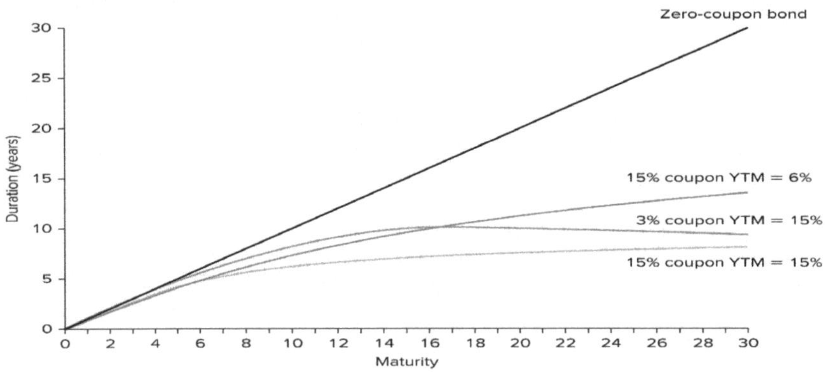

자료) 지비 보디 외 2인, 기본투자론(12판), McGrawHill, 2022. p407 재인용.

8.2.6 볼록성

시장이자율인 채권수익률의 변화에 대한 채권가격의 변화를 보다 정확하게 추정하기 위해서는 듀레이션개념과 볼록성개념이 같이 고려되어야 한다. 채권의 볼록성(convexity)은 채권가격과 만기수익률 관계와 같은 모양의 곡선을 볼록(convex)이라고 말하며, 채권가격과 만기수익률 곡선의 휘어진 형태를 말한다.

채권의 볼록성은 채권의 좋은 특성으로 여겨진다. 곡선이 더 많이 휜 채권가격은 만기수익률이 하락하는 경우 더 많이 상승하고, 만기수익률이 상승하는 경우 채권가격은 상대적으로 적게 떨어지기 때문이다. 이자율의 변화가 크면 채권의 기대수익률을 높여주는 좋은 비대칭성이다. 상대적으로 채권 중에서 볼록성이 큰 것은 이자율 하락에서 더 많은 혜택을 보고 이자율 상승에서는 손해를 덜 본다. 볼록성의 이런 특성 때문에 투자자들이 상대적으로 블록성이 큰 것은 선호하지만, 블록성이 큰 채권을 매입하기 위해서는 더 높은 가격(더 낮은 만기수익률 채권)을 지불해야 한다.

표 8-9 엑셀을 활용한 볼록성 계산

	A	B	C	D	E	F	G
1			기간 (Time (t))	현금흐름 (Cash flow)	현재가치 (PV(CF))	t + t^2	(t + t^2) x PV(CF)
2							
3	액면이자	3	1	3	2.87	2	5.74
4	YTM	0.045	2	3	2.75	6	16.48
5	만기	10	3	3	2.6	12	31.55
6	채권가격	$88.13	4	3	2.51	20	50.31
7			5	3	2.41	30	72.22
8			6	3	2.30	42	96.76
9			7	3	2.20	56	123.45
10			8	3	2.11	72	151.89
11			9	3	2.019	90	181.68
12			10	103	66.32	110	7295.70
13							
14			합계:		88.13		8025.78
15							
16				볼록성:			83.39

자료) 지비 보디 외 2인, 기본투자론(12판), McGrawHill, 2022. p421 재인용.

$$블록성=\frac{1}{p\times(1+y)^2}\sum_{t=1}^{n}[\frac{CF_t}{(1+y)^t}(t^2+t) \quad (식\,8-6)$$

8.3 채권투자전략

8.3.1 소극적 채권투자전략

소극적 채권투자자는 채권가격이 공정하게 결정되어 있다고 인정하고 고정소득 포트폴리오의 위험만을 관리하고자 한다. 투자자 입장에서 소극적 채권투자자들을 세 분류로 정리해 볼 수 있다. 하나는 은행과 일부 기관투자자로서 이들은 이자율 변동에 대해 포트폴리오의 순자산가치를 지키는데 관심이 있다. 다음으로 상업은행과 저축은행은 위험기반의 매뉴얼을 가지고 있어 이자율 변동으로 발생하는 잠재적 손실의 현재가치에 대해 추가적인 충당금을 준비해 놓는다. 끝으로 연금기금과 같은 투자자는 주어진 기간동안 달성해야 할 목표수익률을 보유하고 있으며, 포트폴리오의 미래가치 보호에 큰 관심을 가진다. 어쨌든, 이들 모든 투자자에게 공통적인 것은 이자율 변화에 따른 위험관리이다. 면역전략은 소극적 채권투자전략의 대표적인 기법이다.

면역전략 : 현실적으로 채권투자기간동안 시장이자율이 변화하므로 채권매입당시에 기대했던 기대수익률을 획득하기가 쉽지 않다. 면역화는 이자율변화 위험으로부터 투자에 대한 기대수익률을 일정하게 유지하기 위해 사용하는 채권투자전략이다. 방법으로는 목표시기면역전략과 순자산가치면역전략이 있다.

목표시기면역전략은 채권투자기간동안 시장이자율이 변화하더라도 이자율 변화 위험을 제거함으로써 채권투자의 기대수익률을 일정하게 유지하려는 것이다. 방법은 시장이자율이 변화할 때 가격위험과 재투자수익률위험의 크기를 같게 함으로써 시장이자율의 변화에도 불구하고 채권투자의 초기 기대수익률이 일정하게 유지된다. 이 경우 두 가지의 요인들의 크기가 같게 되는 시점이 채권의 듀레이션 시점이다. 다시 쉽게 설명하면, 목표투자기간과 동일한 듀레이션을 가지고 있는 채권에 투자하면 재투자수익률위험과 가격위험이 서로 상쇄되면서 이자율변동에 따른 위험을 완전히 제거할 수 있다.

순자산가치면역전략은 은행과 같이 자산과 부채의 만기구조가 다른 곳에서 필요한 방법이다. 은행의 부채는 주로 고객들의 예금이며 단기성을 보인다. 반면에 은행의 자산은 개인이나 기업에게 대출로 부채에 비해 상대적으로 길 듀레이션을 갖기 때문에 은행의 자산은 이자율변동에 상대적으로 민감하다. 이자율이 변동하면 자산과 부채의 가치가 달라짐에 따라 순자산가치(자기자본가치)가 변화하게 되는데, 이런 경우 자산과 부채의 듀레이션을 적절하게 조정하여 이자율변동에 따른 순자산가치의 변화위험을 제거하는 것이 순자산가치면역전략이다.

표 8-10 이자율변화위험

	가격위험	재투자수익률위험	이자율변화위험
시장이자율 상승	채권가격하락	액면이자의 재투자수익증대	가격위험 ≠재투자수익률위험으로 인하여 투자자의 수익이 변화할 가능성
시장이자율 하락	채권가격상승	액면이자의 재투자수익감소	

8.3.2 적극적 채권투자전략

적극적 채권투자 전략에는 두 가지 방법이 있다. 하나는 이자율을 예측하여 대응하는 방법이다. 예를 들어, 이자율 하락이 예상되면 채권투자자는 포트폴리오의 듀레이션은 늘리고, 반대의 경우는 줄이는 전략이다. 다른 하나는 상대적인 가격오류를 찾아내는 것이다. 특정 채권에 대한 채무불이행 프리미엄이 필요 이상으로 크기 때문에 이런 채권을 잘 찾아내서 투자하는 방법이다. 이런 채권투자 전략은 채권투자자의 정보력이나 투자감각이 시장보다 탁월한 경우에만 초과수익률이 가능하다. 만역 채권투자자가 이런 능력을 보유하고 있지 못하다면 이미 시장에는 반영되어 초과수익률을 달성하기가 어렵기 때문이다.

8.3.3 장기채권과 단기채권, 선호 채권은?

채권투자에 있어서 투자를 시작하는 시점과 투자자금을 회수하는 시점은 중요하게 고려되어야 할 요인들이다. 단기, 중기, 장기채권 중에서 어느 채권을 투자하느냐에 따라 투자자금의 성격이 달라질 수 있고, 투자기간에 따라 투자자의 성향이 영향을 받을 수 있기 때문이다. 채권투자자의 경우 어떤 투자자는 채권을 매입해서 만기까지 보유하고자 하는 사람이 있는 반면, 계속 채권을 거래해서 자본이익(capital gain)을 최대화하려고 하는 사람도 있다. 이럴 경우 만기까지 채권을 보유하려는 투자자는 채권을 상대적으로 저렴한 가격에 매입하는 시점을 고려하지만, 자본이익을 최대화하려는 투자자는 그보다는 단기적으로 금리가 어떻게 변화하는지에 관심을 가지게 된다. 또한 만기까지 채권을 투자하는 투자자는 투자하는 채권의 만기가 길기 때문에 투자하는 기업의 신용위험을 검토하여 신용도가 좋은 기업을 선호하는 반면에 자본이익을 추구하는 투자자는 유동성이 높은 채권을 선택할 것이다. 이런 측면을 고려하면 채권의 단기, 중기, 장기채권을 선택하는 것은 투자자가 얻고자 하는 목표와 투자 기간을 잘 조화시켜야 한다.

단지, 만기 보유나 3년 이상 장기채권투자자는 단기적인 채권의 가격흐름보다는 국내외 거시경제를 파악해서 투자하는 것이 유효하다. 1년에서 3년 정도의 중기채권투자자는 현재 경기사이클을 진단한 후 경기 확장으로 금리가 상승하면 채권을 매입하고 경기 둔화가 예상되는 시점까지 보유하는 전략이 필요하다. 뿐만 아니라 정부의 통화정책은 채권의 중기투자에 좋은 가이드를 제공하는 하는데, 금리 인상 흐름이 마무리될 시기에 중기적 관점에서 채권을 매입하고 금리가 인하할 때까지 기다리는 전략이다. 단기채권투자자는 하루에도 여러 번의 채권을 매매하면서 자본이익을 최대화하는 것을 목표로 한다. 단기채권투자자 중에서 은행 등에 활동하는 기관채권투자자는 자신들의 예금이나 부채의 만기에 따라 운용된다. 이들은 자신들의 수익률을 최대화하기 위해서 수많은 정보를 취합하며 분석하고, 은행 등과 같은 기관투자자는 이런 업무만 전문적으로 수행하는 단기 트레이딩 직원을 보유하고 있기도 하다.

8.3.4 채권에 대한 직접투자와 간접투자

개인투자자가 채권에 투자하는 방법에는 직접투자와 간접투자가 있다. 직접투자는 증권사나 은행을 활용하면 채권을 직접 매입할 수 있으며, 간접투자는 자산운용사의 채권형 펀드를 매입하면 된다. 이외에도 한국거래소에 상장되어 있는 ETF를 매입할 수도 있다.

직접투자와 간접투자에 있어서 검토해야 할 주요한 내용에 대해서 알아보자. 직접투자이건 간접투자이건 향후 금리를 전망하는 것은 중요하다. 특히, 직접투자 시에는 금리가 높거나, 가격이 싸거나, 금리가 낮을 때 채권을 매입하는 것이 좋다. 간접투자 시에는 상대적으로 금리의 영향을 덜 받으나, 금리가 높을 때 채권형펀드를 사고 금리가 낮을 때 환매하는 것이 상대적으로 유리하다. 간접투자는 직접투자와는 다르게 펀드의 만기가 존재하지 않고, 채권펀드의 운용자가 특정 만기나 듀레이션을 유지하는 방식을 쓰기 때문에 직접투자를 통해 느끼는 이점을 채권투자자가 확인하기는 어렵다. 직접투자는 투자자가 직접 채권을 매입하기 때문에 신용도 좋은 채권을 매입해서 만기까지 보유하면 원리금 상환과 이자까지 받을 수 있어서 채권투자의 이점을 누려볼 수 있다. 세금에서도 직접투자자에게 유리한데, 직접 채권에 투자하면 이자소득에 대한 분리과세나 종합과세가 적용되지만, 간접투자자에게는 이자소득과 자본이익이 모두 반영된 전체 수익에 과세가 적용된다.

개인채권투자자는 그들이 처해 있는 상황을 종합적으로 고려하여 직접투자 또는 간접투자를 통해 채권을 거래할 수 있다. 직접투자와 간접투자가 가지고 있는 장단점을 잘 검토하여 채권투자를 통한 현장 감각의 증대와 수익증대까지 도모하는 지식과 실전 훈련을 미리미리 해 놓을 필요가 있다.

잠시 쉬어가는 코너

신용부도스왑(CDS)은 무엇인가?

신용부도스왑(CDS: credit default swap)은 채무불이행과 같은 신용위험에 대비하기 위해 일종의 신용파생상품의 일종으로 회사채나 대출의 지급불능 위험에 대비한 보험계약이다. 신용위험을 전가하고 싶은 보장매입자는 일정한 신용부도스왑 수수료를 지급하고, 그 대가로 보장매도자로부터 유사시 손실액 또는 일정 금액을 보전 받기로 한다. CDS의 프리미엄은 기초자산의 채무불이행이 높아질수록 상승하는 경향이 있다. 예를 들면, 2010년 초반 5년 만기의 그리스 국가 신용부도스왑(Greek Sovereign CDS, 이하 G.S. CDS)의 연간 프리미엄은 3%였는데, 이것은 G. S. CDS 매입자가 G.S. CDS 매도자에게 채권 원금 100달러당 3달러의 연간 "보험료"를 지급한다는 의미이다. G.S. CDS 매도자는 계약 기간 동안 이런 연간 프리미엄 지급금을 수령하지만, 지급불능으로 채권 가치에 손실이 발생하는 경우에 매입자에게 그 손실부분을 보상해야 한다.

신용부도스왑(CDS)는 대출자가 대규모 대출에서 발생할 수 있는 손실액에 대해 안전장치를 매입할 수 있도록 설계된 것이다. 신용부도스왑의 매입자는 채권보유자이거나 대규모의 대출을 제공하고 그 대출에 대한 신용도를 보강하려는 대형 은행일 것이다. 이럴 경우 채권발행자가 위험한 신용수준에 있다고 하더라도 보험에 가입한 부채는 CDS의 발행자만큼 안전하다. 투기등급으로 정크본드에 해당하는 BB 등급 채권을 보유한 투자자는 원칙적으로 발행자에 대한 CDS를 매입함으로써 부채의 질을 실질적으로는 AAA까지 높일 수 있다.

신용부도스왑(CDS)는 회사채뿐만 아니라 국가 부채에서도 거래된다. 신용부도스왑(CDS)는 채권에 대한 보험으로 설계되었지만 특정 기업의 재무 건전성에 투기하는 수단으로 활용될 수도 있다. 2008년 리만브라더스로 인해 세계적인 금융위기를 예측했던 투자자들은 주택저당 채권이나 금융회사의 부채에 대한 신용부도스왑(CDS)계약을 매입했고, 같은 해 9월에 신용부도스왑(CDS) 가격이 크게 상승하면서 대규모 이익을 실현한다. 실제로 미국의 헤지펀드 매니저인 존 폴슨(John Paulson)은 금융위기 중에 큰 수익을 얻은 것으로 유명하다.

제 9 장

파생상품투자

파생상품(derivatives)는 기초자산의 가치변동에 따를 위험을 회피하기 위해 만들어진 금융상품이다. 거래기법에 따라 선도, 선물, 옵션, 스왑 등으로 구분되고, 기초자산에 따라 통화, 금리, 주식, 신용관련 상품 등으로 구분된다. 또한 거래장소에 따라 장내거래와 장외거래 등이 있다. 파생상품에 대한 또다른 구분방법으로는 선형파생상품(linear derivatives)과 비선형파생상품(nonlinear derivatives)이 있다. 선형파생상품에는 선물과 같은 거래소상품과 선도 및 스왑과 같은 장외상품이 있고, 비선형파생상품에는 거래소옵션과 이색장외옵션(베리어옵션[Barrier Option], 디지털 옵션[Digital Option], 아시안 옵션[Asian option], 클리켓 옵션[Cliquet Option] 등)이 있다. '선형(linear)'이라는 의미는 만기일에서 기초자산가격이 1원이 상승하면 매입포지션의 이익도 1원이 상승하고, 기초자산이 1원 하락하면 이익도 1원이 하락하는 것으로 기초자산 가격변동과 파생상품 포지션의 손익이 일정한 비례 관계를 유지하는 구조이다. 반면, 옵션계약에서는 옵션매입자가 프리미엄을 지불하고 권리를 획득하기 때문에 이익이 비선형패턴을 보인다. 즉, '비선형(non-linear)'은 기초자산가격이 변동하더라도 매입포지션의 이익이 일정하게 변동하지 않는 구조이다.

파생상품은 다음과 같은 다양한 용도로 활용된다.

- 위험관리(risk management) : 파생상품을 활용하여 위험(risk)를 줄이거나 제거하는 것을 헤지(hedge)라고 한다. 예를 들면, 금 가격이 향후 하락할 것으로 예상하는 투자자는 금 가격 하락시 이익이 발생하는 계약인 금 선물에 대한 매도포지션을 취하여 가격하락위험을 헤지한다. 반대로 금

가격이 향후 상승할 것으로 예상하는 투자자는 금선물에 매입포지션을 취하여 가격상승위험을 헤지할 수 있다.

- 투기(speculation) : 파생상품 투자는 레버리지를 활용할 수 있기 때문에 투자수익률을 극대화할 수 있다. 예를 들면, 주가지수가 향후 상승할 것으로 예상하는 경우 주가지수 관련 펀드를 매입하기 보다는 주가지수를 기초자산으로 하는 지수선물 또는 지수옵션에 직접 투자함으로써 상대적으로 높은 수익률을 거둘 수 있다. 헤지(hedge)는 기초자산과 연관된 가격위험에 노출된 투자자가 위험을 줄이기 위해 파생상품을 활용하지만, 투기(speculation)는 기초자산과 연관된 위험보다는 이익을 극대화하기 위해 투자자가 파생상품을 활용하는 것이다.
- 차익거래(arbitrage) : 자기자본의 투자없이 위험을 부담하지 않으면서 이익을 얻는 거래이다. 파생상품의 가치는 기초자산의 가치에 의해 결정되는데, 기초자산 가격과 선물가격, 옵션가격 간에 있는 균형이 일시적으로 깨지는 경우에는 시장에서 차익거래의 기회가 발생한다. 예를 들면, 선물가격이 현물가격에 비해 상대적으로 낮은 경우 차익거래자는 선물을 매입하고 현물을 매도하여 무위험 차익을 얻을 수 있다.
- 거래비용(transaction costs) : 투자자가 주식을 매수하고 채권을 매도하는 투자를 실행하는 경우 많은 거래비용이 발생한다. 이 경우 파생상품을 활용하면 적은 거래비용으로 주식을 매수하고 채권을 매도할 수 있다. 예를 들면, 주식을 계속 보유하면서 추가적으로 주식선물을 매입하고 채권 매도포지션을 합성할 수 있다.

파생상품을 활용하여 위에서 언급한 다양한 용도로 사용할 수 있는 것은 파생상품이 다른 증권의 이익패턴을 복제하거나 새로운 형태의 이익패턴을 재창출할 수 있기 때문이다. 이익패턴을 복제한다는 것은 미래에 동일한 현금흐름이 발생하도록 포지션을 구축하는 것이다. 최근에 경영학의 투자론에서 급속하게 성장하고 있는 금융공학(financial engineering)은 파생상품을 활용하여 기존의 금융상품을 재결합하여 금융상품을 개발하거나 기존의 상품을 파생상품으로 복제하는 연구분야이다. 향후에는 금융공학을 활용하여 선물과 옵션이 지속적으로 발전하여 다양한 종류의 파생상품이 출현할 것으로 예상된다.

표 9-1 구조화 파생상품의 종류

분류	구조화 파생상품 사례
주식연계 구조화상품	투 스닥 스텝다운ELS(2 Stock Step ELS), 낙아웃 ELS(Up and Out Call with Rebate ELS)
금리연계 구조화상품	CMS스프레드 채권(Spread Note), 파워스프레드 채권, 레인지 어크루얼 채권(Range Accrual) 등
신용연계 구조화상품	신용연계 파생결합증권(Credit Linked DLS), 신용스프레드 채권, 신용파생유동화, ABCP 등
상품연계 구조화상품	유가연계 DLS(WTI Linked DLS), 금 연계 DLS(Gold Linked DLS)
환율연계 구조화상품	환율연계 DLS(FX Linked DLS), 레인지 포워드(Range Forwards), 키코(KIKO Forwards) 등

9.1 선물투자

9.1.1 선물계약

선물계약(futures contract)은 만기일에 미리 정한 가격으로 기초자산을 매입하거나 매도할 의무가 있는 계약이다. 옵션거래와도 유사하나, 차이점은 옵션소유자는 거래를 통해 이익이 되지 않으면 옵션을 매입하거나 매도할 의무가 없다. 반면에 선물과 선도계약은 약속된 조건에 따라 계약을 이행해야 하는 의무를 가진다. 선도계약과 선물계약의 차이점은 선도계약은 거래당사자들이 자유롭게 계약의 조건과 내용을 결정하고 장소와 무관하게 거래를 할 수 있지만, 선물계약은 계약내용이 표준화되어 있고 공식적인 거래소에서 거래가 이루어진다.

선도계약은 고대 그리스에서부터 시작된 것으로 매우 역사적으로 유래가 깊은 거래방식이다. 이에 반해 선물계약의 기원은 19세기로 비교적 근대에 들어와서 본격화되기 시작한다. 시작은 늦었지만 선물시장은 표준화되어 거래소에서 거래되면서 비공식화된 선도계약을 대체한다. 더 나아가서 선물시장은 처음에는 농산물과 상품 등으로 시작했지만, 오늘날에는 주가지수, 정부채권과 같은 이자율 관련 증권, 외환에 대한 금융선물 거래로 확대된다.

표 9-2 선물계약과 선도계약의 차이

구 분	선물계약	선도계약
거래의 표준화 여부	표준화	비표준화
거래장소	거래소	장외시장
결제시점	일일정산	만기일
결제형식	대부분 만기일 이전에 마감	현물 인수도
유동성	높음	낮음
상대방 신용리스크	낮음	높음

표 9-3 한국거래소 상장 선물상품

기초자산 유형	상 품	최초상장일
주식 (STOCK)	KOSPI200 지수선물	1996.05.03
	스타지수선물(KOSTAR Futures)	2005.11.07
	개별주식선물(Single Stock Futures)	2008.05.06
금리 (INTEREST RATE)	3년국채선물(3 year KTB Futures)	1999.09.29
	5년국채선물(5 year KTB Futures)	2003.08.22
	10년국채선물(10 year KTB Futures)	2008.02.25
통화 (CURRENCY)	달러선물(US Dollar Futures)	1999.04.23
	엔선물(Japanese Yen Futures)	2006.05.26
	유로선물(Euro Futures)	2006.05.26
	위안화선물(CHN Futures)	2015.10.05
상품 (COMMODITY)	금선물(Gold Futures)	1999.04.23
	돈육선물(Lean Hog Futures)	2008.07.21

9.1.2 선물 거래제도

우리나라 선물계약은 기초자산의 종류, 수량 및 품질, 1계약의 크기, 만기일 등이 표준화되어 있다.

- **결제월** : 만기일은 결제월(선물과 옵션거래의 최종거래일에 속한 월)로 구분하며 선물계약에 따라 수요자의 필요를 고려하여 한국거래소가 상품별로 정한다. 우리나라 KOSPI200 주가지수선물의 결제월은 3월, 6월, 9월, 12월이고, 만기일은 각 결제월의 두 번째 목요일(공휴일인 경우 순차적으로 앞당김)이다. 호가가격단위는 0.05포인트이고, 최소가격변동금액은 12,500원(25만원x0.05)이다. 거래시간은 08시 45분부터 15시 45분(최종거래일 08:45~15:20)이고, 최종결제일은 최종거래일의 다음 거래일이다. 가격제한폭은 기준가격 대비 각 단계별(① ±8% ② ±15% ③ ±20%)로 확대 적용(단, 08:45~09:00에는 1단계만 적용)하고 있다. 정산가격은 최종약정가격(최종 약정가격이 없는 경우, 선물이론정산가격)이며, 기준가격은 전일의 정산가격으로 한다. 현물가격의 급변으로 매매거래 중단 시에는 선물거래 일시중단 및 단일가로 재개된다.
- **거래승수(multiplier)** : 거래승수는 선물 1계약의 크기이고, 선물 1계약의 금액은 선물가격에 거래승수를 곱한 값이다.
- **미결제계약수와 청산소** : 미결제계약수 또는 미결제약정수량(open interest)은 청산되지 않고 현재 남아있는 계약의 수이다. 거래량이 거래된 계약의 수로 시장유동성을 나타내는 반면, 미결제계약수는 미결제된 매입포지션이나 매도포지션의 수로 측정되며 시장에서의 수요를 반영한다. 청산소는 선물거래 매입거래자와 매도거래자가 각각 계약을 직접 보유하는 것이 아니라 청산소가 매입포지션(long position)에 대한 매도자로서, 그리고 매도포시션(short position)에 대한 매입자로서의 역할을 수행한다. 청산소는 매입포지션 투자자에게 상품을 인도하고, 매도포지션의 투자자에게는 상품인도에 대해 대금을 지급한다. 이로써 청산소의 순포지션은 '0'이므로 청산소는 선물의 가격변동위험에 노출되지 않는다.

그러나 청산소가 매매당사자의 신용위험에 직접 노출되므로 이런 위험을 줄이기 위해서 증거금제도와 일일정산제도를 운용한다.

- **증거금과 일일정산제도** : 증거금은 크게 위탁증거금(customer margin)과 거래증거금(member margin)으로 구분된다. 위탁증거금은 투자자가 거래소 회원사에 납부하는 증거금으로 개시증거금, 유지증거금, 추가증거금 등이 있다. 먼저, 개시증거금(initial margin)은 선물거래를 시작할 때 요구되는 증거금이고, 유지증거금(maintenance margin)은 증거금의 잔액이 유지해야 하는 최소한의 수준을 말한다. 다음으로 마진콜(margin call)이 있는데, 투자 잔액이 유지증거금 아래로 하락하면 개시증거금 수준으로 회복시키도록 투자자에게 보내는 요청으로 증거금납입을 요청하는 것이다. 끝으로 추가증거금(variation margin)은 투자자가 마진콜을 받으면 납입해야 하는 금액으로 변동증거금이라고도 한다.

표 9-4 **KOSPI, KOSDAQ, KRX 등 증거금률 및 거래승수**

기초자산		위탁(유지) 증거금률	승수	최소증거금	스프레드(유지) 위탁증거금율
KOSPI200	선물	8.250% (5.5%)	250,000	250,000	1.8 (1.2%)
	옵션	8.250% (5.5%)	250,000	250,000	-
	위클리옵션	8.250% (5.5%)	250,000	250,000	-
	미니선물	8.250% (5.5%)	50,000	50,000	1.8% (1.2%)
	미니옵션	8.250% (5.5%)	50,000	50,000	-
코스닥1		13.20% (8.8%)	10,000 50지수선물	100,000	3.0% (2.0%)
코스닥150지수옵션		13.20% (8.8%)	10,000	100,000	-
코스닥글로벌선물		14.700% (9.8%)	10,000	100,000	3.0% (2.0%)
KRX300선물		8.250% (5.5%)	50,000	200,000	1.8% (1.2%)
변동성지수선물		50.550% (33.7%)	250,000	250,000	6.0% (4.0%)

표 9-5 국내 선물 주문증거금과 현금필요액

적용대상	주문종류	주무증거금총액	현금필요액 (현금증거금)
선물매도 · 매수	모든 주문	전일 기초자산기준가격 x 주문수량 x 거래승수 x 위탁증거금률	증거금 총액의 1/2
선물스프레드 매도 · 매수	지정가만 가능	전일 기초자산기준가격 x 거래승수 x 스프레드증거금률 x 주문수량	

9.1.3 선물의 유형

- **개별주식선물(single stock future)** : 개별주식선물은 주식시장에 상장되어 있는 주식 중 한국거래소가 정한 특정 종목들을 대상으로 하는 선물상품이다. 기초자산이 되는 주식의 유동성과 시가총액, 기업의 재무상태 등을 고려하여 거래수요가 있는 주식에 대해서만 주식선물이 상장되며, 2021년 10월 말을 기준으로 우리나라 유가증권 주식 129개와 코스닥시장 주식 29개 등 총 158개 주식에 대한 주식선물이 상장되어 있다. 우리나라에서 개별주식선물은 2008년 5월 6일에 처음으로 상장되었으며, 주식 종목을 대상물로 하는 선물 거래이다. 주식선물 1계약의 금액은 선물가격에 10을 곱한 값으로 계산하며, 최종거래일은 코스피200 지수선물과 동일하게 3월, 6월, 9월, 12월의 두 번째 목요일이다.
- **주가지수선물(stock market index future)** : 주가지수선물은 파생상품 중에 하나로 장래의 주가지수를 대상으로 한다. 우리나라에서 대표적인 상품으로는 코스피200선물이 있다. 코스피200선물은 유가증권본부에 상장된 주권 200종목의 시가총액 기준으로 산출된 코스피200지수를 기초자산으로 하는 상품이다. 이외에도 주가지수선물의 투자품목에는 코스피200선물, 코스피200섹터지수선물, 미니코스피200선물, 코스닥글로벌지수선물 등 다양한 상품들이 있다. 주가지수선물거래도 다른 선물거래와 마찬가지로 증거금을 징수한다. 전 세계에서 개시증거금은 계약금액(선물지수 x 포인트당가격 x 주문수량)의 3%에서 15% 수준이다. 유지증거금은 개시증거금의 3분의 2 수준이다(우리나라의 코스피200선물의 개시증거금은 8.25%이고, 유지증거금은 5.5%임).

표 9-6 주가지수선물

투자대상	투자품목		
주가지수선물	코스피200선물 코스피200섹터지수선물 미니 코스피200선물 코스닥글로벌지수선물 개별주식옵션	코스피200옵션 코스피200변동성지수선물 미니 코스피200옵션 코스닥150옵션 ETF선물	코스피200위클리옵션 KRX300선물 코스닥150선물 개별주식선물

- **통화선물**(currency futures) : 통화선물은 통화 선물환(즉 통화선도계약)이나 마찬가지로 특정 통화를 미래의 일정 시점에서 약정한 가격으로 사거나 파는 금융선물 거래의 일종이다. 통화선물은 표준화되어 있어서 거래소에서 불특정 다수 간에 거래가 이루어지며 제도적으로 거래소가 거래의 이행을 보장하는 거래소 상품이다. 반면에 선물환은 딜러가 시장조성자의 역할을 하는 장외거래로서, 딜러가 거래상대방의 신용위험을 직접 부담한다. 통화선물은 거래소에 상장된 통화선물이라는 상품을 주식처럼 거래하지만 증거금만으로 포지션을 주고받는 거래이다. 일정 기간이 지나면 실제로 거래된 특정 통화를 인수 또는 인도하는 것이 아니라 현물환 포지션과 대응되는 선물환 포지션을 보유함으로써 환위험을 헤지하거나 차익을 추구하는 거래이다. 한국거래소에는 통화선물로 미국달러선물, 엔선물, 유로선물, 위안화선물 등이 상장되어 있다.
- **FX마진거래**(FX margin trade) : FX마진거래는 외국통화의 매수 또는 매도를 통해 환차익을 추구하는 거래이다. FX마진거래는 이종통화 간 현물환 거래로 현금이 오고 가지 않는 차액결제방식을 이용하고, 달러, 유로, 엔 등 8개국 통화에 대해 "기준통화/상대통화"를 한쌍으로 묶어 거래한다. 외환(Foreign Exchange)은 FX 또는 FORXE라고 부른다.
- **금리선물**(interest rate futures) : 금리선물은 이자율 또는 이자율에 의해 가격이 결정되는 채권을 기초자산으로 하는 선물계약을 의미한다. 금리선물을 활용하는 이유는 다음과 같은 세 가지 이유이다. 하나는 이자율에 의해 가치가 결정되는 상품의 가격변동위험을 헤지하거나, 다른 하나

표 9-7 달러선물, 엔선물, 유로선물, 위안화 선물 상품 내역

	달러선물	엔선물	유로선물	위안화 선물
거래대상	미국 달러(USD)	일본 엔(JPY)	유로(EUR)	위안화(CHN)
거래단위	USD 10,000	JYP 1,000,000	EUR 10,000	CHN 100,000
가격표시방법	1 USD당 원화	100 JPY당 원화	1 EUR 원화	1 CHN 원화
최소호가단위	0.1(1틱의 가치는 1,000원임)			
거래시간	09:00~15:45(최종거래일 09:00~11:30)			
최종거래일	결제월 세 번째 월요일(공휴일인 경우 순차적으로 앞당김)			
최종결제일	최종거래일로부터 기산하여 3일째 거래일(T+2)			
가격제한폭	± 4.5%	± 5.25%	± 5.25%	± 4.5%
결제방법	인수도결제			

미래 일정기간의 이자율을 확정시키거나, 끝으로 이자율의 변화방향에 대한 베팅을 목적으로 한다. 한국거래소에 상장된 금리선물에는 3년국채선물(1999년), 5년국채선물(2003년), 10년국채선물(2008년) 등이 있고, 미국의 주요 금리선물계약은 유로달러, T－bill선물, T－note(중기 재무성채권), T－bond(장기 재무성채권) 등이 있다.

- **상품선물(commodity futures)** : 상품선물은 농산물, 축산물, 금속, 에너지 등 다양한 상품선물을 기초자산으로 하는 선물계약이다. 선물계약이 설정되어 있는 상품은 옥수수, 밀, 대두 등의 곡물과 돼지, 소 등의 축산물, 그리고 금, 은, 동, 백금 등의 금속 등이 있다. 이외에도 원유, 난방유, 휘발유 등의 에너지로 매우 다양하다. 우리나라에서 거래되는 상품선물에는 금선물과 돈육선물(2021년 1월부터 휴면)이 있다.

표 9-8 상장 파생상품 현황

구 분	상 품
주가지수	코스피200선물, 코스피200옵션, 코스피200섹터지수선물(10), 배당지수선물(2), 미니코스피200선물, 미니코스피200옵션, 코스닥150선물, 코스닥150옵션, KRX300선물, 유로스톡스50선물, K-뉴딜 지수선물(3)

상장지수	변동성지수선물
개별주식	개별주식선물(158), 개별주식옵션(37)
ETF	ETF선물(6)
금리	3년국채, 5년국채, 10년국채
통화	미국달러선물, 미국달러옵션(2021년 1월 휴면), 미국달러플렉스선물, 엔선물, 유로선물, 위안화선물
일반상품	금선물과 돈육선물(2021년 1월 휴면)

자료) 한국거래소 증권·파생상품연구센터<쓱하고 싹배우는 파생상품> 중에서

9.1.4 스왑(swap)

스왑(swap)은 선도계약을 다기간으로 확장한 것이다. 대표적인 스왑에는 금리스왑과 통화스왑이 있다.

■ 금리스왑(interest rate swap: IRS) : 금리스왑은 일정기간 동안 정해진 원금에 대해 거래 당사자인 한쪽은 고정금리이자를 지급하고 다른 쪽은 변동금리이자를 지급함으로써 미래에 정기적으로 현금흐름을 교환하는 계약이다. 금리스왑에서 고정금리와 변동금리는 동일한 통화로 결제된다. 금리스왑에서 원금은 실제로 교환되는 것이 아니고 단지 이자계산의 기준으로 활용됨에 따라 이런 원금을 명목원금이라고 불린다. 이자계산은 국가 간에 상이하다. 달러화의 경우 "실제일수/360"을 사용하는 반면, 엔화와 파운드 그리고 원화의 경우는 "실제일수/365"를 사용한다. 금리스왑에서 고정금리이자와 변동금리이자의 교환은 일반적으로 이자율의 차이만을 결제하는 차액결제(payment netting) 방식을 사용한다. 금리스왑을 체결한 날을 거래일(trade date)이라고 하고, 이자계산이 시작되는 날을 유효일(effective date), 이자교환이 이루어지는 날을 지급일(payment date), 변동금리의 이자율이 확정되는 날을 조정일(reset date)라고 부른다. 스왑시장의 발전에 은행의 역할이 매우 높았다. 거래 초기에 은행은 단순한 중개(broker) 역할을 수행하였으나, 지금은 스왑을 직접 매매하는 딜러(dealer)로서의 역할을 수행하면서 시장에 풍부한 유동성을 제공

한다. 더 나아가서 은행은 스왑에 있어서 자체적인 포지션을 운용하면서 시장조성자의 역할까지 수행하고 있다.

■ **통화스왑(currency swap: CRS)** : 통화스왑은 특정 국가 통화기준의 차입원금 및 이자금액과 또 다른 특정 국가 통화기준의 차입원금과 이자금액을 교환하는 스왑이다. 금리스왑과의 차이점은 통화스왑에서는 원금이 스왑계약이 시작되는 시점과 만료되는 시점에서 교환이 이루어진다는 것이다. 만기일의 원금교환시 적용되는 환율은 초기 거래시점의 환율이다. 우리나라에서 가장 일반적인 통화스왑은 달러화 리보(LIBOR)와 원화 고정금리를 교환하는 이자율통화스왑이다.

9.2 옵션투자

옵션은 기초자산가격과 행사가격간의 관계를 기준으로 내가격, 등가격, 외가격 옵션으로 구분된다. 내가격옵션(in－the－money: ITM)은 투자자가 현재 권리를 행사하는 것이 유리한 옵션으로 기초자산가격이 옵션가격보다 높은 콜옵션이나 기초자산가격이 행사가격보다 낮은 풋옵션인 상태를 말한다. 외가격옵션(out－of－the－money: OTM)은 투자자가 현재 권리를 행사하는 것이 손실이 발생하는 옵션으로 기초자산가격이 행사가격보다 낮은 콜옵션이나 기초자산가격이 행사가격보다 높은 풋옵션을 의미한다. 등가격옵션(at－the－money: ATM)은 기초자산가격과 행사가격이 같은 옵션이다.

9.2.1 옵션계약

옵션계약에는 콜옵션(call option)과 풋옵션(put option)이 있다. 콜옵션은 투자자가 옵션거래의 대상이 되는 증권을 정해진 만기일 또는 행사가격에 매입할 수 있는 권리를 가진다. 그러나 옵션 투자자는 반드시 옵션을 행사하여야 하는 것은 아니다. 만기일에 주가가 행사가격보다 높으면 콜옵션의 가치는 주가와 행사가격 간의 차이와 같다. 반면, 만기일에 주가가 행사가격보다 낮으면 콜옵션은 가치가 없게 된다. 콜옵션의 순이익은 옵션의 가치에서 그 옵션을 매입할 당시 지불한 가격을 제외한 값이다. 옵션의 매입가격은 프리미엄(premium)이라 한다. 이것은 옵션 행사가 이익이 될 때 이를 행사할 수 있는 권리에 대한 옵션 매입자가 지불해야 하는 대가이다.

풋옵션은 투자자가 만기일 또는 행사가격에 어떤 자산을 매도할 수 있는 권리를 가진다. 콜옵션의 이익은 기초자산의 가치가 높아질 때 증가하지만, 풋옵션의 이익은 기초자산의 가치가 낮아질 때 상승한다. 다시 말해서 풋옵션은 행사가격이 시장가치보다 낮은 때 행사될 수 있다.

선물과 옵션은 다음과 같은 차이점을 가지고 있다. 첫째, 선물계약은 매입자와 매도자가 모두 의무를 가지므로 비용이 발생하지 않지만, 옵션계약은 매입자가 권리를 소유하고 매도자는 의무를 가지므로 옵션프리미엄을 지불해야 한다. 둘째, 선물계약은 가격상승과 가격하락에 따른 위험을 투자자가 모두 부담한다. 반면, 옵션에서는 콜옵션계약(풋옵션)에서는 가격상승(하락)에 따른 위험을 헤지할 수 있다. 셋째, 선물계약은 변동성의 변화에 의해 이익에 영향을 받지 않는 반면, 옵션의 매입포지션은 변동성의 증가로 이익을 얻는다. 넷째, 선물계약의 이익패턴은 선형을 보이는 반면, 옵션계약의 이익패턴은 비선형으로 옵션 투자자의 최대손실은 옵션프리미엄에 국한된다. 다섯째, 선물계약의 투자자는 모두 증거금제도의 적용을 받는 반면, 옵션계약의 투자자에서 매입자는 권리를 소유하므로 증거금제도를 적용받지 않고 오직 매도자만 의무를 가지므로 증거금을 납부한다.

- **옵션거래** : 우리나라에서 거래되는 옵션계약은 상장된 옵션별로 행사가격과 만기 등이 표준화되어 있다. 콜옵션 투자자는 기초자산을 행사가격에 매입할 권리를 가지며 풋옵션 투자자는 기초자산을 행사가격에 매도할 권리를 갖는다. 우리나라는 거래소에 상장된 모든 옵션이 현금결제로 이루어짐에 따라 옵션의 기초자산을 직접 매입하거나 매도하지는 않는다. 옵션의 투자자가 만기일에 권리를 행사하지 않으면 이는 권리를 포기한 것으로 본다. 투자자가 권리를 포기한다는 것은 권리를 행사하는 것이 투자자 자신에게 이익이 되지 않기 때문이다. 옵션 만기일 전에 투

자자는 반대주문을 통해 자신의 포지션을 청산할 수 있다.

- **미국식옵션(American option)과 유럽식옵션(European option)** : 미국식옵션 투자자가 만기일 또는 만기일 전에 언제든지 기초자산을 매입하거나 매도할 권리를 행사할 수 있다. 반면에 유럽식옵션은 만기일에만 옵션의 권리를 행사할 수 있다. 유럽식옵션은 행사 가능 시기가 제한적이기 때문에 그에 따른 프리미엄이 비교적 낮은 경향이 있다.
- **옵션청산소(OCC: Option Clearing Corporation)** : 옵션청산소는 옵션거래를 위한 청산기관으로 주식옵션의 거래를 취급하는 거래소들이 공동으로 소유하고 있다. 옵션투자자가 권리를 행사하면 옵션청산소는 옵션발행자를 대리하는 거래소 회원사가 옵션을 발행한 다른 투자자를 찾아 옵션의무를 이행하도록 업무를 수행한다. 거래소 회원사는 당해 옵션을 발행한 투자자 중 한 사람을 선정하여 의무를 이행하도록 한다. 옵션청산소는 계약이행을 보증하므로 옵션발행자는 계약의무의 이행을 보증하기 위해 증거금을 납입해야 한다. 단, 옵션투자자는 보증금을 예탁할 필요가 없다. 옵션투자자는 옵션의 행사가 이익을 가져올 수 있을 때에만 권리를 행사하기 때문이다.
- **개별주식옵션(single stock options)** : 미래의 특정시점에 미리 정해진 가격으로 개별주식을 매입하거나 매도할 수 있는 권리를 가진 옵션이다. 1973년 미국에서 처음으로 도입한 후, 우리나라는 2002년 1월 28일부터 거래를 시작한다. 2001년 10월 4일 홍콩거래소(HKEX)에서 삼성전자, SK텔레콤, KT, 한국전력, 국민은행 등 5개의 국내 상장종목에 대한 옵션거래를 시작한 것에 영향을 받게 되고, 포스코와 현대차를 추가하여 개별주식옵션을 거래한다. 우리나라에서 개별주식옵션은 한국거래소의 유가증권본부에 상장되어 있고 유통주식수가 1,000만주 이상, 소액주주가 10,000명 이상, 1년간 총거래대금이 5,000억 원 이상인 보통주식 중에서 시가총액과 재무상태 등을 고려하여 선정한 33개 기업이 발행한 주식을 거래대상으로 하는 상품이다.
- **주가지수옵션(stock index options)** : 주가지수를 특정시기에 미리 지정된 가격으로 매입하거나 매도할 수 있는 권리를 매매하는 옵션이다. 주가지

수옵션 매수자가 매도자로부터 프리미엄을 지급하고 주가지수를 매입하면 행사가격으로 주가지수를 매도할 수 있는 권리(풋옵션) 보유하거나 매입할 권리(콜옵션)를 보유하게 된다. 미국의 경우 S&P500와 같은 주식시장의 주가지수에 기초를 둔 콜옵션이나 풋옵션이 주가지수옵션이고, 우리나라는 코스피200 지수옵션이 대표적으로 세계에서 가장 거래가 활발하게 되는 상품이다. 개별주식옵션과는 다르게 주가지수옵션은 행사될 때 콜옵션 발행자에 실제로 "지수의 인도"나 풋옵션 발행자에게 "지수의 매입"을 요구하지 않고, 현금정산 절차를 활용한다.

표 9-9 코스피(KOSPI)200 지수옵션 시세표(2024년 6월 14일 종가

행사가격	지수등가	콜옵션			풋옵션		
		현재가	이론가	거래량	현재가	이론가	거래량
395.00	2,898	0.73	1.70	32,848	19.55	20.69	2
392.50	2,879	0.98	2.17	38,216	18.20	18.67	28
390.00	2,861	1.35	2.68	44,194	15.65	15.00	13
387.50	2,843	1.82	3.30	41,843	13.85	14.82	33
385.00	2,824	2.45	4.04	35,096	12.05	13.06	30
382.40	2,806	3.19	4.84	18,580	10.30	11.37	42
380.00	2,788	4.07	5.83	21,593	8.83	9.87	404
377.50	2,769	5.11	6.85	62,41	7.43	8.39	1,764
375.00	2,751	6.32	8.12	4,939	6.08	7.17	5,061
372.50	2,733	7.69	9.40	787	4.96	5.95	4,015
370.00	2,714	9.29	10.92	555	4.05	4.98	10,402
367.50	2,696	11.00	12.47	233	3.19	4.04	15,651
365.00	2,678	12.95	14.21	98	2.52	3.29	24,745
362.50	2,659	13.90	16.02	32	1.99	2.60	27,766
360.00	2,641	17.30	17.96	75	1.52	2.05	33,526

자료) 2024년 6월 14일 코스피 종가는 2,758.42pt임.

- **선물옵션(futures options)** : 선물옵션은 선물가격을 옵션의 행사가격으로 하여 그 투자자에게 특정 선물계약을 매입하거나 매도할 수 있는 권리를 부여한 것이다. 콜옵션투자자가 콜을 행상하면 행사가격으로 선물의

매수포지션이 발생되며, 풋옵션투자자가 풋을 행사하면 행사가격으로 선물의 매도포지션이 발생한다.

- **통화옵션(foreign currency options)** : 통화옵션은 정해진 수량의 자국통화(미국 달러)에 대해 일정량의 외국통화를 매입하거나 매도할 수 있는 권리를 제공한다. 통화선물이 달러화, 엔화, 유로화를 대상으로 하는데 비해, 통화옵션은 달러옵션만이 상장되어 있다. 또한 통화선물은 행사가격과 만기일 외환선물가격 간의 차액을 지급금(payoff)으로 하는 반면, 통화옵션은 행사가격과 만기에서의 환율 간의 차액을 지급금으로 한다.
- **금리옵션(interest rate options)** : 이자율에 연계된 금리상품으로 금리에 의해 가격이 결정되는 채권을 기초자산으로 하는 옵션이다. 통상적으로 단기예금 등 만기가 짧은 금융상품에 대한 옵션을 금리옵션이라고 하며, 만기가 상대적으로 긴 금융상품에 대한 옵션은 채권옵션이라고 부른다. 향후 금리가 상승할 것으로 예상하면 채무자는 금리콜옵션을 매입하여 위험을 줄일 수 있으며, 향후 금리가 하락할 것으로 예상되는 투자자는 금리풋옵션의 매입을 통해 위험을 분산시킬 수 있다. 미국의 중기 재무성채권(T-notes)과 장기 재무성채권(T-bond), 영국이나 일본과 같은 주요 경제권의 정부채권에 대한 옵션이 주로 거래된다.

9.2.2 옵션가치

- **콜옵션** : 콜옵션은 행사가격에 기초자산을 매입할 권리를 가지므로 콜옵션의 가치가 기초자산의 가치보다는 클 수 없고, 이런 상한선은 유로피언옵션과 아메리칸옵션에 모두 해당된다. 다시 말해서 자산의 실제 가치가 상승하면 상승할수록, 행사가격과 차이가 발생하고 콜옵션의 가치는 상승한다. 예를 들면, 특정 물건을 100원에 사겠다는 콜옵션을 가진 매입자가 있다면, 특정 물건이 150원이 된다면 50원의 이익을 얻게 되고 특정 물건이 90원이 된다면 옵션행사를 하지 않으면 되기 때문에 손해는 없다. 단지, 프리미엄을 지불하기 때문에 프리미엄의 개념을 이해할 필요가 있다. 특정 물건이라는 자산을 100원에 살 수 있는 옵션을 10원을 주고 샀다고 가정하자. 특정 물건의 자산가격이 150원이 된다면 콜옵

션의 매입자의 이익은 "150원 - 100원 - 10원 = 40원"이 될 것이다. 특정 물건의 가치가 이와 반대로 90원, 80원, 70원으로 하락해도 콜옵션 매입자의 손실은 프리미엄에 지불된 10원으로 제한된다. 콜옵션의 매도자는 콜옵션의 매입자와 반대되는 수익구조를 가지게 된다.

그림 9-1 콜옵션 매입포지션과 매도포지션의 이득패턴과 이익패턴

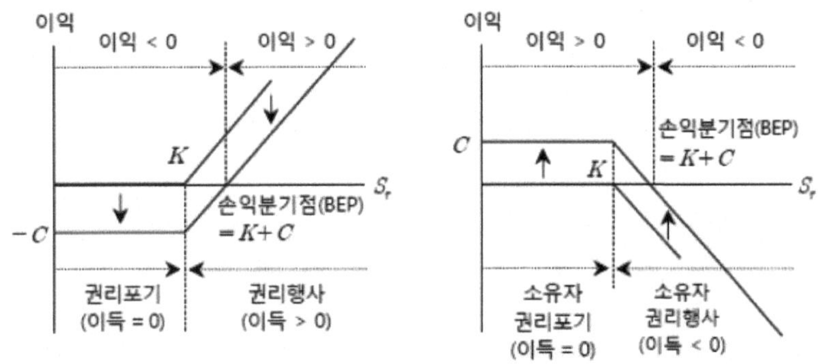

주) 옵션전략에서 사용한 그림은 윤평식(저자)의 "파생상품의 원리"(탐진)를 인용함

- **풋옵션** : 풋옵션은 행사가격으로 어떤 자산을 팔 수 있는 권리를 부여한다. 풋옵션투자자는 그 자산가격이 행사가격보다 낮지 않으면 옵션을 행사하지 않는다. 다시 말해서 현재가보다 행사가격이 높아서 비싸게 팔수록 이익이 나는 구조이다. 예를 들면, 현재 특정 물건이 100원인 상품을 100원에 팔 권리를 구입했다고 가정하면 시장가격이 150원이라면 150원에 매도하지 100원에는 팔지 않는다. 행사가격보다 시장가격이 높게 형성된 상황이라면 풋옵션을 투자한 투자자는 프리미엄만 손해보고 옵션을 행사하지 않는다. 반면, 시장가격이 50원이라면 100원에 팔 수 있는 권리를 가진 풋옵션투자자는 50원에 사서 100원에 팔면 50원의 이익이 발생한다. 프리미엄은 10원을 지불했기 때문에 "100원 - 50원 - 10원 = 40원"의 이익을 얻을 수 있다.

옵션의 특징은 다음과 같다. 먼저, 레버리지 효과가 있다. 낮은 자본으로 큰 규모의 자산을 투자할 수 있는 레버리지를 제공하고, 이는 소액 투자로도 큰 이익을 얻을 수 있는 기회와 큰 손실을 볼 수 있는 위기가 동시에 존재한다. 둘째, 위험을 제한한다. 콜옵션과 풋옵션 투자자의 손실 위험은 지불한 프리미엄으로 제한된다. 셋째, 시장 예측이 수반되는 투자상품이다. 투자할 대상이 향후 가격이 상승(하락)할 것으로 예상되면 콜옵션(풋옵션)을 매입함으로써 이익을 확대할 수 있다.

그림 9-2 풋옵션 매입과 매도의 이익패턴

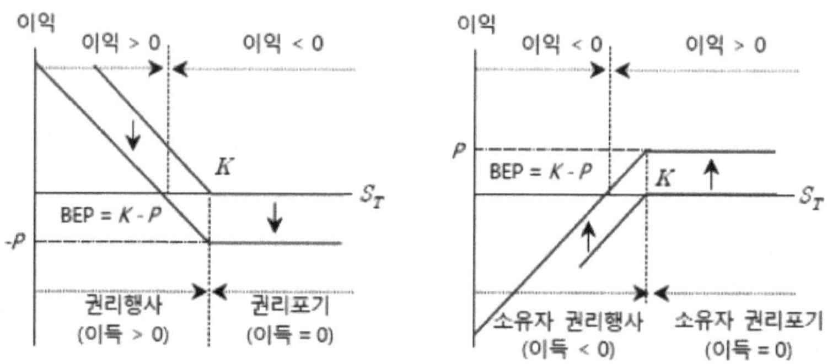

9.2.3 옵션전략

옵션을 이용한 투자전략은 4가지 정도로 구분할 수 있다. 채권과 옵션을 결합하는 전략(B+C, B+P), 주식과 옵션을 결합하는 전략(S+P, −S+C, S−C, −S−P), 스프레드전략(강세스프레드, 약세스프레드, 박스스프레드, 나비스프레드, 캘린더스프레드 등), 콤비네이션전략(스트래들, 스트랭글, 스트립, 스트랩 등)이 있다. 여기서 언급하는 옵션은 모두 유로피언옵션으로 아메리칸옵션처럼 조기행사의 가능성이 있는 경우에는 결과가 상이한 값을 얻을 수 있다.

옵션에서 보이는 이득패턴과 이익패턴이 있다. 이득(payoff)패턴은 포지션을 청산하는 시점으로 옵션을 행사하거나 주식을 매도할 때의 현금흐름만을 반영하고, 이익(profit)패턴은 이득에서 투자금액(주식매입금액이나 옵션매입금액)을 차감한 값이다.

그림 9-3 **주식의 이득패턴과 이익패턴**

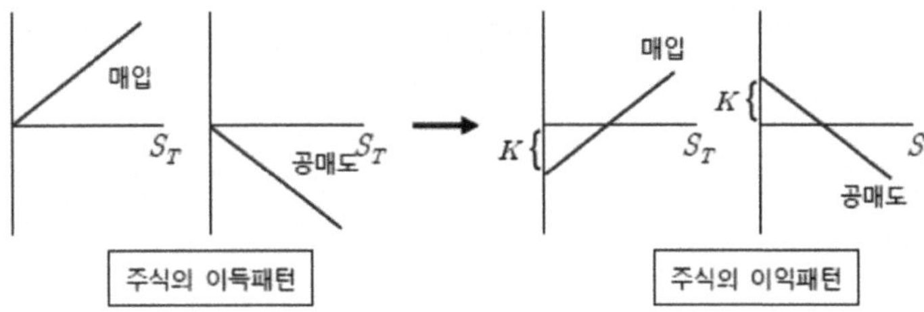

주식과 개별옵션을 결합하는 방법에는 네 가지가 있다. 첫째, "S(주식) + P(풋옵션)" : 주식을 보유하고 있는 투자자가 풋옵션을 매입하는 것으로 주가가 하락하면 주식포지션의 손실을 옵션포지션의 이익으로 보완시키므로 추가손실이 제한되고 주가가 상승하면 이익을 얻는 구조이다. 둘째, −S(주식) + C(콜옵션) : 주식을 공매도한 투자자가 콜옵션을 매입하는 경우 주가가 상승하면 주식포지션의 손실을 옵션포지션의 이익으로 만회시키므로 추가손실이 제한되고 주가가 하락하면 이익을 얻는다. 셋째, S(주식) - C(콜옵션) : 주식을 보유하고 있는 투자자가 콜옵션을 발행하면 손해 보면서 주식을 매도해야 때문에 추가이익이 제한된다. 넷째, −S(주식) - P(풋옵션) : 주식을 공매도한 투자자가 풋옵션을 발행하면 손해보면서 주식을 매입해야 하므로 추가이익이 제한된다.

"S + P"와 "−S + C"는 주식포지션이 있는 투자자가 옵션을 매입하면 추가손실이 제한되지만, "S - C"와 "−S - P"는 옵션을 매도하면 추가이익이 제한된다.

그림 9-4 **콜옵셥과 풋옵션의 이득패턴과 이익패턴**

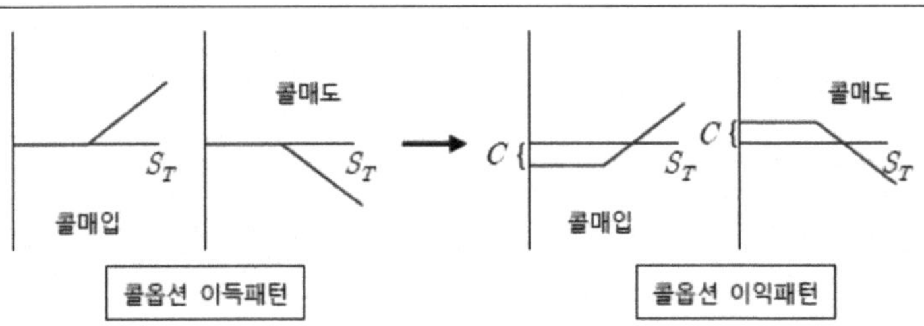

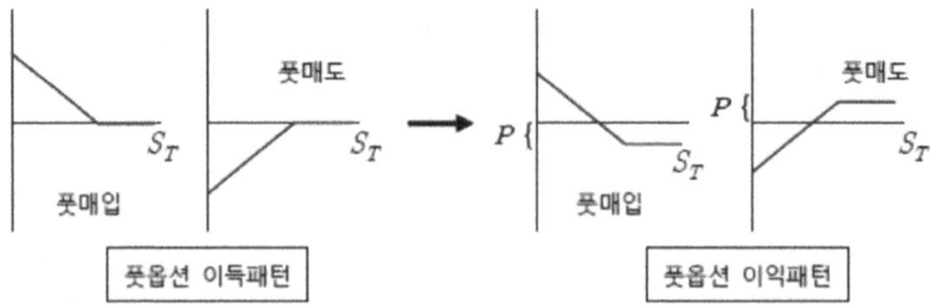

■ **방어적 풋(protective put)** : 주식에 투자하는 투자자는 일정 수준 이상의 손실을 부담하지 않기를 희망한다. 이럴 경우 투자자는 주식에 투자하는 동시에 주식의 풋옵션을 매입하는 방안을 고려해 볼 수 있다. 방어적 풋은 주가 하락시 주식포지션의 손실을 풋옵션 포지션에서의 이익으로 만회함에 따라 추가손실이 제한되고 주가 상승시에는 추가이익이 열려 있는 포지션이다. 또한 주가 하락에 대해 손실 규모를 한정한다는 측면에서 일종의 보험기능을 제공하기 때문에 포트폴리오 보험(portfolio insurance)을 구사할 수 있는 옵션전략이다.

그림 9-5 **방어적 풋(protective put: S + P)의 이득패턴과 이익패턴**

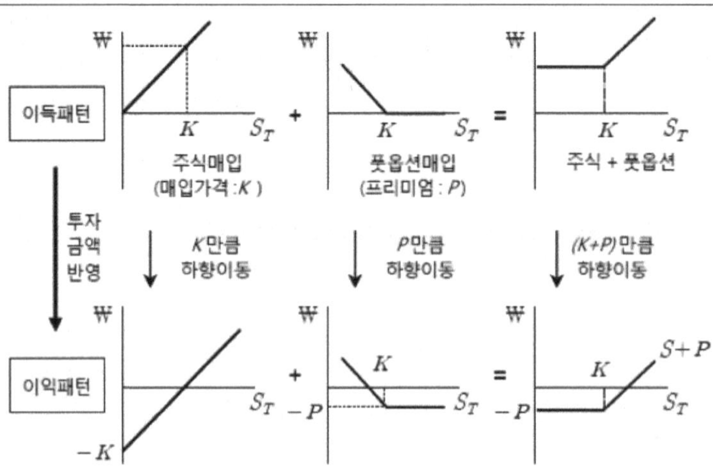

■ 커버드 콜(covered call) : 커버드 콜 포시션은 주식을 매입하는 동시에 그 주식에 대한 콜옵션을 발행하는 것이다. 이 포지션은 주식을 보유함으로써 그 주식을 인도해야 하는 잠재적 의무를 커버하기 때문에 콜옵션 발행이 커버(covered)된다. 반면 상쇄되는 주식 포지션이 없어 옵션을 발행하는 것을 무방비 옵션발행(naked option writing)이라 한다. 커버드 콜은 시장의 변동성이 크지 않을 것으로 예상할 때 취하는 포지션이다. 변동성이 크더라도 주가가 하락하면 콜옵션 프리미엄으로 주가하락에 따른 손실의 일부를 커버할 수 있으므로 투자자의 손실이 줄어든다. 커버드 콜은 주식을 행사가격에 매도해야 하므로 포트폴리오의 추가이익은 제한되며, 주식에서의 목표수익률을 고려하여 행사가격을 설정하면 주가가 행사가격 이상으로 상승할 경우 자동적으로 주식포지션을 청산시키는 효과가 있다.

그림 9-6 커버드 콜과 주식매입

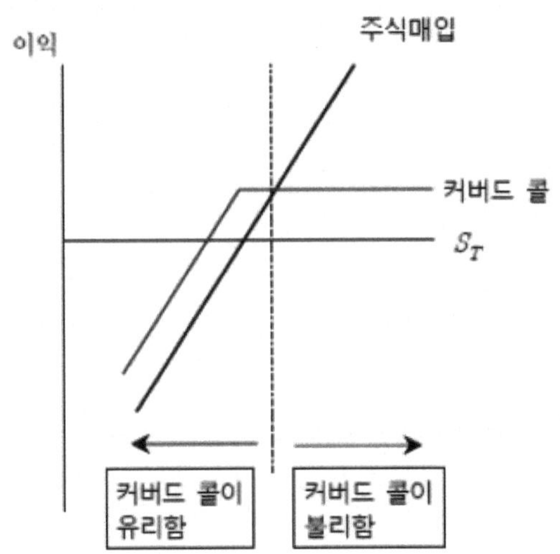

- **스프레드(spreads)** : 동일 증권에 대해 행사가격이 다르거나 만기까지의 기간이 다른 2개 이상의 콜(또는 2개 이상의 풋)이 결합 된 것이다. 스프레드의 유형에는 먼저, 수직스프레드(vertical spread) 또는 가격스프레드(price spread)가 있다. 이것은 만기가 동일하나 행사가격이 상이한 콜옵션 또는 풋옵션을 이용하는 스프레드이다. 다음으로 수평스프레드(horizontal spread) 또는 시간스프레드(time spread)가 있다. 행사가격은 동일하나 만기가 다른 콜옵션 또는 풋옵션을 이용하는 스프레드이다. 끝으로 대각선 스프레드(diagonal spread)로 만기와 행사가격이 다른 콜옵션 또는 풋옵션을 이용하는 스프레드이다.

강세스프레드, 약세스프레드, 나비스프레드는 콜옵션만 또는 풋옵션만을 이용해서 구성할 수 있다. 이들 모두 수직스프레드에 속하는 전략이다.

강세스프레드(bull spread)는 행사가격이 낮은 콜옵션 을 매입한 투자자가 행사가격이 높은 콜옵션 을 매도함으로써 주가상승에서 기대할 수 있는 이익의 일부를 포기한 전략이다. 콜옵션 강세스프레드의 손익분기점(BEP)는 이다.

표 9-10 콜옵션 강세스프레드의 이익패턴

포지션	현재 현금흐름	만기일 현금흐름		
		$S_T \le K_1$	$K_1 \le S_T \le K_2$	$S_T \ge K_2$
C_1 매입	$-C_1$	0	$S_T - K_1$	$S_T - K_1$
C_2 매도	C_2	0	0	$-(S_r - K_2)$
강세스프레드의 이익	$C_2 - C_1 < 0$	0	$S_T - K_1$	$K_2 - K_1$

- **콤비네이션(combination)** : 동일한 주식에 대한 콜옵션과 풋옵션을 함께 이용하는 투자전략으로 스트래들, 스트랭글, 스트립과 스트랩 등이 대표적인 콤비네이션이다.

1) 스트레들(straddle) : 행사가격과 만기가 동일한 콜옵션과 풋옵션을 동시에 매입하는 전략이다. 이 옵션전략은 향후에 주가가 큰 폭으로 변동할 것으로 예상하나 그 방향을 예측할 수 없는 경우에 취하는 전략으로 최대손실은 옵션매

입비용으로 제한된다. 스트래들의 최악의 시나리오는 주가가 움직이지 않는 것이다. 그런 측면에서 스트래들의 포지션은 변동성(volatility)에 투자하는 것이다.

그림 9-7 **스트래들의 이익패턴**

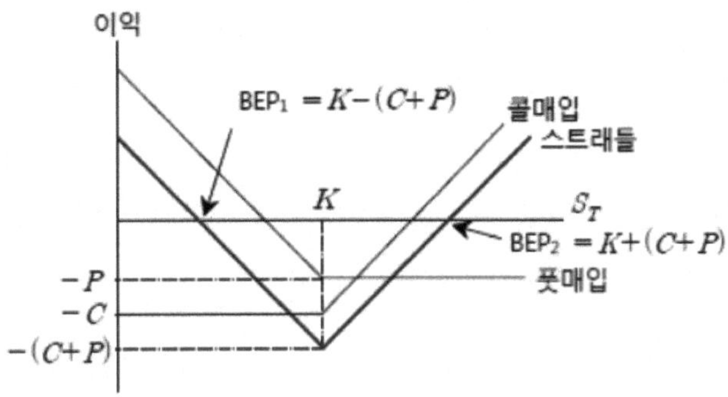

2) 스트랭글(strangle) : 만기는 동일하나 행사가격이 다른 콜옵션과 풋옵션을 동시에 매입하는 투자전략이다. 스트랭글이 이익을 얻기 위해서는 스트래들보다 주가가 큰 폭으로 변화해야 한다. 투자자는 만기일의 주가가 과 사이에 있을 때 손실을 보게 된다.

그림 9-8 **스트랭글의 이익패턴**

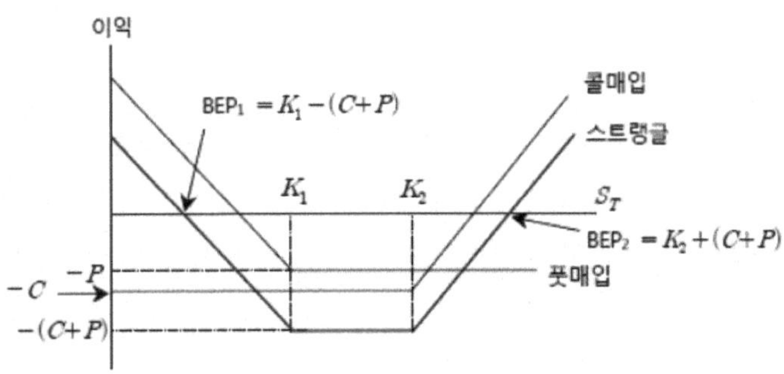

표 9-11 스트랭글의 이익패턴

포지션	$S_r \le K_1$	$K_1 \le S_r \le K_2$	$S_r \ge K_2$
C_2 매입	0	0	$S_T - K_2$
P_1 매입	$K_1 - S_T$	0	0
스트랭글의 이익	$K_1 - S_T$	0	$S_T - K_2$

3) 스트립(strip)과 스트랩(strap) : 스트립은 콜옵션 1개와 풋옵션 2개를 결합한 투자전략이고, 스트랩은 콜옵션 2개와 풋옵션 1개를 결합한 투자전략이다. 향후 주가의 예측방향에 따라 가능성이 더 큰 쪽에 더 큰 포지션을 취하는 전략이다.

그림 9-9 스트립과 스트랩의 이익패턴

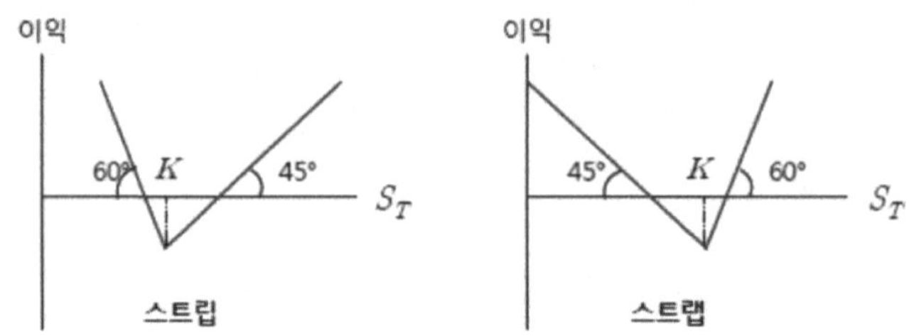

9.2.4 이색옵션

일반 투자자에게 익숙하지 않는 이색 옵션은 단순한 표준형 옵션이 내재된 구조화상품이 개발되어 발전하였으나 점차 복잡한 형태로 발전한다. 표준화 시대의 옵션은 콜과 풋으로 시작하여, 1시대 이색옵션 시대에는 아시안 옵션, 디지털 옵션, 베리어 옵션, 바스켓 옵션, 룩백 옵션, 레인보우 옵션 등으로 발전한다. 2세대 이색옵션 시대에는 히마라야스 옵션, Call in median basket, 그리고 Multiasset barrier option으로 확장된다. 여기서는 1세대 이색옵션 중에서 몇 가지를 알아보자고 한다.

표 9-12 이색옵션의 발전

시대구분	옵션요소
표준형 시대의 옵션	콜(Call) 풋(Put)
1세대 이색옵션 시대	아시안 옵션(Asian option) 디지털 옵션(Digital option) 베리어 옵션(Barrier option) 바스켓 옵션(Basket option) 룩백 옵션(Lookback option) 레인보우 옵션(Rainbow option)
2세대 이색옵션 시대	히마라야스 옵션(Himalayas option) Call on median basket Multiasset barrier option

- **아시안 옵션(Asian option)** : 만기 이득이 옵션 만기 기간 중 일부 기간 동안의 기초자산의 평균가격에 의해 결정되는 옵션이다. 정해진 기간 동안의 기초자산의 평균가격 값이 표준옵션에서의 만기가격과 같은 역할을 할 경우와 행사가격과 같은 역할을 하는 경우로 생각해 볼 수 있는데, 각각을 평균가격옵션(average price option)과 평균행사가격옵션(average strike price option)이라 부른다. 평균가격옵션은 일정기간 동안의 기초자산의 평균에 의해 이득이 결정되는 반면, 평균행사가격옵션은 행사가격이 미리 결정되어 있지 않고 만기까지의 기초자산의 평균가격이 행사가격으로 결정된다. 아시안 옵션은 ELS로 사용할 수 있는데, 분기별 KOSPI200지수의 평균상승률로 이득을 평가하는 구조를 예로 들 수 있다. 일반적인 옵션은 만기일에 내가격, 외가격인가에 관심을 가지는 반면, 아시안 옵션은 일정기간 동안에 일정한 가중치를 적용함으로써 만기일 당일의 심한 가격 왜곡을 피할 수 있다는 특징을 가지고 있다.
- **디지털 옵션(Digital option)** : 이원옵션(binary option) 또는 "내기(bet)"옵션이라고 부르는 디지털 옵션은 기초자산의 가격이 일정 조건을 충족하느

냐에 따라 고정된 지급금을 지급하는 것이다. 디지털 옵션은 ELS에 자주 등장하는 옵션으로 복권의 수익구조와 비슷한 형태를 갖는다. 디지털 옵션의 이익금은 옵션만기일에 내가격 상태이면 사전에 약정된 금액을 지급받게 되고, 내가격이 아닌 경우는 "0"이 되는 구조이다. 이런 측면에서 디지털 옵션은 만기일에 어느 정도의 내가격 상태에 있느냐가 중요한 것이 아니라, 내가격인지? 내가격이 아닌지?가 중요하다.

- **베리어 옵션(Barrier option)** : 기초자산 가격이 일정 기간 동안에 일정 수준에 도달했는지 여부에 의해 이익이 결정되는 옵션이다. 베리어 옵션은 녹인(Knock-in) 옵션과 녹아웃(Knock out) 옵션이 있다. 녹인 옵션은 기초자산의 가격이 베리어 가격에 도달하면 효력이 발생하는 옵션이고, 녹아웃 옵션은 기초자산의 가격이 베리어 가격에 도달하면 효력이 소멸되는 옵션이다.
- **통화표시옵션** : 자산 가격이나 행사가격이 외국통화로 표시되는 콴토(quanto)같은 옵션이다. 일정 규모의 외국통화를 미리 확정된 환율을 적용하여 달러로 전환하는것을 단순한 외환옵션이라면 콴토는 달러로 전환될 외국통화의 액수가 외국증권에 대한 투자성과에 따라 결정되는 특성을 가지고 있다.

9.3 ETF투자

9.3.1 ETF의 의의

ETF(Exchange Traded Fund: 상장지수집합투자기구 집합투자증권)란 KOSPI200과 같은 특정 지수 및 특정 자산의 가격 움직임과 수익률이 연동되도록 설계된 펀드로서 한국거래소에 상장되어 주식처럼 거래(유통)되는 펀드를 말한다. 주식의 성격을 갖추게 된 ETF는 개별주식의 장점인 매매의 편의성과 인덱스펀드의 장점인 분산투자와 낮은 거래비용, 그리고 높은 투명성을 보인다.

ETF를 통한 경제적 효과는 크게 세 가지이다. 하나는 인텍스펀드 매수이다. 인덱스 펀드는 분산투자를 통해 특정 기업의 개별 기업 리스크를 최대한 줄이고 시장 전체 움직임을 추종하므로, 시장위험에만 노출되어 변동성을 줄이는 효과를 가지고 있다. 이런 인덱스 펀드가 일반적인 형태의 ETF의 기초가 된다. 다음으로 새로운 투자대상이다. ETF의 성격은 펀드로서의 본질적인 특성 이외에도 유통시장에서 거래되는 주식의 성격을 함께 가지고 있어서 투자자에게 좀 더 다양한 투자의 기회를 제공할 수 있다. 끝으로 간접투자의 활성화이다. ETF는 안정적인 장기 투자 상품으로서 간접투자시장을 한 단계 발전시키는 계기가 된다.

9.3.2 ETF의 설정과 환매

ETF는 설정(환매)과 매매라는 두 개의 개념이 있다. 설정 및 환매 기능을 담당하는 발행시장과 이를 상장시킨 후 매매를 담당하는 유통시장이 있다. 발행시장은 ETF가 설정과 환매가 되는 곳으로 주로 투자를 전문으로 하는 법인투자자의 요청에 의해 이루어지면 지정참가회사(AP: Authorized Participant)로 지정된 증권회사(금융투자)가 창구역할을 담당한다. 유통시장은 투자자의 성격과 상관없이 모두 참여 할 수 있으며 일반 주식에서 이루어지는 모든 매매의 방식이 적용된다. 시장 조성을 위해 유동성공급자를 반드시 갖추어야 하며 이를 LP(Liquidity Provider)라 한다.

그림 9-10 **ETF의 설정과 환매 구조**

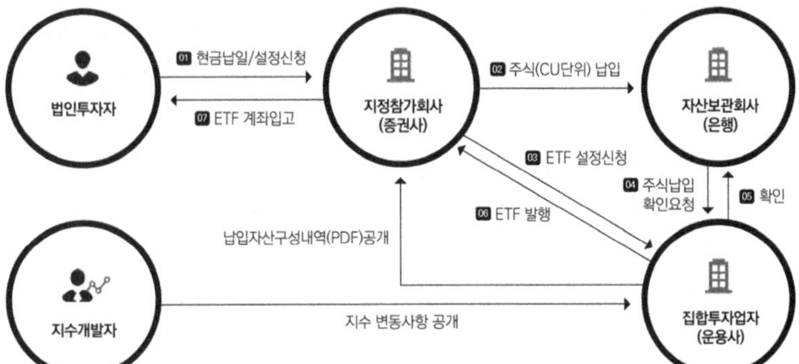

ETF의 설정과 환매에는 CU(Creation Unit:설정 · 환매의 단위)라는 독특한 요소가 있다. 설정을 하고자 하는 법인투자자자는 일반적으로 CU에 해당하는 주식현물바스켓(주식형 ETF의 경우)을 집합투자업자에 납입해야 하며, 환매를 할 경우에는 현금이 아닌 CU에 해당하는 주식 현물을 받는다.

9.3.3 ETF의 특징

ETF의 특징은 다음과 같다. 첫째, 지수연동형 상품으로 투자가 쉽다. ETF는 주가지수의 움직임을 반영하도록 설계 및 운용되는 상품이므로 지수가 상승 또는 하락하면 그 비율만큼 가격이 상승하거나 하락한다. 둘째, 주식투자와 동일한 환금성을 지닌다. ETF는 이해하기 쉬운 주식투자 상품으로 거래소에 상장되어 거래되기 때문에 설정과 환매 시점 이외에 주식시장이 열려 있는 동안에는 언제라도 거래소에서 거래할 수 있다. 셋째, 분산효과에 따른 투자효율성이 있다. KOSPI200지수 ETF는 KOSPI200지수를 구성하는 주식으로 이루어진 주식바스켓을 세분화한 증서이므로 ETF 1주를 사도 KOSPI200 전종목을 사는 것과 같은 분산효과가 있다. 끝으로 펀드 운용의 투명성을 지니고 있다.

표 9-13 Kodex ETF 상품 I

구분	미국S&P500		미국나스닥100	
ETF명	Kodex 미국S&P500(H)	Kodex 미국S&P500TR	Kodex 미국나스닥100(H)	Kodex 미국나스닥100TR
종목코드	449180	379800	449190	379810
기초지수	S&P500 PR Index	S&P500 TR Index	NASDAQ100 PR Index	NASDAQ100 TR Index
투자종목	미국 주식시장 대표 500개 우량기업		미국 대형 기술주 100개 기업	
위험등급	2등급 (높은 위험)	2등급 (높은 위험)	2등급 (높은 위험)	2등급 (높은 위험)
환헤지 여부	환헤지	환오픈	환헤지	환오픈

표 9-14 Kodex ETF 상품II

ETF명	Kodex 미국배당프리미엄 액티브	Kodex 미국FANG플러스 (H)	Kodex 미국S&P500 산업재(합성)	Kodex 미국S&P500 에너지(합성)
종목코드	441640	314250	200030	218420
기초지수	S&P500 PR Index	NYSE FANG+TM Index	S&P Select Sector Industrial Index	S&P Select Sector Energy Index
투자종목	미국 우량배당 성장주	미국 대표기술주	미국 내 산업재 관련 종목	미국 내 에너지 관련 종목
위험등급	2등급 (높은 위험)	1등급 (매우 높은 위험)	2등급 (높은 위험)	1등급 (매우 높은 위험)
환헤지 여부	환오픈	환헤지	환오픈	환오픈

9.4 ELW투자

9.4.1 ELW의 정의

ELW(Equity Linked Warrant: 주식워런트증권)은 특정 주가 또는 주가지수의 변동과 연계해 미리 정해진 방법에 따라 만기시 주권의 매매 또는 현금을 수수하는 권리가 부여된 신종증권이다. ELW는 만기일에 권리행사가 가능한 유로피언옵션이며, 발행자와 ELW투자자간 결제는 현금결제 방식이다. ELW가 조기종료되는 경우는 기초자산가격이 조기종료 발생기준가격에 도달하거나 초과하는 경우에 발생한다.

9.4.2 ELW의 상장요건

ELW(주식워런트증권)의 상장을 위한 발행 조건은 발행인인 증권회사가 투자자의 수요(Needs) 등 시장수요를 반영하여 자유롭게 결정하는 것이 원칙이다. ELW의 가격이나 투자자의 투자의사 결정에 중요한 영향을 미치는 발행조건으로는 기초자산(주식/주가 지수), 권리유형(콜/풋), 행사가격, 만기, 권리행사기간(유럽형/미국형), 만기결제방식(현금결제/실물인수도결제), 전환비율 등이 있다.

표 9-15 상장요건(유가증권시장 상장규정 제140조)

구분		내용
발행사요건	투자매매업 인가	증권 및 장외파생상품 인가받은 투자매매업자
	순자본비율	150% 이상
기초자산 요건		• 코스피 200 구성종목 중 거래소가 분기별로 공표하는 50종목 및 코스닥 150 구성종목 중 거래소가 월별로 공표하는 5종목(별도로 정한 기준에 따른 시가총액, 일평균거래대금 등을 고려하여 선정) • 코스피200, 코스닥150, 니케이225, 항셍지수 (지수에 대한 법적 권한을 가진 자와 계약 체결 필요)
공모		모집 · 매출로 발행되었을 것
발행총액		10억원 이상
잔존권리행사기간		3개월 이상 3년 이내
유동성공급		직접 유동성공급계획을 제출하거나 1사 이상과 계약 체결

자료) 한국거래소

9.4.3 ELW의 표준화요건

표 9-16 표준화요건(주식워런트증권 상장심사 가이드라인)

항목	지수ELW	주식ELW
기준가격 결정	예비심사청구일 전 2주 이내의 날의 종가	예비심사청구일 직전 옵션만기일의 전주 마지막 거래일 종가
행사가격 간격	2.5p(코스피200), 10.0p(코스닥150)	매월 기준가격 기준 패리티 2%p 간격11개(90%, 92%, 94%, 98%, 100%, 102%, 104%, 106%, 108%, 110% 이상)
전환비율	100(코스피200), 10(코스닥150)	
패리티	90% 이상	
적용 변동성	역사적 변동성(60일)의 2배 이내	
잔존만기	3월 이상 1년 이내	
최종거래일	매월 옵션만기일	

신고 스프레드	15%	
결제/행사방식	현금결제 방식/유럽식	
만기평가가격	최종거래일 주가지수 종가	최종거래일 포함 직전 5거래일 종가의 산술평균가격

자료) 한국거래소

9.5 ELS투자

9.5.1 ELS의 정의

ELS(주가연계증권)는 주가지수 또는 주식종목 가격에 연계되어서 투자수익이 결정되는 파생상품의 일종이다. 투자자는 발행회사의 운용성과와는 무관하게 주가 또는 주가지수의 움직임에 따라 사전에 약정된 수익률을 얻게 되는 구조로 된다. ELS는 기초자산, 위험, 수익의 정도에 따라 다양한 유형이 존재한다. 원금 보장 여부에 따라서 원금보장형과 원금 비보장형으로 나누어 지고, 기초자산에 따라서 주가지수와 주식종목으로 구분하여 진다.

9.5.2 ELS의 가입조건

공격투자형 투자자만 가입이 가능하다. 공격투자형이라는 것은 시장평균 수익률을 크게 상회하는 높은 수준의 투자수익을 추구하며, 이를 위해서는 자산가치의 변동에 따른 손실 위험을 적극적으로 수용할 수 있는 투자자들을 의미한다. 투자자금의 대부분을 주식, 주식형 펀드 또는 파생상품 등의 위험자산에 투자할 의향이 있는 투자자의 유형이다.

9.5.3 ELS의 기초용어

- **기초자산** : ELS투자의 기초가 되는 자산을 뜻한다. 국가별로 주식시장을 수치화한 주가지수가 있고, 삼성전자, 현대차, 테슬라, 구글과 같은 개별 회사의 주가인 주식종목을 기초자산으로 하는 경우도 있다.

그림 9-11 기대수익과 위험도

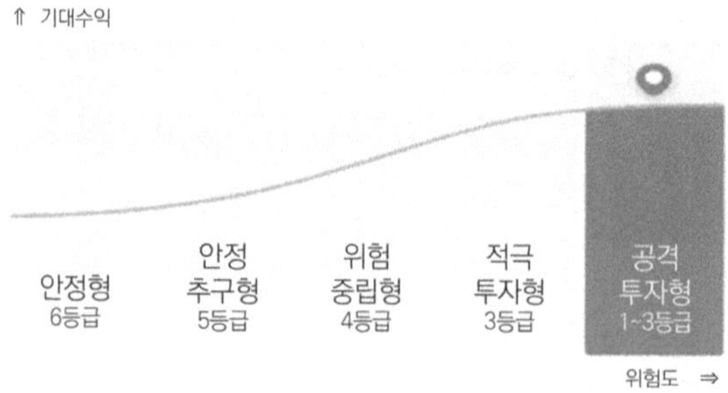

- **행사가격** : ELS의 상환여부를 결정하는 기준을 뜻하며, 어떤 조건이 충족되어야 수익률이 지급되게 하는 것이다.
- **낙인(Knock-in, KI)** : 원금을 보장할 수 없는 구간을 수치로 나타낸 것으로 평가 기준 내에 기초자산의 여러 개 중에서 하나라도 낙인 값을 노크한 경우라면 원금 손실을 확정 짓게 설계되어 있다.
- **조기상환** : 대부분의 ELS는 만기가 3년이고 6개월마다 조기 상환되는 상품이다. 최초 기준가의 결정일로부터 6개월이 되는 시점에 기초자산이 모두 상환조건에 일치하게 되면 해당하는 수익률을 받고 자동으로 상환되는 금융상품이다.

그림 9-12 지수형 ELS 주가지수

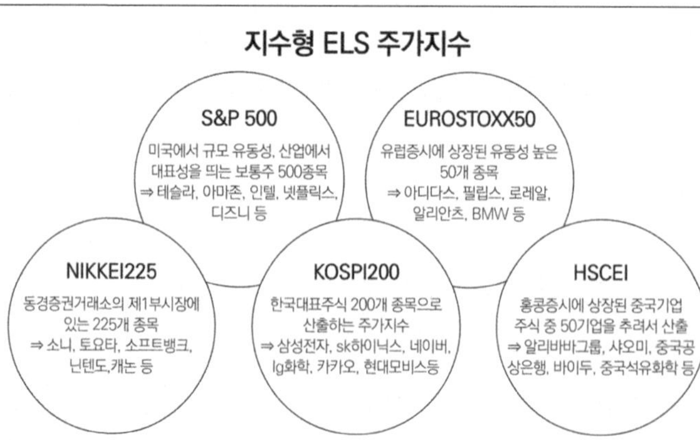

9.5.4 ELS의 장점과 단점

장점으로는 첫째, 수익성이다. 시중 예금이나 적금의 금리보다는 ELS가 상대적으로 높은 수익률을 제시한다. 둘째, 다양성이다. 기초자산과 상품 구조가 다양해서 고객의 투자성향과 요구에 맞게 금융상품을 선택할 수 있다. 셋째, 조기상환구조이다. ELS는 3년만기 상품이지만, 6개월마다 조기상환의 기회를 존재한다. 반면에 단점으로는 첫째, 원금손실가능성이 존재한다. 주가지수의 변동위험성으로 인해서 원금 손실이 발생할 수 있다. 둘째, 환금성의 어려움이 존재한다. 3년 만기상품이기 때문에 조기상환이 되지 못한다면 유동성이 필요함에도 불구하고 현금화하기가 쉽지 않다. 셋째, 복잡한 상품구조이다. ELS는 단순히 주가 상승만으로 수익을 얻는 구조가 아니라서 초보투자자들은 ELS의 구조를 이해가 어렵다.

그림 9-13 월별 ELS 발행 동향(2020.3월 ~ 2021.2월) [단위: 억원]

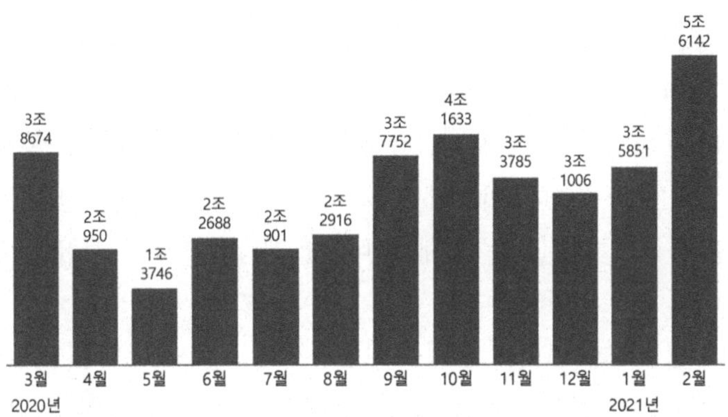

자료) 한국예탁결제원

잠시 쉬어가는 코너

“은퇴하고 매달 따박따박 돈 받을래"...30대 직장인들 꽂혔다

젊은 층이 중장년의 전유물로 여겨지던 배당 투자에 뛰어들고 있다. 암호화폐나 테마주 등의 단타 매매 대신 매월 또박또박 분배금을 받는 월 배당형 상장지수펀드(EFF)에 2040세대의 자금이 몰리며 관련 상품 판매가 폭발적으로 증가하는 양상이다.

21일 금융투자업계에 따르면 국내 월 배당형 ETF의 순자산 규모는 11조 3560억원으로 집계됐다. 2022년 말 1조1692억원에서 1년 반 사이 열 배가량으로 불어났다. 올해만 7조3231억원 급증했다. 상품 수도 2022년 말 19개에서 현재 67개로 늘었다.

월 배당 ETF는 당초 연금 생활자 등 안정적인 현금흐름이 필요한 중장년 투자자를 위해 설계한 상품이다. 하지만 최근 통념을 깨고 젊은 층 사이에서 인기를 끌고 있다. ‘경제적 자유를 얻어 조기 은퇴한다’는 이른바 파이어족 바람이 불면서 나타난 현상이다. 월 분배금을 통한 용돈벌이 사례를 SNS 등을 통해 공유하는 투자자가 급증했다. 미래에셋증권, NH투자증권, 삼성증권, 하나증권, 신한투자증권 등 5개 증권사를 통해 국내 월 배당형 ETF를 보유한 투자자 중 71.7%가 40대 이하로 나타났다.

월 배당형 ETF가 인기를 끌자 자산운용사는 고배당 주식을 편입하는 단순한 구조의 상품에서 벗어나 커버드콜, 리츠 등 다양한 투자 전략을 담은 상품을 쏟아내고 있다. ‘JEPI’ ‘JEPQ’등 미국의 대표 커버드콜 ETF도 서학개미(미국에 투자하는 국내 투자자)의 재테크 ‘필수 아이템’으로 자리 잡았다.

박수민 신한자산운용 ETF상품전략팀장은 “시세 차익보다 현금 창출과 배당을 중요하게 여기는 젊은 투자자가 늘어나고 있다”며 “배당형 ETF의 전략과 기초자산이 다양해지면서 부동산 월세, 배당주, 적금 등을 대체하는 중”이라고 설명했다.

따박따박 월배당 ETF 로 파이어족 될래…투자자 70%가 40 대 이하
'월세의 왕' 아닌 '월배당의 왕'…순매수 상위 10 개중 5 개 배당형

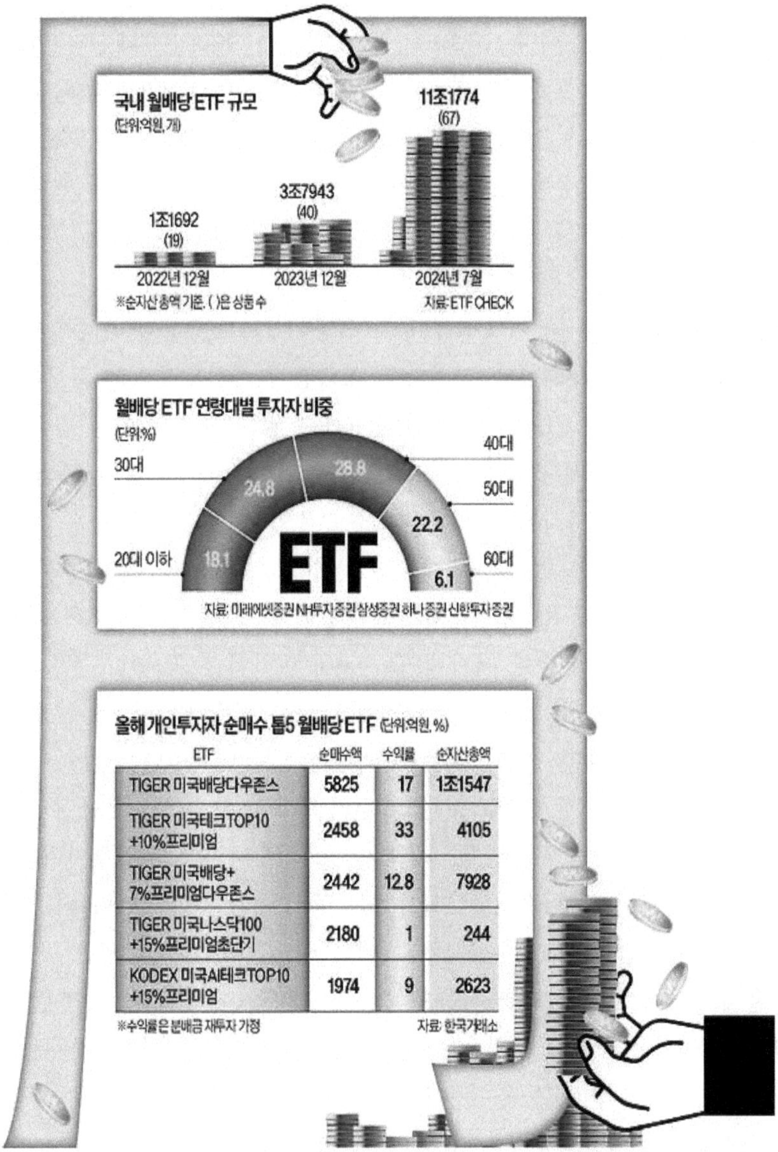

올해 개인투자자 순매수 톱5 월배당 ETF (단위:억원, %)

ETF	순매수액	수익률	순자산총액
TIGER 미국배당다우존스	5825	17	1조1547
TIGER 미국테크TOP10 +10%프리미엄	2458	33	4105
TIGER 미국배당+ 7%프리미엄다우존스	2442	12.8	7928
TIGER 미국나스닥100 +15%프리미엄초단기	2180	1	244
KODEX 미국AI테크TOP10 +15%프리미엄	1974	9	2623

※수익률은 분배금 재투자 가정

자료: 한국거래소

대기업에 다니는 박모씨(38)의 꿈은 '월세를 통한 경제적 자유'다. 오피스텔, 상가 등을 매입해 은퇴 후 꼬박꼬박 월세를 받겠다는 것이다. 하지만 상가에 투자했다가 큰 손해를 본 선배를 보고 마음이 달라졌다. 아파트를 여러 채 보유하자니 종합부동산세, 취득세, 양도소득세 등 세금폭탄이 부담이다. 그는 올해 초 월 배당 상장지수펀드(ETF)로 눈을 돌렸다. 'KODEX 테슬라 인컴 프리미엄 채권혼합 액티브 ETF' 에 1억원을 투자해 매달 약 100만원의 배당금을 받고 있다. 투자금을 계속 늘려 월급 수준의 돈을 받는 게 목표다. 그는 "넉넉한 현금흐름을 만들어 직장에 얽매인 삶에서 벗어나는 게 목표"라고 했다.

월 배당 ETF에 꽂힌 MZ세대

젊은 층 사이에서 월 배당 ETF 투자 열풍이 불고 있다. 한국경제신문이 21일 미래에셋증권 NH투자증권 삼성증권 하나증권 신한투자증권 등 국내 주요 증권사 5곳의 월 배당 ETF(시가총액 상위 10개 종목) 투자자 현황을 전수 조사한 결과 국내 상장 월 배당 ETF를 보유한 60만5575명 중 40대 이하의 비중이 71.7%(43만4132명)로 나타났다.

연령대별로 살펴보면 40대(28.8%), 30대(24.8%), 50대(22.2%), 20대 이하(18.1%) 순이었다. 60대 이상은 6.1%에 불과했다. 이들 증권사를 통해 미국에 상장된 월 배당 ETF를 매수한 서학개미도 40대 이하가 74.1%였다. 월 배당 ETF 투자자 중 40대 이하의 비중이 4분의 3에 달하는 셈이다. 배당형 상품은 주로 은퇴를 앞둔 50~60대가 선호한다는 통념을 뒤집는 내용이다.

최근 유튜브 주식투자카페 등 젊은 투자자가 많이 모이는 온라인 커뮤니티에선 커버드콜 ETF 등 월 배당형 상품이 주요 화두다. 한 20대 투자자는 "작년까지만 해도 2차전지주처럼 단기 급등하는 주식에 관심이 컸는데 최근엔 꾸준한 현금흐름을 만들 수 있는 배당주와 배당 ETF에 관심이 많다"고 말했다.

올해 국내에 출시된 ETF 중 개인 순매수 상위 10개 종목을 보면 절반이 배당형 ETF다. 미국 증시가 활황을 보이고, 기준금리 인하 기대가 커지는 동안에도 개인들은 나스닥지수 등을 추종하는 ETF나 채권 ETF보다 배당형 상품을 더 많이 사들였다.

성장, 배당 '두 마리 토끼' 한 번에

증권가에선 젊은 층의 월 배당 ETF 투자 열기가 높아진 배경을 안정적인 현금흐름 선호에서 찾고 있다. 조기 은퇴나 파이어족 등의 키워드가 떠오르고, 투자 수입으로 생활비를 충당하며 삶의 질을 높이는 사람들이 늘어나는 시대적 트렌드가 투자에 반영됐다는 것이다. 임태혁 삼성자산운용 ETF운용본부장은 "중장년층은 회사의 월급을 전부로 믿고 살아왔지만 요즘 젊은 층은 회사에 자기 삶을 모두 맡기지 않는다"며 "제2의 월급을 적극적으로 마련하고자 하는 성향이 월 배당 상품 투자로 이어졌다"고 말했다. 김정현 신한자산운용 ETF사업본부장은 "매달 일정하고 예측 가능한 현금이 들어온다는 것은 투자에도 심리적인 안정감을 준다"며 "해당 ETF의 시장 가격이 내려가도 버틸 수 있는 힘이 된다"고 설명했다.

월 배당 ETF의 기초자산과 전략이 다양하고 정교해진 점도 젊은 층의 마음을 돌렸다. 올해 출시된 미국 나스닥시장이나 빅테크 인공지능(AI) 관련 기업을 기초자산으로 하는 커버드콜 ETF는 대부분 '조기 완판'됐다. 지난 1월 출시된 'TIGER 미국테크TOP10+10%프리미엄' ETF는 6개월 수익률이 30.54%에 달한다. 김남기 미래에셋자산운용 ETF부문 대표는 "매달 배당금을 받고 시세차익까지 노릴 수 있는 ETF가 늘어나면서 성장주 위주로 투자하는 젊은 층이 빠른 속도로 유입되고 있다"고 말했다.

월 배당 ETF에 대한 젊은 층의 관심은 시간이 지날수록 커지고 있다. 구글 트렌드에 따르면 국내 구글 이용자의 '월 배당' 키워드 관심도(검색이 가장 많은 키워드를 100으로 놓고 산출한 상대 수치)는 지난해 53주 중 46주 동안 50 이하였다. 하지만 올해는 지난 20일까지 28주 중 23주 동안 50을 넘었다. 최근 20주간 평균 수치를 보면 관심도가 1월 7~13일 39.8에서 이달 14~20일 72.3으로 뛰어 상승 추세가 뚜렷하다.

한국경제. 2024.7.21일자 기사

제 10 장

부동산투자

10.1 부동산학

10.1.1 부동산의 기초적 용어

부동산학은 부동산활동의 능률화의 원리와 응용기술을 연구하는 종합응용과학 또는 부동산관련 법적·금융적·물적·직업적 측면을 기술하고 분석하는 학문으로 정의할 수 있다. 이런 부동산학은 인간은 합리적 존재이며 자기이윤 극대화를 목표로 행동한다는 의사결정적 접근방법을 기반으로 하여 법률적이고 경제적 가치를 추구한다. 부동산의 결정분야는 투자, 금융, 개발로 이루어지며, 부동산결정의 지원분야에는 마케팅, 관리, 평가, 상담 등이 있다. 한국표준산업분류에 따른 부동산업은 서비스업과 기타로 구분되는데, 서비스업에는 감정평가업, 투자자문업, 관리업, 중개 및 대리업 등이 포함된다.

표 10-1 한국표준산업분류에 따른 부동산업

서비스업					
감정평가업	투자자문업	관리업	중개 및 대리업	개발 및 공급업	임대업
부동산업이 아닌 것 : 건설업, 투자업, 금융업, 기타 부동산 관리업					

부동산에서는 복합개념과 복합부동산의 개념을 먼저 이해할 필요가 있다. 부동산에서 언급되는 복합개념은 법률적·기술적·경제적 개념이 복합된 개념

이다. 복합부동산은 토지와 건물은 각각 독립된 거래의 객체이지만, 부동산 거래를 수행할 때에는 하나의 물건으로 인식하게 되는데 이것을 복합부동산이라고 부른다. 토지소유권의 범위는 내용상으로는 법률이 정하는 범위 내에서 사용, 수익, 처분 할 수 있는 것을 의미하고, 공간상으로는 공중권(항공권, 전파권 등), 지표권(농사짓고 물을 사용하는 권리), 지하권 등 정당한 이익이 있는 범위 내에서 토지의 상하에 이른다. 토지에 관해서는 다양한 용어가 있다.

먼저 후보지와 이행지가 있다. 후보지는 택지지역, 농지지역, 임지지역 상호 가에 다른 지역으로 전환되고 있는 지역의 토지를 의미하고, 이행지는 용도지역 내에서 용도가 주거지에서 상업지로 바뀌는 과정의 토지를 의미한다. 둘째, 필지와 획지이다. 필지는 법령에 정한 하나의 등록단위로 표시하는 토지로써 '1필1목의 원칙'에 따라 하나의 필지에는 하나의 지번이 부여된다. 획지는 부동산활동이나 부동산 현상의 단위면적이 되는 일획의 토지를 의미하며 가격수준이 유사한 일단의 토지를 의미한다. 셋째, 나지와 건부지와 공지가 있다. 나지는 토지상에 사업상의 제한과 건물이 없는 토지를 의미한다. 단, 토지상에 공법상에 제한이 없는 토지는 없다. 건부지는 건물을 뺀 토지만을 의미하는데 이미 건물이 지어진 토지이므로 통산 건부감가가 발생해서 나지보다는 낮게 평가된다. 공지는 1필지 전체인 건부지 중 건물이 지어진 토지(60평)을 제외하고 남은 부분의 토지(40평)을 말하며, 건축법령에 의해 건폐율 등의 제한으로 인해 1필지 내에 비어 있는 토지이다. 넷째, 맹지와 자루형토지이다. 맹지는 타인의 토지에 둘러싸여 인근 도로에 직접 연결되지 않는 토지이다. 자루형 토지는 맹지가 인근 도로에 접하기 위해 주변토지를 매입하여 합병하면 자루형태의 토지가 되는 것을 말한다. 다섯째. 대지와 택지와 부지이다. 대지는 지목이 '대(垈)'인 토지로써 주거용과 상업용 건축물의 건축이 가능하다. 택지는 주거용과 상업용과 공업용 용지로 이용되고 있거나, 해당 용도로 이용할 목적으로 조성된 토지를 지칭한다. 일명 바닥토지라고 불리는 부지는 택지, 철도용지, 하천부지, 그리고 도로용지 등을 포함한다. 여섯째, 공유수면, 포락지, 간석지, 공유수면매립이 있다. "공유수면 관리 및 매립에 관한 법률"에 따르면 공유수면은 바다와 바닷가가 있는데, 바다는 해안선으로부터 배타적 경제수역 외측 한계까지의 사이를 말하고, 바닷가는 해안선으로부터 지적공부(地籍公簿)에 등록된 지역까지의 사이를 지칭한다. 이외에도 하천·호소(湖沼)·구거 등 공공용으로 사용되는 수면 또는 수류로서 국유인 것을 가리킨다. 포락지는 지적공부에 등록된 토지가 물에 침식되어 수면 밑으로 잠긴 토지를 말한다. 간석지(干潟地)는 만조수위선과 간조수위선 사이를 말한다. 공유수면매립은 공유수면에 흙, 모래, 돌, 그 밖의 물건을 인위적으로 채워 넣어 토지를 조성한 것으로 간척을 포함한다. 이외에도 선하지(고압선 아래의 토지와 이용 및 거래의 제한 발생), 한계지(도시의 통근한계에 있는 토지), 소지(숲과 같이 택지 등 다른 용도로 조성되기 이전 원래 상태의 토지), 법지(경사토지로써 소유권은 인정하지만 활용실익이 적은 토지), 휴한지(쉬는 농지), 공한지(투기목적으로 놀리는 토지), 일단지(용도상 불가분의 관계에 있는 2필지 이상의 일단의 토지), 표준지(지가의 공시를 위해 가치형성요인이 같거나 유사하다고 인정되는 일단의 토지 중에서 선정된 토지), 표본지(지가 변동률 측정을 위해 선정한 표본 필지) 등이 있다.

그림 10-1 **공유수면**

자료) 국토교통부

10.1.2 부동산의 분류와 토지의 특성

주택은 장기간 독립된 주거생활을 할 수 있는 구조로 된 건축물의 전부 또는 일부와 그 부속토지를 의미하며 공동주택과 단독주택으로 구분된다. 면적과 관계없이 5층 개 이상은 모두 아파트에 해당된다.

표 10-2 주택의 분류

구분	공동주택	단독주택
주택법(6개)	아파트, 연립, 다세대	다가구, 다중, 단독
건축법(8개)	(주택법상) 공동주택, 기숙사	(주택법상) 단독주택, 공관

토지의 특성에는 토지의 자연적 특성인 부동성, 부증성, 영속성, 개별성, 그리고 인문적 특성인 용도의 다양성이 있다. 먼저, 부동성은 토지의 비이동성을 의미하는 것으로 토지는 이동이 불가능하므로 주변환경에 의해 긍정적이거나 부정적인 영향을 받게 된다. 그리고 그런 영향은 지역과 위치마다 다르게 나타난다. 부동산의 소유권이전 역시 물건은 그대로 있고 권리만 서류를 통해 이전된다. 부동산가격은 토지와 건물이라는 물리적 실체가 아닌, 부동산에 결부된 각종 권리와 이익에 대한 가격을 부여된 것을 의미한다. 둘째, 부증성으로 토지가 가지고 있는 비생산성이다. 토지는 인간이 만들 수 없는 재화이므로 해당 재화를 만드는 데 투입된 비용으로 그 재화의 가격을 결정하는 이론을 적용할 수 없다. 토지가격이 상승하더라도 토지공급량을 확대할 수 없기 때문에 토지의 물리적 공급곡선은 완전 비탄력성을 지닌다. 매립이나 간척, 후보지나 이행지의 개념은 절대량의 투지를 증가시키는 것이 아니며, 용도전환을 통해 용도적 공급량을 늘리는 것이다. 이런 토지의 부증성으로 인해 토지부족 현상이 발생할 수 있고 지가고(地價고)[1]나 주택문제 등의 토지문제를 초래할 수 있기 때문에 토지문제를 해결하기 위해서는 토지정책이 필요하다. 셋째, 토지는 시간이 경과해도 가치하락이 없는 영속성으로 비소모성이다. 다시 말해서 토지의 영속성이란 시간이 지나도 감가상각이 일어나지 않고 토지의 가치하락이 없다는 것이다. 즉, 공간으로서의 토지는 소모되거나 마멸되지 않기 때문에, 이런 영속성으로 인해 토지 투자시 자본이득(소유이익)과 소득이득(사용이익)을 모두 기대할 수 있다. 넷째, 일물일가(一物一價)의 법칙[2]이 성립되지 않는 개별성으로 비대체성이다. 이것은 동

1 지가고(地價高)는 사회·경제적으로 요구되는 합리적인 지가수준보다 현실의 지가수준이 높게 형성되어 있는 지가의 상태를 의미한다. 고도의 경제성장을 할 때 나타나는 현상으로 수용에 비해 공급이 부족하거나 지가상승의 기대심리로 인해 발생한다.

2 일물일가의 법칙(law of one price)은 품질이 같은 상품에 대해서는 어떤 시장이든 간에 하나의 가격만이 성립한다는 것이다. 이 원칙을 부동산에 적용할 경우 동일한 토지이면 동일한 단가가 적용

일한 토지가 없기 때문에 모든 토지에 공통적으로 적용되는 일반적인 원리나 이론을 도출하기 어렵다는 것이다. 이런 측면에서 부동산 가격공시에서 표준지선정을 어려울 뿐만 아니라 공급을 비탄력적이고 독점적으로 만드는 특징이 있다. 감정평가시에도 토지가 가지고 있는 개별성 때문에 개별분석을 필요로 한다.

끝으로 인간이 토지에 개입하면서 생기는 토지의 특성을 인문적 특성이라고 하는데, 토지의 인문적 특성으로 토지는 용도의 다양성, 병합과 분할의 가능성, 그리고 사회, 경제, 행정적 위치의 가변성을 가지게 된다. 토지의 용도의 다양성은 주거용, 상업용, 공업용 등 다양한 용도로 사용이 가능하기 때문에 어떤 용도로 이용하는 것이 좋은지에 대한 사전 분석이 필요하다. 용도의 다양성으로 인해 토지의 가치는 다원적 개념을 가지는데, 다시 말해서 부동산은 동일한 시점과 동일한 물건에 대해 여러 종류의 가치가 동시에 존재한다. 예를 들면, 매매에서는 시장가치가, 융자를 받기 위해서는 담보가치로, 투자를 위한 것이면 투자가치로, 수용을 위한 것이면 보상가치로써의 가치가 토지에 존재한다. 다음으로 토지는 인위적으로 병합이나 분할, 또는 합병이 가능하다. 이외에도 사회, 경제, 행정적 위치의 가변성이 있는데, 사회적 위치는 인구 및 주거환경, 공원,

그림 10-2 부동산의 특성

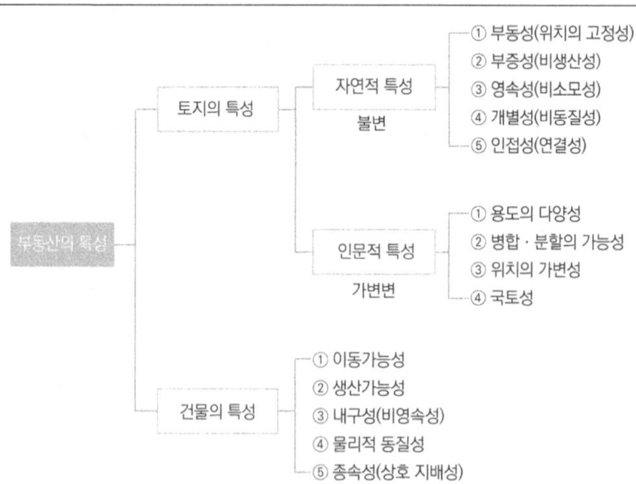

된다는 논리인데, 토지에서는 동일한 토지가 존재하지 않음에 따라 동일한 단가가 나올 수 없다.

학교 등에 영향을 받고, 경제적 위치는 도로 등과 같은 교통체계, 경제성장, 세금이나 이자 부담 등과 연관이 있으며, 행정적 위치는 각종 제도 및 규제와 정책 등과 관련된다.

10.1.3 경제적 측면에서 본 부동산투자

부동산에서 수요와 공급은 매우 중요한 요인이다. 수요는 구매능력을 가진 사람이 일정 기간 동안 구매하려고 의도하는 최대수량을 의미한다. 일반적으로 정해진 어떤 상품에 대해서 구매자가 구입하고자 하는 수요량(需要量)을 말한다. 수요의 법칙에서는 구매하고자 하는 상품의 가격이 상승하면 수요량은 감소하는 반면, 공급의 법칙에서는 가격이 상승하면 공급량은 증가한다. 부동산에서도 수요와 공급의 균형을 위해 적절한 관리가 필요하다.

부동산시장에는 단기와 장기균형이 존재한다. '단기'의 의미는 기존의 생산시설이 확정되지 않을 정도의 짧은 시간을 말한다. 이런 단기에는 부동산시장에서 초과이윤이 발생하더라도 외부에서 기업이 신규로 진입할 수 없고 손실이 발생해도 기존기업이 퇴거할 수 없는 기간이다. '장기'의 의미는 기존 시설 이외에도 새로운 생산시설이 추가되거나, 초과이윤이 발생하면 새로운 기업이 시장에 진입할 수 있고 손실이 나면 기존기업이 퇴거할 수 있을 정도의 긴 시간을 말한다.

단기와 장기균형이 이루어지면서 부동산은 효율적 시장을 만들어 간다. 물론 부동산시장에 효율적 시장의 형태 중 어떤 형태가 존재하는지 일률적으로 정의 내리기는 쉽지 않다. 전통적으로 재무관리에서 언급하는 효율적 시장 가설[3]은 약형 효율적 시장, 준강형 효율적 시장, 그리고 강형 효율적 시장으로 구성되는데, 일반적으로 우리나라 부동산시장에서는 약형 효율적 시장이나 준강형 효율적 시장이 존재한다고 보나, 강성 효율적 시장은 잘 나타나지 않은 것으

3 미국의 유진 프랜시스 파마(Eugene Francis Fama)는 상품을 대해 얻을 수 있는 모든 정보가 빠르게 가격에 반영되는 효율적 시장에서는 합리성을 가진 투자자들이 이를 고려하여 움직이게 되고, 장기적으로 시장 평균 이상의 수익을 얻는 것이 불가능하다는 효율적 시장 가설(EMH: Efficient Market Hypothesis)를 주장한다. 효율적 시장 가설을 관련되는 정보의 범위에 따라 세 가지로 구분한다. 이와 관련된 추가적인 내용은 본 저서의 1.3.1 효율적 시장 가설(EMH)를 참고하기를 바란다.

로 되어 있다. 수익률이 이자율보다 크다면 자금이 부동산시장으로 유입되고, 이는 부동산에 대한 수요증가와 가격상승을 유발한다. 부동산의 가격상승은 부동산에 대한 투자수익률을 하락시켜 이자율과 수익률이 유사해지게 된다. 반대로 부동산 투자에 대한 수익률이 이자율보다 작으면 자금이 부동산시장으로부터 이탈해서 부동산의 수요감소와 가격하락을 유발한다. 이로 인해 가격하락은 수익률을 상승시켜 이자율과 수익률이 유사하게 된다. 결국 시장에서 균형이 성립하면 수요와 공급뿐만 아니라 수익률과 이자율이 부동산시장의 균형을 이루는데 중요한 역할을 한다.

부동산은 경제와 마찬가지로 경기순환사이클을 가지고 있다. 금리인하 등을 통해 경기가 부양되고 부동산금융이 충분할 때에는 상업용 부동산이나 오피스 건물 등의 활성화로 부동산수요가 증대될 것이다. 부동산수요에 맞추어서 공급을 늘려가면서 부동산개발은 활동이 활발해질 것이다. 부동산의 활기 등으로 인해 물가가 상승하고 경기가 과열국면에 진입하게 되면 정부는 이제는 반대로 금리인상을

그림 10-3 **부동산경기순환**

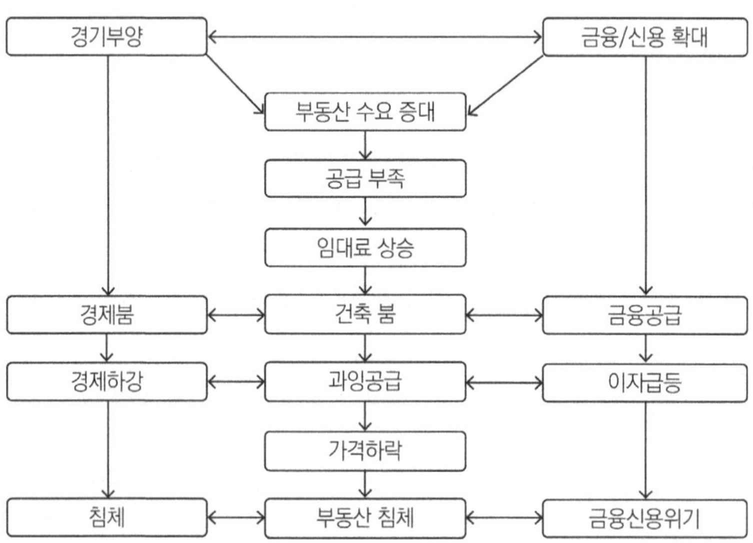

자료) 권호근, 부동산투자론, 형설출판사, 2018년 p173 인용

통해 경기의 연착륙을 시도한다. 이 경우 부동산 역시 침체를 경험하게 되는데, 이러한 일련의 과정이 부동산의 경기순환이다. 부동산가격순환은 임대료순환보다도 더 자주 발생할 뿐만 아니라 그 속도도 매우 느리다. 또한 부동산경기 회복은 소매상에서 가장 먼저 발생하고 다음으로 사무실시장으로 이어지며 다음으로 상업용 부동산으로 확산되는 경향이 있다.

10.1.4 사회적 · 정책적 측면에서 본 부동산투자

1920년대 미국 시카고 대학에서 토지이용의 배열과 분포 형태에 대한 분석으로 도시 공간 구조를 이해하려는 시도를 한다. 도시의 발생, 성장 및 팽창, 쇠퇴하는 일련의 과정에 생태학적 개념을 차용하여 도시 구조를 살펴보고 도시성장구조이론을 정리한다. 먼저, 도시 내부는 매우 복잡하여 다원적 기능 요소가 중심에서 뻗어 가면서 5개의 동심원지대로 분화되면서 성장한다는 시카고 대학의 버제스(E. W. Burgess)의 동심원이론이다. 5개의 동심원은 중심업무지대(CBD<Central Business District>: 상업 · 금융 · 서비스시설이 집중된 도시의 핵심지역), 점이지대(상업, 경공업 등 주거기능이 혼재된 지역으로 주거환경이 극히 열악한 슬럼지역), 저소득지대, 중산층지대, 교외 지구(통근자 지대) 등으로 구성된다. 다음으로 미국의 도시경제학자인 호이트(H. Hoyt)이 정리한 이론으로 도시 내부의 고급주택지 분포와 교통 노선 형태가 중심업무지역(CBD)를 중심으로 각 지대가 방사상으로 뻗어 결국 부채꼴의 도시공간구조를 형성한다는 선형이론이다. 선형이론은 공업지대가 철도 및 수도를 따라 좁고 길게 나타나서 저급 주택지 또한 그 주변에 부속된다는 특징이 있다. 끝으로 도시 내의 토지이용이 다핵심형으로 분포한다는 핼리스와 울만(C. D. Harris & E. I. Ulman)이 주장한 다핵심형이다. 다핵심형은 토지이용의 성격이 집단적이거나 분산적 특성을 가지면서 나타난 것이다. 도시가 성장 및 발달하는 과정에서 도시의 중심은 여러 개로 형성된다는 이론이다. 이외에도 동심원이론과 다핵심이론 등의 이론을 종합하여 3개의 차원에서 파악해야 한다는 시몬스(J. W. Simmons)의 다차원이론과 교통기관의 현저한 발달로 도시 내부에 집약되어 있던 업무시설과 주택이 간선도로를 따라 리본모양으로 확산하는 경향이 있다는 베리(B. J. Berry)의 유상도시이론 등이 있다.

그림 10-4 **동심원이론 / 선형이론 / 다핵심이론**

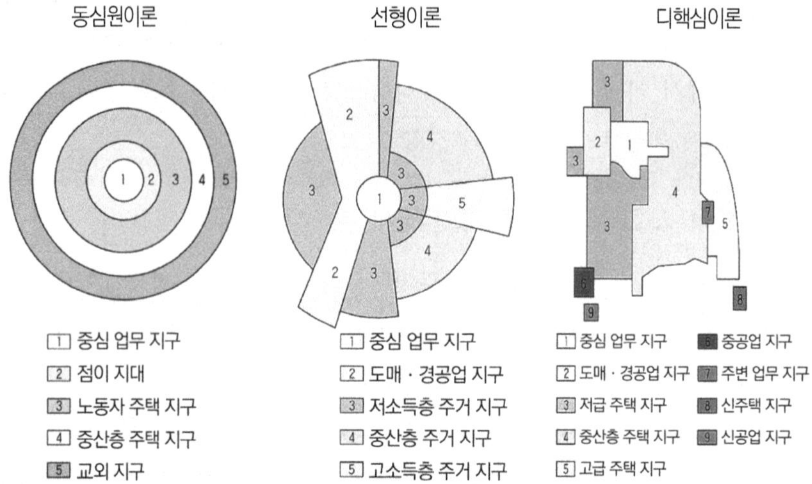

부동산정책은 부동산의 문제를 해결하기 위해 정부가 부동산시장에 개입하는 것이다. 정부는 부동산의 효율적 자원배분과 공평한 소득분배의 원칙 하에 부동산정책을 시행하고 있다. 부동산정책의 수단으로는 직접개입과 간접개입 방식이 있고, 이외에도 토지 관련 규제를 사용하기도 한다. 먼저, 직접개입 방법으로는 토지은행(공공토지비축), 토지구획정리, 토지수용과 같은 공영개발과 재개발, 그리고 공공주택건설과 공공투자 등이다. 간접개인 방법으로는 부담금정책과 같은 세금, 금융지원(LTV, DTI), 가격공시, 임대료보조 등이 있다.

표 10-3 **부동산정책의 수단**

직접개입	간접개입: 세금공시	토지관련규제
토지은행	세금, 부담금정책	토지소유규제
토지구획정리	금융규제(LTV, DTI)	토지이용규제
토지수용, 재개발	가격공시	토지거래규제
공공주택건설, 공공투자	임대료보조	

잠시 쉬어가는 코너

부자 관심사 1위 부동산, 투자처로 훌륭하다

최근 급격한 금리인상 등으로 부동산시장이 침체 일로를 걷고 있지만 국내 부자들의 최대 관심사는 여전히 부동산인 것으로 나타났다.

지난 12일 KB금융지주 경영연구소가 발간한 '2022 한국 부자 보고서'에 따르면, 부자들이 최근 관심을 보이는 자산관리 분야로 '국내 부동산 투자'가 34.0%를 차지하며 가장 높은 수치를 보였다. 장기 유망 투자처(향후 3년간 자산관리 방향)에 대한 질문에서도 '거주용 외 주택(43.0%)'과 '거주용 부동산(39.5%)'이 1, 2위를 차지했다.

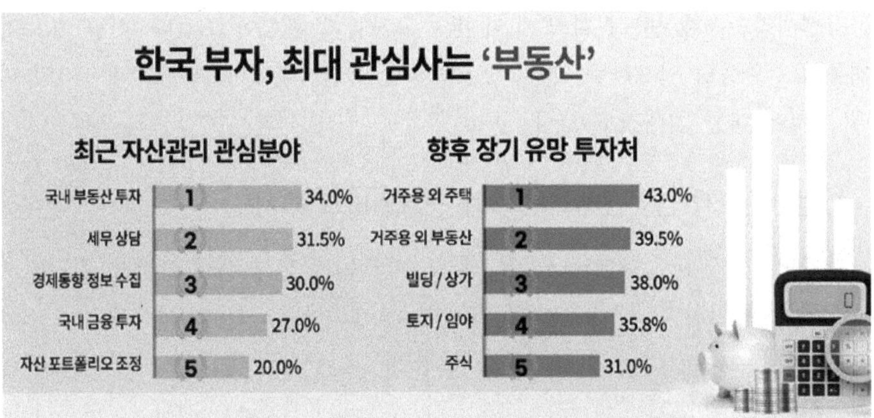

또한 한국 부자의 부동산자산은 ▲2019년 1,735조원 ▲2020년 2,058조원 ▲2021년 2,361조원 등으로 매년 늘어나는 추세로, 올해 역시 총자산 중 부동산이 56.5%를 차지하며 금융자산(38.5%) 대비 약 1.5배 높았다.

이렇게 부자들이 부동산시장 침체기에도 불구하고 여전히 부동산을 유망한 투자처로 꼽은 이유로 부동산이 높은 인플레이션 시기에 방어적 자산으로서의 가치가 높기 때문인 것으로 분석된다. 인플레이션 시대에서는 화폐 가치가 상대적으로 떨어지게 되기 때문에 현금보다는 실물자산을 보유하는 것이 유리하고, 대표적인 실물자산이 바로 부동산이기 때문이다.

여기에 국내 부동산의 경우 역사상 시세의 상승과 하락은 항상 있어봤지만 결국 우상향하는 모습을 보여줬다는 점도 자산가들의 마음이 부동산에 머무르게 하는 이유란 평가다. 즉 시장이 회복하게 되면 시세 차익도 안정적으로 기대해 볼 수 있어서다. 특히 규제가 덜하고 개발호재가 풍부한 지역에서 선보이는 부동산일수록 시장이 방향을 바꾸게 되면 가격이 큰 폭으로 상승할 가능성이 높다는 의견이다.

업계 관계자는 "국내 부자들은 여전히 국내 부동산을 주목하고 있으며, 단기간의 흐름보다는 보다 장기적인 측면에서 부동산의 가치를 바라보고 있다"며 "우리도 이런 부자들의 관점으로 투자 시시각을 유지한다면 좀더 현명한 투자를 할 수 있을 것"이라고 말했다.

이러한 가운데 금강주택이 인천 서구 검단신도시에 공급하는 '검단신도시 금강펜테리움 3차 센트럴파크'에 대한 수요자들의 관심이 뜨겁다. 신규 도로가 개통되고 완성형 인프라를 갖추고 있어 생활이 편리한데다 브랜드 대단지의 미래 가치에 대한 기대감도 크다.

검단신도시 금강펜테리움 3차 센트럴파크 투시도

검단신도시 금강펜테리움 3차 센트럴파크는 인천시 서구 불로동 검단지구 AA23BL에 들어서며 △74㎡ 386세대 △84㎡A 120세대 △84㎡B 226세대 △98㎡A 192세대 △98㎡B 125세대로 중대형 평면으로 구성된 총 1049세대 매머드급 대단지다.

단지가 들어서는 AA23BL은 검단신도시의 3단계의 중심지에 들어서며 인천 지하철 1호선 검단 연장선 102역(가칭)이 신설될 예정으로 새로운 주거 중심지역으로 탈바꿈 된다. 지하철 연장 외에도 GTX-D 노선이 개통 예정이며 원당-태리 광역도로와 검단-경명간 도로가 신규 개통 예정으로 광역 접근성이 크게 향상된다.

완성형 생활 인프라도 갖췄는데, 단지 바로 앞 상가구역을 비롯해 커넬 콤플렉스(예정) 등 중심상업지구가 인근에 위치해 있어 편리한 생활환경을 누릴 수 있으며 도보 거리에 유치원부터 시작해 초, 중, 고교가 모두 들어설 예정으로 12년 이상의 원스톱 안심 통학 환경을 지니고 있다.

또, 수요자들의 선택에 큰 영향을 미치는 주거 쾌적성도 훌륭할 것으로 예상되는데, 단지 바로 맞은편에 근린공원이 조성될 예정이며 황화산과 금정산이 맞닿아 있는 '숲세권' 아파트로 1년 내내 쾌적한 생활을 누릴 수 있다.

빼어난 정주여건에 걸맞은 금강펜테리움만의 혁신 설계도 눈에 띈다. 전 세대가 4Bay로 설계되며 지상에 차 없는 단지로 조성되어 아이들과 노인도 안심하고 단지 내 도보 이동이 가능하다.

택지지구 내 조성되는 단지로 분양가 상한제가 적용되는 대단지 아파트라는 프리미엄도 눈여겨볼 만하다. 분양가 상한제가 적용되어 주변 시세 대비 합리적인 분양가로 만나볼 수 있고 검단의 중심지에 1천세대 이상 매머드급 대단지로 들어서 향후 가치 상승을 노려볼 수도 있다.

한편 금강주택은 4월 경기 화성시 동탄2신도시 신주거문화타운 A59블록에 '동탄신도시 금강펜테리움 6차 센트럴파크'를 분양할 예정이다. 전용면적 84㎡, 100㎡ 총 1,103세대의 중대형 대단지 아파트로 내년 개통이 예정된 GTX－A노선이 지나갈 SRT동탄역을 이용하기 수월하고, 인근에는 동탄도시철도(트램) 2호선도 지나갈 예정이다. 단지의 약 50%가 조경공간으로 채워져 쾌적한 생활이 가능하며 단지 내 초대형 커뮤니티가 들어설 예정이다.

자료) 2023.3.16일자 국토일보, 이경운 기자

10.2 부동산과 금융

10.2.1 부동산과 금융

부동산금융은 부동산을 대상으로 필요한 자금을 융통하는 일련의 과정이다. 여기에는 주택수요자에게 주택구입자금을 지원해 주는 주택소비금융과 주택개발업자 또는 건설회사에게 주택건설자금을 지원하는 주택개발금융으로 구분된다.

주택자금 대출시장은 1차 저당시장으로 금융기관이 주택수요자의 주택을 담보로 잡고 주택자금을 대출해주는 시장이다. 저당대출을 원하는 수요자와 저당대출을 제공하는 금융기관 사이에서 주택저당채권이 형성된다. 주택자금 공급시장은 2차 저당시장으로 한국주택금융공사(SPC)가 투자자에게 주택저당증권(MBS)을 팔아서 자금을 확보하고 이를 은행에게 공급해주는 시장이다. 특별목적회사(SPC)를 통해 투자자로부터 자금을 조달해서 1차 저당시장에 대출자금을 공급하는 역할을 수행하는데, 대출기관으로는 은행과 유동화중개기구(한국주택금융공사<한주금>, SPC), 투자자로 구성된다.

그림 10-5 저당유동화 시장

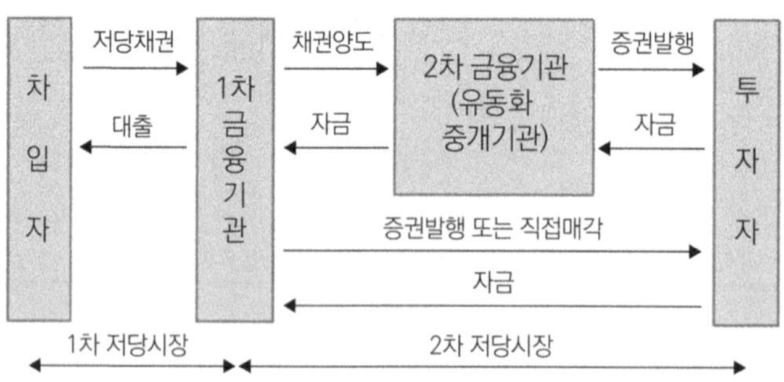

일반적으로 개인이 부동산으로 주택을 구입할 때는 LTV(Loan to Value Ratio: 담보대출비율)에 의한 금융기관의 대출을 활용하는 경우가 많다. 대출은

은행과 같은 금융기관에서 자금을 빌리는 것을 의미하는데, 정부 정책의 영향을 많이 받는다. 정부는 대출 규제와 완화를 통해서 주택 가격을 조정하는데, 부동산 하락기나 안정기에는 집값의 70%까지 대출을 해주기도 하지만, 부동산 상승기에는 집값의 40% 이하로 대출을 줄일 때도 있다. 따라서 주택을 통한 부동산 투자를 할 때는 대출과 관련된 LTV와 DSR(Debt Service Ratio: 총부채원리금상환비율)에 대한 용어에 대해서 잘 알아야 한다.

표 10-4 LTV(담보대출비율)

<table>
<tr><th rowspan="2">구입가격</th><th rowspan="2">구분</th><th colspan="3">주택</th><th>비주택</th></tr>
<tr><th>투기과열지구</th><th>조정대상지역</th><th>비규제지역</th><th>오피스텔 · 상가 · 토지 등</th></tr>
<tr><td rowspan="3">9억원 이하</td><td>무주택</td><td>50%</td><td>60%</td><td>70%</td><td>오피스텔 · 상가 · 토지 등</td></tr>
<tr><td>1주택 (처분 조건)</td><td>40%</td><td>50%</td><td>70%</td><td rowspan="5">70%</td></tr>
<tr><td>2주택 이상</td><td>불가</td><td>불가</td><td>60%</td></tr>
<tr><td rowspan="2">9억원 초과</td><td>9억원 이하까지</td><td>40%</td><td>50%</td><td rowspan="3">9억원 이하와 동일</td></tr>
<tr><td>9억원 초과부터</td><td>20%</td><td>30%</td></tr>
<tr><td>15억원 초과</td><td>아파트</td><td>불가</td><td>9억원 초과와 동일</td></tr>
</table>

LTV(담보대출비율)은 시세의 최대 몇 퍼센트까지 대출을 받을 수 있는지를 의미한다. 주택구입가격과 구분, 그리고 주택과 비주택에 따라서 LTV를 달리하고 있기 때문에 사전에 미리 준비하여야 할 필요가 있다. DSR(총부채원리금상환비율)은 대출 원리금을 비롯한 개인 연소득 대비 모든 부채의 상환 비율을 말한다. 단, 중도금대출, 이주비대출, 전세자금대출, 주택연금대출, 3백만원 이하 소액 신용, 예적금 및 유가증권 담보대출, 정부 및 공공기관 협약 대출 등은 DSR에 포함되지 않는다.

10.2.2 주택저당유동화증권(MBS)

자산유동화는 유동성이 낮은 자산을 유동성이 높은 유동화증권(ABS: Asset-Backed Securities) 전환시킨다면, 저당유동화는 저당권이나 저당채권을 하나의 상품처럼 유통시켜서 유동성이 높은 유동화증권(MBS: Mortgage-Backed Securities)으로 바꾸는 것이다. 유동화기구가 주택저당채권의 현금흐름을 담보로 증권이나 채권을 발행하고, 이것을 매각하여 자본시장으로부터 자금을 확보하는 일련의 과정이다. 대출금융기관이 주택저당채권을 직접 매각하거나 또는 증권형태로 변환시켜 투자자에게 매각할 수도 있는데, 이런 과정도 넓은 의미에서 주택저당채권의 유동화라고 할 수 있다. 그러나 일반적으로 주택저당채권의 유동화는 대출금융기관이 유동화기구에게 저당채권을 양도하고 유동화중개기관이 이를 기반으로 하여 유동화증권(MBS)를 발행하여 투자자에게 매각하는 것을 의미한다.

주택저당유동화증권(MBS)의 종류는 MPTS, MBS, MPTB, CMO 등이 있다. 먼저, MPTS(Mortgage Pass-Through Securities)는 지분형 주택저당증권(MBS)으로 저당대출지분이전증권, 이체증권으로 불린다. 저당대출집합에 대한 지분권을 나타내는 증권으로서 관리수수료와 보증료 등의 비용을 제외한 대출상환원리금이 투자자에게 이전되는 형태로, 투자자는 저당대출집합으로부터 유입된 원리금 총액 중 지분만큼 매월 상환 받게 되고 또한 차입자의 중도상환시에 지분만큼 중도상환을 받게 된다. MPTS는 관련 위험을 모두 증권투자자가 부담하기 때문에 지분형 주택저당증권이라고 불린다. 또한 MPTS의 투자자는 발행기관의 조기상환위험에 노출되어 있어서 투자가가 콜방어를 할 수 있는 MBB가 출현하게 된다. 둘째, MBB(Mortgage Backed Bond)는 채권형 주택저당증권(MBS)으로 저당대출담보부채권, 저당채권, 주택저당담보부채권으로 불린다. 발행기관이 보유한 저당대출 집함을 담보로 하여 발행하는 채권으로 투자자에게 채권의 이자는 일정주기로 지급되고 투자원금은 만기에 상환되는 구조이다. 차입자가 상환하는 원리금은 MBB의 발행기관으로 이전되지만, 투자자에게는 MBB의 보유기간 동안 별도의 채권이자가 지급되며 투자원금은 MBB의 만기 때 지급된다. MBB의 원리금수취권과 집합물의 소유권을 모두 발행기관이 가지며, 조기상환위험과 채무불이행위험 등과 같은 위험은 모두 발행기관이 가지게 된다. 이로 인해 MBB투자자는 콜방어를 할 수 있으며, 차입자가 대출금을 조기 상환하거나 채무불이행이 발생해도 발행기관은 투자자에게 MBB만기까지 채권이자와 원금을 지급해야 한다. 셋째, MPTB(Mortgage Pay-Through Bond)는 지분 및 채권혼합형 주택저당증권(MBS)로서 저당대출원리금이체채권, 지불이체증권, 저당직불채권으로 불린다. MPTB는 MPTS가 투자자를 조기상환위험에 노출되게 한다는 점과 MBB가 투자자에게 채권의 보유기간 동안 채권이자만 지급한다는 점을 보완하고 이 두 가지의 특성을 결합한 것이다. MPTB는 원리금수취권은 증권투자자가 보유하게 되며, 차입자의 채무불이행에 대한 집합물의 소유권은 발행기관이 가지기 때문에 지분형과 채권형의 성격이 혼합 되어있는 혼합형 주택저당증권이다. 넷째, CMO(Collateralized Mortgage Obligation)는 혼합형 주택저당증권(MBS)으로 다계층채권, 담보저당채권이다. CMO는 조기상환위험에 대한 원리금수취권은 증권투자자가 보유하며, 차입자의 채무불이행에 대한 집합물의 소유권은 발행기관이 소유한다. 우리나라 주택저당증권(MBS)의 대부분은 CMO 형태로 발행된다.

표 10-5 주택저당증권(MBS)의 종류

종류	특징
MPTS	• 지분증권 : 수익이 가장 높은 증권 • 위험도 높음 - 콜 방어 안됨. 조기상환 방어 안됨. - 담보 없음
MBB	• 가장 안정한 증권 : 모든 것은 발행자가 책임지는 구조 • 위험최소 - 콜 방어 가능. - 초과담보 많음.
MPTB	• 혼합형 증권 : 위험과 수익을 반으로 나눈 증권 • 채무불이행위험과 소유권은 발행자가 소유
CMO	• 혼합형 • 이자와 만기가 다른 여러 종류(다계층)의 채권 • 선순위증권과 후순위증권이 존재. 선순위증권(AAA)은 후순위증권(BB)보다 신용등급이 높음.

10.2.3 프로젝트금융

프로젝트 금융(Project Financing)은 특정 프로젝트로부터 향후 일정한 현금흐름이 예상되는지를 추정한 후에 미래에 발생할 현금흐름과 사업자체자산을 담보로 자금을 금융기관으로부터 조달하는 금융기업이다. 담보로 제공되는 것은 개발사업의 수익성과 사업자산이 제공되는데, 금융기관이 프로젝트 금융에 참여하는 이유는 기업대출보다 금리가 높아 사업이 성공하면 높은 수익을 실현할 수 있기 때문이다.

프로젝트 금융을 진행하는 데에는 사업시행자(사업주)와 금융기관 그리고 건설회사 등으로 구성된다. 프로젝트 금융의 특징은 사업시행자(사업주)와 금융기관이 법적으로 단절되어 있다는 것이다. 다시 말해서 사업시행자는 프로젝트 금융으로 발생한 부채가 모회사의 재무상태표에 부채로 기록되지 않을 뿐만 아니라 사업이 실패하더라도 사업시행자(사업주)는 법적으로 채무상환의무가 없다. 금융기관은 사업시행자(사업주)가 파산시 사업시행자(사업주)와 프로젝트 금융을 분리시키며 이로 인해 발생할 수 있는 위험을 분산시키기 위해 두 개 이상의 금융기관이 공통의 조건으로 대출하는 신디케이트론[4]을 활용한다. 건설회사는 부동산 개발 사업을 효율적으로 수행하기 위해 설립한 법인세법상의 프로젝트금융투자회사(PFV: Project Financing Vehicle)를 통해 사업을 영위한다. PFV는 프로젝트 금융을 위해 금융기관과 프로젝트 참여기관 등으로부터 자금 및 현물을 출자 받아 해당 프로젝트를 수행하고 자산의 관리업무는 전문적으로 관리하는 신탁회사에 위탁한다. PFV는 개발사업 추진을 위한 법인설립시에 법인세 및 등록세 등을 감면받을 수 있으나, 2015년 12월 31일 지방세특례제한법 개정으로 취득세 50% 감면은 종료된다.

---

4 신디케이트론(syndicated loan)은 두 개 이상의 은행으로 구성된 차관단이 공통의 조건으로 일정 금액을 차입자에게 융자해 주는 중장기 대출을 말한다. 신디케이트론은 전통적인 은행대출업무와 투자은행의 인수업무기능이 혼합된 융자형태로, 자금을 빌리는 차입자의 입장에서는 여러 은행들과 차입조건·융자절차·대출한도 등에 대한 별도의 협상 없이 효율적으로 대규모 자금을 조달할 수 있다는 장점이 있다. 한편, 채권단인 은행의 입장에서는 특정차입자의 채무불이행에 따른 위험을 신디케이트를 통해 공동융자방식을 통해 분산시킬 수 있다.

10.3 부동산과 투자

10.3.1 부동산투자

부동산투자는 부동산을 대상으로 투자하는 행위를 말한다. 다시 말해서 부동산투자란 부동산을 대상으로 장래의 수익을 얻기 위해서 현재의 대가를 희생하는 것을 의미한다. 부동산투자는 부동산 공유의 특성으로 인해 다른 재화에 대한 투자와는 다른 여러 가지 특징을 가지고 있다. 먼저, 토지는 소모나 마멸되지 않는 영속성을 가지고 있고, 건물은 다른 재화에 비해 상대적으로 오랜 수명을 가지고 있다. 부동산의 이런 특성으로 인해 부동산투자는 주식과 같은 금융자산 투자보다 상대적으로 장기간 투자하는 속성이 있다. 또한 부동산은 전반적으로 고가의 상품이며, 부동산투자를 하기 위해서는 다른 투자상품에 비해 많은 자금을 가지고 있어야 한다. 둘째, 부동산투자는 주식투자에 비해 투자의 안정성이 상대적으로 높다. 주식투자는 예상치 못한 원금손실이 흔하게 발생하지만, 부동산투자는 원금손실이 발생하는 경우가 흔하지 않다. 부동산투자가 주식투자에 비해 투자의 안정성이 높지만, 상대적으로 높은 가격에서 거래되는 물건들이 많기 때문에 접근성에서는 주식투자보다 어려운 점을 지니고 있다. 셋째, 부동산투자에 따른 수익은 투자상품 중에서 가장 다양하다. 위치가 좋은 부동산에 투자할 경우, 부동산을 보유함으로써 보유하는 기간 동안 임대료 등의 운영수익을 얻을 수 있고, 향후 부동산을 매각을 통해 양도차익에 따른 자본이익(capital gain)을 기대해 볼 수 있다. 또한 법인인 경우에는 보유기간 동안 감가상각에 따른 세금효과가 예상된다. 넷째, 부동산에 투자하는데 있어서 직접투자 및 간접투자가 모두 가능하다. 투자자는 주거용이나 상업용 부동산 등의 소유권이나 지분에 직접투자할 수 있고, 사모(사모REITs, 주거용 부동산 저당 대출, 상업용 부동산 저당 대출 등)나 공모(지분형 REITs, 혼합형REITs, 주거용 MBS, 산업용 MBS, 대출형 REITs) 형태로 간접투자 할 수 있다. 다섯째, 부동산 투자에는 다양한 주체들이 참여하고 있다. 일반 개인부터 기업, 그리고 일반 및 전문금융기관까지 부동산 투자에 대한 활동범위를 넓혀 나가고 있다. 일반 개인들은 경제

발전을 통해 잉여자산이 급속히 증가함에 따라 주식이나 채권을 넘어서 부동산 투자에 적극적으로 나서고 있고, 부동산의 시장판도가 과거보다 크게 확장됨에 따라 기업과 금융기관도 부동산을 통한 기대수익을 얻기 위해서 투자의 규모을 점차 늘려 나가고 있다.

표 10-6 부동산투자방식의 구분

구분	직접투자	간접투자	
		사모	공모
소유권 or 지분	주거용 또는 상업용 부동산 등의 소유권이나 지분 보유	• 사모 REITs	• 지분형 REITs • 혼합형 REITs
주식 or 채권		• 주거용 부동산 저당 대출 • 상업용 부동산 저당 대출 등	• 주거용 MBS • 산업용 MBS • 대출형 REITs 등

부동산에 대한 간접투자는 투자자가 부동산을 직접 구입하지 않고 부동산을 전문적으로 투자하는 회사나 부동산을 소유하는 주체들이 발행하는 증권이나 채권 등에 투자하는 방식을 말한다. 부동산에 대한 간접투자는 미국을 비롯한 선진국에서는 등장한 지 오래된 반면, 우리나라는 후발주자로 간접투자에 대한 관심이 크게 증가하고 있는 상황이다. 미국은 1960년대에 '부동산투자신탁법'을 제정하면서 부동산의 증권화가 시작되었고, 1970년대에는 미국의 연방주택저당공사(Ginnie Mae)가 주택저당대출(M: Mortgage)을 모은 다음에 이것을 담보로 증권을 발행하는 MBS제도를 도입함으로써 활성화된다.

우리나라는 1997년 IMF사태가 부동산증권화의 직접적인 배경으로 작용한다. IMF사태로 인한 극심한 경기 침체로 부동산을 비롯한 실물자산의 명목가격이 큰 폭으로 하락한다. 금융기관은 담보 부동산가치의 하락으로 인해 부실채권이 증가하는 어려움을 경험하게 되고, 기업 역시 보유하고 있는 부동산을 제때에 적정가격을 받고 매각하지 못함에 따라 기업구조조정이 차질이 발생한다. 정부는 침체된 부동산경기를 활성화시키기 위해서 부동산금융제도를 도입하고 실시한다. 1998년 9월에 제정된 '자산유동화에 관한 법률'[5]로 자산유동화증권(ABS: Asset Basked Securities)이, 1999년 1월에 제정된 '주택저당채권유동화회사법'으로 주택저당증권(MBS: Mortgage Backed Securities)[6]이 발행된다.

그림 10-6 선진국과 비교한 우리나라의 가계자산 구성

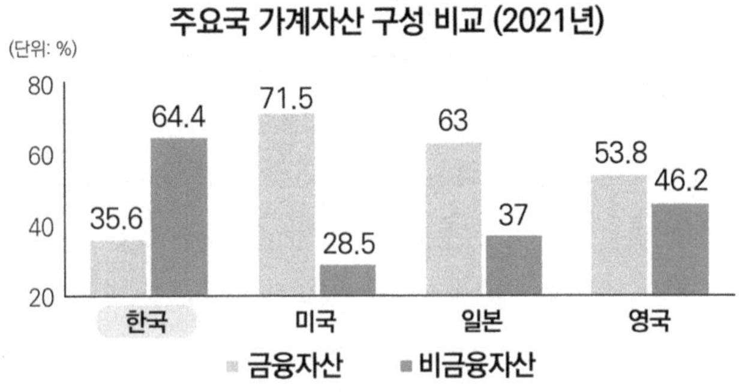

자료) 금융투자협회

10.3.2 부동산 간접투자와 관련 상품

부동산간접투자의 유형은 다음과 같이 구분할 수 있다. 먼저, 지분형(equity-based)과 채무형(debt-based) 간접투자가 있다. 지분형 간접투자는 자금을 모은 후에 증권화된 지분에 투자하는 리츠(REITs)와 부동산펀드가 있고, 채무형 간접투자는 주택이나 자산에 대한 저당대출을 담보로 증권을 발행하는 ABS와 MBS 등이 있다. 다음으로 회사형과 펀드형으로 구분할 수 있는데, 회사형은 리츠(REITs)나 부동산합작회사가 있고, 펀드형에는 부동산펀드가 있다. 끝으로 투자대상이 되는 부동산이 주로 주거용 부동산인지 아니면 상업용 부동산인지에 따라 구분하는 방법이 있다.

부동산간접투자상품의 종류에는 크게 세 가지가 있다. 자산유동화증권(ABS)와 주택저당증권(MBS), 부동산펀드, 그리고 부동산투자회사(REITs)이다.

---

5 자산유동화에 관한 법률(약칭: 자산유동화법)은 금융기관과 일반기업 등의 자금조달을 원활하게 하여 재무구조의 건전성을 높이고, 장기적인 주택자금의 안정적인 공급을 통한 주택금융기반 확충을 위하여 자산유동화에 관한 제도를 확립하며, 자산유동화에 따라 발행되는 유동화증권에 투자한 투자자를 보호함으로써 국민경제의 건전한 발전에 기여함을 목적으로 한다. 자산유동화법은 1998년 9월에 제정된 후, 2023년 7월에 일부개정이 이루어진 다음에 2024년 1월부터 시행되고 있다. 자산유동화증권(ABS)은 '자산담보부채권'으로 불리기도 한다.

6 주택저당증권(MBS)는 '주택저당담보부채권'으로 불리기도 한다.

(1) 자산유동화증권(ABS)와 주택저당증권(MBS)

자산유동화제도는 자산을 담보로 채권을 발행하여 자금을 조달하는데, 이때 발행되는 채권이 자산유동화증권(ABS)이다. 자산유동화증권(ABS)의 기초자산은 부동산, 유가증권, 대출, 신용카드, 자동차 등 시장에서 평가 가능한 다양한 유형자산 뿐만 아니라, 미래에 발행할 수익 등을 통해서도 설정이 가능하다. 일반적인 자산유동화증권(ABS)의 상품은 다양한다. 회사채 등을 기초자산으로 발행하는 유동화증권은 CBO(Collateralized Bond Obligation)이고, 금융기관의 대출을 담보로 발행하는 유동화증권은 CLO(Collateralized Loan Obligation)이다. 주택저당대출을 담보로 발행된 주택저당증권(MBS)가 있고, 이외에도 신용카드 매출채권을 기초로 발행된 신용카드채권ABS 등이 있다.

주택저당증권(MBS)에 대해서 좀 더 부언하면, 주택저당증권(MBS)은 일반고객이 금융기관으로부터 주택담보대출을 받을 때 주택에 대한 근저당을 설정하게 되는데, 금융기관의 입장에서는 그 주택을 담보로 대출금을 회수할 권리인 대출채권을 가지게 되는데 이것을 주택저당채권이라 한다. 은행, 보험회사, 할부금융사 등과 같은 금융기관들은 주택구입자에게 주택을 담보로 구입자금을 대출해주고 주택에 근저당이 설정된 대출채권인 주택저당채권을 보유하게 된다. 금융회사들은 이 주택저당채권을 주택금융공사에 매각하고, 주택금융공사를 이를 담보로 하여 주택저당증권(MBS)라는 상품을 발행한다. 자본시장의 투자자들은 주택금융공사가 발행한 주택저당증권(MBS)을 매입하게 되는데, 이로써 주택저당채권이 현금유동화가 된다. 금융기관은 장기간의 시간 동안에 고객(채무자)들로부터 상환 받아야 할 자금을 일시에 회수하여 재원을 마련하게 되고, 그 재원은 다시 주택구입자를 위한 대출로 활용되면서 주택시장의 활성화에 도움의 역할을 줄 수 있다.

참고로 주택저당증권(MBS)의 종류와는 다르게 2008년 글로벌 금융위기에 부각되었던 주택저당증권과 유사한 증권이 있다. 하나는 부채담보부증권(CDO: Collateralized Debt Obligation)이고 다른 하나는 신용부도스와프(CDS: Credit Default Swap)이다. 먼저, 부채담보부증권(CDO)는 주택저당증권(MBS)을 기반으로 만들어진 금융상품으로 부채(채권)을 담보로 해서 만들어진 증권이다. 부채담보부증권(CDO)는 여러가지 부실채권을 새로운 상품으로 변화시켜 자금을 확보할 수 있는 합성채권으로써의 장점을 가지고 있으나, 부동산 가격이 하락하면 채권 이자 상환이 불가능한 사람들이 많아지면서 부채로 인한 채무불이행 도미노 현상이 나타난다. 다음으로 신용부도스와프(CDS)는 부채담보부증권(CDO)의 위험을 줄이기 위해 만들어진 일종의 보험성 상품이다. 부채담보부증권은 부실채권을 모아서 만든 상품인 만큼 손실이 발생할 가능성이 높지만 기대수익률 역시 높은 상품이다. 신용부도스와프(CDS)은 부채담보부증권(CDO)에서 채무불이행이 발생할 것을 대비해서 가입하는 보험 증권과 같은 금융상품이다. 다시 말해서 채무자들이 돈을 갚지 않아서 부채담보부증권(CDO)에 문제가 발생할 때 이를 대비하기 위해 만들어진 것이 신용부도스와프(CDS)이다. 글로벌 보험사들은 신용부도스와프(CDS)를 만들었고, 투자회사는 부채담보부증권(CDO)를 팔 때 신용부도스와프(CDS)도 함께 같이 팔았다.

(2) 부동산펀드(REF)

부동산펀드(REF: Real Estate Fund)와 부동산투자신탁은 '간접투자자산운용법'에 의해 만들어진 상품이다. 부동산펀드는 다수의 개인 투자자로부터 자금을 모아 부동산에 투자하여 발생한 수익을 다시 투자자에게 분배하는 상품이다. 부동산투자신탁은 '신탁업법'에 근거를 두고, 은행의 고객으로부터 투자 받은 신탁자금으로 펀드를 결정한 후에 부동산을 매입하거나 부동산을 직접 개발, 또는 관련 업무를 수행하는 회사에 대출을 수행하거나 부동산 관련 유가증권 등에 운용한 후 신탁기간이 종료되면 해당 펀드를 청산해서 실적을 분배하는 상품이다.

부동산펀드의 종류에는 대출형, 임대형, 경매형, 직접개발형 등으로 구분되는데, 먼저 대출형 부동산펀드는 부동산개발회사에 대한 자금대여를 주된 운용방법으로 하고 있다. 프로젝트 파이낸싱(PF: Project Financing) 방식의 부동산펀드는 부동산개발회사로부터 안정적인 대출이자를 지급받는 것을 통해 운영된다. 둘째, 임대형 부동산펀드는 상업용 또는 업무용 부동산을 매입한 후, 이것을 직접 임대를 통해 운영하여 임대수익과 부동산의 자산가치 증가를 목적으로 하는 바이앤드리스(Buy and Lease) 방식의 펀드이다. 셋째, 경매(공매)형 부동산펀드는 경매(공매)를 통해 상업용 또는 업무용 부동산을 저가로 매입하여 임대하거나 매각하여 임대수익과 자본차익을 목적으로 운영되는 상품이다. 끝으로 직접개발형 부동산펀드는 부동산펀드가 직접 시행사의 역할을 수행하면서 분양이나 임대 업무를 수행하고 이를 통한 수익으로 운용하는 펀드이다. 2009년부터 시행된 '자본시장과 금융투자업에 관한 법률'로 인해 '간접투자자산운용법'과 '신탁업법'이 폐지되고 '자본시장과 금융투자업에 관한 법률'로 통합되었기 때문에 부동산펀드와 부동산투자신탁상품을 같은 상품으로 운용된다.

(3) 부동산투자회사(REITs)

부동산투자회사(REITs: Real Estate Investment Trusts)는 자산을 부동산에 투자하여 운용하는 것을 주된 목적으로 설립된 회사이다. 부동산투자회사의 종류로는 자산운용 전문인력을 포함한 임직원을 상근으로 두고 자산의 투자와 운용을 수행하는 자기관리부동산투자회사, 자산의 투자 운용을 자산관리회사에 위탁하는 회사인 위탁관리부동산투자회사, 그리고 기업구조조정부동산을 대상으로 투자하며 자산의 투자와 운용을 자산관리 회사에 위탁하는 회사인 기업구조조정부동산투자회사 등이 있다. 설립 자본금은 자기관리부동산투자회사가 5억 원 이상이며, 위탁관리부동산투자회사와 기업구조조정부동산투자회사가 3억 원 이상이다. 부동산투자회사의 종류별로 국토교통부의 영업인가를 받아서 국토교통부장관에게 등록해야 하고, 영업인가를 통한 등록 후에는 최저자본금은 자기관리부동산투자회사가 70억 원 이상이고, 위탁관리부동산투자회사와 기업구조조정부동산투자회사가 50억 원 이상을 갖추어야 한다. 위탁관리부동산투자회사와 기업구조조정부동산투자회사는 본점 이외의 지점을 둘 수 없고, 직원을 고용하거나 상금임원을 둘 수 없다. 업무에 있어서는 자기관리부동산투자회사는 전문인력을 영업인가 시에는 3인 이상, 영업인가를 받은 후 6개월이 경과할 경우에는 5인 이상을 두어야 한다. 위탁관리부동산투자회사는 자산의 투자, 운용 업무(자산관리회사), 증권발생, 일반사무(사무관리회사), 판매(판매회사)를 각각 위탁해서 운영해야 한다.

우리나라의 부동산투자회사(REITs)는 회사형으로만 설립되어야 하기 때문에 리츠(REITs)를 부동산투자회사(이하 '리츠')라고 부른다. 리츠는 투자자가 자금을 출자한다는 측면에서 부동산을 위탁하는 부동산신탁과 구별되며, 투자자가 부동산투자회사 주식에 투자한다는 측면에서는 수익증권을 구입하는 은행의 부동산투자신탁과도 차별된다.

리츠의 특징은 다음과 같다. 먼저, 리츠는 투자지분을 소액단위로 표준화하거나 증권화한 상품이다. 리치는 부동산지분을 소액 단위로 분할하여 증권화하고 자본시장을 통해 다수의 투자자를 연결한다. 이를 통해 투자자들에게도 부동산투자의 기회를 제공하며 부동산의 경기상승시 발생하는 자본이득을 경험하게 한다. 둘째, 리츠는 유동성이 부족한 부동산을 소액단위로 증권화하고 이를 기업공개(IPO)하여 유동성이 높은 투자수단으로 변화한다. 셋째, 리츠는 자산운용을 전문자산운용회사에 관리시킴으로써 효율성을 높일 뿐만 아니라 투명성도 확보할 수 있다. 넷째, 리츠는 발생수익을 투자자에게 모두 배당하기 때문에 이익금의 내부유보를 통한 성장이 구현되기는 어려우나, 유상증자 등을 통해 펀드규모의 확대를 도모할 수 있고 이를 통해 지속적인 성장을 도모할 수 있다. 끝으로 간접투자펀드이기 때문에 공시제도, 정부의 관리감독을 통해 투자자 보호장치가 안전하게 이루어지고 있다.

리츠의 투자대상은 주로 부동산이며, 그 외에도 부동산 관련 유가증권이나 현금 등으로 이루어진다. 일반적으로 리츠는 자기자본이 아닌 다수의 투자자로부터 자금을 모집하기 때문에 고수익, 고위험을 추구하지 않고 안정적인 운용을 목표로 한다.

끝으로 리츠는 투자내용의 조건에 따라 분류할 수 있다. 먼저, 투자대상에 대한 분류 방법으로 총 투자자산의 75% 이상이 부동산 소유지분으로 구성된 지분형 리츠(equity REITs)와 총 투자자산의 75% 이상이 부동산 관련 대출에 운영되고 있거나 주택저당증권(MBS)에 투자된 모기지형 리츠(mortgage REITs), 그리고 총 투자자산이 부동산소유지분이나 부동산 관련 대출, 주택저당증권(MBS) 등에 모두 투자되어 있는 혼합형 리츠(hybrid REITs)가 있다. 둘째, 환매여부에 따른 분류 방법으로 투자자가 자유롭게 투자금의 환매가 가능한 개방형 리츠(open-end REITs)와 일정기간 동안 투자자들이 투자금을 환매할 수 없는 폐쇄형 리츠(closed-end REITs)가 있다. 끝으로 기한의 한정여부에 따른 분류 방법으로 존속기간이 정해지지 않고 영구적으로 운용되는 무기한부 리츠(nonfinite-life REITs)와 일정기간 동안만 운영하는 기한부 리츠(finite-life REITs)가 있다.

표 10-7 부동산투자 구조

구분	PFV	REF	REITs
근거법령	조세특례제한법	자본시장법	부동산투자회사법
설립	SPC	금융위원회 등록	국토교통부 인가
형태	주식회사	신탁형/회사형/ 공모형/사모형	주식회사 (자기관리/위탁/CR)
최소자본금	50억 (금융기관 5% 이상 출자)	규제 없음	위탁: 50억원 자기관리: 70억원
주식분산	금융업법 등에 의한 제한	신탁형: 없음 회사형: 금융업법 등에 의한 제한	1인지분 50% 초과 금지 공모예외기관(연기금 등)은 1인 100% 투자 가능
세제혜택	90% 이상 배당시 법인세 비과세	90% 이상 배당시 법인세 비과세	80% 이상 배당 시 법인세 비과세 (자기관리리츠 제외)
운용사		집합투자업자(인가) 전문사모집합투자업자(등록)	자기관리: 직접운용 위탁/CR: 자산관리회사

10.3.3 건축물투자

건축물은 용도에 의한 분류로 그 종류를 나누어 볼 수 있는데, 용도에 의한 분류에서 건축물은 주거용, 상업용, 공업용, 업무용 건물 등으로 분류된다.

먼저, 주거용 건물은 보통 주택을 말하며 단독주택과 공동주택으로 구분된다. 단독주택은 다시 단독주택, 다중주택, 다가구주택, 공관 등으로 구분되며 가정보육시설과 공동생활 가정 그리고 재가(在家)노인복지시설 등을 포함한다. 다중주택은 학생 또는 직장인 등 여러 사람이 장기간 거주하는 구조로 되어 있으나 독립된 주거의 형태가 아닌 주택을 지칭한다. 다가구주택은 지하층을 제외하고 주택으로 사용되는 층수가 3개 이하이며, 19세대 이하가 거주하는 주택을 말한다.

공동주택은 아파트, 연립주택, 다세대주택, 기숙사 등으로 구분되는데, 단독주택과 동일하게 가정보육시설과 공동생활가정 그리고 재가(在家)노인복지시설 등을 포함한다. 아파트는 주택으로 사용하는 층수가 5개층 이상인 주택을 말하고, 연립주택과 다세대 주택은 주택으로 사용하는 층수가 4개층 이하인 주택을

그림 10-7 단독주택의 종류

자료) 서울특별시

의미한다. 주택으로 사용되는 1개 동의 바닥 면적이 660m²를 초과하면 연립주택이고, 그 이하이면 다세대 주택이라고 한다. 기숙사는 학교 또는 공장 등의 학생이나 종업원 등을 위해 사용되는 건물로써 공동취사 등을 할 수 있는 구조로 되어있으나 독립된 주거의 형태를 갖추지 아니해야 한다.

그림 10-8 공동주택의 종류

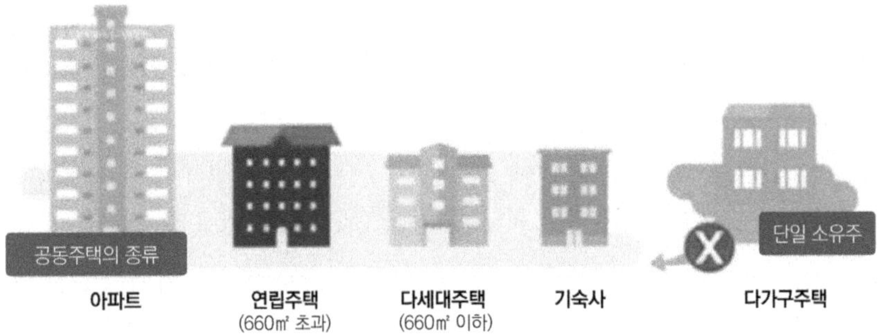

자료) 서울특별시

표 10-8 단독주택과 공동주택 구분

구분		면적	층수	등기
단독주택	단독주택			
	다중주택	660m² 이하	3층 이하	
	다가구주택	660m² 이하	3층 이하	개별등기 불가능
공동주택	아파트		5층 이상	
	연립주택	660m² 초과	4층 이하	
	다세대주택	660m² 이하	4층 이하	개별등기 가능

다음으로, 상업용(업무용) 건물은 주거용 이외 목적으로 사용되는 대부분의 건축물을 말한다. 상업용 건물은 근린생활시설과 판매시설 등을 말하는데, 근린생활시설은 인간이 주거생활을 하는데 있어서 필요한 생활의 편익시설을 제공하는 공간을 의미한다. 제1종 근린생활시설에는 슈퍼마켓, 휴게음식점, 이용원과 미용원, 의원(치과 포함), 탁구장 등이 있고, 제2종 근린생활시설에는 일반음식점, 골프연습장, 종교집회장, 부동산중개업소 등이 있다. 판매시설은 도매시장, 소매시장, 상점 등을 말하는데, 도매시장의 규모는 건물면적이 5,000m² 이상이고, 매장면적은 건물 면적의 60% 이상으로 규정하고 있다. 소매시장은 시장, 백화점, 쇼핑센터 등을 의미하고, 상점은 근린생활시설에 해당하는 용도로 사용되는 건축물을 지칭한다. 업무용 건물은 주로 사무실 용도로 사용되는 건축물을 지칭한다.

셋째로, 공업용 건물은 공장과 창고시설 등이 해당된다. 공장은 물품의 제조와 가공이나 수리에 지속적으로 이용되는 건축물을 의미하고, 창고시설은 위험물 저장이나 처리시설 또는 그 부속용도에 해당하지 아니한 시설로써 창고와 하역장을 지칭한다. 이외에도 기타 건물로는 휴양용 건물이나 농업용 건물, 그리고 어업용 건물 등이 있다.

부동산은 건축물 종류에 따라 단독주택, 연립주택, 다가구주택, 아파트, 상업용 건물, 공장 등으로 세분할 수 있다. 토지는 용도별로 주거지역, 상업지역, 공업지역, 녹지지역으로 분류할 수 있고, 도시계획상 도시지역, 관리지역, 농림지역, 자연환경보전지역으로 구분된다. 투자자는 부동산에 투자하기 전에 투자대상의 토지가 어느 용도지역, 지구, 구역에 해당하는지를 파악해야 하고, 해당지역에 어떤 건축물을 건축할 수 있는지 사전 조사를 완료해야 한다. 이런 조사가 완료되면, 투자자는 건축물 투자에 앞서 임대수익의 확보인지, 미래 자산가치의 증대인지, 상속이나 증여인지 목적을 분명히 파악해야 한다. 투자 목적이 설정되면 다음 단계로는 향후 부동산시장의 전망, 부동산정책의 변화, 금융시장의 변동, 부동산조세제도 등의 변화를 분석한다.

10.3.4 부동산투자의 장 · 단점과 위험관리

부동산투자를 통해 얻을 수 장점과 단점은 다음과 같다. 장점으로는 먼저, 부동산에 투자함으로써 임대료와 같은 운영수익과 매각에 따른 자본이익 등이 가능하다. 투자자가 위치 좋은 부동산에 투자한 경우 일반적으로 보유기간 동안 안정적인 임대료를 받을 수 있고, 매매를 원할 경우에는 매매차익에 따른 자본이익 등도 기대해 볼 수 있다. 둘째, 부동산투자는 레버리지 효과(leverage effect)를 기대할 수 있다. 부동산투자에서 레버리지 효과는 부동산투자에 따른 금융기관으로부터의 차입금으로 인해 투자자가 가지고 있는 원금에 비해 높은 금액을 투자함으로써 얻는 효과가 발생한다. 레버리지 효과가 정(+)으로 나타나기 위해서는 부동산투자수익률이 금융기관 대출로부터 발생하는 이자율보다 높을 때 발생하고, 부(−)로 나타날 경우 이자율보다 투자수익률이 낮을 때 발생한다. 셋째, 부동산투자를 통해 급속히 진행되는 인플레이션 상황 하에서 투자 수익을 기대할 수 있다. 일반적으로 은행예금이자나 금융상품 등은 물가상승률에 맞추어서 상승하기가 쉽지 않은 반면에, 급속히 진행되는 인플레이션에서는 자산가격이 더 높게 상승하는 현상이 나타난다. 이로 인해 부동산투자는 인플레이션에서 자산을 지키는 주요 수단 중에 하나이다.

단점으로는 먼저, 부동산에 대한 투자는 일반적으로 중·장기적 관점에서 집행되기 때문에 투자자금이 묶이게 되고 이로 인해 환금성은 낮다. 일부 주요 도시의 아파트를 제외하고서는 부동산에 투자한 경우 원하는 시기에 현금을 만들기 위해서는 사전에 미리미리 준비할 필요가 있다. 둘째, 부동산투자에 따른 사업위험도 증가한다. 부동산투자는 부동산을 임대하거나 운영해서 운영수익을 창출할 수 있으나, 예상보다 경기가 좋지 않거나 위치가 좋지 못한 곳에 투자한 경우 생각치 않은 낮은 부동산투자수익률을 보일 수 있다. 이런 경우는 기대했던 레버리지 효과인 정(+)이 발생하는 것이 아니라 부(−)가 발생하는 것으로 역레버리지 효과로 인해 손실이 확대될 수 있음으로 위험관리가 필요하다. 셋째, 부동산투자에 따른 거래비용은 다른 투자상품에 비해 매우 높다. 주식이나 채권, 그리고 파생상품을 거래할 때는 적은 거래비용을 지불하는데 비해서, 부동산을 투자할 경우에는 상대적으로 높은 가격의 중개수수료와 취득세, 그리고 등록세가 부과되고 매각 시에는 양도소득세 등이 부과된다. 부동산투자에서 다른 투자상품에 비해 상대적으로 높게 부과되는 거래비용을 염두해서 관리해야 투자수익률을 이자율보다 높일 수 있다. 그렇지 못할 경우 높은 거래비용으로 인해 투자수익률이 낮아지거나 아니면 손실이 발생할 가능성도 있다.

부동산투자의 단점에서 언급되었듯이 부동산투자는 다른 금융상품과 마찬가지로 여러 가지 투자위험이 존재한다. 그것을 정리해 보면 투자한 부동산을 원하는 시기에 처분하지 못하는 유동성 위험, 투자된 부동산의 산업자체로부터 발생하게 되는 사업상의 위험, 투자재원의 일부를 부채로 사용하였을 경우 원금과 이자를 약정기간 내에 지불하지 못하는 금융적 위험 등이 있다. 부동산투자의 수익률을 극대화하기 위해서는 위험관리가 필요하며, 위험관리를 통해 최적의 투자의사결정과 이를 통한 기대수익률의 현금흐름 창출 능력을 확보하는 것이 필요하다.

위험관리에는 소극적인 방법과 적극적인 방법이 있는데, 소극적인 방법은 단순히 위험을 축소하고 통제하는 것이고, 적극적인 방법은 부동산투자의 가치를 극대화시키면서 위험을 관리해 나가는 것이다. 위험관리의 목표는 부동산투자의 목표수익률을 사전에 정해 놓고 너무 과하거나 부족하지 않도록 실현수익률을 관리해야 한다. 예를 들어, 부동산투자를 통해서 단기간에 큰 수익을 기대할 수 있더라도 실현될 가능성이 높지 않은 경우의 투자안에 대해서는 선택해서는 안되고, 반대로 지나치게 보수적인 투자전략 역시 지양해야 한다. 부동산투자에서 위험관리가 목표로 하는 것은 단순히 위험을 회피하는 것을 말하는 것이 아니고, 불필요한 위험을 축소하는 것이다. 따라서 투자자는 필요한 경우에는 위험을 감수하고 인내하는 태도도 필요하다. 효율적인 위험관리를 위해서는 부동산투자를 통해 발생한 위험요소들을 분해해서 충분히 이해할 수 있어야 하고, 제거할 수 있는 위험요인이라면 제거하면서 투자수익률을 높이는 전략을 구사해야 할 것이다.

단, 부동산투자의 특성상 위험을 완전히 제거할 수는 없으므로 투자할 부동산으로부터 발생할 수 있는 위험의 종류와 특성을 충분히 측정하고 평가해야 한다. 이런 측정이나 평가 능력이 부족할 경우에는 부동산 전문가의 도움을 받아서 의사결정을 하는 것도 부동산투자의 위험관리에서 좋은 방법이다. 이런 일련의 과정을 통해 부동산투자의 위험의 부정적 영향을 축소하거나 제거해서 부동산투자에서 기대했던 안정적 수익률을 유지하는 것이 중요하다.

10.4 부동산투자와 세금

부동산에 투자하면 반드시 따라오는 것이 있는데 세금이다. 부동산투자에 따른 세금은 크게 취득 과정에서 발생하는 '취득세'를 포함하여 부동산을 보유하는 동안 지불해야 하는 '재산세'와 '종합부동산세'가 있고, 그리고 부동산을 매각하는 경우 발생한 차익에 대한 '양도소득세'가 있다.

먼저, 취득세는 부동산을 매매하거나 상속·증여·교환을 할 때 발생하는 세금으로 본인 명의의 부동산을 취득했다면 취득세를 내야 한다. 부동산의 취득세를 지불할 때는 취득세뿐만 아니라, 농어촌특별세와 지방교육세도 함께 지불해야 한다. 농어촌특별세와 지방교육세를 포함한 취득세는 부동산을 취득한 후 60일 이전에 신고해야 하며, 60일을 지나게 되면 20%의 무신고가산세와 납부불성실가산세가 적용되어 주의가 필요하다.

다음으로, 재산세는 매년 6월 1일 기준으로 부동산을 소유하고 있는 사람에게 부과되는 세금으로, 7월과 9월에 걸쳐 두 번씩 나누어 내야 한다. 단, 재산세가 통합해 20만 원 이하라면 7월에 전액 납부가 가능하며 7월에는 주택 부분의 1/2과 건물분 재산세를 내는 기간이고, 9월은 나머지 주택 부분 1/2과 토지분 재산세를 납부하는 기간이다.

셋째, 종합부동산세는 지방자치단체가 부과하는 종합토지세 이외에 일정 기준을 초과한 주택이나 토지를 소유한 자에게 부과하는 세금이다. 2022년 기준으로 국세청이 누진세율을 별도로 적용하여 부과하고 있으며 산출 과정은 재산세와 동일하게 산정하나 재산세의 비율보다 훨씬 높은 비율인 100%가 적용된다. 일반적으로 주택 가격이 높고, 보유한 주택 수가 많을수록 더 많은 세율이 부과된다.

끝으로 양도소득세는 주택이나 토지, 건물 등의 부동산을 처분했을 때 발생하는 세금으로 부동산을 매각한 금액에서 부동산을 산 금액을 뺀 금액에 대한 세금을 의미한다. 따라서 부동산을 보유하고 있던 과정이나 양도 시점에서 매입한 부동산을 통해 이익이나 소득이 발생하지 않았다면 납부할 양도소득세는 없다. 양도소득세가 부과되는 이유는 불로소득으로 발생한 이익 일부를 소득세로 거두어서 불공정한 거래를 규제하고 부동산의 가격을 안정시키기 위함이기 때문이다. 양도소득세가 부과될 때는 지방소득세도 함께 부과된다.

표 10-9 취득세 등의 과세표준과 세율 (2022.12.07일 기준)

취득유형	과세표준	면적	취득세	지방교육세	농어촌특별세	합계
(유상) 매매	6억 이하	국민주택 이하	1%	0.1%	X	1.1%
		국민주택 초과			0.2%	1.3%
	6억 초과 ~ 9억 이하	국민주택 이하	1%~3%	0.1~0.3%	X	1.1~3.3%
		국민주택 초과			0.2%	1.3~3.5%
	9억 초과	국민주택 이하	3%	0.3%	X	3.3%
		국민주택 초과			0.2%	3.5%
(무상) 증여	-조정 3억 미만 -조정1주택 -비조정지역	국민주택 이하	3.5%	0.3%	X	3.8%
		국민주택 초과			0.2%	4.0%
(무상) 상속	(가액무관)	국민주택 이하	2.8%	0.16%	X	2.96%
		국민주택 초과			0.2%	3.16%
	(특례)무주택자가 상속주택 취득		0.8%	(상동)	(상동)	(0.96%) / (1.16%)
(원시취득) 신축 ·증축	(상속취득과 동일)	국민주택 이하	2.8%	0.16%	X	2.96%
		국민주택 초과			0.2%	3.16%

주) 지방세율: 매매취득은 취득세율 x 10%, 증여취득은 0.3%, 상속·원시취득은 0.16% 적용
농특세율: 국민주택($85m^2$)·농가주택은 비과세, 국민주택 초과는 0.2%,
감면주택은 감면세액 x 20% 적용

표 10-10 **중과세율**

<table>
<tr><th>취득유형</th><th>취득지역</th><th>주택수</th><th>취득세</th><th>지방 교육세</th><th>농어촌 특별세</th><th>합계</th></tr>
<tr><td rowspan="8">(유상) 매매</td><td rowspan="4">조정지역</td><td rowspan="2">2주택
(일시적 2주택 제외)</td><td rowspan="2">8%</td><td rowspan="10">0.4%</td><td>X (국민주택 이하)</td><td>8.4%</td></tr>
<tr><td>0.6%</td><td>9%</td></tr>
<tr><td rowspan="2">3주택 이상
법인(1주택↑)</td><td rowspan="2">12%</td><td>X</td><td>12.4%</td></tr>
<tr><td>1%</td><td>13.4%</td></tr>
<tr><td rowspan="4">비조정지역</td><td rowspan="2">3주택</td><td rowspan="2">8%</td><td>X</td><td>8.4%</td></tr>
<tr><td>0.6%</td><td>9%</td></tr>
<tr><td rowspan="2">4주택 이상
법인(1주택↑)</td><td rowspan="2">12%</td><td>X</td><td>12.4%</td></tr>
<tr><td>1%</td><td>13.4%</td></tr>
<tr><td rowspan="2">(무상) 증여</td><td rowspan="2">조정지역
3억이상</td><td rowspan="2">(주택수 무관)</td><td rowspan="2">12%</td><td>X (국민주택 이하)</td><td>12.4%</td></tr>
<tr><td>1%</td><td>13.4%</td></tr>
</table>

주) 지방세율: 0.4% 일괄 적용
농특세율: 취득세 8%는 0.6% 적용, 취득세 12%는 1% 적용

잠시 쉬어가는 코너

부동산 투자자가 꼭 알아둬야 할 기본 용어

한경부동산밸류업센터

1. 연면적: GFA(Gross Floor Area)

토지=자연물 / 건물=정착물로 정의할 수 있는데, 연면적이란 대지 위에 들어서 있는 건축물 바닥면적의 총 합계를 말한다. (연면적=지하층+지상층 건축면적의 합계)

2. 전용면적: NRA(Net Rentable Area)

전용면적이란, 임차인이 직접적으로 사용/수익/점유하는 독자적인 공간을 의미한다. 전용률(%)이 높을수록, 임차인이 사용하는 공간이 넓기 때문에, 계약 시 실측과 더불어 평면도를 확인해 임대 면적대비 전용면적의 비율을 확인해 봐야 한다.

3. 공용면적

계단실, 승강기, 옥탑 층, 주차장, 복도, 기계실, 화장실 등 한 건물 안에서 여러 사람이 공용으로 사용하는 면적을 말한다. 공용면적에는 크게 (1)층별 공용면적 (2)전체 공용면적으로 구분해 볼 수 있다. 층별 공용면적은 해당 층에서만 사용할 수 있는 공간으로, 화장실/복도 등이며 전체 공용면적은 주차장, 승강기, 기계실 등이 차지하는 공간을 의미한다.

4. 전용면적당 평당 임대료: NOC(Net Occupied Cost)

임차인의 입장에서는 임대면적(전용면적+공용면적)이 중요한 것이 아니라, 본인이 실제로 사용/수익할 수 있는 공간인 전용면적이 중요하기 때문에, 전용률에 따라서 지급해야 하는 임대료의 비중이 달라진다. 즉, 전용률이 높을수록 부담해야 하는 임대료가 높아지고, 전용률이 낮을수록 부담하는 임대료가 낮아진다.

5. 건폐율: SCR(Site Coverage Ratio)

대지면적(대지의 수평 투영 면적)에 대한 건축면적의 비율을 뜻한다. 예를 들어, 대지가 1,000㎡이고 건축면적이 500㎡라면 건폐율은 500/1000으로 50%가 된다. 나머지 50%는 공지가 된다. 건축할 수 있는 면적이 커져 건축밀도가 높아질수록 과밀화가 되기 때문에, 최소한의 공지확보를 위하여 규제하는 비율이다. 건폐율은 지방자치단체의 조례로 정하고 있는데 지방자치단체별로 기준이 다르므로 해당 자치구 건축과나 건축사사무소 등을 통해 확인할 필요가 있다.

6. 용적률: FAR(Floor Area Ratio)

대지면적에 대한 건축물 연면적(지하층 제외)의 비율을 의미한다. 예를 들어, 대지면적이 1,000㎡이고, 지하층부터 지상4층 까지 각 층별 바닥면적이 500㎡일 경우, 먼저 지하층 면적은 제외한 지상 1층~4층 면적의 합, 500㎡×4=2,000㎡이므로 용적률은 (지상층 면적 합/대지면적)×100=(2,000㎡/1,000㎡)×100=200%가 된다. 토지의 효율적인 이용과 쾌적한 환경조성을 위해 국토의 계획 및 관리에 관한 법률에서 높이에 대한 제한을 두고 있다. 용적률 역시 건폐율과 마찬가지로 지방자치단체별로 조례로 정하고 있으므로 반드시 사전 확인이 필요하다.

7. 비밀유지약정서: CA(Confidential Agreement)

부동산 거래에 있어, 정보를 제공하는 쪽(매도인)과 정보를 제공받는 쪽(매수인)에서 해당 정보에 대해 외부로 유출하지 않겠다고 하는 일종의 약정서를 의미한다. 일반적으로 매매계약 체결 전이나, 초기 협상 단계에서 계약과 별도로 비밀유지약정을 체결한다.

8. 물건보고서(투자 제안서) : IM(Information Memorandum)

거래 예정인 매매 대상물의 기본적인 정보가 담겨있는 문서로써, 해당 IM 자료를 기초로 하여 투자자는 물리적 실사 및 자산실사 검토 등을 시작하게 된다. 중요한 내용이 있어 전체 공개하지 않는 경우 비밀유지약정서(CA)와 함께 투자자에게 제공되기도 한다.

9. 렌트롤: Rent roll

임대차 현황을 정리한 표를 말한다. 층별 사용/수익 중인 임차인에 관련된 사항으로, 임대면적/전용면적, 보증금, 월세, 관리비 임대차 만기, 특약사항 등을 문서로 남겨놓는다.

10. 렌트프리: Rent Free

시장의 경기 상황 고려 및 임차인의 장기임대차 계약을 유도하기 위해, 임대인이 임차인에게 일정 기간(평균 1개월~3개월가량 제공하나 계약조건과 여건에 따라 다양한 방식이 고려될 수 있다) 무상임차 제공하는 서비스다.

(11. 순영업소득, 12. 레버리지 투자, 13. LTV에 대한 설명은 생략~~~)

배준형 수석전문위원
한국경제2023.7.31일 기사

제 3 편

벤처투자와 프랜차이즈투자

제 11 장
벤처투자

11.1 벤처투자의 이해

우리나라의 실질 국내총생산(GDP)증가율은 1990년대 7.0% 수준을 유지하다가 2000년대 들어서면서 4.4%로 하락한다. 2011년에서 2020년까지는 2.7%를 기록하면서 저성장국면으로 진입했고, 2021년부터 2023년까지 2.9%로 지속적인 저성장이 고착화되고 있다. 우리나라의 저성장 고착화는 경제 성장을 구성하는 노동이나 자본투입, 총요소생산성 중에서 총요소생산성의 하락이 가장 큰 영향을 미치고 있다. 우리나라의 생산성 지표의 하락은 글로벌 금융위기 이후에 세계 경제의 저성장 기조로 인한 영향을 받고 있지만, 근본적으로는 우리나라 경제 구조 자체에 그 원인이 있다. 과거 우리나라의 경제의 고성장을 주도했던 제조 기반의 주요 산업들의 성장 잠재력이 크게 약화된 것으로 나타난다. 예를 들어, 제조업의 실질성장률이 2000년부터 2010년까지 6.3%을 기록한 반면, 2011년부터 2020년까지는 2.4%로 급락하고, 2021년부터 2023년까지는 3.6%를 기록한다.

우리나라의 경제가 지속적인 저성장국면에 진입함은 물론이요, 이를 극복하기 위한 주력 산업의 경쟁력 역시 과거와는 다르게 상당한 어려움에 노출되어 있는 상황이다. 이러한 상황에서 '4차 산업혁명' 시대가 도래함에 따라 우리는 위기와 기회를 동시에 경험하고 있다. 4차 산업혁명은 AI기술들이 융합되어 경제와 사회 전반에 걸쳐서 파괴적 혁신을 촉발하는 신융합(New Convergence) 산업을 만들고 있다. 이런 변화에 따라 주요 선진국인 미국, 독일, 일본 등과 같은 주요국가들은 4차 산업혁명에 대응하기 위해 신산업 발전정책과 혁신전략을 수립해서 적극적으로 추진 중이다. 우리나라 역시 2014년부터 '미래성장동력 종합실천계획', '9개 국가전략프로젝트', '12개 신산업 발전전략', '4차 산업혁명에 대응하는 지능정보사회 중장기 종합대책' 등의 신산업 발전 정책을 수립하였고, 이후에도 지속적으로 이와 관련된 정책들이 쏟아지고 있다.

표 11-1 정부대책 및 모험자본 관련 3대 주요 법안

구분	내용
정부대책	혁신창업 생태계 조성방안(2017년 11월) 민간중심의 벤처생태계 혁신대책(2018년 1월) 제2벤처붐 확산전략(2019년 3월) 혁신금융 추진방향(20189년 3월) K-유니콘 프로젝트(2020년 4월) 기술기반 벤처·스타트업 복합금융 지원 방안(2021년 1월)
모험자본 관련 3대법안	'벤처투자 촉진에 관한 법률' 제정(2020년 8월) '일반지주회사 기업형 벤처캐피탈(CVC) 도입' 허용(2020년 12월 공정거래법 제정) '비상장 벤처기업 복수의결제 주식 도입' 추진(2020년 12월 벤처기업법 국회제출)

새로운 산업의 발굴과 육성, 그리고 지속적인 고성장을 유도하기 위해서는 정부와 민간이 협력해서 지속적인 혁신이 가능한 생태계를 구축해야 한다. 새로운 산업을 육성하기 위해 필요한 법률적 행정적 사회적 조건을 마련해 주고, 새로운 산업 육성의 최전방에 위치하고 있는 창업기업(스타트업) 육성을 통해 생태계가 강화될 수 있도록 해야 한다. 또한 새로운 산업의 육성을 위한 창업기업의 활동을 적극적으로 독려하기 위해 벤처캐피탈의 역할이 매우 중요하다. 항상 성공하는 산업을 보면 '인재'와 '자금'의 선수환이 잘 되어야 한다. 그런 측면에서 벤처캐피탈은 창업기업에 자금을 공급하는 것을 넘어서 지속적인 경영컨설팅을 통해 기술의 동향에 관한 자료 제공, 경영에 대한 조언, 필요시 M&A를 통해 성장동력 등을 지속적으로 제공한다. 또한 벤처캐피탈은 자체적으로 투자한 기업 간에 시너지를 낼 수 있는 네트워크를 보유하고 있어서 4차 산업혁명처럼 급변하는 시대에 창업기업이 적극적으로 대응할 수 있는 생존생태계를 구축할 수 있다. 이런 측면에서 벤처캐피탈은 다양한 산업에 걸친 포트폴리오 네트워크를 통해 이들 간

의 상호 협력을 촉진하는 역할을 수행할 수 있는 장점을 보유하고 있어서 새로운 산업을 빠르게 육성하고 발전시키는데 기여할 수 있다.

4차 산업혁명과 관련해서 우리나라 벤처투자 현황에 대해서 알아보자. 우리나라의 벤처투자는 지능정보 기술과 관련된 5개 분야와 주력 핵심 3개 분야에 집중화되어 있다. 지능정보 기술 관련된 5개의 분야는 인공지능(AI: Artificial Intelligence), 사물인터넷(IoT), 클라우드, 빅데이터, 모바일(5G)이고, 주력 핵심 3개 분야는 지능형/차세대 반도체, 미래차(자율주행), 바이오헬스이다. 이들에 대한 벤처투자 현황은 아래와 같다.

표 11-2 지능정보 기술 관련 벤처투자 현황 (단위: 억 원)

	인공지능		사물인터넷		클라우드		빅데이터		모바일(5G)	
년도	'18	'19.8	'18	'19.8	'18	'19.8	'18	'19.8	'18	'19.8
투자금액	1,230	903	191	137	94	206	562	413	231	85
투자 기업 수	48	44	17	14	9	10	33	29	8	4
평균 투자 금액	25.6	20.5	11.2	9.8	10.4	20.6	17.0	14.2	28.9	21.3
최대 투자액	243	345	30	59	30	59	161	345	80	65
평균 업력	5.1	4.5	3.2	4.5	3.2	4.5	4.4	3.7	12.1	8.9

자료) 한국벤처투자

표 11-3 주력 핵심 분야 벤처투자 현황 (단위: 억 원)

	지능형/차세대 반도체		미래차		바이오헬스	
년도	'18	'19.8	'18	'19.8	'18	'19.8
투자금액	152	10	241	148	2,898	3,478
투자 기업 수	8	1	12	8	152	140
평균 투자 금액	19.0	10.0	20.1	18.5	19.1	24.8
최대 투자액	56	10	79	113	153	275
평균 업력	8.9	1.6	6.8	5.0	5.8	5.8

자료) 한국벤처투자

인공지능(AI) 기술이 발전하기 위해서는 인공지능이 생성할 지식의 품질을 높일 수 있는 양질의 자료가 공급되어야 하는데, 이것을 빅데이터(Big-data)가 제공하고 사물인터넷(IoT: Internet of Things) 등의 보완적 기술을 통해 함께 발전하는 융합적 특징을 가지고 있다. 2000년대 중반 이후 NT(나노기술), BT(바이오기술), IT(정보화기술), CT(문화기술) 등과 같은 신기술이 주도하는 경제·사회·문화적 변화에 정부가 대응하기 위한 정책적 개념으로서 널리 활용되었는데, 이런 추세가 4차 산업혁명으로 인해 개별적 산업에서 융합적 산업의 패러다임으로 급격하게 재편되고 있다.

기존의 산업혁명에서 확인할 수 있듯이 산업혁명은 일반목적기술(GPT: General Purpose Technology)을 동반한다. 일반목적기술은 다른 기술과는 달리 특정 분야에 국한되지 않고 다양한 분야의 기술혁신을 유발시켜 기존의 생산양식을 변화시키고 새로운 기술 패러다임을 이용하는 다양한 보완적 발명과 혁신이 장기간에 걸쳐서 연쇄적으로 발생하는 특징을 가지고 있다. 1차 산업혁명은 증기기관이라는 기계화 혁명을 이루어 냈고, 2차 산업혁명은 전기에너지를 통해 분업 기반의 대량생산 체계를 구축했으며, 3차 산업혁명은 ICT기술을 통해 생산의 자동화를 구축한다. 이런 측면에서 4차 산업혁명은 인공지능(AI), 빅데이터, 네트워크 등 디지털 기술로 촉발되는 초연결기반의 지능화 혁명이라고 정의할 수 있다. 3차 산업혁명과 4차 산업혁명의 가장 큰 차이점은 ICT 기술이 우리의 육체적 노동을 대체하는 자동화를 넘어서 인간의 뇌를 대체하는 지능화와 자율화 단계에 돌입했다는 것이다. 이를 구현하기 위한 핵심 기술은 인공지능기술이며, 인공지능을 제대로 활용하기 위해 방대한 양의 자료가 필요하다는 측면에서 수집(사물인터넷), 전송(네트워크), 저장·분석·처리(클라우드, 빅데이터, 인공지능)하는 기술과의 융합이 필요하다.

4차 산업혁명에서는 모든 것이 초연결과 초지능화된 환경에서 생산과 소비 사이의 시간적 공간적 거리가 극소화됨에 따라 기존의 단선적인 생산으로부터 소비 과정은 더 이상 유효하지 않고, 생산과 소비가 서로 상호 작용하는 구조이다. 현실 세계의 각종 활동으로부터 얻게 된 데이터를 가장의 공간에서 수집과 축적 그리고 분석한 후에 제조 현장에서 이를 기반으로 전체 가치사슬을 구축한 후, 이를 기반으로 제어와 관리하는 시스템의 효율성의 통해 제조업의 경쟁력이 결정될 것이다. 따라서 기존의 하드웨어적 관점에서의 제조 경쟁력을 중심으로 하는 경쟁 구조가 약화되고 네트워크를 기반으로 하는 서비스 플랫폼의 경쟁력이 부각될 것이다. 벤처투자 역시 이런 시대적 상황적 배경의 변화를 적극적으로 반영하여 투자가 재편되고 있음을 알 수 있다.

11.2 벤처캐피탈시장

벤처캐피탈(VC: Venture Capital)은 모험기업의 스타트업이나 사업확장을 지원하고, 지원한 스타트업이 성공하면 투자원금을 회수해서 높은 투자수익과 부수적인 거래에 따른 수익을 기대하는 투자금융을 의미한다. 모험기업은 혁신적인 아이디어나 기술을 가지고 있으나 스타트업이 가지고 있는 초기의 태생적 한계로 인해 일반금융기관으로부터 필요한 만큼의 대출 또는 투자를 기대하기 어렵다. 이에 비해 벤처캐피탈은 모험기업에 대해서 주식과 메자닌(신주인수권, 전환사채, 상환전환우선주, 상환우선주 등) 등을 통해 보다 공격적인 투자를 집행한다. 이외에도 벤처캐피탈은 모험기업에 대해서 대출을 제외한 R&D지원, 경영 및 기술 컨설팅 등의 서비스를 제공한다.

표 11-4 미국 상장 기업들 중 시가총액 기준 상위 10위 기업 (단위: 억 원)

순위	회사명	설립연도	최초VC투자연도	IPO시점	시장가치
1	애플 (APPLE)	1976	1977	1980	2,232
2	마이크로소프트 (Microsoft)	1975	1981	1986	1,678
3	아마존 (Amazon)	1994	1996	1997	1,638
4	알파벳 (Alphabet)	1998	1999	2004	1,183
5	페이스북 (Facebook, Meta)	2004	2005	2012	778

6	테슬라 (Tesla)	2003	2004	2010	677
7	헤서웨이 (Berkshire Hathaway)	1839		1964	537
8	비자(Visa)	1970		2008	469
9	존슨앤존슨 (John & Johnson)	1886		1944	414
10	월마트 (Walmart)	1962		1970	393

[2020.12.31.일 기준]

벤처캐피탈이 투자자금을 회수하는 방법은 모험기업의 기업공개(IPO)나 제3자와의 합병, M&A 등이 존재하지만, 우리나라는 주로 기업공개(IPO)를 통해 이루어진다. 벤처캐피탈은 모험기업에 자금을 지원한다는 점에서 일반금융기관과 유사한 성격을 가지고 있으나, 지원 방법이 일반금융기관처럼 단순 대출 방식이 아니고, 투자를 통한 자본이익을 얻는 방식이다.

표 11-5 2017~2021년 벤처캐피털 투자 규모 현황

	미국		유럽		글로벌	
	투자금액	성장률	투자금액	성장률	투자금액	성장률
2017	88.4	7.1	25.0	33.3	214.2	35.8
2018	144.2	63.1	29.2	16.9	290.2	35.5
2019	144.5	0.2	38.4	31.5	258.5	-10.9
2020	166.6	15.3	46.8	21.8	293.7	13.6
2021	329.6	97.8	102.9	119.9	620.8	111.4

[단위: 십억달러, 십억유로, %]

자료) 한국벤처투자

주) 지역별 자료 출처는 다음과 같음

- 미국: PitchBook and NVCA, (2022), "Venture Monitor: 4Q 2021",
- 유럽: PitchoBooK, (2022), "European Venture Report: 4Q 2021",
- 글로벌: CBInsights, (2022), "State of Venture: Global 2021"

벤처캐피탈은 1950년대 중반 미국의 대학 등에서 개발된 신기술을 사업화하기 위해 만들어졌으며 1990년대 들어서 빠르게 발전하기 시작한다. 현재 미국 시가총액 상위 10위 기업의 상당수는 벤처캐피탈(VC)의 초기 투자를 통해 미국의 대표적 기업으로 발돋음 한다. 미국에서 벤처캐피탈의 탁월한 활약과 성과에 힘입어 이런 흐름은 미국과 유럽 더 나아가서 글로벌로 확대된다. 벤처캐피탈의 투자 규모는 2017년 미국과 영국 그리고 글로벌은 각각 884억 달러, 250억 유로, 2,142억 달러를 보였는데, 2021년 미국과 영국 그리고 글로벌이 각각 3,296억 달러, 1,029억 유로, 6,208억 달러로 급성장 중이다.

벤처캐피탈이 글로벌 시장에서 급속하게 성장하면서 그들의 공격적 투자에 도움을 받은 스타트업들이 유니콘 기업[1]의 반열에 점점 더 많이 진입하고 있다. 글로벌적으로 볼 때, 2015년 전체 유니콘 기업은 176개이고, 신규 유니콘 기업은 101개였는데, 2021년에는 전체 유니콘 기업은 959개로 증가하였고, 신규 유니콘 기업은 517개를 기록한다.

그림 11-1 유니콘 기업수 현황(2015~2021)

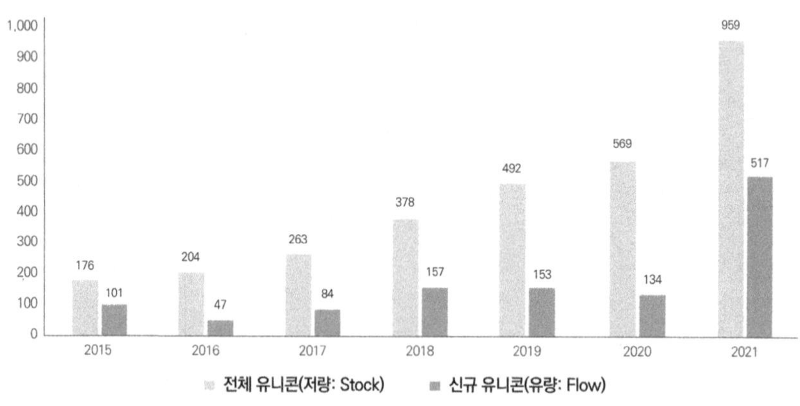

자료) CBInsights, (2022), “State of Venture: Global 2021”, 한국벤처투자 자료 재인용

1 유니콘 기업(Unicorn)은 기업가치가 10억 달러(대략 1조 원) 이상이고, 창업한지 10년 이하인 비상장 스타트업 모험기업을 의미한다. 유니콘이란 뿔이 하나 달린 말처럼 전설상의 동물로, 스타트업 모험기업이 상장하기도 전에 가치가 1조 원 이상이 되는 것은 유니콘처럼 상상 속에서나 존재할 수 있다는 의미로 사용된다.

우리나라의 벤처캐피탈의 업무는 주로 '중소기업창업지원법'에 의한 창업투자회사(창투사, VC)와 '여신전문금융업법'에 의한 신기술금융회사(신기사, CVC)가 수행하고 있다. 과거 창업투자회사는 주식이나 메자닌을 통한 투자보다는 융자나 자금대여와 같은 형태를 많았다. 그러나 '중소기업창업지원법'의 개정으로 대출을 금지하고 투자 형태로 모든 자금 집행을 변화시켰으며, PEF(Private Equity Fund)의 유한책임사원이나 무한책임사원으로 참여할 수 있게 함으로써 벤처캐피탈의 활동 영역을 크게 확대된다.

벤처캐피탈은 투자한 모험기업의 주식을 매각하여 자본이득을 얻는 것이 주요한 사업의 목적임으로 모험기업이 기업공개(IPO)되어 거래될 수 있는 자본시장의 발전이 필수요건이라 할 수 있다. 대부분의 국가들은 모험기업이 상장되고 원활하게 거래되기 위해 모험기업에 대해 상장요건을 일반기업보다 완화하거나 자본소득세율을 인하하는 등의 지원 제도를 가지고 있다. 우리나라도 1998년 1월부터 코스닥시장에 벤처기업 전용시장을 개설하고 벤처기업에 대해서는 의결권 없는 주식을 발행주식 총수의 1/2까지 발행할 수 있게 하는 등의 지원제도를 도입한다.

이외에도 '벤처기업육성에 관한 특별조치법'을 일부 개정하여 대학이나 연구기관이 신기술창업전문회사의 설립이나 양도를 보다 쉽게 한다. 또한 중소벤처기업의 인수합병을 지원하기 위한 제도를 도입하여 대학이나 연구기관이 보유한 우수한 기술을 사업화할 수 있도록 적극 장려한다.

표 11-6 창업투자회사(창투사)와 신기술금융회사(신기사) 비교

	창업투자회사(벤처캐피털, VC)	신기술금융회사(신기사)	
업종	창업투자	신기술 사업금융	신용카드업 외 2개 이상의 여신전문금융업
설립요건	20억원	100억원	200억원
여신가능 여부	불가능	불가능	리스 등 여신사업 가능
투자의무	있음	없음	
투자금지업종	금융 및 보험, 숙박 및 음식점	금융기관	
근거법	중소기업창업지원법	여신전문금융업법	

11.3 모태펀드

모태펀드는 기업에 직접 투자하기보다는 개별펀드(투자조합)에 출자하여 직접적인 투자위험을 줄이면서 수익을 높이려는 목적으로 운영하는 펀드이다. 투자가가 내부에 투자를 위한 전문조직을 갖출 필요가 없고, 우수한 운용사를 선정하여 이들을 통해 높은 수익률을 기대할 수 있는 특징이 있다. 모태펀드는 뮤추얼펀드(Mutual Fund)와 헤지펀드(Hedge Fund)로 구분할 수 있는데, 모태펀드는 투자조합을 통해 다양한 투자 전략을 수립하여 수익률이 검증된 펀드에 투자할 수 있고 이를 통해 투자위험을 줄일 수 있다. 또한 개별투자자들은 적은 금액으로 여러 펀드에 분산 투자할 수 있다.

한국모태펀드는 "벤처기업육성에 관한 특별조치법"에 근거하여 2005년 6월에 결정된 것으로 안정적 벤처투자재원 공급체계를 마련하기 위해 마련된 펀드로 한국모태펀드의 정식명칭은 '중소기업투자모태조합'이다. 한국모태펀드는 정부의 정책효율 제고를 위해 투자재원에 대한 공급은 정부가 담당하지만, 투자의사결정은 전문기관인 한국벤처투자에게 위임하고 있다.

그림 11-2 모태펀드 운용구조

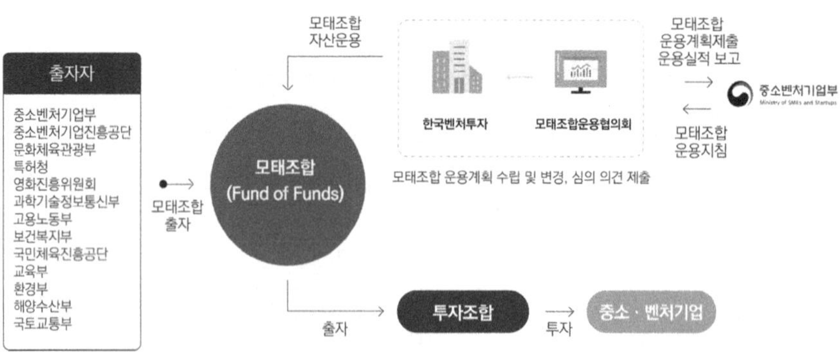

자료) 한국벤처투자

한국모태펀드의 운용체계는 중소벤처기업부 등과 같은 출자기관의 정책목적인 산업 육성, 일자리 창출, 중소벤처기업 육성을 위한 투자재원 공급하고, 펀드는 출자기관의 지침에 맞춘 출자사업을 운영하고 간접투자를 통해 모태펀드의 순기능을 적극적으로 활용하는 구조이다. 한국모태펀드는 평균 존속기간이 8년이며, 매년 100개가 넘는 조합이 신규결정되고 있다. 또한 혁신기술사업과 창업초기기업, 비상장 중소벤처기업 등에 주로 투자가 이루어지며, 이런 자금을 투자받은 기업들은 주로 R&D 자금, 제품개발자금, 시설투자를 위한 자금 및 운전자금 등으로 활용할 수 있다.

한국모태출자펀드의 선정 절차는 먼저 모태펀드 자산배분 기준 및 모태출자펀드 선정기준에 따라 연간운용 계획을 수립하고, 다음으로 한국벤처투자로부터 출자사업공고가 이루어진다. 출자사업공고는 출자규모 및 분야, 펀드결성의 주목적과 지원 자격, 선정원칙, 일정 등이 한국벤처투자 홈페이지를 통해 알 수 있다. 출자사업에 지원하는 자(주로 창투사(VC)와 신기사(CVC))는 출자사업공고를 참고하여 제안서를 접수하게 되는데, 이런 지원에 대한 1차 심사는 한국벤처투자에 의해 정량적이고 정성적 평가를 통해 이루어지고, 2차 심사는 총 7인 중 과반수 외부전문가로 구성된 출자심의회를 통해 검토되어진다. 그리고 1, 2차 심사 결과에 의해 선정된 지원자들에게 그 결과가 통보되는 구조이다.

그림 11-3 **한국모태펀드 출자 구조**

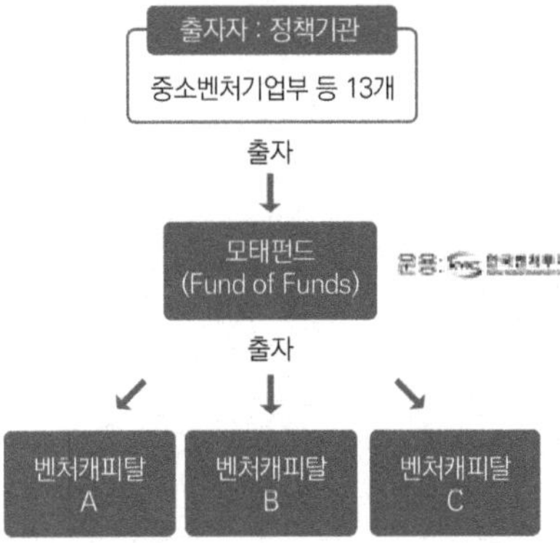

자료) 한국벤처투자

표 11-7 한국모태펀드의 2020년 1차 정시 출자사업 계획 공고

항목		세부 내용
출자 규모		총 9,000억 원 이내
투자 조건		• 창업자 및 벤처기업 등에 대한 투자 • 약정총액의 60% 이상을 출자분야외 주목적 투자대상에 투자. 단, 조합 성격 등에 따라 달리 정한 경우는 해당 투자비율을 적용 • 자세한 내용은 3. 출자 분야 및 투자대상 참조
출자대상	① 창업투자조합	「중소기업창업지원법」 제20조에 따른 중소기업창업투자조합으로서 비상장 창업자(업력 7년 이내 중소기업) 벤처기업 등에 전문적으로 투자
	② 한국벤처투자조합	「벤처기업육성에 관한 특별조치법」 제4조의3에 따른 한국벤처투자조합으로서 중소기업·벤처기업 등에 전문적으로 투자
	③ 신기술사업투자조합	「여신전문금융업법」 제44조에 따른 신기술사업투자조합으로서 중소기업 등에 전문적으로 투자
	④ 경영참여형 사모집합투자기구	창업·벤처전문 경영참여형 등 '자본시장과 금융투자업에 관한 법률' 제9조 제19항 제 1호에 따른 경영참여형 사모집합투자기구로서 중소기업 등에 전문적으로 투자
	⑤ 개인투자조합	「벤처기업육성에 관한 특별조치법」 제13조에 따른 조합으로 창업자·벤처기업에 전문적으로 투자
운용사 선정방법		당사 홈페이지 공고 후, 접수된 제안서의 운용사, 운용전담팀, 조합 운용 계획 등을 평가하여 선정
접수마감 시한		• 접수: 2020년 3월 12일(목), 14:00(온라인 접수) • 개인투자조합의 경우 온라인 및 현장접수 모두가능 • 소재부품장비(프로젝트): 2020년 3월부터 매월 7일까지 온라인 접수

자료) 한국벤처투자

11.4 벤처캐피탈의 설립과 벤처조합 운용

11.4.1 벤처캐피탈의 종류와 설립요건

우리나라 벤처캐피탈을 구분하면 창업투자회사(VC), 벤처기업출자유한회사(LLC형 VC), 창업기획자(엑셀러레이터), 전문엔젤투자자, 신기술사업금융업자,

그리고 창업벤처전문 경영참여형 사모투자회사(PEF) 운용사 등이 있다.

먼저, 창업투자회사는 상법상 주식회사로써 최소 자본금이 20억원 이상이고 차입금은 자본금의 20% 미만이어야 한다. 창업투자회사은 1986년 중소기업 창업지원법에 의해 중소기업 창업을 활성화하고 육성에 기여할 목적으로 설립된 벤처캐피탈의 한 형태로 설립자본금이 지속적으로 낮아지고 있는 추세이다. 이외에도 전용공간이 확보된 사무실을 보유하고 있어야 한다.

벤처기업출자유한회사(LLC형 VC)는 상법상 유한회사 또는 유한책임회사로써 자본금이 조합 결성금액의 1% 이상이어야 하고, 전문인력을 2인 또는 3인을 보유하여야 한다. 부채비율은 200% 미만이고, 투자심사업무를 전담하는 전문인력 중 1인은 유한(책임)회사의 사원으로 구성되어야 한다.

창업기획자(엑셀러레이터)는 상법상 주식회사이고 납입자본금은 1억원이다. 민법상 비영리법인인 경우 납입자본금은 5천만 원이면 설립이 가능하다. 상근 전문인력이 2명 이상이어야 하고, 초기창업자가 창업활동을 하는데 필요한 사무실을 갖추어야 한다.

신기술사업금융업자는 상법상 주식회사로 신기술사업금융업을 영위할 때는 자본금이 200억원이고, 신기술사업금융전문회사일 때는 자본금이 100억원이다. 내부통제기준을 갖추고 있어야 하며, 위험관리를 위한 기준 및 절차가 회사 내에 마련되어 있어야 한다. 또한 준법감시인과 위험관리책임자 1인(자격요건에 따라 준법감시인이 위험관리책임자 겸직 가능)이 회사 내에 상근해야 한다.

끝으로 창업벤처전문 경영참여형 사모투자회사(PEF) 운용사는 자기자본 1억원 이상으로 운용인력을 2인 이상 갖추어야 한다. 투자에 따른 이해상충을 파악·평가·관리할 수 있는 내부통제기준을 갖추어야 하며, 검사대상 금융기관에 해당하는 경우에는 건전한 재무상태와 사회적 신용을 보유하고 있어야 한다.

이외에도 농림축산식품부와 해양수산부는 농림수산식품투자조합결성 및 운용에 관한 법률에 근거해서 농식품투자조합을 만들 수 있으며, 이 조합은 농식품 경영업체에 대해 투자할 수 있다. 최소 출자금은 10억원 이상이고 GP(General Partner)의 최소출자비율은 1%이상, 존속기간은 3년 이상으로 구성된다.

표 11-8 우리나라 벤처캐피탈 종류와 설립요건

관리 감독 기관	근거법	구분	투자대상	설립요건
중소 벤처 기업부	벤처투자 촉진에 관한 법률	창업투자회사(창투사)	창업자/벤처기업	자본금 20억원 / 전문인력 2인 / 전용공간 확보된 사무실
		벤처기업출자유한회사 (LLC형 VC)	창업자/벤처기업	출자금액이 결정금액의 1% 이상 / 전문인력 2인 또는 3인
		창업기획자 (엑셀러레이터)	창업자/벤처기업	상법상 회사 자본금 1억원 / 민법 등의 비영리법인 5천만원 / 전문인력2인 / 기업 보육 공간
		전문엔젤투자자	창업자/벤처기업	3년간 창업벤처기업에 1억원이상 투자실적 / 투자심사 업무2년 등 경력보유
금융위원회/ 감독원	여신전문 금융기관	신기술사업금융업자 (신기사)	신기술사업자	자본금 200억원 / 전문투자회사 100억원 / 준법감시인, 위험관리책임자 1인
	자본 시장법	창업벤처전문 경영참여형 사모투자회사(PEF) 운용사	창업자, 벤처기업 신기술사업자	자본금 1억원 / 운용인력2인 / 운용인력 중 1인은 자본시장법 경험자

자료) 한국벤처캐피탈협회

주) ① 창업투자회사는 20% 이상 차입금지 / 이해상충방지 체계보유 / 준법감시인 상근 1인 이상.
② 신기술사업금융업자는 금융투자업자 경영가능 / 2018년 8월 중견기업투자, 해외투자 가능
③ 창업벤처전문 경영참여형 사모투자회사(PEF) 운용사는 신기사, LLC GP등록가능

11.4.2 벤처투자의 방법

모험기업에 투자하는 벤처캐피탈의 주요 방법은 보통주, 상환전환우선주(RCPS), 전환사채(CB)나 신주권부사채(BW) 그리고 프로젝트 파이낸싱 등이 있다. 보통주는 주식의 기본으로 이익배당이나 잔여재산분배에 있어 어떤 제한이나 우선권도 없는 주식으로 회사설립이나 유상증자시에 발행한다. 이에 비해 우선주(상환전환우선주 포함)은 이익배당이나 잔여재산분배에 있어 다른 주주에 우선하여 배당이나 분배를 받을 수 있는 주식이다. 보유 및 우선권리로 가질 수 있는 것은 의결권, 전환권, 상환권, 이자나 배당 또는 잔여재산에 대한 우선권

등이 있으며 전환사채 등에 비해서는 후순위권리를 가진다. 전환사채(CB)는 일정한 기간 내에 전환조건으로 사채발행회사의 주식으로 전환할 수 있는 권리가 부여된 메자닌이다. 신주인수권부사채(BW)는 사채발행 후 일정기간 내에 사전에 약정된 조건의 신주교부를 청구할 수 있는 권리인 신주인수권이 부여된 메자닌이다. 신주인수권의 분리유통성 여부에 따라 분리형과 비분리형으로 구분되는데, 이런 불편함 때문에 벤처캐피탈은 주로 전환사채를 통해 투자하는 경우가 늘어나고 있는 추세이다. 신주인수권을 행사하여도 메자닌 성격의 사채는 만기까지 존속한다. 프로젝트투자는 영상이나 음반물의 제작, 기술개발, 농축산식품분야 등과 같이 특정사업의 미래 현금흐름과 가치를 담보로 계약을 통해 소요자금을 지원하고 수익을 분배하는 방식이다. 기업자체보다는 영화, 음반, 게임 등의 창작물이나 공연 등의 프로젝트 또는 자원개발이나 플랜트사업 등에 투자한다.

이외에도 미국 벤처캐피탈에서는 C−Note와 SAFE를 통해 모험기업에 대한 투자가 이루어지고 있다. C−Note(Convertible Note: 미국식 무보증전환사채)는 계약서에 약정한 시점 또는 투자자가 전환권을 행사하는 시점에 주식으로 전환하거나 원금을 상환 받을 수 있는 투자 방법으로 계약시점의 전환가격이 정해져 있지 않다는 것이 기존의 전환사채(CB)와 차이를 가지고 있다. SAFE(Simple Agreement for Future Equity)는 미래에 지분 제공을 위한 간편화된 표준투자계약서로 채무적 성격이 없는 전환증권이다. SAFE의 스탠다드형은 이자율, 만기, 상환요구 등의 조건 없이 투자금과 전환율 산정을 위한 기업가치평가의 상한선 정도만 협상이 필요하고, 만기가 없으므로 유동성 문제가 발생시 상환방법이 현금 또는 주식으로 선택이 가능하다.

표 11-9 벤처투자 방법의 비교

비교항목	보통주	상환전환우선주 (RCPS)	전환사채(CB) 신주권부사채(BW)	프로젝트 파이낸싱 (Project Financing)	비고
회계계정	자본	자본 (부채)	부채	부채	발행한도
우선권 (배당/이자/ 잔여재산)	후순위	최우선	최우선 (이자/잔여재산)	매출 또는 이익연계 배분	배당률

의결권	있음	부여가능	없음	없음	상법
상환권	없음	있음	있음	약정 가능	이익잉여금
전환권	-	보통주	보통주, 우선주	없음	

자료) 한국벤처캐피탈협회 내용 수정 사용
주) Convertible Note(오픈형전환사채): coupon rate, discount, valuation cap
SAFE(Simple Agreement for Future Equity): 향후지분제공제약
교환사채(EB, Exchangeable Bond)

11.4.3 벤처캐피탈의 투자동향 및 성과

우리나라는 2020년 10월말 기준으로 166개의 창투사 및 31개의 LLC형 창투사가 설립되어서 운영 중이다. 2013년 이후 창투사 설립이 꾸준하게 증가 추세를 보이다가, 2018년부터는 대략 20개 전후의 창투사가 신설된다. 2018년부터 급속하게 창투사의 신설이 증가한 이유는 무엇보다도 창투사의 최소 설립자본금이 기존 50억 원에서 20억 원으로 인하되면서 창투사 설립의 진입장벽이 낮아졌기 때문이다. 정부는 창투사와 같은 벤처캐피탈을 적극적으로 육성하여 모험기업에 대한 투자에 확대를 도모하고자 한다.

표 11-10 창업투자회사(창투사) 등록현황 (단위: 개사, 십억원)

구분	2000	~	2013	2014	2015	2016	2017	2018	2019	2020.10
등록	65	~	3	6	14	13	5	20	19	20
취소	5	~	7	4	2	8	4	8	3	3
누계	147	~	101	103	115	120	121	133	149	166
납입자본금	2,139		1,395	1,419	1,484	1,503	1,523	1,616	1,616	1,883

자료) 한국벤처캐피탈협회 자료를 수정해서 사용
주) – 2020년 10월말 기준 166개 창투사 및 31개 LLC가 설립·운영(2000년 말 147개 최고치)
* 창투사 + LLC: 142개(2017년), 159개(2018년), 179개(2019년), 197개(2010년 10월)
– 2013년 이후 창투사 설립이 증가추세를 나타냄.
– 최근 창투사 설립자본금 요건 완화(기존 50억 원에서 20억 원 / 2017년 10월)

2001년 3조 원에 불과했던 펀드조합규모는 급속히 성장하면서 2015년 14조 원까지 급증한다. 2017년에는 20조 원을 돌파하고 2020년 9월말 기준으로 29조

398십억 원(1,002개 조합이 운영 중)에 이르고 있다. 연도별 신규조합결성금액은 2014년 이후 신규펀드 결성액이 급속히 증가하는 모습을 보인다. 신규조합결성금액은 2017년에는 하반기 8천억 원 규모의 추경예산을 통해 4조 287십억 원에 이르면서 4조 원을 돌파했고, 2018년에는 4조 847십억 원을 달성하면서 역사상 최고치를 기록한다. 2019년에는 산업은행, 국민연금, 공제회 등 주요 기관출자자들의 출자감소에 따라 정책펀드의 소형화가 나타난다. 순수민간펀드 결성은 꾸준히 증가하는 모습을 보인다. 민간이 주도하는 펀드 비중은 2017년 33%에서 2018년 40%로 증가했으며, 2019년에는 58% 그리고 2020년 9월에는 59%까지 확대된다.

표 11-11 연도별 펀드조합규모와 신규조합결성금액 (단위: 십억원)

구분	2001	2004	2015	2016	2017	2018	2019	2020.9
펀드조합규모	3,054	4,151	14,003	16,982	20,456	24,178	27,431	29,398
신규조합 결성금액	791	550	2,519	3,420	4,287	4,847	4,233	2,650

자료) 한국벤처캐피탈협회 자료를 수정해서 사용

2019년 기준으로 업종별 회수실적을 보면 바이오와 의료 부분에서 151.4%의 가장 높은 회수수익률을 기록한다. ICT 제조와 ICT 서비스는 각각 78.8%와 110.3%의 높은 회수수익률을 기록하였고, 다음으로 유통·서비스와 조합지분투자 및 해외투자 회수를 나타내는 기타 부문에서 각각 61.1%와 78.8%의 보인다. 이외 분야에서도 두 자리수의 양호한 회수수익률을 기록하면서 2019년 전체 회수수익률은 73.0%라는 우수한 성적을 기록한다.

표 11-12 업종별 회수실적(2019년) (단위: 억원, %)

구 분	회수원금	손익	현금유입	수익률
ICT 제조	1,212	955	2,167	78.8
ICT 서비스	2,126	2,345	4,472	110.3

전기 · 기계 · 장비	1,441	519	1,960	36.0
화학 · 소재	989	115	1,105	11.7
바이오 · 의료	2,392	3,620	6,011	151.4
영상 · 공연 · 음반	2,256	508	2,764	22.5
게임	692	223	915	32.2
유통 · 서비스	1,739	1,062	2,801	61.1
기타	575	453	1,027	78.8
전 체	13,421	9,800	23,222	73.0

자료) 한국벤처캐피탈협회 내용 수정 사용
주) 기타는 조합지분투자 및 해외투자 회수

유형별 회수 수익률을 살펴보면, IPO를 통한 회수 수익률이 2018년과 2019년에 각각 208.4%와 151.8%로 가장 높았다. 다음으로 2018년에는 장외매각/상환 > M&A > 기타 > 프로젝트 순으로 나타난 반면, 2019년에는 M&A > 기타 > 장외매각/상환 > 프로젝트 순으로 높은 회수 수익률을 보인다. 2019년도 회수 수익률은 2018년처럼 세 자리수의 경이적인 기록을 보이지는 못했지만, 두 자리수의 매우 우수한 성과를 기록한다.

표 11-13 유형별 회수 수익률 비교 (단위: 억원, %)

구분	2019			2018년		
	회수원금	회수총액	수익률	회수원금	회수총액	수익률
IPO	3,384	8,522	151.8	2,825	8,711	208.4
M&A	69	123	78.3	408	670	64.2
PROJECT	2,217	2,368	6.8	2,192	2,200	0.4
장외매각/상환	6,605	10,297	55.8	6,665	14,377	115.7
기타	1,146	1,912	66.4	680	823	20.9
합 계	13,421	23,222	73.0	12,770	26,780	109.7

자료) 한국벤처캐피탈협회

11.4.4 벤처캐피탈의 단계별 세제지원

벤처캐피탈을 활성화를 위해서 세금에 대한 지원이 적극적으로 이루어지고 있기 때문에 이에 대한 인식과 활용이 필요하다. 벤처캐피탈이 혜택을 받을 수 있는 세금에는 부가가치세, 양도소득세, 증권거래세, 배당소득세, 이자소득세 등이 있다.

먼저, 부가가치세는 창업투자회사(LLC형 창투사 포함), 신기술사업금융업자, 사모집합투자기구, 엑셀러레이터(창업기획자)가 모두 면세된다. 양도소득세는 창업투자회사와 신기술사업금융업자, 그리고 엑셀러레이터에게는 비과세된다. 창업투자회사와 신기술사업금융업자, 엑셀러레이터의 양도소득세와 배당소득세가 비과세되는 대상은 다음과 같다. 첫째, 설립자본금, 7년 이내 유상증자와 잉여금 또는 채무를 자본전환의 방법으로 신주를 출자한 경우이다. 둘째, 코넥스시장에 상장 후 2년 이내에 유상증자, 잉여금 또는 채무를 자본으로 전환하는 방법으로 출자하는 경우이다. 셋째, 설립 후 7년 이내 유상증자 후 6개월 이내에 엔젤이 투자 후 3년이 지난 구주를 인수하는 경우(신주 투자의 10% 한도)이다. 증권거래세는 창업투자회사, 신기술사업금융업자, 엑셀러레이터가 비과세된다. 비과세되는 대상은 창업자(신기술사업자), 벤처기업에 직접 출자함으로써 취득한 주권 또는 지분을 양도하는 경우와 코넥스시장에 상장 후 2년 이내에 기업에 직접 출자함으로써 취득한 주권 또는 지분을 양도하는 경우에 해당된다. 이자소득세의 과세여부는 관련 법 해당에 따라 달리 적용하고 있다.

표 11-14 벤처캐피탈에 대한 세금의 종류와 과세여부

세금 종류	벤처캐피탈	과세여부	관련 법 해당 조항
부가가치세 (부가가치세법 제26조 제1항, 시행령 제40조 제1항)	창투사, 신기사, PEF, 엑셀러레이터	면세	• 창투사가 벤처투자조합에 제공하는 자산관리 운용 용역(VC, CVC, LLC형 VC) • 농식품투자조합에 제공하는 자산관리 운용용역(VC, CVC, LLC형 VC) • 경영참여형 사모집합투자기구 집합투자자산의 운용 및 보관 관리, 지분의 판매 또는 환매 등 용역을 공급하는 업무(PEF) • 개인투자조합에 제공하는 자산관리 운용 용역(엑셀러레이터)

양도소득세 (조세특례 제한법 제13조)	창투사, 신기사, 엑셀러레이터	비과세	• 창업자(신기술사업자), 벤처기업, 신기술창업전문회사에 설립자본금, 7년 이내 유상증자와 잉여금 또는 채무를 자본전환의 방법으로 신주로 출자한 경우(VC, CVC, 엑셀러레이터) • 코넥스시장에 상장 후 2년 이내에 유상증자, 잉여금 또는 채무를 자본으로 전환하는 방법으로 출자한 경우(VC, CVC) • 설립 후 7년 이내 유상증자 후 6개월 이내에 엔젤이 투자 후 3년이 지난 구주를 인수하는 경우(신주투자의 10% 한도)(VC, CVC, 엑셀러레이터)
배당소득세 (조세특례 제한법 제13조)	창투사, 신기사, 엑셀러레이터	비과세	• 창업자(신기술사업자), 벤처기업, 신기술창업전문회사에 설립자본금, 7년 이내 유상증자와 잉여금 또는 채무를 자본전환의 방법으로 신주로 출자한 경우(VC, CVC, 엑셀러레이터) • 코넥스시장에 상장 후 2년 이내에 유상증자, 잉여금 또는 채무를 자본으로 전환하는 방법으로 출자한 경우(VC, CVC)
증권거래세 (조세특례제한법 제117조)	창투사, 신기사, 엑셀러레이터	비과세	• 창업자(신기술사업자), 벤처기업에 직접 출자함으로써 주권 또는 지분을 양도하는 경우 • 코넥스시장에 상장 후 2년 이내에 기업에 직접 출자함으로써 취득한 주권 또는 지분을 양도하는 경우

자료) 한국벤처캐피탈협회 내용 수정 사용

표 11-15 벤처캐피탈의 세금 : 이자소득세

구분	과세여부	관련 법 해당 조항(법인세법 제73조/시행령 제111조)
창투사	원천징수 비대상	금융기관 이자소득
	원천징수 대상	채권 등에서 발생하는 이자소득
신기사	원천징수 비대상	금융기관 이자소득
	원천징수 대상	채권 등에서 발생하는 이자소득
PEF	원천징수 대상	금융기관 이자소득 / 채권 등에서 발생하는 이자소득
LLC형 VC	원천징수 대상	금융기관 이자소득 / 채권 등에서 발생하는 이자소득
엑셀러레이터	원천징수 대상	금융기관 이자소득 / 채권 등에서 발생하는 이자소득

자료) 한국벤처캐피탈협회

모험기업에 대한 적극적인 육성을 위해 벤처캐피탈 뿐만 아니라 엔젤 및 개인투자자에게도 세금의 혜택이 주어지고 있다. 개인(엔젤)투자자의 경우, 투자단계와 양도단계에서 단계별 세제지원이 존재하는데, 투자단계에서는 출자로 인한 소득공제가 있고, 양도단계에서는 주식 양도차익에 대한 비과세 등의 과세특례가 있다. 법인 역시 창업자 등에의 출자에 대한 과세특례가 있는데, 벤처투자조합을 통하여 기금운용법인이 취득한 주식의 양도차익에 대해서 비과세 대상에 해당된다.

표 11-16 벤처투자자 관련 투자주체별 / 단계별 세제지원 현황

<table>
<tr><th colspan="2">벤처 관련 주체별</th><th colspan="2">단계별 세제지원</th></tr>
<tr><td rowspan="9">벤처투자자</td><td rowspan="2">개인(엔젤)</td><td>투자단계</td><td>중소기업창업투자조합 출자 등에 대한 소득공제</td></tr>
<tr><td>양도단계</td><td>창업자 등에의 출자에 대한 과세특례(주식 양도차익 비과세)</td></tr>
<tr><td rowspan="3">조합</td><td>투자단계</td><td>중소기업창업투자조합 출자 등에 대한 소득공제</td></tr>
<tr><td>보유단계</td><td>벤처투자조합 배당소득 · 귀속소득 원천징수특례
벤처투자조합 소득금액 계산특례(이자 · 배당소득 필요경비 인정)</td></tr>
<tr><td>양도단계</td><td>창업자 등에의 출자에 대한 과세특례(주식 양도차익 비과세)
벤처기업 등 출자 주식 양도 시 증권거래세 면제</td></tr>
<tr><td>법인</td><td>양도단계</td><td>창업자 등에의 출자에 대한 과세특례
: 벤처투자조합을 통하여 기금운용법인이 취득한 주식의 양도차익 비과세</td></tr>
<tr><td rowspan="2">벤처캐피탈</td><td>보유단계</td><td>벤처기업 등 투자 배당소득에 대한 법인세 비과세</td></tr>
<tr><td>양도단계</td><td>중소기업창업투자회사 등의 주식 양도차익 비과세
벤처기업 등 출자 주식 양도 시 증권거래세 면제</td></tr>
</table>

자료) 한국벤처투자

11.5 글로벌 벤처캐피탈의 역사와 동향

11.5.1 미국 벤처캐피탈의 역사와 동향

미국은 20세기 초 벤처캐피탈(VC)이란 개념을 가장 먼저 사용했으며 현재까지도 세계 벤처캐피탈 시장을 주도하고 있다. 따라서 먼저, 미국 벤처캐피탈의 역사를 살펴봄을 통해 세계 벤처캐피탈의 과거와 미래의 동향과 흐름을 파악해 볼 수 있다.

미국은 19세기 말부터 기술 혁신에 많은 노력을 기울려 왔다. 1880년부터 1900년까지 과학 기술에 기반을 둔 기업들이 기업 내부에 R&D연구소를 설립하였고, 이 R&D연구소들은 기업에 필요한 신제품을 개발한다. 이 당시 미국 내에서는 기업연구소와 창업자에 의해 새로운 제품들이 발명되었지만, 은행들은 모험기업에 대한 투자를 꺼려함으로써 적기에 모험기업에 자금이 공급되지 못한다. 실제로 미국 중서부 지역인 디트로이트에서 초기의 자동차 산업이 발전하도록 금융적 도움을 준 것은 당시 은행이 아니라, 가족이나 친구, 또는 성공한 사업가였다. 20세기 초 미국 자동차 산업이 성장하고 통합되는 동안 떠오른 다른 산업은 항공산업이다. 항공산업은 나중에 항공우주산업으로 발전하면서 미국정부는 항공우주산업에서 신기술을 통해 개발한 중소기업에게 대규모 연구개발비를 지원한다. 당시 항공분야에서 현대적인 벤처캐피탈과 유사한 기관들의 투자 실험이 있었고, 1926년 다니엘 구겐하임(Daniel Guggenheim)은 250만 달러의 펀드로 항공 분야의 기술 연구를 도와서 민간 항공이 수익을 내는데 기여한다.

1929년 10월 24일 발생한 대공황(The Great Depression)으로 미국 금융 시스템은 근본적인 변화를 경험한다. 1933년 글래스－스티걸법(The Glass－Steagall Banking Act)이 제정되면서 상업은행과 투자은행을 분류하고 상업은행 업무를 모험자본시장에서 분리한다. 이 당시만해도 아직까지 모험기업을 포함한 중소기업에 대한 자금 지원을 어떻게 할 것인가에 대해서 논의는 진행되었지만, 아직까지 벤처캐피탈(VC)에 대한 정확한 개념은 존재하지 않았다. 1938년 조셉 니콜슨(Joseph Nicholson)이 "하버드 비즈니스 리뷰(Harvard business review)"에서 정부와 기존의 금융기관은 중소기업의 금융문제를 적절하게 해결할 수 없다면서 새로운 공급 방안이 필요함을 주장한다. 같은 해 실업 문제를 논의하기 위한 상원위원회에서 라못 뒤 퐁(Lammot du Pont)는 "미국이 다시 움직이도록 하기 위해 필요한 것은 벤처캐피탈(VC)'이라고 보고한다. 이 위원회에서 벤처캐피탈(VC)이라는 용어를 공식적으로 처음 사용한다. 월스트리트 저널은 1938년 1월 13일자 사설에서 라못 뒤 퐁의 벤처캐피탈이라는 문구를 채택하여 벤처캐피탈을 "수익에 대한 보상이 확실하지 않은 투자"로 정의한다. 이후 1월 24일자 사설에서는 "미국 경제에서 벤처캐피탈이라고 말할 수 있는 기관은 없는데 그 이유는 벤처 정신을 가지고 돈을 빌려줄 수 있는 자본가가 없기 때문이다"라고 논평한다. 샌프란시스코 증권회사인 딘위터앤컴퍼니(Dean Witter & Company)의 장 위터(Jean Witter) 회장은 투자은행협회연설에서 새로운 일자리 창출을 위한 창업기업과 그런 창업기업의 확장을 도와줄 있는 자본인 벤처캐피탈을 만들 것을 요구한다.

제2차 세계대전이 끝나고 소수의 선구자적인 벤처캐피탈이 출현한다. 보스턴에서는 바네바 부시(Vannevar Bush), 칼 콤트톤(Karl Compton), 랄프 플랜더스(Ralph Flanders)와 하버드 경영대학원 교수인 조지 도리오(Georges Doriot)와 같은 기업 및 대학교수들이 ADR(American Research and Development)이라는 최초의 벤처캐피탈을 결성한다. ADR은 투자신탁과 보험회사 등의 기관투자자, 그리고 초기 공모주 발행을 통해 자금을 조달한다. 또한 로렌스 록펠러(Laurance Rockefeller), 존 휘트니(John H. Whitney), 조안 휘트니 페이슨(Joan Whitney Payson)은 뉴욕에 각각 세 개의 패밀리(Family) 펀드를 설립한다. 패밀리 펀드는 조합(Partnerships) 형태로 만들어졌지만 ADR과는 다르게 기관투자자나 공모를 하지 않고 가족들의 자본만으로 구성된다.

1950년대 중반부터 벤처캐피탈이 새롭게 출범하기 시작했는데, 결정적인 계기가 된 사건은 스푸트니크(Sputnik)[2] 발사였다. 이 일로 인해 미국에 트랜지스터, 컴퓨터, 그리고 이와 관련된 부품에 대규모 수요가 발생한다. 1958년 미국 국방부는 국방 관련 연구 주제인 항공우주, 전기공학, 컴퓨터 과학 분야에 대규모 연구비를 마련하기 위해 선진국방연구사업청(DARPA: The Defense Advanced Research Projects Administration)를 설립한다. 스푸트니크의 발사로 인해 미국 국방부의 투자가 급증하면서 부가가치가 높은 첨단 전자제품의 시장이 성장하게 되고 이와 관련된 중소기업의 이익이 큰 폭으로 증가한다. 또한 1960년대 많은 대학에 컴퓨터공학과가 설립하게 되고 이것은 새로운 발명과 기술을 만들어 내는

2 스푸트니크(Sputnik)는 러시아가 발사한 세계 최초의 인공위성이다. 러시아어로 '동반자'라는 뜻이다. 스푸트니크 1호는 세계 최초의 인공위성으로 1957년 10월 4일 발사되었고 이듬해인 1월 4일 소멸한다.

선순환구조를 만들게 된다. 1955년 로스앤젤레스 기반 회사인 벡맨 인스트루먼트(Beckman instruments) 설립자인 아놀드 벡맨(Arnold Beckman)이 스타트업인 쇼크리(Shockley) 반도체에 투자한 것은 실리콘밸리의 발전에 큰 역할을 한다. 이후 쇼크리와 엔지니어들 간의 갈등으로 인해 엔지니어 중 8명이 페어차일드(Fairchild) 반도체 회사를 설립하고, 그들은 IBM의 셔먼 페어차일드(Sherman Fairchild)로부터 300만 달러를 투자받는다. 페어차일드 반도체는 큰 성공을 거두며 급성장하고, 페어차일드 출신의 기술가들은 이후 분사해서 계속 회사를 창업할 뿐만 아니라 벤처캐피탈도 설립한다. 페어차일드는 그 당시 서부 지역의 관행과는 다르게 직원들에게 스톡옵션(Stock Option)을 부여함으로써 벤처캐피탈에 의해 추진되는 새로운 경제 사업 모델의 핵심 부분이 된다.

1953년 미국행정부는 대공황 시대의 재건금융공사(Reconstruction Finance Corporation) 폐쇄에 대한 충분한 자금을 확보하기 위해 중소기업부(SBA: The Small Business Administration)를 신설한다. 더 나아가서 1958년에는 린든 존슨(Lyndon johnson) 공화당 의원이 중소기업의 자금 대출 요구에 대한 재정적 지원을 제공하는 프로그램인 'SBIC(The Small Business Investment Corportation)'를 설립하는 법안을 발의한다. SBIC는 중소기업에 직접 연방 자금의 대출을 제공하는 대신에 민간 투자자인 SBIC에게 대출을 보증하는 방식으로 미국정부는 SBIC에 인센티브와 감독을 제공한다. 그러나 SBIC는 자금을 지원을 받은 중소기업의 경영에 관한 어떠한 결정에도 관여하지는 않는다. SBIC는 세 가지 유형이 있다. 하나는 개별적으로 운영되는 SBIC가 있고, 다른 하나는 주식 공모를 통해 그들의 자본을 조달하는 형태가 있다. 끝으로 금융기관에 의해 만들어진 것으로 이는 상업은행들이 글래스-스티걸법(The Glass-Steagall Banking Act)상의 투자 금지를 우회해서 투자할 수 있는 좋은 기회가 된다.

1950년대 말 LP(Limited Partnership: 유한책임조합원)형태의 벤처캐피탈이 시작된다. 1959년 캘리포니아 팔로 알토(Palo Alto)에서 패밀리 이외의 돈을 투자받기 위한 최초의 LP 형태 벤처캐피탈 DGA(Draper, Gaiter, Anderson)가 설립되는데, DGA 설립자들은 정치와 경제계의 유명 인사들이었다. DGA의 초기 투자가 회수된 후 무한책임조합원(GP: General Partner)은 40%의 배당을 받을 수 있었고 유한책임조합원(LP: Limited Partner)은 60%를 받을 수 있었다.

초기 대부분의 벤처캐피탈 펀드는 1,000만 달러 미만의 소규모로 운용됐지만, 일부 상장 및 은행으로부터 투자받은 SBIC는 2,000 달러 정도의 규모로 운용되었는데, 1960년 후반에 모험기업에 대한 투자가 크게 성공하면서 벤처캐피탈의 운용 규모도 크게 증가한다. 그러나 1970년대 미국 벤처캐피탈은 고난의 기간을 경험한다. 1973년부터 1974년까지 석유 파동으로 미국 증시가 급락하게 되고, 그 결과 다수의 연기금이 큰 손실을 경험한다. 이에 대해 미국 의회는 연기금에 대한 엄격한 운용 기준을 설정해 퇴직금 등을 보호하기 위한 법안인 ERISA(Entere Return Income Security Act: 근로자퇴직급여보장법)을 제정한다. 연기금은 이 법으로 인해 벤처캐피탈과 같은 고위험 투자가 더 이상 어렵게 되고, 이런 분위기는 다른 보험회사나 재단기금 등에도 영향을 주면서 벤처캐피탈 시장이 크게 축소된다. 미국 벤처캐피탈협회는 5년간 집중적인 로비를 통해 1978년 ERISA법을 개정하도록 노동부를 설득해 전문적으로 운용되는 벤처캐피탈에 대한 투자를 허용한다. 이와 더불어 1978년 미국 의화가 자본 이득세율을 기존 50%에서 28%로 낮춤으로써 1980년대 초반에 벤처캐피탈 시장이 다시 급성장하는 발판을 만들어 준다.

1980년대 미국은 벤처투자 기업의 기업공개(IPO) 전성기를 맞이한다. 1980년 12월에 애플(Apple Computer)이 상장해 기업가치가 17억 달러 수준으로 성장했고, 1981년 3월에 생명공학 회사인 세투스(Cetus)가 상장되어 1억 7백만 달러를 모집했으며, 1984년에 3Com, 1986년에 선마이크로시스템즈(Sun Microsystems)와 오라클(Oracle)이 상장된다. 이런 기업공개과 성공적인 투자로 인해 미국 벤처캐피탈은 큰 폭의 성장세를 기록하고, 벤처투자를 통해 얻은 수익으로 더욱 더 많은 자본과 게인투자가들이 벤치개피탈 시장으로 몰려드는 선순화구조가 정립된다.

2000년대부터 지금까지 미국 벤처캐피탈 시장의 가장 큰 트렌드는 대기업 주도형 신기술금융사업자(CVC: Corporate Venture Capital, 이하 신기사)이다. 미국의 신기사는 1960년대부터 1980년까지 의약품이나 생명공학 분야에 집중 투자하다가, 1990년대 후반 닷컴버블과 함께 인터넷 분야에 투자가 이루어진다. 2012년부터 2016년에 신기사의 수가 두 배 이상 증가했으며, 이들의 투자는 과거 20년 동안 지속적으로 증가한다. 2018년 미국 총 벤처캐피탈 투자가 1,310억 달러인데, 이중에서 신기사를 통해 이루어진 투자는 696억 달러로 전체 투자 중에서 53.1%에 이른다.

11.5.2 EU 벤처캐피탈의 역사와 동향

유럽 벤처캐피탈 시장은 1970년대 영국과 아일랜드에서부터 시작되는데, 이 당시 유럽에서 결성된 펀드는 대부분 미국의 벤처캐피탈에 의해 결성된 것이다. 1980년대 들어서 유럽에서도 대형 은행들에 의해 설립된 벤처캐피탈의 펀드가 출현한다. 유럽의 벤처캐피탈 시장은 영국, 프랑스, 독일의 세 국가가 주도해서 이끌어 가고 있다. 2018년 유럽의 벤처캐피탈의 투자는 205억 유로로 지속적인 성장세를 보이고 있다. 다만 거래체결 수는 2018년 3,384건으로 전년대비 25.9%로 감소한다. 이것은 유럽 벤처캐피탈 시장에서 스타트업의 기업가치가 상승했기 때문이다.

그림 11-4 유럽 벤처캐피탈의 활동 내역

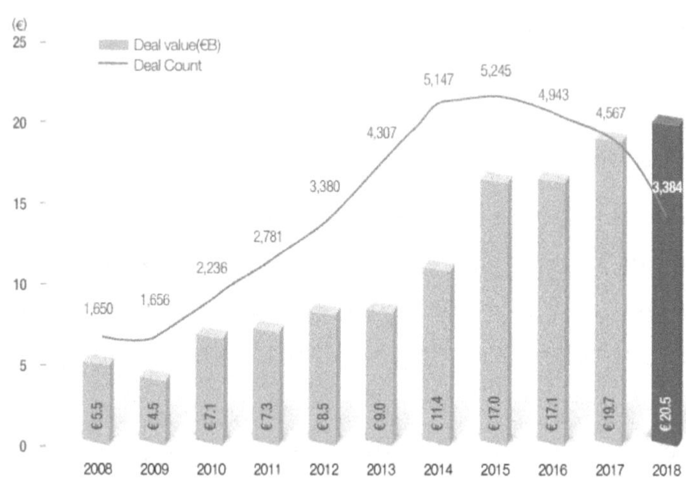

자료) Pitchbook(2019)

2011년 7월 22일 AIRMD(Alternative Investment Fund Managers Directives)의 규정이 유럽 의회를 통과하기 전에는 유럽 내 투자펀드는 UCITS(Undertakings for Collective Investment in Transferable Securities)와 non-UNITS로 구별되고, 이 중에서 헤지펀드, 사모펀드 벤처캐피탈 펀드는 non-UCITS에 소속되어 유럽으로부터 별도 규제를 받지 않았다. 그러나 2008년 금융위기 이후 유럽 차원 규제가 필요하다는 요구가 커짐에 따라 AIRMD의 지침에 따라 non-UNITS도 유럽 정부로부터 일률적인 규제를 받게 된다. AIRMD의 시행으로 유럽에서는 기존의 벤처캐피탈 펀드를 운용하던 자들에 대한 강력한 규제가 적용될 것을 우려한다. 이에 대해 유럽의 경제 성장과 일자리 창출을 기여하는 벤처캐피탈 펀드에 특화된 새로운 규제를 만들 것을 요구되면서, 2013년 7월 22일 벤처캐피탈 펀드에 대해 규제를 완화하는 내용의 EuVECA(European Venture Capital Funds) 규정이 시행된다.

표 11-17 AIRMD와 EuVECA 규정 비교

주요내용	AIFMD	EuVECA
인가 및 등록 절차	• AIFs를 운용하는 운용자는 자국의 감독 당국의 인가를 받아야 함 • 운용자는 주요주주 및 운영자, 펀드구조, 보수정책, 투자 전략, 레버리지 정책, 리스크 관리정책 등 주요 사항을 공시하여야 함	• 벤처캐피탈 펀드 운용자는 EuVECA 펀드를 만들고 유럽여권을 유지하기 위해서는 자국의 감독 당국에 등록하여야 함 • 운용자는 EuVECA 펀드의 운용자 인적사항, 판매 및 투자 전략, 컴플라이언스 정책, 벤처캐피탈 펀드를 제공하려는 회원국의 명단 등을 제출하여야 함
최소 출자금	• 내부관리형 AIFs: 30만 유로 • 외부관리형 AIFs: 12만 5천 유로 • 만약 AIFs의 총자산이 2억 5천만 유로를 초과할 경우에 포트폴리오에 대한 가치평가를 하여 2억 5천만 유로를 초과하는 금액의 0.02%를 추가로 출자하여야 함	• 내부관리형 AIFs: 5만 유로 • 외부관리형 AIFs: 5만 유로 • 만약 AIFs의 총자산이 2억 5천만 유로를 초과할 경우에 포트폴리오에 대한 가치평가를 하여 2억 5천만 유로를 초과하는 금액의 0.02%를 추가로 출자하여야 함
운영 규제	• AIFs를 운용하는 운용자에게 펀드와 투자자에 대해 신탁의무(Fiduciary Duty) 부여 • 제한적인 보수정책 • 이해상충 방지의무부과 및 공시 • 내부통제시스템 구축의무 • 내·외부의 엄격한 펀드 가치산정 • 엄격한 위임 금지 • 자산 수탁자선정 및 자산관리위임 의무	• AIFs를 운용하는 운용자에게 펀드와 투자자에 대해 신탁의무(Fiduciary Duty) 부여 • 이해상충 방지의무부과 및 공시 • 대출금지 • 펀드 총자산의 30% 미만에 대해서만 인정투자 이외의 투자가 가능 • 전문투자자 및 일정 요건을 갖춘 일반투자자에게만 펀드를 판매할 수 있음 • 핵심적인 기능 위임 금지

투명성 요건	• AIFs를 운용하는 운용자는 AIFs에 대한 회계 감사보고서를 작성하여야 하며, 이를 투자자 및 감독 당국에 보고하여야 함 • 청약 이전단계에서 AIFs 운용에 관련된 모든 정보를 투자자에게 공시하여야 함 • 정치적으로 감독 당국에 AIFs 운용에 관련된 주요 사항을 보고하여야 함	• AIFs를 운용하는 운용자는 AIFs에 대한 회계 감사보고서를 작성하여야 하며, 이를 투자자 및 감독 당국에 보고하여야 함 • 청약 이전단계에서 AIFs 운용에 관련된 모든 정보를 투자자에게 공시하여야 함
특정 유형 AIF 운용에 관한 규정	• AIFs를 운용하는 운용자가 비상장주식의 경영권을 인수하는 경우에는 AIRMD 규제를 면제받을 수 있음	

자료) Erk P.M. VERMEULEN, Diogo Pereira Dias NUNES(2012) 수정 · 보완. 한국벤처투자 자료 재인용.

2013년 EuVECA 규정이 도입된 이후 유럽의 정책결정자들은 유럽의 벤처캐피탈 시장이 활성화될 것을 기대하였으나, 현실은 예상과 달랐다. 제도 도입 후 2년 동안 EuVECA에 등록한 펀드는 34개에 불과하였고, 모집된 펀드의 규모도 기대와는 다르게 13억 유로에 불과했다. 유럽 위원회는 EuVECA 규정에 대해서 2016년과 2017년에 개정했고, 2018년 3월 1일부터 유럽 전역에 개정 규정을 시행한다. 개정의 주요 내용은 다음과 같다. 첫째, 인정투자의 대상을 확대하고 인정투자 대상 기업에 대해서는 후속 투자(Follow-on Investment)를 허용한다. 둘째, 초기 자본금 요건을 내·외부관리형 모두 5만 유로로 확정했고, AIRMD 자본금 요건과 동일하게 총운용자산(AUM)이 2억 5천만 유로를 초과하는 EuVECA는 펀드 가치평가를 통해 2억 5천만 유로를 초과하는 금액의 0.02%를 추가로 출자하도록 한다. 셋째, AIFMD 인가를 받은 AIFMs도 EuVECA를 사용할 수 있도록 등록대상 범위를 확대한다. 이외에도 감독 당국은 등록절차를 신속하고 처리하며, 등록 절차와 함께 수수료와 요금을 받을 수 없도록 한다.

유럽의 벤처캐피탈 시장은 미국보다 아직 초기 단계이기 때문에 정부 주도의 시장 활성화 정책이 필요했다. 이를 위해 유럽 정부기관들은 유럽의 벤처캐피탈의 가장 중요한 투자자이며, 유럽의 벤처캐피탈 펀드에 대한 투자 중 18%가 정부 기관을 통해 이루어지고 있다. 그러나 유럽은 정부와 벤처캐피탈의 목표가 민간 벤처캐피탈시장이 자생적으로 지속 성장하기를 기대하고 정부의 역할은 그들을 육성하는 것임을 알고 있다. 그런 측면에서 유럽정부는 정부의 자금이 민간의 자금을 모으는 마중물 역할에 머물기를 기대한다. 벤처캐피탈에 민간 투자를 확대시키기 위해 유럽은 벤처캐피탈의 자본이득세(CGTs: Capital Gain Taxes)를 감면해 주고 있는데, 그 규모는 유럽 국가별로 상이하다. 영국은 유럽 내의 벤처캐피탈에게 2016년부터 자본이득세를 지속해서 낮추어서 28%에서 20%까지 감면한다. 또한 특정 조건에 해당하는 경우에는 자본이득세가 10%까지 낮아진다. 프랑스는 기본적으로 62%의 자본이득세를 부과하고 있고, 회사를 설립한 창업주가 보유하고 있는 주식에 한해서는 24%로 자본이득세를 감면해 주고 있다. 독일의 자본이득세는 일반적으로 26%이다.

표 11-18 독일, 프랑스, 영국의 공공 벤처캐피탈 펀드 비교

국가	정부기관	펀드명	펀드유형	투자단계	투자규모(유로)	설립연도
독일	EIF	ERP/EIF Fund of Funds	재간접펀드(Fund of Funds)	초기 및 성장단계	32억	2014
		ERP/EIF Growth Facility Fund of Funds	공동투자(Co-Investment)	성장단계	5억	2016
	KIW	ERP-Venture capital Fund	재간접펀드(Fund of Funds)	초기 및 성장단계	4억	2015
		Coparion	공동투자(Co-Investment)	초기단계	2억5천만	2016
		High-Tech Start-up Fund	직접투자 및 공동투자(Direct and Co-Investment)	Seed단계	5천만(연간)	2004
프랑스	Bpifrance	Fund of Funds	재간접펀드(Fund of Funds)	모든 단계, 특히 성장단계에 중점	4억6천7백만	1990
		Fonds national d'amor cage(FNA)	재간접펀드(Fund of Funds)	Seed 단계	6억	2011
		Large venture	직접투자(Direct Fund)	성장단계	6억	2009
		Sectoral funds	직접투자(Direct Fund)	모든단계, 이머징/전략 섹터		-

영국	British Business Bank	Enterprise Capital Funds	재간접펀드 (Fund of Funds)	초기단계	6억6천6백 만파운드	2006
		VC Catalyst Fund	재간접펀드 (Fund of Funds)	성장 및 후기단계	-	2013
		UK Innocation Investment Fund	공동투자 (Co-Investment)	초기단계 이머징/전략 섹터	1억5천만 파우드	2009
		Angel Co-Fund	공동투자 (Co-Investment)	초기단계	5천만 파운드	2011

자료) Erk P.M. VERMEULEN, Diogo Pereira Dias NUNES(2012) 수정 · 보완. 한국벤처투자 자료 재인용.

11.5.3 일본 벤처캐피탈의 역사와 동향

동아시아의 특성이 일본 벤처캐피탈의 역사에도 그대로 투영되면서 일본 최초의 벤처캐피탈도 '민간'이 아닌 '정부' 부문에서 시작된다. 일본은 1963년 "중소기업투자육성회사법"을 제정해서 이 법에 근거해서 도교, 나고야, 오사카 3곳에 "중소기업투자육성주식회사"를 설립한다. 이 회사가 비상장 회사에 투자하는 주식회사라는 측면에서 일본의 최소 벤처캐피탈로 인식할 수 있다. 일본의 투자육성회사는 미국의 SBIC를 모델로 만들어진 제도이지만 미국의 SBIC와는 차이가 있었다. 일본의 투자육성회사는 민간자금으로 설립한 미국의 SBIC와는 다르게 정부 주도로 구성된 자금으로 설립되었고, 규모적인 면에서 미국은 500개의 SBIC가 운영된 반면, 일본은 3개로 운영되었다. 일본의 세속의 투자육성회사가 설립된 지 12년이 지난 1975년 경제산업성은 벤처기업센터(VEC: Venture Enterprise Center)라는 재단법인을 설립한다. 설립 당시 벤처기업센터의 주요 역할 중 하나는 은행을 통해 대출을 받는 기술 중심의 중소기업 대출금에 대한 보증을 최대 80%까지 해주는 것이고, 다른 하나는 일본 벤처캐피탈 산업 전반에 대한 연구·조사를 통해 정책 제언과 정보를 제공하는 것이다.

일본의 최소 민간 벤처캐피탈은 1972년 교토에 설립된 교토기업개발(KED: Kyoto Enterprise Development Co., Ltd)로 미국의 벤처캐피탈 시장의 활성화에 감명받은 교토의 두 대학교수인 타다오 기요나리(Tadao Kiyonari)와 슈시로 나

카무라(Shuichiro Nakamura)에 의해 시작된다. 최초의 교토기업개발의 CEO는 카즈마 타테이시(Kazuma Tateishi)는 타데이시전자(Tateishi Electronics)의 회장이 담당했지만, 성과가 좋지 않으면서 1979년 교토기업개발은 해산하게 된다. 1980년대 미국의 벤처캐피탈이 크게 성장하자, 일본도 영향을 받게 된다. 지방은행과 증권 회사 등이 주요 투자자가 되어서 1980년부터 1985년까지 68개의 벤처캐피탈을 설립한다. 이런 노력에도 불구하고 1986년부터 1987년까지 엔화 가치가 급격한 상승을 보이면서 벤처투자 시장은 다시 침체기를 경험하게 되고 그 이후에는 일본이 장기 저성장국면으로 고전하게 된다. 그럼에도 불구하고 일본 정부는 1995년에 연구개발형 벤처기업 등을 지원하는 "중소기업창조법(Small and Medium Size Enterprise Creation Law)"을 제정한다.

2018년 회계연도(2018.4~2019.3)에서 일본의 벤처캐피탈은 투자 금액과 투자 건수는각각 전년대비 36.9% 증가한 2,706억 엔과 5.1% 증가한 1,660건을 기록한다. 일본의 벤처캐피탈 투자는 2009년 이후 지속적으로 증가 추세를 보이고 있으나 2000년 닷컴버블 당시에 투자금액인 3,736억 엔을 넘지는 못하고 있는 상황이다.

그림 11-5 일본 벤처캐피탈의 투자 내역

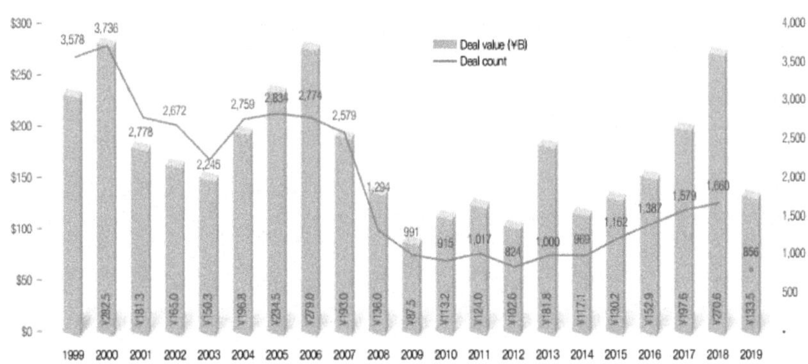

자료) VEC, The Result of Survey on Venture Capital Investment Trends in FY2018; VEC, The Second quarter of 2019, Latest Quarterly Trend, 2019년도는 2분기까지 수치임. 한국벤처투자 자료 재인용.

일본 벤처캐피탈의 산업별 투자 내역을 보면, IT와 바이오 기술 및 의료에 투자가 집중되어 있다. 2018년 투자비중은 IT 관련 분야가 전년대비 1.3% 증가한 53.6%, 바이오 기술 및 의료 부문은 전년대비 0.5% 증가한 18.9%를 기록하면서 두 산업에 대한 투자가 전체 투자의 72.5%를 차지한다.

그림 11-6 일본 벤처캐피탈의 산업별 투자 내역

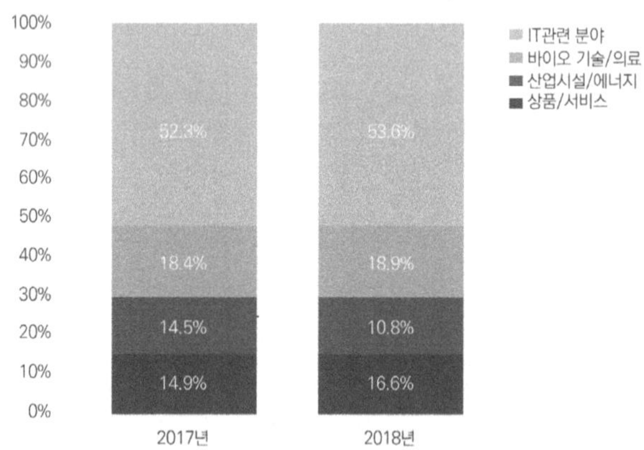

자료) VEC, The Result of Survey on Venture Capital Investment Trends in FY2018. 한국벤처투자 자료 재인용

11.5.4 싱가포르 벤처캐피탈의 역사와 동향

싱가포르의 벤처캐피탈 산업은 민간 부문에서 먼저 시작한다. 최초의 민간 벤처캐피탈 펀드는 1983년 싱가포르 내에서 결성한 SEAVI(South East Asia Venture Investment)이다. SEAVI는 미국 벤처캐피탈인 어드벤트 인터내셔널(Advent International)이 참여한 벤처캐피탈 펀드로 어드벤트 인터내셔널은 1984년 동남아시아에 거점을 둔 자회사인 SEAVI Advent를 설립하여 싱가포르 등의 동남아시아 120개 기업을 대상으로 80억 달러 규모의 투자를 집행하고 있다. 싱가포르의 벤처캐피탈은 '민간'으로부터 시작되었지만, '정부' 주도의 자금이 유입되면서 양적 측면과 질적 측면에서 높은 성장세가 나타난다. 1985년 경제개발청(EDB: Economic Development Board)을 통해 S$1억 규모의 벤처캐피탈 펀드(EDB Venture Capital Program)을 설립하고, 1990년대 R&D(연구개발) 지출 금액

을 국내총생산(GDP)의 2% 수준으로 맞추기 위해 S$70억 규모의 펀드를 조성한다. 싱가포르 정부는 EDB, Infocomm Investment Pte Ltd(IIPL), SNRF(Singapore National Research Foundation), SEEDS(Spring Seed Capital) 등과 같은 정부기관을 통해 싱가포르 벤처캐티탈시장에 자금을 공급하고 있다. 이러한 정부의 노력으로 총운용자산(AUM)은 1983년 S$4,800만에서 2017년에 약 S$56억으로 100배 이상 증가한다. 이런 양적성장 뿐만 아니라 질적 성장도 이루어지면서 동남아시아의 246개의 벤처캐티탈 중에서 157개의 벤처캐피탈이 싱가포르에 기반을 두고 2017년에는 아시아 상위 10개 벤처투자 중 3개가 싱가포르가 투자한 조합이다.

싱가포르에서 펀드를 운용하는 펀드매니저는 싱가포르 금융청(MAS: Monetary Authority of Singapore)으로부터 CMS(Capital Markets Service) 라이센스(License)를 받거나 CMS 라인센스 면제요건에 해당하여야 한다. CMS 라이선스의 종류는 적격투자자 또는 기관투자자만 받을 수 있는 전문투자자형 FMC(LFMC－A/I: Licensed Fund Management Company－Accredited or Institutional)와 일반투자자에게 투자를 받을 수 있는 일반투자자형 FMC(LFMC－Retail: Licensed Fund Management Company)가 있다. 펀드매니저가 CMS 라이선스를 받지 않고자 할 경우에는 등록된 FMC(RFMC: Registered Fund Management Company)로 금융청(MAS)에 보고해야 한다. LFMC－Retail, LFMC－A/I, RFMC는 금융청(MAS)의 승인을 받기 전에 여러 가지 요건을 수행해야 한다.

표 11-19 싱가포르 펀드매니저 규제 비교표

	RFMC	LFMC-A/I	LFMC-Retail	VC Managers
승인유형	신고 (Notification)	인허가 (Licesse)		신고 (Notification)
투자자수	30인 이하 (또는 15인 이하)	제한없음		
운용자산(AUM)	S$2억5천만 이하	제한없음		
최소자본금	S$25만 이상		S$50만 이상(CIS) 또는 S$1백만 이상(CIS)	필요없음
지급여력비율	필요없음	120% 이상		필요없음

<table>
<tr><td>전문인배상 책임보험</td><td colspan="2">권고사항</td><td>의무</td><td>미정</td></tr>
<tr><td>이사</td><td colspan="2">5년 이상 경력 이사(Directors) 2인 중 1인은 상근 싱가포르 거주</td><td>5년 이상 경력의 이사 2인 중 1인은 10년 이상 경력 상근 싱가포르 거주</td><td>이주(Directors) 2인 중 1인은 상근 싱가포르 거주</td></tr>
<tr><td>전문인력 (이사, CEO 및 FMC 포함)</td><td colspan="2">싱가포르 거주 5년 이상 경력 상근 전문인력(Relevant Experience) 2인</td><td>싱가포르 거주 5년 이상 경력 상근 전문인력 3인</td><td>싱가포르 거주 상근 전문인력 2인</td></tr>
<tr><td>대표</td><td colspan="3">싱가포르 거주 5년 이상 경력 상근 대표(Representatives) 2인</td><td>싱가포르 거주상근 대표 2인</td></tr>
<tr><td>승인유지 검사</td><td colspan="2">의무아님</td><td>의무</td><td>필요없음</td></tr>
<tr><td>회사트렉레코드</td><td>필요없음</td><td>필요할 수 있음</td><td>일반투자자대상 펀드 운용 5년 이상 및 총 운용자산(AUM) S$10억 이상</td><td>필요없음</td></tr>
<tr><td>별도예치</td><td colspan="3">고객 자금 및 자산 법정 수탁기관 예치의무</td><td>필요없음</td></tr>
<tr><td>펀드관리</td><td colspan="3">펀드가치평가, 회계, 등록, 고객보고 의무</td><td>고객보고 의무</td></tr>
<tr><td>컴플라이언스</td><td>컴플라이언스 조직 운영</td><td colspan="2">총운용자산(AUM) S$10억 이상인 경우 프론트 오피스로부터 완전히 독립된 컴플라이언스 조직</td><td>총운용자산(AUM) S$10억 미만인 경우 아웃소싱 가능</td></tr>
<tr><td>내부감사</td><td colspan="3">내부 감사는 회사 내부의 조직을 둘 수도 있고 외부에 아웃소싱 할 수도 있음</td><td>필요없음</td></tr>
<tr><td>외부감사</td><td colspan="3">외부에 독립된 감사기관으로부터 연간 재무보고서를 회계감사 받고 금융청(MAS)에 의무적으로 제출해야 함</td><td>필요없음</td></tr>
<tr><td>리스크관리</td><td colspan="3">회사내부에 리스크관리체계 구축의무</td><td>사업모델 및 위험도상 리스크관리체계를 아웃소싱할 수 있음</td></tr>
<tr><td>자금세탁방지</td><td colspan="4">회사내부에 자금세탁방지체계 구축의무</td></tr>
<tr><td>보고의무</td><td>연간보고</td><td>분기 및 연간보고</td><td>분기 및 연간보고</td><td>연간보고 (분기별 수입 지출보고서 제출)</td></tr>
</table>

자료) Deloitte, Fund Management in Singapore - A Summary of the Regulatory and Tax Framework"(2017), Dr. Lin Lin(2019), SIDLEY, "Singapore Launches New Regulatory Regime for Managers of Venture Capital Funds"(2017). 한국벤처투자 자료 재인용

싱가포르 정부는 벤처캐피탈을 육성하기 위한 방안을 마련하는데, 그 내용 중에서 핵심적인 내용은 변동자본회사 도입, 차등의결권 제도, 세제혜택 등이다. 먼저, 변동자본회사(VACC: Variable Capital Company)를 도입한 것은 집합투자기구(CIS: Collective Investment Schemes)를 활성화하기 위한 것이다. 국제적으로 집합투자기구(CIS) 구조는 투자신탁(Unit Trusts) 또는 투자회사(Investment Companies) 중 하나를 선택하나, 싱가포르에서는 회사법상 주주에게 자본을 환급하는 것을 금지하기 때문에 투자신탁을 주로 활용했다. 변동자본회사(VACC)는 기존의 회사와는 달리 순자산가치로 주주에게 주식을 상환할 수 있고, 출자펀드의 자산과 부채를 회사로부터 완전히 분리할 수 있는 등 집합투자기구(CIS)를 만드는데 유리한 구조를 갖추고 있다. 둘째, 차등의결권 제도이다. 싱가포르는 2003년 회사법을 개정하여 상장회사의 자회사인 비상장회사(Private Companies)에 차등의결권 제도를 도입한다. 회사법이 개정된 이후에도 금융청(MAS)과 싱가포르거래소(SGX: Singapore Stock Exchange)는 차등의결권 주식을 거래소에 상장시키는 것에 대해서 논의하고 2018년 6월 26일 싱가포르거래소(SGX)는 1주 당 최대 10 의결권까지 차등의결권 주식 상장규정을 발표한다. 셋째, 세제혜택이다. 싱가포르 내에서 펀드를 운용하는 자는 그 자가 역내(Onshore Fund)와 역외(Offshore Fund)에서 등록하였는지 구분하지 않고 펀드가 싱가포르 회사가 아니라도 모두 과세를 원칙으로 하고 있다. 다만, 예외적으로 안전항(Safe Harbor) 규정을 두어 세제혜택을 주고 있다.

표 11-20 싱가포르 펀드 세제혜택 비교

	역외펀드기구 (Offshore Fund Tax Exemption Scheme)	역내펀드기구 (Onshore Fund Tax Exemption Scheme)	Enhanced Tier Fund Tax Exemption Scheme
세제혜택	지정투자(Designated Investment)로부터 얻은 수익은 과세하지 않음		
펀드의 법률유형	외국회사, 신탁, 개인	싱가포르 회사	회사, 신탁, LP
근거 법률	소득세법 13CA, 소득세 관련규정 2010	소득세법 13R, 소득세 관련규정 2010	소득세법 13X, 소득세 관련규정 2010
투자자	싱가포르 등록 펀드가 아니어야 하며, 싱가포르 투자자가 100% 소유를 하지 않아야 함	싱가포르 투자자가 100% 소유를 하지 않아야 하고, 적격투자자이어야 함	제한 없음

<table>
<tr><td>지정투자
(Designated Investments)</td><td colspan="6">주식, 채권, 파생상품과 유사한 상품에 투자. 단, 부동산 투자는 제외
(부동산이 과다한 비상장회사 주식도 제외)</td></tr>
<tr><td>펀드운용자</td><td colspan="2">금융청(MAS)에 등록하였거나 또는 CMS 인허가를 받은 싱가포르 거주 운용자</td><td colspan="2">금융청(MAS)에 등록하였거나 또는 CMS 인허가를 받은 싱가포르 거주 운용자</td><td colspan="2">금융청(MAS)에 등록하였거나 또는 CMS 인허가를 받은 싱가포르 거주 운용자
(최소 3인 이상 전문가)</td></tr>
<tr><td>Non Qualifying Relevant Owner Test</td><td colspan="2">펀드의 30% 이하(일정조건 50%)만 싱가포르 비개인투자자가 투자할 수 있음</td><td colspan="2">펀드의 30% 이하(일정조건 50%)만 싱가포르 비개인투자자가 투자할 수 있음</td><td colspan="2">제한 없음</td></tr>
<tr><td>펀드 규모</td><td colspan="3">제한 없음</td><td colspan="3">최소 S$5천만</td></tr>
<tr><td>싱가포르에 등록한 관리자</td><td colspan="3">필요 없음</td><td colspan="3">필요 없음</td></tr>
<tr><td>추가요건</td><td colspan="2">없음</td><td colspan="2">각 회계연도 내에 S$20만을 지출하여야 함</td><td colspan="2">각 회계연도 내에 S$20만을 싱가포르에서 지출하여야 함</td></tr>
<tr><td>금융청(MAS) 연간보고</td><td colspan="3">필요 없음</td><td colspan="3">필요 있음</td></tr>
</table>

자료) Deloitte, Fund Management in Singapore – A Summary of the Regulatory and Tax Framework"(2017), Eversheds Sutherland(2018.7). 한국벤처투자 자료 재인용.

잠시 쉬어가는 코너

중기부, 모태펀드 선정 4개월 만에 86% 결성 완료... "하반기 시장 회복 이끌 것"

김기랑 기자 = 중소벤처기업부는 '2024년 모태펀드 1차 정시 출자사업'에 선정된 43개 펀드 중 86%에 해당하는 37개 펀드가 선정 4개월 만에 결성을 완료했다고 30일 밝혔다.

이번 4개월차 결성 완료율 86%는 모태펀드 출범 이래 가장 높은 수준으로, 2023년 실적(18%) 대비 4배 이상 개선된 수치를 기록했다.

나머지 6개 펀드도 최소 결성액의 90% 이상을 확보해 다음달 내 결성이 유력할 것으로 기대된다. 현재 결성 완료된 7945억원을 포함해 총 9000억원 이상의 벤처펀드가 하반기에 본격적으로 투자에 나설 예정이다.

□ **벤처투자 : 총 1조 8,787억원 (전년동기比 +6%)**

(단위: 억원, %, 건, 개사)

구분	'20년(1분기)	'21년(1분기)	'22년(1분기)	'23년(1분기)	'24년(1분기)
투자금액	**14,670**	**24,710**	**39,189**	**17,800**	**18,787**
전년동기 대비		+68	+59	△55	+6
투자건수	1,022	1,480	2,143	1,327	1,544
피투자기업 수	719	1,010	1,193	862	1,047
구분	**'20년(전체)**	**'21년(전체)**	**'22년(전체)**	**'23년(전체)**	**'24년(전체)**
투자금액	80,962	159,371	124,706	109,133	해당없음

□ **벤처펀드 결성 : 총 2조 3,628억원 (전년동기比 +42%)**

(단위: 억원, %, 개)

구분	'20년(1분기)	'21년(1분기)	'22년(1분기)	'23년(1분기)	'24년(1분기)
결성금액	**10,423**	**27,765**	**42,998**	**16,687**	**23,628**
전년동기 대비		+166	+55	△61	+42
결성펀드 수	91	201	247	140	165
구분	**'20년(전체)**	**'21년(전체)**	**'22년(전체)**	**'23년(전체)**	**'24년(전체)**
결성금액	99,853	178,640	176,495	128,751	해당없음

1분기 벤처투자 상세동향 [자료=중소벤처기업부] 2024.05.13

중기부는 이런 조기 결성 성과에 대해 올해 모태펀드 출자사업을 '펀드 결성 가능성' 중심으로 전면 개편한 덕분이라고 설명했다. 올해 중기부는 펀드 선정 평가에서 과거 민간 출자자 모집 실적을 반영하는 등 펀드 결성 가능성 점수 비중을 대폭 상향한 바 있다.

또 그동안 모태펀드 자펀드는 결성 시한을 최초 3개월로 정하고 그 이후 추가 6개월까지 기한 연장을 허용해 왔다. 하지만 올해 추가 2개월까지만 기한 연장을 허용하고, 연장 요건을 명확하게 제시해 시장에 조기 결성 의지를 전달했다. 연장 요건은 ▲결성액의 70% 이상 모집 시 1개월 연장 ▲90% 이상 모집 시 추가 1개월 연장 등이다.

이와 같은 제도 개선이 실제 자펀드 조기 결성으로 이어진 것으로 평가된다. 결성 시한 3개월 만인 지난달 말 기준으로도 20개의 펀드가 이미 결성 완료돼 이달부터 투자를 시작한 상황이다.

오영주 중기부 장관은 "올해 모태펀드 출자사업은 벤처투자 시장 회복을 가속화하기 위해 펀드 결성을 신속하게 완료하고 투자금이 빠르게 공급되는 데 중점을 뒀다"며 "역대 최고 수준의 속도로 결성된 모태펀드 자펀드가 하반기 벤처투자 시장의 회복세를 이끌 것으로 기대한다"고 밝혔다.

뉴스핌 2024.7.30일자 기사

제 12 장

기술창업투자와 엔젤투자

12.1 창업의 이해

기술창업은 혁신기술과 기업가정신을 기반으로 기존에 없는 새로운 시장을 만들어가는 기술집약형 창업을 의미한다. 기술창업의 역사가 길지 않음으로 인해 기술창업에 대한 명확한 정의가 아직 형성되지 않았고 정형화된 용도도 아직 없는 상황이다. 따라서 기술혁신, 벤처, 기술집약형 모험기업 등을 기술창업으로 간주하고 있다. 기술창업은 제조업과 서비스업으로 구분할 수 있는데, 제조업은 혁신형 제조업(첨단기술과 고기술)과 비혁신형 제조업(중기술과 저기술)으로 구분된다. 제조업에서 혁신형제조업으로 구분되는 첨단기술에는 의료용 물질 및 의약품, 전자부품, 컴퓨터, 영상, 음향 및 통신장비, 의료, 정밀, 광학기기 및 시계, 항공기, 우주선 및 부품 제조업 등이 있다. 다음으로 고기술에는 화학물질 및 화학제품(의약품 제외), 전기장비, 기타 기계 및 장비, 자동차 및 트레일러, 철도 및 기타 운송장비(항공기 제외) 등이 있다. 비혁신형제조업에는 중기술과 저기술로 구분되어 있으나, 구체적인 품목으로 나열하기 보다는 산업별로 구분하였기 때문에 기술창업의 큰 범주의 개념으로 이해하는데 참고 사항으로 삼으면 될 것이다.

기술창업의 형태는 다양하지만, 일반적으로 창업보육센터와 같은 창업을 지원해 주는 기관에 입주하여 창업하는 형태가 있고, 기술을 이전 받아 외부에 스핀오프(spin-off)하는 형태인 대학 또는 연구소의 창업과 기술지주회사를 통한

표 12-1 기술창업의 분류

제조업			지식서비스업 (혁신형서비스업)
혁신형 제조업	첨단기술	의료용 물질 및 의약품, 전자부품, 컴퓨터, 영상, 음향 및 통신장비, 의료, 정밀, 광학기기 및 시계, 항공기, 우주선 및 부품 제조업	• 출판, 영상, 정보통신 및 정보 서비스업 • 전문, 과학 및 기술 서비스업 • 사업지원 서비스업 • 교육 서비스업 • 보건업 및 사회복지 서비스업 • 예술, 스포츠 및 여가 서비스업
	고기술	화학물질 및 화학제품(의약품 제외), 전기장비, 기타 기계 및 장비, 자동차 및 트레일러, 철도 및 기타 운송장비(항공기 제외)	
비혁신형 제조업	중기술	코크스·연탄 및 석유 정제품, 고무제품 및 플라스틱 제품, 비금속광물 제품, 1차 금속, 금속 가공제품(기계 및 가구 제외), 선박 및 보트 건조업	
	저기술	식료품, 음료, 담배, 석유제품(의복제외), 의복·의복 액세러리 및 모피 제품, 가죽·가방 및 신발, 목재 및 나무제품(가구 제외), 펄프·종이 및 종이제품, 인쇄 및 기록매체 복제업, 가구, 기타 제품 제조업	

자료) 한국은행, 2013년 창업기업 실태조사

창업 등이 있다. 기술창업에 해당되지 않는 경우로는 사업승계, 기업 형태의 변경, 그리고 폐업 후 사업재개 등이 있다.

그림 12-1 기술창업의 초기단계: 재도전의 사막

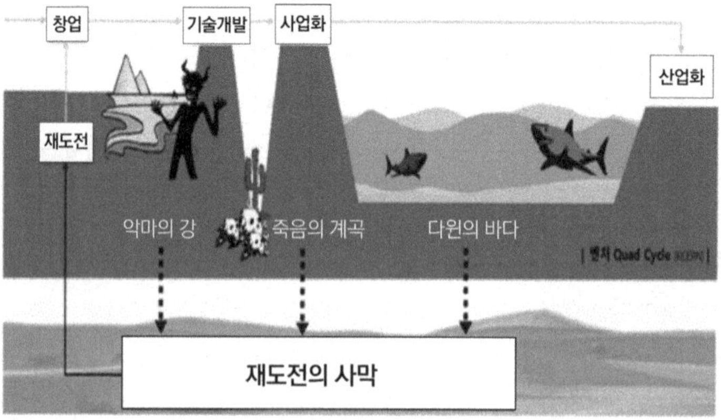

자료) 인터넷

기술창업은 혁신적 아이디어나 기술 그리고 기업가정신을 가진 창업가가 고객이 필요로 하는 제품이나 서비스를 개발하여 사업을 전개해 나가는 것이다. 그러나 창업 이후 사업을 지속하면서 창업가는 여러 가지 기회와 위기를 경험하게 된다. 창업가는 사업을 성공적으로 만들기 위해서는 기회와 위기의 기간인 죽음의 계곡(Death Valley), 그리고 성숙기에서 매출의 일시적인 정체 현상인 캐즘(Chasm)을 성공적으로 잘 관리해야만 한다. 먼저, 기술 창업에는 항상 기회가 오기 마련이다. 특히, 4차 산업혁명시기에는 시대가 변화면서 기술에 대한 고객들의 니즈(Needs)가 크게 변화하고 있고, 그로 인해 기술창업에 있어서 엄청난 기회가 발생하고 있다. 과거의 산업의 판도가 깨지면서 신사업의 판도가 새롭게 열리고 있는 것이다. 둘째, 죽음의 계곡(Death Valley)에 대한 경험이다. 기술창업자가 기술개발이나 제품개발에 성공했음에도 불구하고, 특허 등록이나 양산체계까지는 적지 않은 자금을 필요로 한다. 이 단계에서 창업자는 유동성 위기를 맞이할 수 있는데 이것을 '죽음의 계곡(Death Valley)'라고 한다. 어렵게 죽음의 계곡에서 빠져 나오더라도 창업가는 시장에 새로 출시된 신제품이 일정한 수익을 내거나 하나의 안정적인 산업으로 정착하기 위해서는 시장에 이미 존재하는 기존 제품이나 기술과 치열한 경쟁을 해야 하는 '다윈의 바다(Darwinian Sea)'를 극복해야 한다. 연구개발(R&D)에서 제품개발까지의 기간을 '악마의 강(Devil River)'이라고 부르는데, 창업가는 창업한 기업을 성공하기까지 다양한 위기를 극복해야하는 과제를 안고 있다. 끝으로 창업가는 캐즘(Chasem)을 극복해야 하는 과제를 가지고 있다. 캐즘은 창업을 했을 때 초기 혁신 성향의 소비자로 인해 사업이 잘되는 현상을 보이다가 멀지 않아 수요가 침체되거나 정체되어 깊은 수렁에 빠지는 것과 같은 심각한 상황에 빠지는 것을 의미한다. 이것은 고개들이 기존의 사용제품에서 창업기업의 신제품으로 바꾸는 데 있어서 전환비용과 기존의 고정관념 등이 존재하기 때문이다. 캐즘을 극복하기 위해서는 고객을 만족시킬 수 있는 혁신적이고 새로운 제품을 개발해야 하며, 제품과 관련된 인프라나 보완재도 함께 출시해야 한다. 뿐만 아니라 신제품을 구입한 고객을 집중적으로 마케팅하고 관리하는 전략이 필요하다.

그림 12-2 죽음의 계곡과 캐즘

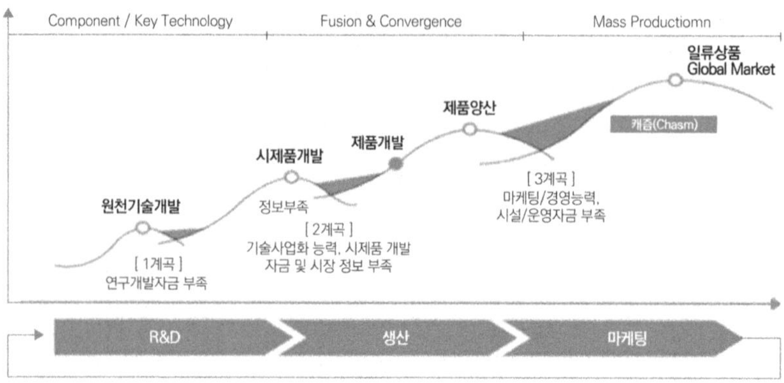

12.2 기술창업의 중요성

산업혁명이라는 것은 기술발달에 따라 사회 전반적으로 일어나는 급격하고 혁신적인 변화를 의미한다. 지난 세 번의 산업혁명으로 산업은 물론 사회 전체가 크게 변화했고, 이런 변화의 중심에는 새로운 기술의 등장과 기술 혁신이 자리잡고 있다. 산업혁명은 신기술을 중심으로 발생하기 때문에 신기술 없이는 산업의 발전과 혁명이 불가능하다. 기술의 발전 주기가 이전보다 점차 빨라지고 있으며 그 영향력이 산업뿐만 아니라 경제체계와 사회구조 그리고 문화흐름까지 변화를 주고 있다.

4차산업혁명이 2016년 1월에 개최된 다보스포럼(World Economic Forum)에서 핵심 의제로 채택된 후, 수많은 학자와 기관들은 이에 대해 논의를 진행해왔고 주요 국가들 역시 미래의 변화에 선제적으로 대응하기 위해 다양한 정책과 전략을 수립하여 추진하고 있다. 다보스세계경제포럼 회장인 클라우스 슈밥(Klaus Schwab)은 4차산업혁명은 물리적 공간, 디지탈적 공간, 생물학적 공간의 경제가 희석되고 상호 교류하여 파괴적 혁신을 일으키는 산업혁명이라고 말한다. 독일은 '인더스트리 4.0'을 제안하면서 사물인터넷, 빅데이터, 인공지능(AI) 등의 혁신 기술을 제조업에 적용하는 것으로 자동화 기술이 확산하고 이런 흐름은 제조업뿐만 아니라 제조업의 생산방식과 사회구조의 변화를 가져올 것으로 보았다. 클라우스 슈밥은 이런 측면에서 4차 산업혁명은 제조업과 정보통신 기술의 결합이자 더 나아가 기술융합의 시대라고 정의한다.

표 12-2 과거 산업혁명의 발전단계 및 특징과 정의

구분	연도	특징	정의
1차 산업혁명	1784~	• 수력 및 증기기관 • 기계식 생산설비	• 증기기관, 철도, 면사방적기와 같은 기계적 혁명을 의미
2차 산업혁명	1870~	• 노동분업, 전기 • 대량생산	• 조립 라인과 전기를 통한 대량생산체계 구축을 의미
3차 산업혁명	1969~	• 전자기기, IT • 자동화 생산	• 메인프레임 컴퓨터, 개인PC, 인터넷 등을 통한 IT시대의 개막을 의미
4차 산업혁명	2011~	• AI, IoT, 빅데이터 등 • 극단적 자동화 생산 • 산업·기술 간 융합 활성화	• 국제적이면서도 즉각적인 연결을 통해 새로운 사업모델이 창출될 것임(공유경제, 온디맨드 경제 등)

자료) 전은경, 4차산업혁명의 도래와 대응방안, 국회입법조사처 입법영향분석보고서, 2016

기술융합의 시대는 혁신기술과 새로운 사회구조를 창출한다는 긍정적인 측면을 가지고 있지만, 다른 한편으로 기존에 누려왔던 기득권적 특혜가 감소하는 현상도 나타난다. 대표적인 것이 이전 사회에서는 기술적·경영적인 변화가 다소 완만하게 진행됨에 따라 한번 대기업이나 공기업에 들어가면 평생 직장이 가능했지만, 기술융합의 시대에서는 기술과 경영환경이 빠르게 변화됨에 따라 기존 산업의 흥망성쇠의 짧은 주기와 기존 지식의 효용성 및 활용성의 하락으로 혁신의 물결에 동참하지 못할 경우 언제든지 직장에서 이탈할 가능성이 높아지고 있다. 또한 기술로 인한 사회·경제의 구조변화로 인해 고용의 판이 큰 변화로 모험기업의 고용은 증가할 수 있으나, 기존 대기업과 공기업은 혁신산업에 진출하지 않을 경우 신규 고용창출이 증가하기 어렵게 될 것이다. 실제로 어렵게 대기업이나 공기업에 취업을 해도 평균 퇴직 연령이 대기업은 평균 48.8세이고, 공기업은 54.8세 그리고 중소기업은 50.8세로 전체 평균은 50.9세인 것이 우리나라 현재의 모습이다. 기술융합의 시대로 풍요로워진 기술과 의료로 말미암아 우리는 100세 시대를 살아갈 수 있게 되었는데, 문제는 퇴직 후 30년에서 50년 가까운 시간을 새로운 일로 시작해야 하는 것이다.

중소벤처기업부에 따르면, 2020년 창업기업은 전년대비 15.5% 증가한 148만 4,667개이다. 2019년에 시작해서 2020년에 본격화된 코로나 19의 확산으로 전자상거래 등 비대면 업종, 기술창업 등이 각각 17.0%와 3.8% 상승한 39만 55개와 22만 8,949개를 보인 반면, 숙박·음식점 및 개인서비스 등은 각각 전년대비 10.0%와 4.7% 감소한 16만 6,548개와 5만 3,962개를 기록한다.

표 12-3 업종별 창업기업 수 및 증감률

구분		창업기업	기술창업	도·소매	숙박·음식점	개인서비스	부동산업	기타
2019년		1,285,259	220,607	333,246	185,116	56,636	279,797	209,857
		-4.4	3.9	7.9	1.3	2.8	-23.8	-4.0
2020년		1,484,667	228,949	390,055	166,548	53,962	437,853	207,300
		15.5	3.8	17.0	-10.0	-4.7	56.5	-1.2

자료) 중소벤처기업부

다양한 분야의 창업이 증가하고 있지만, 기술창업에 주목하는 이유가 있다. 4차 산업혁명 시대를 살아가고 있는 우리는 과거 그 어느 때보다 혁신기술 기반의 다양한 제품과 서비스를 경험하고 있다. 기술창업에서 선두를 보이고 있는 미국은 디지털 전환(Digital Transformation), 독일은 인더스트리 4.0(Industry 4.0), 일본은 소사이어티 5.0(Society 5.0)이라는 슬로건을 앞세워 4차 산업혁명 시대의 주도권을 다투고 있다. 이런 흐름에 합류해서 성장하기 위해서는 기술개발과 기술창업을 통할 때 가능하다.

2020년 기술창업의 업종별 창업기업 수와 증감률을 보면 정보통신과 전문·과학·기술 분야에서 각각 전년대비 21.2%와 17.2%가 증가한 3만 6,760개와 5만 4,411개를 보인다. 제조업과 다른 분야는 저성장 내지 전년대비 감소하는 모습을 보인다. 이런 흐름이 나타나는 것은 4차 산업혁명을 통한 기술혁신이 주로 인공지능(AI), 지능형 로봇, 드론과 자율주행차, 클라우드 컴퓨팅, 사물인터넷,

빅데이터, 5G와 O2O(Online to Offline), 핀테크와 블록체인, 스마트 기반 기술(스마트 공장과 스마트 팜, 3D 프린팅, AR/VR(Augmented Reality: 증가현실/Virtual Reality: 가상현실), 스마트 헬스케어, 스마트 시티 등), 신재생에너지 및 소재 기술(지능형 반도체, 첨단소재, 신재생에너지 등) 등이 4차 산업혁명의 주요 산업으로 부각됨에 따라 업종별 성장 차별화도 심화될 것이다.

표 12-4 기술창업 업종별 창업기업 수 및 증감률

구분		기술창업	제조업	정보통신	전문·과학·기술	사업지원	교육	보건·사회복지	창작·예술·여가
2019년		220,607	52,317	30,336	46,413	35,952	42,864	5,527	7,198
		3.9	-8.7	5.5	14.7	14.5	4.2	-10.6	2.9
2020년		228,949	49,928	36,760	54,411	36,906	39,056	4,939	6,949
		3.8	-4.6	21.2	17.2	2.7	-8.9	-10.6	-3.5

자료) 중소벤처기업부

연령별 창업기업 숫자도 우리나라의 퇴직이 본격화되는 50대부터 증가되는 모습을 보인다. 30세 미만은 자발적인 창업과 가깝다면, 50대 이후의 창업은 비자발적인 창업이 더 많은 것으로 판단된다. 특히 의료기술의 발달로 인해 60세 이상에서의 기술창업이 크게 증가한 것에 주목할 필요가 있다. 30세 이전의 기술창업은 기업가적 정신에 입각한 창업이 주를 이루는 반면에 50세 이상에서의 기술창업은 축적된 기술을 바탕으로 창업을 시도한다.

표 12-5 연령별 기술창업 수 및 증감률

구분	청년층(39세 이하)			40대	50대	60세 이상
	30세 미만	30대	소계			
2019년	24,985	61,697	86,682	69,740	45,773	18,109
2020년	28,852	60,366	89,218	70,027	48,101	21,383
	15.5	-2.2	2.9	0.4	5.1	18.1

자료) 중소벤처기업부

12.3 기술평가와 기술신용평가

12.3.1 기술평가

4차산업혁명 이전부터 기술은 금융에 있어서 매우 중요한 동역자 역할을 수행해 왔다. 물론, 기술이 아닌 용역이나 서비스를 통해 금융과의 협업을 수행할 수 있으나, 기술이 접목될 경우 그 파괴력과 확장성은 매우 크기 때문이다. 특히, 4차산업혁명에서 기술은 가장 핵심적인 요인으로 부각되었고, 기술을 소유하느냐 소유하지 못하느냐에 따라 부(富)를 소유하느냐 소유하지 못하느냐를 결정되는 시대가 된 것이다. 그런 측면에서 기술의 가치를 올바르게 평가하는 것은 매우 중요한 업무로 부각되고 있다. 무형에 가까운 기술을 잘 분석할 수 있는 경우 부를 선점할 수도 있고, 부를 확대 재생산할 수도 있다. 반면, 기술의 가치를 잘못 평가하거나 과대평가하는 경우, 자원의 비효율화로 인해 많은 부정적 결과를 도래하게 된다.

올바른 기술평가는 점점 더 그 중요성이 부각되고 있는데, 기술평가는 기술의 가치와 특성 등을 평가하는 절차 내지 시스템을 말한다. 넓은 의미의 기술평가는 새로운 기술이 도입되거나 기존 기술이 발전하여 적용되는 경우 사회에 미치는 다양한 영향을 검토하는 정책적인 연구로 의사결정권자에게 다양한 해법이나 결과를 제공하는 일련의 활동으로 정의된다. 좁은 의미의 기술평가는 무형의 기술을 대상으로 그 기술의 기술성, 시장성, 사업성 등을 검토하여 등급, 점수, 의견 등을 표현해 놓은 평가 활동을 말하고, 이를 위해 기술성평가, 시장성평가, 사업성평가를 얼마나 제대로 잘 분석해 놓았는가가 기술평가에 있어서 가장 중요한 내용이다.

기술성 : 시대가 발전하면서 기술의 중요성은 굳이 강조하지 않아도 그 중요성은 점점 더 커지고 있다. 그러나 기술이나 기술력이 좋다고 시작한 스타트업이 종종 망하는 것을 많이 지켜볼 수 있는 반면, 별다른 기술이나 기술력을 보유하고 있지 않는 것 같은 스타트업이 크게 성공하는 경우도 있다. 다시 말해서 기술적으로 부족해 보이는 제품이나 서비스도 고객의 가치를 창조하면서 사

업에 성공하는 경우도 있는 반면, 기술적으로는 탁월한 성능을 보유했지만 고객의 니즈에 부합하지 못함으로써 사업에 실패하는 사례도 있다. 그런 의미에서 기술은 창업을 포함한 사업의 성공에 있어서 충분조건은 아니지만 필요조건으로 볼 수 있다.

사업에 있어서 기술성에 영향을 미치는 요소에는 역량요인과 제약요인이 나눌 수 있다. 역량요인에는 독자적 기술을 보유한 전문가, 토지를 포함하는 생산시설, 원재료, 외주 생산과 같은 제반 자원들을 조합해서 구성하는 능력 등이 포함된다. 제약요인에는 생산과 관련된 각종 규제 사항과 지식재산권 문제 등이 있다. 먼저 사업가들은 본인들의 사업의 행위를 수행하는 데 있어서 그 사업을 영위하는 지역이나 국가에 따라 다양한 생산 관련 규제를 직면하게 된다. 생산관련 규제에는 환경규제, 입지규제, 규격규제, 시설규제 등 다양한 내용으로 구성된다. 이 규제를 먼저 검토하지 않고서는 사업의 시장성을 본격적으로 검토할 수 없다. 또한 주어진 규제를 넘거나 아니면 규제를 준수하기 위해서 기업은 제품의 원가 및 품질 등에 상당한 영향을 받을 수 밖에 없는 것이다. 또한 기업은 생산할 제품을 결정하고 제품을 출하해서 판매하려고 할 때, 지식재산권을 먼저 확보해야 한다. 그렇지 않을 경우 법적 소송에 노출되어 제품 판매의 지속성이 위협받을 수 있기 때문이다. 기술의 의존도가 높으면 높을수록 특허와 관련된 사전의 철저한 검토가 필수적인 것이다. 특히, 4차 산업혁명시대와 같이 다수의 기술이 복합적으로 적용되면서 만들어진 기술융합적 제품들은 그 중 한가지 기술에서만 법적 소송을 당하기만 해도 제품 자체의 생산이 불가능하는 경우도 발생한다. 따라서 특허권뿐만 아니라, 실용신안권, 디자인권, 상표권, 저작권 등 지식재산권(IP : intellectual property right)을 사전에 매입하거나 계약을 통해 제품 생산활동에 문제가 되지 않도록 사전에 철저한 준비를 해 놓아야 한다.

시장성 : 기술평가에서 다루어지는 시장성과 금융시장에서의 시장성은 다른 개념으로 사용된다. 금융시장의 시장성은 일반적으로 유동성을 의미하는 것으로 주식이나 채권, 또는 부동산 등을 살 때 살 수 있고, 팔 때 팔 수 있는 것을 말한다. 기술평가에서 다루는 시장성은 대상 기술이 적용된 제품이 속한 시

장에서 산업분석, 경쟁분석, 그리고 자체적인 기술력 등을 분석한 결과 제품력 및 판매경쟁력이 있는지를 보는 것이다. 시장에서 새로운 기술이 접목된 제품을 구입하는 고객들은 신제품을 구입할 때, 경제적, 사회적, 문화적, 심리적 요인들에 복합적으로 영향을 받기 때문에 혁신적인 제품이라고 모두 시장성을 가지고 있는 것은 아니다. 물론 신제품이란 것이 과거에는 전혀 없었던 그런 제품만을 의미하는 것이 아니라, 과거에 이미 존재했지만 새롭게 업그레이드되거나 다른 새로운 기술과 융합되어 재출시된 제품들을 모두 통틀어서 말한다. 혁신적인 신제품일지라도 시장에서 그 제품을 수용할 만큼 시장이 조성되어 있지 못하면 그 신제품은 더 이상의 생산 및 판매를 지속할 수 없다. 반면, 혁신적이라기 보다는 업데이트나 재조합에 불가한 신제품일지라도 다수의 고객이 그것을 사용한다면 성장하는 시장성으로 인해 혁신성이 부족하더라도 재조합에 불과한 신제품의 생산 및 판매는 확대될 것이다. 그런 판매의 높은 성장을 바탕으로 후행적으로 혁신이 나올 수도 있다. 그런 측면에서 '시장성'은 '혁신성'보다 우선한다.

4차 산업혁명에서 그 무엇보다도 기술성이 중요시되고 있지만, 사업의 현장에서 성공과 실패는 시장성과 직접적인 관련이 있다. 그러나 이 시장성과 관련된 내용을 기술평가를 통해서 계량화시키는 것은 쉽지 않은 일이다. 먼저, 사업자의 경험이 제한되어 있기 때문이다. 사업가는 본인이 속한 산업과 제품 경쟁력 등을 분석해서 제품을 출시하지만, 그 내용은 본인이 경험한 범위 내에 한정되는 것으로 경쟁 신제품을 모두 완전하게 반영하고 있다고 보기 어렵다. 따라서 사업가의 부족한 경험과 지식에 바탕을 둔 기술평가 역시 시장성을 정확하게 파악하기에는 한계를 가지고 있는 것이다. 시장성의 내용은 상황에 따라 고객이 수동적으로 받아들여지면서 만들어지기도 하지만, 사업가가 적극적이고 능동적으로 창출해 가면서 만들어 낼 수 있기 때문이다. 마케팅 능력을 보유한 사업가의 경우 혁신적인 제품을 단순히 출시하는 차원을 넘어 고객들에게 적극적으로 홍보하고 시장을 만들어 간다. 다시 말해서 같은 혁신적인 제품을 만들어낸 사업가일지라도 그의 마케팅 능력에 따라 제품은 시장성을 가실 수도 있고 시장성이 없을 수도 있는 것이다. 그런 측면에서 시장성은 확정된 결과라기보다는 상황적 과정의 개념도 포함되어 있다.

표 12-6 시장성 분석

구분	평가내용	분석내용 및 방법	관련 평가항목
시장개요	• 해당기술 적용제품의 정의 • 해당산업의 분석 및 특성	• 혁신기술에 대한 정의 • 혁신제품에 대한 분석 • 혁신제품의 적용시장 및 산업에 대한 분석	• 시장경쟁의 현황 • 시장경쟁의 변화 가능성 • 수요민감도 • 경쟁자 및 경쟁제품에 대한 사전 조사
시장환경	• 해당산업의 특성 • 산업환경분석	• 거시환경에 대한 분석 • 산업의 특성 분석 • 산업 사이클의 분석 • 관련 산업에 대한 비교분석	
시장경쟁	• 시장에서의 경쟁구조 • 경쟁업체 현황 및 시장점유율 • 경쟁제품의 비교분석 • 향후 경쟁제품의 변화예측	• 경쟁구조 분석 • 경쟁업체별 시장점유율 분석 • 경쟁제품의 경쟁력 분석 • 사업화의 기회요인과 위험요인 분석 • 시장진입 후 시장점유율 분석	
시장규모 및 향후 전망	• 국내외 시장분석 및 향후 흐름 • 미래 성장률 • 시장수요 전망	• 국내외 시장분석을 통한 시장규모 추정 • 중장기적 성장률 분석	
종합	종합적 분석	산업의 비교분석을 통한 개별기업 및 개별제품의 분석을 통해 기업의 기회요인과 위험요인을 명시하고 기술가치를 통한 기업가치 산정	

사업성 : 기술평가에 있어 사업성을 구성하는 요인은 크게 경제성, 수익성, 그리고 사업가의 자금관리 능력 등을 들 수 있다. 먼저, 경제성이란 진행하는 사업에 대한 전체적인 조감도라고 말할 수 있다. 어떤 특정사업이 단기간에 수익성에 적자가 발생한다고 할지라도 사업기간 전체에서 이것을 견디어 낼 수 있고 궁극적으로 현금유입이 현금지출보다 양의 값을 보인다면, 그 사업은 경제성을 지닌 것으로 판단한다. 그런 측면에서 경제성은 사업의 영위하는 일정기간 동안 수익과 비용을 모두 고려하여 평가되는 항목이다. 반면, 수익성은 특정 한 해의 수익과 비용을 고려하여 비용보다 수익이 높으면 좋다고 보는 것이다. 예를 들면, 유통산업은 초창기 규모의 경제를 이루기 위해 출혈경쟁을 피할 수 없다. 당연히 수익성이 나쁠 수 밖에 없다. 그러나 시간이 흘러 몇 년 동안의 수익성을 포기하고 살아남는 유통업체가 있게 되면 그 유통업체는 높은 시장점유율을 바탕으로 손익의 분기점을 넘어서게 되고 사업의 경제성을 확보하게 된

다. 글로벌 반도체 산업에서 과거에도 전개되었던 치킨게임 역시 이와 유사한 양상을 볼 수 있다. 따라서 기술평가에 다루어지는 수익성은 매우 중요하지만, 경제성을 반드시 보완적으로 감안해서 평가해야 한다. 그렇지 않을 경우, 일시적인 어려움을 경험하는 기술력을 보유한 기업을 희생시킴으로써 경제와 사회의 혁신적인 발전을 저해하게 된다.

4차 산업혁명 이후 기술이 고도의 지능화와 복잡화가 이루어짐에 따라 기술만을 가지고는 사업성을 완벽하게 평가하기 어렵다. 앞서 언급한 것처럼 어떤 사업가가 사업을 진행하느냐에 따라 기술은 시장성을 가질 수도 있고, 아니면 폐기물이 될 수도 있다. 그런 측면에서 사업가(CEO)에 대한 정성적이고 정량적 평가는 사업성의 기술평가에 있어서 매우 중요한 요인으로 부각된다. 사업의 경영은 사람에 의한(by the person), 사람으로부터 기인한(of the person), 사람을 위한(for the person) 경영으로 귀결된다는 측면에서 사업가의 리더십을 기초로 시장통찰력, 기술개발력이나 기술개발능력자와의 네트워크, 마케팅능력, 그리고 위기대처능력 및 도덕성이 그 어느 것보다 기술평가에서 중요한 부분이다. 단지, 정성적인 요인이 매우 강한 경영자(CEO)의 경영능력을 기술평가라는 잣대를 통해서 정량적인 요인으로 얼마나 정확하게 계량화시킬 수 있느냐는 기술평가가 지니게 되는 과제이자 한계이다. 따라서 사업가에 대한 평가는 정량적인 요인을 기반으로 하되, 경영자에 대한 평가를 다 담을 수 없는 경우에는 정성적인 요인을 보완해서 남기는 기술평가가 필요하다. 기술평가는 정량적 요인과 정성적 요인을 모두 구비함을 통해 정량적 요인이 가질 수 있는 계량의 한계를 극복할 수 있다. 단지, 정성적인 요인이 너무 과하게 반영된다면 정량적으로 계량화된 경영자의 경영능력에 대한 평가가 무의미해질 수 있는 위험성도 내포되어 있어서, 정량적 요인과 정성적 요인의 균형적 적용이나 성공적용모형을 만들어서 기술평가의 수준을 한단계 업그레이드할 필요가 있다.

12.3.2 신용평가

신용평가(credit rating)란 개인, 기업, 정부 등의 채무 이행능력이나 신용 위험을 평가하는 과정 및 결과물을 말한다. 신용평가의 기본이 되는 신용도는 개인의 경우는 금융거래를 할 때 금융기관이나 준금융기관과 체결한 계약을 이행할 수 있는 개인의 경제적 능력을 의미하며, 기업의 경우는 금융거래 또는 상거래에서 계약 상대방과 체결한 계약을 이행할 수 있는 재정적 능력을 말한다. 은행이 수행하는 업무 중에 대표적인 업무는 여신업무이다. 개인과 법인에 대한 여신업무는 은행에 있어서 매우 중요한 업무이지만, 개인과 법인에 대한 자체적인 신용평가를 통해서 엄격하게 이루어지는 것이 일반적이다. 은행을 제외하고는 기업과의 거래적 관계가 발생해서 그들의 신용을 평가하고 싶을 때, 대부분의 기관들은 신용평가회사의 신용평가를 의지한다. 신용평가회사가 평가의 대상으로 삼는 주요 채권과 유가증권의 종류에는 크게 회사채, 금융채, 공사채, 기업어음, 자산유동화증권 등으로 주로 기관을 대상으로 신용평가업무를 수행한다.

은행의 신용평가와 부도기준: 한국의 경우 은행은 개인의 신용평가를 위한 거의 대부분의 자료를 보유하고 있는 거의 유일한 금융기관이기 때문에 개인의 신용평가에 매우 중요한 업무를 담당하고 있다. 한국의 시중은행들은 대부분 오랜 시간 동안 개인의 대출과 회수의 경험을 보유하고 있다. 이것을 기반으로 은행들은 자체적인 개인 신용평가모형을 보유하고 있다. 기업에 대해서도 신용평가기관 못지 않은 자료를 바탕으로 은행들은 기업 신용평가모형도 구축해 놓고 있다. 이런 신용평가모형은 일반적으로 정량적인 재무평가요인과 정성적인 비재무평가요인 그리고 현금흐름수지표 등으로 구성되며, 대부분의 내용이 계량화나 등급화되면서 평가표 방식을 구성된다.

은행은 부도를 정의할 때는 바젤 협약 기준을 사용한다. 바젤 협약의 의거하면 은행이 보유하고 있는 여신 자산뿐만 아니라 유가증권, 파생금융상품 등 다양한 자산에 대한 세부적으로 구분된 부도의 정의를 명시한다. 이런 의미에서 은행들은 '90일 이상 채무불이행이 발생'하거나 '담보 처분과 같은 상환청구 조치를 취하지 않으면, 차주로부터 채무를 일부라도 상환 받지 못할 것으로 판단되는 경우'가 발생하면 부도가 났다고 본다. 은행의 영업점 실무자들 사이에서 사용되는 '부도'는 당좌거래정지가 발생하여 개인이나 법인이 발행한 어음이나 수표의 결제 대금의 결제일에 납입금을 납입하지 못할 때를 의미한다. 그리고 현장에서는 1차부도와 최종부도로 나누어진다. 1차부도는 지급결제일의 영업마감시간까지 채무자가 이자나 원금 상환을 수행하지 못하는 것을 말하며 채무불이행의 초기단계로 추가적인 협상이 이루어진다. 최종부도는 채무자가 채무를 상환할 능력이나 의지가 없다는 것을 의미하며, 채권자는 채무자에게 채권을 회수하기 위한 다양한 절차가 진행된다. 은행에서 '부도' 개념은 '연체' 및 '회수 가능성' 개념과 종합되어 은행의 자산건전성 분류 시 중요한 기준으로 활용되고 있다.

신용등급 : 신용에 대한 등급을 구분하는 것은 신용등급을 시행하는 개별 기관마다 차이를 가지고 있다. 우리나라에서는 만기가 1년 이상인 장기신용등급에 대해서는 미국의 대표적인 신용평가기관인 S&P(Standard & Poor's) 방식이 사용되고 있다. 미국의 또다른 대표적인 신용평가기관인 Moody's는 S&P와 다른 신용평가 체계와 정의를 사용하고 있는데 신용등급에 대한 설명이 나오면 우리나라에서는 S&P와 Moody's는 항상 실과 바늘처럼 같이 비교되면서 그들의 신용등급방식이 소개된다.

여기서는 단기신용등급과 장기신용등급에서 사용되는 사례를 살펴보고자 한다. 먼저, 단기신용등급(short term credit rating)인 기업어음신용등급이 있다. 기업어음은 '어음수표법'에서 정하는 약속어음의 형태이나 일반적인 상업어음과 달리 자금조달의 목적으로만 발행되며 '증권거래법' 상 채무증권의 지위를 가진다. 여기서 단기신용등급이라는 것은 원리금 상환의 만기가 1년 이내로 정해진다.

표 12-7 신용평가회사 단기신용등급 예시

구분	내용
A1	상환능력이 최고수준으로 투자위험도가 매우 낮으며, 현 단계에서 합리적으로 예측가능한 장래의 어떠한 환경변화에도 영향을 받지 않을 만큼 안정적임.
A2	상환능력이 우수하여 투자위험도가 매우 낮지만 A1등급에 비해 다소 열등한 요소가 있음.
A3	상환능력이 양호하여 투자위험도는 낮은 수준이지만 장래 급격한 환경변화에 따라 다소 영향을 받을 가능성이 존재함.
B	상환능력은 안정적이지만 투기적 요소가 내재되어 있음.
C	적기상환능력이 의문시됨.
D	지급불능상태임.

주) 신용평가회사마다 정의는 다소 차이가 있을 수 있음.

표 12-8 신용평가회사 장기신용등급 예시

구분	내용
AAA	원리금 지급확실성이 최고수준으로 투자위험도가 극히 낮으며, 현단계에서 합리적으로 예측가능한 장래의 어떠한 환경변화에도 영향을 받지 않을 만큼 안정적임.
AA	원리금 지급확실성이 매우 높아 투자위험도가 매우 낮지만 AAA등급에 비해 다소 열등한 요소가 있음.
A	원리금 지급확실성이 높아 투자위험도는 낮은 수준이지만 장래 급격한 환경변환에 따라 다소 영향을 받을 가능성이 있음.
BBB	원리금 지급확실성은 인정되지만 장래 환경변화로 지급확실성이 저하될 가능성이 있음.
BB	원리금 지급확실성에 당면문제는 없지만 장래의 안정성면에서는 투기적 요소가 내포되고 있음.
B	원리금 지급확실성이 부족하여 투기적이며, 장래의 안정성에 대해서는 현단계에서 단언할 수 없음.
CCC	채무불이행이 발생할 가능성을 내포하고 있어 매우 투기적임.
CC	채무불이행이 발생할 가능성이 높아 상위등급에 비해 불안요소가 더욱 많음.
C	채무불이행이 발생할 가능성이 극히 높고 현단계에서는 장래 회복될 가능성이 없을 것으로 판단됨.
D	원금 또는 이자가 지급불능상태에 있음.

주) 신용평가회사마다 정의는 다소 차이가 있을 수 있음.

워크아웃과 법정관리 : 채무불이행이 발생했을 때 진행되는 법적 과정으로 워크아웃과 법정관리가 있다. 또한 이와 유사하지만 별도의 법적 근거가 없는 과정으로는 자율협약 등이 있다. 워크아웃은 '기업개선작업'로 불리며, 관련 법령과 정책이 시대를 따라 지속적으로 변화되고 있다. 워크아웃은 '기업구조조정촉진법'(2001년 9월 제정, 2018년 6월 한시법)에 근거를 두고 있다. 워크아웃의 내용은 채권단 중 75%의 동의로 채무재조정(상환유예, 출자전환 등)과 신규자금 지원을 할 수 있다. 채무자는 자산매각, 구조조정, 대주주의 추가 자금지원 등을 통해 다양한 자구계획을 제시하는 것이 일반적인 내용이다. 워크아웃으로 인해 금융권의 채무는 동결되고, 워크아웃을 신청한 기업은 일반 상거래 채무는 정상적으로 상환하게 된다. 워크아웃을 신청한 법인이 기존 경영권 유지할 수 있는 것은 채권단의 의지에 따라 결정되기에 반드시 보장된다고 할 수는 없다.

법정관리는 다른 표현으로 '기업회생절차'라고 부른다. 법정관리는 '채무자

회생 및 파산에 관한 법률'(통합도산법)에 의거하여 채무자인 법인이 기업회생절차를 법원에 신청한다. 이런 신청을 받은 법원은 채무자인 법인의 존속가치와 청산가치를 비교하여 법정관리를 통해 회생시키는 것과 채무자를 파산시키는 것 중 어느 것이 올바른 선택인지 판단한다. 법정관리가 개시되면 채무자 법인은 채무면제계획을 작성해 채권자의 동의를 얻고 회생계획 인가를 받는다. 이 과정을 통해 채무자 법인은 금융거래와 일반 상거래 채무가 동결된다. 단, 법정관리는 법정관리 이후에도, 특별한 사정이 없는 한 채무자 법인의 경영권을 유지하는 것이 허용된다.

자산건전성의 분류기준 : 금융감독원의 자산건전성 분류업무 해설에 따르면 다음과 같은 몇 가지 경우에 따른 방식으로 분류하는 것이 가능하다(금융감독원, <자산건정성 분류업무 해설>, 2015년 8월. p23).

- 최종부도가 발생한 이후 법원으로부터 '채무자 회생 및 파산에 관한 법률'에 의한 회생개시 결정을 받은 차주의 경우에는 채권 재조정이 이루어질 때까지 회수예상가액 초과부분을 "추정손실"에서 "회수의문"으로 상향조정할 수 있다.
- 아울러 최종부도가 발생한 이후 법원으로부터 회생계획인가를 받는 등 채권재조정이 이루어지는 경우에는 채권재조정여신에 대한 자산 건전성 분류원칙에 따라 건정성을 분류한다.
- 다만, 청산 또는 파산절차가 진행 중인 업체에 대한 여신으로서 담보는 설정되어 있지 않으나 자산-부채 실사결과 청산가치가 양(+)으로서 채권자 균등배분원칙에 의해 객관적으로 회수가 가능할 것으로 판단되는 부분은 "회수의문"으로 분류 가능하다.

이와는 별로도 은행업감독규정(2013년 5월 개정)에 의거한 자산건전성 분류기준은 다음과 같이 규정되어 있다.

- 요주의

1) 경영내용, 재무상태 및 미래현금흐름 등을 감안할 때 채권회수에 즉각적인 위험이 발생하지는 않았으나 향후 채무상환능력의 저하를 초래할 수 있는

잠재적인 요인이 존재하는 것으로 판단되는 거래처(요주의 거래처)에 대한 자산.

2) 1월 이상 3개 미만 연체대출채권을 보유하고 있는 거래처에 대한 자산.

■ 고정

1) 경영내용, 재무상태 및 미래현금흐름 등을 감안할 때 채무상환능력의 저하를 초래할 수 있는 요인이 현재화되어 채권회수에 상당한 위험이 발생한 것으로 판단되는 거래처(고정거래처)에 대한 자산.

2) 3월 이상 연체대출채권을 보유하고 있는 거래처에 대한 자산 중 회수예상가액 해당 부분.

3) 최종부도 발생, 청산-파산절차 진행 또는 폐업 등의 사유로 채권회수에 심각한 위험이 존재하는 것으로 판단되는 거래처에 대한 자산 중 회수예상가액 해당 부분.

■ 회수의문

1) 경영내용, 재무상태 및 미래현금흐름 등을 감안할 때 채무상환능력이 현저히 약화되어 채권회수에 심각한 위험이 발생한 것으로 판단되는 거래처(회수의문 거래처)에 대한 자산 중 회수예상가액 초과부분.

2) 3월 이상 12월 미만 연체대출채권을 보유하고 있는 거래처에 대한 자산 중 회수예상가액 초과부분.

■ 추정손실

1) 경영내용, 재무상태 및 미래현금흐름 등을 감안할 때 채무상환능력의 심각한 악화로 회수불능이 확실하여 손실처리가 불가피한 것으로 판단되는 거래처(추정손실 거래처)에 대한 자산 중 회수예상가액 초과부분.

2) 12월 이상 연체대출채권을 보유하고 있는 거래처에 대한 자산 중 회수예상가액 초과부분.

3) 최종부도 발생, 청산-파산절차 진행 또는 폐업 등의 사유로 채권회수에 심각한 위험이 존재하는 것으로 판단되는 거래처에 대한 자산 중 회수예상가격에 초과부분.

12.3.3 기술신용평가

한국에서는 "기술금융"이라는 용어가 자료를 통해 사용되기 시작한 것은 1992년 과학기술정책연구원에서 발간한 저널에서 부터이다. 김광두, 정운찬(1992)은 "금융혁신과 기술금융제도에 관한 연구"[1]에서 기술금융은 "기술의 기술투자에 소요되는 자금을 정부가 금융기관을 통해 가용성과 금리면에서 지원함으로써 기술투자를 촉진시키려는 방법"으로 언급되고 있다. 이것은 정부가 특정한 목적을 가지고 자금의 배분과정에 개입하여 자금의 흐름을 인위적으로 배분 또는 조정한다는 의미를 가지고 있다. 그럼 왜 정부는 이런 자금의 배분과정에 개입하는 것인가? 그것은 시장의 자율적 의사결정에 자분배분을 맡겨 놓았다면 투자의 수익성과 위험성 정도에 따라 자산배분이 이루어 지기에, 투자가 꼭 필요한 곳에는 수익성과 위험성의 지표를 넘어서는 자금이 배분될 수 있도록 환경을 조성하기 위한 조치이다.

표 12-9 기술혁신단계별 기술금융지원 내용

구분		지원내용	기술혁신단계	지원방법
정책금융	기금	정보통신진흥기금, 중소기업창업 및 진흥기금 등	R&D, 사업화	융자
민간금융	은행	국책은행, 시중은행의 기술개발자대출 등	R&D, 사업화 성장 및 성숙	융자
	벤처캐피털	주식, 사채, 투자조합의 결성 등		투자
기술평가보증		기보의 기술평가에 의한 보증지원	창업, R&D, 사업화, 성장, 기술이전, M&A	보증

자료) 정찬우 외 3인 "기술금융의 수요예측과 적정 위험분담 방안, 한국금융연구원, 2010.

기술금융의 정의 : 기술금융에 대한 정의는 기술금융이 출발한지 오래되지 않아서 다양한 내용으로 언급되어지고 있다. 그 중에서 핵심적이고 공통적인 내용으로 정리하면 기술금융의 정의를 다음과 같이 정의해 볼 수 있다. 1) 기술과 금융의 결합을 시도하는 기업금융이라고 할 수 있다. 다시 말해서 기술을 기반으로 기업의 사업화를 유도할 수 있도록 금융이 지원하는 것이다. 2) 기술에

1 김광두, 정운찬, "금융혁신과 기술금융제도에 관한 연구". 과학기술정책연구원, 1992.

금융이 접목되기 위해서는 기술평가를 필요로 한다. 일반적인 대출과 다른 것은 기업이 보유하고 있는 기술에 대한 평가를 실시하고, 그 결과를 바탕으로 투자나 대출 등의 다양한 형태를 통해서 기술을 보유한 기업이 금융을 활용할 수 있도록 하는 것이다. 즉, 기술금융은 전문가로 구성된 인력들이 기술평가를 수행하고, 그 수행된 평가를 통해 기업이 보유한 아이디어와 기술의 개발, 그리고 사업화 등 기술혁신에 관한 모든 과정에 필요한 자금을 공급하는 금융인 것이다.

기술금융 정책 : 정부는 2013년 7월 관계부처 합동으로 "창조경제 실현을 위한 지식재산금융 활성화 방안"을 발표한다. 지식재산금융은 금융을 통해 아이디어와 지식재산의 개발과 사업화의 가능성을 증진시키고 활용 가치를 높이려 투자와 융자 등을 통해 혁신적이고 창의적인 아이디어와 기술을 지식재산화하는 것을 목표로 하고 있다.

2013년 11월 발표된 "금융업경쟁력 강화방안" 중 '기술－지식재산 금융 활성화' 목표 달성을 위한 구체적인 방법과 계획은 2014년 1월 "기술금융 활성화를 위한 기술평가서시스템 구축방안" 발표되면서 좀 더 구체화된다. 이로써 '기술금융 정의'도 좀 더 명확하게 정의되고 발표되었으며, 이것을 바탕으로 추진배경, 체계, 방법 등에 대해서도 본격적으로 논의된다.

표 12-10 기술금융의 일반적 유형

유형	분류	제공하는 기능
기술융자	은행	기술평가(인정서) 대출
	정부	개발기술사업화자금
기술보증	기보	기술평가보증
기술투자	벤처캐피탈	Equity Financing
기술신탁	기술신탁관리기관	기술유동화증권, 자금조달형 기술신탁

자료) 기술금융의 이해와 실무, 김영수외 4인, 영화조세통람, 2017년. "창조경제 실현을 위한 지식재산금융 활성화 방안 내용 재구성(금융위, 2013년 7월)"을 재인용 p222.

표 12-11 기술금융과 지식재산금융 특성 비교

<table>
<tr><th>구분</th><th>기술금융</th><th>지식재산금융</th></tr>
<tr><td>특징</td><td>기술금융과 지식재산금융은 기술 및 지식재산 내재적 특성으로 필요수준보다 과소공급되는 시장실패가 보편적</td><td>지식재산은 기술 범주에 포함되지만 재산적 성격으로 일반기술보다 금융측면의 활동도가 높음</td></tr>
<tr><td>정보비대칭</td><td>보유기업과 금융공급자간 기술 등에 대한 정보 비대칭성으로 통상 역선택 또는 도덕적 해이 문제 발생</td><td rowspan="2">우리나라의 경우 지식재산금융을 별도 구분하지 않고 기술금융범주에서 인정

지식재산권은 재산권적 성격으로 정보 비대칭성과 불확실성의 다소 완화되고 거래 가능성이 높음</td></tr>
<tr><td>불확실성</td><td>유형자산에 비해 기술개발과 사업화 등 과정에서 평가-관리할 수 없는 불확실한 요소들이 산재</td></tr>
<tr><td>분리가능성</td><td>무형자산 성격으로 대부분 특정 기술 또는 특정 기업에 의미가 있어 일반적으로 분리-거래 가능성이 낮음</td><td>담보권 인정 등 지식재산권은 양도와 담보 설정이 법률적으로 허용되어 있어 금융 수단으로 활용될 여지도 큼</td></tr>
</table>

자료) 기술금융의 이해와 실무, 김영수외 4인, 영화조세통람, 2017년. "창조경제 실현을 위한 지식재산금융 활성화 방안 내용 재구성(금융위, 2013년 7월)"을 재인용 p222.

혁신성 평가 및 기술금융 실적평가 : 창조금융 활성화를 위한 3대 실천계획으로 기술금융 현장확산, 모험자본 시장육성, 보수적 금융문화 혁신을 선정하고 은행별 혁신성적을 평가하고 평가등급을 공개하기로 한다. 그동안 국내 은행은 여신 중심으로 편하고 안전하게만 경영되어진 측면이 많다는 지적이 끊임없이 제기되었다. 이를 개선하기 위해 담보-보증 위주의 영업관행에서 벗어나서 창의와 아이디어 등을 가지고 혁신분야에 자금을 공급하는 투자방식이 부족한 것이 현실이다. 이런 국내 은행의 관행에 대한 변화와 혁신에 대한 공감대는 형성되었지만, 아직 기술금융 전문인력이나 노하우, 실행능력 및 성과가 높지 않은 상황이다. 이로 인해 국내 은행의 실무 담당자는 부실여신에 대한 인사 불이익을 받을 수 있다는 생각으로 인해 기술금융 투자와 같은 혁신투자로의 전환이 쉽지는 않다.

이런 어려움을 해소하고자 국내 은행 혁신성평가의 평가원칙이 정립된다. 정립된 평가원칙은 공정하고 미래지향적인 평가를 투명하고 변별력 있게 시행하고, 인센티브를 통해 국내 은행 스스로 변화할 수 있도록 유도하는 데 있다.

그런 측면에서 큰 틀은 공정성, 투명성, 미래지향성, 변별력 확보, 인센티브를 통한 동기 부여 제공 등을 원칙으로 수립한다. 먼저, 공정성을 통해서는 정량지표를 중심으로 평가하고 공개하여 비교가능성을 확보한다. 투명성은 평가 지표, 과정, 결과, 인센티브 등을 과감하게 공개함으로써 평가의 구체적인 사항에 대하서 알고자 하는 누구나 알 수 있게 한다. 미래지향성은 수출을 통해 우리나라를 유지하고, 수출을 통해 국력 확보가 필수적인 것을 고려하여 해외진출–신시장 개척 등 미래지향적 평가도 시행한다. 변별력 확보는 상대평가 방식을 통해 성과순위를 분명하게 구분한다. 인센티브와 연계한 것은 정책자금 등에 나타날 수 있는 복지부동이나 무사안일 등에서 벗어나서 인센티브를 통한 국내은행 투자 패턴이 실질적으로 변화할 수 있도록 유도한다.

기술신용평가시스템 : 국내 은행이 기술신용평가(TCB<Tech, Credit Bureau> 평가)사에 기술신용정보 산출을 요청하면 기술신용평가사는 국내 은행의 요청에 의해 기술신용정보를 산출하고 제공한다. 2014년 6월에 당시 18개 시중은행과 기술보증기금은 '기술금융 활성화를 위한 기술신용정보 활용 업무협약'을 체결함으로써 기술금융평가 업무를 수행한다. 이런 최초의 업무협약을 통한 기술평가활용 계획에 의하면 당시 정책금융공사의 온렌딩(On–lending) 대출과 기술보증기금의 보증부대출과 같은 정책금융 집행 시에는 의무적으로 기술신용정보를 활용하였다. 2015년 7월부터는 의무적용대상을 폐지하고 모든 대출에 대해 시중은행이 자율적용대상으로 운영하고 있다. 기술신용평가대상에 해당되는지 정확하게 판단하는 기준은 없으며, 기술력을 갖춘 기업이라는 특성을 고려하면 "제조업"이나 "혁신형 지식서비스업" 정도 등이 주요 대상이 될 것으로 판단된다.

표 12-12 기술신용평가를 위한 신청서류 목록

번호	서류 목록	고객 처리사항
1	기술사업계획서 또는 기술신용조사서	각 기술신용평가사 홈페이지에서 관련 신청서식을 다운로드하여 작성
2	법인등기사항증명서	1개월 이내 발급분(법인기업만 해당). 단, 기술신용평가상 자체적으로 발급하는 경우는 제출생략 가능
3	4대보험 가입자명부	상시근로자 수 확인을 위한 서류

4	기업부설연구소인정서	한국산업기술진흥협회에서 발급한 인정서 사본
5	연구개발인력 현황	직위, 성명, 생년월일, 최종학교-전공, 학위, 졸업 연도, 동종업종 경력 연수를 기입하여 한페이지로 (부설연구소 보유시 한국산업기술진흥협회에 보고된 인력 현황표로 갈음)
6	기술개발 실적 리스트	기술사업계획서상 상용화실적, 개발실적, 수상실적, 인증실적 확인을 위한 리스트 정리자료 제출
7	지식재산권 리스트	지식재산권(특허, 실용신안, 의장, 상표 등) 리스트(한페이지로 정리) 및 지식재산권 사본
8	수주 현황 리스트	당해 연도 수주 현황 자료(한페이지로 정리)
9	회사소개서	자유양식(별도로 준비된 자료가 있는 경우에 한함)
10	결산재무제표	당기 결산 재무제표(세무서 신고용)

자료) 기술보증기금

표 12-13 예비평가 절차

구분	내용
신청 기술의 권리 파악	• 신청 기술이 산업재산권에 등록되어 있는 경우 반드시 등록원부를 접수하거나 특허청에서 등록원부를 발급하여 확인 - 산업재산권의 출원인, 발명인, 권리이전, 통상(전용)실시권 허용 여부, 질권사항 등을 파악함 - 신청일 기준 최근 기술권리에 대한 양수-양도와 관련하여 상세히 검토하고 본평가시 기술권리 양수-양도 관련 비용 지급을 확인하거나 전 권리자의 신용도를 검토함 - 산업재산권을 검색(www.kipris.or.kr)하여 산업재산권리의 청구항을 검색함
신청 기술의 내용검토	• 신청 기술의 개요와 내용 • 유사기술의 출현 여부 - 인터넷 검색, 기술보증기금 DB, 기술 동향정보 • 신청 기술의 독창성, 차별화된 내용에 대하여 개략적으로 파악 • 신청 기술의 진행 정도, 완성에 대하여 파악 - 양산중, 양산준비 단계, 시제품 제작 단계, 개발 예정 단계 등
신청 기업의 기술경영능력 파악	• 경영자의 기술지식, 경험 수준을 대표자의 이력을 통해 연관하여 파악 • 기업의 기술개발인력 구성, 기술인증, 기술개발 실적을 토대로 기술개발능력 파악
재무상황, 경영일반사항 검토	• 재무상황, 매출 현황, 최근 영업 현황 등 사전조사 • 대표자, 실제경영자, 핵심 개발자의 신용 관련 정보 조회 • 신청 기술 개발을 위한 소요자금의 용도와 적정성 확인 • 기존 보증업체의 경우 보증 현황 - 기술보증기금, 신용보증기금, 신용재단 등 • 기존 입력된 신용조사서 및 평가서 참조

소요자금 및 기술평가의 용도	• 특정자금 지원사업의 경우 지원 대상 해당 요건 충족 여부 - 지원 대상이 아닌 경우 여타 기술평가 보증으로 유도함 • 신청자금이 운전자금, 기술개발자금, 시설자금에 따라 적정한지 여부 • 신청 기술 소요자금이 사업화 단계에 적정한지 소요자금 용도 파악 - 기술개발 단계, 시제품생산 단계, 제품양산 단계, 생산시설설치 단계 등에 따라 소요자금 사정의 내용이 상이함

자료) 기술보증기금

표 12-14 현장실사 및 본평가 절차

신청 기술에 대한 평가	• 신청 기술의 개요를 파악하고 경영자-기술개발자의 질의응답을 통해 내용을 확인하며, 개발제품이 있는 경우 제품에 대한 설명을 듣고 기술적 사항 평가 • 핵심기술의 내용을 파악하고 그 기술의 독창성, 차별성, 모방 가능 여부 확인 • 신청 기술이 기존의 사업(기술)과 연계성, 전략적 부합성을 갖추었는지 파악 • 생산설비의 보유 및 가동 현황, 제조시스템을 확인하고, 기술의 개발 및 제품화 가능성, 제품생산능력(시설, 인력, 원자재 조달) 파악
신청 기술(제품)의 시장성에 대한 평가	• 신청 기술을 제품화할 수 있는 경우 해당 제품의 시장 규모 • 기존에 수입되고 있거나 유사-동일 제품의 생산업체와 시장 현황 그리고 시장 지배자 존재 유무를 파악하여 전반적 시장구조 확인 • 기업이 가지고 있는 영업-마케팅 능력을 파악하여 해당 기술을 사업화할 경우 시장에서 기술경쟁력을 확보하여 시장진입이 가능한지 파악 • 신청 기술과 관련된 해당 산업이 시장성장 가능성과 시장진입시 선결과제(인-허가, 인증, 제도적 규제)가 무엇인지 확인
신청 기업의 기술적 대응능력 평가	• 경영자의 기술 경험, 해당 기술에 대한 정확한 인식과 기술적 대처 능력 파악 • 기업이 신청 기술을 개발하기 위한 기술개발조직, 인력, 설비 등 기술개발능력 확인 • 기업이 가지고 있는 기술력(기술인증, 산업재산권, 제품 상용화 및 개발 실적)을 객관적으로 확인하고 필요한 경우 자료 획득
기업의 기술사업화 타당성 평가	• 현재 진행되고 있는 기업의 사업 현황(매출, 수주 현황 등) 확인 • 신청 기술의 사업화를 위한 전략에 타당성이 있는지, 사업화 성공 가능성 확인 • 사업화 성공시 기업에 미치는 영향(재무구조 개선, 매출, 시장 선점, 기존 사업의 수주 증가 등)을 종합적으로 파악
재무상황, 영업현황, 금융거래 현황 등 경영일반사항	• 주요 거래처 현황, 최근 영업 현황, 재무제표 및 부속명세서 등 확인 • 기타 대표자, 기술개발자, 경영일반에 대한 전반적 사항 검토
자금조달 계획의 적정성 평가	• 사업 소요자금의 규모와 내용을 확인 • 기업의 자금집행 규모와 향후 소요될 자금에 대한 기업의 자금조달 방안(자체 자금, 증자, 금융차입, 회사채 발행 등) 확인 • 기술개발을 위해 투입되는 연구인력, 개발비용, 시험설비에 대해 파악

자료) 기술보증기금

12.4 엔젤투자

12.4.1 엔젤투자

엔젤투자에서 엔젤은 사전적 의미로 창업 또는 창업 초기단계의 모험기업에게 필요한 자금을 투자형태로 제공하고, 경영에 대한 자문 등을 해주며 기업가치를 높인 후 일정한 방법으로 투자이익을 회수하는 개인투자자를 의미한다. 엔젤은 원래 미국 브로드웨이에서 유래된 것으로 1920년대 미국을 중심으로 많은 오페라가 만들어져 공연되었는데, 어떤 오페라는 작품성이 있음에도 불구하고 자금이 부족해서 공연을 할 수 없었다. 당시 이런 오페라에 자금을 지원하며 공연을 성공적으로 이끌 수 있도록 지원해 준 후원자를 엔젤이라고 불렀다.

우리나라에서는 1990년 말 벤처업계에 우수한 인재들이 많아지고 성장 가능성도 높아지면서 엔젤에 대한 관심이 증대된다. 2000년대에는 벤처 붐을 타고 엔젤투자가 활발하게 이루어졌다. 비록 닷컴버블의 소멸로 인해 엔젤투자에도 어려움이 있었지만, 4차 산업혁명과 그에 따른 청년창업의 급증으로 인해 엔젤투자가 다시금 활기를 찾고 있다. 엔젤투자가 벤처기업에 기여하는 역할은 크게 세 가지이다. 하나는 창업 또는 창업 초기 기업에게 필요한 자금을 제공한다. 엔젤은 기술력은 있지만 자본과 경영여건이 취약한 초기기업이나 연구개발이나 기업 설립 초기단계의 창업기업을 투자대상으로 본다. 둘째, 창업 초기기업에 필요한 자금을 투자형태로 제공한다. 창업 초기기업에 적합한 자금조달방식은 은행 등에 의한 대출방식보다는 엔젤에 의한 지분투자 방식이 더 효과적이다. 창업자는 지분투자를 받음으로 대출방식보다 금융비용을 줄여 좀 더 안정적인 경영활동을 수행해 나갈 수 있기 때문이다. 끝으로 엔젤은 필요한 자금을 제공할 뿐만 아니라 경영에 대한 자문 등을 제공하여 기업가치를 높이는 역할을 수행한다. 엔젤 역시 벤처캐피탈처럼 투자한 기업에 대한 직·간접적인 경영참여를 통해 투자한 기업가치를 높이는 활동을 수행한다. 자금을 공급하는 것외에도 본인의 전문분야가 있다면, 투자, 회계, 법무, 해외 합작투자, 국내외 마케팅 및 네트워크를 활용하여 벤처기업에 필요한 서비스 활동을 지원하는 역할을 수행할 수 있다. 엔젤투자자 중에는 창업에 성공한 후 전직과 현직에 재직하면서 활동하는 사람들이 많이 있기 때문이다.

그림 12-3 **일본 벤처캐피탈의 투자 내역**

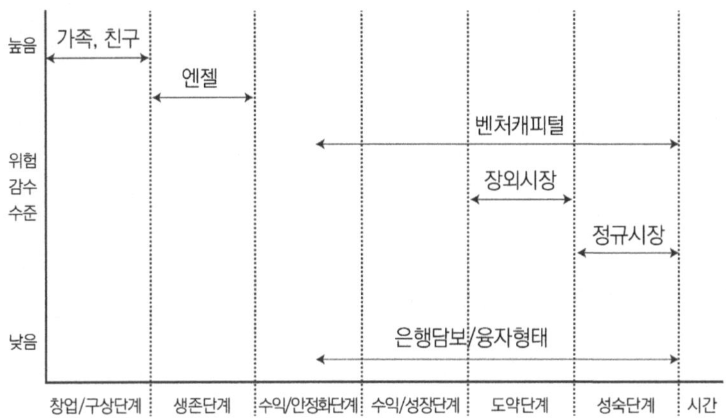

자료) 엔젤의 유형과 엔젤자금 유치 벤처기업의 성향 분석(정보통신정책연구원, 2000.2). 한국엔젤투자협회 자료 재인용

12.4.2 엔젤투자의 현황

우리나라의 엔젤투자는 주로 개인들이 하는 투자로 아는 지인이나 부모, 혹은 친인척이 모험기업에 투자하는 것이 대부분이었다. 그러다가 1997년 '벤처기업육성에 관한 특별조치법'이 제정되면서 개인이 벤처기업에 투자하는 것을 지원하면서 엔젤조합 또는 엔젤클럽이 형성된다. 개인 엔젤들은 이 법을 통해 개인이 직접 투자하거나 개인투자조합에 출자하는 간접투자를 통해 투자자금과 투자수익에 대한 세제지원을 제공받게 된다.

1999년 하반기에 형성된 벤처 붐으로 인해 엔젤투자가 크게 증가한다. 엔젤클럽이나 엔젤투자조합 등을 통해 활동하는 엔젤은 1997년 100명 정도였으나, 2000년 말에는 대략 3만 명에 육박하고, 투자금액은 5,000억 원을 넘어선다. 2000년대의 벤처 붐 이후에는 엔젤투자가의 연령대가 30대에서 40대로 점차 높아지고 있으며, 투자자의 직업도 다양해지고 있다.

엔젤투자의 저변이 확대되고 있음에 불구하고 엔젤투자시장은 개선되어야 할 점이 많다. 우리나라의 엔젤시장은 아직 투자자금 회수시장이 제대로 정착되어 있지 않아 모험기업에 대한 투자 기피현상이 지속되고 있다. 또한 창업 초기에 기업의 경영지원에 필요한 회계사, 변호사, 금융전문가, 벤처캐피탈리스트, 퇴임한 전직CEO 등과 같은 전문가 집단의 투자가 낮아 경영 자문에까지 도움이 이어지지 못하고 있는 게 현실이다.

표 12-15 엔젤투자자 특성 비교

	2001년	2011년
연령대	30대(36%), 40대(34%)	40대(47%), 30대(33%)
직업 구성	회사원(38%), 자영업(18%)	회사원(45%), 기업경영자(23%)
투자 규모 (건당)	2,000만원	4,500만원
투자회수 희망기간	1~3년(77%)	3년 이상(47%)
선호 업종	정보통신(85%), 바이오(13%)	특정 종목 치우침 없음
투자 대상	3년 미만(85%)	3년 미만(48%)
매각 방법	기업상장(92%)	기업상장(48%), 구주매각(30%)

자료) 한국엔젤투자협회

미국의 엔젤투자는 2010년부터 2018년까지 200억 달러를 넘게 유지하고 있으며, 투자대상 기업수는 6만개에서 7만개 정도에 이른다. 엔젤투자자는 2011년 일시적으로 30만명 넘어선 후, 2014년부터는 대략 30만 명이 지속적으로 유지되고 있는 상황이다. 엔젤투자자의 투자액은 7만 달러에서 8만 달러 정도를 보인다. 미국의 경제가 지속적인 성장세를 보이면서 엔젤투자 역시 활발해지고 있지만, 공식적인 자료집계가 잘 이루어지지 않는 엔젤투자의 특성상 투자액, 기업수, 투자자, 그리고 엔젤당 투자액 등은 조사 기관에 따라 다소 차이가 있을 수 있다.

표 12-16 **미국 엔젤투자 규모** (단위: 10억달러)

	투자액	증가율 (%)	투자대상 기업수 (천개)	증가율 (%)	엔젤 투자자 (천명)	증가율 (%)	엔젤당 투자액	증가율 (%)
2009	17.6	-8.3	57	3.1	260	-0.2	68	-8.1
2010	20.1	14.2	62	8.2	265	2.3	76	11.7
2011	22.5	11.9	66	7.0	319	20.0	71	-6.7
2012	22.9	1.8	67	1.2	268	-15.8	85	20.9
2013	24.8	8.3	71	5.5	299	11.4	83	-2.8
2014	24.1	-2.8	73	3.8	317	6.0	76	-8.3
2015	24.6	2.1	71	-3.1	305	-3.7	81	6.0
2016	21.3	-13.4	64	-9.5	298	-2.3	72	-11.4
2017	23.9	12.2	62	-4.4	288	-3.2	83	15.9
2018	23.1	-3.3	66	7.4	335	16.0	69	-16.7

자료) CVR, The Angel Investor Market. 한국엔젤투자협회 자료 수정 재인용.

미국의 엔젤투자자들이 선호하는 업종은 2009년에는 의료와 바이오가 26%이고, 다음으로 소프트웨어 19%, 그리고 산업·에너지업종 17%를 보인다. 이런 흐름이 2010년대에는 의료와 바이오를 더욱 선호하는 경향으로 변화한다. 2018년 의료와 바이오에 대한 엔젤투자자의 비중은 31%를 넘어선다. 2020년 코로나19가 전세계적으로 발생한 것으로 고려하면 2020년대에도 의료와 바이오(또는 생명공학)에 대한 엔젤투자의 비중은 더욱 높아졌을 것이다. 반면 2018년대 산업과 에너지 부문의 투자비중은 6%로 낮아졌다. 소프트웨어에 대한 투자비중은 꾸준하게 20% 전후를 유지하고 있다.

표 12-17 **미국 산업 부문별 엔젤투자 비중** (단위: %)

	2009	2010	2011	2012	2013	2014	2015	2016	2017	2018
의료	17	30	19	14	14	16	16	20	19	23
바이오	8	15	13	11	11	-	13	10	10	9
소프트웨어	19	16	23	23	23	27	18	25	30	20

산업·에너지	17	8	13	7	-	5	11	8	7	6
소비재	9	5	-	12	7	9	11	14	10	13
IT서비스	-	5	7	-	-	10	-	5	-	-
미디어	-	-	5	7	16	-	9	-	-	-
금융 서비스	-	-	-	-	7	10	-	-	5	8

자료) CVR, The Angel Investor Market. 한국엔젤투자협회 자료 수정 재인용.

우리나라의 엔젤투자가 미국처럼 좀 더 활발하게 진행되기 위해서는 무엇보다도 적극적인 세제지원제도가 필요하다. 우리나라는 소득공제율과 매각이익에 대한 세제혜택을 통해 엔젤투자를 지원하고 있으나, 국가별 특성을 고려할 때 획기적인 세제혜택을 통해 글로벌 엔젤투자 자금을 유입하거나 엔젤생태계의 투자활성화의 조성이 필요하다.

표 12-18 국가별 엔젤투자 세제지원제도

구분	소득공제율	매각이익	매각손실
한국	3천만원 이하 100% 3천만원 초과~5천만원 이하 70% 5천만원 초과 30%	주식양도차익 비과세	
미국	10%~100% (주별 상이)	매각이익 재투자시 과세이연	5만 달러 한도공제
영국	20%	주식양도차익 비과세	소득 48% 한도공제
일본 ('08년)	40% (1천만엔)	6개월 이상 타 기업 보유주식 매각 후 재투자시 과세이연	3년간 이월공제
싱가포르 ('10년)	50%	양도차익 50% 비과세	

자료) 한국엔젤투자협회

12.4.3 크라우드 펀딩

크라우드 펀딩(Crowd Funding)은 대중으로부터 자금조달을 받는다는 의미로, 자금이 필요한 개인이나 단체 또는 기업이 웹이나 모바일 네트워크 등을 이용해서 불특정 다수로부터 자금을 모으는 행위이다. 크라우드 펀딩의 종류에는 증권형(투자형), 후원기부형(리워드형), 대출형(P2P)이 있다. 먼저, 증권형(투자형)은 스타트업, 벤처기업 등에 자금을 투자하고 해당 기업의 지분을 취득하는 형태이다. 둘째, 후원기부형(리워드)은 직접적인 금전적 보상을 하지는 않으나, 신제품 프로젝트에 자금을 후원하면 개발완료 후에 제품을 제공하는 형태가 있다. 또한 창작활동(영화, 연극, 전시회, 콘서트, 음반제작, 도서 등)에 자금을 후원하면 책, 공연티켓, 기념품 등을 제공하는 형태도 있다. 이외에도 공익을 목적으로 사회적 소외계층 등에게 순수 기부를 하는 형태 등이 있다. 끝으로 대출형(P2P)은 개인과 개인 사이에서 이루어지는 개인간 직거래 방식 금융서비스의 일종으로 자금 여유가 있는 개인이 해당 플랫폼을 이용하여 돈을 빌려주고 만기시에 원금과 이자를 돌려받아 수익을 창출하는 것이다. 2016년 1월에 크라우드 펀딩의 법제화가 이루어지면서 업종(온라인 소액 투자중개업), 등록제/최저자본금(5억원), 발행기업의 모집한도(2019년 3월 6일 발표된 자본시장법 개정으로 기존 7억 원에서 15억 원까지 확대), 발행기업 범위(기존 설립7년 이내 기업에서 모든 중소기업으로 확대), 투자자(일반투자자, 금융소득과세대상자<적격투자자>, 전문투자자로 구분), 소득공제 등에 내용이 제정된다.

표 12-19 엔젤투자자, 엑셀러레이터, 크라우드 펀딩의 비교

구분	엔젤투자자 (전문엔젤/ 전문개인투자자)	엑셀러레이터 (창업기획자)	크라우드 펀딩
설립근거	중소기업창업지원법 → 벤처투자촉진법		자본시장과 금융투자업에 관한 법률
주무부처	중소벤처기업부		금융위원회
설립자본금	-	1억원 이상	5억원 이상
기타사항	3년간의 투자금액 합이 1억원 이상	전문인력2명 이상	시스템 등 구축

자료) 한국벤처투자협회

※ 참고할 사항 ※

표 12-20 글로벌 크라우드 펀딩 현황

구분	회사(서비스명)	웹사이트
후원/기부	[미국] 킥스타터(Kickstarter)	www.kickstarter.com
	[미국] 인디고고(Indiegogo)	www.indigogo.com
	[일본] 마쿠아케(makuake)	www.makuake.com
증권형(투자형)	[미국] 엔젤리스트(Angelist)	www.angel.com
대출형(P2P)	[영국] 조파(Zopa)	www.zopa.com
	[미국] 렌딩클럽(Lending Club)	www.lendingclub.com

자료) 한국벤처투자협회

잠시 쉬어가는 코너

실리콘밸리의 유명 엔젤 2인

성공을 부르는 엔젤투자자: 론 콘웨이 vs 마이크 메이플스

미국에는 엔젤이 상당히 많다. 그 수는 정확히 알 수 없지만 대개 27만 명 정도 될 것이라고 추정한다. 미국은 인구의 0.2~0.3%가 엔젤이라고 추산하고 있다. 2010년을 기준으로 했을 때 그렇다. 하지만 최근 경기가 어려워지고 벤처기업에 대한 중요성이 높아지면서 엔젤의 수가 그보다 더 많을 것으로 예상된다. 엔젤은 기술력은 있으나, 자금이 부족한 창업 초기기업에 자금지원과 경영지도를 해 주는 개인투자자를 말한다. 창업으로 자금부족을 겪는 기업인에게 좋은 후원자라는 뜻에서 천사(Angel)라고 부려진다. 엔젤투자는 기업의 기술력과 장래성만 보고 무담보 형태로 투자하기 때문에 사업이 망하면 투자자금을 회수하는 것이 거의 불가능하다. 그래서 엔젤투자의 성공률은 10% 이하이다. 미국에서 엔젤투자가 전체 벤처투자의 3분의 2에 달할 정도로 많기는 하지만 전설적인 엔젤투자자는 그리 많지 않다.

론 콘웨이(Ron Conway) - 실리콘 밸리의 마이다스 손

미국 엔젤 가운데 가장 대표적인 인물이다. 컴퓨터 업계에서 영업직으로 시작하여 훗날 퍼스널 트레이닝 시스템즈(Personal Training Systems)라는 회사의 CEO가 되었다. 회사가 어느 정도 성공하자 그는 회사를 스마트포스/스킬소프트(SmartForce/Skillsoft)라는 회사에 팔았고, 여기서 꽤 많은 돈을 벌었다.

그는 기업을 운영하는 것보다 자신과 같은 꿈을 가진 젊은이들을 돕겠다는 생각으로 실리콘밸리의 회사들을 대상으로 투자를 시작했다. 필요하다면 경영지원도 아끼지 않았다. 풍부한 경험과 네트워크를 가진 그의 도움을 받아 성공한 기업이 늘어나면서, 그도 큰 돈을 벌어 일약 '실리콘밸리의 마이다스 손'으로 떠올랐다.

그는 그동안 무려 500여개의 실리콘밸리 회사(대부분이 웹 기반 콘텐츠)에 투자했고, 2010년 한 해 동안 70개 이상의 기업에 투자했다. 모두 자신이 그동안 벌어 둔 돈으로 엔젤투자 형태로 투자했다.

콘웨이는 2009년 이후 스마트폰 관련 산업이 각광을 받으면서 이 분야에 대한 엔젤투자를 주로 해왔다. 그가 투자한 회사의 면면을 보면 페이스북(Facebook), 트위터(Twitter), 구글(Google), 페이팔(Paypal), 트윗덱(TweetDeck) 등으로 화려하다. 대부분 미국에서 성공한 기업으로 평가받고 있다.

콘웨이가 '엔젤투자의 대부'로 평가받고 있는 것은 어떤 경우에도 1,000만 달러 이상의 매출을 올리는 기업에 대해서는 투자하지 않는다는 것, 그리고 서비스를 상용화하기 전에 투자한다는 원칙을 끝까지 지키고 있기 때문이다.

마이크 메이플스(Mike Maples) - 떠오르는 스타엔젤

그는 젊은 엔젤투자자다. 최근 <포춘>이 '떠오르는 엔젤투자자'로 선정했다. 메이플스는 1997년 모티브 커뮤니케이션(Motive Communication)의 공동 창업자로서 연매출 1,000억원 규모의 브로드밴드 관련 소프트웨어회사를 운영해 성공한 벤처인으로 인정을 받았다. 그는 그동안 사업성공 경험을 바탕으로 메이플 인베스트먼트(Maples Investments)를 설립, 본격적인 엔젤로 나서, 디그닷컴, 캐쥬얼게임, 마켓플레이스인, 콩그리게이트(Kongregate) 등을 발굴, 투자했다. 아직까지 이렇다 할 만한 성공을 거두지 못했지만 투자회사에 대한 기술개발, 제품상용화, 마케팅, 전략기획 등 다양한 분야의 자문이 가능한 엔젤로 평가받고 있다. 메이플수는 어릴 때부터 특히 기술개발에 대한 열정이 남달랐다. 이것이 모티브 창업으로 이어졌으며, 엔젤로서 변신한 후에도 기술기업에 대한 투자에 관심이 많았다. 그렇다고 마케팅에 문외한도 아니다. 그는 자신이 모티브를 세우기 전에 IBM에 인수합병된 티볼리(Tivoli)에서 글로벌 마케팅담당 업무를 맡았다. 또 실리콘그래픽스에서도 마케팅 업무를 하면서 남다른 활약상을 보였다. 메이플스는 스탠포드 대학을 졸업하고, 하버드 대학에서 MBA 공학학사를 받았다. 요즘은 스탠포드, 하버드, 프린스턴, 텍사스 대학 등에서 기업가정신 특강을 하고 있다.

현재 그는 메이플 인베스트먼트를 플로드게이트(Floodgate)로 바꿔 엔젤 역할을 하고 있다. 현재 플로드게이트가 투자해 놓은 업체는 트위터를 비롯해 아이폰으로 웹사이트를 구축하고 관리해 주는 기업인 위블리(Weebly)와 온라인 여성쇼핑몰인 모드클로스(ModCloth) 등 적지 않은 스타트업 기업이다.

메이플스는 엔젤투자에 있어서 초기 자본이 적게 들어가는 회사를 좋아한다. 초기 투자자금이 1,000만 달러가 넘는 벤처기업에는 투자하지 않는다. 50만 달러에서 100만 달러 정도의 투자를 선호한다.

[자료 : 한국엔젤투자협회]

잠시 쉬어가는 코너

실리콘밸리를 이끄는 엔젤투자자들

2012년 7월, <비즈니스 인사이드>는 실리콘밸리에서 활동하고 있는 50명의 엔젤투자자를 발표했다. 그들의 면면을 보면 참으로 다양하다. 과거에 창업을 해서 사업을 성공시킨 후 회사를 매각하고 엔젤로 나선 사람과 전문적으로 엔젤투자자로 활동하는 사람으로 나뉜다. 하지만 두드러지는 현상은 벤처기업을 창업해 IPO하거나 M&A해 사업을 성공시킨 사람들이 엔젤투자자로 나서는 경우가 대세를 이루고 있다는 점이다. 이들은 자신이 창업했던 경험을 이용해 투자 대상기업을 선택하고 있으며, 투자기업에 대해 실질적으로 도움이 되는 조언을 할 수 있다는 점에서 큰 도움이 된다. 또한 많은 다른 창업가들과 인맥이 좋고, 자신이 투자한 회사와 연결해 줄 수도 있어서 투자 대상기업으로서는 더 이상 좋을 수 없다.

페이팔 마피아 수두룩

현재 실리콘밸리에서 가장 눈길을 끄는 엔젤그룹은 세계 최대 전자상거래 업체인 페이팔(PayPal) 출신들이다. '페이팔 마피아'라고 불린다. 그만큼 엔젤들이 많다는 뜻이다. 창업자인 피터 티엘(Peter Thiel)을 비롯해 부사장이었던 레이드 호프먼(Reid Hoffman), 맥스 레브친(Max Levchin), 제레미 스토펠먼(Jeremy Stoppelman), 데이비스 삭스(David Sacks), 스티브 첸(Steve Chen), 조 론스데일(Joe Lonsdale) 등 성공한 벤처기업인이 즐비하다. 그들은 2002년 페이팔이 이베이에 15억 달러에 매각되면서 생긴 돈으로 새로 회사를 창업해 운영하거나 신생 벤처기업에 투자하는 엔젤로 활동하고 있다. 이들은 특히 페이팔에 같이 근무하면서 쌓은 끈끈한 유대감을 통해 창업기업에 서로 투자하는 모습을 보였다. 이들은 그 유명한 유튜브, 링크드인, 엘프 등 내로라하는 기업들을 창업하면서 서로 투자하는 끈끈함을 보여 주었다.

피터 티엘(Peter Thiel) - 혁신적 엔젤투자자

피터 티엘은 페이팔의 공동창업자였다. 그는 엘론 머스크와 같이 회사를 만들었다. 2002년 페이팔을 이베이에 매각한 후 크래리엄캐피탈(Clarium Capital)을 설립했다. 그후 그는 부사장이던 레이드 호프먼이 링크드인을 창업하자 거액을 투자하고, 이어 페이스북의 초기투자에도 참여했다. 레브친이 설립한 옐프(Yelp)에도 엔젤로 적지 않은 금액을 투자했다. 최근 페이스북이 상장하면서 그가 투자한 50만 달러는 현재 수십억 달러의 가치로 평가받고 있다. 티엘의 투자는 여기에 그치지 않는다. 최근에는 대학생들의 창업을 지원하고 있다. 그는 매년 자신이 직접 뽑은 20세 미만의 청년 24명에게 10만 달러를 주며 대학 대신 창업을 할 수 있도록 돕는 티엘 펠로우(Thiel Fellow) 프로그램을 진행하고 있다. 피터 티엘은 미국의 명문대학 스탠퍼드에서 학사와 법학대학원을 졸업했다. 그는 공개적으로 교육시스템의 문제점을 지적하고 티엘 펠로우를 할 때 중퇴자들도 중요하게 다룬다. 그래서 <워싱톤포스트>는 그를 "투자가이자, 개혁자이며, 철학자"라고 표현했다.

레이드 호프먼(Reid Hoffman) - SNS투자 전문가

그는 링크드인 설립자이자 이사회 의장이다. 지난 링크드인을 상장시키면서 엄청난 돈을 벌었다. 그의 보유지분 가치는 약 18억 달러에 이르는 것으로 알려졌다. 그는 현재 징가, 에어비앤비, 플리커 등 실리콘밸리에서 잘 나가는 벤처기업에 투자를 해 놓고 있다.

그는 2009년부터 벤처캐피탈 회사인 '그레이락 파트너스'의 파트너로 일하고 있다. 그는 그동안 경험을 살려 소셜네트워크(SNS) 기업에 투자를 집중하고 있다. <뉴욕타임즈>는 그를 네트워크 기업의 투자전문가로 소개하고 있다. 그는 현재 페이스북의 지분을 0.5% 보유하고 있다. 그것의 평가액은 약 5억 달러에 이르는 것으로 알려졌다. 그는 SNS기업을 대상으로 1년에

20개 정도의 투자를 계획하고 있다. 투자 대상기업도 모르는 분야에 대해서는 투자하지 않고 투자액도 절대 25만 달러 이상 하지 않는 원칙을 지키고 있다.

조 로스데일(Joe Lonsdale) - 엔젤 자문가

조 론스데일은 실리콘밸리 엔젤투자자 중 가장 젊다. 론스데일은 스탠포드 대학 컴퓨터공학과 재학 시절 페이팔의 핵심 멤버로 실리콘밸리에 첫발을 내디뎠다. 그후 페이팔을 떠나 2004년 정보처리회사인 팔란티어(Palantir)를 공동창업했다가 중간에 떠나 소셜네트워크 회사인 백플레인(Backplane)의 최고경영자(CEO)로 있다. 현재 포메이션8 소속으로 적게는 2만5천 달러에서 많게는 75만 달러 정도 투자하는 투자자로 유명하다. 그동안 론스데일은 모바일게임회사인 블루페퍼나 소셜게임 개발업체인 엔텔리전트게임즈(Ntelligent Games) 등에 투자해 쏠쏠하게 재미를 봤다.

미국의 많은 엔젤들이 그에게 투자자문을 한다고 한다. 일종의 '투자자문가'인 셈이다. 그는 엔젤투자자로서 역할뿐만 아니라 IT분야의 벤처기업가로서 회사를 운영하고 있다. 그는 SNS를 위한 새로운 플랫폼을 개발 중에 있다. 그것이 바로 '백플레인'이라고 한다. 이 프로젝트에는 미국의 팝스타 레이디가가(Lady GaGa)와 구글의 CEO 출신인 에릭 슈미트(Eric Schmidt)가 참여하고 있다. 그는 이 프로젝트가 '넥스트 페이스북'시대를 열 것으로 생각하고 있다.

벤 호로위츠(Ben Horowitz) - 창업초기기업 투자에 주력

벤 호로위츠(Ben Horowitz)는 페이스북이 인스타그램을 인수하면서 큰 수익을 거둔 엔젤투자자이다. 마크 앤드리센과 벤 호로위츠가 결성한 벤처펀드 앤드리센호로위츠는 인스타그램의 지분 10%를 가지고 있었다. 인스타그램에 투자한 50만 달러가 1억 달러로 돌아왔다.

호로위츠는 이 펀드를 활용해 페이스북, 스카이프, 링크드인, 프린트레스트, 포스퀘어, 그루폰과 같은 초기 창업기업에 투자해 큰 성과를 냈다. 호로위츠는 앤드레센과 공동으로 창업초기기업에 5만 달러 이하를 투자해 많은 성과를 올리는 전략을 구사하고 있다.

[자료 : 한국엔젤투자협회]

제 13 장
프랜차이즈투자: 커피공화국, 치킨공화국, 편의점공화국

4차 산업혁명에 따른 사회의 급격하고 혁신적인 변화로 인해서 사회적인 변화와 기존 운영하는 체계가 흔들리면서 우리나라는 여러 가지 큰 변화와 변혁을 경험하게 된다. 그 중에서도 가장 중요한 것은 고용체계의 변화이다. 경제가 지속적인 성장이 이루어진 2000년대까지는 공기업이나 대기업에 입사하면 평생직장이라는 개념으로 취업을 하였는데, 이제는 공기업이건 대기업이건 평생직장이라는 개념이 매우 열악해진 상황이다. 특히, 치열한 글로벌 생존경쟁을 펼치고 있는 기업은 과거에 누려왔던 산업을 버리고 새로운 산업으로 재편하거나, 아니면 치열해진 첨단산업에서 생사를 건 글로벌 경제전쟁을 하고 있다. 이런 기업들의 환경들로 인해 기업들은 고용을 확대해 나가기 어려운 대외환경을 맞이하고 있고, 임금인상과 노조운동 등에 따른 대내환경으로 오히려 고용을 감소하고자 하는 욕구가 커지고 있는 상황이다.

우리나라는 4차 산업혁명에 따른 바이오와 생명공학의 급속한 발달로 100세 시대를 살고 있지만, 행복한 100세 삶을 구현하기 위한 고용시스템은 더 척박해지고 있는 상황이다. 30대 은퇴를 목격할 수 있으며, 40대 은퇴를 당연히 하는 풍조가 형성되고 있고, 50대에는 IT나 금융산업에서는 실제로 기업에 남아있는 직원들이 많지 않은 것이 현실이다. 이런 현실로 인해 프랜차이즈에 대한 관심이 향후 더욱 더 높아질 것으로 판단된다. 30대를 비롯해 50대에 은퇴하고 나오면, 생계를 위해 창업을 해야 한다. 이것은 심지어 60대 이후에도 동일하게 적용된다. 다행인 것은 기업에 있는 동안 기술이나 네트워크를 획득한 사람들은 그 기술이나 네트워크를 통해 기술창업이 가능하다. 그러나 실제로 그런 기술부서에 근무하는 사람은 기업에서 그렇게 많지 않다. 그러면 대부분의 사람이 어느 연령 때에 은퇴하거나 퇴직을 하게 되면 여러 가지 다른 일을 생각해 볼 수 있으나, 그 중에서도 프랜차이즈 사업에 진출하고자 하는 사람이 많을 것이다.

문제는 프랜차이즈의 광고처럼 모든 프랜차이즈 사업이 잘 되는 것은 아니다. 특히, 오랜 시간 또는 평생을 펜대만 잡고 살았던 사람이 어느 날 아침 나와서 커피를 만들거나, 치킨을 튀기거나, 상품 등을 정리하고 회계처리까지 해서 수익을 지속적으로 낸다는 것은 쉽지 않은 일이다. 4차 산업혁명을 경험하고 있는 우리는 이런 어려움에도 불구하고 사회구조적으로 창업으로 나갈 수밖에 없는 상황이다. 그렇다면 이러한 사회변화와 변혁을 이해하고 강제적이거나 반강제적인 창업이 아닌 준비된 창업 그리고 즐겨하는 창업으로써 프랜차이즈 사업에 접근하는 것이 좀 더 좋은 결과를 산출해 낼 가능성이 크다. 이제부터는 퇴직이나 은퇴 후에 아니면 처음부터 프랜차이즈 사업에 투자하고자 하는 사람들에게 프랜차이즈의 기본적 내용을 설명하고자 한다.

13.1 프랜차이즈 개요

13.1.1 프랜차이즈의 유래와 정의

프랜차이즈(franchise)라는 용어는 “자유를 주다, 구애를 받지 않다”라는 불어의 프랑(franc)에서 유래된 것으로 권리, 권한, 면책, 특권 등의 의미로 사용된다. 프랜차이즈 어원의 시작은 중세 카톨릭 교회가 세금을 징수하는 관리에게 권한을 부여하고, 세금의 일정 부분에 대해서 세금을 징수한 관리의 몫으로 하고 나머지는 교황에 납부했던 것으로 본다. 이런 측면에서는 프랜차이즈는 계급적이고 봉건적인 사회질서 내에서 봉건적 지배로부터 상호교환의 의미로 사용된다. 중세 프랜차이즈의 개념은 사람이나 단체에게 부여하는 ‘특권’으로 중세 유럽 상업에서 선박통행권 또는 길드(Guild: 중세의 상업 조합), 시장의 개최권 등을 부여하여 특정 행위를 할 수 있는 권한이다. 유럽의 소매업 트렌드는 프랜차이징이었는데, 생산자 입장에서는 스스로 대리점을 만들어 자신이 생산한 제품만 직접 판매하기에는 많은 자본과 인력 그리고 시간 등이 들어 사업적 위험이 커지게 되고, 소비자 입장에서는 생산자로부터 직접적으로 구입하는 것이 어렵기 때문에 생산자와 소비자의 중간 역할을 수행하는 프랜차이즈를 필요로 한다. 프랜차이즈 기업은 가맹점에게 제조와 유통의 기능을 대행해 줌으로써 가맹점이 판매에만 주력할 수 있는 시스템을 구축해 주는 것이다.

그러나 프랜차이즈 비즈니스 개념이 최초로 도입된 것은 1850년 미국의 싱거 재봉틀 회사(Singer Sewing Machine Company)이다. 싱거사는 재봉틀을 개발한 후에 특정지역에 대한 판매권에 독점적 지위를 부여한 대가를 지불 받아 재봉틀의 대량 생산에 필요한 자금으로 활용한다. 다시 말해서 투자재원을 확보하기 위해서 프랜차이즈 시스템을 활용함으로써 전통적인 프랜차이즈 시스템을 초기 모델이 된다. 1890년에는 코카콜라(Caca Cola)가 싱거사의 사업확장모델을 벤치마킹하여 코카콜라의 생산, 보관, 유통을 현지 기업인들에게 위탁하여 판매하는 권한을 부여함으로써 코카콜라의 제품이 고객에게 급속히 알려지는 계기가 된다. 이러한 효율성이 알려지면서 새로운 유통형태로 프랜차이즈 시스템을 도입하기 시작하였고, 자동차 부품, 약국, 아이스크림, 의료 또는 화장품 등 다양한 업종과 서비스 분야에서 프랜차이즈가 급속하게 성장한다.

현대적 프랜차이즈는 맥도널드 형제인 리차드(Richard)와 모리스(Morice)가 1937년 미국 캘리포니아 센버너디노에서 시작한 드라이브인(drive in) 형태의 햄버거 가게의 운영권을 래이 크록(Ray Knoc)이 인수하여 1955년 일리노이주 드플레인에 1호점을 개설함으로써 획기적인 프랜차이즈 시스템이 생겨나게 된다. 미국의 프랜차이즈 기업들은 제2차 세계대전 초기에 자국의 기업보호 정책을 실시한 아시아와 유럽 시장 진출을 위한 교두보로 프랜차이즈를 활용한다.

우리나라 프랜차이즈 사업은 1977년 개점한 '림스치킨 1호점(신세계백화점)'으로 시작한 후, 1979년 커피전문점 '난다랑(동숭동 대학로)', '롯데리아(소공동 롯데백화점 지하상가)' 등의 기업형 외식 프랜차이즈 사업이 이어진다. 1980년대 들어서 우리나라의 프랜차이즈 산업은 외식업, 도소매업, 서비스업 등 다양한 분야에 급속하게 성장한 시기로 우리나라의 프랜차이즈의 도입기라고 볼 수 있다.[1] 이 시기에는 해외 브랜드의 국내 진출이 이루어졌고, 88올림픽으로 인해 외식문화가 발달되면서 패스트푸드 계통의 치킨, 햄버거 등이 국내 소비자의 사랑을 받기 시작한다. 국내 브랜드 치킨전문점으로는 페리카나(1981년)와 맥시카나(1989년)가 프랜차이즈 사업을 시작하였고, 해외 브랜드 패스트푸드점으로는 KFC(1984년), 맥도널드(1988년), 피자헛(1985년) 등이 우리나라에 진출한다. 1990년대 들어서는 프랜차이즈 산업의 양적 성장이 이루어지면서 프랜차이즈의 기반이 구축되고, 특히 1998년의 IMF외환위기를 계기로 전업이나 퇴직한 직장인들 중심으로 프랜차이즈 산업이 크게 성장하는 동기가 된다. 대외적으로 우호적인 분위기 속에서 대기업이 프랜차이즈 산업에 적극적으로 진출하기 시작하며 기존 진출업체는 사업 확장을 시도한다. 1990년대 중반에는 국내 유통시장이 개방되면서 편의점 프랜차이즈가 치열한 경쟁이 이루어지면서 훼미리마트, 미니스톱, GS25 등이 사업영역을 확대해 나간다. 이 시기에는 YBM시사영어사, 정철외국어 학원과 세탁프랜차이즈 등이 출현한 시기이다. 프랜차이즈 산업의 성장 속에 외식업을 중심으로 퓨전현상이 생겨났고 테이크아웃(take out) 업종들이 등장하기 시작했으며 해외 유명 브랜드인 스타벅스가 1999년에 우리나라에 진출한다. 2000년대에는 우리나라 프랜차이즈 기업들이 적극적으로 해외에 진출하는 시기였다. 투다리의 2000년 중국 진출을 시작으로 BBQ가 2003년, 김가네는 2004년에 중국에 진출한다. 이외에도 본죽, 놀부, 바비큐보스치킨, 채선당, 잉크천국 등 많은 기업들의 해외로 진출해서 우리나라의 프랜차이즈 산업의 수출화를 시작한다. 2010년 이후에는 프랜차이즈의 수출화를 넘어서 프랜차이즈의 세계화가 시도된다. 프랜차이즈의 양적인 성장과 토종 프랜차이즈의 해외 진출 확대, 그리고 한류의 열풍 등에 힘입어 우리나라 프랜차이즈산업은 세계화로 나아간다.

프랜차이즈에 대한 정의는 각국마다 달리 정의하고 있는데, 미국 프랜차이즈 협회(AFA)는 "프랜차이즈 사업이란 가맹본부(franchisor)와 가맹점사업자(franchisee) 사이의 계약 관계이고, 가맹본부는 경영 노하우와 훈련 등의 업무에 관하여 계속적으로 이익을 제공하고 또는 이를 유지할 의무를 지키며, 가맹점사업자는 가맹본부의 소유 또는 관리하에 있는 공동의 상표 및 기준에 따라 영업을 하며 프랜차이즈 사업에 대하여 자신의 자본을 실질적으로 출자하는 것이다."라고 정의하

1 최용훼·이강원, 프랜차이즈 경영의 이해, 한경사, 2018. p19,20. pp. 44~47.

고 있다. 일본 프랜차이즈협회(JFA)는 "프랜차이즈란 가맹본부(franchisor)가 가맹점사업자(franchisee)와의 사이에 계약을 체결하고 가맹본부는 자기의 상표, 서비스, 마크, 상호 및 영업의 상징이 될 만한 것과 그에 대한 대가로 가맹점사업자에게 일정한 수수료를 받고, 가맹점사업자는 사업에 필요한 자금을 투입하여 가맹본부의 지도 및 지원 하에 사업을 영위하는 양자 간의 지속적인 관계이다."라고 정의한다. 일본 프랜차이즈는 미국 프랜차이즈처럼 계약관계를 중시하고 있으며, 동시에 가맹본부와 가맹점사업자 간의 구체적인 계약을 통해 권리와 의무를 규정하고 있다. 국제 프랜차이즈협회(IFA)는 "프랜차이즈는 가맹본부가 가맹사업자로부터 일정한 대가를 받고, 영업할 수 있는 특권을 부여함과 동시에 교육, 관리 및 경영, 상품화 등의 협조를 제공하는 지속적인 관계이다."라고 정의한다.

한국프랜차이즈산업협회(KFA)는 "프랜차이즈 산업이란 프랜차이저가 프랜차이즈를 사는 사람에게 프랜차이즈 회사의 이름, 상호, 영업 방법 등을 제공하여 상품과 서비스를 시장에 판매하거나, 기타 영업을 할 수 있는 권리를 부여하여, 영업에 관하여 일정한 통제 또는 지원을 하고, 이러한 포괄적인 관계에 따라 일정한 대가를 수수하는 계속적 채권 관계이다."라고 규정한다. 한국프랜차이즈산업협회는 미국이나 일본처럼 가맹본부와 가맹점 간의 관계가 독립적인 계약 관계로 보는 것이 아니라, 채권·채무 관계의 법률적 관계로 정의하고 있다. 가맹사업거래의 공정화에 의한 법률에서는 "가맹사업이란 가맹본부가 가맹사업자로 하여금 자기의 상표, 서비스 표, 상호, 간판 그 밖의 영업표지를 사용하여 일정한 품질기준이나 영업 방식에 따라 상품(원재료 및 부재료 포함) 또는 용역을 판매하도록 함과 아울러 이에 따른 경영 및 영업 활동 등에 대한 지원·교육에 대한 대가로 가맹본부에 가맹금을 지급하는 계속적인 거래 관계이다."라고 규정하면서 우리나라의 프랜차이즈협회의 규정보다는 완화된 표현을 쓰고 있다. 그러나 경영과 영업 활동 등에 대한 통제라는 의미를 부여함에 따라 여전히 미국이나 일본 프랜차이즈협회가 정의하는 독립적인 관계보다는 상대적으로 강한 관계를 표현하고 있다.

각 나라들이 규정하는 프랜차이즈의 정의를 종합하면 '프랜차이즈(가맹사업)란 가맹본부와 가맹사업자는 독립적 관계로, 공동의 이익목표를 달성하기 위해 지속적인 계약 관계를 맺고, 가맹본부는 가맹점사업자에게 공통의 상표, 상호, 마크, 동질의 상품 및 서비스 제공과 경영 노하우 및 교육훈련 등을 제공하고, 이를 관리 통제함으로써 계속적인 이익을 제공하며, 가맹점사업자는 가맹본부가 제공하는 모든 지원과 관리의 대가로 사업에 필요한 자금투자 및 수수료(가맹비, 사용료, 보증금 등)를 지불하는 기업 경영 방식'이라고 정리할 수 있다.[2]

표 13-1 프랜차이즈 가맹본부와 가맹점의 효과

구분	가맹본부(Franchisor)	가맹점(Franchisee)
긍정적 효과	• 가맹본부는 직접 판매하는 것보다 자본과 노력이 절약되며, 규모의 경제 실현 • 가맹점은 독립된 사업이므로 적극적인 영업 활동 기대 • 가맹본부는 프랜차이즈 프로그램의 개발에 전념	• 가맹본부의 경영지도 등으로 부족한 경험으로도 쉽게 적응 가능 • 처음부터 전문적인 경영 활동이 이루어지므로 실패의 위험성이 적음 • 가맹본부의 일괄적인 광고를 통해 효과적인 촉진 활동의 수행이 가능 • 품질에 대한 소비자들의 신뢰도가 높으므로 판매에 유리 • 가맹본부가 판촉 등 기타의 활동을 대신해주므로 판매 활동에만 전념
부정적 효과	• 계속적인 지도와 교육에 과다한 비용과 많은 노력이 필요 • 가맹점이 본부에 대해 지나치게 의존	• 가맹점 자체의 문제 해결이나 경영 개선에 대한 능력 저하 • 전체적인 관점에서 이루어지는 가맹본부의 정책이 가맹점 각각의 실정에 맞지 않을 수도 있음

자료) 최용훼·이강원, 프랜차이즈 경영의 이해, 한경사, 2018. p32.

13.1.2 프랜차이즈 관련 용어[3]

프랜차이즈에 투자하기 위해서는 기본적인 용어에 대한 이해가 있어야 한다. 프랜차이즈에서 사용되는 기본적인 용어를 이해함으로 프랜차이즈에 대한 분석 및 투자에 있어서 좀 더 신뢰성 및 확실성을 높여 나갈 수 있다. 프랜차이즈 투자에 있어서 중요한 용어 중심으로 간략하게 설명하고자 한다.

2 최용훼·이강원, 프랜차이즈 경영의 이해, 한경사, 2018. pp. 21~24.

3 프랜차이즈 관련 용어는 법제처(www.moleg.go.kr)에서 제공하는 '찾기 쉬운 생활법령정보(easylaw.go.kr)'에서 제공되는 내용을 토대로 재구성하였다.

1) 가맹사업(franchise) : '가맹사업'이란 가맹점사업가 가맹본부의 상표·서비스표·상호·간판 등의 영업표지를 사용하고, 일정한 품질기준이나 영업방식에 따라 상품(원재료 및 부재료 포함)이나 용역을 판매하며, 경영이나 영업활동 등에 대해 가맹본부로부터 지원·교육과 통제를 받는 대가로 가맹금을 가맹본부에 지급하는 계속적인 거래를 말한다.(「가맹사업거래의 공정화에 관한 법률」 제2조제1호) 여기서 '상표'란 자기의 상품(지리적 표시에 사용되는 상품을 제외하고는 서비스 또는 서비스의 제공에 관련된 물건 포함)과 타인의 상품을 식별하기 위해 사용하는 표장(標章)을 말한다. 또한 '상호'란 상인이 영업활동에 있어서 자신을 외부에 나타내는 명칭을 말하는 것으로, 이는 상인이 아닌 사업자나 사업의 명칭과 구별되고, 상품의 동일성을 표시하는 상표나 영업의 대외적인 인상을 부각시키기 위하여 사용하는 표장인 영업표와 구별된다.

2) 가맹사업 유사개념 : 다음과 같은 형태의 상거래 또는 상인은 "가맹사업"이 아니다.

- 위탁매매인 : 자기의 이름으로 물건을 판매하여 생기는 이익이나 손해는 다른 자에게 속하게 하고, 자신은 판매에 따른 일정한 수수료를 가지는 자를 말한다(「상법」 제101조).
- 대리상 : 자기가 상거래를 하는 것이 아니라 다른 상인을 위하여 거래를 대리하거나 중개하는 방법으로 영업을 보조하는 사람을 말한다(「상법」 제87조).
- 체인사업 : 같은 업종의 여러 소매점포를 직영(자기가 소유하거나 임차한 매장에서 스스로의 책임과 계산으로 직접 매장을 운영하는 것을 말함)하거나 같은 업종의 여러 소매점포에 대하여 계속적으로 경영을 지도하고 상품·원재료 또는 용역을 공급하는 사업을 말한다(「유통산업발전법」 제2조제6호).

참고로, 가맹사업에는 패스트푸드·제과점 등과 같은 음식점업, 안경·문구류 등 생활용품사업, 등산·스키 등 스포츠사업, 학원 등 교육관련사업 등이 있다.

3) 가맹사업자(franchisee) : '가맹점사업자'는 가맹사업의 영업을 하기 위해 가맹본부로부터 가맹운영권을 부여받은 사업자이다. 다시 말해서, 가맹희망자가 가맹본부와 가맹계약을 체결하면 가맹사업자가 된다(「가맹사업거래의 공정화에 관한 법률」 제2조제3호). 가맹점사업자는 권익보호 및 경제적 지위 향상을 도모하기 위해 단체를 구성할 수 있다(「가맹사업거래의 공정화에 관한 법률」 제14조의2제1항).

4) 가맹희망자 : '가맹희망자'는 가맹계약을 체결하기 위해서 가맹본부 또는 가맹지역본부와 상담하거나 협의하는 사람을 말한다(「가맹사업거래의 공정화에 관한 법률」 제2조제4호).

5) 가맹본부와 가맹지역본부 : '가맹본부'는 가맹점사업자에게 가맹점운영권을 부여하는 사업자를 말하며(「가맹사업거래의 공정화에 관한 법률」 제2조제2호), 가맹본부가 많은 가맹점사업자를 직접 관리하기 어려울 때에는 지역별로 가맹본부를 두기도 한다. '가맹지역본부'는 가맹본부와 계약을 체결하여 일정한 지역 안에서 가맹점사업자를 모집하고, 상품이나 용역의 품질을 유지하며, 가맹점사업자에게 경영이나 영업활동을 지원하고 교육하거나 통제하는 등 가맹본부의 업무의 전부나 일부를 대행하는 사업자를 말한다(「가맹사업거래의 공정화에 관한 법률」 제2조제7호).

6) 가맹중개인 : 가맹본부 또는 가맹지역본부로부터 가맹점사업자를 모집하거나 가맹계약을 준비 또는 체결하는 업무를 위탁받은 자를 말한다.

7) 가맹점 운영권과 가맹계약서 : '가맹점 운영권'은 가맹점사업자가 가맹본부의 가맹사업과 관련하여 가맹점을 운영할 수 있는 계약상의 권리를 말하고, '가맹계약서'는 가맹사업의 구체적인 내용과 조건 등에 있어서 가맹본부 또는 가맹점사업자의 권리와 의무에 관한 사항(특수한 거래 조건이나 유의사항이 있는 경우에는 이를 포함)을 기재한 문서를 지칭한다.

13.2 프랜차이즈 산업의 현황

13.2.1 프랜차이즈 산업의 분류와 현황

우리나라 프랜차이즈 업종은 크게 외식업, 도소매업, 서비스업 등으로 분류한다. 한국프랜차이즈산업협회(KFA)에 의하면 외식업은 한식, 분식, 중식, 일식, 서양식, 기타외국식, 패스트푸드, 치킨, 피자, 제과제빵, 아이스크림/빙수, 커피, 음료(커피 제외), 주점, 기타외식으로 분류하며, 도소매업은 편의점, 의류/패션, 화장품, 농수산물, 건강식품, 종합소매점, 기타 도소매로 분류하고, 서비스업은 교육(교과), 교육(외국어), 기타 교육서비스, 유아 관련(교육 외), 부동산 중개, 임대, 숙박, 스포츠 관련, 약국, 인력파견, 기타 서비스업으로 분류한다.

공정거래위원회에서 발표한 자료에 따르면 2023년 말 등록된 가맹본부 수는 8,943개, 상표(브랜드) 수는 12,429개, 가맹점 수는 352,886개(2022년 기준)로 전년대비 모두 증가하는 추세이다. 업종별로 살펴보면, 브랜드 수 증가는 외식(5.2%) 및 서비스 업종(5.7%)이 주도했으며 가맹점 수 증가는 외식업종(8.1%)에서 가장 높게 나타난다. 업종별 브랜드 수 비중은 외식(79.9%), 서비스(15.3%), 도소매(4.8%) 순이며, 가맹점 수 비중으로는 외식(51.0%), 서비스(29.5%), 도소매(19.5%) 순을 보인다. 또한, 100개 이상의 가맹점을 가진 대형 브랜드의 비중은 4.0%, 가맹점이 10개 이상 100개 미만인 중규모 브랜드 비중은 23.7%, 가맹점이 10개 미만인 소규모 브랜드 비중은 72.3%를 기록한다. 2022년 가맹점 평균 매출액은 대략 3.4억원으로 2021년에 비해 8.3% 정도 증가하여 코로나19 발생 이전인 2019년 수준(대략 3.3억 원)으로 회복한다.

표 13-2 연도별 가맹본부 · 브랜드 · 가맹점 수 및 증감률 (단위: 개수, %)

구분	2019		2020		2021		2022		2023	
	개수	증감률	개수	증감률	개수	증감률	개수	증감률	개수	증감률
가맹본부	5,175	6.0	5,602	8.3	7,342	31.1	8,183	11.5	8,943	9.3
브랜드	6,356	5.0	7,094	11.7	11,218	58.1	11,844	5.6	12,429	4.9
가맹점	258,889	1.9	270,485	4.5	335,298	24.0	352,886	5.2		

자료) 공정거래위원회 보도자료. 2024년 4월 8일자에서 오타 부분을 수정 사용.

외식업종 가맹본부 수는 2023년 기준으로 6,822개, 브랜드 수는 9,934개, 가맹점 수는 179,923개(2022년 기준)로 전년대비 각각 8.1%, 5.2%, 7.4% 증가하고, 가맹점 평균매출액은 3.2억원(+12.7%, yoy)을 기록한다. 서비스업종의 가맹본부 수는 1,571개, 브랜드 수는 1,900개, 가맹점 수는 104,134개(2022년 기준)로 전년대비 각각 6.5%, 5.7%, 3.0% 증가하고, 가맹점 평균매출액은 1.8억원(+10.7%, yoy)을 기록한다. 끝으로 도소매업종의 가맹본부 수는 550개, 브랜드 수는 595개로 전년대비 각각 0.7%, 1.7% 감소하는데 비해 가맹점 수는 68,809개로 3.1% 증가하고, 도소매업종의 가맹점 평균 매출액은 5.4억원(+1.8%, yoy)를 기록한다.

가맹본부 및 브랜드 수 증가는 외식 및 서비스 업종에서 나타났으며, 도소매 업종은 전년대비 소폭 감소한다. 업종별 브랜드 수 비중은 전년과 큰 차이 없이 외식업종(79.9%), 서비스업종(15.3%), 도소매업종(4.8%) 순을 보인다.

표 13-3 업종별 가맹본부, 브랜드 수 및 증감률 (단위: 개수, %)

구분		외식			서비스			도소매			계
		개수	비중	증감률	개수	비중	증감률	개수	비중	증감률	
가맹본부	2021	5,661	77.1	34.5	1,346	18.3	20.8	502	6.8	52.1	7,509
	2022	6,308	75.7	11.4	1,475	17.7	9.6	554	6.6	10.4	8,337
	2023	6,822	76.2	8.1	1,571	17.6	6.5	550	6.2	-0.7	8,943
브랜드	2021	8,999	80.2	66.5	1,662	14.8	24.0	557	5.0	59.1	11,218
	2022	9,442	79.7	4.9	1,797	15.2	8.1	605	5.1	8.6	11,844
	2023	9,934	79.9	5.2	1,900	15.3	5.7	595	4.8	-1.7	12,429

자료) 공정거래위원회 보도자료. 2024년 4월 8일자.

표 13-4 업종별 가맹점 수, 브랜드 수 및 증감률 (단위: 개수, %)

구분		외식			서비스			도소매			계
		개수	비중	증감률	개수	비중	증감률	개수	비중	증감률	
가맹본부	2020	135,113	50.8	4.6	74,364	28.0	4.0	61,008	23.0	4.7	270,485
	2021	167,455	49.9	23.9	101,124	30.2	36.0	66,719	19.9	9.4	335,298
	2022	179,923	51.0	7.4	104,134	29.5	3.0	68,809	19.5	3.1	352,866
브랜드당 가맹점수	2021	17.7개(18.0%)			56.3개(26.0%)			110.3개(0.7%)			28.3개
	2022	18.1개(2.2%)			54.8개(-2.7%)			115.6개(4.8%)			28.4개

자료) 공정거래위원회 보도자료. 2024년 4월 8일자.

표 13-5 업종별 브랜드 가맹정 수 분포 현황(2023년 기준) (단위: 개수, %)

구분	외식		서비스		도소매		전체	
	개수	비중	개수	비중	개수	비중	개수	비중
100개 이상	310	3.1	144	7.6	42	7.1	496	4.0
10개~99개	2,228	22.4	560	29.5	157	26.4	2,945	23.7
10개 미만	7,396	74.5	1,196	62.9	396	66.6	8,988	72.3
합계	9,934	100	1,900	100	595	100	12,429	100

자료) 공정거래위원회 보도자료. 2024년 4월 8일자를 편집해서 사용.

표 13-6 업종별 가맹점 연간 평균 매출액 (단위: 백만원, %)

구분	외식		서비스		도소매		전체	
	평균매출액	증감률	평균매출액	증감률	평균매출액	증감률	평균매출액	증감률
2021	279	12.7	161	10.7	527	1.8	311	8.3
2022	314		178		537		337	

자료) 공정거래위원회 보도자료. 2024년 4월 8일자.

13.2.2 프랜차이즈 산업의 세부적 현황

2023년 외식업종에서 가맹본부 수는 6,822개로 전년대비 8.1% 증가하였으며, 주요 세부 업종 중에서는 브랜드 수가 한식업종이 3,556개(+8.8%, yoy), 커피 886개(+4.0%, yoy), 치킨 669개(−2.0%, yoy), 주점 485개(+7.8%, yoy), 제과제빵 294개(+8.9%, yoy)를 보인다. 가맹점 수는 2022년에 179,923개로 전년대비 7.4% 증가한다. 주요 세부 업종 중에서는 가맹점 수가 한식은 39,868개(+10.7%, yoy), 치킨은 29,423개(+0.2%, yoy), 커피는 26,217개(+13.0%, yoy), 주점은 9,379개(+8.6%, yoy), 제과제빵은 8,918개(+5.0%, yoy)를 기록한다.

가맹점을 100개 이상 가진 대규모 브랜드의 비중은 3.1%, 가맹점이 10개 이상 100개 미만인 중규모 브랜드의 비중은 22.4%, 그리고 가맹점이 10개 미만인 소규모 브랜드의 비중은 74.5%로 나타난다.

2022년 외식업종의 가맹점 평균 매출액은 대략 3.14억 원으로 전년대비 12.7% 증가한다. 외식업종의 주요 세부 업종별 가맹점 평균 매출이 모두 증가하였고, 특히 코로나19 종식의 영향을 크게 받은 주점은 동기간 매출이 66.2%나 증가한다.

표 13-7 외식업종 세부 브랜드 (단위: 개수, %)

구분	치킨		한식		커피		제과제빵		피자		주점		외식업 전체	
	개수	증감률	개수	증감률	개수	증감률	개수	증감률	개수	증감률	개수	증감률	개수	증감률
2021	701	47.0	3,047	72.3	736	88.7	254	63.9	240	53.8	429	46.0	8,999	66.5
2022	683	−2.6	3,269	7.3	852	15.8	270	6.3	243	1.3	450	4.9	9,442	4.9
2023	669	−2.0	3,556	8.8	886	4.0	294	8.9	240	−1.2	485	7.8	9,934	5.2

자료) 공정거래위원회 보도자료. 2024년 4월 8일자.

표 13-8 외식업종 세부 가맹정 수 (단위: 개수, %)

구분		치킨	한식	커피	제과제빵	피자	주점	외식업 전체
2021		25,867	25,758	17,856	8,325	7,023	7,989	135,113
2022		29,373	36,015	23,204	8,779	8,053	8,638	167,455
2023		29,423	39,868	26,217	8,918	8,403	9,379	179,923
증감률	2021	13.6	39.8	30.0	5.5	14.7	8.1	23.9
	2022	0.2	10.7	13.0	5.0	4.7	8.6	7.4

자료) 공정거래위원회 보도자료. 2024년 4월 8일자.

표 13-9 가맹점 수 기준 외식업종 브랜드 수 분포(2023년 기준) (단위: 개수, %)

가맹점수	치킨		한식		커피		제과제빵		피자		외식업 전체	
	개수	비중	개수	비중	개수	비중	개수	비중	개수	비중	개수	비중
100개이상	52	7.8	72	2.0	42	4.7	8	2.7	19	7.9	310	3.1
10개~99개	178	26.6	406	19.9	173	19.5	63	21.4	77	32.1	2,228	22.4
10개 미만	439	65.6	2,778	78.1	671	75.7	223	75.9	144	60.0	7,396	74.5

자료) 공정거래위원회 보도자료. 2024년 4월 8일자를 편집해서 사용.

표 13-10 외식업종 가맹점 평균 매출액 (단위: 백만원, %)

구분	치킨	한식	커피	제과제빵	피자	주점	외식업 전체
2021	279	277	209	453	255	179	279
2022	297	325	225	490	284	298	314
증감률	6.5	17.2	7.4	8.1	11.6	66.2	12.7

자료) 공정거래위원회 보도자료. 2024년 4월 8일자.

2023년 서비스업종 가맹본부 수는 1,571개로 전년대비 6.5% 증가하였으며, 브랜드 수는 1,900개로 전년대비 5.7% 증가한다. 서비스업의 주요 세부 업종 중에서는 브랜드 수가 이미용은 274개(+7.9%, yoy), 외국어교육은 142개(+4.4%, yoy), 교과교육은 87개(−1.1%, yoy), 세탁은 30개(+20.0%, yoy), 운송은 20개(17.6%, yoy)로 나타난다.

2022년 서비스업종의 가맹점 수는 104,134개로 전년대비 3.0% 증가한다. 세부 업종별로 살펴보면, 외국어교육이 16,429개(−4.7%, yoy), 교과교육이 10,532개(−1.3%, yoy), 이미용이 5,262개(+5.5%, yoy), 세탁이 3,944개(+0.4%, yoy)를 기록한다.

서비스업종 전체에서 가맹점을 100개 이상 가진 브랜드의 비중은 7.6%, 10개 이상에서 100개 미만인 브랜드의 비중은 29.5%, 그리고 10개 미만인 브랜드의 비중은 62.9%를 보인다.

동기간 서비스업종의 가맹점 평균 매출액은 대략 1.8억 원으로 전년대비 10.7% 증가한다. 서비스업종의 경우 모든 주요 세부 업종의 가맹점 평균 매출액이 증가했으며, 특히 교과교육의 가맹점 평균 매출액이 34.7% 증가해서 서비스업종 중에서 가장 높은 비율로 증가하는 모습이다.

표 13-11 서비스업종 세부 브랜드 수 (단위: 개수, %)

구분	외국어교육		교과교육		이미용		세탁		운송		서비스업 전체	
	개수	증감률	개수	증감률	개수	증감률	개수	증감률	개수	증감률	개수	증감률
2021	119	7.2	79	8.2	223	21.9	27	−12.9	14	7.7	1,662	24.0
2022	136	14.3	88	11.4	254	13.9	25	−7.4	17	21.4	1,797	8.1
2023	142	4.4	87	−1.1	274	7.9	30	20.0	20	17.6	1,900	5.7

자료) 공정거래위원회 보도자료. 2024년 4월 8일자.

표 13-12 서비스업종 세부 가맹점 수 (단위: 개수, %)

구분		외국어교육	교과교육	이미용	세탁	운송	서비스업 전체
2021		14,714	9,121	4,070	4,489	11,303	74,364
2022		17,232	10,674	4,986	3,927	26,402	101,124
2023		16,429	10,532	5,262	3,944	27,523	104,134
증감률	2021	17.1	17.0	22.5	−12.5	133.6	36.0
	2022	−4.7	−1.3	5.5	0.4	4.2	3.0

자료) 공정거래위원회 보도자료. 2024년 4월 8일자.

표 13-13 가맹점 수 기준 서비스업종 브랜드 수 분포(2023년 기준) (단위: 개수, %)

가맹점수	외국어교육		교과교육		이미용		세탁		운송		서비스업 전체	
	개수	비중	개수	비중	개수	비중	개수	비중	개수	비중	개수	비중
100개이상	27	19.0	15	17.2	14	5.1	5	16.7	5	25.0	144	7.6
10개~99개	49	34.5	37	42.5	86	31.4	7	23.3	4	20.0	560	29.5
10개 미만	66	46.5	35	40.2	174	63.5	18	60.0	11	55.0	1,196	62.9
합계	142	100	87	100	274	100	30	100	20	100	1,900	100

자료) 공정거래위원회 보도자료. 2024년 4월 8일자를 편집해서 사용.

표 13-14 서비스업종 가맹점 평균 매출액 (단위: 백만원, %)

구분	외국어교육	교과교육	이미용	세탁	서비스업 전체
2021	88	62	326	84	161
2022	102	84	345	98	178
증감률	16.0	34.7	5.9	17.0	10.7

자료) 공정거래위원회 보도자료. 2024년 4월 8일.

2023년 도소매업종 가맹본부 수는 550개로 전년대비 0.7% 감소하였으며, 브랜드 수는 595개로 전년대비 1.7% 감소한다. 도소매업의 주요 세부 업종 중에서는 브랜드 수가 편의점은 41개(0%, yoy), 농수산물은 39개(+2.6%, yoy), 건강식품은 29개(−14.7%, yoy), 화장품은 16개(−20.0%, yoy)로 나타난다.

2022년 도소매업종의 가맹점 수는 68,809개로 전년대비 3.1% 증가한다. 세부 업종별로 살펴보면, 편의점이 55,043개(+5.5%, yoy), 화장품이 1,356개(−14.6%, yoy), 건강식품이 969개(+1.7%, yoy), 농수산물이 313개(−64.9%, yoy)를 기록한다.

도소매업종 전체에서 가맹점을 100개 이상 가진 브랜드의 비중은 7.1%, 10개 이상에서 100개 미만인 브랜드의 비중은 26.4%, 그리고 10개 미만인 브랜드의 비중은 66.6%를 보인다. 주요 세부업종 별로 보면 편의점(24.4%)과 화장품(25.0%) 업종이 100개 이상 가맹점을 가진 브랜드의 비중에서 평균값이 7.1%보다 크게 높게 나타남으로써 업계의 특성이 반영되고 있다.

동기간 도소매업종의 가맹점 평균 매출액은 대략 5.4억 원으로 전년대비

1.8% 증가한다. 그러나 세부적으로 보면, 편의점 업종의 가맹점 평균 매출액이 5.6억원으로 전년대비 3.2%를 증가한 것을 빼고는 나머지 업종인 화장품(−3.4%, yoy), 건강식품(−5.4%, yoy), 농수산물(−16.7%, yoy) 등의 가맹점 평균 매출액이 감소한다.

결론적으로 직영점 운영을 의무화한 개정 가맹사업법 시행(2021.11.19일)으로 2021년 가맹본부, 브랜드, 가맹점 수가 일시적으로 큰 폭으로 증가하나, 제도가 시장에 안착된 이후 가맹산업은 안정적인 성장 추세를 보이고 있다.

표 13-15 도소매업종 세부 브랜드 수 (단위: 개수, %)

구분	편의점		화장품		건강식품		농수산물		도소매업 전체	
	개수	증감률	개수	증감률	개수	증감률	개수	증감률	개수	증감률
2021	47	42.4	20	5.3	33	65.0	36	80.0	557	59.1
2022	41	-12.8	20	-	34	3.0	38	5.6	605	8.6
2023	41	-	16	-20.0	29	-14.7	39	2.6	595	-1.7

자료) 공정거래위원회 보도자료. 2024년 4월 8일자.

표 13-16 도소매업종 세부 가맹점 수 (단위: 개수, %)

구분		편의점	화장품	건강식품	농수산물	도소매업 전체
2020		48,738	2,018	1,210	844	61,008
2021		52,168	1,588	953	893	66,719
2022		55,043	1,356	969	313	68,809
증감률	2021	7.0	21.3	-21.2	5.8	9.4
	2022	5.5	14.6	1.7	-64.9	3.1

자료) 공정거래위원회 보도자료. 2024년 4월 8일자.
주) 2022년 농수산물업종 최대 가맹점 보유 브랜드인 "꽃누리"가 정보공개서를 자진 등록 취소함에 따라 전체 가맹점 수가 크게 감소함.

표 13-17 가맹점 수 기준 서비스업종 브랜드 수 분포(2023년 기준) (단위: 개수, %)

가맹 점수	편의점		화장품		건강식품		농수산물		서비스업 전체	
	개수	비중	개수	비중	개수	비중	개수	비중	개수	비중
100개이상	10	24.4	4	25.0	1	3.4	0	0	42	7.1
10개~99개	14	34.1	6	37.5	5	17.2	8	20.5	157	26.4
10개 미만	17	41.5	6	37.5	23	79.3	31	79.5	396	66.6
합계	41	100	14	100	29	100	39	100	595	100

자료) 공정거래위원회 보도자료. 2024년 4월 8일자를 편집해서 사용.

표 13-18 도소매업종 가맹점 평균 매출액 (단위: 백만원, %)

구분		편의점	화장품	건강식품	농수산물	도소매업 전체
2020		543	230	597	439	534
2021		543	200	546	367	527
2022		560	193	516	306	537
증감률	2021	-0.1	-13.0	-8.5	-16.4	-1.4
	2022	3.2	-3.4	-5.4	-16.7	1.8

자료) 공정거래위원회 보도자료. 2024년 4월 8일자.

표 13-19 외식업종 가맹점 수, 신규개점 수, 평균 매출액 상위 5개 업체 (단위: 개, 천원)

구분		가맹점 수		신규개점 수		가맹점 평균매출액	
업종	순위	브랜드	수치	브랜드	수치	브랜드	수치
치킨	1	비비큐(bbq)	2,041	비에이치씨(BHC)	443	치르치르	983,231
	2	비에이치씨(BHC)	1,991	비비큐(bbq)	219	치맥킹	877,877
	3	교촌치킨	1,365	순살몬스터	202	교촌치킨	749,040
	4	처갓집양념치킨	1,221	순살만공격	153	구도로통닭	677,880
	5	굽네치킨	1,124	맥시칸치킨	144	청년치킨	651,270
한식	1	본죽&비빔밥	836	열정국밥	251	하누소	4,204,269
	2	한솥	767	본죽&비빔밥	181	형제닭발&오돌뼈	4,111,212
	3	본죽	748	대박삼겹김치찜*	170	어가반상	3,733,862
	4	두찜	586	아구듬뿍&알곤마	110	일산생갈비	3,576,080
	5	땅스부대찌개	551	오복오봉집	108	범	2,880,000

커피	1	이디야커피	3,005	컴포즈커피	626	브런치빈	1,158,718
	2	메가엠지씨커피	2,156	메가엠지씨커피	572	밀화당	1,095,689
	3	컴포즈커피	1,901	빽다방	278	드립앤더치	741,742
	4	투썸플레이스	1,412	더벤티	266	스컹크웍스	617,354
	5	빽다방	1,228	이디야커피	196	모쿠816	594,295
제과제빵	1	파리바게뜨	3,419	뚜레쥬르	89	RANDY'S도넛	2,632,906
	2	뚜레쥬르	1,302	파리바게뜨	76	WOO'Z	1,645,008
	3	던킨/던킨도너츠	633	던킨/던킨도너츠	73	올드페리도넛	1,436,760
	4	명랑시대쌀핫도그	563	복호두	52	정직한제빵소	1,330,514
	5	앤티앤스	220	GLOER	31	타타스베이글	1,143,506
피자	1	피자스쿨	610	빽보이피자	97	피자는 여기	1,338,094
	2	피자마루	571	프레드피자	75	잭슨피자	942,171
	3	피자나라치킨공주	485	피자먹다	39	이유피자&파스타	744,965
	4	오구쌀피자	448	청년피자	37	도미노피자	743,591
	5	도미노피자	369	고피자	36	서오릉피자	708,661
주점	1	투다리	1,378	투다리	138	오비베어	2,064,480
	2	역전할머니	859	고래맥주창고	97	서울주막	1,639,288
	3	크라운호프보리장인	413	역전할머니**	77	용용선생	1,364,991
	4	간이역	383	금별맥주	74	몽담	1,236,177
	5	펀비어킹	349	김복남맥주	71	코키펍	1,118,974

주) 2022년말 기준. * 대박삼겹김치찜&초대박등갈비김치찜. ** 역전할머니맥주1982

표 13-20 도소매업종 가맹점 수, 신규개점 수, 평균 매출액 상위 5개 업체 (단위: 개, 천원)

구분		가맹점 수		신규개점 수		가맹점 평균매출액	
업종	순위	브랜드	수치	브랜드	수치	브랜드	수치
편의점	1	씨유(CU)	16,615	세븐일레븐	2,458	지에스25(GS25)	639,729
	2	지에스25(GS25)	16,337	씨유(CU)	1,704	씨유(CU)	621,795
	3	세븐일레븐	12,553	지에스25(GS25)	1,655	미니스톱	543,661
	4	이마트24	6,176	이마트24	1,065	세븐일레븐	489,042
	5	미니스톱	1,508	이마트24 스마트	104	이마트24	437,638
화장품	1	아리따움	522	홀리카홀리카	11	투쿨포스쿨	788,709
	2	이니스프리	324	마음에점을찍다	8	세레니끄	328,829
	3	토니모리	122	애드코스메틱	5	홀리카홀리카	255,763

	4	미샤	104	더샘	5	이니스프리	246,521
	5	네이처리퍼블릭	76	토니모리	4	아리따움	194,032
(건강)식품	1	정관장	755	시즌글라스	29	정관장	597,786
	2	한삼인	73	도시곳간	26	도시곳간	510,299
	3	도시곳간	35	얌키트	8	시즌글라스	258,835
	4	시즌글라스	35	셰프인하우스	4	해콩	215,782
	5	스타곱스	25	정관장	4	한삼인	119,330
농수산물	1	두부야	93	화월청과	21	총각네야채가게	720,994
	2	총각네야채가게	50	두부야 *	19	광이네과일가게	568,417
	3	에코한마음	38	껀어네방앗간	13	아지야과일가게	486,975
	4	아지야과일가게	21	광이네과일가게	6	다름과일	383,597
	5	껀어네방앗간	20	비타민 팡팡	4	로즈애플	361,656

주) 2022년말 기준. * 바닷물만난콩이: 두부야.

표 13-21 서비스업종 가맹점 수, 신규개점 수, 평균 매출액 상위 5개 업체 (단위: 개, 천원)

구분		가맹점 수		신규개점 수		가맹점 평균매출액	
업종	순위	브랜드	수치	브랜드	수치	브랜드	수치
교육(교과)	1	스마트해법수학	2,553	스마트해법수학	379	지트(JEET)	2,890,346
	2	셀파우등생교실	1,453	기탄사고력교실	365	종로학원	2,636,898
	3	미래엔수학	1,335	아이북랜드	246	생각하는황소	615,699
	4	기탄사고력교실	864	미래엔수학	213	와이즈만영재교육	613,030
	5	아이북랜드	711	셀파우등생교실	210	아담리즈수학	345,241
교육(외국어)	1	스마트해법영어	1,942	링키영어	328	폴리어학원	2,790,360
	2	뮤엠영어	1,899	삼성영어셀레나	245	엠폴리어학원	2,077,062
	3	삼성영어셀레나	1,581	스마트해법영어	227	메이플베어	1,731,745
	4	잉글리시아이	1,196	잉글리시아이	198	에스엘피영어학당	1,572,066
	5	미래엔영어	1,104	뮤엠영어	179	힐사이드컬리지**	1,362,370
이미용	1	리안	428	에이바헤어	95	차홍룸	1,907,757
	2	세이프존	335	세이프존	83	리챠드프로헤어	1,785,445
	3	블루클럽	313	로이드밤	44	준오헤어	1,312,759
	4	나이스가이	217	리안	41	아이벨르	1,218,182
	5	로이드밤	210	잇츠탠	30	아이디헤어	1,193,620

세탁	1	크린토피아	2,761	크린토피아	125	하얀크리닝	740,615
	2	월드크리닝	459	크린에이드	52	크린토피아	110,046
	3	크린에이드	306	월드크리닝	31	크리닝마스터***	104,977
	4	크린위드	119	런드리익스프레스*	27	베베드클린	102,607
	5	위니아24크린샵	109	위니아24크린샵	12	월드크리닝	89,289
운송	1	카카오T블루	17,516	카카오T블루	5,563	-	-
	2	우버택시	5,619	우버택시	2,537	-	-
	3	카카오T블루	2,758	카카오T블루	1,559	-	-
	4	인천콜	1,354	다트	13	-	-
	5	반반택시	214	왕창이사	10	-	-

주) 2022년말 기준. 공정위 가맹사업제공시스템(franchise.ftc.go.kr)을 통해 추가적인 자료 확인 가능
* 런드리익스프레스샵바이비디에스. ** 힐사이드컬리지잇주니어 *** 최정민과함께하는크리닝마스터

13.2.3 우리나라 프랜차이즈 투자의 기회와 위험

대한상공회의소는 가맹본부 800사와 가맹점 1,000개를 대상으로 하여 2023년 프랜차이즈산업의 실태조사 결과를 발표했다. 조사결과에 따르면, 가맹점주 2명 중 1명(47%)은 '개인 자영업자가 아닌 프랜차이즈 가맹점이어서 팬데믹 위기를 극복하는 데 더 도움이 되었다'고 응답했고, 44.6%는 '보통', 나머지 8.4%는 '도움이 안됐다'고 응답했다. 이에 대해 대한상의는 "프랜차이즈는 브래드 인지도가 높고, 가맹본부가 상품개발, 광고 판촉, 운영관리를 해주는데다 코로나 기간에도 외부 플랫폼앱과 키오스크 도입 등 자신이 부족한 경험과 노하우를 계속 지원해 주었기 때문에 혼자서 모든 것을 해결해야 하는 개인사업자에 비해 위기 극복에 도움이 되었을 것"이라고 분석했다.

IMF외환위기나 코로나19 등과 같은 대외내적인 위기가 발생할 때마다, 역설적으로 우리나라의 프랜차이즈산업 한단계 도약하는 계기가 된다. 프랜차이즈산업의 성장에는 여러 가지 요인들이 복합적으로 작용하지만, 대내외적 위기는 프랜차이즈산업을 더욱 가속화시키고 프랜차이즈산업에 대한 투자가 크게 늘어나는 결과를 가지고 왔다. 먼저, 프랜차이즈산업의 성장에 대한 경제적 요인, 사회·문화적 요인, 그리고 기술적 요인 등에 대해서 알아보자.

경제적 측면에서 보면 프랜차이즈산업의 성장요인은 국내 경제의 전문서

비스화로 볼 수 있다. 프랜차이즈의 전문서비스화로 인해 소비자의 선택의 폭이 넓어졌을 뿐만 아니라 업종의 세분화가 이루어지면서 다양한 소비자를 흡수할 수 있게 된 것이다. 또한 우리나라 국민소득이 2000년대 1만 달러 시대에 진입한후, 2010년대에는 2만 달러 시대를 넘어섰고, 2020년대에는 3만 달러 시대[4]에 도달함으로써 지속적인 국민소득의 증가로 인해 외식문화에 대한 관심과 접근이 크게 증가한다. 서비스 시장에 대한 개방으로 해외 프랜차이즈 기업의 국내진출로 소비자의 선택권은 더욱 넓어지면서 프랜차이즈산업의 판을 커지는 현상이 나타난다. 정부 역시 공공부문에서의 정부규제의 완화와 민간참여 기업의 확대, 그리고 프랜차이즈산업에 대한 적극적인 지원 등에 힘입어 프랜차이즈는 우리나라로 도입된 이후 지속적인 성장세를 보인다. 사회·문화적 측면에서는 소비자들 사회의 다양성을 추구하는 동시에 소비에서 개성화가 나타나고 있다. 친환경적인 삶을 추구할 뿐만 아니라, 소비의 고도화에 따른 도시화와 레저를 즐기는 추세가 강화되고 있고, 여성의 사회 진출로 인한 발언권 강화 및 외식문화의 확대, 그리고 소비자 중심주의 확산 등이 이루어지고 있다. 이런 사회적인 변화를 반영한 문화적 환경은 외식가치관의 변화와 식생활 패턴의 서구화가 이루어졌고, 외식사업에 있어서는 전통메뉴를 개발해서 건강에도 좋지만, 퓨전화해서 소비자의 새로움에 대한 요구를 맞추는 식단으로 변화하고 있다. 기술적 측면에서는 4차 산업혁명으로 촉발된 인공지능(AI) 기술로 인해 소비자의 변화에 대한 발 빠른 대응이 가능해졌고, 이전까지 아날로그식 제품관리나 고객관리가 이루어졌다면, 인공지능(AI) 시대에서는 디지털에 의한 제품혁신과 고객관리가 이루어지고 있다. 그래서 소비자가 원할 제품이나 음식을 인공지능(AI)와 로봇에 의해서 빠르고 안전하고 새롭게 만들어 내는 기술시스템으로 변화된 것이다.

이런 측면을 고려하면, 프랜차이즈의 투자 매력도는 앞으로도 더욱 더 증가할 것이다. 사회구조적으로 기술의 급진적 발달과 그에 따른 사회변화로 기존의 대기업이나 공기업의 고용이 크게 개선되기 어려운 구조이다. 새로운 고용을 위해서는 벤처기업의 창업이나 프랜차이즈산업으로 진출을 도모할 가능성

---

4 우리나라의 1인당 국민총소득(GNI, 미달러화 기준)은 2000년에 12,632달러, 2010년에 24,110달러, 2020년에 33,929달러를 기록한다.

이 높아지고 있다. 기술이나 경험을 가진 사람들은 벤처기업에 도전할 가능성이 크지만, 특별한 기술을 가지지 못한 사람들의 경우 프랜차이즈의 노하우에 의존할 가능성이 높아지고 있다. 우리나라는 인구학적으로도 베이비 붐 세대[5]의 퇴직이 대거 몰리면서 새로운 일자리 선택으로 프랜차이즈산업에 진출할 가능성이 매우 높다. 지금까지 향후 프랜차이즈산업의 성장 가능성을 논하면서 프랜차이즈산업의 기회가 존재하는 시장임을 이야기했다. 그렇다면 우리나라 프랜차이즈산업에는 기회만 존재하는 것인가? 기회가 있으면 항상 그 속에는 위험이 존재한다.

우리나라 프랜차이즈에 투자하거나 프랜차이즈산업에 진출할 때 위험의 요인은 무엇인가에 대해서 알아보자.

프랜차이즈산업의 위험요인은 먼저, 외식업 비중이 너무 높고, 고부가가치 서비스업종이 많지 않다는 것이다. 2023년 가맹본부 수와 브랜드 수를 기준으로 외식업의 비중은 각각 76.2%와 79.9%이다. 동기간 서비스업은 각각 17.6%와 15.3%이고, 도소매는 6.2%와 4.8%이다. 이런 업종별 불균형은 지속적으로 심화되고 있다. 미국이나 일본에 비해 우리나라는 외식업의 비중이 지나치게 높아 업종의 다양성이 낮아 향후 프랜차이즈산업의 안정 성장을 저해할 가능성이 있다. 따라서 프랜차이즈산업의 저변 확대를 위해서는 선진국가처럼 서비스업종의 다양화가 이루어질 필요가 있다. 다음으로, 가맹본부의 경쟁력이 높지 않고, 선진화된 경영관리가 필요하다. 2023년을 기준으로 브랜드 가맹점 수가 10개 미만인 프랜차이즈는 외식업이 74.5%, 서비스가 62.9%, 도소매가 66.6%이다. 이것은 가맹본부의 자본이나 인력 등의 규모가 영세하여 가맹본부의 지원역량, 경영자문, 전문지식 등의 한계로 이어진다. 프랜차이즈사업이 성공하기 위해서는 가맹본부의 경영관리가 체계적이고 시스템적이어야 한다. 가맹본부는 인적관리, 생산관리 시스템, 재무관리, 그리고 홍보 및 마케팅 등을 통해 효율적인 경영관리 시스템을 구축하고 있어야 한다. 그러나 규모의 영세한 경우에는 타

5 베이비 붐 세대는 외국에서는 제2차 세계대전 이후 태어난 세대(1940년대부터 1960년대생)를 말하며, 우리나라의 경우는 주로 6.25 전쟁 이후 태어난 세대를 의미한다. 베이비 붐이란 출산율이 폭발적으로 증가하는 양상을 뜻하는 용어로 우리나라의 베이비 붐 세대는 1,2차를 합해서 1955년부터 1974년까지 출생아 수가 한 해 90만명이 넘던 시기이다(1차 베이비 붐: 1955~1963년 출생, 2차 베이비 붐:1968년~1974년 출생).

산업의 기업들에 비해 조직과 인력에서 전문가를 구하는 것이 쉽지 않다. 셋째, 물류관련 인프라와 시스템적 제도가 부족하다. 프랜차이즈 시스템을 구축하기 위해서는 초기에 적지 않은 자금이 투자되어야 한다. 그러나 규모의 영세성으로 인해 물류와 정보 인프라에 투자가 쉽지 않은 상황이다. 끝으로, 가맹본부의 규모의 영세성과 전문경영인의 부족으로 해외진출에 어려움이 있다. 국내 프랜차이즈 시장은 공간과 지역의 한계성으로 인해 프랜차이즈사업을 확장시키기 위해서는 필수적으로 해외진출을 도모해야 한다. 그러나 우리나라 프랜차이즈의 해외진출은 일부 대기업 프랜차이즈 중심으로 진행되고 있어, 영세한 프랜차이즈에 가입하는 투자자는 해외진출에 어려움을 경험할 수 있다.

프랜차이즈사업에 투자하는 데 있어서 항상 기회와 위험이 상존한다. 그러나 경제적·사회적·문화적(인구학적 개념 포함)·기술적 측면에서 향후 프랜차이즈산업은 지속적인 성장을 보일 것으로 판단된다. 이런 점을 고려할 때 프랜차이즈산업에 투자하고자 하는 사람은 다음 사항을 유의해야 한다. 첫째, 적극성을 가져야 한다. 피상적인 업종을 피하고, 습득한 정보를 분석하고 분류해서 자신에게 적합한 업종을 선택하는 적극적인 노력이 필요하다. 둘째, 경험에 의거해서 업종을 선택하라. 자신의 직장 경험이나 특기가 있는 경우 그것을 연결해서 프랜차이즈를 창업하는 것이 바람직하며, 특별한 재주가 없는 경우에는 일상생활에서 많이 이용해본 경험이 있는 업종에 투자하는 것이 바람직하다. 셋째, 안정성을 고려해서 선택하라. 60개 정도 이상의 점포수 정도를 보유한 업종을 선택해서 투자하는 것이 바람직하다. 가맹본부의 조직과 지원시스템 구축이 완료될 수 있기 때문이다. 넷째, 미래 성장성을 판단해서 선택하라. 성장성은 업종마다 다르기 때문에 향후 성장하는 업종에 투자하는 것은 매우 중요하다. 같은 프랜차이즈라도 업종에 따라 성장세가 다르기 때문에 업종에 투자하기 전에 그 업종의 향후 성장성에 대한 사전 조사가 반드시 필요하다. 다섯째, 프랜차이즈사업을 시작할 시기를 선택하라. 업종은 계절적인 요인에 따라 성수기와 비수기가 존재한다. 프랜차이즈사업을 시작할 때는 시기를 염두해 두어서 성수기에 진입하는 전략이 필요하다. 끝으로 투자규모에 맞는 업종을 선택하지 말고, 자신의 특성이나 장점이 반영될 수 있는 업종에 투자해야 한다.

그림 13-1 업종주기 생명곡선

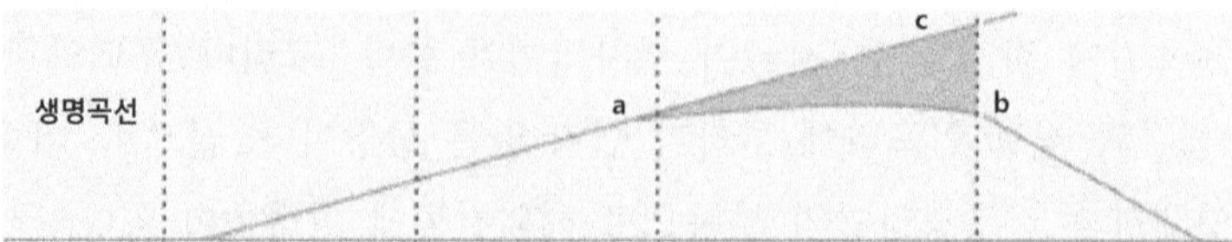

구분	도입기	성장기	성숙기	쇠퇴기
현상	• 콘셉트 검증이 어렵다 • 체인본부 검증이 어렵다 - 운영력, 점포개발력, 가맹점 지원시스템 • 기간이 짧다		• 고객접점 확산 • 시장개척률 감소 • 콘셉트 유지/개발 (△abc에 도달) • 본부지원 상황 파악이 어렵다 • 기간이 길다	• 콘셉트 유지/개발의 실패 • 기간이 짧다
전략	초기시장진입	점포확산	침투 : 기존 시장을 빼앗는다	전략의 실패
업종선택	일반적인 선택시기		• △abc : 안정적 선택시기	
업종선택 우선순위	3	2	1(△abc)	

자료) 한국프랜차이즈산업협회

13.3 프랜차이즈 아이템과 창업계획서

13.3.1 프랜차이즈 아이템 선정과 타당성 분석

프랜차이즈에 투자할 때는 투자하고자 하는 프랜차이즈의 아이템에 대한 충분한 검토와 사전 조사가 이루어져 한다. 단순히 생각을 통해서 큰 규모의 투자를 집행하기 보다는 사업의 타당성 조사를 통한 면밀한 검토가 이루어진 이후에 프랜차이즈에 투자하는 것이 중요하다. 먼저, 프랜차이즈의 아이템을 검토하고 그와 관련된 내용을 점검할 필요가 있다. 점검해야 할 내용은 가맹점 창업비용, 가맹점의 수익성과 사업타당성, 브랜드 인지도, 향후 성장성과 수익성에 대한 예상 전망, 점포운영에 대한 계획안, 미래지향적인 아이템, 그리고 투자자 자신의 장점을 살릴 수 있는 아이템이 좋다.

이외에도 사업 결정에 미치는 외부적인 요인에 대해서도 검토가 이루어져야 한다. 경기 침체시에도 사업운영이 가능할 수 있는 업종인지? 소비자의 반복구매가 가능한 아이템인지? 가맹점 창업으로 얼마 정도의 자금이 투자되고, 가능하면 적은 금액으로 투자가 가능한지? 향후 소비자에게 잘 팔릴 수 있는 아이템인지? 아이템이 소비자에게 꼭 필요하거나 필요로 하는 제품이나 서비스인지? 등에 대한 경기 동향 및 소비자의 소비성향에 대한 면밀한 조사가 필요하고 경쟁력을 갖출 수 있는 아이템인지 분석해야 한다.

아이템이 선정되면 아이템을 통한 프랜차이즈사업이 원활하게 진행될 수 있는지를 확인하기 위해 사업타당성을 분석해야 한다. 사업 아이템에 대한 분석을 기초로 하여 내·외부환경 분석, 시장성 분석, 기술성 분석, 경제성 분석이 이루어져야 한다.

표 13-22 사업타당성 분석과 그 내용

내부여건 및 외부환경 분석		시장성 분석
• 창업자의 적성과 자질 • 창업자의 수행 능력과 해당 업종에 대한 적성 • 경기에 대한 평가 및 전망 • 시장 및 제품 환경 분석 • 상품성 분석	→	• 시장동향 분석 • 상품의 수요 분석 • 홍보 및 마케팅 분석 • 제품 및 업종의 경쟁관계 분석
		↓
경제성 분석		기술성 분석
• 매출액 분석과 이익구조 분석 • 원가 분석 및 투자 비용 • 손익분기점(B.E.P) 분석 • 상품 가격 분석 • 재무 및 회계 분석	←	• 계획 제품의 기술동향 및 기술성 분석 • 생산 및 제조 공정 분석

- **내·외부환경 분석** : 프랜차이즈의 아이템에 대한 사업타당성 검토는 내부여건과 외부환경 분석에서 시작한다. 내부여건 분석은 창업자의 적성과 특성, 자질, 그리고 창업자의 수행능력과 해당업종에 대한 적성 등을 우선적으로 분석한다. 프랜차이즈에 투자하고 그 사업에 성공이나 실패하느냐의 여부는 일을 추진하는 주체와 참여인력에 의해 결정된다. 프랜

차이즈사업이란 혼자서 하는 것이 아니고 소비자와 거래처 등과의 상호관계 속에서 이루어지기 때문에 창업자 혼자만의 단독적인 의사결정으로 사업 참여를 결정하는 것은 지양해야 한다. 창업자는 자신은 물론이고 자신을 잘 알고 있는 주변인인 직장 동료나 상사 등의 의견을 수렴할 필요가 있고, 프랜차이즈 관련 전문 컨설턴트 등과의 충분한 상담을 통한 프랜차이즈산업으로의 진출이 가장 합리적인 의사결정이다.

외부환경 분석은 경기 동향 분석, 시장 및 상품의 환경 분석, 경쟁적 관계 등에 대해서 분석하는 것이다. 경기 동향 분석은 프랜차이즈 사업에 진입하기 적절한 시점을 찾기 위해서 도입기나 성장기보다는 성숙기 초반에 진출을 목표로 한다. 시장 및 상품의 환경 분석은 창업 아이템과 관련된 수요와 사용 가능 인구 및 시장의 규모 등을 파악해서 프랜차이즈의 아이템으로 선택한 종목이 상품성이 있는지에 대한 점검이다. 특히, 상품성 분석은 프랜차이즈의 아이템으로 선정한 상품의 특성과 품질을 참고하여 상품의 강점과 약점, 상품의 수명주기, 상품의 보급률 등에 대한 분석을 의미한다.

- **시장성 분석** : 프랜차이즈사업을 영위함에 있어서 선택한 창업의 아이템이 얼마나 팔릴 수 있는지에 대해서 알아보는 것으로, 시장조사는 창업 아이템의 채택 수단으로 활용된다. 프랜차이즈사업을 통해 상품이나 서비스를 시장에 선보이더라도 대부분 소비자에게는 낯선 것이 일반적이며 품질이 확인되기 전까지는 쉽게 구매로 이어지지 않는다. 프랜차이즈 사업에 성공하기 위해서는 이런 어려운 난관을 극복하고 시장성 확보 및 판로개척을 통해서만 가능하기에 시장성 분석이 중요하다.

시장조사는 다음과 같은 다섯 단계로 진행된다. 먼저, 시장에 대한 전반적인 흐름을 파악하는 것으로 여기서는 적용 아이템에 대한 명확한 규정을 통해 무엇을 시장에 전달하거나 공급할지에 대한 내용이 설정되어야 한다. 다음으로 시장 환경에 대한 분석으로 적용 아이템과 관련된 전후방 산업을 분석하고 그와 관련된 산업발전 추이를 전망해야 한다. 셋째는 시장경쟁분석으로 적용 아이템의 시장경쟁구조와 지배유형, 경쟁업체 현황 및 시장점유율, 경쟁상품과의 비교분석, 그리고 시장지위 확보 가능성을 검토해야 한다. 넷째, 시장 규모 및 전망으로 적용 아이템에 대한 국내외 시장규모와 동향을 파악하고, 중장기 성장률, 시장수요 전망, 시장진입 가능성에 대한 분석이 이루어져야 한다. 끝으로 분석결과를 바탕으로 적용 아이템의 미래시장규모와 비교분석에 근거한 시장침투(점유) 수준에 대한 의견을 정리하여 합리적인 창업을 할 수 있는 기본적 시장조사 자료가 만들어져야 한다.

표 13-23 시장성 분석과 그 내용과 방법

구분	주요 평가내용	세부 분석 내용 및 방법	관련 평가항목
시장 개요	• 적용 아이템의 정의 • 시장의 정의 및 특성	• 적용 아이템에 대한 정의 • 적용 아이템의 시장 및 산업에 대한 정의, 범위 및 특징	시장경쟁강도 시장경쟁의 변화 시장의 성장전망 신제품 출현가능성 시장진입가능성
시장 환경 분석	• 산업의 특성 • 산업환경분석	• 전후방 산업 분류 • 산업의 특성 분석 • 거시 환경분석모델 등을 통해 산업환경분석 • 산업발전 추이 및 전망	
시장 경쟁 분석	• 적용시장의 경쟁구조 및 지배유형 • 경쟁업체 현황 및 시장점유율 • 경쟁상품과의 비교분석 • 시장지위 확보 가능성	• 적용 아이템의 시장경쟁구조 분석 • 경쟁업체별 시장점유율 및 변화 추이 분석 • 적용 아이템의 사업화의 기회요인과 위협요인 분석 • 시장진입 장애요인과 촉진요인을 분석한 후 진입 가능성 평가 • 시장진입 후 시장점유율 확보 가능성 분석	
시장 규모 및 전망	• 국내외 시장규모 및 동향 • 시장수요 전망 • 시장진입 가능성	• 국내외 시장분석에 근거한 시장규모 추정(통계적 예측모형 사용 가능) • 적용 아이템 시장의 중장기 성장률 추이 분석 • 현금흐름 추정기간 동안의 시장규모 전망	
종합 의견	• 분석 요약	• 분석결과를 종합하여 적용 아티템의 미래시장 규모와 비교분석에 근거한 시장침투(점유) 수준에 대한 의견을 요약 제시	

자료) 2021 기술평가 실무가이드를 참고하여 프랜차이즈의 시장성 분석으로 재구성함.

■ 기술성 분석 : 프랜차이즈사업에서 계획하고 있는 상품이나 서비스에 대한 기술적 측면에서의 사업타당성 평가부분으로서 일반적으로 계획하고 있는 상품(또는 제품)이나 서비스의 기술동향 분석, 계획하고 있는 상품

(또는 제품)이나 서비스의 특성 및 용도, 품질 및 경쟁성 분석, 생산 및 제조공정 분석 등을 검토할 대상으로 한다. 자신이 프랜차이즈를 창업할 때는 기술성의 측면이 매우 중요한 요인이지만, 이미 설립된 프랜차이즈에 투자를 할 경우에는 기존 프랜차이즈의 기술에 대한 사전조사와 평판조회를 통해 시장성이 높은 기술을 가진 프랜차이즈에 투자를 집중해야 한다.

- **경제성 분석** : 경제성 분석은 시장타당성과 기술타당성 분석에서 나타난 결과를 토대로 프랜차이즈 사업화에 필요한 소요자금이나 프랜차이즈 창업 후의 수익성을 평가하기 위한 분석이다. 프랜차이즈 창업업종이 시장타당성과 기술타당성을 충족시켰더라도 최종적인 사업 추진 결정은 경제성 분석에 의한 자금수지와 자금 조달 능력을 통해 향후 수익성과 성장성의 판단 여부에 있다고 할 수 있다.

수익성 검토는 프랜차이즈 사업을 영위함으로써 얻게 될 수익에 대해서 추정손익계산서, 추정대차대조표, 추정현금흐름표 등의 추정재무제표를 작성해서 검토하는 것이 필요하다. 또한 프랜차이즈 사업을 영위하기 위해 가장 필요로 하는 자금 조달과 운영에 있어서는 프랜차이즈 창업에 들어가는 총 소요자금, 조달가능성 규모, 부채 조달로 인한 재무위험 등을 함께 추정하고 이런 자료를 바탕으로 조달계획서 및 운영계획서를 작성해야 한다.

표 13-24 경제성 분석과 그 평가항목

평가요소	세부평가항목
매출액 추정 및 수익구조 분석	추정매출액 작성을 통한 손익계산서 작성
투자비용 및 원가 추정	제조원가 및 비용 추정 인건비 추정 생산활동에 필요한 생산경비 추정 판매활동에 필요한 판매활동 추정 원리금 상환 및 기타 수수료 지급 등의 영업외 비용 추정
손익분기점(B.E.P) 분석	운영자금의 흐름을 파악하기 위한 현금흐름표 작성 예상사업의 시나리오별(호황, 불황, 중간) 손익분석 추정재무제표 작성 및 경영성과 분석 경제적·재무적 타당성 분석

재무 및 현금흐름 분석	현금흐름분석 투자, 수익, 비용분석 금융수익과 비용의 분석 금융수익과 비용 이외의 비용 분석 기타 재무위험분석

13.3.2 프랜차이즈의 창업 및 투자유치계획서

프랜차이즈의 창업 및 투자계획서는 프랜차이즈를 창업하려는 창업자가 기업을 설립하기 위해 작성해야 하는 계획서이며, 자신의 사업을 지속적으로 성장시키기 위한 구체적인 내용을 담고 체계적으로 정리한 계획서이다. 창업 및 투자유치계획서는 창업자로 하여금 계획적인 창업을 가능케 하여 창업기간을 줄여주고, 사업지속 가능성과 향후 성공에 긍정적인 영향을 미친다. 또한 프랜차이즈 창업에 협력자로 참여할 수 있는 동업자, 출자자, 금융기관, 그리고 거래처 등에 이르기까지 투자에 대한 홍보를 수행할 수 있고, 설명자료로 활용될 수도 있다.

창업 및 투자유치계획서가 가지고 있는 의미는 먼저, 프랜차이즈 창업에 관련된 전반적인 사항에 대해서 좀 더 객관적이고 체계적으로 작성한 사업계획서란 의미에서 중요하다. 다음으로, 프랜차이즈 창업에 도움을 줄 수 있는 제3자에게 투자 및 홍보효과를 만들어낼 수 있고 그들에게 사업에 대한 설명자료로써 필수적인 준비 자료이다. 셋째, 프랜차이즈 창업을 하기 위해 준비해야 하는 서류의 기본적 틀과 내용으로 역할을 수행할 수 있다. 다시 말해서, 정부나 금융기관에 제출하는 창업지원 자금신청, 각종 인허가 신청용, 대출 신청용 등 정부나 금융기관에게 창업지원정책 관련 기본 신청서류가 된다. 끝으로, 창업 및 투자유치계획서의 지속적인 업데이트를 통해서 사업의 타당성을 다시금 검토할 수 있는 기본적 자료 역할을 수행한다.

창업 및 투자유치계획서의 주요 내용은 다음과 같이 준비할 수 있다.

- **창업 및 투자유치계획서 핵심요약** : 창업한 프랜차이즈사업에 대한 핵심 내용과 그 가치를 집약해서 설명하는 부분이다. 프랜차이즈를 창업하고자 하는 아이템은 무엇이고, 왜 소비자들에게 필요한지, 어떻게 좋은 실

적을 거두어 나갈 것인지 등에 대해서 설득력 있고 간결하게 정리한다. 특히, 투자자들에게 창업 및 투자유치계획서는 투자를 결정하는데 있어서 매우 중요한 역할을 하기 때문에 투자자가 이해할 수 있도록 간결하면서도 핵심적인 내용을 기술해야 한다. 창업 및 투자유치계획서는 창업자가 먼저 사업에 대한 이해를 완벽히 인지한 후에 그것에 대한 핵심내용을 정리하는 것이므로 창업계획서의 다른 부분을 다 완성하고 나서 작성하는 것이 바람직하다.

- **창업하고자 하는 프랜차이즈의 시장규모 및 향후 전망** : 창업 및 투자유치계획서 중에서 창업하고자 하는 프랜차이즈의 시장규모 및 향후 전망을 작성하는 것은 쉬운 일은 아니다. 창업하고자 하는 프랜차이즈 시장에 대한 사전조사와 자료가 있어야 하고, 또한 지속적인 동종업종의 관계자와의 만남과 현장 조사를 통한 자료 작성이 구비되어야 한다. 또한 산업동향, 경기흐름, 인구이동 등 창업활동에 영향을 미치는 요소들을 검토해야 하고 가능하면 최소 향후 3년 정도의 성장률을 예상할 수 있어야 한다.
- **프랜차이즈 산업 및 기업 그리고 경쟁상품이나 서비스에 대한 비교분석** : 창업하고자 하는 산업의 현재의 상황과 미래의 상황에 대한 전망을 분석한 후, 동종업종 및 경쟁업체 현황 등에 대한 조사가 이루어져야 한다. 동종업체와의 비교 자료를 통해서 자신이 창업한 프랜차이즈의 상품이나 서비스가 어떤 차별성이나 우월성이 가지고 있는지 설명하거나, 경쟁업체 대비 장점이 무엇인지 비교 분석해야 한다. 주관적인 기술이나 상품이나 서비스의 반복적인 단순 나열보다는 간결 할지라도 검증된 공인기관의 자료를 바탕으로 작성할 경우, 좀 더 신뢰성을 관련자들에게 줄 수 있다.
- **홍보 및 마케팅 계획** : 창업하고자 하는 프랜차이즈의 판매활성화를 위해 홍보 및 마케팅 계획을 수립해야 한다. 홍보 및 마케팅은 자신이 프랜차이즈를 창업할 경우 직접 수행할지 아니면 외주를 줄지에 대해서 결정해야 한다. 만약, 이미 설립된 프랜차이즈에 가맹점으로 투자할 경우에는 가맹본부에 적극적인 홍보와 마케팅을 제안하고, 가맹본부로부

터 받은 홍보 및 마케팅 내용이 있는 경우 적극적으로 주변상권에 활용해야 한다.

- **조직 및 HR(Human Resource Management: 인적자원관리)** : 창업자는 창업 초기부터 각 가맹점사업자의 필요를 충족시키고 효과적이고 효율적으로 운영할 수 있는 기업조직을 만들어야 한다. 이런 조직을 갖추기 위해 프랜차이즈사업에 필요한 사업부문을 정하고, 각 부문별 인원을 충원시켜야 한다. 특히, 구성원들에게 근무에 대한 동기를 제공할 수 있는 성과급 보상 프로그램과 인원 충원 및 관리에 대한 인재자원관리 계획을 준비해야 한다.
- **재무 및 회계 관리** : 추정 재무제표 작성을 통해 계획하는 프랜차이즈사업의 향후 재무와 회계 상태와 경영성과를 예측한다. 이를 통해 계획하는 프랜차이즈사업의 잠재성 및 성장성 그리고 수익성을 예상할 수 있기 때문이다. 창업 및 투자유치계획서에 가능하면 추정손익계산서, 추정대차대조표, 추정현금흐름표 등을 작성하는 것이 좋으나, 이 분야에 대한 사전지식이 부족한 경우에는 전문가에 도움을 받거나 최소 추정손익계산서를 작성해서 데이타를 통해 투자자와의 소통을 확대할 필요가 있다.
- **기타 고려사항** : 프랜차이즈를 창업하는 창업자가 자신만의 특징이나 장점 등을 보유한 경우에는 그것에 대한 설명이나 홍보 등을 할 수 있다. 또한 미래 경영계획에 대한 비전을 제시함을 통해 투자자와 더불어 성장하는 사업계획안을 작성하는 것도 바람직하다.

13.3.3 실전 프랜차이즈 창업 11단계

한국프랜차이즈산업협회(KFA)는 자료를 통해 실전 프랜차이즈 창업 11단계에 대해서 설명하고 있다. 1단계 정보습득, 2단계 업종선택, 3단계 가맹상담, 4단계 본부선택, 5단계 입지 상권조사 분석, 6단계 임대차 계약, 7단계 가맹계약, 8단계 시설 및 기계 장비 계약, 9단계 교육훈련, 10단계 개점준비와 개점, 11단계 지속운영 등에 대한 내용이다. 그 내용을 요약 정리하면 다음과 같다.

- **1단계 정보습득** : 정보제공자로부터 직접 얻을 수 있는 1차정보 전달 방법으로는 운영 현실을 개설된 매장에서 눈으로 직접 보고, 듣고, 느끼게 하는 방법으로 프랜차이즈 가맹본부의 사업설명회, 박람회, 직원의 구두 전달 방법 등이 있다. 2차정보 전달 방법으로는 TV, 인터넷, 라디오, 신문, 잡지, 소셜미디어와 같은 대중매체 및 프랜차이즈 가맹본부의 가맹 안내서 등이 있다. 이외에도 어떤 목적에 맞게 재가공한 책자나 컨설팅 업체가 소개하는 3차정보 전달 방법이 있다.
- **2단계 업종선택** : 창업자가 미국, 일본 등 선진국의 유망업종이 국민소득 몇 천 달러에서 호황을 누렸는지를 파악한 뒤 현재 우리나라 국민소득 수준에 적합한 업종을 선택하는 방법이 있다. 또 다른 방법은 우리나라의 소비 유형을 고려해 국내에서 자체 개발하는 방법이다.
- **3단계 가맹상담** : 프랜차이즈사업에서 수집된 정보의 확인과정, 추가정보 등을 비교 분석해서 업종 선택 기준을 설정하는 단계이다. 따라서 정보 분석이 끝나지 않았거나 업종을 아직 선택하지 못한 경우에는 가맹본부의 일방적인 정보에만 의지할 수밖에 없으므로 가맹상담을 서두르지 않은 것이 지혜롭다.
- **4단계 본부선택** : 가맹본부의 선택기준은 입지 상권조사, 임대차계약, 가맹계약, 시설 및 기계 장비계약, 점주 교육훈련, 개점 및 개점행사, 지속적인 영업지원으로 구성되어 있는 프랜차이즈 패키지 시스템 적용할 때, 가맹점사업자가 쉽게 사업장을 운영할 수 있도록 경영지도를 할 수 있는 본부를 선택해야 한다.
- **5단계 입지 상권조사 분석** : 입지 상권조사란 장사가 잘 될 것 같은 자리를 찾는 작업이다. 다시 말해서 교통시설, 도보 통행인들의 흐름, 인근 거주민들의 생활 패턴 및 구매 패턴 등을 평가해서 개별상권 간에 영향을 주지 않는 가운데 상호 독립적인 특성을 지닌 상권을 분석하는 것을 말한다.
- **6단계 임대차 계약** : 임대차계약은 당사자의 일방(건물주－임대인)이 상대방에게 목적물(임대물)을 사용하여 수익하게 할 것을 약정하고, 상대방(임차인)이 이에 대해 차임(월세 또는 보증금)을 지급할 것을 약점함으로써

그림 13-2 **임대차계약 절차**

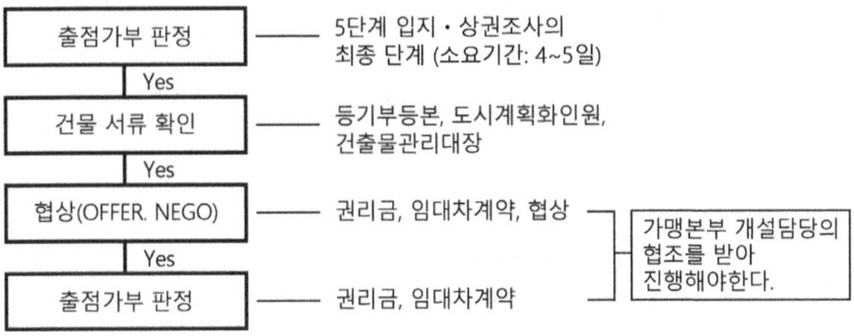

자료) 한국프랜차이즈산업협회

성립하는 민법상의 채권계약이다. 임대차계약은 임차인과 임대인과의 협상조건에 따라 투자자금 및 손익에 영향을 주고, 재산권을 유지 보호할 수도 있고, 사업의 지속성 유지에 필요한 중요한 사항임에 따라 철저한 준비가 필요하다. 자신이 임대차 계약에 직접적인 협의나 참여가 어려울 때에는 관련 전문가의 도움을 받아 처리하는 것도 하나의 방법이다.

- **7단계 가맹계약** : 가맹점을 운영한다는 것은 어떤 면에서 부분적인 동업관계를 맺는 것이며, 가맹계약은 이 동업에 대한 역할 분담을 문서화하는 절차이다. 가맹계약 단계에서 가맹점주와 가맹본부 사이에 계약을 통해서 서로가 서로의 사업동반자임을 인정하고 법률화 하는 것이다.
- **8단계 시설 및 기계 장비 계약** : 프랜차이즈의 가맹계약이 완료되면 가맹점에 대한 시설과 인테리어 및 기계장치 설치공사에 들어가게 된다. 시설과 인테리어 및 기계장비 진행과정은 가맹본부가 주도적으로 진행하게 되고, 가맹점주는 전문적인 지식이 없기 때문에 가맹본부가 진행하는 절차에 따를 수밖에 없다. 그러나 가맹점주는 항목마다 직접 참여해서 내용들을 검토하는 것이 바람직하다. 시설과 인테리어 및 기계장치 설치에 대한 진행과정에 자신이 적극적으로 개입함에 따라 자신이 창업의 주체이고 시설 운영자로써 편리성을 갖출 수 있도록 하자.

그림 13-3 **시설과 인테리어 및 기계장비 설치 진행과정**

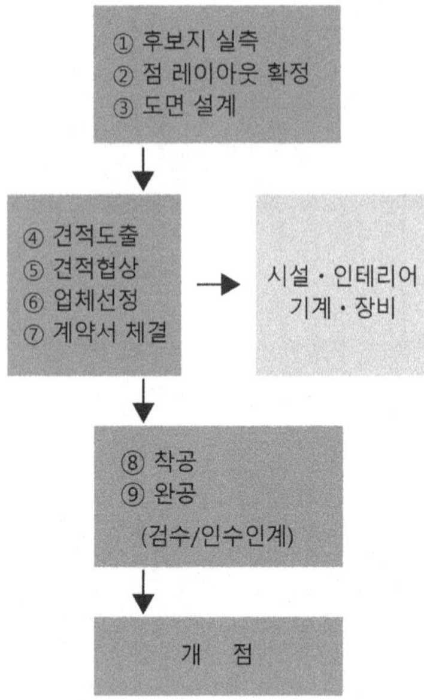

자료) 한국프랜차이즈산업협회

- **9단계 교육훈련** : 가맹점주와 그 직원에 대한 교육은 점포운영에 필요한 노하우를 제공하는 일반적인 방법으로, 가맹점주의 점포운영 능력 향상과 가맹본부와 가맹점주 사이의 커뮤니케이션 활성화와 지식과 기능의 전수를 통한 프랜차이즈사업을 조기에 정착하기 위해 필요하다.
- **10단계 개점준비와 개점** : 점주와 그 직원에 대한 교육훈련이 완료되면 점포 오픈을 위한 개점준비와 개점단계로 들어간다. 필요한 제반사항의 준비 및 개점행사 주관, 초기 운영지도를 포함한 일련의 과정이다.
- **11단계 지속운영** : 가맹점주가 점포를 운영한다는 것은 가맹본부로부터 점포운영, 상품, 기타관리 등을 지원받아 프랜차이즈 본사의 경영지도를 매개로 교육훈련시 체득한 점포운영 매뉴얼에 따라 노하우를 실행하는 것을 말한다. 일반적으로 점포 개점 전 창업 준비 과정을 충실하게 준비한 창업자보다 그렇지 못한 창업자가 더 많은 고민과 걱정이 앞서게 된다.

따라서 창업자는 창업 준비를 단계별로 철저히 준비를 해서 창업을 시작한다면 성공의 가능성이 더욱 더 높아질 것이다.

그림 13-4 실전 프랜차이즈 창업 11단계

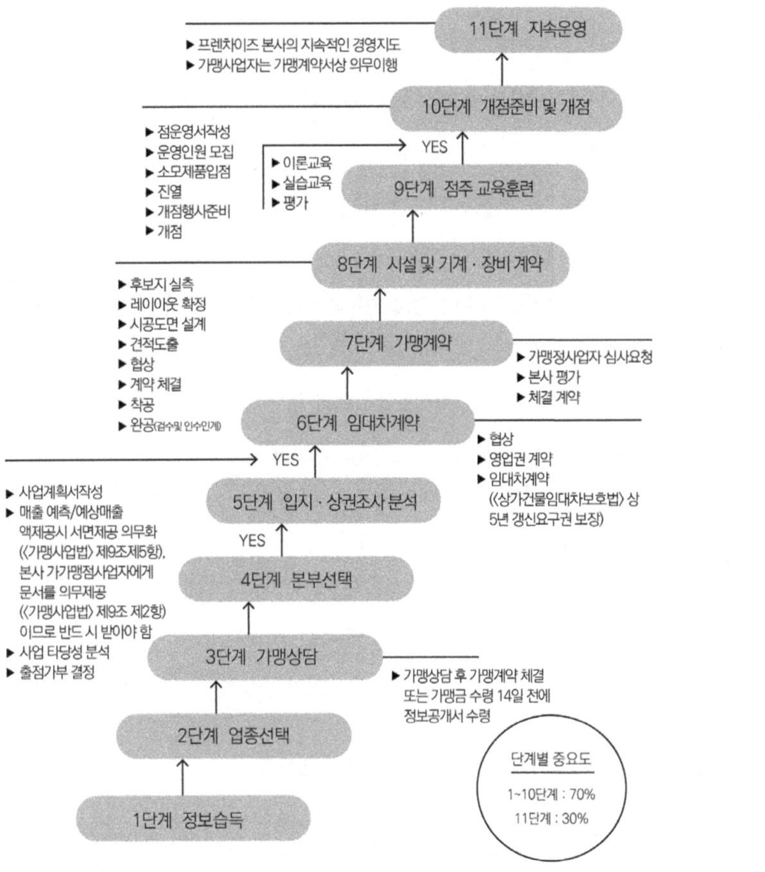

자료) 한국프랜차이즈산업협회

잠시 쉬어가는 코너

2024년 경제 전망, 창업시장에서 주목해야 할 트렌드는?

■ 2024년, 창업 시장 트렌드를 말하다

2023년이 3개월도 남지 않았다. 각 분야에서 2024년 트렌드를 예측하는 전문가들의 의견들이 속속들이 발표하고 있는 가운데, 경제 전망과 소비 트렌드에 대한 관심도도 함께 높아지고 있다.

소비 트렌드에 따라 돈의 흐름이 결정되고 창업시장의 트렌드도 변하기 마련이다. <라이프트렌드2024>(김용섭, 부키, 2023년)와 <트렌드코리아2024>(김난도 외, 미래의창, 2023년)에 따르면 2024년 주요 트렌드로 선정한 다양한 키워드 중 '올드머니'와 '디토소비'에 주목할 만하다. '올드머니'란 가문 대대로 부를 물려 받은 부를 뜻하며 자수성가한 '뉴머니'와는 반대되는 개념으로 설명된다. '디토소비'란 상품과 정보가 과잉되면서 수많은 선택지에 놓인 소비자들은 자신이 추종하는 대상의 결정을 따르며 "나도"하고 구매하는 소비 형태를 말한다.

그러나 많은 전문가들은 이 중에서도 우리의 일상과 경제 활동에서 가장 주목해야 할 흐름은 '스태그플레이션'이라고 말한다.

■ 고물가와 저성장 시대… 해결책은?

'스태그플레이션'이란 고물가와 저성장이 동시에 발생하는 현상을 말한다. 개인에게는 실질임금의 하락과 실업률의 증가로 다가온다. 이런 상황에서 경제적 어려움을 극복하는 근본적인 해결책은 '소득 증가'이다.

고물가, 고금리 등 각종 불리한 경제 지표에도 불구하고 근본적인 소득 증가를 위해서는 창업에 대한 수요가 상승할 수밖에 없다. 특히, 상대적으로 진입장벽이 낮고 구매력이 높은 외식창업에 대한 수요가 증가할 것이고, 실패율이 높은 개인창업 보다 안정성 높은 프랜차이즈 창업이 주목받을 거라는 예측이 나오고 있다.

실제로 '9월 위기설'을 겪으며 자영업에 대한 위기감이 높아진 상황에서 안정적인 소득 창출을 위한 프랜차이즈 창업은 불가피한 선택이라는 게 업계 전문가들의 설명이다.

■ 여전히 잘 나가는 프랜차이즈들은 '왜 그럴까?'

그렇다고 모든 자영업자들이 위기인 것은 아니다. 금융위원회에서 발표한 '2022 개인사업자 소득별 신용점수별 차주 수 분포' 자료에 따르면 소득이 높은 자영업자의 경우, 고 신용등급 비율은 오히려 증가했다. 연 소득 7천만원~1억원 이상 자영업자 약 30만 명 중 신용등급 1등급의 비율이 62.7%를 차지했다. 문제는 창업이나 자영업이 아니라 소득, 즉 매출과 수익성이다.

이에 여전히 '잘 나가는' 프랜차이즈들은 차별화된 매출구조에 트렌드를 반영한 메뉴 개발 등 다변화된 영업 방식을 채택하며 경쟁력을 키워나가고 있다.

그중에서도 치킨 프랜차이즈 '누구나홀딱반한닭'은 코로나 이후 외부활동 및 외식소비가 증가하는 상황에서 '캐주얼치킨펍' 컨셉의 매장에서 생맥주를 중심으로 마진율 높은 주류메뉴를 판매하며 치킨창업과 술집창업이 결합된 형태로 운영하고 있으며, 수익성 높은 홀 매출을 중심으로 배달 및 포장을 병행하는 3WAY 매출구조를 통해 비수기 없는 안정적인 매출을 기록하고 있다.

특히, 인기 외식메뉴이자 건강에 대한 높은 관심을 반영한 '오븐치킨' 메뉴와 누구나홀딱반한닭만의 차별화된 '쌈닭' 메뉴 등 다양한 치킨메뉴로 소비자의 입맛을 사로잡고 있다.

■ 가맹본사와 가맹점의 상생 중요… "함께 성장해야 멀리 간다"

한편, 누구나홀딱반한닭은 어려운 창업시장 상황을 고려해 로열티, 가맹비, 교육비, 재계약비, 상품보증금 등을 면제해주는 5무 혜택, 최대 1억원의 창업대출 제공 등 다양한 창업 프로모션을 진행하고 있다. 또한 가맹점 오픈 후 빠른 시간 안에 매출경쟁력을 확보하기 위해 500만원 상당의 온라인 마케팅 비용을 무상 지원하는 등 다양하고 실용적인 혜택을 제공하고 있다.

또한 본사 주도로 SNS상에서 적극적인 마케팅 활동을 전개하여 '디토소비'를 유도하는 동시에 '치맥 핫플레이스'로 자리매김하며, 포털 사이트 내 브랜드 검색량이 매월 최고치를 경신하는 등 가맹점 매출 견인에 실질적인 효과를 내고 있다.

누구나홀딱반한닭 브랜드 관계자는 “우리 누구나홀딱반한닭 가맹본사는 가맹점 수 확장보다 기존 가맹점의 매출 증대에 더 관심이 많다. 내년에도 MZ 세대를 중심으로 다양한 연령대가 우리 매장을 찾을 수 있도록 온라인 영역에서의 적극적인 마케팅 활동을 펼칠 계획이다. 앞으로도 장기적인 관점에서 가맹점과 상생할 수 있는 다양한 지원책 마련과 가맹점의 매출경쟁력 확대를 위해 노력할 것”이라고 전했다.

누구나홀딱반한닭에 대한 자세한 창업정보 및 창업혜택은 누구나홀딱반한닭 공식 홈페이지에서 확인 가능하다.

자료: 서울경제, 2023년 10월 27일자.

제 4 편

글로벌 투자사례 - 이스라엘을 중심으로

제 14 장
이스라엘과 투자

투자, 창업, 혁신 등의 단어를 생각하면 떠오르는 나라는 대형국가에서는 미국이지만, 대형국가를 제외하면 가장 먼저 떠오르는 것이 이스라엘이다. 1인당 스타트업(창업 초기기업) 수 세계 1위, 국내총생산(GDP)대비 연구개발(R&D) 투자 세계 1위의 나라로, 미국 나스닥 상장 기업수가 98개로 미국과 중국에 이어 세계 3위를 점유하고 있다. 이스라엘은 그들의 역사적 아픔이 반영된 디아스포라된 많은 인구를 가지고 있지만, 공식적으로 인구는 천만이 넘지 않는다. 이스라엘의 면적은 북한을 제외한 남한의 1/5 수준으로 우리나라의 면적이 100,210㎢(한반도 면적: 220,748㎢)라면 이스라엘 면적은 20,770㎢이다. 인구나 면적으로 볼 때 결코 크지 않은 나라가 세계의 혁신과 창업의 아이콘 국가로 부상한 것은 그들 나름대로의 독특한 특성과 고유한 풍습으로 기인할 것이다. 그래서 모험과 도전을 즐기는 이스라엘의 기질과 그와 관련된 그들의 투자활동에 대해 알아보고, 우리나라도 면적이나 인구상으로는 이스라엘보다는 넓고 많으나, 글로벌한 관점에서 볼 때는 면적이나 인구가 크다고 할 수 없기 때문에 적은 면적과 많지 않은 인구를 통해 세계에 적극적으로 도전하고 그 영역을 넓혀 나가는 이스라엘에 대한 투자 및 도전정신에 대해서 심층 연구할 필요가 있다.

14.1 이스라엘의 특징

14.1.1 이스라엘 사업환경분석

이스라엘의 인구는 2019년 기준으로 860만 명이고 1인당 명목GDP는 4만 5,076달러이다. 2017년에 1인당 명목GDP는 4만불을 넘어선 후, 지속적인 상승세를 이어가고 있다. 실질성장률은 2015년을 제외하고는 3% 이상의 안정적인 모습을 보이고 있으며, 실업률도 4.0%까지 하락하면서 점점 더 안정화되는 추세이다. 특히, 소비자물가상승률이 매우 안정화되어 있는 특징을 보이고 있다. 해외직접투자와 외국인직접투자 모두 지속적인 증가세를 보이고 있고, 이런 추세는 이스라엘의 모험성을 감안할 때 더욱 확대될 것으로 예상된다.

표 14-1 이스라엘의 주요 경제지표 I

주요지표	단위	2013	2014	2015	2016	2017	2018	2019
인구	백만 명	8.1	8.2	8.1	8.2	8.7	8.9	9.1
명목GDP	십억 달러	293.3	257.6	299.1	317.7	355.3	373.6	397.9
1인당 명목GDP	%	34,222	34,945	37,083	38,784	40,791	42,079	43,966
실질성장률	%	4.4	3.2	2.6	3.9	4.4	4.0	3.8
실업률	%	6.2	5.9	5.3	4.8	4.2	4.0	3.8
소비자물가상승률	%	1.5	0.5	-0.6	-0.5	0.3	0.8	0.8
재정수지(GDP대비)	%	3.5	3.7	3.3	3.8	2.3	3.6	4.1
총수출	백만 달러	66,415	68,753	63,753	59,890	60,017	60,648	57,902
(對韓 수출)	백만 달러	618	627	585	595	886	942	693
총수입	백만 달러	71,602	72,329	62,065	65,706	69,091	76,582	76.440
(對韓 수입)	백만 달러	1,333	1,357	1,154	1,530	1,145	1,515	1,609
무역수지	백만 달러	-5,187	-3,360	1,688	-5,816	-9,074	-15,934	-18,538
경상수지	백만 달러	n/a	n/a	n/a	n/a	10,213	10,014	12,315
환율(연평균)	현지국/US$	3.47	3.89	3.90	3.85	3.6	3.6	3.6
해외직접투자	억 달러	-	-	-	-	76	61	87
외국인직접투자	억 달러	55	36	98	125	169	215	174

자료) HIS, Global Trade Atlas, 이스라엘 중앙은행. Kotra의 2019 국별 진출전략(이스라엘)의 p3 재인용.

주) Kotra의 2019년 국별 진출전략(이스라엘)과 2024년 이스라엘 진출전략이 각각 다른 자료를 사용해서 이스라엘의 주요 경제지표를 설명함에 따라 일부 숫자가 과거값과 다른 모습을 보임. 저자는 최근 자료를 기준으로 데이터값을 수정하였고, 일관성이 없는 부분에 대해서는 과거값을 삭제함.

* 2023년은 추정치, ** 2024년은 전망치

표 14-2 이스라엘의 주요 경제지표 II

주요지표	단위	2020	2021	2022	2023	2024
인구	백만 명	9.2	9.5	9.5	9.8	9.9
명목GDP	십억 달러	407.1	481.6	496.0	527.3	569.8
1인당 명목GDP	%	44,181	51,420	51,666	51,958	53,834
실질성장률	%	-2.2	8.1	4.9	2.5	3.4
실업률	%	4.3	5.1	3.9	4.0	4.0
소비자물가상승률	%	-0.6	1.5	4.3	4.1	2.3
재정수지(GDP대비)	%	9.8	4.4	1.7	2.0	2.4
총수출	백만 달러	58,993	60,158	73,928	74,214	77,948
(對韓 수출)	백만 달러	774.1	1153	1344	1220	n/a
총수입	백만 달러	70,178	92,155	111,286	95,605	99,683
(對韓 수입)	백만 달러	1,686	2,000	2,566	2,328	n/a
무역수지	백만 달러	-21,185	-19,452	-37,358	-21,391	-21,736
경상수지	백만 달러	19,737	21,453	14,300	24,952	26,909
환율(연평균)	현지국/US$	3.4	3.2	3.4	3.6	3.5
해외직접투자	억 달러	64	83	87	91	96
외국인직접투자	억 달러	243	243	231	219	208

자료) IMF, EIU(2023년). Kotra의 2024 이스라엘 진출전략의 p5 재인용.
주) * 2023년은 추정치, ** 2024년은 전망치

이스라엘의 정치는 대통령을 수반하는 의회내각제(단원제)를 바탕으로 하고 있으며, 정부 형태로는 내각책임제를 채택하고 있다. 이스라엘 국회(Knesset)는 매 4년마다 선거를 통해 선출된 120명의 의원으로 구성되어 있으며, 전국이 하나의 선거구로 정당별 비례대표제를 채택하고 있어서 의석 확보를 위한 최소 득표율이 상대적으로 낮아 많은 정당들의 의회 진출이 가능하다. 이스라엘 독립 이후 어느 정당도 국회 과반수 의석을 차지한 적을 없을 정도로 제1당은 중소규모의 종교, 중도, 진보, 민족, 아랍 정당들과의 연합정권을 구성한다.

2021년 제24대 이스라엘 국회(Knesset) 선거 이후 수립된 베네트-라피드 내각은 이스라엘 정치에 있어서 매우 낯선 조합이다. 메레츠[1]부터 야미나[2]까지

1 메레츠는 좌파 시오니즘을 표방하는 이스라엘의 진보주의 정당이다.

2 2019년 7월 29일 창당한 이스라엘의 보수 성향 시오니즘 정당 연합이다. "야미나"의 명칭 자체가 "우파"를 의미한다. 2019년 뉴라이트, 유대인의 집 등으로 결성된 정당 연합체였으나, 이후 뉴라이

좌우 정당을 포함하는 것은 물론이요 이스라엘 역사상 최초로 아랍계 정당이 참여한 연합정부이기 때문이다. 그러나 2022년 4월에 야미나 의원이 연립정부 지지를 철회하면서 베네트-라피드내각은 60석의 소수정부로 전락하고 같은 해에 국회가 해산된다. 2022년 11월에 치러진 국회선거에서 친네타냐후 진영이 안정적인 과반을 확보하며 이츠하크 헤르초그 대통령으로부터 총리 후보로 지명받은 리쿠드(Likud)당의 베냐민 네타냐후은 내각 협상권을 부여받는다.

표 14-3 이스라엘 크네세트(국회) 선거 결과(2022년)

친네타냐휴 진영	64석	반네타냐후 진영	51석	기타	5석
리쿠드	32석	예쉬 아티드	24석	하다쉬-타알*	5석
종교 시온주의당	14석	국가통합당	12석	발라도**	0석
샤스	11석	이스라엘 베이테이누	6석	유대인의 집	0석
		연합 아랍 명단	5석		
		노동당	4석		
		메레츠	0석		

주) 이스라엘 국회의 재적은 120석, 과반 61석.
* 하디쉬-타알과 **발라도는 반네타냐후 성향이지만 반네타냐후 진영으로 분류되지 않는다.

경제적으로는 신자유주의 경제정책을 전개하면서 동시에 자국시장 보호를 위한 조치를 시행하고 있어서 혼합경제 체계를 보이고 있다. 대표적인 정책으로는 법인세, 소득세, 부가세 등을 인하하고 관세 추가 및 자유무역을 통한 시장개방을 경제의 주요 목표로 하고 있다. 이스라엘 주요 교역대상국은 자유무역협정(FTA)가 맺어진 미국과 유럽으로 이스라엘 수출의 65% 이상을 차지하고 있는데, 점차 아시아에 대한 교역규모 증가세를 보이고 있다. 이스라엘의 해외투자는 주로 하이테크 산업에 집중되고 있는데, 그 이유는 이스라엘은 하이테크 산업이 활발하게 이루어지고 있으며, 이로 인해 해외투자 역시 하이테크 산업에 40% 이상 투자되는 현상을 보이고 있다.

이스라엘이 주력하는 산업에는 사이버 보안, 생명과학과 의약, 방산과 항공우주, ICT 등이 있다. 먼저, 이스라엘의 사이버 보안 산업은 세계 시장점유율이 10% 이상을 차지하고 있고 수출규모도 60억 달러이다. 보안에 대한 관심이

트만이 유일한 구성원으로 남아 있어 단일 정당으로 간주된다.

증가하면서 이스라엘 사이버 업체에 대한 관심이 증대되고 있으며, 이스라엘의 사이버 보안업체는 대략 300개로 이와 관련된 스타트업 중 15%는 이미 초기 투자금을 달성하는 성과를 보였다. 다음으로, 생명과학과 의약 산업으로 이스라엘은 의약품 생산의 70~80%가 해외로 수출되며, 주요 수출대상국은 미국(47%)와 EU(38%), 캐나다 등이다. 세계 최대 복제약 제조업체이자 제약 매출 세계 8위인 테바(TEVA), 바이오 농업 분야의 세계적 기업인 에보젠(Evogene), 첨단내시경 기술개발사 이미징(Giving Imaging) 등이 대표적이다. 셋째, 방산과 항공우주 산업으로 이스라엘의 군수산업은 국내생산량의 75%를 수출하고 있으면 그 규모는 2017년 기준으로 92억 달러에 이른다. 주요 수출품목은 항공기, 통신, 무인기 등이며, 이스라엘 3대 방산회사인 이스라엘 항공우주(Israel Aerospace Industries), 엘빗(Elbit), 라파엘(Rafael), IMI 등이 이스라엘 방산수출의 90%를 차지한다. 끝으로, ICT(Information and Communication Technologies)산업으로 수출규모는 161억 달러 수준이며, 전체 수출의 18%를 차지하고 있다. ICT 분야별 투자를 살펴보면, 무선 및 모바일 어플리케이션이 65%로 가장 높은 비중을 보이며, 다음으로 네트워킹 23%, 무선 및 모바일 인프라 8% 순을 기록하고 있다.

표 14-4 이스라엘의 주요 수입대상국별 수입 | (단위: 백만 달러, %)

순위	국가	수입액		비중		증가율
		2016	2017	2015	2016	2015/2016
1	중국	7,980	9,017	12.15	13.05	13.00
2	미국	7,870	7,937	11.98	11.48	0.86
3	독일	7,287	4,943	8.06	9.88	28.97
4	벨기에	3,216	3,353	6.53	7.15	15.28
5	이탈리아	3,186	3,258	4.90	4.85	4.23
6	터키(튀르키예)	2,755	2,936	4.85	4.71	2.25
7	일본	2,688	2,385	4.19	4.25	6.59
8	러시아	1,909	2,115	4.09	3.45	-11.25
9	인도	1,843	1,946	2.91	3.06	10.80
10	영국	1,848	1,896	2.81	2.82	5.61
17	한국	1,530	1,279	2.81	2.74	2.61
기타		26,594	28,062	40.47	40.59	5.50
합계		65,706	69,127	100	100	5.21

자료) GTA(Global Trade Atlas). Kotra의 2019 국별 진출전략(이스라엘)의 p14 재인용.

표 14-5 이스라엘의 주요 수입대상국별 수입II (단위: 백만 달러, %)

순위	국가	2018	2019	2020	2021	2022	수입 비중
1	중국	10,987	10,341	11,698	16,644	19,444	18.1
2	미확인 국가	2,903	7,853	5,358	9,331	14,831	13.8
3	미국	10,956	12,251	8,722	9,365	10,144	9.4
4	튀르키예	6,524	4,039	4,334	5,641	6,789	6.3
5	독일	4,868	4,881	4,624	5,707	6,207	5.8
6	이탈리아	3,164	2,984	2,848	3,536	3,598	3.3
7	인도	1,983	2,020	1,685	2,904	3,162	2.9
8	벨기에	3,116	2,180	1,586	2,624	2,526	2.3
9	한국	1,626	1,742	1,543	2,000	2,480	2.3
10	러시아	4871	2247	1,383	2,437	2,409	2.2

자료) GTA(Global Trade Atlas). Kotra의 2024 이스라엘 진출전략의 p22 재인용.

표 14-6 이스라엘의 주요 수출대상국별 수출 (단위: 백만 달러, %)

순위	국가	2018	2019	2020	2021	2022	수입 비중
1	미국	16,784	15,964	13,135	16,319	18,637	25.6
2	미확인 국가	3,467	4,023	4,673	5,435	6,313	8.7
3	중국	4,794	4,422	4,240	4,398	4,653	6.4
4	인도	2,146	1,989	1,599	2,735	3,367	4.6
5	영국	4,410	4,992	3,713	2,057	3,123	4.3
6	아일랜드	106	86	198	1,436	2,576	3.5
7	네덜란드	2,272	2,176	2,463	2,234	2,440	3.3
8	튀르키예	1,917	1,757	1,431	1,919	2,339	3.2
9	벨기에	2,177	1,637	1,458	1,975	1,997	2.7
10	프랑스	1,578	1,542	1,154	1,413	1,945	2.7

자료) GTA(Global Trade Atlas). Kotra의 2024 이스라엘 진출전략의 p23 재인용.
주) 2022년 기준 순위, 2022년 기준 전체 수출 대비 국가별 수출 비중.

14.1.2 이스라엘의 혁신문화

서양 사람에게는 '유대인은 똑똑하다'는 생각이 잠재되어 있다. 유대인이 똑똑하니까 이스라엘이 혁신적이라고 말하기도 한다. 이스라엘은 인구가 천 만 명도 안되는 작은 나라지만, 세계에서 가장 복잡한 다민족 국가 중에 하나이다. 이스라엘 인구는 70개가 넘는 다른 국적의 사람들로 구성되어 있고, 이라크, 폴란드 또는 에디오피아 등에서 온 난민들은 언어·교육·문화·역사도 서로 간에 공유하지 않는다. 이에 대해 아일랜드 경제학자인 데이비드 맥윌리엄스(David McWillams)는 "이스라엘은 일차원적인 유대인 나라와는 정반대다. …… 지구 곳곳에서 각기 다른 문화·언어·풍습을 가지고 와 '디아스포라'라는 일신교적인 용광로에 녹아든 나라라고 할 수 있다"고 설명한다.[3]

이스라엘에서 후츠파((라틴 알파벳:chutzpah, 히브리 문자:חוצפה)는 무례, 뻔뻔, 철면피, 놀라운 용기, 오만 등을 뜻하는 히브리어 낱말이다. 후츠파는 이스라엘의 독특한 정신 문화로서, 권력자 또는 권위자에게 자기 생각을 과감하게 표현하는 용기의 밑바탕이 된다.실제로 이스라엘에는 가장 높은 위치에 있는 사람들, 예를 들면 총리나 육군 대장에게도 별명이 있고 누구든지 그 별명을 부름으로 서로 소통한다. 벤야민 네타냐후(Benjamin Netanyahu) 총리는 '비비(Bibi)', 아리엘 샤론(Ariel Sharon) 전 총리는 '아릭(Arik)', 전 노동당 리더인 빈냐민 벤엘리에제르(Binyamin Ben-Eliezer)는 '퓌아드(Fuad)', 전 참모총장 모세 야론(Moshe Yaalon)은 '보게이(Bogey)' 등으로 불렀다. 이런 직위 있는 인물들을 그들 등 뒤에서 이런 별명을 부르는 것이 아니라 그들의 면전에서 공개적으로 사용하였으며, 이런 이스라엘의 호칭 문화가 그들의 비형식성의 수준을 잘 나타내고 있다. '건설적인 실패' 또는 '지능적인 실패'는 문화적으로 모두 관용되고 있으며, 이런 영향으로 이스라엘 사람들은 미지의 세계에 대한 도전 의식과 실패를 상대적으로 두려워하지 않는 진정한 개척정신을 함양하는 토양이 된다. 대부분의 이스라엘 투자가들은 실패를 염두 해 두지 않고는 진정한 혁신을 얻을 수 없다고 생각하는 경향이 있다. 슈무엘 에덴(Shmuel Eden)이 산타클라라에 있는 인텔사의 임원들과 이스라엘 연구팀의 역사적인 끝장토론을 다음과 같이

3 댄세노르·사울 싱어, 창업국가(START-UP NATION), 다할미디어, 2010. p30, 31.

표현한다. "우리는 이스라엘 사람들만의 방법으로 해냈다. 우리의 상황을 죽기 아니면 살기로 끝까지 논의했다."[4] 또한 자신도 기존의 권위와 권력에 안주하지 않고 상대방 생각을 잘 들어주거나 교만함을 내려놓고 냉철하게 자신을 평가하는 것이다. 이런 이스라엘 후츠파의 정신문화는 끊임없는 혁신을 일으키는 원동력으로 작용하였고, 특히 변화가 빠른 정보통신기술(ICT) 분야에 이스라엘이 최고의 성과를 내는데 기여한다.

이외에도 이스라엘인들은 '로시 가돌(rosh gadol)'이란 용어가 있는데 이것은 '할 수 있다'는 긍정의 태도나 책임있는 태도 등을 의미한다. 글자 그대로 해석하면 '큰 머리'라는 뜻인데, 이와 상반되는 개념이 '로시 카탄(rosh Katan)' 또는 '작은 머리'이다. '로시 카탄'적인 행동은 피해야 할 태도로 책임과 추가적인 업무를 회피하기 위해 위에서 내려오는 지시사항을 최대한 좁게 해석하는 것이다. '로시 가돌'적인 사고는 지시를 따르지만 자신의 판단을 이용하고 필요한 모든 노력을 투입하여 최대한 좋은 방법으로 이루어 내는 것이다. 이것은 즉흥적인 판단을 규율보다 우선시하며 이스라엘 군대에서 보였던 것처럼 상관에게 도전하는 것을 위계에 대한 존중보다 중시한다. 이스라엘 군대 문화나 후츠파 정신문화에서 보였던 것처럼 이스라엘인들에게는 '상관에게 도전하는 것'은 권고하는 사항이다. 이런 문화로 인해 이스라엘 기업들이 번창하는 환경이 조성된다. 이스라엘 기업가들은 발전한 민주주의 사회의 안정적인 제도와 법으로부터 많은 이익을 얻는다. 또한 이스라엘의 탈계급적인 문화로부터 하이테크 산업의 번성을 위한 기초적인 토대를 갖추게 된다.[5]

이스라엘의 혁신을 주도하고 있는 정보통신기술(ICT)산업에서 핵심적 이슈는 전쟁으로 인한 드론 산업의 발전, 이란과 이스라엘 사이의 사이버 공격 심화, 이스라엘 정부주도로 인공지능 전략 개발, 자율주행의 상용화와 로봇 차량 개발, 반도체 투자의 확대, 게임산업의 급성장, 그리고 이스라엘 정부 주도로 양자 컴퓨팅에 투자 등이 있다.

중동 지역의 반복적인 무력충돌로 인해 2020년 이후에는 무인항공기(UAV)가 널리 사용되는 추세이다. 군용 드론은 낮은 비용과 효율성이 특징으로 전투

4 ibid, pp. 47~49

5 ibid, pp. 128~137.

및 감시의 도구로써 인기가 높다. 이스라엘과 이란은 국가적 갈등으로 인해 드론의 사용이 빈번해지고 있으며, 이란은 상대적으로 부족한 군용기를 대체하기 위해 드론을 사용하는 반면에 이스라엘은 공중 군사 능력을 강화하기 위한 목적으로 드론을 사용하고 있다. 이스라엘 교통안전부(Ministry of Transport and Road Safety)는 민간 영공에서 무인항공기(UVA) 운용을 허용한다고 발표함으로써 이스라엘은 영공에서 무인항공기(UAV)를 허용하는 최초의 국가가 된다. 해당 인증은 민간항공청(CAA)에서 '헤르메스 스타라이너(Hermes Starliner)' 무인 시스템에서 발급이 가능하고, 헤르메스 스타라이너는 약 7,600m 고도에서 최대 36시간 동안 비행할 수 있다.

이란과 이스라엘 사이에 사이버 공격은 공식적으로 인정된 것은 없으나, 10년 넘게 은밀하게 진행되고 있는 것으로 분석되고 있다. 이스라엘은 2020년 4월 상하수도 인프라 침해 시도를 받았으며, 2021년 10월에는 이스라엘 데이팅 앱이 해킹 당해 사용자 개인정보가 유출되는 사건이 발생하기도 한다. 이스라엘 정부는 2022년 5월에 사이버 공격이 급증하는 상황을 타개하기 위해 통신기업을 위한 새로운 과제를 주면서 사이버 방어 '아이언 돔(Iron Dome)'을 건설하기 위해 이스라엘 통신망의 사이버 보안을 대폭 강화를 선포한다.

2022년 2월에 이스라엘 방위군(IDF: Israel Defense Forces)은 군대 전체에서 인공지능 기술을 통합하여 사용하기 위한 새로운 전략을 채택한다. 인공지능(AI)는 2021년 5월 팔레스타인 무장단체 하마스(HAMAS)와 이스라엘의 가자(Gazah)에서의 충돌 과정에서 핵심적인 역할을 수행하는데, 이스라엘군은 인공지능(AI)을 통해 다양한 센서에서 생성되는 방대한 자료를 필요한 곳으로 전달해서 미래의 갈등 관계에서 승리할 수 있도록 돕는 역할을 기대하고 있다. 2022년 3월 이스라엘 재무부(Ministry of Finance)는 인공지능 개발을 적극적으로 활성화시키기 위해 국가 계획을 공식화하고, 해당 계획(initiatives)에 대략 20억 세켈(대략 7,774억 원)을 배정했으며 혁신과학기술부(MOST: Ministry of Science and Tenchnology)의 정부 결의 212호에 의거해서 수립한다.

모빌아이(Mobileye)는 2022년 말에 뮌헨(Munchen)과 텔아비브(Tel Aviv)에서 자율 택시와 차량 호출 서비스를 위한 파이럿을 시작하기 전에 예루살렘에서 자율주행차를 시현한다. 모빌아이는 파이럿 프로그램 관련 계획을 추진하기 위해서 이스라엘과 독일에서 허가 및 규제 승인 절차를 시작하였고, 2021년 3월에는 이스라엘 국회(Knesset)는 모빌아이와 자율주행과 관련된 업무를 수행하는 기업들이 이스라엘의 도로에서 승객을 태운 무인 호출 차량 서비스를 시범 운행할 수 있도록 법안을 통과시켜 준다. 이외에도 이스라엘 국방부는 이스라엘 무기 회사와 함께 개발 중인 신규 로봇 모인 전투차량(M-RCV)을 테스트를 시작했으며, 해당 차량은 대전차 미사일 발사기, 드론 운반 및 수령 시스템, 무거운 짐을 운반하는 능력과 고급 기동 능력 등을 포함한 여러 최첨단 기술이 통합되어 있다.

이스라엘에서 정보통신기술(ICT)의 발전으로 이스라엘 기업에 대한 투자 역시 활발하게 진행되고 있다. 2021년 5월 미국 반도체 기업인 인텔(Intel)은 이스라엘 '모빌아이 R&D센터(Mobileye R&D Center)' 메가칩 캠퍼스에 6억 달러(대략 8,001억 원) 투자를 결정한다. 이 중에서 2억 달러는 인텔은 6,000명의 직원을 수용할 수 있는 '메가 칩 디자인 캠퍼스(Mega Chip Design Campus)'를 구축하기 위해 신규 개발 센터인 'IDC12'를 건설할 계획이며, 나머지 4억 달러는 모빌아이의 기존 본거지와 R&D센터를 예루살렘 최대 캠퍼스로 전환하는 데 사용된다. 인텔은 이외에도 2022년 2월에 이스라엘 칩 반도체 기업 타워 세미컨덕터(Tower Semiconductor)를 54억 달러(대략 7조 1,955억 원)에 인수한다. 타워 세미컨덕터는 1.000nm에서 22nm까지 생산 가능한 시설을 구비하고 있어 차량용 반도체, 산업용 반도체 등을 생산하는데 특화된 기업이다. 2022년 7월에는 미국의 애플(Apple)은 미래의 맥(Mac)을 위해 새로운 애플 실리콘 칩을 개발하기 위해서 이스라엘 예루살렘에 새로운 개발 센터를 설립한다. 애플(Apple)도 이스라엘 반도체 부문에 꾸준히 투자를 진행해 왔는데, 대표적으로 2011년 이스라엘 플래시 메모리 스타트업 아노비트(Anobit)와 2013년 3D 센싱 이스라엘 기업인 프라임센스(PrimeSense)를 인수한다.

이스라엘의 게임산업은 높은 성장을 지속하며 이스라엘 정보통신기술(ICT) 산업에서 중요도를 높이고 있다. 이스라엘 게임 커뮤니티 게임이즈(GameIS)와 딜로이트(Deloitt)의 자료에 의하면 이스라엘 디지털 게임 기업 매출은 2021년에 86억 달러(대략 11조 3,477억 원)로 급증세를 보인다. 2021년 기준으로 이스라엘에는 약 190개의 게임회사가 존재하며, 14,000명의 직원들이 게임산업과 관련된 업무를 수행하고 있다. 2017년 게임사업에 종사한 직원이 약 4,000명이었던 것과 비교하면 지난 4년 동안 연평균 38% 성장한 모습이다. 게임 산업에 대한 지원을 주관하고 있는 이스라엘의 정부기관은 이스라엘 혁신청(IIA)[6]으로 해당기관은 기술적 측면에서 게임산업을 지원할 뿐만 아니라, 새로운 기술의 적용과 관련된 평가는 실시하지 않음으로 게임산업의 확대를 도모하고 있다.

이스라엘 혁신청(IIA)과 국방부 산하 연구개발국(MAFAT)은 이스라엘 최초의 양자컴퓨터 구축에 2억 세겔(대략 764억 원)을 투자하여 양자 컴퓨팅 인프라의 구축과 개발에 중점을 둘 계획이다. 이스라엘 바이츠만 과학연구소(The Weizmann Institute of Science)의 로이 오제리(Roee Ozeri)교수가 이끄는 연구팀은 2022년 3월에 이스라엘의 첫 양자컴퓨터 'WeizQC'를 개발한다. 바이츠만 연구진들은 WeizQC를 통해 구글(Google)과 중국과학기술대학(USTC) 실험실에 구축된 컴퓨터를 통해서만 달성되었던 양자적 이점을 입증할 수 있을 것이라고 예상한다. 더 나가서 이스라엘 혁신청은 2022년 7월에 양자컴퓨팅 센터 설립 관련 책임업체로 퀀텀머신(Quantum Machines)를 선정하고, 신규 양자 센터의 설립에 1억 달러의 정부 예산을 지원한다. 신규 설립되는 양자컴퓨팅 센터는 세 가지 양자 처리 기술을 사용해서 모든 수준의 하드웨어와 소프트웨어의 연구개발을 수행할 수 있는 것이 특징으로 미래 클라우드 접근 옵션과 계산을 직접 실행할 수 있는 범용 양자컴퓨팅 기능도 제공할 예정이다.

이렇듯 이스라엘의 정보통신기술산업(ICT)의 분야별 발전에 힘입어서 서프샤크(Surfshark)가 발표하는 2022년 '디지털 삶의 질 지수(DQL)'에서 이스라엘은 1위를 차지한다.[7] 해당 지표는 인터넷 품질, 전자 정부, 전자 인프라, 인터넷 경제성, 전자 보안 등 5가지 '기본 디지털 웰빙 조건'을 고려하여 산정된다. 이런

6 이스라엘의 혁신청(IIA: Israel Innovation Authority은 이스라엘의 지속적인 경제성장을 위한 혁신을 이끄는 것을 주역할로 한다. 이를 위해 혁신청은 3가지 업무를 수행한다. 첫째는 스타트업과 기업의 연구개발(R&D)에 투자한다. 둘째는 양자컴퓨팅, 양자역학 또는 인공지능, 바이오엔지니어링 등 미래 기술에 투자한다. 짧게는 2년, 길게는 15년 후 가장 경제적 효과를 불러 일으킬 수 있는 기술과 플랫폼에 투자한다. 셋째는 신기술을 위한 규제 개혁이다. 자율주행이나 신약개발과 같은 신기술에는 항상 규제 문제가 발생하는데, 혁신청은 혁신적인 신기술에 재정지원을 통해 기술 테스트를 할 수 있게 도와줄 뿐만 아니라 다른 정부 규제기관의 절차를 조절해 주기도 한다.

7 이스라엘 벤처 자본가인 오르나 베리(Orna Berry)는 "하이테크 정보통신 산업은 사방이 적으로 둘러싸인 작은 나라에서 살아가야만 하는 사람들이 폐쇄된 삶을 이겨낼 수 있는 국가적인 산업이 되었다."고 말한다. 댄세노르·사울 싱어, 창업국가(START-UP NATION), 다할미디어, 2010. p84, 85.

결과가 나온 것은 이스라엘은 세계에서 가장 저렴한 모바일 인터넷 접속을 제공받기 때문이다. 이스라엘인은 1GB의 모바일 기준으로 월 5초의 시간이 소요되는데, 이것은 미국과 비교할 때 58배나 적은 시간이다. 또한 이스라엘은 최고 수준의 인터넷 경제성을 보유하고 있는데, 전 세계 평균 광대역 인터넷 경제성이 6시간인 것을 비교해서 이스라엘의 광대역 인터넷 경제성은 월 19분으로 매우 우수한 수준이다.[8]

표 14-7 Digital Quality of Life(DQL) Index 국가 순위 (2022년)

순위	국가	지수	순위	국가	지수
1	이스라엘	0.7610	6	네덜란드	0.6843
2	덴마크	0.7347	7	핀란드	0.6826
3	독일	0.7123	8	일본	0.6785
4	프랑스	0.7105	9	영국	0.6685
5	스웨덴	0.6895	10	한국	0.6660

자료) SurfShark.

14.1.3 이스라엘과 창업

성공적인 창업국가로 살아남은 이스라엘은 지난 60년 동안 50배의 경제 성장을 달성한 하이테크 강대국이다. 이스라엘은 여러 번의 전쟁을 치르면서도 미국에 비해 경제 성장을 두 배로 증가시켰으며, 인구는 다섯배로 늘어났다. 물론 기저효과에 따른 것이지만, 전쟁의 상처와 지속적인 전쟁 속에서 이루어 낸 결과물이기 때문에 역사상 유례를 찾기 힘든 성과라고 할 수 있다.

구글CEO 겸 회장인 에릭 슈미트(Eric Schmidt)는 "창업자들에게 이스라엘이 미국 다음으로 최고의 나라"라고 했고, 마이크로소프트의 스티브 볼머(Steve Ballmer)는 "마이크로소프트는 미국 회사인 반면 이스라엘 회사도 된다."고 말했다. 모험을 좋아하지 않고 외국기업에 관심이 없었던 워렌 버핏(Warren Buffer)도 10년 만에 처음으로 이스라엘 회사에 45억 달러나 투자했다. 그 시기도 2006년 이스라엘이 레바논과 싸우기 시작한 무렵이었다.[9] 이스라엘이 전쟁을 수행하면

8 정보통신산업진흥원(nipa)에서 발행하는 '국가별 ICT 시장동향'(2022.11.11)의 자료를 참조. p25.
9 댄세노르 · 사울 싱어, 창업국가(START-UP NATION), 다할미디어, 2010. p29.

서도 창업을 통한 경제성장과 고용창출은 한 것은 이스라엘의 군대제도에 있는 창업가 정신에서 찾아볼 수 있다. 이스라엘 군대체제는 권위에 대한 지칠 줄 모르는 질문, 격식 파괴의 문화, 실패에 대한 독특한 자세, 팀워크, 사명감, 위험감소, 융합 학문적 창조성 등이 녹아진 곳이다. 이런 영향으로 이스라엘 국방 및 방위산업 영역이 이스라엘 민간부분에게 좋은 기업을 많이 파생시키는 결과를 가지고 왔다.

또한, 이스라엘은 1인당 스타트업 집중도가 높아서 '스타트업 국가'라는 칭호를 얻고 있다. 2022년 기준으로 이스라엘에는 97개의 유니콘 기업이 존재한다. 딜룸(Dealroom)에 의하면 이스라엘의 벤처캐피탈 자금은 지난 10년 동안 꾸준히 증가하여 2021년에는 100억 달러(대략 13조 5,300억 원)에 달하고, 피치북(Ptichbook)의 데이터에서는 2022년 상반기 이스라엘 기업들은 54억 유로(대략 7조 4,479억 원)의 거래 가치를 확보하고 있다. 링크드인이 발표한 2022년 이스라엘의 떠오르는 Top15 스타트업에서 판매 및 마케팅 플랫폼 월넛(Walnut)이 1위를 차지하였고, 그 뒤를 이어서 클라우드 보안 플랫폼 위즈(Wiz)와 콘텐츠 제작자를 위한 구독 기반 서비스 제공 기업 아트리스트(Artlist)가 각각 2, 3위를 기록한다.

이스라엘의 벤처기업들과 그 경영진들은 스스로 국가를 대표해서 외교적인 업무를 활발하게 수행하는 것으로 잘 알려져 있다. 전세계를 누비는 수많은 이스라엘 사업가들은 테크놀러지의 전도사일 뿐만 아니라, 이스라엘 경제 전체를 세일즈 하기 위해 노력하는 사람들이다. 이스라엘 사람들이 이런 비즈니스 마인드와 창업에 대한 열정을 설명하기 좋은 예가 욘 메드베드 사례이다. 캘리포니아에서 자란 메드베드는 원래 공학이 아니라 정치적 행동주의 활동가였다. 그의 첫 번째 인생 경력은 시오니스트[10] 조직책이었는데, 1982년에 이스라엘의 가장 큰 군수업체 중 하나인 라파엘(Rafael)의 임원과 우연히 나눈 대화를 통해 그의 환상이 깨진다. 메드메드는 자신이 시온주의를 위해 하는 일이 시간과 에너지 낭비하는 것일 뿐이라고 그 임원에게 말을 들었다. 그 임원은 더 이상 이

10 시오니스트는 시온주의에서 나온 것으로, 시온주의(Zionism)에서 "시온"은 예루살렘에 있는 언덕의 지명이다. 예루살렘과 이스라엘을 가리키는 단어로 주로 사용된다. 1890년 유대계 오스트리아인 작가 나단 버바움이 "자기해방(Self-Emancipation)"이라는 저널에서 최초로 이 단어를 사용한다. 버바움은 카디마라고 불렸던 최초 학생 유대민족주의 운동의 창시자로, 시온주의는 주로 이스라엘을 지지하는 용도로 쓰였지만, 종교적 시온주의, 노동 시온주의, 수정주의적 시온주의 등의 상반되는 개념들이 시온주의 내에 포함될 때도 있다.

스라엘에는 전문적인 시온주의자나 정치가들이 필요하지 않다고 했다. 이스라엘에 필요한 것은 사업가나 창업가라는 것이다. 메드베르의 아버지는 미국의 캘리포니아에서 작은 회사를 창업했는데, 광학전도체를 생산하는 기업이었다. 그래서 메드베드는 아버지 회사의 상품을 이스라엘에 팔기 시작했고, 키부츠를 돌아다니며 시온주의의 미래를 설교하는 대신 여러 회사들을 돌아다니며 광학기술을 팔기 시작한 것이다. 이후 그는 투자사를 창업해서 이스라엘 시드 파트너스(Israel Seed Partners)를 설립한다. 그 펀드는 나중에 2억 6,000만 달러를 넘는 규모로 확장되었으며, 그 펀드를 통해 60개의 이스라엘 기업에 투자한다. 이 펀드로 투자한 기업 중에는 이베이가 인수한 쇼핑닷컴(Shopping.com)과 나스닥에 상장된 Compugen and Answers.com도 포함되어 있다. 이후에도 메드베드는 브링고(Vringo)를 창업해서, 휴대폰을 위한 연결음 분야를 개척하여 빠른 속도로 유럽과 터키 시장에 진입한다. 흥미로운 것은 메드베드는 자신의 기업경영을 위해 노력하는 동시에 아주 많은 시간을 이스라엘의 경제에 대한 설명하는데 할여하고 있다.[11]

14.2 요즈마 펀드와 투자

14.2.1 요즈마 펀드(Yozma Fund)

이스라엘은 1991년 12월 26일에 구소련이 붕괴하면서 약 100만 명의 고학력을 지닌 러시아 유대 이민자들을 맞이하는 새로운 환경을 경험하게 된다. 유대 이민자들에 대한 일자리 창출, 욤키푸르 전쟁[12] 이후 몰두했던 군수산업에 대한 지원이 약화되며 발생한 대규모의 실업현상에 대한 대책, 실용성이 떨어지는 연구개발(R&D) 지원 프로그램에 대한 혁신이 필요한 시점이었다. 이런 필요성에 따라 당시 이스라엘 산업통상노동부의 수석과학관실(OCS: Office of Chief

---

11 댄세노르·사울 싱어, 창업국가(START-UP NATION), 다할미디어, 2010. pp. 89~92.

12 욤키푸르 전쟁은 아랍-이스라엘 전쟁으로 1973년 10월 6일부터 10월 25일까지 이집트와 시리아가 주축이 된 아랍 연합군과 이스라엘 사이에서 치러진 전쟁이다.

Scientist)의 수석과학관이었던 이갈 에를리히(Yigal Erlich)는 이스라엘의 경제 활성화를 위해서 벤처캐피탈 지원 프로그램 개발과 하이테크 산업의 육성을 주장한다. 이에 이스라엘 정부는 기업의 경영과 자금의 어려움을 해결하고자 요즈마 펀드(Yozma Fund)를 설립하여 벤처캐파탈 산업을 육성하고, 그를 통해 벤처기업에 대한 투자 활성화를 도모한다. 요즈마 펀드가 설립된 주요 목적은 다음과 같다. 먼저, 이스라엘 벤처캐피탈 산업을 장기적으로 육성하고, 벤처캐티탈 산업을 특화시켜서 경영 기법을 개발하고자 한다. 다음으로, 하이테크의 첨단 산업기술 분야에 대한 국내외의 투자촉진을 통해 잠재력 있는 기술적 성장동력을 마련하고 한다. 셋째, 글로벌 유명 투자자와 이스라엘의 기술창업자를 연계함으로써 이스라엘의 하이테크 산업에 진출을 원하는 기업과 파트너십을 결성하고 한다.

1993년 설립된 요즈마 펀드 프로그램은 총 1억 달러를 10개의 민간 벤처캐피탈의 자(子)펀드에 투자하는 모태펀드인 요즈마 펀드(총 8천만 달러)와 하이테크 산업과 기업을 육성하기 위한 수석과학관실에서 직접 운용하는 요즈마 벤처펀드(2천만 달러)로 시작된다. 수석과학관실은 벤처캐피탈에 대한 경험이 없었기 때문에 직접투자를 운용함으로써 벤처캐피탈산업의 특성을 이해하고 이를 간접투자방식인 요즈마 펀드 운용에 반영하고자 한다. 요즈마 펀드는 민간 요즈마 펀드에 40%까지 지분을 출자하였는데, 프로그램이 시행된 지 5년이 지난 후에는 10개의 글로벌과 제휴한 벤처캐피탈이 이스라엘 내에서 투자활동을 수행하였고 그 중에서 8개의 벤처캐피탈은 이스라엘 정부 투자금을 모두 양수한다. 요즈마 펀드는 바이오센스(BioSense), 이-심(E-Shim), 텔레케이트(Telegate) 등을 스타트업을 초기어베 발굴하고 육성하여 기업을 성장시키고 기업공개(IPO)와 인수합병(M&A) 등을 통해 투자자금을 효과적으로 회수한다. 먼저, 바이오센스는 세계 최초의 심실 빈맥(ventricular tachycardia)이라는 심장성 율동 장애에 대한 효과적인 치료법을 개발한 기업이다. 요즈마 펀드가 유일한 투자자로 1997년 10월에 존슨앤존슨(Johnson & Johnson)에 의해 5억 달러에 인수된다. 다음으로, 이-심(E-Shim)은 임베디드 시스템 시장을 위한 웹 기반 제품을 개발하는 소프트웨어 기업이다. 요즈마 펀드의 기업공개(IPO) 지원으로 1997년 7월 나스닥에 상장되고 1999년 10월에는 AOL(America On Line)를 전략적 투자자로 유치한다. 셋째, 텔레게이크는 케이블TV를 이용한 통신 인프라를 개발한 통신업체이다. 요즈마 펀드의 1994년 초기 투자를 바탕으로 제네럴 인스트루먼트(General Instruments) 및 ECI 텔레콤(Telecom)을 전력적 투자자로 유치했고, 1999년 12월에 테라욘 커뮤니케이션(Terayon Communication)에 인수된다.

요즈마 펀드는 1993년부터 2000년까지 평균 48%의 투자 회수율을 기록하는데, 동기간에 전체 스타트업 회수율이 14%이고 벤처투자를 받은 기업의 회수율이 27%인 것을 고려하면 매우 높은 성과이다. 또한 출범 당시 투자한 217개 포트폴리오 중에서 56%에 해당하는 122개 기업이 기업공개(IPO)난 인수합병(M&A)을 통해 투자자금을 회수하는데 성공한다. 이런 성과에 힘입어서 이스라엘 벤처캐피탈 펀드의 개수는 1990년 2개에서 2000년 100개로 늘어난다. 또한 요즈마 펀드 실행 이후부터는 이스라엘 벤처캐피탈이 이스라엘 하이테크산업의 자금 공급의 주요 역할을 담당할 뿐만 아니라 글로벌 벤처캐피탈이 이스라엘의 스타트업에 직접 투자하는 계기가 된다.

표 14-8 요즈마 펀드 포트폴리오 (단위: 백만달러)

투자펀드		펀드목적	조성액 (A)	민간 (B)	요즈마	민간참여 (B/A)	10년 후 예상가치
간접	EuroFund (1994년)	독일	20	12	8	60%	90
	Gemini (1993년)	미국	36	28	8	78%	550
	Inventech (1993년)	네덜란드	20	12	8	60%	40
	JYV (1993년)	미국& 극동지역	20	12	8	60%	675
	Medica (1995년)	미국	15	7	8	47%	130
	Nitzmim * (1994년)	일본	20	12	8	60%	280
	Polaris ** (1993년)	미국	20	12	8	60%	945
	Star (1993년)	독일 & 싱가포르	20	12	8	60%	900
	VERTEX (1996년)	싱가포르	39	31	8	79%	250
	Walden (1996년)	미국	33	25	8	76%	175

직접	Yozma (1993년)		20		20		
총액			263	163	100	62%	4,035

자료) Avnimelech(2009), 요즈마그룹 한국법인(2015.7)을 참고하여 재구성. 손가녕의 이스라엘 벤처캐피탈 현황에서 p32 자료 재인용.

주) * Nitzmim은 이후 Concord, Infinity로 명칭이 변경됨.

** Polaris는 이후 Pitango로 명칭이 변경됨.

요즈마 펀드가 이렇게 탁월한 성과를 달성할 수 있었던 것은 정보비대칭 문제를 해소하고, 성과에 대한 인센티브를 적절하게 제공하였으며, 투자대상의 탁월한 선택, 그리고 해외 벤처캐피탈의 참여를 의무화했기 때문이다. 먼저, 이스라엘 산업통상노동부 산하 수석과학관실은 TIP 프로그램을 통해 축적된 벤처기업에 대한 정보를 요즈마 펀드 투자자들에게 제공하여 정보비대칭과 불확실성을 줄여나간다. 둘째, 투자자에게 파격적인 인센티브를 제공한다. 요즈마 펀드에 참여한 민간 벤처캐피탈에게는 5년 안에 정부 지분을 매입할 수 있는 콜옵션을 제공함으로써 투자에 성공할 경우 기대수익률을 높일 수 있는 동기를 제공한다. 셋째, 요즈마 펀드는 투자대상을 창업 초기단계의 하이테크 벤처기업으로 제한하여 민간의 기대수익률을 높인다. 넷째, 요즈마 펀드의 대표적인 특징 중 하나로 글로벌 금융기관의 참여를 의무화하고 있다는 것이다. 시작할 때부터 글로벌 벤처캐피탈로부터 선진 글로벌 벤처캐피탈 시스템을 배우는 것을 중요한 정책으로 설정하였으며, 이를 통해 이스라엘 벤처기업이 기업공개(IPO), 인수합병(M&A) 또는 해외진출 등을 시도할 때 원활하게 추진할 수 있도록 하는 원동력이 될 수 있다는 기대감이 반영된 것이다.

결론적으로 요즈마 펀드는 민간의 모험적인 투자를 장려하는 유인 정책을 제공하고 민영화를 구조적으로 지원한다. 이로 인해 이스라엘에서 혁신 창업을 활성화시켰으며 그 성과로 인해 민간 중심 벤처캐피탈 시장의 조성에 크게 기여한다. 요즈마 펀드는 이스라엘 벤처캐피탈 시장 육성을 목표로 1993년에 한시적으로 운용되었으며, 민간 벤처캐피탈 시장 규모를 1992년 2,700만 달러에서 1998년 6억 5,300만 달러까지 24배 성장시키는 역할을 수행한다. 요즈마 펀드의 성공요인은 벤처기업 간의 정보를 공유하고, 민간 벤처캐피탈에 대한 성과 인센티브를 부여함과 동시에 기술 창업 위주의 투자 대상 선정을 했던 것이 주요한 요인이다. 이외에도 해외 벤처캐피탈의 LP(Limited Partner: 유한책임투자자) 참여를 의무화함으로써 글로벌 네트워크와 금융을 쉽게 활용할 수 있었던 것이다.

14.2.2 이스라엘의 벤처투자

이스라엘은 미국 시장에서 4차 산업혁명시대의 도래로 인해 기술중심의 기업들이 벤처 생태계를 발전시키자 이를 적극적으로 받아들여 신속하게 이스라엘의 생태계를 재편한다. 또한 이스라엘에서 4차 산업의 성장에 디딤돌이 되는 초기 벤처기업의 투자자금 조달에 적극적으로 대응해 나간다. 이를 위해 기존의 벤처캐피탈을 활용하거나, 엔젤투자 또는 크라우드 펀딩 등을 통한다.

아우어크라우드는 이스라엘이 얼마나 스타트업에 대한 투자에 적극적인지에 대한 좋은 사례 중에 하나이다. 미국계 유대인 존 메드브드(Jon Medved)는 2013년 2월에 세계 최대 규모의 지분 투자형 크라우드 펀딩(Equity Crowd Funding) 플랫폼 회사인 아우어크라우드(OurCrowd)를 예루살렘에 설립한다. 이 펀드는 소액 투자자의 자금을 모아서 스타트업에 투자하는 기존의 크라우드 펀딩과 전형적인 벤처캐피탈의 혼합된 방식으로 투자를 집행한다. 다시 말해서 벤처캐피탈은 크라우드 펀드에 지분 투자자로 참여하고, 은행과 벤처캐피탈 등의 금융회사에서 투자를 받은 스타트업이 일정 궤도에 올라서면 기업공개를 통해 성장에 필요한 자금을 확보하는 방식이다. 엔젤 투자를 받기에는 규모가 크고, 전통적인 벤처캐피탈 기업들은 관심을 상대적으로 가지지 않는 초기 스타트업을 위한 투자의 필요성에 있다. 또한 벤처캐피탈은 초기에 자금을 필요한 기업에게 시리즈에이(Series A)를 투자하는데, 창업초기 엔젤투자자로부터 시드투자를 받은 기업이 벤처캐피탈로부터 시리즈에이(Series A)에 투자유치를 실패할 경우 자금압박 및 회사운영에 어려움이 발생한다. 이런 측면을 보완하고자 창업된 아우어크라우드는 112개국 2만 5,000여명의 투자자로부터 대략 7억 5,000만 달러를 유치했으며 전세계의 145개의 스타트업에 투자를 한다. 또한 투자자들에게 신뢰를 주기 위해 아우어크라우드 역시 자체 자금으로 스타트업에 10% 투자를 집행한다. 아우어크라우드의 투자방식이 가지는 특징으로는 전문적 선별, 포트폴리오 구축, 공동 파트너십 형성 등이다. 먼저, 투자하려는 개별 기업을 선별할 때, 헬스 케어, 핀테크, 미디어 등 다양한 분야의 전문가들로 이루어진 20명의 분석전문가들이 매년 2,000여개의 기업 중 상위 1~2%만을 선별하여 투자한다. 다음으로, 벤처캐피탈의 크라우드 펀딩 참여를 통해 소수 기업 투자에서 발생하는 위험을 축소하고, 다국적 투자자들이 스타트업을 지원할 수 있게 하며, 이들과 공동 협력 및 투자를 지속할 수 있는 포트폴리오를 구성한다. 끝으로, 구글의 에릭 슈미트(Erik Schmidt) 회장, 페이팔의 창업자 피터 틸(Peter Thiel), 청쿵(長江)그룹의 리카싱(李嘉誠) 회장[13] 등과 파트너십 형태로 투자를 집행한다.

이스라엘의 기술창업 기업들은 2022년 상반기에 98억 달러의 투자금을 유치한다. 2022년 한 해 동안 벤처캐피탈의 펀딩액은 62억 달러로 전년대비 감소추세를 보이고 있으나 세계적인 경치침체와 일시적인 기술 둔화 등에 따른 스타트업의 창업환경의 악화를 감안할 때 선방한 것으로 판단된다. 또한 2021년 벤처캐피탈의 펀딩액이 100억 달러로 단기간에 너무 급등함에 따라 나타나는 일시적인 통계적 혼란으로 전체적인 면에서는 과거 11년 동안(2012년~2022년) 이스라엘 스타트업에 대한 벤처캐피탈의 펀딩액은 지속적으로 상승하고 있는 추세이다.

그림 14-1 이스라엘 스타트업 VC 펀딩액 (단위: 십억달러)

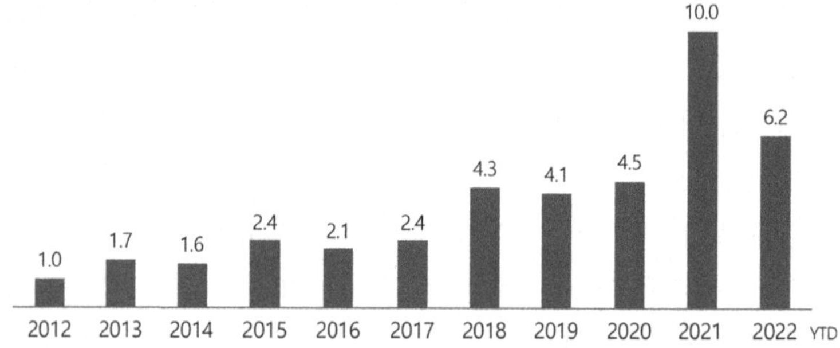

자료) sifted. 정보통신산업진흥원(nipa)이 발간한 '국가별 ICT 시장동향(이스라엘)' p23 자료 재인용.

13 리카싱은 중국 광동성에서 태어난 기업인으로서 홍콩 최대의 기업집단인 CK허치슨의 창업자이다. 홍콩과 동아시아에서 가장 부유한 인물로 평가받고 있으며, 홍콩인 중 세계 최대의 부자 중 한사람이다. 본명은 리자청이나 본토 발음으로 리카싱으로 불리운다.

과거의 이스라엘 벤처기업의 창업은 1990년대부터 2000년대까지 매년 지속적으로 증가한다. 1990년에 53개의 창업에 불가했던 것이 2000년에는 665개로 10배 이상 증가한다. 뿐만 아니라 벤처캐피탈의 자금 지원에 힘입어 창업 생태계가 활성화가 이루어진다. 벤처케피탈 역시 자금지원의 역할만 수행한 것이 아니라, 자금을 회수하면서 큰 수익을 얻게 된다. 이스라엘 벤처캐피탈이 벤처기업에 대한 투자를 수행한 후 회수한 기록은 1990년대 3건에서 2000년에는 74건을 넘어선다. 더 나아가서 1990년대 인수합병(M&A)은 1건에 불과했는데, 2000년에는 32건까지 급등세를 보인다. 기존에 주요 회수 방법이었던 미국에서의 기업공개에서 더 나가아서 유럽과 이스라엘에서의 기업공개를 통한 자금회수가 크게 증가하였고, 인수합병(M&A) 카드까지 활성화됨에 따라 이스라엘 벤처캐피탈의 활동 및 영역은 더욱 더 크게 활성화된다.

표 14-9 이스라엘 벤처기업의 창업 및 회수 현황 (단위: 건)

연도	창업	총 회수	기업공개 (US)	기업공개 (Europe)	기업공개 (Israel)	인수합병 (M&A)
1990	53	3	1	0	1	1
1991	51	11	4	0	7	0
1992	94	17	9	0	7	1
1993	124	21	11	0	9	1
1994	175	21	9	2	3	7
1995	175	21	9	2	3	7
1996	231	30	16	3	0	11
1997	263	29	12	0	2	7
1998	332	31	7	6	2	16
1999	587	37	12	6	4	15
2000	665	74	19	13	10	32

자료) Avnimelech(2009), 중소기업연구원의 '이스라엘 창업생태계의 전환화 정책 시사점'의 p2 자료 재인용.

주) ① 1993년~1998년의 요즈마 펀드 운용 기간 전후의 기록이며, 기업공개는 첨단기술을 기반으로 한 벤처기업만을 계수.

② 급매(fire sales)는 포함하지 않음(적어도 2천만 달러 이상 또는 연 ROI가 25%를 초과하면서 5백만 달러 이상인 거래만 계수).

14.2.3 요즈마 펀드와 한국 벤처펀드의 비교

우리나라의 모태펀드는 2000년대 초에 발생한 벤처붐 이후 벤처캐피탈 시장의 침체에 대응하여 벤처캐피탈 시장을 활성화하고자 2005년에 도입한다. 한국벤처투자가 주관하는 모태펀드는 요즈마 펀드와 유사하게 벤처캐피탈에 간접투자하는 방식(Fund of Funds)으로 설계되어 있으나, 운용기간이나 투자대상, 그리고 투자방식에서는 차이가 있다. 운용기간에서 모태펀드는 운용기간 30년으로 장기적인데 반해, 요즈마 펀드는 5년의 기간을 설정하고 있고 조기 민영화를 목적으로 민간 벤처캐피탈에게 콜옵션을 부여하고 있다. 투자대상은 모태펀드는 모든 단계의 중소·벤처 기업을 대상으로 하고 있으며 투기산업을 제외하고는 투자대상에서 자유로운 반면에, 요즈마 펀드는 창업초기 하이테크 벤처기업으로 투자대상을 한정하고 있다. 투자방식에 있어서도 모태펀드는 100% 민간전용운용사(VC)에 출자하는 간접투자 방식이 주를 이루고 있으나, 요즈마 펀드는 직접투자와 간접투자 방식을 병행하고 있다.

모태펀드는 2005년 조성된 이후 2018년 6월 기준으로 5조 5,769억 원 정도를 출자하였으며 민간 자금을 포함할 경우에는 총 19조 6,395억 원 규모의 벤처기업투자펀드를 결성한다. 동기간 동안에 총 4,894개의 중소기업에 13조 8,762억원이 투자되었으며 창업 및 성장자금의 공급원으로서 요즈마 펀드처럼 중소·벤처기업 성장에 기여하고 있다. 단지, 요즈마 펀드가 투자기업의 기업공개(IPO) 비율이 271개의 투자를 받은 업체 중에서 122개가 성공하여 56.2%의 성과를 보인 것에 비해, 모태펀드는 2,907개 중에서 354개를 기업공개를 성공시킴으로 12.2%인 것은 향후 모태펀드의 성과를 높여야 할 과제로 남아 있다.

단, 청산펀드의 기준이 아닌 2004년부터 2013년까지 모태펀드를 포함한 민관공동 벤처펀드의 총 회수율은 23.6%로 높아진다. 전체 회수 중에서 기업공개를 통한 비중은 15.5%이고, 인수합병을 통한 비중은 5.4%이다. 모태펀드는 한국벤처투자에 따르면 2018년 6월까지 총 2조 128억 원을 회수한다. 이스라엘의 벤처캐피탈에 의해서도 유니콘 기업이 2022년 기준으로 97개가 창출되었다면, 우리나라는 2018년 기준으로 총 26개이 유니콘 기업이 출생한다. 우리나라는 2017년말까지 모태펀드로부터 출자를 받은 벤처캐피탈이 투자한 기업 중에서 코스닥 기업은 22개, 코스피 기업은 2개가 시가총액 1조원 이상 기업으로 성장한다. 2018년에도 블루홀, 비바리퍼블리카 등 모태펀드를 통해 투자 받은 기업 2곳이 기업가치 1조원 이상으로 성장한다.

표 14-10 한국 벤처펀드와 이스라엘 요즈마펀드의 비교

구분	한국	이스라엘
정책 목적	벤처산업생태계 활성화	
재원	정부자금	
주관 부처	중소벤처기업부 산하 한국벤처투자	산업통상노동부 산하 수석과학관실
펀드 운용기간	2005~현재(30년 · 모태펀드 기준)	1993~1998(5년, 한시적)
정부 출자 규모	5조 5,769억원(모태펀드 기준)	1억 달러
투자 구조(1)	정부 등이 펀드 조성 후 민간 참여	민간이 투자하면 정부가 매칭 투자
투자 구조(2)	과거 직접투자, 현재 간접투자	직접투자와 간접투자 병행
투자기업 IPO 비율	12.2%(2016~2020년 기준)	56.2%(1993~2000년 기준)
투자기업 수와 IPO수	2,907개 중 354개 (12.2% · 청산펀드기준)	217개 중 122개(56.2%)
투자기업 업력	창업 초기단계 투자 30.7%	창업 초기단계 투자 100%
민간VC 시장 성장 규모	1조 2,333억원 ~ 4조 3,045억원 (2012~2020년), 3.5배 성장	2700만 달러→6억 5,300만 달러 (1992~1998년), 24.2배 성장
인센티브	한국벤처투자의 초과수익 50% 이내에서 민간 출자자에게 성과 배분	5년 이내에 정부지분을 취득가격으로 매입할 수 있는 콜옵션 제공 (연 5~7% 금리 지급조건)

14.3 한국과 이스라엘, 그리고 상호간 투자

14.3.1 한국과 이스라엘의 경제교류

World Bank와 IMF, 그리고 EIU의 자료에 따르면 이스라엘 인구는 2021년 기준으로 945만 명으로 여전히 1,000만 명이 되지 않는다. 2024년에도 990만 명까지 인구가 증가하나 1,000만 명의 벽은 넘어서지 않을 것으로 보고 있다. 동기간 이스라엘의 GDP는 4,816억 달러로 전년대비 8.1% 성장한다. S&P 신용등급은 AA−이고, 인터넷 사용자 비중은 90%를 넘는다. 우리나라도 이스라엘과 유사한 점이 많다. 2021년 기준으로 인구는 5,182만 명이고, GDP는 1.82조 달러로 전년대비 4.3% 성장한다. S&P 신용등급은 AA이며, 인터넷 사용자 비중은 거의 100%에 육박하는 수준이다.

표 14-11 한국과 이스라엘 (기준년도 2021년)

구분		한국	이스라엘
일반 개황	인구	5,182만 명	945만 명
	면적(1,000ha)	10,040	2,207
	언어	한국어	히브리어
	종교	무교(50%), 개신교(20%), 불교(17%) 등	유대교(74.7%), 이슬람교(17.7%) 등
	정부형태 / 의회제도	대통령제 / 단원제	의원내각제 / 단원제
경제 현황	GDP	1.82조 달러	4,816억 달러
	경제성장률	4.3%	8.1%
	S&P 신용등급 *	AA	AA-
	인터넷 사용자 비중	97.6%	90.1%

자료) World Bank, IMF, 국제전기통신연합(ITU). Kotra 자료 참조.
* 2022년 기준

우리나라의 이스라엘에 대한 수출과 수입은 지속적으로 증가추세를 보이고 있다. 단지, 2022년에는 수출추세는 높은 상승폭을 이어갔지만, 수입에서는 전년대비 상승 폭이 크게 감소하는 모습이다. 우리나라는 이스라엘의 9위 수입상대국이며, 17위 수출대상국으로 12위 교역국에 해당된다. 이스라엘 전체의 교역액 대비 우리나라가 차지하는 비중은 2% 수준이다. 양국의 교역 규모는 2015년 이후 우리나라의 이스라엘에 대한 수출 증가세를 이어가고 있다.

표 14-12 한국의 對이스라엘 수출입 동향 (단위: 백만달러, %)

연도	수출		수입		무역수지
	금액	전년대비(yoy)	금액	전년대비(yoy)	금액
2020	1,424	-0.1	1,077	19.6	346
2021	1,824	28.0	1,600	48.5	224
2022	2,121	16.3	1,603	0.2	518

자료) 한국무역협회(2023년). Kotra의 2024 이스라엘 진출전략의 p23 자료 재인용.

우리나라의 이스라엘에 대한 주요 수입 품목은 반도체 제조장비, 전자현미경, 분석시험기 등으로 2021년 총수입 규모는 16억 달러로 전년대비 큰 폭으로 증가했으나, 2022년에는 전년수준을 유지한다. 주요 수출 품목에서 가장 큰 비중을 차지하는 품목은 자동차이며 합성수지, 건설중장비, 자동차부품 등이 이스라엘에 수출하는 주요 품목들이다.

표 14-13 품목별 對이스라엘 수출 동향 (단위: 백만 달러, %)

순위	품목	2022년		2023년(8월 누계)	
		수출 금액	YoY	수출 금액	YoY
1	승용차	629	-29.0	393	-1.5
2	기타자동차	378	821,053.0	285	40.8
3	전기자동차	207	348.1	261	193.7
4	합성수지	138	2.9	57	-45.9
5	건설중장비	62	35.1	44	-8.9
6	자동차부품	47	14.0	32	-1.2
7	집적회로반도체	54	91.8	32	-20.3
8	항공기부품	45	138.2	27	-7.0
9	커피류	35	38.9	20	-11.5
10	공기조절기	20	24.7	17	3.8

자료) 한국무역협회(2023년 1~8월 기준 순위). Kotra의 2024 이스라엘 진출전략의 p31 자료 재인용.

표 14-14 품목별 對이스라엘 수입 동향 (단위: 백만 달러, %)

순위	품목	2022년		2023년(8월 누계)	
		수출 금액	YoY	수출 금액	YoY
1	반도체 제조장비	412	-17.0	307	6.1
2	전자현미경	150	2.9	146	31.8
3	분석시험기	100	-9.5	75	4.2
4	동괴 및 스크랩	71	4.7	61	9.7
5	의약품	103	537.9	46	-38.8
6	계측기	55	111.1	36	8.2
7	X-선 및 방사선기기	16	51.5	33	231.1
8	의료용 전자기기	36	-15.7	29	21.3
9	알루미늄괴 및 스크랩	29	-19.9	25	8.2
10	기타 정밀화학원료	42	26.4	24	-17.0

자료) 한국무역협회(2023년 1~8월 기준 순위). Kotra의 2024 이스라엘 진출전략의 p31 자료 재인용.

이스라엘은 향후 온라인 시장의 지속적인 성장이 전망된다. 이스라엘의 인구 증가세와 더불어서 온라인 이용 소비층이 지속적으로 확대가 전망되기 때문이다. 이스라엘 통계청에 따르면 이스라엘 인구는 2024년 말에는 인구 1,000만 명을 돌파할 것으로 보고 있다. 이스라엘 인구는 다민족으로 구성되어 있으면 다양한 소비층이 존재한다. 코로나19 이후에 배달 문화의 확산과 생활양식의 변화 영향으로 이스라엘에서 아시아 식품의 수요가 증가 추세이나, 아직 한국 음식인 K-푸드의 진출은 초기단계이다.

이스라엘 진출을 위한 비즈니스 여건에서 살펴볼 것은 법인 설립 요건으로 설립된 법인의 대표는 모기업인 외국 기업과 독립된 회사로 등록한 경우에는 모든 주주를 외국인으로 구성할 수 있다. 현지인 고용 의무에 있어서는 세금 납부 목적을 위한 시민권자 한 명 이상을 고용해야 한다.

표 14-15 이스라엘 진출 및 비즈니스 여건

법인 설립 요건 (투자 비율)		최소자본금 (천 달러)		현지인 고용 의무	
대표	에이전트십	금액	적용 분야	적용 여부 (명칭)	분야
모기업인 외국 기업과 독립된 회사로 등록한 경우, 모든 주주를 외국인으로 구성 가능 (100% 지분)	외국 기업의 지사 형태로 등록한 경우, 세금 납부 목적으로 현지 시민권자 임명 의무	n/a	n/a	O	세금 납부 목적을 위한 시민권자 한 명 이상 임명 (외국 기업의 지사 형태)

자료) Kotra의 2024 이스라엘 진출전략의 p18 자료 재인용.

이스라엘의 세제에는 크게 법인세, 소득세, 원천징수세, 부가가치세(VAT)를 생각해 볼 수 있다. 법인세에서 특징적인 것은 우선개발지역에 위치한 경우 최대 5%까지 법인세를 감면받을 수 있다. 소득세는 일소득, 월소득 또는 연소득 기준에 따라 구간별 세율을 적용하는 독특한 구조를 가지고 있다. 원천징수세는 23%이고, 부가가치세는 우리나라보다 높은 17%이다.

표 14-16 이스라엘 세제

법인세		소득세		원천징수		부가가치세 (VAT)	
세율	비고	세율	비고	세율	비고	세율	비고
	우선개발지역에 위치한 경우 최대 5%까지 인하	10~47%	일소득, 월소득 또는 연소득 기준에 따라 구간별 세율 적용	23%		17%	

자료) Kotra의 2024 이스라엘 진출전략의 p18 자료 재인용.

14.3.2 한국과 이스라엘 간 향후 기술협력 유망분야

이스라엘은 사이버 보안, 인공지능(AI), 자율주행, 바이오 분야에서 기술을 선도하는 혁신 선도국가로 글로벌 기술 혁신을 주도하는 세계적인 글로벌 기업을 다수 보유하고 있다. 또한 글로벌 시장으로 진출하기 위한 신제품의 테스트베드로 매우 유용한 곳이다. 이스라엘의 시장규모는 크지 않으나, 구매력이 높고 세분화된 다양한 수요층을 가지고 있기 때문이다. 또한 우리나라보다 작은 국토와 낮은 인구분산으로 인해 제품의 전파 속도가 매우 빠른 특성이 있다. 이스라엘이 가지고 있는 글로벌 유대인 네트워크는 선진시장으로 진출할 수 있는 또다른 통로로 연결시켜 준다. 이외에도 이스라엘은 가전, 생활용품, 자동차 등 소비재부터 기계장비, 정밀부품과 같은 산업용 재화에 이르기까지 매우 다양한 수요 품목을 보유하고 있다.

표 14-17 한국의 對이스라엘 주요 투자 사례

한국기업	투자연도	투자금액 (천 달러)	세부내용
야놀자	2023	85,000	Go Global Tavel(여행 검색 엔진 기술)
SK	2022	n/a	뉴리얼리티(반도체 관련 스타트업)
LG전자	2021	n/a	사이벨럼(자동차 사이버 보안 솔루션)
현대차	2021	n/a	UVeye(인공지능 기반 차량 스캐너 기술)
SKT	2021	23,000	나녹스(반도체 기반 디지털 엑스레이 기술)
삼성전자	2019	150,000	코어포토닉스(멀티 카메라 전문 개발) 인수
현대차	2018	3,000	옵시스(자율주행, 섬유광학기술, 센서 등)
삼성전자, 현대차	2018	11,000(삼성) n/a(현대차)	알레그로 AI(데이터 처리 및 딥러닝 비전)
삼성전자	2013	30,000	동영상 스트리밍 스타트업 빅시 인수
삼성전자	2007	70,000	CIS 전문 기술개발기업 Transchip 인수

자자) Kotra의 2024 이스라엘 진출전략의 p33 자료 재인용.
주) 해외 법인을 통한 우회투자금액 포함.

지금까지 이스라엘에 투자한 한국기업으로는 야놀자, SK, LG전자, 현대차, 삼성전자 등이 있다. 우리나라와 이스라엘 사이에서의 경제협력은 기술 개발을 넘어서 기업 간의 사업화와 직접투자로 확대되고 있는 상황이다. 우리나라와 이스라엘은 산업기술연구개발기금을 통한 공동 연구 결과가 바탕이 되어서 우리나라의 큐어세라퓨틱스와 이스라엘의 아드바 바이오테크가 총 8,000만 달러를 투자할 계획이다. 2023년에는 우리나라와 이스라엘의 비즈니스 세미나에서

1,760만 달러 규모의 투자 계약을 2건[14] 체결하였으며, 이것 이외에도 업무협약(MOU)를 6건 체결한다.

표 14-18 미래산업 분야 한국-이스라엘 협력(국가 간 협력 유망 분야)

안건 명	주요 협력사업	비고
한-이스라엘 FTA (2022.12월 발효)	• 한국(95.2%), 이스라엘(95.1%)에 해당하는 품목 관세 철폐 • 서비스·투자 및 기술협력 등의 증진 도모 • 창업 분야 협력 강화를 위한 별도 부속서를 마련, 지원	기술협력 부문을 도입한 한국의 최초 FTA로 빅데이터, IT, 생명공학기술, 신재생에너지, 항공우주 등 미래산업 협력 확대
한-이스라엘 산업기술협력 개정	• 공동 연구 개발기금(코릴펀드 등) 각국 출자 금액 증액(기존, 200만 달러→400만 달러) • 공동R&D 정부 최대 지원비율 확대(기존50%→70%) • 기업 위주 R&D만 지원→연구소와 대학의 R&D 참여 적극 확대 • 기금 지원 확대(공동 세미나, 인력 교류 등 간접적인 활동까지 포함)	라이트하우스 프로그램(Lighthouse Program)으로 양국 간 공동 기술 개발 지원 확대 *2022년 로봇 분야(530만 달러)를 시작으로, 추후 자율주행, 수소 등의 분야로 확대 계획, 기존 기업 간 매칭 방식에서 2+2 산학연 협력방식으로 대학연구소의 참여가 필수로 변화

자료) Kotra의 2024 이스라엘 진출전략의 p34 자료 재인용.

코트라(Kotra)에 따르면 미래산업 분야에서 우리나라와 이스라엘 협력 분야에 대해서 5가지를 제시한다. 먼저, 방산 분야로 한화디펜스와 엘빗시스템스는 호주 육군의 요구 성능에 맞추어 우리나라는 장갑차 부문을 이스라엘은 포탑 및 감시 센서 부문을 공동 협력해서 제작하기로 한다. 다음으로 이차전지와 태양광 분야로 이스라엘 태양광 기업으로 나스닥에 상장된 솔라엣지는 에너지 저장 기술 강화를 위해 한국의 중견배터리 기업인 코캄을 인수하고 투자를 단행한다. 이외에도 2022년 5월에는 우리나라에 대규모 배터리 공장인 '셀라2'를 완공한다. 셋째, 생명과학 분야로 우리나라의 바이오리더스는 이스라엘의 와이즈만 연구소의 기술지주사인 예다와 지분을 투자하여 합작법인 퀀트리젠을 공동 설립한다. 이외에도 우리나라의 큐어세라퓨틱스와 이스라엘의 아드바 바이오테크는 공동으로 국내에 세포 치료제 대량 생산 공장을 설립할 계획이다. 넷째,

14 SK텔레콤과 인튜이션 로보스틱스가 실버케어용 소셜 로봇 하드웨어 사업화에 940만 달러, 에브리봇과 이누티브가 인공지능(AI) 기반 자율주행 플랫폼 공동 개발에 820만 달러 투자해서 사업화를 계획함.

기후테크로 우리나라의 코오롱 기업은 이스라엘의 기후 기술 회사인 에어로베이션 테크놀로지와 협력체계를 구축하였으며, 탄소 포집 솔루션 확장과 상업화를 계획하고 있다. 끝으로, 자율주행 분야로 현대자동차에서 자동차부품의 생산과 연구를 담당하는 현대모비스와 이스라엘의 오토피아는 원격 지원 솔루션 개발을 착수한다.

코트라의 분석자료에 따르면 이스라엘은 스타트업 국가(창업국가)답게 활발한 창업 생태계를 구축해 놓았고 첨단기술이 발달하여 우리나라의 우수한 제조 산업 기술과 시너지 효과를 창출할 가능성이 큰 편이라고 평가하고 있다. 이스라엘에는 다수의 글로벌 기업(애플, 마이크로소프트, 인텔 등)이 이스라엘에 투자 및 연구소를 운영하고 있으며, 인공지능과 사이버 보안 등에서는 세계 최고 수준의 기술력을 보유하고 있다. 우리나라 역시 기존에 보유하고 있는 첨단기술, 세계 5위의 자동차 제조국으로써의 역량, 그리고 세계 1위 고부가 선박 수주국인 모빌리티 강국임에 따라 이스라엘과 협력을 통해 시너지를 크게 확대해 나갈 수 있다. 단지, 우리나라와 이스라엘 사이에서 이질적인 문화적 차이가 존재하고, 기술수준이나 협력 범위 등에 대한 인식의 차이가 존재함에 따라 실질적인 협력 과정에서 극복해야 할 과제도 가지고 있다.

표 14-19 미래산업 분야 한국-이스라엘 협력(기업차원의 협력 유망 분야)

분야	주요 내용
방산	• 한화디펜스(한)와 엘빗시스템스(이)는 호주 육군의 요구 성능에 맞추어 각각 (한)장갑차 최종 제작과 (이)포탑 및 감시 센서 제작 협업체계 구축 • 한화가 제작한 장갑차 Redback은 미국, 영국 등을 제치고 호주 육군의 최종 후부 2개 사로 선정 • 한화에어로스페이스(한)은 민간 분야 취협 대응 기술을 보유한 인피니돔(이)사에 투자 • IAI(이) 노후 여객기 화물기 개조 전환 사업 추진을 위해 한국 기업과 계약 체결
이차전지 및 태양광	• 이스라엘 태양광 기업 솔라엣지(NASDAQ)는 에너지 저장 기술 강화를 위해 한국의 중견배터리 업체인 코감을 인수 및 투자 • 2022년 5월 한국에 대규모 배터리 공장 '셀라2' 완공 • 2023년 삼성전자와 글로벌 시장 미래형 주거 형태 사업 추진을 위한 파트너십 체결
생명과학	• 바이오리더스(한)는 이스라엘 와이즈만 연구소의 기술지주사인 예다와 각각 70, 30%의 지분을 투자하여 합작법인 퀀트리젠 설립 • 와이즈만 연구소와 항암제 공동 연구 및 기술 개발 진행 중 • 큐어세라퓨틱스(한)과 아드바 바이오테크(이)가 공동으로 국내에 세포 치료제 대량 생산 공장 설립 계획

기후테크	• 코오롱(한)은 이스라엘 기후 기술 회사인 에어로베이션 테크놀로지와 협력 체계 구축 • 탄소 포집 솔루션 확장 및 상업화 계획
자율주행	• 현대모비스와 이스라엘의 오토피아는 원격 지원 솔루션 개발 착수 • 이스라엘 반도체 설계 업체인 오토톡스와도 5G 기반 통합 제어기 개발 착수하기로 함

자료) Kotra의 2024 이스라엘 진출전략의 p34, 35 자료 재인용.

우리나라는 이스라엘과 FTA 협정을 체결한 최초의 아시아 국가로서 FTA 발표로 중국이나 일본 등 아시아 경쟁국 대비 경쟁력을 제고하는 효과를 기대할 수 있다. 이스라엘의 신차 시장에서는 우리나라 자동차에 대한 인기가 꾸준히 상승추세이다. 우리나라 자동차는 2022년 이스라엘 신차 판매 시장에서 33.6%를 점유하고 있으며, 업체별로는 현대자동차가 1위로 26,531대가, 그리고 기아자동차가 2위로 19,207대가 등록되어 있다. 우리나라 다음으로는 일본과 중국업체들이 이스라엘의 자동차 시장에 진출한 상태이다. 자동차부품에서도 우리나라와 이스라엘의 FTA 발효로 자동차부품 관세 6~12%가 즉시 철폐되어 가격 경쟁력이 강화되는 효과가 있다. 이스라엘은 순정부품을 선호하는 특성상 OEM 부품의 시장 진출이 바람직하며, 이스라엘의 시장이 작음에 따라 중소 규모의 도소매 업체와 거래하는 전략도 필요하다.

표 14-20 이스라엘의 브랜드별 자동차 등록 현황 (단위: 대)

순위	브랜드명	2022년	2023년(5월)
1	현대	26,531	24,913
2	기아	19,207	18,413
3	도요타	20,894	13,783
4	마즈다	8,851	9,254
5	BYDAuto	0	8,497
6	스코다	6,131	7,376
7	체리	0	7,165
8	미쓰비시	6,701	5,713
9	스즈키	3,765	4,829
10	Peugeot	3,850	4,635
기타		40,046	45,026
합계		135,976	149,604

자료) IVIA(Israel Vehicle Association)(2023년 5월). Kotra의 2024 이스라엘 진출전략의 p41 자료 재인용.

이스라엘은 국방과 안보 분야를 제외하면 외국인의 투자에 매우 개방적이고 투자 진입장벽 역시 비교적 낮은 수준이다. 이스라엘의 하이테크산업에 대한 투자를 제외한 규제 산업(보안, 암호화, 금융 등)에 대한 투자는 2019년 10월에 설치된 '외국인투자감독위원회'의 심의를 거쳐야 한다. 이스라엘에 집행되는 중국 투자에 대한 우려로 인해 미국의 압력에 의해서 설치된 위원회로 실제적으로는 외국인 투자에 대한 제한 조치로 보기 어렵다.

이스라엘 혁신청은 혁신지구 구축을 통한 스타트업 육성을 위해 베르셰바 혁신지역(Beer Sheva Innovation District) 단지를 조성하고, 하이테크 산업에 근무하는 고임금 고용에 대한 인센티브 및 보조금을 지급함으로 기술 인정 기업의 세율을 6~7.5% 인하한다. 이를 통해 IDF(군사), 첨단 기술 기업, 아카데미 연계 장기 혁신도시 개발을 계획하고 있다. 베르셰바는 국토의 약 60%를 점하고 있는 네게브 사막에 위치하며 부동산 가격은 전국 최저 가격을 보이고 있다. 글로벌 IT 기업인 IBM, 오라클(Oracle), 엘빗시스템(Elbit Systems), 마이크로소프트(MS), 시스코(Cisco) 등이 하이테크 파크에 입주한 상태이다.

표 14-21 이스라엘 주요 산업단지 및 프리존, 스타트업 지원기관

국가	단지명	구분	주요사항
이스라엘	Beer Sheva Innovation District (Gav Yam Negev High ech Park)	혁신지구 구축을 통한 스타트업 육성	• 이스라엘 남단(네게브 사막)에 위치 • 운영기관: 이스라엘 정부(혁신청) • 입주 혜택: 하이테크 고임금 고용 인센티브 및 보조금, 우선 기술 인정 기업 세율 6~7.5% 인하 등 • 진출 국내 기업(분야): 첨단기술 분야 스타트업, 기반시설 건설 분야 • 주요정책: IDF(군사), 첨단기술 기업, 아카데미 연계 장기 혁신도시 개발계획 • 스타트업이 지방에 연구개발시설이나 생산시설 구축 시 정부가 전체 예산의 50~60% 지원

자료) Kotra의 2024 이스라엘 진출전략의 p27 자료 재인용.

그림 14-2 베르셰바의 밤 전경

잠시 쉬어가는 코너

이재용도 점찍은 '스타트업 천국'... 삼성넥스트, 이스라엘 투자 외국계 VC 1위

> 지난해 13곳 이스라엘 스타트업에 투자
> 인공지능, GPU, 블록체인 등 차세대 먹거리 발굴 총력
> 이재용 회장도 작년 9월 이스라엘 찾아 스타트업 투자 점검

삼성넥스트가 지난해 가장 많은 이스라엘 스타트업에 투자한 외국계 벤처캐피털(VC)로 이름을 올렸다.

25일 본지 취재에 따르면 삼성전자 투자 자회사 삼성넥스트는 지난해 13곳의 이스라엘 스타트업에 투자했다. 이스라엘에 진출한 외국계 벤처캐피털 가운데 현지 스타트업 투자 수에서 1위다. 유일하게 10개 이상 스타트업에 투자했다.

삼성넥스트의 뒤를 이어 수명 연장 기술에 투자하는 '롱제비티 비전 펀드(Longevity Vision Fund)'가 7개 스타트업에 투자해 2위에 올랐다. 다음으로는 '시드히 캐피털(Siddhi Capital)'과 '라이트스피드 벤처 파트너스(Lightspeed Venture Partners)'가 각각 5개 스타트업에 투자했다.

이스라엘은 인공지능과 반도체·바이오·자율주행 등 혁신 기술 스타트업 7000여곳을 보유해 '스타트업 천국'으로 불린다. 특히 국가 차원에서 스타트업 산업을 성장 동력으로 육성해 온 덕에 이스라엘 스타트업은 나스닥에 미국. 중국 다음으로 많이 상장돼 있다.

이스라엘은 신성장동력 찾기에 매진하고 있는 삼성에서도 가장 주목하는 국가 중 한 곳이다. 이재용 삼성전자 회장은 지난해 9월 삼성전자 이스라엘 R&D 센터에서 혁신 스타트업과 신기술 투자 현황을 보고 받고, 오픈 이노베이션을 통한 '미래 혁신 기술' 확보 방안을 점검한 바 있다.

이후 이스라엘과 팔레이스타인 전쟁으로 투자가 다소 위축될 것으로 보였지만, 삼성전자는 여전히 공격적인 투자를 이어가고 있다.

출처=삼성넥스트

삼성 관계자는 "미래 신기술을 확보하고자 이스라엘 R&D 센터와 삼성리서치이스라엘 등을 운영하고 있다"며 "삼성넥스트를 통해서도 인공지능·로봇 등 현지 혁신 스타트업에 투자를 이어가고 있다"고 밝혔다.

특히 삼성넥스트는 지난해 이스라엘의 인공지능(AI), 그래픽처리장치(GPU), 블록체인 등 다양한 분야 스타트업에 투자하며 차세대 먹거리를 찾는 중이다.

AI 분야에서는 생성형 AI 스타트업 'AI21랩스(labs)'에 지난해 8월 투자했다. 이스라엘의 오픈AI로 불리는 이 회사는 2017년 창업해 유니콘(기업 가치 1조 원 이상 스타트업)에 올랐다. 거대 언어 모델(LLM) '쥐라식−2(Jurassic−2)'를 보유 중이다.

지난해 11월에는 GPU 개발 스타트업 '인곤야마(Ingonyama)'에 투자했다. 인곤야마는 지난 2022년 이스라엘에 설립된 차세대 반도체 기업이다.

이 밖에 △블록체인 보안 전문 스타트업 '아이언블록스(Ironblocks)' △사이버 보안기업 래소 시큐리티(Lasso Security)' 등에도 투자자로 참여했다.

이투데이 2024.3.25일자 기사

[저자 약력]

조 인 갑

저자는 한화그룹의 공채로 입사하여 증권업에 입사한 이후, 2000년부터 조선/자동차/기계 업종의 애널리스트(연구원)로 10년 넘게 활동하다가 2010년 최연소급으로 리서치센터장이 된다. 리서치센터에서 습득한 이론과 경험을 현장에서 적용하고자 금융사의 동료들과 마루투자자문사를 창업하고 여러 증권사 리서치센터에서 습득한 이론을 현장에 적용시키고자 노력한다. 이후 금융을 통한 사회적인 공익의 실천을 시도하고자 HQ인베스트먼트(창투사, VC)의 사장과 엠오벤처스(창투사, VC)의 대표이사(CEO)를 통해 청년들의 발전과 벤처기업과의 동행을 시도한다.

공익적 업무로는 한국도로공사의 비상임이사로 근무하였으며, 중부지방국세청의 국세심사위원과 국세청의 자산평가위원 등을 역임한다.

교육을 통한 청년들과의 소통에도 지속적인 관심을 가지고 있어 중앙대(안성) 시간강사를 시작으로 배화여대 조교수, 한국외대(글로벌) 외래교수 등을 역임한다. 현재는 중앙대학교 경영경제대학에서 겸임교수 업무를 통해 10년째(2024년 기준) 강의를 병행하고 있다.

연세대(B.A)와 고려대 경영대학원(MBA)를 졸업한 후, 성균관대 일반대학원과 호서대 벤처대학원에서 박사과정을 이수한다.

향후 연구의 관심 주제는 기독교 교회 중심으로 투명성과 공익성과 공공성 그리고 미래성(다음세대 육성)을 확보하는 재정(또는 재무나 자금)의 현장이론과 실무 내용을 제시하는데 있다.

실용투자론 : 현장과 이론

초판인쇄 2024년 8월 25일
초판발행 2024년 8월 30일

지은이 조인갑
펴낸이 박노일

총괄기획 최준규
편 집 이상민

펴낸곳 pnc publishing and culture 피앤씨미디어
경기도 고양시 일산동구 강송로 153 310-1501
등록 제396-2012-000203호
전 화 070)7550-3758 팩 스 02)6280-3758
홈페이지 www.pncmedia.co.kr 이메일 pnc@pncmedia.co.kr
ISBN 979-11-5730-952-8 93320

정 가 33,000원